Crónicas dos (Des)Feitos da Guiné

Crónicas dos (Des)Feitos da Guiné

Francisco Henriques da Silva

Reimpressão da edição de Setembro de 2012

CRÓNICAS DOS (DES)FEITOS DA GUINÉ
AUTOR
Francisco Henriques da Silva
EDITOR
EDIÇÕES ALMEDINA, S.A.
Rua Fernandes Tomás, nºs 76, 78 e 79
3000-167 Coimbra
Tel.: 239 851 904 · Fax: 239 851 901
www.almedina.net · editora@almedina.net
DESIGN DE CAPA
FBA
PRÉ-IMPRESSÃO
EDIÇÕES ALMEDINA, S.A.
IMPRESSÃO E ACABAMENTO
PAPELMUNDE, SMG, LDA.
V. N. de Famalicão

Novembro, 2014
DEPÓSITO LEGAL
349349/12

Os dados e as opiniões inseridos na presente publicação são da exclusiva responsabilidade do(s) seu(s) autor(es).
Toda a reprodução desta obra, por fotocópia ou outro qualquer processo, sem prévia autorização escrita do Editor, é ilícita e passível de procedimento judicial contra o infrator

 GRUPOALMEDINA

BIBLIOTECA NACIONAL DE PORTUGAL – CATALOGAÇÃO NA PUBLICAÇÃO
SILVA, Francisco Henrique da
Crónicas dos (des)feitos da Guiné
ISBN 978-972-40-4885-7

CDU 929
    94(665.7)"19"
    323
    821.134.3-94"20"

ÍNDICE

Introdução — 11

PRIMEIRA PARTE

CRÓNICA 1
DE LISBOA A BISSAU E VOLTA
De Julho de 1968 a Abril de 1970 — 27

CRÓNICA 2
FIM DA COMISSÃO, ABRIL DE 1970
Algumas considerações que não esgotam o tema — 41

SEGUNDA PARTE

CRÓNICA 3
ABRIL DE 1996
26 anos depois, uma ida a Bissau,
um "aperitivo" para o que se iria seguir — 53

CRÓNICA 4
ALGURES EM 1997
Um convite inesperado:
a nomeação para o cargo de embaixador em Bissau — 59

CRÓNICA 5
BISSAU, 20 A 22 DE OUTUBRO DE 1997
A minha entrada em funções como novo embaixador — 67

CRÓNICA 6
BISSAU, PRIMEIRA SEMANA DE NOVEMBRO DE 1997
A visita do Secretário de Estado 73

CRÓNICA 7
BISSAU, O ÚLTIMO TRIMESTRE DE 1997
Primeiros meses e primeiras impressões 79

CRÓNICA 8
BISSAU, 19 A 21 DE NOVEMBRO DE 1997
Relações da Guiné-Bissau com a Indonésia e como funcionava a nossa *intelligence* local 105

CRÓNICA 9
BISSAU, 14 DE JANEIRO DE 1998
Sinais de instabilidade nas Forças Armadas da Guiné-Bissau 109

CRÓNICA 10
BISSAU – LISBOA, JANEIRO/FEVEREIRO DE 1998
As grandes linhas da politica interna e externa da Guiné-Bissau na perspectiva governamental 115

CRÓNICA 11
BISSAU – LISBOA, FEVEREIRO-MAIO DE 1998
O relacionamento com Portugal 127

CRÓNICA 12
BISSAU, 25 A 27 DE JANEIRO DE 1998
A visita do Professor Marcelo Rebelo de Sousa 139

CRÓNICA 13
BISSAU, FINAIS DE JANEIRO DE 1998
O descontentamento da sociedade castrense e a intrincada questão de Casamansa 147

CRÓNICA 14
BISSAU, FEVEREIRO/MARÇO DE 1998
Casamansa a telenovela continuava e a trama adensava-se 157

CRÓNICA 15
  BISSAU, MARÇO DE 1998
  A carta-panfleto dos Combatentes da Liberdade da Pátria.
  O jogo começava a clarificar-se   171

CRÓNICA 16
  BISSAU, ABRIL-MAIO DE 1998
  A sempiterna questão de Casamansa e problemas conexos   179

CRÓNICA 17
  BISSAU, MAIO DE 1998
  O VI Congresso do PAIGC: a vã ilusão de tentar pôr ordem no caos   189

CRÓNICA 18
  BISSAU, FINAIS DE MAIO DE 1998
  Eleições à vista ou sem vista possível?   203

CRÓNICA 19
  BISSAU, MAIO DE 1998
  Mudam-se os tempos, mudam-se as vontades
  – de Taipé para Pequim, ou o oportunismo a todo o vapor   213

CRÓNICA 20
  BISSAU, ABRIL-MAIO-JUNHO DE 1998
  Episódios avulsos da vida quotidiana de um embaixador
  nas vésperas do conflito   223

CRÓNICA 21
  BISSAU, 5 A 7 DE JUNHO DE 1998
  Um fim de semana aparentemente banal
  que acabou por ser muito diferente   241

TERCEIRA PARTE

CRÓNICA 22
  BISSAU, 7 DE JUNHO DE 1998
  O levantamento militar   251

CRÓNICA 23
   BISSAU, 8, 9 E 10 DE JUNHO DE 1998
   Ouviam-se os canhões mas não as vozes   261

CRÓNICA 24
   BISSAU, 9, 10 E 11 DE JUNHO DE 1998
   A protecção dos nacionais, na pendência das evacuações   273

CRÓNICA 25
   BISSAU, 11 DE JUNHO DE 1998
   A grande evacuação   281

CRÓNICA 26
   BISSAU, JUNHO DE 1998
   The day and days after   297

CRÓNICA 27
   BISSAU, JUNHO A OUTUBRO DE 1998
   A evolução da guerra e a posição dos media   315

CRÓNICA 28
   BISSAU, BANJUL, ABUJA, LOMÉ E OUTROS LUGARES 1998-1999
   O processo negocial. A mediação/"facilitação" portuguesa   325

CRÓNICA 29
   BISSAU, 21 DE JULHO DE 1998
   Um míssil na embaixada e como o autor sem saber como,
   nem porquê, se transforma em "herói"   365

CRÓNICA 30
   BISSAU, JULHO E AGOSTO DE 1998
   A ajuda humanitária e o problema dos deslocados.
   As evacuações pontuais autorizadas, ou não, continuavam   375

CRÓNICA 31
   BISSAU, 1998
   Alguns aspectos da vida quotidiana na "capital"
   durante a guerra civil   389

CRÓNICA 32
  BISSAU, 1998-1999
  Direitos Humanos, uma invenção europeia? 401

CRÓNICA 33
  BISSAU, DE NOVEMBRO DE 1998 A JANEIRO DE 1999
  Uma paz intermitente 419

CRÓNICA 34
  DAKAR, SANTIAGO DE COMPOSTELA, LISBOA, BISSAU,
  JANEIRO DE 1999 A ABRIL DE 1999
  A guerra inacabada 443

CRÓNICA 35
  BISSAU, LISBOA, ABIDJAN, ABRIL-MAIO DE 1999
  O último acto 483

CRÓNICA 36
  BISSAU, DE 7 DE JUNHO DE 1998 A 1 DE ABRIL DE 1999
  Episódios breves, historietas e instantâneos de guerra
  – as múltiplas frentes de combate 493

Epílogo? 517
Cronologia da Guerra Civil Bissau-guineense 541
Bibliografia e Fontes 549

Introdução

Entre Junho de 1998 e Abril de 1999, vivi na Guiné-Bissau uma situação altamente problemática, incerta, mas talvez a mais interessante e estimulante de toda a minha vida profissional. Já antes por lá havia passado de Julho de 1968 a Abril de 1970, como oficial da arma de infantaria, em missão de combate, na chamada guerra colonial ou do ultramar, portanto pude comparar as duas experiências e extrair algumas conclusões. É o que pretendo dar a conhecer ao longo deste livro.

Muitos dos meus leitores ficarão talvez surpreendidos ou, mesmo, incomodados com a minha descrença, o meu cepticismo militante e assumido em relação à Guiné-Bissau, porquanto procurarei de uma forma verdadeira, directa, muitas vezes irreverente e sem poupar interesses estabelecidos, fantasmas escondidos no sótão ou vacas sagradas, desfazer mitos e fantasias que, ao longo do tempo, procurámos colectivamente alimentar em relação a África e à Guiné-Bissau, em particular. Nada disto é, certamente, pacífico, nem tão-pouco pretendo que o seja. Escolhi deliberadamente um caminho semeado de escolhos e não fujo à controvérsia.

Na primeira fase do meu tirocínio nas Necessidades, já lá vão mais de três décadas e meia, ensinaram-me a distinguir um *paper* de um *non paper*, isto é um documento oficial ou oficioso, efectivamente existente, com chancela clara de origem e respondendo aos formalismos estabelecidos e um documento que não existe, mas que é como se existisse. Vim a descobrir, mais tarde que a Guiné-Bissau era um *non state*, ou seja um Estado que não existe mas que fazíamos de conta que tinha existência real.

Aprendi também que, em determinada fase do processo, um *non paper* pode ou não passar a *paper* e ser então assumido como tal ou permanecer na categoria original, por conseguinte, para todos os efeitos práticos, um nado-morto. As minhas duas experiências únicas na Guiné, em dois momentos distintos da vida daquele território, primeiro como Guiné Portuguesa e depois como Guiné-Bissau, demonstraram-me, sem margem para quaisquer equívocos ou tergiversações mentais que se tratava de um *non state*: pura e simplesmente não existia, nem tinha condições para tal. Resta saber se algum dia as terá.

No final da década de 60 do século transacto, a Guiné Portuguesa, era uma colónia ou província ultramarina de Portugal. Por conseguinte, e independentemente de questões semânticas ou históricas, quanto à respectiva designação oficial (aliás, muito discutíveis: a Guiné nunca foi uma colónia na verdadeira acepção do termo, questão de mero interesse académico que, porém, não vem, agora, à baila), não era, à luz do Direito Internacional um país, mas sim um território dependente, não autónomo, neste caso, tutelado por Portugal.

Existem outras designações no vocabulário político-diplomático para definir ou, melhor, rotular os países em situações complexas, a saber: Estados párias (*rogue states*) ou Estados falhados (*failed states*). A Guiné-Bissau não é uma coisa nem outra. Não é um Estado pária porque não preconizava, nem preconiza o terrorismo como política de Estado, nem sequer constitui uma ameaça para a paz mundial. Pode, quando muito, representar um factor – limitado, mas constante – de perturbação regional. Tão-pouco é um Estado falhado, porque para tal seria preciso, como se procurará demonstrar, que fosse considerado um verdadeiro Estado, no sentido commumente aceite do termo, porém aquele jamais foi construído. Não falhou, porque não existe. Logo, a Guiné-Bissau é um *non state*.

Procurando justificar o que se afirma, ou seja esta categoria de "não Estado", pode-se dizer que, então como agora (e este livro tem por baliza temporal Maio de 1999, não pretendendo analisar o período subsequente), não existem verdadeiras estruturas políticas e administrativas na Guiné-Bissau que permitam aos eventuais detentores do Poder controlar o território, nem assegurar os serviços públicos basilares e muito menos equilibrar o domínio político omnipresente do exército, herança da luta de libertação e que se perpetuou no tempo[1]. A bem dizer, deparamos com uma verdadeira ausência de Estado. Saliento que a ascensão ao poder só é possível com o beneplácito tácito das Forças Armadas e no entendimento de que o poder civil não interfere com o poder militar, que é totalmente autónomo. Trata-se de um verdadeiro "pacto de regime" que ninguém ousa contestar. Por conseguinte, não existe, nem pode existir, qualquer controlo civil sobre a classe castrense, a inversa é, porém, verdadeira.

Esta debilidade sistémica encontra-se na raíz das crises políticas permanentes, dos repetidos golpes de Estado, da instabilidade político-social e, hoje, da proliferação de redes criminosas, com ligações ao narco-tráfico, que beneficia de apoios a nível da *clique* político-militar dominante, que ainda se encontrava em Estado larvar há uma dúzia de anos. Como se procurará demonstrar, a promiscuidade entre o antigo partido da luta, o ex-Presidente da República "Nino" Vieira e as Forças Armadas obedeciam a este padrão, em vigor desde o golpe de Estado de 1980, que só vem a ser perturbado pela guerra civil, mas finda esta, deposto, morto e enterrado o ex-Chefe de Estado o problema de fundo permanece, aparentemente sem saída. Sem embargo da passagem do tempo, a situação nos dias de hoje não será muito diversa.

No contexto africano ou internacional ou na própria esfera dos interesses portugueses, é manifesta a irrelevância da Guiné-Bissau. Herdado da partilha a régua e esquadro de África nos finais do século XIX, como os demais Estados do continente, em que Portugal cede à França a rica região de Casamansa, em troca das terras de Cacine, mais a Sul, e de um quimérico apoio às pretensões portuguesas na África Austral ("Mapa cor-de-rosa"), que como é óbvio nunca se concretizou, o território consiste num enclave parcialmente lusófono entre países francófonos – o Senegal e a Guiné-Conakry –, numa vasta região da África Ocidental em que Paris dispõe incontestavelmente de quase todas as cartas de todos os naipes e que as terá jogado, encapotadamente, no conflito civil da década de 90. Portugal que, ao longo dos séculos, nada fez, por incapa-

---

[1] Cfr. "Guinée-Bissau: Besoin d'Etat", in *Rapport Afrique* nº 142 do *International Crisis Group*, Dakar/Bruxelas, Julho 2008.

cidade real, inépcia ou desinteresse, ou, conjuntamente, por todas estas razões, pretende hoje, nos parâmetros da filosofia da CPLP[2], de sua clara inspiração e criação, afirmar que o território se inscreve na esfera da lusofonia. Triste ironia em que menos de 10% da população residente consegue exprimir-se em português! Mais. Nem sequer metade dos bissau-guineenses consegue articular umas palavras em crioulo! Seja. Não obstante, a Guiné-Bissau esboça, toscamente, é certo, forjar uma identidade própria: a meu ver, uma tentativa de definição pela diferença em relação ao meio envolvente em que se insere e para tal essa diferenciação linguístico-cultural, apesar de ainda muito diminuta, constitui um atributo de personalidade própria primordial, que se evidenciou na guerra civil. Em conclusão, vou procurar ser o mais claro possível, nesta matéria: não sendo um Estado, a Guiné-Bissau pode um dia vir a ser uma nação, todavia, encontra-se num estágio ainda muito embrionário, ou, mesmo, incerto, de formação.

A leitura de outros indicadores demonstra-nos, por exemplo, que o comércio bilateral Portugal-Guiné-Bissau é inexpressivo, como a frieza dos números amplamente o atesta e, portanto, igualmente irrelevante.

Estamos perante um território exíguo, paupérrimo e desditoso em que a maioria da população é camponesa, mas que não beneficia de uma produção agrícola digna desse nome, com a provável excepção da cultura do caju, controlada por um escassíssimo grupo de empresários locais. Hoje, o tráfico da cocaína, em grande escala, parece ser a solução fácil e rentabilíssima, mas apenas para um sector da elite política e castrense local. Com efeito, a Guiné-Bissau poderá presumivelmente transformar-se, a curto prazo, no primeiro narco-Estado da história. Para encurtar razões, com uma agricultura abaixo do limiar da subsistência, sem indústria e com serviços incipientes, incompetentes, desorganizados e descapitalizados, eis a economia da Guiné-Bissau no seu pleno deslumbramento!

Em suma, a miséria é generalizada, o tribalismo predomina e, a nível dos dirigentes do pseudo-Estado, a corrupção e o nepotismo campeiam. À semelhança de inúmeros outros países africanos, vive de mão estendida, da caridade alheia, da benevolência dos ex-colonizadores e do mundo, mas, no caso concreto em apreço, a questão assume foros de maior gravidade, na medida em que não existe, nem se vislumbra, qualquer solução, a prazo. É um poço sem fundo onde

---

[2] Comunidade dos Países de Língua Portuguesa.

cabe toda a ajuda internacional e mais alguma. A condenação ao infortúnio mais truculento é inapelável, incontornável e insanável.

Portugal, no seu desígnio assumido, quiçá grandiloquente, de criar uma comunidade de países da mesma língua e de matriz cultural vagamente comum, um pouco à semelhança da *Commonwealth*, da Francofonia ou da Comunidade Ibero-americana, pretendeu ganhar algum peso no concerto das nações, com a criação da CPLP, beneficiando para tal do aval do Brasil. Para abreviar razões, tratava-se de uma política de Estado consensual e incontestada. Asserção que não refuto, mas, porque carente de qualquer reflexão consistente e estruturada, permito-me acrescentar-lhe dois adjectivos: acrítica e acéfala.

A Guiné-Bissau tal como outras ex-colónias inseria-se nessa estratégia de inspiração principalmente palopiana (entenda-se, concebida *de* e *para* os PALOPs[3], acrónimo este de gosto mais do que duvidoso que sempre me soou a marca de detergente ou de pastilha elástica), uma vez que o Brasil, dadas as respectivas dimensão e importância, teria de ter – *et pour cause* – uma abordagem própria, questões a que nos referiremos com mais vagar nas páginas que se seguem.

Diga-se em abono da verdade, sem vasculhar demasiado no subconsciente colectivo lusitano, que, através da CPLP e do universo palopiano, Portugal pretendia reconstituir noutros moldes, é certo, o Quinto Império, de que falavam o Padre António Vieira e Fernando Pessoa, ou seja o "império colonial" que perdeu na década de 70, juntando ainda o Brasil para compor o ramalhete, na mira de auferir potenciais dividendos com esta operação e concomitantemente dissipar complexos e fantasmas em relação ao passado, afirmando-se junto dos demais países com uma alegada dimensão euro-afro-latino-americana. Tratava-se, porém, de um conjunto de Estados geograficamente descontínuos, de dimensões económicas não comparáveis, com interesses e percursos políticos divergentes, com afinidades pouco evidentes, apenas, quiçá, tendencialmente "unidos" por uma língua, que alguns mal balbuciam.

Lisboa, sem embargo de tudo o que já foi referido, nunca procedeu a uma análise fria, clara e consequente da situação da Guiné-Bissau, nem nunca percebeu muito bem o que por lá se passava. Aliás, o mesmo terá sucedido, *mutatis mutandis*, em relação a qualquer das suas outras ex-colónias. Ora, sem diagnóstico, como é óbvio, não se pode proceder a qualquer terapia. Como se

---

[3] Países Africanos de Língua Oficial Portuguesa.

procurará demonstrar, no seu afã de protagonismo, no seu inconfessado intento de manter os "seus pretinhos na casa comum de origem" – na expressão de um colega meu, que me limito a citar, sem emitir juízos de valor ou preocupações com o que possa ser considerado politicamente incorrecto – e consolidar o seu ascendente de influência, favoreceu objectivamente a corrupção, fechou os olhos à violação flagrante de direitos humanos, auxiliou os ditadorzecos de meia-tigela bem instalados no Poder e praticou uma política de cooperação, sem quaisquer efeitos estruturantes e, no mínimo, contraditória. Em suma, em nada contribuiu realmente para *construir* o Estado da Guiné-Bissau que poderia existir e não existe. Pelo contrário, dia após dia, a política supostamente consensual dos sucessivos governos lusitanos, com o beneplácito da classe política, dos *media* e de *tutti quanti*, traduziu-se num afundamento irreversível daquele território. Isto por várias razões: em primeiro lugar, a ignorância em relação aos respectivos problemas é – e sempre foi – abissal (não vale a pena chover mais no molhado); em segundo lugar, sem prejuízo das estratégias "inteligentes" cozinhadas em gabinetes de sábias, doutas e preclaras criaturas, o certo é que a política concreta para a Guiné-Bissau e para as outras ex-colónias caracterizou-se sempre por um somatório aleatório de acções avulsas e desconexas – tudo ao sabor do momento e elaborado em cima do joelho; em terceiro lugar, o "amplo consenso" da classe política concerne supostos objectivos a serem prosseguidos – que, diga-se de passagem, primam, quase todos, pela vacuidade –, mas nada nos diz quanto à convergência de opiniões relativamente aos meios humanos e materiais disponíveis para pôr em prática uma tal política, ou seja, neste particular, como bem sabemos, o consenso é inexistente; finalmente, se a ignorância e o desnorte por si sós são insuficientes para uma explicação cabal da situação, subsiste ainda o problema não despiciendo da falta de confiança por parte do Poder Político nos seus representantes e agentes, o que prejudicou a reflexão e a acção no terreno – que os leitores me perdoem o aparte, mas sei muito bem, por experiência vivida, do que estou a falar.

Perante o panorama traçado, quando a Guerra Civil eclodiu na Guiné-Bissau na manhã de 7 de Junho de 1998, apesar de informadas com a devida antecedência, as autoridades portuguesas, ao mais alto nível, mostraram-se surpresas e impreparadas para enfrentar a situação, actuaram em ordem dispersa e não souberam responder aos desafios do momento. Mais. Os erros então cometidos poderiam ter-se traduzido em avultadas perdas de vidas humanas, *maxime*, entre outros, os registados na atabalhoada evacuação no navio "Ponta de Sagres", a 11 de Junho, sem qualquer protecção militar, sob bombardeamento cerrado de mísseis "katyusha" e morteiros pesados por parte das forças rebeldes. Felizmente, por um bambúrrio da sorte, evitou-se uma tragédia de grandes proporções, mas creio que não se aprendeu a lição. Pelas razões apontadas, inúmeros erros foram cometidos ao longo de todo o processo. Esta é a verdade, nua, crua, pura e dura dos factos, que não pode ser escamoteada, nem desmentida.

No decurso do conflito civil, a meu ver, a posição de Portugal oscilava, passe o eufemismo, para não dizer que ziguezagueava, entre o apoio a "Nino" Vieira e aos seus fiéis e a abertura à causa dos insurrectos. Assim, num primeiro momento, começou por condenar o levantamento militar nos fora próprios – ONU e União Europeia – para, em seguida, apostar numa posição de alegada neutralidade e, finalmente, quase fazer o jogo aberto da causa rebelde, tendo, porém, o cuidado de nunca quebrar os laços com o efémero poder do "Bissauzinho" (designação depreciativa utilizada pela Junta Militar[4] e depois pelo Povo em geral para a pequena área, controlada por "Nino" Vieira e pelos seus sequazes, correspondente sensivelmente à parte central da Bissau colonial) e sempre com um discurso modulado às circunstâncias – ou seja, de uma no cravo e outra na ferradura. Finalmente, acaba por acolher "Nino" Vieira como asilado político na sua embaixada em Bissau, permitindo-lhe o posterior exílio em Portugal, acompanhado por alguns dos seus incondicionais apoiantes – estes capangas eram, confessadamente, os maiores detractores de Portugal e dos portugueses – e escancara as portas de par em par à insurreição triunfante. Esta foi a política invertebrada de Lisboa. *The rest is silence!*, como remata Shakespeare na cena final do "Hamlet".

Os *media* lusitanos acordaram sobressaltados na manhã de 7 de Junho de 1998 e a Guiné passou a "cacha" de primeira página. Antes do mais, os nossos jornalistas tinham de perceber o que se estava a passar. Assim, assiste-se a uma primeira fase, relativamente curta, de relatos meramente factuais, mais centrados sobre a sorte dos portugueses e sobre a evolução provável do conflito do que sobre as razões deste e do que estava em causa. Logo a seguir, há um alinhamento consistente, duradouro e assumido com as teses "rebeldes" e uma

---

[4] Cuja designação inicial completa era a seguinte: Junta Militar para a Consolidação da Democracia, Paz e Justiça, que, posteriormente, veio a chamar-se Junta Militar do Povo e Junta do Povo. Nas páginas que se seguem será apenas utilizada a expressão Junta Militar.

concomitante diabolização do regime de "Nino" Vieira. Para muitos o líder dos insurgentes, Ansumane Mané era uma espécie de Robin dos Bosques africano, a sua base operacional, Brá, a floresta de Sherwood e João Bernardo Vieira, o xerife de Nottingham. Esta visão romântica, pacóvia e distorcida da realidade não contribuía certamente para a resolução dos problemas.

As minhas duas estadas na Guiné-Bissau deram-me a conhecer facetas inesperadas dos seres humanos. Para além das imensas dificuldades do quotidiano, desde as carências alimentares aos cuidados de saúde, da inexistência de comunicações às faltas de energia; do sofrimento e dor quase permanentes de todo um povo, que amei e amo; da angústia dos meus próximos e das minhas próprias tribulações, enriqueci-me muito com a aventura humana. Todos os sentimentos, todas as emoções, toda a panóplia de comportamentos humanos por mais desencontrados, paradoxais e absurdos que pareçam acabei por os conhecer e interiorizar. Vivi-os e estão indelevelmente gravados na minha memória. Houve de tudo um pouco: heroísmo e solidariedade nos avatares das guerras; medo puro e cobardia por parte de militares de carreira e de altos responsáveis; violência, roubos e, até, assassinatos no desespero dos dias mais sombrios ou na incerteza do desfecho dos conflitos; feitiçaria, "amarrações", a fúria dos "irãs" (divindades tradicionais), mezinhas, encantamentos – que sei eu? – ao longo das contendas e, *last but not least*, detectei e denunciei actos de traição, que não mereceram mais do que um sorriso amarelo por quem de direito. E mais não digo.

Beneficiei do raríssimo – senão, mesmo, único – privilégio de ter vivido como testemunha interessada e como actor empenhado duas situações de guerra na Guiné-Bissau, como militar e como embaixador. Posso afirmar, com toda a frontalidade, que nos anos 60, independentemente de outros considerandos, delineava e implementava-se uma politica coerente e consequente, ou seja a concepção do Portugal do Minho a Timor, do regime da época, que implicava implicitamente a defesa intransigente de todas as parcelas do que então se considerava o todo nacional. Certa ou errada, justa ou injusta, contestada ou incontestada, com fundamento ou sem ele, esta concepção possuía uma lógica intrínseca globalmente sólida e límpida, sem embargo da necessidade de alteração de estratégias e da notória falta de meios[5]. Outro tanto não se poderá

---

[5] Todavia, subsistia a ameaça de um previsível colapso militar no teatro de operações da Guiné – e este cenário apresentava contornos bem reais, a partir de 1972-73. Em termos

dizer da "política externa" do Governo de Portugal em relação à guerra civil bissau-guineense do final da década de 90. As situações que testemunhei, há uma dúzia de anos, evocavam-me um grupo de galinhas recém-decapitadas a correrem sem rumo pelo quintal, até caírem de vez.

De Lisboa, vinham as habituais ordens enfatuadas, estultas, incoerentes, amiúde contraditórias, dos pequenos títeres com ilusões e pretensões de mando em ascensão no Largo do Rilvas e noutros lugares, quiçá ainda mais respeitáveis, os pedidos de informação a perguntas já por mais de mil vezes respondidas, tudo isto entremeado, aqui e além, com patranhas de inocência variável e, amiúde, com as habituais conversinhas de circunstância delico-doces, numa tentativa florentina, mas bacoca, de me controlarem com o artifício de me incutirem alento, numa hipócrita solidariedade. Registo que, ao longo dos meses, a receita usual era, mais ou menos, esta e não outra!

O meu protagonismo não procurado, nem desejado, mas inevitável no contexto da guerra civil, que os *media* lusos muito empolaram, não agradou, obviamente, ao Poder Político de então. Em determinados momentos, fui, de facto, a única fonte de informação sobre o conflito na Guiné-Bissau. E perdoem-me a imodéstia – porque equidistante entre as duas partes em liça – talvez a mais fiável. Não posso porém ser juiz em causa própria, que me julguem pelo que disse ou não disse. Não podia, porém, furtar-me a responder às perguntas dos jornalistas, nem escusar-me a comparecer perante as câmaras ou os microfones. Era manifestamente impossível. O público tinha o direito a ser informado e eu não podia assobiar para o lado. Esta orientação – tal como a da minha ex-colega e actual eurodeputada Ana Gomes, na altura na Indonésia – embatia de frente com as tradições, os usos e costumes das Necessidades, gerando "naturais" anti-corpos.

Também caiu mal o facto de eu ter permanecido em Bissau, após as grandes evacuações de portugueses e estrangeiros, primeiro no cargueiro "Ponta de Sagres" e depois nos vasos de guerra da Armada portuguesa, apesar de instado pelos meus superiores hierárquicos a abandonar Bissau. Este meu posiciona-

---

de custos-benefícios, muito embora o PAIGC, não descartasse a possibilidade, tal representaria, em termos concretos, uma operação demasiado difícil e com um preço elevadíssimo (Cfr., *i.a.*, a opinião de "Manecas" dos Santos no livro de Patrick Chabal "Amílcar Cabral: revolutionary leadership and people's war", Cambridge University Press, 1983).

Como se sabe, a tese em apreço é riscada do mapa com o golpe de Estado do 25 de Abril de 1974.

mento conferia-me um "prótagónismo" – reproduzindo a extravagante pronúncia de um conhecido político da época – desmesurado, o que não era saudável, em termos do meu futuro profissional, entenda-se. Ao permanecer em Bissau, entendi que o meu lugar era ali e não em Lisboa, visto que para tal havia sido nomeado pelo Presidente da República e me havia formalmente comprometido a cumprir a minha missão. Permaneciam ainda portugueses no território – e por irrelevantes que fossem – e só com o tempo me consciencializei plenamente dessa circunstância – existiam interesses portugueses a defender na República da Guiné-Bissau.

Comparando os dois períodos distintos que vivi na Guiné-Bissau, posso estabelecer paralelos e extrair algumas conclusões: por um lado, quer num caso, quer noutro, a descoordenação era quase total, permito-me salientar, bastante mais evidente no segundo que no primeiro, no fundo, tratava-se mais de uma diferença de grau que outra coisa; por outro, em ambas as situações, aliás, muito embora dissemelhantes entre si, imperava a tradicional e portuguesíssima lei do desenrascanço.

Também a vivência humana e as experiências colhidas nos dois casos em apreço foram riquíssimas, embora mais vivas no decurso da guerra civil do que na guerra dita colonial. Os actos de heroísmo ou de cobardia, de calma olímpica ou de nervoso miudinho, de fraternal solidariedade ou de violações grosseiras dos direitos humanos não foram muito diferentes, sem prejuízo dos 30 anos de intervalo que mediaram entre uma e outra.

A minha primeira temporada na então Guiné Portuguesa, no final da década de 60, deu-me a conhecer, por um lado, uma parte do território e algumas das suas gentes e, por outro, a absurda brutalidade da guerra. Nunca compreendi o abandono perverso e vil daquela gente, em especial dos que lutaram ao nosso lado, entregues de qualquer maneira à sanha vingativa e persecutória do PAIGC[6]

---

[6] Quando da entrega do poder ao PAIGC, em 1974, terão sido massacrados alguns milhares de militares e civis guineenses que terão combatido sob a nossa bandeira ou colaborado com as autoridades portuguesas. Tais atrocidades foram cometidas pelas Forças Armadas bissau-guineenses. Segundo o jornal "Nó Pintcha", órgão oficial do PAIGC, ed. de 29.11.1980, "Em seis anos de independência total da nossa terra, 500 pessoas foram fuziladas, sem julgamento e enterradas em valas comuns nas matas de Cuméré, Portogole e Mansabá.

Publicamos hoje, os nomes de algumas pessoas que foram massacradas pelo regime de Luís Cabral, pois só as fichas criminais é que chegaram ao conhecimento do Conselho da triunfante e detentor do Poder absoluto. Confiámos, sem qualquer peso na consciência, os que combateram pela bandeira verde-rubra, aos pelotões de fuzilamento[7], infame página da nossa história que jamais será apagada, jamais será esquecida e que não será, certamente, redimida com todo o dinheiro da nossa "generosa" cooperação, que, via de regra, vai parar às mesmas mãos corruptas de ontem, de hoje e de sempre.

Revolução. Sabe-se que muitos camaradas das FARP, que discordavam do regime e das injustiças de que eram alvo, elementos do grupo Malam Sanhá, e antigos comandos africanos criados pelas autoridades do colonialismo português na nossa terra, foram mortos pelos Serviços de Segurança do Governo deposto.

São bem conhecidos do nosso povo os crimes cometidos pelos "comandos africanos", junto das populações indefesas. Era justo que fossem julgados, mesmo eles, e condenados pelos seus crimes. Mas tal não aconteceu. O regime de Luiz Cabral violou flagrantemente as normas dos Direitos Humanos, e nenhum comando africano, nenhum dissidente foi levado a tribunal. Foram executados barbaramente no meio das florestas, contra os mais elementares princípios de justiça, e contra os princípios do nosso glorioso partido".

Cfr. igualmente o que a este respeito escreve José Zamora Induta, "Guiné – 24 anos de independência (1974-1998)", Hugin Editores Lda., Lisboa, Setembro 2001, p. 12.

Registe-se que Portugal jamais denunciou tais atrocidades e, apesar de tudo, concedeu asilo político a Luis Cabral.

[7] O livro do tenente-coronel Queba Sambú, "Ordem para matar – Dos fuzilamentos ao caso das bombas da embaixada da Guiné" (edições Referendo Lda., Lisboa, 1989) apresenta neste particular vários exemplos bem elucidativos. Da obra extraímos a seguinte passagem: "Passaram os Serviços de Segurança a violar gravemente os direitos dos cidadãos, cometendo crimes de toda a espécie e atrocidades torcionárias, desde a agressão com bastonadas, cintos de cabedal e cabos eléctricos, aos suplícios de queimaduras com pontas de cigarros nos olhos das vítimas, chegando a cegá-las, e de choques eléctricos, seguindo-se os fuzilamentos clandestinos." (p. 67). Queba Sambú apresenta uma relação nominal de 67 ex-comandos africanos que foram clandestinamente fuzilados pelos órgãos de Segurança da República da Guiné-Bissau, dos finais de 1975 a princípios de 1980 (cfr. *op. cit.* p. 68). O autor, entre vários casos, cita um particularmente horrendo ocorrido no "chão" manjaco, no Norte da Guiné-Bissau, nos seguintes termos: "o caso mais revoltante foi o do espectáculo público dos fuzilamentos perpetrados, em 1976, no aeroporto de Cantchungo. A população fora convocada para comparecer a uma reunião do Partido, mas tratava-se do abate a tiro de Joaquim Baticã Ferreira, ex-Régulo de Cantchungo, de seu irmão Cristiano Baticã Ferreira e de Anastácio Sidi, ex-furriel das F A portuguesas.

Depois do morticínio, os familiares das vítimas foram compulsivamente forçados a organizar festas cm suas casas e a dançar." (Idem, p. 69).

Será que Portugal alguma vez pensou sequer em revelar estes crimes, adoptou a política da avestruz ou assumiu que quem cala, consente?

Essa experiência inicial foi-me preciosa – eu diria, mesmo, única – para a minha segunda etapa. Mais. Por estranho que possa parecer, três décadas passadas, os bissau-guineenses, para além do respeito e amizade que me tinham, quase me consideravam um dos seus por ter combatido do outro lado da barricada – ou seja, as tão famigeradas solidariedade e camaradagem entre ex-combatentes de campos opostos, que constam dos romances da cavalaria medieval. Dispus sempre deste trunfo (e de outros) que mais ninguém detinha. Pena foi que os sapientes governantes lusos nunca se tenham apercebido disso e jogado estas cartas a seu favor.

Depois restam os guineenses e a Guiné, um povo admirável que muito respeito e amo, desde os balantas a labutar alegre e arduamente nas bolanhas[8], aos fulas e à sua complexa hierarquia social, ao sentido da honra e da nobreza de carácter dos mandingas, às cerimónias do "choro"[9] dos manjacos, à crença na protecção dos "irãs" dos papéis e dos mancanhas, às fainas piscatórias dos bijagós, às danças tradicionais dos felupes, à arte dos nalus, às legiões de pobres e deserdados de Bissau, a cidade capital que assume uma dimensão desorbitada, perigosa e malsã para um país minúsculo e débil, como é o caso.

Em suma, um povo, em busca de uma alma colectiva e de um Estado que, a meu ver, ainda não existe. Espoliados, miseráveis, carentes de tudo, sem eira, nem beira, sem esperança, nem futuro, alguns bissau-guineenses procuram definir-se, sem saberem muito bem como. Antes do mais, precisam de ter as condições mínimas de subsistência que lhes garantam a sobrevivência (esta é uma questão primordial que não está resolvida), depois têm de criar as bases minimamente consistentes de um Estado e, finalmente, têm de saber traçar o seu destino colectivo. É para este quadro complexo que Portugal pode, controlada e moderadamente, dar o seu contributo. Resta saber o quê e como. Teria, creio, de reequacionar toda a sua política, começando por partir da estaca zero da análise, de um estudo sério da situação, de um exame de consciência sem complexos, para propor então soluções, mesmo modestas. Pergunto-me, apenas, se valerá a pena? Não estará a Guiné-Bissau para sempre condenada à irrelevância? Um caso perdido? Desgovernada e ingovernável? Agora e a prazo?

---

[8] Zonas pantanosas, alagadas ou semi-alagadas, em geral de água salobra, mas nalguns casos de água doce, em que os guineenses se dedicam, entre outras actividades, à cultura do arroz.

[9] Cerimónia fúnebre, que é também ocasião para grandes festividades, em geral com a matança de várias cabeças de gado, propriedade do defunto.

O levantamento militar, apesar da complexidade das suas causas, das contradições internas da própria Junta e do processo que desencadeou, das ambiguidades do discurso, da sua ideologia difusa e imprecisa, manifestou um claro desejo de mudança da própria sociedade e, nesse sentido, os seus propósitos possuem um sentido quase (senão, mesmo) revolucionário. O então Primeiro-Ministro Francisco Fadul, o ex-Ministro da Defesa, dr. Francisco Benante, o Ten. Cor. Emílio Costa e o Comandante Zamora Induta, apenas para citar alguns exemplos, encarnavam, a meu ver, esse espírito. Restava saber como passariam das intenções à prática. O futuro diria qual das duas teses prevaleceria: a insurreição fez-se para tudo ficar na mesma e, nesse caso, os velhos hábitos emergiriam a prazo; ou o levantamento fez-se para introduzir mutações de fundo na sociedade, na própria estrutura mental e no comportamento dos bissau-guineenses?

Com o passar dos anos, a resposta é óbvia. Desculpem-me repetir aqui uma frase estafada, mas sempre verdadeira: é preciso que alguma coisa mude para que tudo fique na mesma.

É por demais evidente que antes de pensar na Guiné-Bissau, os nossos governantes têm de prover ao bem-estar, progresso material, espiritual e moral dos portugueses. Essa é a sua primeira e única prioridade, para isso é que foram eleitos. O resto é conversa fiada. Se a Guiné-Bissau é ou não um país, se trilha ou não um caminho saudável, se os seus dirigentes são ou não dignos de confiança, são questões que nos ultrapassam e que não nos dizem respeito. Nem tão-pouco devemos ter complexos ou escrúpulos morais em relação àquela nossa ex-colónia na África Ocidental. Uma vez independente, deve saber o que quer. É claro que Portugal poderá dar uma mãozinha – note-se bem, meramente marginal – neste processo, mas não mais do que isso.

Consultadas muitas centenas de documentos, a maioria inéditos, aguardei pacientemente a data da minha aposentação para dar à luz este livro, cujo carácter heterodoxo e controverso é manifesto – não o nego! Não o poderia certamente publicar enquanto estivesse no activo. Trata-se de uma pedrada no charco, deliberada, provocadora, talvez brutal.

Sob a forma de crónicas e nalguns casos de análises, que pretendem seguir uma ordem cronológica, mas que, por vezes, lhe escapam, tentarei relatar tudo o que me foi dado ver, ouvir e ler, em duas fases distintas da história recente da Guiné-Bissau. Na introdução lanço um conjunto de temas e problemas que tentarei ir abordando ao longo de três partes distintas, que correspondem a outros tantos momentos históricos. Na primeira, abordo, de forma muito sintética, a minha experiência pessoal na guerra colonial, guerra do Ultramar ou luta de libertação nacional da Guiné-Bissau, sem porém me deter em considerandos sobre a arbitrariedade ou o bem fundado dessas designações. Na segunda, tentarei traçar uma panorâmica dos acontecimentos no período de paz (podre) que antecedeu a guerra civil e onde se poderão descortinar algumas das razões que levaram ao conflito armado. Na terceira, focarei este último, na minha dupla perspectiva de espectador e de actor. Confesso que a vastidão e sensibilidade do tema me impedem, como testemunha presencial de uma época e da vivência histórica, de elencar todas as questões e de as avaliar com a imparcialidade e o distanciamento que, naturalmente, se impunham e o seu tratamento requeria. Finalmente, nas conclusões aferirei das premissas e dos dados da equação – ou o leitor fá-lo-á, certamente, por mim – as possíveis respostas ou a partida para novas viagens e a prossecução de novos rumos, porque creio que a temática não se esgota nestas páginas. Procurarei ser o mais objectivo possível sabendo de antemão que tal tarefa é virtualmente impossível.

Desde o berço e ao longo da minha vida, foi-me inculcada uma certa noção de Portugal que retive e me guiou. Para mim servir o meu país foi um objectivo a cumprir. Não sei se o terei ou não alcançado, designadamente no contexto das minhas duas estadas na Guiné-Bissau. O leitor que me julgue.

PRIMEIRA PARTE

CRÓNICA 1

De Lisboa a Bissau e volta
De Julho de 1968 a Abril de 1970

Acordar para a realidade no Portugal do final da década de 60: o fim das quimeras

Para se compreender o "depois" é forçoso conhecer-se o "antes", ou seja para referir, explicar e analisar o que foi a Guiné-Bissau no final do século passado, em vésperas e no decurso do conflito civil de 98-99 – o objectivo último deste livro –, tenho de recuar no tempo e, de uma forma muito abreviada e concisa, mencionar, ainda que de passagem, a chamada guerra do ultramar, colonial ou de libertação nacional. Participei em ambas, nesta última, como combatente; na primeira, como espectador atento, como negociador e, é bom não esquecer, também como destinatário passivo das acções beligerantes das partes em contenda. Com efeito fui, numa época recuada, oficial subalterno integrado numa companhia de infantaria. Posteriormente, voltei à Guiné-Bissau, já independente, como chefe de missão diplomática. Posso, pois, traçar paralelismos, entrecruzar análises e perspectivas e extrair conclusões desse exercício. Mais. Estou hoje convicto que a minha primeira experiência foi crucial, ou pelo menos, importante para o bom desempenho da segunda.

É um truísmo dizer-se que a minha geração foi marcada de forma perene pela guerra do Ultramar. Para todos os jovens dessa época a chamada às fileiras era a interrupção radical da rotina, ou se se quiser de todas as rotinas de vida, uma mudança de rumo, com um destino incerto. Apesar de se assistir ao dealbar de um período de prosperidade económica em Portugal, a chamada guerra de África, um conflito dito de baixa intensidade, mas prolongadíssimo no tempo e sobretudo marcado por uma luta de desgaste incessante, condicionava a vida do país. Sem recurso às cartas de "tarot" ou à leitura dos astros, a minha geração sabia de antemão o que a aguardava: dois, três ou mais anos de vida desperdiçados, o fim das fantasias da juventude e a verdadeira entrada na vida adulta, muitas vezes com um forte travo traumático. O ritual cumpria-se com angústia, creio que não propriamente por medo da guerra, que também o houve, mas talvez pelo desconhecimento do que nos reservava o *day after* – o dia seguinte, interpretável em todas as latitudes possíveis.

Sem prejuízo das conhecidas limitações genéricas de acesso à informação dos anos 60, como frequentava então a universidade, presumia-se que estaria minimamente politizado, o que não quer dizer que as minhas convicções fossem muito arreigadas ou consistentes. Inseria-me entre duas lógicas: a do regime que era clara – Portugal era, no fundo, um macro-estado, ou seja pluri-continental, pluri-territorial, pluri-racial e pluri-cultural, a História, a Moral e o Direito estavam do nosso lado; defender a Guiné-Bissau ou Timor não era muito diferente da defesa da Beira-Baixa ou da ilha do Faial, se acaso uma ou outra fossem ameaçadas; tratava-se de uma guerra justa e com o apoio consistente das populações – e a do outro lado, que se pretendia igualmente clara, mas que comportava matizes, sobretudo em termos das soluções possíveis – os povos tinham o direito inalienável a disporem livremente do seu próprio destino; os impérios coloniais tinham terminado ou estavam em vias disso; os "ventos da História" sopravam num determinado sentido; a guerra era fundamentalmente injusta e imoral; as populações não estariam connosco, mas, antes, queriam libertar-se da nossa tutela, logo havia que dar-se-lhes ou a independência total e imediata – solução mais radical –, ou uma independência negociada ou a auto-determinação, e depois logo se veria. O fundamento das propostas de um e de outro lados era, à partida, indemonstrável. O certo é que prevalecia a enraizada convicção de que a guerra estava para durar, não se sabendo exactamente até quando. A população, politizada ou não, com fé ou descrente, a gosto ou a contragosto, mesmo sem sondagens de opinião, aliás, na altura, inexistentes, apoiava globalmente o Governo, podemos afirmá-lo com segurança. Todos os sinais apontavam nesse sentido. A Oposição, sem grandes oportunidades de verbalizar e divulgar o seu discurso, reconheçamo-lo igualmente, constituía uma minoria pouco significativa, só com alguma expressão nos principais centros urbanos e em determinados círculos intelectuais. É esta, de uma forma muito resumida, a verdade dos factos.

Todas estas questões marcaram de modo durável, psicologicamente lesivo e sempre com fortíssima intensidade toda a minha geração. Chocava-nos a vida pacata dos nossos concidadãos entregues ao rame-rame das suas vidas apagadas, desconhecedores, talvez não inteiramente por culpa sua, do que se passava do outro lado do mar, indiferentes ao nosso próprio sofrimento, que, no fundo, devia ser também o deles. Vivemos na pele tudo isto e muito mais, o que para as gerações seguintes – e eu conheci bem o que pensavam os que nos sucederam 20 e picos anos depois, pois convivi com eles no dia-a-dia, quer no trabalho, quer na vida social –, a guerra de África e tudo o que implicou, mais não foi que um conflito distante, alienígena, estranho, algo que se inscrevia talvez na história geral do país, merecendo uma referência quiçá um pouco mais extensa que uma mera nota de roda-pé, mas não muito mais do que isso. Em suma, a memória era curta, a guerra já não lhes dizia respeito e, de todo em todo, não os interessava. Recordo, como exemplo típico e de modo algum único, que em meados dos anos oitenta, uma jovem colega de emprego me dizia: "Você quando fala com esse calor todo da guerra de África, parece que está a reviver, numa espécie de directo televisivo, as campanhas de Napoleão! Isso são coisas que já lá vão. O que é que, hoje, temos a ver com o asunto?" Enfim, falar de Angola ou do Vietname, de Moçambique ou da Nicarágua, para essa geração e para as que se lhe seguiram era quase tudo igual ao litro, passe o plebeísmo.

Da pacatez das terras lusitanas às bolanhas da Guiné

Interrompida a contragosto a Universidade e ingressado nas fileiras, efectuei, como tantos outros, um percurso relativamente banal, que compreendia várias etapas: recruta, especialidade, neste caso concreto infantaria; o serviço numa unidade da província (Castelo Branco); uma formação específica complementar em minas e armadilhas (na Escola Prática de Engenharia em Tancos) e, finalmente, a integração numa unidade de mobilização para o ultramar (o Regimento de Infantaria 1, na Amadora).

Cumprido o treino operacional, nesta última unidade, a companhia – a C.Caç. 2402[10] – composta, na sua esmagadora maioria, por jovens aldeões da Beira Alta e de Trás-os-Montes, estava pronta para seguir viagem, tendo como destino final a Guiné.

Desembarcados no cais de Bissau a 29 de Julho de 1968, seguimos dois dias depois para Có, no chão mancanha ou brame[11], situada a poucos quilómetros da capital, em linha recta, na direcção noroeste. Aquela povoação seria a nossa morada por uns largos meses, mas, na altura, levava-se uma eternidade a alcançá--la, uma vez que os camiões tinham de atravessar o rio Mansoa, um a um, numa jangada, mal amanhada, de segurança mais do que duvidosa, com um motor rudimentar, na povoação ribeirinha de João Landim, situada a norte da capital. Do outro lado do rio, a estrada alcatroada conduzia-nos a Bula, sede de um batalhão de cavalaria, de que iríamos depender e onde a população local era maioritariamente de etnia balanta, para depois inflectir por uma estrada de terra batida, para Oeste em direcção a Có, Pelundo e Teixeira Pinto (hoje Canchungo). Tudo para nós constituía novidade, mas muito decepcionante: populações paupérrimas, estradas enlameadas, os habituais insectos um pouco por toda a parte a provarem carne fresca (a nossa), um calor sufocante e pesado e, mais do que isso, a ameaça incessante de que o perigo podia surgir de um momento para o outro.

O aquartelamento, nome demasiado pomposo para umas 3 ou 4 casas e alguns abrigos construídos com troncos de palmeira e bidões da gasolina cheios de terra, tudo rodeado de arame farpado, situava-se no final do que parecia ser uma mal delineada rua de palhotas com uma dúzia de moranças[12], algumas (poucas) com telhado de zinco, a maioria cobertas com colmo. Isto era Có.

---

[10] Para quem estiver interessado na história desta companhia de infantaria, pode consultar o livro "Memórias de Campanha da Companhia de Caçadores 2402", 2 volumes, edição do autor, Lisboa, 2005, coordenado pelo meu camarada de armas Raul Albino.

[11] Trata-se de uma etnia minoritária da Guiné-Bissau (das cerca de 27 existentes) que tem também representação nos territórios vizinhos. São quase todos animistas, acreditando nos poderes dos espíritos maléficos dos "irãs". Existe entre ele um grupo reduzido de cristãos.

[12] Em crioulo, casas da população local.

Assemelhava-se mais aos vestígios de um bairro de lata inacabado, de outros tempos, na periferia de uma das nossas cidades metropolitanas, que a qualquer outra coisa. Não que estivéssemos à espera de ficar alojados no "Ritz", mas as instalações não eram boas, nem más, eram simplesmente deploráveis! Os próprios soldados, pouco exigentes em matéria de conforto e de amenidades, vindos de aldeias pobres perdidas nas serranias trasmontanas ou beirãs, queixavam-se daquelas condições indescritíveis, mas não havia nada a fazer. Era o nosso *karma*. De que é que estávamos à espera de iogurtes, galões e torradas aparadas com manteiga dos dois lados? Oficiais e sargentos, para citar apenas um exemplo, faziam fila para tomarem, sem qualquer privacidade, banho de balde no que devia ter sido, em tempos, uma cozinha ou coisa que o valha, de uma das casas, onde estava instalado o comando da companhia. A enfermaria estava alojada numa dependência com pouca luz que teria sido, noutra reencarnação, um pequeno celeiro ou arrecadação. A messe era uma esplanada africana, daquelas que vim a encontrar nos bairros populares um pouco por toda a África Ocidental, aberta e sem protecção adequada contra as nuvens de mosquitos que, invariavelmente, atacavam ao fim da tarde. Além disso, constatámos, de imediato, que a companhia estava mal armada e municiada. Não dispúnhamos de armas pesadas, de metralhadoras modernas ou de bazucas em número suficiente. O panorama não era animador, longe disso. Mas, assim se iria fazer a guerra.

Encetou-se, então, a rotina do que seria a nossa vida em Có, com a necessária fase de adaptação, logo seguida dos primeiros patrulhamentos e operações no mato. Não se registaram, nessas semanas iniciais, quaisquer contactos com a guerrilha do PAIGC. Todavia, os rastos de pegadas na mata que observávamos nas nossas saídas e as informações que nos iam chegando, um pouco de toda a parte, davam a entender que o famigerado IN (ou seja, o "inimigo", se bem me lembro, descrito nos manuais militares como "insidioso e velhaco, como sempre") andava por perto e dentro em breve iríamos ser testados.

Assim sucedeu e após o baptismo de fogo, logo a 29 de Agosto de 1968, em que repelimos com assinalável êxito o primeiro ataque em forma do PAIGC, pautados pela inexperiência própria dos novatos, mesclada com ansiedade, sofrimento e coragem, teríamos de enfrentar a guerrilha por diversas vezes. Aí tivemos, com angústia, de contabilizar os primeiros mortos e feridos, o que, ao longo de toda a comissão, perfez estatisticamente 4 mortos e três dezenas de feridos, em 55 contactos de fogo. Números que na sua glacial frieza nada dizem, mas recordaremos sempre os nomes dos que morreram e as tribulações por que passámos. Vivemos as metamorfoses da guerra e sentimos o que sentem os homens desde que o mundo é mundo e de que a guerra é guerra. Não vou demorar-me muito neste tema, hoje tão glosado pela gente da minha geração, que os livros, as tertúlias e os blogues para "habitués" e iniciados ainda perpetuam. Até quando? A resposta é fácil: pela ordem natural das coisas durante mais uma década, talvez nem tanto, e depois, paulatinamente, tudo cairá no esquecimento, sobrando uns vagos resquícios no pó dos arquivos ou nuns tantos *bytes* de memória ROM de algum computador desactualizado.

Dos construtores de estradas: estradas, mais estradas, ainda e sempre estradas. De Có a Mansabá.

Depois do primeiro gostinho de combate partimos para "novas viagens, novas corridas" na rotina das operações militares, dos patrulhamentos, das nomadizações, das emboscadas, dos golpes de mão e, na fase final da nossa estada no chão mancanha, da protecção aos trabalhos de construção e asfaltamento da estrada Bula-Có-Pelundo. Este era um dos objectivos da estratégia de Spínola, sob o lema "Por uma Guiné melhor", em que pretendia dotar o território de uma rede de estradas modernas e asfaltadas, permitindo a fácil circulação de veículos, de pessoas e de mercadorias, retirando, assim, ao PAIGC argumentos para continuar a luta, na medida em que visava atrair a população para o nosso lado, subtraindo-a ao controlo da guerrilha. A penetração para Oeste, em direcção a Teixeira Pinto (Canchungo), o coração do chão manjaco, e a Cacheu, mais a Norte, era, pois, essencial para a estratégia do general do monóculo.

Com efeito, a construção desta estrada significava um grande triunfo para o governador António de Spínola e um aparente revés para a guerrilha, na lógica de introduzir melhorias substantivas na vida quotidiana da população, permitir as ligações por estrada, vitais para as operações militares e, como já referi, afastar "o bom Povo da Guiné" do PAIGC, que, assim, não as poderia controlar e não beneficiaria, igualmente, dos necessários apoios logístico e material, indispensáveis para a prossecução da luta. Antes do mais, os guerrilheiros não podiam permitir, por forma alguma, que Spínola arrebatasse as populações para o seu campo. Em segundo lugar, do ponto de vista estritamente militar, a construção de uma estrada alcatroada implicava uma grande concentração de meios civis e militares, por conseguinte, alvos fáceis para a guerrilha, que podia fazer incidir as suas acções e estratégia continuamente sobre os mesmos objectivos, mas teria de alterar algum do seu comportamento táctico, porque a concentração de meios militares portugueses seria muito forte e a capacidade retaliatória enorme.

Estou em crer que a experiência ganha em Có na protecção das estradas e alguma fama adquirida, que, diga-se de passagem, bem dispensávamos, levaram possivelmente as altas cabeças militares a fazerem deslocar a companhia de Có para Mansabá, sede do nosso batalhão de origem, o B. Caç. 2851, que se situava a uns 80 ou 90 quilómetros para Leste, para aí participarmos na magna tarefa de proteger a construção da grande via de penetração do norte da Guiné: ou seja, a estrada alcatroada (mais uma) Mansabá – K-3 – Farim. Em suma, depois, de termos desempenhado a nossa missão de "cantoneiros" na região Oeste, íamos agora representar idêntico papel no Norte. Só que as dificuldades da nossa missão anterior eram de pouca monta, comparadas com as que iríamos encontrar em Mansabá.

Estávamos bem no centro da Guiné, no coração da região do Oio e da famosa mata do Morés, onde a guerrilha havia começado em 1963, na sequência do ataque ao quartel de Tite, na outra margem do Geba, no Sul, frente a Bissau, em Janeiro daquele ano, que marcou o verdadeiro início das hostilidades, por parte do PAIGC.

Após um mês de actividade operacional em Mansabá, com dificuldades acrescidas, sobretudo em termos dos ataques incessantes e em larga escala do PAIGC, é-nos dado um novo destino, do outro lado da mesma mata, Olossato, onde a guerrilha tinha estado muito activa sobretudo na primeira fase da luta. A bem dizer, seria, sussurava-se, um destino mais calmo, se é que na Guiné existiam então destinos calmos.

Uma nova missão: no meio da mata, Olossato, a acção psico-social, entre minas, algumas flagelações e o desconforto imanente.

Olossato, bem no centro da região do Oio, ficava a uma distância relativamente curta de Mansabá, talvez uns 20 quilómetros em linha recta, nem isso, todavia, tinha de se dar uma grande volta em U para lá se chegar, através de

Mansoa e Bissorã, uma vez que a ligação directa não era possível, porquanto atravessava o coração de uma das maiores bases de guerrilha do PAIGC, no Norte da Guiné, uma zona com população escassa, mas controlada pelo inimigo. A picada lá estava, mas havia anos que não era percorrida, nem ninguém a tal se atrevia. Terá sido encerrada em meados da década de 60. Suspeitava-se da existência de minas anti-carro e anti-pessoal aí colocadas em quantidade e, segundo vim a saber, mais tarde, estava montado todo um sistema de sentinelas e de vigias que alertava para qualquer passagem ou tentativa de aproximação por via terrestre. Quem se aventurasse cairia inevitavelmente em emboscadas. Acresce que se desconhecia o terreno, a dinâmica ofensiva dos guerrilheiros e os efectivos com que se iria eventualmente defrontar. Aliás, no mapa afixado na sala do comando, a "base central do Morés" estava assinalada a negro, bem visível, como "Zona de Intervenção Exclusiva do Comandante-Chefe", estando interdito à tropa de quadrícula pôr os pés naquela área. Ponto final.

Para Nordeste, estendia-se outra picada, desta feita para o K-3 e Farim, igualmente fechada por idênticas razões e pelo mesmo número de anos. Em suma, a nossa base era, por assim dizer, a ponta de uma espécie de península rodeada por mato e inimigo por todos os lados, menos por um: ou seja, excepto por uma estreita faixa constituída pela estrada que ligava a Ponte Maqué e a Bissorã, a Sueste, e os terrenos limítrofes.

Olossato reunia, então, umas 2.000 almas, dentro do arame farpado, tendo concentrado as antigas aldeias fulas, mandingas e balantas das redondezas numa só unidade. Dispunha de um chefe de posto administrativo, de 2 comércios – teriam sido bastantes mais antes da guerra, segundo nos disseram – uma mesquita e uma pista de aviação razoável (até lá chegou a aterrar um DC-3). A companhia estava instalada num celeiro e nas antigas casas comerciais abandonadas pelos portugueses, cabo-verdianos e libaneses que prosperaram nos anos anteriores à guerra. Comparando com Có, Olossato era quase um "luxo", mas, a julgar pelo que nos contavam, tinha tido uma história bem atribulada, sobretudo na fase inicial do conflito, o que nos obrigava a tomar as maiores precauções e a não descuidar a segurança um só minuto.

A 7 quilómetros de Olossato e a uns 11 ou 12 de Bissorã encontrava-se o destacamento de Ponte Maqué, um "bunker" em forma de quadrilátero, com um pátio central, na orla de uma bolanha, junto a um riacho, a maior parte do tempo, seco ou quase, que albergava um grupo de combate. A ponte que, em tempos idos, foi de cimento e alvenaria, tinha sido dinamitada logo no início da guerra e havia sido reconstruída com toros de madeira, o que permitia a passagem de veículos pesados. Esta ponte era verdadeiramente vital pois permitia a conexão por estrada de Olossato com Bissorã e daí a Mansoa, Bissau e ao resto do território, por outras palavras, era a única ligação terrestre possível, porquanto, como referi, as conexões com Mansabá e Farim estavam cortadas. Ponte Maqué era um aquartelamento nevrálgico, o cordão umbilical que ligava Olossato à "civilização".

Os quatro grupos de combate da companhia ocupavam cada um de *per si*, por turnos de 2 semanas, o dito destacamento, cuja estada não era propriamente agradável. As condições de vida eram deploráveis: não dispunha de luz eléctrica, de chuveiros ou de latrinas aceitáveis, nem sequer das condições mínimas para confeccionar comida quente, que vinha diariamente do Olossato.

Sem energia eléctrica, a protecção (precária) era-nos dada por umas duas ou três fiadas de arame farpado e, por um campo de minas e armadilhas, delimitado pelas linhas de arame. A estrada nos dois sentidos, na direcção de Bissorã e na de Olossato era sempre armadilhada ao pôr do sol, sendo as granadas retiradas ao raiar da aurora, antes da população local se deslocar para a faina agrícola nas bolanhas vizinhas. Estas medidas impediam, de uma forma rudimentar, a aproximação do inimigo. Volta meia-volta, os macacos saltitavam pelos campos de minas e rebentavam-nas, sendo invariavelmente saudados por rajadas de metralhadora por parte das sentinelas e pelas imprecações dos soldados que acordavam estremunhados com os rebentamentos. À noite, 3 sentinelas garantiam uma segurança mínima do pequeno aquartelamento. Tudo isto se revestia, por razões óbvias, de um carácter muito aleatório. Um dos grandes problemas consistia em refazer o campo de minas – tarefa de particular delicadeza –, porque este tipo de acidentes com os macacos era frequente.

Como oficial com a especialidade de explosivos competia-me montar e desmontar as armadilhas em torno do destacamento de Ponte Maqué, bem como participar, juntamente com outros membros da minha equipa, na desminagem das picadas. É numa dessas operações de desmontagem de armadilhas, em torno do dito "bunker" que, por descuido meu, fiquei levemente ferido, mas podia aí ter perdido a vida. O meu fado, porém, era outro e o certo é que estou aqui para poder contar a história. Recordo-me bem das advertências de um instrutor, na Escola Prática de Engenharia em Tancos, no que respeitava ao manuseamento de explosivos : "Isto aqui não é como na matemática do liceu. Não há lugar para erros, nem segunda oportunidade para repetir a prova. Basta um único deslize, que é o último e é fatal. Fim da história!"

Sempre tive a convicção clara de que o nosso aquartelamento em Olossato e o destacamento de Ponte Maqué não constituíam objectivos estratégicos fundamentais para o PAIGC e este não pretendia levantar grandes ondas na área, para não sofrer as inevitáveis retaliações por parte da Força Aérea e da tropa especial portuguesa. A "base central do Morés", no coração do Oio, ponto de passagem e de apoio logístico entre o Norte, o Leste e o Sul da Guiné, não podia ser perturbada por "pequenas distracções" que podiam, a prazo, revelar--se adversas aos interesses e objectivos da guerrilha. As acções militares locais de um e de outro lados, muito embora envolvessem riscos de gravidade variável, limitavam-se no fundo a um "assinar do livro de ponto," tal não significava, por forma alguma, qualquer tipo de "repouso do guerreiro". De um momento para o outro, tudo, podia mudar e viveram-se, efectivamente, vários momentos de perturbação, ou não estivéssemos nós no pior teatro da chamada guerra do ultramar ou colonial.

Em abono da verdade, pode dizer-se que a nossa actividade operacional no Olossato foi ligeiramente mais atenuada que nos locais onde havíamos estado antes. A Guiné não era propriamente uma colónia de férias e, com a excepção provável dos Bijagós, não existia nenhum ponto do território que pudesse ser considerado seguro a 100%. Sem embargo, estávamos numa zona perigosa, tivemos múltiplos contactos de fogo e foi talvez o sub-sector onde levantámos mais minas. A proximidade da "Zona de Intervenção Exclusiva do Comandante--Chefe" impedia-nos de efectuar operações nessa região delimitada, mas podíamos actuar nas proximidades, o que fizemos, com regularidade Felizmente, não tivemos mais mortos, mas sofremos alguns feridos, poucos com gravidade. A população civil, infelizmente, sofreu bastante mais.

A acção psico-social já desenvolvida, com êxito, no "chão" mancanha, em Có, quer em termos de assistência médica, de apoio à educação, de construção de infra-estruturas ligeiras e de ajuda genérica às populações, teve um grande incremento no Olossato e a companhia esforçou-se por cumprir, da melhor forma, esta missão. O comandante de companhia dava uma particular importância a estas actividades, em que, obteve alguns êxitos, com cobertura e natural agrado por parte do Governador e Comandante-Chefe, uma vez que as actividades iam de encontro aos seus desígnios e inseriam-se na respectiva estratégia, apesar de, nesta área, também terem sido cometidos alguns erros.

Da guerra, da "construção" do país e da política em geral – *flashes* da filosofia dos chefes tradicionais locais

Numa noite igual a tantas outras, estávamos a montar uma emboscada algures no nosso sub-sector junto a uma bolanha onde não se passava nada, nem imaginávamos que se viesse a passar. Eu conversava em voz baixa com o chefe das milícias, um guerreiro balanta de seu nome Nhinta. Dizia-me ele no seu português acriolado, que vou procurar reproduzir, da melhor maneira possível:

– Nosso alfero, noutro tempo, na Olossato, havia tabanca[13] fula, aldeia mandinga, tabanca balanta. Aqui tabanca di fula, ali tabanca di mandinga. Manga [muita] di tabanca. Fula é o senhor. Fula não anda com mandinga que é criado de fula. Balanta é escravo de fula e de mandinga. Eles podem matar nós. Se balanta atravessa terra de fula, ele vai buscar arma e mata mesmo. Agora todos vivem juntos, porque tropa manda e tem arma para mandar. Tem tabanca grande: Olossato, onde está todo gente, porque tropa e nosso governador quer. Na mata, cabo-verdiano faz igual e manda também porque tem arma. Tropa tem arma, bandido tem arma também. Quem tem arma, tem força!

Após esta filosófica prelecção que explica, em traços talvez imperfeitos e rudes, mas de uma maneira bastante clara e directa, o problema do tribalismo e as relações de Poder na Guiné, que, em abono da verdade, me serviu de lição para sempre e me ajudou, mais tarde, a compreender a conturbadíssima história recente da Guiné-Bissau, não posso deixar de citar a evidência de uma das citações do "Livrinho Vermelho" de Mao Ze Dong – "O poder está na ponta das espingardas" – que assenta como uma luva à maioria das situações em África e no Terceiro Mundo. Em suma: "Quem tem arma, tem força!"
Em seguida, pergunto-lhe:

– Nhinta! E os balantas, que são a maioria, o que fazem? Não são eles que podem ter o Poder na Guiné?
– Balanta está com tropa. Balanta está também com bandido na mato. Balanta serve para guera e todos querem balanta para combate e para

---

[13] Povoado, em crioulo.

trabalho. Outros não quer combate, não quer trabalho. Eles quer só mudjer na trabalho. Hómi, não. Balanta? Mas balanta não djunta mão com todo balanta.

Numa outra ocasião falei com um chefe fula local, cujo nome não me ocorre, e perguntei-lhe a sua opinião sobre a guerra, a respectiva evolução e sobre o seu "país" a Guiné. Respondeu-me, mais ou menos nestes termos que passo a reproduzir:

– Pessoal está com Portugal. Portugal ajuda. Hómi garandi da Bissau, nosso Governador, é bom. Cabo-verdiano não é hómi di Giné. É guenti di fora. Cabo-verdiano quer mandar nós. Cabo-verdiano quer que guenti vivi na mato. Só bandido, mesmo, vivi na mato. Nós estamos aqui. Na mato tem fómi, na Olossato e noutras tabancas onde está tropa ká tem [não tem] fómi. Fula não é amigo di cabo-verdiano. Balanta e papel sim. Fula tem família na Senegal e também na outro Giné francês.

Não sei muito bem como destas bases primárias, mas perfeitamente claras se poderia (poderá) construir uma nação e menos ainda um país. Limitei-me a transcrever, tão fielmente quanto me foi possível, as respostas que me deram. Quem quiser que tire as suas próprias ilações. Eu tirei as minhas e corroborei--as na minha segunda passagem pela Guiné.

Cenas do quotidiano: das cerimónias tradicionais às doenças infecto-contagiosas

Para além dos casamentos, dos "choros" e de outras cerimónias, como o final do Ramadão ou o Eid-al-Adha (a festa da matança do carneiro), chamaram-me mais a atenção pelo seu carácter incomum e relativamente inédito, para as nossas mentalidades europeias, as celebrações (?) do "fanado," nas suas duas formas: a da excisão feminina e a da circuncisão dos rapazes. Ambas horríficas pelo primitivismo da sua prática, em especial a primeira que muito me chocou. Com efeito, a pavorosa cerimónia ritual da excisão feminina, consiste na ablação do clitóris a meninas com 6 ou 7 anos de idade, que se praticava e ainda, hoje, se pratica, em larga escala, em várias regiões de África, sobretudo, entre as tribos islamizadas e que, sem prejuízo de todas as campanhas levadas a cabo para contrariar esse costume bárbaro, não se conseguiu eliminar.

Das conversas que mantive com o médico da unidade, retive que a população do Olossato, para além das enfermidades comuns, padecia praticamente de todas as doenças imagináveis, algumas extintas, ou quase, na Europa, como era o caso da lepra. Detectámos 4 casos, comprovados por análise laboratorial. Mas havia mais. A tuberculose era recorrente e grassava entre a população civil, disseminando-se já aos nossos soldados, pelo que fomos forçados a evacuar dois deles. Feitas as contas, tínhamos cerca de 10% da população local infectada.

Em resumo, ali estávamos nós, em plena selva, sujeitos não só às aventuras e desventuras da guerra, mas a doenças de outras épocas ou de latitudes terceiro--mundistas, como a lepra e a tuberculose, que ali assumiam uma dimensão bem real e perigosa.

28 de Setembro de 1969 – uma data histórica no Olossato

– Henriques da Silva – disse-me, um belo dia, o médico, entre perplexo e excitado –, aponte esta data no seu diário ou no seu bloco de apontamentos! Hoje, 28 de Setembro de 1969 é uma data histórica! Pela primeira vez na vida destes povos, os guineenses do Oio tiveram contacto com uma charrua. Começou a revolução agrícola. Passámos da Idade da Pedra e entrámos na Idade Média. É verdadeiramente extraordinário que ao fim de 500 anos de colonização, só agora é que esta gente toma conhecimento de um instrumento basilar da tecnologia agrícola milenar: a charrua. É para se abrir uma garrafa de champanhe!

A maior parte dos trabalhos no campo, designadamente nas bolanhas, onde se cultivava o arroz, era levada a cabo pelos balantas utilizando o *kebinde* (também conhecido em crioulo como *arade balanta*), uma espécie de pá comprida, cuja parte dianteira abaulada era reforçada com ferro. Através de uma técnica própria, os balantas conseguiam uma assinalável destreza no manuseamento deste instrumento com o qual revolviam o solo, sendo peritos no cultivo do arroz nos terrenos pantanosos das bolanhas.

CRÓNICA 2

Fim da comissão, Abril de 1970
Algumas considerações que não esgotam o tema

Em finais de Abril de 1970, a bordo do velho "Carvalho Araújo", a C.Caç. 2402 regressou à metrópole e logo a seguir foi desmobilizada. Cada um tentaria retomar o rumo das suas vidas interrompidas pelo dilatadíssimo hiato do serviço militar obrigatório, que, nalguns casos, nos quais obviamente me incluía, rondava os três anos. De bolsos cheios ou de mãos vazias, com ou sem brilho, triste ou alegre, a vida continuava. Sim, afinal, sempre existia vida para além da Guiné, do mato, da bolanha, da guerrilha, das minas, das emboscadas, dos tiros, dos mosquitos, do calor dos trópicos e do camuflado.

Na incontida euforia do regresso definitivo ainda pude esboçar um pequeno exercício de introspecção, interrogando-me quanto ao meu destino. O que é que vou fazer, agora? Sabia muito bem o que queria, mas não dispunha de quaisquer certezas quanto ao resultado.

Se Bissau estava já bem longe, a Guiné deixaria marcas indeléveis em todos nós, nalguns casos, traumas que ainda hoje persistem e que só quem os viveu compreende. Mas... adiante.

Importa, tecer algumas considerações sobre o longo período passado na Guiné então Portuguesa, sobre o curso da guerra e o que poderia ter sido a respectiva evolução.

Fiquei sempre com a sensação de que, apesar de todos os esforços levados a cabo por Spínola, na área económico-social, ou seja na prossecução e implementação, em todos os azimutes, da sua política "Por uma Guiné Melhor", dos seus Congressos do Povo, da febril construção de estradas, escolas, enfermarias e hospitais, o PAIGC levava a melhor em termos operacionais. Os factos atestavam-no, sem margem para grandes ou pequenas dúvidas. Em 1969-70, a Guiné já era, no fundo, uma causa perdida e suponho que nas altas esferas havia consciência disso mesmo, o que se viria a acentuar paulatinamente com a passagem do tempo.

É certo que a política introduzida por Spínola, em 1968, logo que assume funções, em contraste absoluto com a prosseguida pelo seu antecessor, Arnaldo Schultz, constituiu um factor de perturbação significativo para o PAIGC, na medida em que se tratava de uma estratégia destinada a "conquistar os corações e as almas da população" e que obteve alguns êxitos, retirando à guerrilha argumentos e, sobretudo, apoio popular. Esta orientação estratégica era complementada no campo militar pela "africanização" da guerra, com a criação dos Comandos africanos, o reforço das companhias de caçadores de recrutamento local e das milícias, ou seja da população em auto-defesa. Todavia, bem feitas as contas, a política que Spínola queria implementar chegava demasiado tarde. Estava fora do tempo.

Este novo rumo vem a confrontar-se com a inalterabilidade de certas rotinas castrenses, a quase passividade das operações militares, a notória carência de imaginação para encarar o conflito militar noutros termos e a inexistência, em tempo oportuno, de uma inflexão estratégica ofensiva, que, a meu ver, teria sido possível se adoptada no *timing* adequado. O somatório de todos estes factores inviabilizava a solução global militar que, se não nos seria totalmente favorável, pelo menos podia preparar o terreno para uma solução política mais consentânea com os nossos interesses, paradigma aplicável não só à Guiné, mas, presumo, que, por extensão, aos outros teatros de guerra. Todavia, friso bem, essa inflexão estratégica deveria ter tido lugar uns anos antes, ou seja, o mais tardar entre 1966 e 1968 (de preferência, a opção a que mais adiante me refiro, em linhas gerais, devia ter sido tomada logo que a guerra eclodiu em 1963, ou, mesmo, no período que a antecedeu, uma vez que o advento daquela era já previsível e inevitável). A evolução da luta armada em finais de 1969 e 1970, na fase final da minha comissão, dava a entender que os bombeiros já não tinham capacidade nem meios para apagar o fogo.

Não pretendo entrar em grandes análises e comentários sobre a fase subsequente à minha passagem pela Guiné e que precedeu a independência, nem tal caberia no âmbito destas crónicas que têm balizas cronológicas delimitadas, mas apenas clarificar determinados pontos que poderão ajudar a lançar alguma luz sobre a situação e talvez contribuir para este debate inacabado.

O que era o PAIGC em termos militares? De que meios humanos e materiais dispunha? De que apoios beneficiava?

Muito embora as opiniões divirjam quanto a esta matéria, os "operacionais" de Amílcar Cabral, ou seja os guerrilheiros no terreno, integrados em unidades combatentes próprias (corpos de exército, bigrupos, bigrupos reforçados, grupos e outros núcleos especializados mais pequenos) deviam orçar entre 7.500 a 8.000 homens armados. Muito embora se desconheça a cifra exacta, trata-se de uma estimativa razoável e credível que não deve andar muito longe da verdade.

De que armamento dispunham? Entendamo-nos, numa fase inicial, o PAIGC beneficiava de todas as sobras de material de guerra, parcialmente obsoleto da União Soviética e de outros países do bloco de Leste, bem como, da China Popular. A bem dizer, Moscovo não gastava muito com esta operação, na prática apenas custeava o transporte do material, por outras palavras, despendia o que os americanos chamam na sua gíria *peanuts*[14], ou seja, praticamente nada. Para o marxista PAIGC era uma dádiva do céu. É certo que o armamento foi evoluindo, ao longo do tempo: não só na passagem dos RPG-2 para os RPG-7, ou da velha "costureirinha" (pistola-metralhadora PPSH) para a tecnologicamente mais avançada AK-47, mas, acima de tudo, pela utilização de mísseis terra-ar, os famosos *Strella*, dos *katyushas* (terra-terra) e dos morteiros pesados de 105 e de 120 mm. Por conseguinte, assistia-se a uma sensível sofisticação do material de guerra, mormente no que respeitava à artilharia. Mas, apesar desta alteração qualitativa do armamento, sobretudo nos últimos anos do conflito (1972 a 74), a operação para Moscovo saldava-se, no fundo, repetimo-lo, por um custo negligenciável.[15]

---

[14] Amendoins (trad.).

[15] Quando abandonei a Guiné em finais de Abril de 1970, os *Strella* ainda não haviam sido utilizados. Em contrapartida, os foguetões *katyusha* e os morteiros de 105mm já tinham entrado em cena.

Depois, se os combatentes do nosso lado, em especial a tropa africana e as milícias locais, lutavam com bravura e destemor, outro tanto se podia dizer dos guerrilheiros. Era a mesma gente. Para além disso, a guerrilha beneficiava ainda do apoio dos conselheiros militares cubanos, que os soviéticos instigaram e que Fidel Castro prontamente disponibilizou. Não eram muitos, mas preparavam os combatentes locais, quase todos analfabetos, para o manejo das peças de artilharia, dos mísseis e das armas pesadas mais sofisticadas.

Acresce que a nossa tropa metropolitana experimentava naturais dificuldades no terreno: a adaptação ao clima, o desconhecimento do território e das suas gentes, o desconforto das instalações, as condições de vida precárias, uma alimentação amiúde deficiente, o desenraizamento, o cansaço cada vez mais acentuado provocado por esta "guerra de desgaste" e o rol de agravamentos podia continuar e continuar sem cessar. Do ponto de vista operacional, a tropa metropolitana de quadrícula limitava-se quando muito a umas acções de patrulhamento e de vigilância, ou seja, umas nomadizações, umas emboscadas, um ou outro golpe de mão e, fundamentalmente, à protecção da população civil, que vivia dentro do arame farpado ou que, fora deste, podia de algum modo ser controlada e, igualmente, à protecção das vias de comunicação. Os meios disponíveis eram escassos, a logística deficiente, a capacidade operacional diminuta. Pouco mais podiam fazer os nossos homens, nem, creio, que lhes pudessem ser exigidos esforços suplementares, nessas extenuantes comissões de quase dois anos.

Os esforços físicos e psíquicos eram muito grandes durante um período de tempo tão dilatado e, na Guiné, não existia qualquer alternância entre aquartelamentos de risco e de repouso, diferentemente do que se passava em Angola e Moçambique. No território guineense, todos os aquartelamentos eram de risco, excepto os que se encontravam em Bissau e os que no mato, por vezes, tinham a sorte de não ter o PAIGC sempre à perna, porque os guerrilheiros não possuíam, felizmente, o dom da ubiquidade, nem eram tão numerosos como, por vezes, se fazia crer. Mas todas essas situações conjunturais eram, a bem dizer, aleatórias: as condições operacionais podiam mudar de um momento para o outro, como sucedia com frequência, porque a guerra era uma incógnita permanente, o território pequeno e poroso, permitindo o trânsito das populações, bens e armamentos dos países vizinhos de e para a Guiné. Aliás, as populações de um e outro lado das fronteiras eram exactamente as mesmas. De registar que, no interior, a cumplicidade entre a população dita "controlada" e a população da mata era óbvia e inevitável: tratava-se também de elementos das mesmas tribos e das mesmas famílias, a Norte e a Sul, a Leste e a Oeste. O verdadeiro calcanhar de Aquiles estava aqui: a guerra colonial, do ultramar ou de libertação nacional era, no fundo, uma guerra civil encapotada, ininterrupta e humanamente complexa[16].

A partir do momento em que entraram em acção os mísseis terra-ar *Strella*, operados pelos cubanos e por Manecas dos Santos – um cabo-verdiano que estudou no Técnico, que foi várias vezes Ministro, no período pós-independência, conselheiro pessoal de "Nino" Vieira e hoje respeitável empresário com uma nutrida conta bancária e embaixador da Guiné-Bissau em Luanda –, Portugal, perdendo o controlo dos ares, ou com a noção, certa ou errada, de que isso era assim, e perante uma escalada de guerra sem precedentes (de que o cerco a Guidage, na fronteira Norte, a evacuação de Guileje e os violentíssimos ataques a Gadamael, no Sul constituem alguns entre muitos exemplos, sobretudo em 1973), baixa os braços e atira a toalha para o ringue. Houve, sem qualquer dúvida, alguma precipitação em tudo isto, mas o pânico tornou-se incontrolável e impediu qualquer raciocínio sereno da situação.

In extremis, na fase final da guerra, mais concretamente a partir de 1970, Spínola, sem qualquer mandato de Lisboa, num acto de voluntarismo vesgo, tentou entabular um processo negocial com o presidente senegalês Léopold Senghor, susceptível de persuadir o PAIGC a sentar-se à mesa. Recebe, porém, um rotundo "não" dos dois principais interessados: Marcelo Caetano e Amílcar Cabral. Caminhava-se, pois, para o abismo.

À luz do que antecede e feitas as contas, teriam sido possíveis outras soluções que não a entrega de mão-beijada, à *la diable*, de um território e de uma população que tanto nos custou defender? A história é o que é e os "ses" não têm aí lugar. As hipóteses *a posteriori* valem o que valem. Com a devida vénia, permitam-me expressar uma mera opinião.

Apesar de tudo o que ficou dito, em termos militares, penso que as soluções podiam ter sido outras, sobretudo – friso bem – na fase inicial do conflito:

---

[16] O coronel comando na reforma, Carlos de Matos Gomes refere-se a esta questão nos seguintes termos: "Na Guiné prevalecia um quadro com tendência a evoluir para um conflito opondo um exército africano semelhante ao português às forças do PAIGC, portanto com nítidos contornos de conflito civil, em que a componente de forças armadas europeias seria utilizada como reserva", in "A africanização na guerra colonial e as suas sequelas", s/ data.

a utilização conjunta de meios aero-navais e de tropa especial de intervenção, em larga escala, com a participação de forças locais bem adestradas, preparadas e municiadas – aliás, a ideia da criação dos "Comandos Africanos" obedece a este conceito; a melhoria de todo o sistema de informações (*intelligence*) que enfermava de deficiências várias, etc. A esta listagem sumária adicionaria, porém, um outro ponto que penso ser da maior pertinência: entendo que a contratação de mercenários deveria ter sido devidamente ponderada, se o objectivo consistia em auferir alguma eficácia na guerra ou pelo menos adiar o seu desfecho inevitável, mas em que Portugal se encontraria numa posição negocial musculada. É claro que a contratação de mercenários seria extremamente controversa e contraditória com o princípio da defesa do território nacional do Minho a Timor, pelos próprios portugueses, brancos e pretos, segundo o ideário do regime de então. Haveria, pois, que equacioná-la, em termos políticos, interna e externamente, e isso podia deixar-se à imaginação, perspicácia e capacidade de argumentação da elite politica de então, "se para tanto houvesse engenho e arte".

Por outras palavras e em resumo, estou convicto que, logo no início da década de 60 ou no dealbar do conflito armado, com uma alteração da estratégia militar e a afectação de outros meios militares e financeiros, a guerra na Guiné se, a longo prazo talvez não pudesse ser ganha – hipótese quiçá demasiado optimista para poder ser considerada –, podia, em alternativa, jogar-se no factor tempo (e falo em anos) para se chegar a uma situação de impasse em que, pelo menos, podíamos, numa fase ulterior, negociar a paz numa sólida e coerente posição de força – hipótese esta que se me afigura bastante mais realista –, não afectando de forma irremediável, o que, como se sabe, se veio a passar, acto contínuo, noutros teatros de guerra (Angola e Moçambique), bem mais importantes para os nossos interesses e onde a situação se mantinha sob controlo, designadamente em Angola. Em suma, poderíamos ter optado por estas soluções, que abreviadamente se enumeram:

- reduzindo a tropa de quadrícula e limitando-a a um número restrito de pontos-chave no território, com a correspondente alteração da missão e circunscrevendo-a a objectivos aligeirados e acessíveis;
- isolando completamente as populações sob nosso controlo das populações sob controlo do inimigo ou residentes nos países vizinhos (uma questão estratégica vital);

- aumentando os meios aero-navais e as operações com estes meios, em conjugação com
- a utilização de tropa de intervenção (fuzileiros, pára-quedistas, comandos, "rangers") em larga escala;
- intensificando, até ao limite, a "africanização" do esforço de guerra, com o reforço da tropa especial local ("Comandos africanos") e, bem assim, da população em auto-defesa (milícias);
- melhoria substancial dos serviços de informações;
- contratação e utilização de mercenários, com capacidade interventória activa no território, sobretudo nas zonas de alto risco e, inclusive, nos países vizinhos (nas chamadas operações encobertas)[17].

Em suma a arte da guerra tinha de ser entregue a profissionais, não podia, por forma alguma, ficar nas mãos de amadores e de militares de carreira cansados e desmotivados, nos aquartelamentos de quadrícula.

Esta estratégia, descrita em termos sumários, implicava, necessariamente, a utilização de outros meios militares e financeiros, ou seja um esforço suplementar que Portugal, mesmo com algum sacrifício, mas vivendo, então, em período de expansão económica, creio que podia suportar.

Por outro lado – e sublinho em particular este ponto, porque se me afigura, em termos políticos, da maior pertinência – podia e devia dar-se seguimento e consolidação a um processo negocial estruturado e secreto com o PAIGC, com ou sem intermediários (de preferência com – interessaria, porém, saber com quem), devidamente avalizado pelo executivo de Lisboa e não se circunscrevendo a voluntarismos de circunstância locais, de modo a preparar-se, numa fase final, uma eventual independência, mas sempre em posição de força, salvaguardando-se os direitos de uns e de outros (guineenses, de ambos os lados da barricada, entenda-se) e os nossos próprios interesses (estes meramente residuais). Da nossa parte, qualquer posição de tibieza, qualquer recuo no ter-

---

[17] Historicamente, os mercenários sempre integraram comumente os exércitos até à Revolução Francesa. O serviço militar obrigatório, o recrutamento dos mancebos e a mobilização geral constituíam a excepção e não a regra, até ao dealbar do século XIX. Os mercenários sempre integraram os exércitos de quase todas as nações e de quase todos os príncipes e senhores da guerra. Os riscos na contratação e utilização de mercenários bem descritos por Maquiavel no "Príncipe" deviam, porém, ser devidamente ponderados.

reno, qualquer ambiguidade de linguagem susceptível de más interpretações inviabilizariam *ipso facto* o processo.

Neste particular, permito-me sublinhar uma pequena (grande) nota de rodapé, que se me afigura da maior relevância: a dissociação com o processo de independência (ou de auto-determinação) de Cabo Verde consistiria num ponto negocial inultrapassável e insusceptível de ser trazido à colação, por outras palavras, uma condição *sine qua non* para o avanço real das negociações. O efeito de arrastamento da situação na Guiné teria de ser imediatamente afastado à partida, até pelos riscos de contágio a outras latitudes. Aliás, a história deu-nos razão, quanto a esta aliança *contra natura* e que, inclusive, já então era muito contestada por alguns opositores de Amílcar Cabral e pela generalidade dos movimentos de libertação, quer cabo-verdianos, quer, principalmente, guineenses[18]

Neste particular, permito-me, apenas, salientar dois pontos que julgo relevantes:

Em primeiro lugar, o testemunho do Coronel de Infantaria, António Vaz Antunes[19] que manteve um encontro secreto, a 30 de Junho de 1973, em território senegalês com um representante pessoal do Comandante Geral das forças do PAIGC que lhe terá feito as seguintes propostas: "Andamos há já dez anos nesta luta. Somos agora menos do que quando começámos. Actualmente não nos entendemos com o escalão político: eles são cabo-verdianos e comunistas; e nós somos guinéus, combatentes e não comunistas. Desejamos apenas uma Guiné melhor. Já chegámos à conclusão de que, sozinhos, não somos capazes de a fazer, mas sê-lo-emos convosco. A nossa proposta é muito simples: em dia e hora que se combine acaba a guerra, nós seremos integrados nas forças da Guiné, sem recriminação nem vingança; e depois, juntos, faremos a Guiné melhor."[20] Este episódio, a confirmar-se a respectiva veracidade, demonstra, por um lado, a cisão entre a elite cabo-verdiana politizada e os combatentes

---

[18] Vd. Sousa, Julião Soares, "Amílcar Cabral (1924-1973) – Vida e morte de um revolucionário africano", edições "Nova Vega", Lisboa, 2011, pp. 227-228.

[19] O referenciado foi comandante do Batalhão de Caçadores 4512/72, sedeado em Farim, de 13 de Janeiro de 1973 a 24 de Agosto de 1974.

[20] Vd. Revista "Combatente" nr. 346; também citado na internet in http://ultramar.terraweb.biz/06livros_antoniovazantunes.htm

guineenses e, por outro, a tentativa destes para se chegar a um entendimento com o poder colonial português, que, como se sabe, não teve seguimento.

Em segundo lugar, atente-se, anos depois, nos fundamentos do golpe de estado de 14 de Novembro de 1980 de "Nino" Vieira – o chamado "movimento reajustador" – e a consequente ruptura definitiva com Cabo Verde.

À luz do que antecede, a meu ver, deveria ter-se explorado, logo na fase inicial da luta, o que nunca foi feito de forma coerente e estruturada, as dissensões entre o escol do PAIGC, dominado pelos cabo-verdianos, muitos nascidos fora do território[21], e a grande massa dos combatentes africanos, quase todos camponeses analfabetos, mas *fidjus di tchon*[22], ou seja guineenses de pura cepa. Sob todos os pontos de vista, a pretensa união Guiné – Cabo Verde foi sempre uma pura ficção, que serviu, apenas, para que certos cabo-verdianos, com vagas ligações à Guiné ou nem sequer isso, se alcandorarem a posições de mando.

Das acções atrás descritas só algumas foram ensaiadas, de uma forma tardia, tíbia e amiúde pouco consistente. Ora, o esforço de guerra descrito, desde que iniciado logo nos alvores de 1963, senão mesmo aprontado antes, aliado à política económica e social empreendida por António de Spínola – e que devia também ter sido encetada numa fase inicial – podiam ter-nos garantido uma saída mais airosa do que a debandada generalizada que se registou e que marcou ignominiosamente a nossa saída da Guiné.

Em suma, o apodrecimento da situação no território, com tentativas goradas de negociação através de intermediários de várias procedências e naturezas, no início da década de 70[23], com a declaração unilateral de independência em Madina do Boé, em 24 de Setembro de 1973 – como se sabe, uma fantasia para consumo mediático e *marketing* político do PAIGC – e, sobretudo com um arremedo de processo negocial, logo a seguir à Revolução do 25 de Abril de 1974, encetado primeiro em Londres e prosseguido em Argel, que se limitou

---

[21] Casos bem conhecidos de Pedro Pires (ex-Presidente da República de Cabo Verde) e de Aristides Pereira (primeiro Chefe de Estado daquele estado insular), este nascido na ilha da Boavista e aquele na ilha do Fogo.

[22] Filhos da terra.

[23] A malograda tentativa de negociações em Abril de 1970, no chão manjaco, nas vésperas do embarque da nossa companhia para Portugal, em que foram assassinados 3 majores, dava a entender que era já demasiado tarde para qualquer processo negocial e que não nos encontrávamos militarmente em posição consistente para o fazer.

a confirmar a rendição incondicional da tropa portuguesa e o arriar da bandeira, a Guiné, primeira peça do dominó, acabaria por arrastar consigo Angola e Moçambique, o que, em nosso entender, podia ter sido evitado.

Finalmente, para quê o sacrifício de Portugal e dos Portugueses durante tantos anos para este virar de página desastrado, inglório e, pior do que isso, vexatório? Repetindo a pergunta que muitos antes de mim já a formularam, porque abandonámos com perfídia e aleivosia, sem respeito e sem humanidade, o povo da Guiné completamente à sua sorte, em especial os que fielmente combateram ao nosso lado e que acabaram nas valas comuns? Essa entrega incondicional, o modo caótico como foi feita, com as consequências trágicas que se conhecem, só encontra uma palavra no dicionário que, aliás, estava na mente de todos os guineenses que lealmente nos serviram e que a fizeram então ouvir bem alto nas povoações e nos aquartelamentos do mato: traição!

Chamemos os bois pelos nomes. Podemos desculpar-nos com a nossa incapacidade real para lidarmos com esse problema confrontados que estávamos com outros que pareciam, então, assumir proporções porventura mais graves; com os choques traumáticos da descolonização atabalhoada, ainda em curso noutras latitudes; com a atribulada mudança de regime, com os incessantes delírios de Abril... que sei eu? O julgamento da História não será, seguramente, meigo no que toca à nossa falta de ética. E não se trata de apontar um dedo acusador a uns tantos, um punhado, quiçá – ou seja, os suspeitos do costume. Vamos direitos ao assunto: trata-se de um problema colectivo. Temos, pois, de interiorizar e assumir a traição, com todas as letras, sem subterfúgios, nem contemplações.

Nostra culpa! Nostra maxima culpa!

SEGUNDA PARTE

CRÓNICA 3

Abril de 1996

26 anos depois, uma ida a Bissau, um "aperitivo" para o que se iria seguir

Após muitos anos de MNE e de várias comissões de serviço no estrangeiro, fui, contra a minha vontade, nomeado Vice-presidente do Instituto Camões, "grata distinção" em que era incumbido de gerir o ingerível, no meio da demência mais delirante, herança de todos os que por lá passaram, mas a tal era obrigado devido ao estado caótico em que o Instituto se encontrava – sobretudo, na área financeira – e, principalmente, porque, tendo sido promovido à categoria de Ministro Plenipotenciário, tinha de aceitar tal missão, antes de empreender novos voos, porventura mais interessantes, ou seja, assumir a Vice-presidência tratava-se, no fundo, de um imposto a pagar para poder aceder à etapa seguinte.

O Instituto Camões tinha – e tem – a seu cargo uma tarefa nobre e importante: a execução da política cultural externa do Estado Português, designadamente em termos de difusão da língua e da cultura portuguesas no estrangeiro. Reiterando o quadro sumário constante do parágrafo anterior, não me cabe aqui descrever o que se passava nos bastidores, entrar em pormenores sobre a vida do Instituto, nem tão-pouco assacar responsabilidades a quem quer que seja pelo estado calamitoso em que se encontrava, mas adiantar apenas outra ideia central que possa talvez facilitar a compreensão do leitor: o Instituto Camões correspondia a uma verdadeira excrescência do MNE que este tinha relutância em assumir como sua. Era uma espécie de filho espúrio, passe o exagero. Para os profissionais das Necessidades, em termos práticos, o Instituto possuía uma importância relativa, senão mesmo marginal, muito embora, depois de muitas voltas por tutelas várias, ao longo dos anos, necessitasse de alguém da "casa" que o ancorasse e articulasse com a sede, uma vez que, na prática, navegava à bolina, sem raízes ou cultura próprias, ao sabor dos humores dos presidentes que por lá passaram.

Em finais de Abril de 1996, o Secretário de Estado dos Negócios Estrangeiros e Cooperação, dr. José Lamego, que possuía competências delegadas sobre o Instituto Camões, pediu-me que o acompanhasse à Guiné-Bissau, integrando a respectiva comitiva, até porque várias matérias na área da cooperação cultural e do ensino da língua completavam a respectiva agenda de trabalho.

Li pacientemente os dossiers que me foram preparando, bem como as minhas próprias notas. Conversei bastante tempo com o Secretário de Estado, que conhecia bem a Guiné-Bissau, uma vez que havia sido professor cooperante na Faculdade de Direito de Bissau, com o seu Chefe de Gabinete e também com o Vice-Presidente do Instituto da Cooperação Portuguesa. Foi com incontido entusiasmo que me preparei para desembarcar de novo em terras guineenses, após uma prolongada ausência. Tratava-se de um reencontro sentimental mesclado com uma enorme curiosidade.

A bordo do avião da TAP tive as primeiras surpresas, episódios quase anedóticos que me iriam preparar psicologicamente para o que iria encontrar.

Primeiro, aproxima-se um anafado e aparentemente próspero bissau-guineense que me disse de rompante:

– Você é que é o presidente do Camões?

Disse-lhe que não era presidente, mas, sim, vice-presidente. Em suma e para abreviar razões, asseverei-lhe, de forma assertiva, que representava, efectivamente o Instituto e que regressava à Guiné, após 26 anos de ausência, porque já lá tinha estado antes.

– Bom, doutor, o centro cultural português é uma coisa infecta. É uma miséria. Livros velhos, cadeiras partidas, ventoinhas avariadas.... Não tem

espaço para tanta gente. Aquilo não é nada, acredite. Existe há uma série de anos e é uma porcaria – atalha ele, logo acolitado por mais dois conterrâneos que, entretanto, se aproximaram.
- Eu só queria que visse o Centro Cultural Francês. Tem que ver. Aquilo é que é um centro a sério, uma maravilha! Um brinquinho! Tem um bar onde passam permanentemente a TV *cinq-Afrique* e vídeos. Também há exposições, espectáculos, cinema.
- Enfim, têm tudo. – acrescentou um outro
- Vamos tentar resolver o problema – respondi – Aliás, o Secretário de Estado está aqui connosco e vamos ver o que é que se pode fazer.
- Mas afinal quem é que nos colonizou? Foram vocês ou os franceses? – perguntou, com ar meio-irónico, um deles.
- Eu não tenho bem a certeza se nós alguma vez os colonizámos, na verdadeira acepção da palavra, mas sei que os franceses os querem recolonizar ou, pelo menos, integrá-los rapidamente na Francofonia – retorqui.
- Mas, se o fazem é exclusivamente por culpa vossa, não é verdade? – respondeu o gordo.

Não retorqui.

A certa altura, circulou no interior do *Airbus* a carrinha do "Duty Free". O passageiro à minha frente, que eu não sabia de todo quem era, quis comprar uns óculos escuros "Rayban" (passe a publicidade). Experimentou uns. Gostou e sacou de uma nota de 100 dólares para pagar. O comissário de bordo disse-lhe de imediato:

- Desculpe, mas não se importa de me mostrar o seu passaporte. É que tenho de anotar o número da nota e os dados do passaporte, porque existem muitas falsificações de notas de 100 dólares.
- Mas eu sou o Ministro das Finanças da Guiné-Bissau! – respondeu.
- Mais uma razão para eu tomar nota – concluiu o comissário.

No comments!
À chegada, Bissau impressionou-me pela negativa. Uma cidade que havia crescido desmesurada e desordenadamente e cujo centro parecia situar-se, hoje, no mercado de Bandim, na chamada "chapa", e não na "baixa" tradicional da cidade velha do tempo colonial. Via-se gente por todos os lados, carros que

apitavam sem cessar, "toca-tocas[24]" e táxis desconjuntados, alguns literalmente a caírem aos pedaços, que paravam em qualquer lado; ruas esburacadas, uma população tipicamente africana com as suas cores garridas e o seu andar desengonçado, mas com um ar notoriamente carente. Depois, na zona central, os mesmos prédios do tempo colonial a acusarem sinais de acentuada degradação. O lixo omnipresente. Cães tinhosos e escanzelados, cabras, porcos e galinhas misturavam-se com as pessoas. Enfim, estava perante um postal ilustrado, acabado e vivo de uma cidade do Terceiro Mundo na sua expressão mais genuína. Em relação à Bissau que eu conheci em 1970 o burgo parecia haver retrocedido no tempo umas largas décadas.

Recordo-me dos vários encontros que José Lamego manteve com as autoridades governamentais, bem como, com algumas figuras da Oposição. Na altura, o governo era liderado por um ex-homem da luta e acérrimo inimigo de Portugal, o coronel Manuel Saturnino da Costa, com quem surgiram vários diferendos ao longo dos anos. Dos vários encontros – em geral, devido à escassez de tempo o embaixador organizava na residência oficial uma sucessão de contactos, a horas diferentes, com os líderes dos diferentes partidos políticos[25] – surpreenderam-me, então, as intervenções de Kumba Ialá do PRS[26] e de Hélder Vaz e Domingos Fernandes do Movimento Ba-fa-tá – Resistência da Guiné-Bissau, o primeiro pelo colorido e exuberância bem africanas do seu discurso, sem quaisquer hesitações ou palpos na língua (queixou-se abertamente de ter sido burlado nas eleições presidenciais de 1994, que deram a vitória a "Nino" Vieira) e os segundos pela moderação e articulação da linguagem e também pela clara definição dos objectivos que se propunham levar a cabo. De qualquer maneira, de todas as intervenções, não só as dos referenciados, mas igualmente as dos restantes, recordo-me bem do respectivo tom genérico, porque o mesmo rol de queixas e agravamentos ser-me-ia repetido *ad nauseam* pelos mesmos (e outros) quando mais tarde fui nomeado embaixador em Bissau e que se esboçava no sentido de nos advertir que o regime, na essência, não era democrático, nem tão-pouco respeitava os direitos humanos. Além disso, "Nino" Vieira comportava-se verdadeiramente como um "ditador eleito", enquanto o PAIGC, ao tempo uma mera caixa de ressonância do chefe

---

[24] Carrinhas para transporte colectivo, onde, em geral, os passageiros se sentam, como podem, lado a lado, em dois bancos laterais.

[25] Prática que, aliás, segui sempre.

[26] Partido da Renovação Social.

máximo, era o que sempre foi uma *nomenklatura* privilegiada que era beneficiada pelo simples facto de estar encostada ao poder. Todavia, existiam dissenções visíveis no partido e uma insatisfação generalizada e crescente a nível de vários grupos sociais. Tinha de se estar atento à evolução dos acontecimentos. As coisas não eram exactamente o que pareciam ser.

Na parte que mais me tocava profissionalmente, visitámos a Faculdade de Direito local, um interessante e válido projecto de cooperação com a Faculdade de Direito de Lisboa, que preparava os jovens profissionais qualificados que a Guiné-Bissau necessitava – juristas e quadros da administração pública. Visitámos o Centro Cultural Português e limitámo-nos a registar todas as mazelas já apontadas e outras tantas que o não foram e fomos, então, visitar as instalações da ex-embaixada da República Democrática Alemã, que Portugal, na sequência da reunificação das duas Alemanhas e do encerramento da missão diplomática germano-oriental em Bissau, havia adquirido, tendo em vista a instalação do futuro centro cultural. Verificámos rapidamente que o edifício em questão composto por múltiplas pequenas dependências (quartos, quartinhos, salas e saletas), próprias de uma casa ou mansão colonial, podia albergar uma pequena chancelaria ou residência mas não servia minimamente para centro cultural. Entretanto, as autoridades locais fizeram-nos saber que queriam o prédio para aí instalarem uma das direcções-gerais do Ministério das Finanças e que estariam dispostas a ceder-nos um terreno, nas imediações da embaixada ou um outro edifício na cidade para instalarmos o centro cultural. É claro que sem embargo da constatação do exposto, que era mais do que óbvio, o processo da construção de raiz do futuro centro em Bissau, que, na altura, constituía já um volumoso dossier, passou a engrossar cada vez mais com o tempo e creio que, até hoje, por razões que me escapam, mas que terão certamente que ver com as nossas proverbiais burocracia, passividade e indecisão, o projecto nunca passou do papel.

Grotesco revelou-se o nosso encontro com o Secretário de Estado da Cultura guineense, Ibrahima Sow. Este havia sido um antigo sargento do exército português, de que se dizia à boca pequena ter andado metido em negócios escuros. Era todo bem falante, com um discurso palavroso, vazio de conteúdo e caricato.

Depois das saudações habituais, adoptou, em seguida, com uma teatralidade forçada, um ar compungido e, perante a admiração geral, disse, com gravidade:

– Cabe-me a ingrata missão de em nome do Governo guineense manifestar o mais profundo pesar e a profunda dor do povo deste país pelo falecimento da malograda actriz Beatriz Costa[27], que muito estimávamos e que eu bem conheci e que era um símbolo vivo da cultura portuguesa. Queria que Vossa Excelência, Senhor Secretário de Estado, transmitisse à família enlutada os mais sinceros pêsames do Governo da República da Guiné-Bissau.

Ficámos a olhar uns para os outros e José Lamego, lá disse qualquer coisa de circunstância. Depois passámos para outros assuntos, mas pouco ou nada havia a referir na área cultural.

Em conversa distendida com Ibrahima Sow, enquanto bebericávamos qualquer coisa, falei-lhe da importância da Internet, como veículo de cultura, da grande difusão que já tinha no mundo inteiro e da necessidade da Guiné-Bissau rapidamente criar os seus *sites* e divulgar o seu património cultural, artístico e turístico através da rede. Essa aposta afigurava-se-me fundamental, era a via do futuro e tinha de ser aproveitada. Adiantei-lhe a finalizar que podíamos colaborar nessa área, pois já dispúnhamos de alguma experiência e *know how*.

Ibrahima Sow interrompe-me subitamente e pergunta-me:

– Ouça, na Internet há por lá muita pornografia, não é verdade?
– Sim, é um facto, mas tecnicamente podemos evitar que as crianças tenham acesso a páginas pornográficas – respondi um tanto ingenuamente.
– Não, não. É que eu gostava de ver bem para saber como é. Ouvi dizer que os suecos têm umas imagens muito boas…Estou muito interessado nisso, sabe?

Aí, percebi tudo. Não era preciso ser um génio.

O almoço oferecido em honra da delegação teve lugar numa das salas do Hotel Hotti. Surpreendeu-me o facto de quase todos os nossos anfitriões se exprimirem em crioulo, muito embora soubessem expressar-se correntemente em português. Um dos funcionários do MNE local que estava à minha direita disse-me, em surdina, que o Primeiro-Ministro de então queria que as pessoas comunicassem normalmente em crioulo, muito embora o Chefe de Estado não fosse da mesma opinião. Tomei boa nota.

---

[27] Tinha falecido uns dias antes, a 15 de Abril de 1996, em Lisboa.

CRÓNICA 4

Algures em 1997
Um convite inesperado:
a nomeação para o cargo de embaixador em Bissau

Com ou sem vontade, gestor, *malgré moi*, para todos os efeitos práticos, do Instituto Camões, lá ia diligenciando pôr aquela casa de pé e em ordem, perdendo horas, dias e semanas a fio com a Dra. Maria de Lurdes Teixeira, directora dos serviços financeiros e administrativos, uma boa amiga, excelente e incansável técnica do Ministério da Finanças; reformulando, com inúmeras dificuldades e fortes resistências internas a lei orgânica do Instituto – uma batalha diária, infindável e dura; tentando inculcar um espírito de corpo a uma entidade sem alma e sem identidade própria; estabelecendo a indispensável "ponte" Instituto-MNE e, sobretudo, refreando os excessos da Presidência que, em desnorte e sem os pés bem assentes no chão, começava a disparar em várias direcções ao mesmo tempo. Em suma, procurava dar um rumo coerente e um novo alento à instituição, que, infelizmente, não tinha, nem uma coisa, nem outra. Já estava farto, saturado, numa palavra exausto com todo aquele acumular de tarefas e com a inglória missão de que havia sido incumbido. Para finalizar, concluo que a Vice-presidência do Instituto foi das tarefas mais ingratas que tive durante as minhas estadas em Portugal, muito embora penso ter dado, minimamente, conta do recado, quando por lá passei. A missão "camoniana" estava longe de estar acabada, mas não me sentia com a têmpera de D. Quixote, nem tão-pouco era um masoquista assumido.

Um dia – creio que terá sido em finais da Primavera de 1997, mas não estou bem certo – o Secretário de Estado dos Negócios Estrangeiros e Cooperação, José Lamego, num dos despachos regulares que com ele mantinha (regulares é um eufemismo, eram tão regulares quanto podiam ser, entenda-se), chama-me à parte e, depois de alguns elogios à minha boa "condução das coisas" no Instituto, que, por pudor, me escuso de parafrasear, convida-me para ir ocupar o lugar de embaixador em Bissau:

- Eu não sei se quer aceitar. É uma tarefa difícil. Uma missão muito delicada, mas, como sabe, da maior importância para o Estado Português...
- Senhor Secretário de Estado, não preciso de pensar muito para lhe dizer de imediato que aceito e que me sinto muito sensibilizado e honrado por ter pensado em mim. Mas será que o dr. Jaime Gama e o Senhor Primeiro--Ministro estão de acordo com este seu convite?
- Não se preocupe com o assunto. Aceita, não é verdade? Era isso que eu queria saber – e a conversa ficou por ali.

Por outras palavras, o "imposto" que representou a minha permanência no Camões estava pago, tinha franqueado a fronteira, iniciava uma nova etapa. Aleluia!

Cheguei a casa e com algum entusiasmo contei tudo a minha mulher, Maria Ana, muito embora já lhe tivesse dado um lamiré prévio pelo telefone. Mostrou--se, no mínimo, admirada, por eu ter aceite imediatamente aquele cargo, sem pestanejar, nem tão-pouco a ter consultado primeiro, todavia compreendeu a importância da minha rápida aquiescência, para garantir o lugar, não fosse o diabo tecê-las e as experiências que tínhamos tido, no passado, atento o contexto sinuoso das Necessidades, não eram de molde a deixar-nos tranquilos. Pedi-lhe, naturalmente, sigilo, mesmo perante a família mais próxima, porque a fruta estava ainda longe de estar madura, o que, conhecendo, como conheço, a Maria Ana, era desnecessário.

A certa altura disse-lhe, em tom sério e o meu discurso foi espontâneo e enfático:

– Ana, chegou a altura de partirmos para uma nova jornada da nossa vida em que vou, pela primeira vez, chefiar uma missão diplomática. Para além do grande desafio que isto representa para mim, vou ser alvo de muitas invejas e vou ter de enfrentar uma multidão de problemas. Por todas as razões e mais alguma, vão-me fazer a vida negra. Isto tem, pois, de ser gerido com pinças – e estou a falar o mais sinceramente que me é possível. Bom, o desafio é de tal ordem que é uma espécie de tudo ou nada: ou consigo e volto com louros na cabeça ou terei de penar para sempre no grupo dos medíocres e dos falhados. Há outra coisa que te quero dizer, Ana, ou muito me engano, ou nunca mais em toda a minha vida profissional vou ter um posto como este, em que serei embaixador na verdadeira acepção da palavra. Depois, podem-me dar o que quiserem, Buenos Aires, Estocolmo, Londres ou Washington, mas embaixador a sério só em Bissau ou num outro PALOP. Por outras palavras, noutros lugares serei um número qualquer: um entre muitos... Ninguém tem ilusões a este respeito! Todos sabemos o que é que Portugal verdadeiramente representa perante os olhares do mundo. Não posso, pois, deixar fugir esta oportunidade única na minha vida.

Com variantes, repeti este discurso em diversas ocasiões ao longo do tempo, o que acabou por revelar-se invariavelmente uma verdade incontornável.

Bissau tinha vindo às sortes, porque o meu colega que lá se encontrava, João Pedro Silveira de Carvalho, havia sido convidado para Director-Geral dos Assuntos Europeus e como o próprio não se cansava de dizer a quem o queria ouvir, com grande satisfação e orgulho, ia ser "o nr. 4 na hierarquia do MNE". *Big deal!* [28] – como dizem na América do Norte

Entretanto, o meu processo de nomeação seguia, aparentemente, o seu rumo. Estas coisas, em regra, levam muito tempo e a procissão ainda ia no adro. Um dia, o chefe de gabinete de José Lamego, chamou-me às Necessidades, pois tinha um assunto importante para falar comigo. Não dei grande relevância ao caso. Estranhei, apenas, que a conversa, que, tanto quanto me apercebi, iria incidir sobre o meu futuro posto, ser apenas com ele e não com o Secretário de Estado, como seria curial. Se o assunto era, de facto, urgente podia-se tratar pelo telefone, por fax ou quando me deslocasse ao largo do Rilvas, onde ia todas

---

[28] "Grande negócio" (trad.) ou "grande coisa," o que é sempre dito em tom irónico.

as semanas. Aliás, no MNE a regra de ouro não escrita, que todos respeitavam, rezava: "Não há nenhuma urgência que não possa esperar 24 horas".

Não, o assunto requeria a minha presença física. Lá fui. O meu interlocutor deixou-se de preâmbulos e foi direito ao assunto, porém com alguma hesitação timorata:

– Sabes foste indicado para Bissau pelo Secretário de Estado, mas eu tenho aqui uma outra oferta para ti e que é mais aliciante: a Namíbia. Podes ir para Windhoek. Em África é uma das melhores capitais que podes encontrar. O país tem grande importância para nós, não só por fazer fronteira com Angola, mas porque existe lá uma significativa comunidade portuguesa. É mais calmo que a Guiné-Bissau. Porque é que não pensas no assunto?

Apercebi-me imediatamente que estavam a "fazer-me a cama" e que a intrigalhada havia começado. A jogada não era obviamente inocente e partia de um conluio qualquer a nível de gabinetes (provavelmente envolvendo o do próprio Ministro ou o do PM – sempre me inclinei mais para esta última hipótese) que até, hoje, jamais consegui perceber quem compreendia ao certo. A verdade é que pretendiam arredar-me de Bissau para dar lugar a outro, acenando-me com um posto "repousante" (o que devia ser, por mim, devidamente ponderado...) e "importante", como era Windhoek (tão importante que passados poucos anos foi definitivamente encerrado).

Respondi-lhe, então, com frases à queima roupa:

– Estás-me a fazer o convite em nome de quem?
– Não, isto não é um convite. É apenas uma sugestão, para tu pensares – retorquiu.
– Bom, meu caro, não aceito, nem sequer vou pensar no assunto – repliquei.
– Vê lá...- diz-me o visado pouco à vontade.
– Olha, todos nós sabemos a importância que a Namíbia tem na nossa poltica externa que é pouco mais que zero Fui convidado pelo Secretário de Estado, José Lamego para embaixador em Bissau e, a não ser que o próprio me convoque e anule o convite que me fez, é para lá que sigo e não há mais conversas – dando o curtíssimo diálogo por encerrado, levantei-me e saí.

Passado pouco tempo, muita gente, nos corredores das Necessidades, sabia do convite para a Namíbia e aventavam-se os nomes dos eventuais candidatos a Bissau, incidindo com insistência em funcionários diplomáticos próximos do Primeiro-Ministro da época. Não vou citar nomes, porque, nesta matéria, não tenho quaisquer certezas do que quer que seja. Os "jornais de caserna" afirmavam que eu era de um comportamento muito autoritário e impaciente, que era um diplomata um pouco *sui generis*, demasiado aberto e frontal, que isso iria ferir sensibilidades na Guiné-Bissau, que não tinha o perfil adequado (esta é a frase típica do Largo do Rilvas, quando não há mais nada para dizer e que tudo justifica), que existiam outras hipóteses mais aliciantes para mim, que era parvo em não as aceitar, blá-blá-blá e mais blá.

Senti o chão a oscilar e tive a clara percepção de que tudo podia acontecer, porque, com os dias a passarem, os rumores intensificavam-se. Todavia, pressentia que José Lamego não estaria ao corrente destas manobras de bastidores e que o processo devia prosseguir o seu rumo. Mantive-me firme. A firmeza compensou. A nomeação para Bissau lá apareceu na folha oficial. Parto difícil, mas a criança nasceu.

A Guiné-Bissau, exemplo de virtudes democráticas?

Pouco tempo depois do convite de José Lamego, ainda como vice-presidente do Instituto, fui a Bruxelas negociar um programa de cooperação cultural com a Bélgica, ou, mais propriamente falando, de um duplo programa cultural, na medida em que naquele país "artificial"[29] do Norte da Europa, tem de se negociar um protocolo com a comunidade francófona para logo a seguir se negociar um documento muito semelhante com a comunidade flamenga, atendendo à natureza federal do Reino da Bélgica e respectivas especificidades, em que as duas comunidades autónomas funcionam em roda livre, nalgumas áreas, mormente em matéria de promoção da língua e da cultura, cooperação científica e tecnológica, educação e desporto.

Aproveitei a minha deslocação a Bruxelas, prolongando-a por mais um dia, para visitar velhos amigos e conhecidos na Comissão Europeia, *maxime* no Gabi-

---

[29] Não vou adiantar explicações, nem tecer comentários, sobre o reino de ficção que é o *plat pays*. Para bom entendedor...

nete do Comissário João de Deus Pinheiro, de quem fui colaborador[30], de 1993 a 1995, ostentando então o pomposo titulo de *expert national détaché*. Era-me, igualmente, essencial um pequeno cartão de visita para na DG VIII[31] contactar a *desk-officer*[32] da Guiné-Bissau e outros funcionários de alguma forma conectados com o dossier em apreço, uma vez que seguiria em breve para aquele país. Não me recordo dos nomes das pessoas que contactei – e foram várias – tendo tido uma conversa longa, seguida de almoço, com a dita *desk-officer*, de nacionalidade italiana que me passou rapidamente para as mãos, vários papéis, uns atrás dos outros, sem que eu lhe tivesse pedido coisa alguma. Para minha surpresa e, porque não dizê-lo, perplexidade e descrença, começou a conversa dizendo-me com uma ênfase inabitual:

– Sabe, as ex-colónias portuguesas, designadamente Cabo Verde e a Guiné-Bissau são verdadeiros exemplos para toda a África. Nós apontamos esses dois países como os grandes paradigmas da transição para a democracia, encetada logo no início da década de 90. Os recentes processos eleitorais foram transparentes e escorreitos. O pluripartidarismo, o respeito pelos Direitos Humanos, pelas liberdades fundamentais, os princípios básicos do Estado de Direito estão perfeitamente enraizados. Nós, na Comissão Europeia, estamos muito entusiasmados com este processo, verdadeiramente exemplar para todo o continente.

Confesso que não fiquei contente com este discurso melífluo e cor-de-rosa, com estas frases feitas e com a reiterada ingenuidade burocrática que, à distância, na chateza chuvosa de Bruxelas, tudo julga de forma panglossiana. Fiz-lhe, pois, inúmeras perguntas que foram convictamente respondidas pela minha interlocutora de acordo com as fichas e os documentos que, aliás, eu já tinha em meu poder (por conseguinte, nada de novo na frente ocidental…) Sabia, obviamente, que o discurso oficial bissau-guineense convergia com as observações que me estavam a ser feitas, que em 1994, "Nino" Vieira, para o bem e para o mal, havia sido reconduzido na Chefia do Estado pela via das urnas – e

---

[30] Perito nacional destacado.

[31] Direcção-Geral VIII, que na Comissão tinha então a seu cargo as matérias relativas à cooperação e ajuda ao desenvolvimento e que dependia directamente do Comissário João de Deus Pinheiro.

[32] Funcionária do pelouro (ou da área geográfica).

não das armas –, que os rudimentos da democracia estavam presentes aqui e além, que a construção do Estado podia tendencialmente estar em curso. Enfim, adverti que apesar de toda esta sintomatologia para-democrática, haveria que julgar-se as situações com alguma prudência e distanciamento. Não se podia tomar a nuvem por Juno. Mais. Recordava-me bem das frases balofas do microcosmo lusitano, relativas à descolonização, por uns, qualificada de exemplar, quando não havia exemplos para dar a quem quer que fosse: as colónias em toda a parte haviam, pura e simplesmente, deixado de existir; por outros, como a página mais negra da história de Portugal; por outros, ainda, numa fase já mais tardia, como a descolonização "possível", ou seja, brincávamos com palavras, com adjectivos qualificativos, com retórica. Parecia-me que em Bruxelas, mediante a detecção de ténues sinais de democratização, embarcávamos numa onda de palavreado optimista, que um dia teríamos de rectificar, esquecendo--nos da realidade no terreno, que os breves flashes colhidos na minha deslocação a Bissau e a documentação a que tive acesso em Portugal me davam a entender que o quadro poderia muito bem ser outro...

CRÓNICA 5

Bissau, 20 a 22 de Outubro de 1997
A minha entrada em funções como novo embaixador

Tratada que estava a burocracia da praxe e cumprido o cerimonial do "beija-mão" em Belém, ou seja a audiência concedida pelo Presidente da República, no decurso da qual me confiou as cartas credenciais para, mais tarde, as entregar pessoalmente ao seu homólogo da Guiné-Bissau, sem esquecer, a habitual foto da praxe, dispunha do "OK" final para embarcar no avião da TAP e iniciar as minhas novas funções.

Acompanhado pelo meu antigo colega, embaixador António Franco, na altura chefe da Casa Civil, o ex-Presidente da República Jorge Sampaio recebeu-me de forma cordial, tendo o dialogo decorrido de forma distendida e amistosa. O Chefe de Estado estava minimamente inteirado da situação político-militar naquele país da África Ocidental, pela leitura dos telegramas da nossa embaixada em Bissau e pelas informações e comentários dos seus colaboradores, em especial do António Franco, tendo tecido algumas considerações sobre a prevalência de algumas tensões na classe castrense local, a que não atribuiu importância de maior, limitando-se a mencionar alguns factos recentes, a que me referirei numa das próximas crónicas. Considerou que a minha nomeação para

Bissau era importante, uma vez que ia chefiar uma missão diplomática num PALOP particularmente sensível e relevante para os interesses portugueses.

Apesar de ter solicitado uma audiência, não me foi possível avistar com o Ministro dos Negócios Estrangeiros, dr. Jaime Gama, por incompatibilidades de agenda deste último. Mantive, porém, um breve encontro com José Lamego que me referiu a sua próxima deslocação à Guiné-Bissau, a ter lugar dentro de alguns dias, instando-me a entregar rapidamente as cartas credenciais ao Presidente "Nino" Vieira para poder agir em plenitude de funções, tão breve quanto possível, atento o contexto dessa próxima visita. Antes de partir, já estava, pois, sob pressão, mas eram os habituais ossos do ofício e a minha experiência do Largo do Rilvas para alguma coisa servia. Falei, como é de rotina nestes rituais de despedida, com a hierarquia do MNE, recordando-me, apenas, do tom altaneiro e omnisciente do então Director-Geral das Relações Bilaterais, acompanhado por um silenciosíssimo Director de África, que se manteve num mutismo absoluto durante os 40 e pico minutos da entrevista. Registei. Partia, praticamente sem instruções e sem dispor de uma verdadeira carta de missão (na altura, ninguém sabia muito bem o que isso era, nem para que é que servia). Dispunha apenas de algumas ideias vagas e difusas do que ia fazer, mas "lá vamos, cantando e rindo", como nas primeiras estrofes do velho hino da "bufa"[33].

Tinha previamente combinado com o meu colega Silveira de Carvalho que não haveria hiatos na passagem de gerência, ou seja eu chegaria no mesmo avião em que minutos depois o meu antecessor seguiria para Lisboa, encontrando-nos, por conseguinte, na pista do aeroporto de Bissalanca. Situação de algum modo inédita, mas perfeitamente exequível. Nada de passar a gerência ao Secretário de embaixada. Era inútil. O MNE anuiu a este procedimento, pouco comum, mas, aliás, curial e perfeitamente legítimo.

Viajei com o próprio Ministro dos Negócios Estrangeiros e Cooperação da Guiné-Bissau, Fernando Delfim da Silva, que vinha de uma missão num país qualquer e que regressava à capital, após a habitual e sempre prolongada escala em Lisboa. Para além de alguma insistência da minha parte numa célere apresentação de credenciais, tendo particularmente em conta a próxima visita do Secretário de Estado, o nosso diálogo resumiu-se a uma meia-dúzia de frases de circunstância e, inevitavelmente, a alguns pedidos específicos formulados

---

[33] Mocidade Portuguesa, na gíria da juventude liceal da minha época. Tratava-se de uma organização juvenil salazarista.

pelo Ministro, de que eu deveria mentalmente tomar boa nota. Apercebi-me que tinha de me familiarizar com esta pedinchice permanente. Fazia parte integrante do jogo e dos hábitos locais, para mais eu, ingenuamente, havia iniciado a conversa com um pedido do meu interesse: a rápida apresentação de credenciais.

Ao desembarcar, aí pelas 23 horas locais, logo que pus os pés na pista, para grande surpresa minha, numa ponta estava o embaixador Silveira de Carvalho e na outra o pessoal da embaixada a começar pelo Secretário de embaixada, o Conselheiro Cultural, o Adido da Cooperação, o Adido Militar, o inspector dos Serviços de Estrangeiros e Fronteiras e algum do "staff" administrativo da missão, alguns acompanhados pelos respectivos cônjuges. A discriminação era mais do que evidente, a denotar um clima de fricção entre o chefe cessante e a equipa que continuaria, agora, sob a minha supervisão. Já sabia, desde Lisboa, que o relacionamento entre o Silveira de Carvalho e o nr. 2, o Secretário de Embaixada e Cônsul era tenso e estritamente formal. Aliás, honra lhe seja feita, o meu predecessor já me havia advertido quanto à matéria vertente. Por razões que não compreendi então muito bem, o chefe de missão cessante não dava qualquer confiança ao seu colaborador mais directo. Em resumo, no aeroporto, perante o quadro descrito, Silveira de Carvalho mostrava-se um pouco crispado, insistindo em falar permanentemente comigo, com múltiplas mensagens e recados de última hora, enquanto eu queria, naturalmente, cumprimentar toda a gente. Enfim, esta valsa de hesitações durou uns poucos minutos, mas lá acabei por saudar as pessoas, despedir-me do Ministro, do meu colega e seguir para a residência.

Cá fora reinava uma confusão indescritível, típica do dia de "São Avião". Centenas, senão, mesmo, milhares de pessoas, aglomeravam-se de qualquer maneira, no exterior da diminuta aerogare – a mesma do tempo colonial –, no que era um simulacro de um parque de estacionamento, para assistirem à chegada e posterior partida do avião da TAP. Vendia-se mancarra[34] torrada, caju, aguardente de cana, vinho de palma, doces, espetadinhas de carne, bebidas frescas ou nem por isso, enfim, era um gigantesco mercado de rua, a funcionar, a altas horas da noite, como se fosse meio-dia. Táxis, toca-tocas, carrinhas, viaturas oficiais, bicicletas estavam espalhadas por tudo quanto era sítio. Era isto o aeroporto Internacional Osvaldo Vieira. A custo lá se recolheram as malas e

---

[34] Amendoim.

rumei a casa, perante uma cidade, sem iluminação pública, onde, aqui e além, se viam uns petromaxes, candeias e uma ou outra casa de gente mais abastada iluminada com gerador próprio.

Acordei, como é meu hábito, bastante cedo e, nesse mesmo dia, 21 de Outubro de 1997, iniciava oficialmente funções na República da Guiné-Bissau e, por conseguinte, teria de enviar o telegrama[35] sacramental a anunciar que havia chegado e que assumia a chefia da missão.

A quatro casas de distância da residência oficial, na mesma Rua Cidade de Lisboa, uma das velhas artérias do período colonial, situava-se a chancelaria, que, dada a hora madrugadora a que cheguei, estava às moscas. Os restantes edifícios – centro cultural, consulado, residência do secretário e um pouco mais acima, já numa outra rua, a residência do Adido Militar – integravam o que se poderia chamar o complexo da embaixada, constituído por velhas casas de habitação do período colonial, adaptadas a escritórios, biblioteca, salas de aula ou residências de função. Dadas as características descritas, muitas não serviam, obviamente, para outra coisa que não habitação, mas outros terão sido os doutos desígnios superiores que, pomposamente, as decidiram transformar em chancelaria, consulado e centro cultural. Além disso, as instalações, a carecerem urgentemente de obras, não pareciam dispor das mínimas condições de segurança. Torci o nariz, mas tive de encolher os ombros.

Passado algum tempo reuni-me com o meu pessoal, para conhecer as pessoas que comigo iam trabalhar e para um rápido encontro de apresentação. Depois iria falar com cada um individualmente para me inteirar dos problemas de cada área em particular. Chamei a atenção de todos para a próxima visita do Secretário de Estado dos Negócios Estrangeiros e da Cooperação e para a necessidade da minha urgente apresentação de credenciais, sabendo que o Presidente da República. "Nino" Vieira, partiria em viagem oficial ao estrangeiro dentro de dois ou três dias, só regressando quando a visita tivesse lugar ou um pouco depois, ninguém sabia ao certo.

Como é típico entre lusitanos, cada um dos funcionários, em vez de objectivamente, me relatar o que se passava na respectiva área de trabalho, esclarecendo a missão de que estava incumbido e efectuando um balanço dos respec-

---

[35] Os chamados "telegramas" são mensagens utilizadas pelo MNE e pelos postos nas comunicações entre si, em geral por um sistema de intranet ou, nas suas falhas, por fax, mas que ainda, hoje, mantém a designação original – de primórdios do século xx – de "telegramas".

tivos aspectos positivos e negativos, começava com o seu infindável rol de queixas e a listagem das dificuldades do dia-a-dia. A cena repetia-se, sem variações dignas de registo, de uns para outros.

À partida, apercebi-me de três ou quatro coisas: o Conselheiro Cultural, dr. Mário Matos e Lemos – que eu já conhecia –, a poucos meses da respectiva passagem à disponibilidade e após muitos anos de Guiné-Bissau, era uma figura tutelar daquela embaixada e o principal conselheiro do próprio embaixador (assim se havia passado com o meu antecessor, o que não queria dizer que eu tivesse a intenção de seguir exactamente as mesmas pisadas); o Secretário de Embaixada que também conhecia bem de Lisboa, não era propriamente o braço direito do ex-chefe de missão, devido, como referi, à frieza das relações então existentes, dedicando-se quase exclusivamente aos assuntos consulares; o Adido da Cooperação não me pareceu um personagem particularmente aberto e simpático, mas não me podia fiar nas primeiras impressões e o inspector do SEF (Serviço de Estrangeiros e Fronteiras), dr. Fausto Garcia, lá me ia falando das informações e documentos que obtinha de fontes secretas ou "altamente sigilosas", assumindo um papel de 007 local, um tanto fora dos cânones, mas que presumivelmente poderia revestir-se de utilidade.

No meu gabinete, a mesa de reuniões estava literalmente juncada de dossiers de todas as cores, tamanhos e feitios, não havia espaço sequer para um lápis, salvo, talvez, na vertical, se conseguisse manter o equilíbrio. O Silveira de Carvalho já me havia dito que não confiava no arquivo da missão, que este não era funcional e que dispunha do seu próprio arquivo, organizado à sua maneira, no gabinete. Como é que eu me ia entender no meio daquela confusão, era uma boa pergunta que ficava sem resposta. Perguntei a uma das secretárias, se atinava com a lógica daquela papelada toda, ao que me respondeu: "Ah, isso eram coisas do senhor embaixador e ele é que sabia. Nós nunca mexemos nesses papéis."

A meio da manhã, telefona-me o chefe de protocolo do Estado, embaixador Eugénio Spain[36], dizendo-me que, tendo em atenção o meu pedido e tratando-se de uma especial deferência com o nosso país, o Chefe de Estado tinha aberto uma excepção e eu poderia apresentar credenciais no dia seguinte.

---

[36] Mais tarde assassinado, juntamente com o Chefe da Segurança Rachid Saiegh, logo às primeiras horas da manhã, do dia 7 de Junho de 1998, a caminho do aeroporto, quando do levantamento militar contra o Presidente "Nino" Vieira, que deu início à guerra civil.

Com efeito, assim foi. Conseguiu arranjar-se uma cerimónia "expresso", em cima da hora. Enfim, lá escrevinhei à pressa meia-dúzia de banalidades para ler na cerimónia de apresentação e procurei informar-me junto dos meus colaboradores de eventuais tópicos de interesse para a conversa com o Chefe de Estado e com o Ministro dos Estrangeiros que teria lugar em privado, logo a seguir à cerimónia formal, nos salões do Palácio.

A conversa não foi muito longa e o Presidente insistiu muito em questões de cooperação, incidindo em especial no ensino e difusão da língua portuguesa. Verifiquei, aqui e além, nas palavras do Chefe de Estado, alguma decepção com os resultados concretos da política de cooperação bilateral com o nosso país, esperando que se pudesse avançar significativamente nesta área tão depressa quanto possível. No fundo, "Nino" esperava mais de Portugal, bastante mais, não ameaçando, directa ou indirectamente, com o espectro da França, longe disso, mas a bom entendedor... O Ministro dos Estrangeiros e da Cooperação (sublinho este ponto por se me afigurar relevante), Delfim da Silva, não fez qualquer comentário ou observação, limitando-se a anuir a tudo o que o Chefe de Estado ia dizendo, com um sorrisinho indefinido no canto dos lábios.

No final da audiência, regressei à embaixada no Mercedes posto á disposição pela Presidência da República que avariou já perto da residência oficial, começando a deitar fumo por todos os lados, com o motorista excitadíssimo, a ver se resolvia o problema com uma rodilha sebenta que abanava sem cessar. Achei mais prudente continuar a pé, aliás, estava quase ao lado de casa.

Eis, a verdadeira e genuína África. Não vale a pena entrar em pormenores, nem comentar o assunto. Era – e é – assim.

CRÓNICA 6

Bissau, primeira semana de Novembro de 1997
A visita do Secretário de Estado

Após a minha apresentação de credenciais, no dia seguinte, o Ministro Delfim da Silva convoca-me ao seu gabinete para falar comigo. "Nada de importante – dizia-me ele – É apenas para trocarmos impressões sobre um ou outro tema relacionado com a visita."

Lá fui. O homem foi direito ao assunto, para "variar" era um pedido, mais um, a juntar a outros.

- Deve estar satisfeito, senhor embaixador. Resolvemos a sua apresentação de credenciais num tempo recorde. Nunca me lembro de tal ter acontecido. Fizemos um grande esforço e eu, pessoalmente, modéstia à parte, dei o meu contributo próprio para o conseguir. Se dei. Foi um grande contributo! Bom, mudando de assunto, sabe uma coisa, nós temos uma grande necessidade de *walkie-talkies*. Eu explico-lhe porquê. Para já, como sabe, não existe rede de telefonia móvel na Guiné-Bissau e os *walkie-talkies* de que dispomos têm uma cobertura muito limitada. Quando falamos aqui no centro da cidade tudo bem, mas quando chegamos ali à

Mãe-d'água ou à "chapa" acabou-se! Para o nosso serviço de protocolo é preciso ter um sistema de comunicações eficiente que permita contactar, sem problemas, desde o aeroporto até ao centro da cidade e que permita também as ligações entre a Primatura[37], o Palácio Presidencial e o Ministério dos Negócios Estrangeiros, tudo na cidade, bem entendido. O essencial é conseguirmos a ligação entre Bissau e o aeroporto, sobretudo por causa das visitas oficiais, quer de entidades estrangeiras, quer nossas, o que, nas actuais circunstâncias, não é possível. Esta questão das telecomunicações é para nós uma questão vital e de grande interesse para o nosso Presidente da República. Olhe, uma vez que o Secretário José Lamego vem cá, podia trazer na bagagem os tais *walkie-talkies*. Seria uma excelente forma de cooperação. Está a ver?

Lá segui para a embaixada e agarrei no telefone, andando a saltitar de adjunto para adjunto, de assessor para assessor, de secretária para secretária, até chegar à pessoa certa. Expus o problema e a necessidade de responder adequadamente ao pedido do Ministro Delfim da Silva. Além disso, não pensava que fosse uma coisa muito cara, nem muito difícil de obter. Tratava-se de uma meia-dúzia de *walkie-talkies* com uma pequena central de transmissões, solicitação que poderia ser satisfeita, sem problemas de maior. "Henriques da Silva, tudo bem. Tomámos boa nota, mas você tem que pôr tudo isso para cá por escrito. Sabe essa coisa vai dar algum trabalho. Olhe, mande um fax, porque necessitamos de despacho superior. O meu amigo, sabe bem do que é que a casa gasta.", disseram-me do outro lado. "Mas vocês, com os elementos que já dispõem, não podem fazer isso já e despacham de vez o assunto?". Respingaram qualquer coisa, mais ou menos evasiva, não me libertando, porém, do ónus de ter que fazer mais um papel. Lá redigi qualquer coisa, senão nada feito.

Na data aprazada chegaram o Secretário de Estado e comitiva com um grande pacote despachado como bagagem pessoal, com os ditos *walkie-talkies*.

A visita correu nos moldes habituais, não muito diferente da precedente a que, como oportunamente referi, tinha estado presente[38]. Muitos dos interlocutores tinham mudado, porque o governo bissau-guineense era outro, mas os temas eram praticamente os mesmos, alguma insistência na cooperação técnico-

---

[37] Gabinete do Primeiro-Ministro.
[38] Vd. Crónica 3.

-militar, o problema dos vistos, as dificuldades de instalação do novo centro cultural, a cooperação no sector agrícola e, inevitavelmente, uma nova visita à "jóia da coroa" ou seja ao programa de cooperação entre as Faculdades de Direito de Lisboa e de Bissau, acompanhados pelos drs. Filipe da Boa Baptista, gestor dos cursos e representando a primeira e Francisco Benante[39], director da instituição local.

Também os encontros com as figuras políticas locais obedeceram ao figurino pré-estabelecido. Kumba Ialá referiu-se à "ingovernabilidade" do pais, à concessão de passaportes a chineses de Taiwan a troco de dinheiro e, o eterno tema recorrente, o facto de ter perdido as últimas eleições presidenciais por alegada fraude cometida por gente afecta a "Nino" Vieira. Todos os partidos da Oposição se referiram à necessidade de se efectuarem eleições legislativas em 1998 e o "arrastar de pés" do Chefe de Estado e da sua *entourage* que não queriam que tal viesse a ocorrer, temendo perder a maioria no parlamento.

Para o jantar na residência, tinha convidado dois ministros, o dos Estrangeiros e o da Justiça, alguns secretários de estado e directores-gerais dos ministérios locais, mais os elementos da comitiva e os quadros da embaixada, aí umas 20 pessoas no total.

Tudo decorreu dentro da mais absoluta normalidade, porém às dez da noite, o Augusto, velho empregado da residência, diz-me em voz baixa, ao ouvido:

– Está lá fora o dr. Kumba!
– O quê? Esta agora! Bom, manda-o entrar – respondi de imediato.

Com o seu inconfundível barrete vermelho, a necessitar urgentemente de uma lavagem, suando e a tresandar a alcóol, com um sorriso de orelha a orelha, irrompe pela sala, Kumba Ialá. Olha ostensivamente para o relógio de pulso e num tom de voz estentórico, diz:

– Meu caro embaixador, desculpa lá eu vir tarde, já passa das dez, mas não tenho fome. Ena, pá, tanta gente! Alguns eu conheço...
– Oh, dr. Kumba, isso não tem a menor importância – disse eu, sem me desmanchar, perante os olhares meio sorridentes dos dois Ministros presentes – Diga lá, o que é que quer tomar?

---

[39] Mais tarde um dos ideólogos da Junta Militar, Ministro da defesa do Governo de Unidade Nacional e presidente da Assembleia Nacional Popular.

— Um *sun-sun*[40] – retorquiu
— Bom, isso não há, mas tenho algo de parecido.

Lá pedi ao Augusto que lhe servisse um conhaque ou um brandy e deixei-me ficar por perto, pois temia o que pudesse vir a passar-se e com Kumba Ialá, o imprevisível era quase sempre o prato do dia – tudo podia acontecer. Entretanto, José Lamego aproximou-se também.

— Ora, cá está o Secretário! Sabe quem é este gajo? – e aponta com um dedo esticado para Delfim da Silva, enquanto emborcava o conhaque – Este foi um dos que roubou os meus votos, por isso é que eu perdi as eleições.

Sorriso amarelo por parte do visado e dos circunstantes que se entreolharam um tanto embaraçados.

— Mas este ainda é pior – e vira-se, então, para o Ministro da Justiça, Daniel Ferreira – Este é que é um dos responsáveis pelos 20.000 votos que eu perdi nos Bijagós[41]. Este é agora Ministro da Justiça, secretário! Ouça o que eu lhe digo, esta gente do Governo não é séria! Mas vocês dão-lhes confiança...

Comecei a ver a vida a andar para trás. O primeiro jantar oficial, que oferecia na residência a Ministros locais e ao meu Secretário de Estado, redundava num fiasco completo, mas, felizmente, Kumba acabou por dar meia-volta, olhou, mais uma vez, para o relógio e exclamou:

— Disse o que tinha a dizer. Já é tarde e vou dormir. Adeus, secretário. Até amanhã! Obrigado, embaixador! – e saíu porta fora.
— Bom, bom – diz Delfim da Silva, à laia de desculpa – Este é o Kumba. Não se pode levar a sério. Faz parte do folclore local.

---

[40] Uma aguardente de caju.
[41] Na segunda volta das eleições residenciais de 1994, encontravam-se frente a frente, João Bernardo Vieira e Kumba Ialá. Este impossibilitado de enviar observadores ao arquipélago dos Bijagós, por não lhe ter sido providenciado transporte adequado, vem a perder por escassa margem o escrutínio, dando, assim, a vitória a Vieira que obtém 92% dos sufrágios expressos nas ilhas.

O número de circo tinha terminado. Contudo, a brincar, a brincar, Kumba Ialá, sem palpos na língua, lá ia dizendo as suas verdades.

Quanto aos *walkie-talkies*, um dia depois da partida da delegação, o Ministro dos Estrangeiros pediu-me para ir ao seu gabinete. Previamente – creio que na véspera – já lá se havia deslocado um sargento de transmissões da nossa CTM (Cooperação técnico-militar) para montar o sistema e pô-lo a funcionar. Não me havia sido relatado qualquer problema.

O Ministro cumprimentou-me, mas não me agradeceu a oferta. Fiquei à espera em vão que o fizesse – até hoje, diga-se de passagem. Não gostei. Mostrou-se um pouco alterado.

– Sabe, embaixador, afinal isto não funciona como nós queríamos. O sinal não chega a Bissalanca. Isto só dá aqui para a cidade e pouco mais – disse-me com um ar aborrecido, pois aparentemente queria fazer um brilharete junto do Presidente "Nino" Vieira e dos seus outros colegas de Governo.

Já desconfiado com toda esta história e francamente irritado com a manifesta má-criação de Delfim da Silva, fiz das tripas coração, contive-me e respondi prudentemente:

– Vou ver o que é que se passa e depois digo-lhe qualquer coisa senhor Ministro. Não se preocupe que isso que aí tem é material do melhor. Aliás, como sabe, eu encarreguei-me pessoalmente do assunto – frisei bem para que percebesse a mensagem.

Não reagiu.

Por feliz casualidade, estava em Bissau um tenente-coronel da arma de Transmissões, numa missão qualquer da CTM portuguesa, a quem, entre duas bebidas no bar do hotel Hotti expliquei a situação. Respondeu-me da forma mais simples que passo a resumir:

– Sabe, senhor embaixador, isso que me conta não tem nada de transcendente. Eles têm de montar uma antena, ligada à central, num ponto alto da cidade. Por exemplo, ali no topo do depósito da Mãe d'água. Constroem uma torrezinha ou uma estrutura metálica, aí com uns cinco metros de altura e com uma certa potência de sinal, depois falam para toda a parte. Não há qualquer problema, nem é preciso mais nada.

Tomei boa nota de tudo isto. Voltei a encontrar Delfim da Silva. Perguntou-me, ansioso:

– Então e os *walkie-talkies*?
– Oh, senhor Ministro, isso é fácil. Sabe nós oferecemos os aparelhos. Pusemo-los a funcionar, mas não nos compete fazer tudo, não é verdade? Sabe a cooperação funciona nos dois sentidos, não é uma via de sentido único. Os senhores, agora, têm de construir uma torre na Mãe d'água, ou uma construção metálica e emitem a partir dali ou então a torre funciona como *relais*. Não me vai dizer que não têm verba para isso? Sabe, senhor ministro, nós já fizemos mais do que o suficiente e o que eu lhe estou a dizer é, apenas, um conselho técnico dos nossos especialistas em Portugal.

Delfim da Silva emudeceu e a conversa, como não podia deixar de ser, ficou por ali. Se queria mais alguma coisa sobre os *walkie-talkies* nunca mo fez saber. A partir desse momento, ficou caladinho como um rato.

CRÓNICA 7

Bissau, o último trimestre de 1997
Primeiros meses e primeiras impressões

Não consigo apagar da minha mente, as primeiras imagens e as primeiras impressões de Bissau, algumas já constantes das crónicas precedentes, mas não será demais apresentar alguns flashes suplementares para que o leitor fique com uma melhor ideia sobre o assunto. No fundo clichés, que valem o que valem, e a descrição em largas pinceladas de algumas cenas da vida quotidiana da Guiné-Bissau, tal como as vi no final do século passado, ao longo dos meus primeiros três meses de estadia naquela capital oeste-africana.

Bissau como cresceu e como se degradou o centro do Bissau Velho

O que mais me chocou foi a explosão demográfica de Bissau, que passou dos quase 40.000 habitantes que teria no período final da guerra colonial, para uma população dez vezes superior. A capital e a respectiva periferia imediata deviam contar, no final da década de 90, com mais de 400.000 pessoas, a maioria camponeses, desenraizados das suas terras de interior e que buscavam na capital uma vida melhor. Triste ilusão que na quase totalidade dos casos jamais se concretizaria.

O planeamento urbano colonial para uma cidade de 20 ou 30.000 habitantes não estava mal gizado, antes pelo contrario, e dispunha das infra-estruturas mínimas para o efeito. Digamos que 50.000 habitantes seria o limite máximo admissível. Agora aquele formigueiro humano que serpenteava e se aglomerava por todos os lados era algo que jamais havia sido previsto. Em África, Bissau, porém, não era caso único e eu entre outras capitais do continente, já conhecia Luanda.

Na "chapa", um trânsito desordenado, que fluía hesitantemente por buracos e mais buracos, aqui e além com alguns vestígios de estrada. Gente que andava de um lado para o outro, atravessando com algum perigo uma pretensa "via rápida" – passe o eufemismo – de dois sentidos e 4 faixas (duas eram normalmente fechadas para a passagem das comitivas oficiais, o que ocorria com frequência, criando engarrafamentos monstruosos) que se concentrava no mercado de Bandim, o verdadeiro coração da vida económica do país, onde se podia comprar um pouco de tudo e onde se vendia o útil e o inútil – expressões que na Guiné-Bissau não queriam dizer nada, porque tudo acabava por ser útil ou, pelo menos, tentativamente utilizável. O velho centro urbano ainda tinha alguma vida, mas muitos prédios e terrenos estavam devolutos e inúmeros edifícios em ruínas. Detectava-se, porém, alguma animação, junto ao mercado velho, todavia nada de comparável ao do Bandim.

O porto apresentava uma decadência chocante e acentuada. Barcos, pirogas, jangadas e todo o tipo de embarcações imagináveis para ali estavam desordenadamente, ancoradas ou empilhadas, umas a ganharem ferrugem e outras a apodrecerem lentamente, bem como um ou outro navio de carga que fundeava ao largo ou acostava para efectuar as operações de carga e descarga. Olhando do cais do Pidjiguiti ou da "marginal" (nome pomposo para uma degradada fieira de palmeiras e de ervas secas, que, em tempos, se bem me lembro, terá sido agradável), via-se, a uma distância relativamente curta, o ilhéu de Rei onde se podia ir de piroga por um punhado de francos CFA. No final da Avenida Amílcar Cabral, junto ao Geba, para além de um busto do "pai da Pátria" lá estava um mamarracho horrendo, salvo erro oferecido pela Jugoslávia, para comemorar qualquer coisa – a fraternidade entre os povos, ou a unidade na luta contra a opressão colonial ou qualquer outra efeméride do estilo, o que para o caso era indiferente – no topo da avenida, o Palácio presidencial, na Praça dos Heróis Nacionais (antiga praça do Império), hoje em ruínas[42].

Alguns estabelecimentos que mantinham as portas abertas davam-nos um vago lampejo visual do que tinha sido a Bissau do passado. Os Correios, a catedral e o Forte da Amura, lá estavam no mesmo sítio. No termo da avenida principal, à direita do Palácio, a sede do PAIGC e do outro lado da praça, a Primatura, um pouco mais abaixo as instalações da TAP.

Mal cuidados e quase todos a esfarelarem-se, lá estavam os edifícios do tempo colonial que davam um ar de outras épocas quiçá mais prósperas. Ainda se mantinham de pé, o que não era mau de todo, à espera de uma recuperação que tão cedo não viria, com toda a certeza.

Bissau chocava por ser, no fundo, uma favela gigantesca, miserável, porca, desconchavada, mal cheirosa e descuidada. Ao observador menos atento, o morro da Rocinha no Rio de Janeiro devia parecer a 5ª Avenida de Nova Iorque ao pé desta imensa cloaca africana. Não estava propriamente à espera de encontrar uma urbe europeia, asiática ou latino-americana, mesmo de terceira, quarta ou quinta ordem, e já tinha visto de tudo um pouco na minha vida, mas Bissau, nos anos 90, depois de bem conhecida, excedia as piores imagens que guardava na minha memória. Diziam-me os meus amigos e colaboradores que uns anos antes era bem pior, pelo menos, agora, já havia de quase tudo nas lojas, embora a preços incomportáveis para o comum dos cidadãos.

Fome e miséria nas ruas da capital

Para além dos trajes coloridos, típicos da população bissau-guineense e da África Ocidental, o que dava sempre uma nota de alegria ao ambiente, regra geral, as pessoas vestiam-se de forma humilde quando não andrajosa. Raros eram aqueles que dispunham de dinheiro suficiente para comprarem uma saca de arroz para se alimentarem e sustentarem a família durante um mês. Via-se que passavam por inúmeras dificuldades e que lutavam quotidianamente para sobreviverem. Comiam, em regra, uma refeição por dia, depois das duas da tarde, sempre com *bianda, manga di bianda*[43] para encherem o estômago. Acabado

---

[42] Foi parcialmente destruído e incendiado no final da guerra civil, em 7 de Maio de 1999.

[43] Arroz, muito arroz (trad. do crioulo).

este almoço tardio pouco se trabalhava. Muitos dormiam a sesta onde calhava (jibóiavam) e a maioria voltava para casa, quase sempre a pé ou, para os que viviam mais longe, nos toca-toca.

Era comum observar-se gente a pedir esmola ou a oferecer-se para pequenos serviços. Também se via muita miudagem e mulheres a venderem mancarra, caju, noz de cola, doces duvidosos e bugigangas indefinidas um pouco por toda a parte. Nunca comprava nada, mas levava sempre comigo algumas moedas ou rebuçados que distribuía por esta gente, sobretudo pela miudagem, ofertando-lhes, assim, uma pequena alegria, efémera, claro.

A pobreza era, pois, endémica e insanável. Mais. Parecia que, com cada dia que passava, a situação ia paulatinamente piorando. Interrogava-me até quando seria sustentável aquele estado de coisas e porque é que a população não se revoltava, sabendo que alguns dos seus governantes, a começar pelo próprio Presidente da República viviam à grande e à francesa? Aliás, era evidente para qualquer pessoa o brutal desfasamento existente entre a minúscula elite possidente, que circulava nos seus jipes de tracção às quatro rodas e o povão que calcorreava a pé as ruas esburacadas.

"O poder de compra das populações foi-se reduzindo, tendo como consequência a elevação do nível da pobreza e a marginalização das maiorias. Aumentaram vertiginosamente os casos de vandalismo, de criminalidade juvenil e de prostituição. Enfim, a juventude vivia uma vida miserável, ao ponto de estar pronta para o que desse e viesse..."[44]

Emprestas-me aí 5.000 CFA para a festa de anos da minha filha?

Apesar de gostar de passear, de conviver com as pessoas e, sobretudo, de observar os diferentes quadros humanos, muitas vezes evitava fazê-lo, porque sendo branco, embaixador (quase toda a gente sabia quem eu era) e sem guarda-costas, expunha-me ou à pedinchice habitual ou a riscos desnecessários.

Um dia já ao fim da tarde, depois de ter ido dar uma volta higiénica, no regresso a casa, com alguma pressa, porque a noite em África cai de um momento para o outro, aparece-me um fulano relativamente bem parecido que me fala num português aceitável, a puxar para o rasca, que me diz:

---

[44] Cardoso, Leonardo, "A Tragédia de Junho de 1998 – Factos e Comentários", in *Soronda*, Revista de Estudos Guineenses, INEP, Bissau, Dezembro, 2000, p. 130.

- Eh, pá, tu é que és o embaixador, não é verdade? Eu vivi na Amadora. Conheces, pá? Olha eu queria convidar-te para os anos da minha filha que é amanhã. Não te convidei antes, porque não te encontrei, mas ainda bem que te encontro. Vai ser uma grande festa com muita gente. Eu gostava que tu fosses, pá. O que é que dizes? Olha, a propósito, falta-me dinheiro para comprar Fantas, Coca-Colas e outras coisas. Tu não tens aí uns 5.000 francos CFA[45] ou coisa assim. Eu depois pago-te, pá. Amanhã, na festa dou-te o dinheiro. Prometo. O que é que dizes?

Respondi, como seria de esperar, pela negativa. Cito o caso porque era paradigmático deste tipo de situações que surgiam frequentemente.

Pedofilia? Ou tudo é relativo

O Sr. Carlos Silva, motorista da embaixada, um homem já de cinquenta anos cumpridos, natural de um lugarejo perdido do Norte de Portugal, com não sei quantos anos de Guiné – toda uma vida ou quase, creio eu –, era mais um africano de pele branca, que um europeu meio-cafrealizado, como tantos. Já não tinha praticamente quaisquer ligações com o seu país de origem, salvo o facto de prestar serviço como motorista na embaixada. Falava correntemente o crioulo e o manjaco, sabendo ainda dizer umas palavras noutras línguas locais. Tinha uma predilecção especial pelas *bajudas*[46], especialmente as de mais tenra idade (12 a 15 anos). Invariavelmente, estava sempre à conversa, à porta da residência, a meter-se com as jovens vendedoras de mancarra e de caju.

Um dia chamei-lhe a atenção:

- Oh, Sr. Carlos, para já não quero que a residência ou a chancelaria sejam, por forma alguma, locais de encontro, de namoro ou lá o que é. Isto assim não pode ser. Acabou-se! Ora bem, não é preciso lembrar-lhe que o senhor é o meu chofer e trabalha para uma representação oficial do Estado Português, portanto, fica desde logo proibido de andar para aí nesses prepa-

---

[45] O equivalente, hoje a 7 Euros e meio, o que, na altura, devia equivaler aí a uns 20 e tal euros.
[46] Raparigas púberes ou adolescentes.

ros. Nem quero ver essa gente ao pé da porta. Além disso, como tive ocasião de verificar, são miudecas que ainda nem sequer têm o corpo formado. Francamente! O que é isto, sr. Carlos?
- Oh, Senhor embaixador, pelo amor de Deus! Eu estava apenas a conversar aqui com as *bajudas*, enquanto esperava pelo senhor. Nada de mal! – respondeu um pouco embaraçado e percebendo que eu estava a pôr ponto final no seu jogo habitual.
- Oh, Sr. Carlos, eu fui bem claro. Não quero mais situações destas. Está dito, está dito! Acabou-se! – rematei
- Tudo bem, as suas ordens serão cumpridas, mas senhor embaixador, permita-me que lhe diga e não me leve a mal: o senhor viveu em África, mas não conhece África. Se calhar está a modos que chocado com a idade das *bajudas*? Sabe isto aqui é assim e não muda – vi nitidamente que procurava explicar-se. Deixei-o continuar.
- Ordens são ordens e cumprem-se. Mas sr. Carlos Silva, o que é quer dizer com isso? Explique-se.
- Aqui elas começam cedo. Depende das raças, mas começam cedo. Perdem o cabaço logo à primeira e quem tenha algum patacão[47] tem o que quiser e quando quiser – retorquiu.
- Mas são crianças, Sr. Carlos! São crianças! Algumas nem peito têm. Isto na nossa terra é crime e vai-se bater com os costados na cadeia. O senhor está a perceber bem o que lhe estou a dizer? – questionei-o.
- Senhor embaixador, isto é a Guiné. Isto é África. As coisas aqui são diferentes. Não estamos no Porto, nem em Lisboa. Lá será como o senhor diz, aqui não. A partir do momento em que as *bajudas* estão mais ou menos prontas para a "coisa." Estão prontas para a "coisa" e já está. Amadurecem mais cedo. É assim. Sabe, são mulheres tenrinhas...
- Sr. Carlos, já ouvi mais do que o suficiente. Chega! A conversa acabou. Não vamos voltar ao assunto e as minhas instruções são claras. Ah, um último ponto: não quero problemas de qualquer espécie com as autoridades guineenses por causa deste tipo de coisas. Que isto fique bem claro!
- Já percebi. Deixe estar que da minha parte não haverá qualquer problema. Mas, sabe uma coisa, senhor embaixador, aqui fazem todos o mesmo, a começar pelos ministros e pelas altas figuras – concluiu.

---

[47] Dinheiro.

Lembrei-me depois de uma outra história que me havia sido contada, há vários anos, por um dos sargentos da C.Caç. 2402 quando da minha primeira passagem pela Guiné, no final dos anos 60. Um desses cantineiros do mato, tinha-lhe referido a sua predilecção por garotos, a quem pagava para os sodomizar e depois abandonava-os no mato, comentando: "Sabe isto é muito melhor que uma mulher. Devia experimentar". Histórias de África...

Enfim, tudo é relativo, se calhar, até a pedofilia. E, como veremos, mais adiante, inclusive, altas figuras do pseudo-estado bissau-guineense estavam envolvidas no assunto. Mas não antecipemos a descrição.

Corrupção? Não fomos nós que a inventámos...

Um belo dia falando com um alto responsável da cooperação bissau-guineense, este, um tanto inesperadamente, perguntou-me:

- Senhor embaixador, conhece os suíços? Já esteve na Suíça?
- Sim, conheço e já lá estive umas duas vezes, mas por que é que me faz essa pergunta? – interroguei-o, intrigado com o assunto.
- Sabe é que há cerca de 3 ou 4 meses esteve cá o Director-geral da Cooperação suíça. Eu disse-lhe várias vezes, portanto com bastante insistência, que gostava muito de chocolates suíços. Pois, esse imbecil voltou, agora. Esteve aqui há dois dias e olhe – apontando com o dedo indicador para a sua mesa de trabalho – estão ali umas 12 caixas de bombons e chocolates suíços. O gajo não percebeu nada, de nada. Onde é que está o dinheiro? Se fosse consigo, percebia, não é verdade? Qualquer português não teria quaisquer dúvidas sobre o assunto É por isso que lhe digo: os suíços são o povo mais estúpido da Europa. Não há outro igual.

Num jantar na residência, para o qual convidei algumas figuras da Oposição, depois da refeição, à boa maneira machista lusitana, os homens, deixando as senhoras na sala, vieram para a varanda fumar a sua charutada e eu, na altura, acompanhava-os, ou seja, ainda fumava, não, charutos, mas cigarros com filtro. Falou-se de corrupção. A certa altura, num tom crescentemente excitado e elevando a voz, um dos circunstantes, entre duas fumaças, clamou:

- Se um dia chegarmos ao Poder e já não falta muito, acabamos com esta corrupção desenfreada. Toda esta gente rouba tudo o que lhe cai nas mãos de uma maneira ou de outra É só uma questão de oportunidade. Olhe, por exemplo, soube, hoje, que um dos ministros do actual Governo meteu mais de um milhão de dólares ao bolso, com uma série de compras para as Forças Armadas. Isto é um escândalo! O Povo tem de vir para a rua e acabar de vez com isto. É um escândalo! Não acha, embaixador?

– Oh, meu caro doutor, mas o que é que entende por corrupção? – perguntei-lhe eu.

– Senhor embaixador, é isto que eu lhe digo: é empochar 1 milhão de dólares! Está tudo dito! – respondeu no mesmo tom exaltado.

– Bom – atalhei eu, tacteando o terreno – e se for uma quantia mais pequena, aí uns 300 ou 400.000 dólares?

– Aí, isso é diferente! Sabe nós não temos, como na Europa, um sistema eficaz de segurança social, que vocês já têm e estão a tentar melhorar. Temos de garantir minimamente o futuro e o das nossas famílias. Este país, como sabe, não tem nada de nada. Com essa quantia vivíamos tranquilamente e não precisávamos do que quer que seja. Agora, um milhão de dólares, não pode ser, é escandaloso!

O meu saudoso amigo, Bernard Rocolle, de nacionalidade francesa, falecido já lá vão mais de dez anos, que conheci, bem como sua mulher, Gisela, em Bissau, amizades sólidas forjadas no calor dos trópicos e que ficaram para a vida, relatou-me um curioso encontro que manteve com o Presidente "Nino" Vieira, em que foi aflorado o tema da corrupção. Aí, o ex-Chefe de Estado bissau-guineense abriu-se e falou à vontade, uma vez que o seu interlocutor não era português.

– Oh, senhor Bernardo, essa história da corrupção é verdade. Existe. Não o nego. Mas não fomos nós que a inventámos, limitámo-nos a aprender com o colonizador. Sabe, ninguém nasce ensinado. Foram os portugueses que nos disseram como era.

Amor e desamor a Portugal

A relação amor-ódio entre ex-colonizado e ex-colonizador é uma constante que tem de ser tomada na devida conta e que existe um pouco por toda a parte, não sendo, por forma alguma, apanágio exclusivo dos lusitanos. Trata-se de uma matéria que tem de ser gerida com calma, bom-senso e sobretudo com uma grande dose de paciência, porque os acessos de paixão e os amuos são frequentes, extemporâneos e excessivos. Não se pode levar nada muito a sério, nem tão-pouco se pode ignorar completamente o que nos é dito e como nos é dito.

Para muitos (quase todos), Portugal era a terra onde corre o "leite e o mel". Trabalhar nas obras, viver na Buraca ou no Seixal e contactar os conterrâneos no Largo da igreja de S. Domingos, junto ao Rossio, era um sonho acalentado pelos bissau-guineenses em geral. Alguns não ocultavam, porém, certas queixas relativas a discriminações de vária ordem de que eram alvo em Portugal e de atitudes racistas por parte dos portugueses. Mas o sonho mantinha-se e continuava bem vivo.

Na época, lembro-me perfeitamente que uma nota de 5.000 escudos[48] enviada do nosso país dava de comer a uma família de 5 pessoas, durante um mês. Portanto, para o homem da rua, o nosso pequeno cantinho na Europa era um oásis, um pedacinho do Paraíso, emigrar para Portugal, uma aspiração comum, alimentada e idealizada por quase todos.

– Embaixador, eu quer emprego no Lisboa. Eu faz tudo, sem problema.

Ouvi, pois, com ou sem variantes, esta frase em permanência. Mas outros havia que não comungavam da mesma opinião. Portugal tinha-os deixado na desgraça. Portugal era um país miserável, na cauda da Europa – subdesenvolvido, carente, o último nas estatísticas da U.E., etc. (à laia de comentário pessoal: entre muitas outras coisas, faltavam, de facto, espelhos em Bissau...). O que é que Portugal podia verdadeiramente fazer pela Guiné-Bissau? A colonização portuguesa tinha sido a pior de todas, a que tinha empobrecido os povos dominados e não tinha deixado qualquer legado de valor. Neste grupo incluíam-se os francófilos, os pan-africanistas e os que se consideravam intelectualmente mais sofisticados (!?) na exígua elite de Bissau (todos estes termos têm de ser relativizados e sopesados porque a realidade era por demais complexa e parecia desconforme ao atrás exposto). No fundo, a mensagem subliminar era esta:

---

[48] Cerca de 25 Euros ao câmbio de hoje. Na altura, 5 contos valiam bastante mais, tendo um valor aquisitivo aí de uns 75 euros, aproximadamente.

Portugal, como antiga potência colonial, devia fazer muito mais por aquele seu ex-território do que presentemente fazia. O quê, exactamente, ninguém sabia muito bem definir, mas tinha de se fazer alguma coisa.

De uma forma ultra-sigilosa e só quando existia uma grande relação pessoal de confiança comigo, alguns lamentavam que Lisboa os tivesse abandonado à sua sorte e tivesse permitido, ainda sob o domínio colonial português, nos meses que antecederam a independência plena, que muitos guineenses fossem presos, torturados e assassinados, designadamente os que connosco colaboraram de forma mais activa. Nesta matéria, não me furtava ao diálogo, mas a conversa era incómoda, senão perturbadora.

O certo é que entre as juras de amor e os arrufos, quer se queira, quer não, Portugal e os portugueses ocupavam um papel central na vida da Guiné-Bissau.

Aspectos desconhecidos da cooperação portuguesa

Nesta matéria muito haveria a dizer e o que irei relatar não dará ao leitor mais do que uma pálida ideia da situação, porque fica mais, muito mais, por contar[49].

Em primeiro lugar, falemos da cooperação no domínio da saúde. Nos aviões da TAP semanalmente seguia um número significativo de doentes que iam, alegadamente, tratar-se nos hospitais de Lisboa, Porto e Coimbra. Muitos, mal punham os pés no aeroporto da Portela, desapareciam na Musgueira ou no Prior Velho e as consultas marcadas para os Hospitais Universitário de Coimbra, de Santo António no Porto ou de Santa Maria em Lisboa ficavam eternamente à espera dos doentes. Esta política de cooperação no domínio da saúde, que o contribuinte lusitano pagava alegremente sem se dar conta, fomentava objectivamente a imigração ilegal, mas isso não parecia importar os nossos responsáveis do sector, que nem sequer sabiam o número exacto de doentes envolvidos, nem o custo gigantesco desta operação que ascendia na altura a centenas de milhares de contos (portanto, a alguns milhões de euros, na moeda actual). É claro que os doentes que tinham de ser submetidos, por exemplo, a hemodiálise não o podiam fazer na Guiné-Bissau, uma vez que não existiam facilidades, nem aparelhagem, para o efeito, mas, sim, em Portugal, onde eram con-

---

[49] A situação é analisada com mais detalhe na Crónica 11.

denados a permanecer até ao fim da vida. Sentiam-se desacompanhados, perdidos, desenraizados. Existiam muitos outros casos de evacuações perfeitamente justificáveis, mas haveria que equacionar-se todo o problema de raiz, o que nunca foi feito.

Depois faltavam medicamentos de toda a ordem: anti-palúdicos, anti-piréticos, insulina (a incidência da diabetes na população em geral era enorme), anti-inflamatórios, analgésicos, anti-bióticos, etc. Existiam poucos ou nenhuns meios de diagnóstico. Os medicamentos que podiam salvar vidas e que chegavam a Bissau, por obra e graça da cooperação portuguesa e de outras cooperações ou ONGs, eram açambarcados pelos poucos médicos bissau-guineenses que trabalhavam na capital ou em Bafatá e desapareciam rapidamente nas respectivas arrecadações e armários.

Neste particular, registo um episódio que me foi relatado por minha mulher e cooroborado pela nossa amiga Gisela Rocolle, pois ambas trabalharam em regime de voluntariado na secção de pediatria do Hospital Simão Mendes. Constou-lhes que deviam existir alguns medicamentos numa dependência esconsa daquele estabelecimento hospitalar. Deram com o dito aposento e, a páginas tantas, decidiram abrir a porta, solicitando ao pessoal auxiliar para rebentar com o respectivo cadeado. A porta de madeira rangeu e abriu-se a custo. Para seu espanto, lá dentro encontravam-se centenas, talvez milhares de caixas de medicamentos, que atafulhavam o chão, as paredes e até tapavam parcialmente a pequena janela do canto, por onde se filtrava a custo a luz do dia. Verificou-se que todas ou quase todas as embalagens, bem assinaladas com os dizeres "cooperação portuguesa" e cooperações de outras origens, tinham a data de validade ultrapassada. O médico responsável, que não se encontrava em Bissau e que ainda hoje estou para saber quem era, fazia um autêntico negócio da China controlando e vendendo localmente estes medicamentos, cuja maioria, via de regra, terminava em venda livre no mercado de Bandim, onde se encontravam em profusão. De acordo com os relatos que me foram feitos, o hospital não dispunha de medicamentos, mas, para quem estivesse disposto a pagar, apareciam logo como que por artes mágicas. O negócio envolveria alguns médicos, o pessoal de enfermagem e o próprio director.

Deve-se tirar o chapéu à cooperação cubana que através dos seus médicos e para-médicos, pagos pela ONU, conseguiu facultar uma assistência válida mínima a alguns sectores da população mais carenciada. Todavia, metade do salário daqueles profissionais revertia "revolucionariamente" para *el compañero, comandante Fidel Castro*", que o respectivo embaixador, como tive ocasião de testemunhar, em certos dias do mês, recolhia religiosamente, numa caixinha de metal, apontando nomes e quantias num caderno de apontamentos.

Muitos médicos locais faziam-se cobrar – e bem – pelos medicamentos graciosamente *oferecidos* (sublinho o termo) pela cooperação portuguesa. No Hospital Simão Mendes, uma pessoa das minhas relações, presenciou a seguinte cena: um médico que se preparava para ministrar um medicamento por via intra-venosa perguntou ao doente se tinha 5.000 francos CFA consigo para pagar. Quando o doente lhe disse: *dinhêro ká tem*[50], o médico retirou-lhe bruscamente a agulha do braço e recusou-se a administrar-lhe o tratamento. Estas cenas eram comuns e chegaram ao meu conhecimento vários relatos do mesmo género.

Uma tarde, um dos meus colaboradores, no bar do Hotel Hotti, meteu conversa com uma jovem licenciada em veterinária que regressava no dia seguinte a Portugal, depois de uma estada de algumas semanas na Guiné-Bissau, onde, ao abrigo dos programas bilaterais de cooperação, tinha vindo a estudar uma doença, com um nome impronunciável, que afectava a visão dos bovinos, para a sua tese de mestrado. Uma sua amiga também presente, tinha-se igualmente deslocado à capital guineense para um estudo sobre um outro problema qualquer do género que afectava animais domésticos, devendo permanecer mais algum tempo no país. Faço notar que esta "cooperação para as teses de mestrado" (não encontro melhor expressão para a descrever) era feita à revelia da embaixada e sem conhecimento, directo ou indirecto, do adido de cooperação responsável por estas matérias. Muitas vezes tinha-se uma vaga ideia destas situações, quase sempre, por mero acaso, como nos casos supra, ou, via de regra, *a posteriori* quando se consultavam os relatórios do então Instituto para a Cooperação Portuguesa (hoje, IPAD[51]). Por outras palavras, ficava-se a conhecer certos aspectos da nossa cooperação através de documentos publicados um ou dois anos depois. Os cooperantes chegavam e partiam sem a embaixada se dar conta de coisa alguma. Estávamos a ver passar os comboios, mas como na Guiné-Bissau não existem linhas de caminho de ferro, não víamos nada.

Os casos relatados e muitos outros sucediam-se em profusão em quase todas as áreas, obedecendo, creio eu, ao conceito então vigente de "cooperação com-

---

[50] Não tenho dinheiro (trad. do crioulo).
[51] Instituto Português de Apoio ao Desenvolvimento.

pletamente descentralizada", tão caro ao dr. Durão Barroso, enquanto governante nas Necessidades e prosseguido, sem pestanejar, pelos seus sucessores . O certo é que a embaixada e os seus adidos e técnicos eram mantidos completamente à margem deste processo.

Acresce que, a título da política de cooperação de Estado a Estado, por portas e travessas, constava fortemente a existência de apoios directos de Portugal ao orçamento da Guiné-Bissau, solicitados pelo Governo desta última ao mais alto nível do Executivo Português, quando os números começavam a entrar no vermelho e deixava de haver dinheiro para pagar ao funcionalismo público e solver certas despesas inadiáveis, o que acabava por ser uma prática corrente e continuada. Sem quaisquer condicionalismos ou sequer consulta ao embaixador em Bissau – não é demais sublinhar este ponto –, o Governo Português punha alegremente à disposição do Governo local a quantia que fosse necessária para que este pusesse as contas em ordem. Não estou bem certo, até porque, repito, este processo escapava totalmente ao meu controle, creio que numa das vezes se terá avançado com a soma astronómica de 2,5 milhões de contos[52]. A ser verdade – e sabemos que estes pedidos e consequentes respostas positivas da parte portuguesa foram constantes ao longo do tempo –, o contribuinte lusitano desconhecia o assunto, a Assembleia da República, idem, idem, aspas, aspas, a comunicação social também e é melhor ficarmos por aqui...Finalmente e para rematar, tratava-se de uma cooperação onerosíssima, invisível e sem quaisquer resultados estruturantes, porque no ano seguinte a pedinchice continuava, nos mesmos moldes, com o estafado argumento de que o executivo de Bissau estava com a corda na garganta. Sob qualquer ponto de vista que se encare o problema, os dividendos para Portugal, em termos de apoio à Guiné-Bissau e às suas necessidades efectivas, de ajuda real ao desenvolvimento e, *last but not least,* da sua própria imagem perante a opinião pública, interna e externa, eram nulos. Os bissau-guineenses referiam sempre a cooperação com Taiwan, com o Japão, com a Comissão Europeia, com a França, Suécia ou Holanda que deixavam obra feita e tangível – ou seja, edifícios, pontes, o novo terminal do aeroporto, infra-estruturas rodoviárias, projectos de orizicultura, de protecção ao meio-ambiente, etc. De Portugal, que devia dar quantitativa-

---

[52] Teve de se efectuar um verdadeiro trabalho detectivesco para se chegar a esta conclusão, meramente aproximativa, que corresponderia ao câmbio actual a 12,5 milhões de Euros (bastante mais nos dias que correm, ou seja, a meu ver, cerca de 20 milhões).

mente muito mais através destas ajudas directas ao orçamento de estado, ninguém falava, nem tão-pouco agradecia. Em suma e recapitulando, a operação consistia no envio permanente de dinheiro para um saco sem fundo, a que Lisboa, quiçá com inexplicáveis complexos de culpa pelo seu passado colonial, contribuía sem grandes hesitações e, menos ainda, com perguntas.

A propósito da cooperação portuguesa, apetece-me citar uma pequena frase de Albert Einstein que li, há uns anos, não sei bem onde, em versão castelhana, que, a meu ver, tem mais sabor que a original em alemão e de que tomei então nota. Trata-se de uma referência notável e que se aplica como uma luva à situação que conheci na Guiné-Bissau: *Hay dos cosas infinitas: el Universo y la estupidez humana. Y del Universo no estoy seguro.*

A Guiné-Bissau um PALOP, que não falava, nem fala, português

Uma das confessadas aspirações de "Nino" Vieira, não sei se sincera, se apenas para agradar aos nossos ouvidos *tugas*[53], era a de que queria que os bissau-guineenses se exprimissem correntemente na língua de Camões pelo ano 2000. Louvável intenção, mas tratava-se, obviamente, de uma fantasia, um objectivo impossível de cumprir, porquanto, segundo as estatísticas da época (confesso que nunca tive acesso directo às fontes, mas fui lendo, de documento para documento e de página para página da Internet, exactamente os mesmos dados, desconhecendo onde os terão desencantado) apenas 10% da população falava português, como 1ª, 2ª ou 3ª língua e cerca de 50%, ou talvez um pouco mais, exprimia-se em crioulo também como 1º, 2º ou terceiro idioma. O certo é que o crioulo, *kriol* ou *kriolu,* era a língua franca de comunicação na Guiné-Bissau, em especial nas cidades (as antigas *praças*), onde terá nascido. Contrariamente ao que se possa pensar, creio que o francês não constituía ainda uma ameaça muito séria, a nível da população em geral, uma vez que uma percentagem muito diminuta se expressava nessa língua e na própria província de Casamansa, que foi em tempos idos portuguesa, o *kriol* de Cacheu está mais difundido que

---

[53] A designação "tuga" para qualificar os portugueses, quer na Guiné-Bissau, quer noutras ex-colónias lusitanas, é altamente pejorativa e insultuosa. Não obstante, em Portugal, de uma forma alegre, estulta e alarve, é utilizada comumente, inclusive, assim se crismou uma mascote da equipa lusa para o campeonato do mundo de futebol de 2002, no Japão/Coreia (!).

o próprio francês e o jalofo. Todavia – e este ponto é relevante – a pequena elite de Bissau já começava a utilizar o francês como língua de comunicação (internacional) e era sensível à agressiva abordagem cultural da França.

Na região de Farim, numa visita do Presidente "Nino" Vieira, este proferiu o seu discurso em crioulo, que foi traduzido para uma das línguas locais (balanta) e depois para uma terceira língua (fula). Uma vez que estavam também presentes embaixadores estrangeiros, a dado passo, o Presidente disse umas tantas palavras em português, que foram em seguida traduzidas para crioulo e depois prosseguiu o circuito atrás descrito, ou seja a alocução teve 4 versões linguísticas diferentes.

Numa deslocação ao Sul do país (perto de Buba), o delegado da Comissão Europeia, Miguel Amado, e eu próprio fizemos discursos em português, tendo o Ministro da Agricultura, Avito da Silva, servido de intérprete, perante as solicitações da população local que manifestamente não compreendeu o que lhe dissemos, improvisando então uma breve síntese das nossas palavras em crioulo.

Numa intervenção televisiva, o Ministro das Finanças, Issufo Sanhá, licenciado em economia por uma universidade brasileira, quis explicar aos seus compatriotas a situação económico-financeira do país, panorâmica que teve de traçar inevitavelmente nas cores mais negras. Começou por falar em crioulo, utilizando mensagens simples e directas para que o comum das pessoas o entendesse. Passado pouco tempo, devido à tecnicidade dos termos, viu-se forçado a transitar para o português. Dias depois, quando o vi, perguntei-lhe: "Então senhor Ministro, começou o discurso em crioulo mas teve de o acabar em português?". Respondeu-me em seguida: "Embaixador, mas, diga-me lá, francamente, como é que eu explico os mecanismos da inflação, da dívida externa e a iniciativa HIPC[54] em crioulo?"

Estes casos, citados a título de mero exemplo, multiplicavam-se. Em conclusão, o português, apesar do respectivo estatuto de idioma oficial, era – e é – uma língua exótica e largamente desconhecida da população bissau-guineense. Escusado será de dizer que nos assistem algumas culpas nesta situação.

Muito embora o crioulo tenha sido um dos primeiros embriões formadores da identidade bissau-guineense, ainda em fase de constituição, enferma de vários *handicaps* à partida: não existe um só crioulo, mas vários consoante as

---

[54] *Highly Indebted Poor Countries.*

regiões[55], logo as variações de léxico, de semântica, de construção, de sintaxe são tão grandes que impedem qualquer uniformização e racionalização, pacificamente aceites; o ensino em crioulo suscita grandes dificuldades não só pelas razões já apontadas, mas amiúde os próprios professores expressam-se na sua língua materna (uma das línguas locais: balanta, fula, manjaco, mandinga, pepel, entre outras) que não é o *kriol*, esta é, pois, uma segunda língua; sendo 80% do vocabulário crioulo de origem portuguesa, sempre que se tem de recorrer a uma linguagem mais sofisticada (jurídica, administrativa, económica, financeira, comercial, médica, etc) a passagem para o português é automática e, digamos, que "obrigatória"[56]; a literatura em *kriol* é muito incipiente e o respectivo universo de leitores extremamente reduzido; se na rua e na rádio o *kriol* pode atingir um elevado grau de difusão, na televisão, o português de Portugal e, sobretudo, o do Brasil (agora, através das telenovelas imensamente populares junto da população em geral) são dominantes. Posto isto e contrariamente a alguns dos meus ex-colaboradores, nunca fui contra a utilização do crioulo e reconheço a sua imensa utilidade como língua veicular e, principalmente, como elemento constitutivo de possíveis coesão e unidade nacionais, o que não é demais reiterá-lo. Todavia, o português deverá permanecer como língua de cultura e de comunicação com o mundo exterior, designadamente, com o mundo lusíada, muito embora alguns governantes da Guiné-Bissau, devido à inserção do território numa zona predominantemente francófona se exprimam em francês com os seus homólogos dos países vizinhos.

Perante este panorama e as ameaças potenciais ao português, Portugal pouco fazia para difundir a língua portuguesa em terras da Guiné-Bissau. Assim, com um centro cultural decrépito e a rebentar pelas costuras, debatia durante anos, entre consabidas lamúrias e em permanentes hesitações hamletianas, a par das crónicas faltas de dinheiro, onde é que iria instalar o novo centro e que valências deveria ter. Creio que ainda hoje ninguém sabe ao certo o que é que quer nesta matéria, nem decerto irá saber. Em contrapartida, a França mandou construir de raiz um centro moderníssimo e bem apetrechado no centro de Bissau, com um leque variado, dinâmico e estimulante de actividades culturais, de apren-

---

[55] Segundo os linguistas, existem 3 variedades dialectais de crioulo: o de Bissau e Bolama, que é o mais divulgado; o de Bafatá e do Leste e o de Cacheu-Ziguinchor, historicamente o mais antigo, que é utilizado no Norte do país e em Casamansa, no Sul do Senegal.

[56] O caso atrás referido da intervenção na televisão do Ministro das Finanças é paradigmático.

dizagem da língua, de entretenimento e lazer patenteando um dinamismo e uma pujança que contrastavam com a anemia e o baixar de braços da "lusitana gente".

Por outro lado, nunca pensámos a sério na formação adequada de professores para a Guiné-Bissau, na publicação de livros adaptados ao ensino das crianças guineenses, na criação concreta de escolas no país, uma vez que o governo local nunca dispôs de dinheiro para o efeito, e na descentralização de centros ou sub-centros de ensino e de difusão da cultura portuguesa nas várias regiões do país (Canchungo, Bafatá, Cacheu, Catió, Buba, por exemplo). A escola portuguesa de Bissau, ministrando o currículo oficial dos ensinos básico e secundário português, constituía uma referência significativa da nossa presença cultural na capital bissau-guineense, com uma enorme procura, quer por parte de portugueses, quer de guineenses, incluindo a elite governamental local. Todavia, nunca mereceu a atenção devida de quem de direito e estava praticamente falida. Recordo-me que uma professora desalentada chorou no meu gabinete ao descrever-me o estado calamitoso em que a instituição se encontrava. Lisboa não desconhecia a situação. E mais não digo.

Depois, em matéria de assistência escolar, as entidades públicas e privadas portuguesas não faziam a mais pálida ideia do que é que a Guiné-Bissau precisava, de quais eram as suas carências reais, de que materiais necessitava, com que desafios se confrontava e podia desfiar a relação, porque é infindável. Navegava-se à bolina, tudo ao sabor do imprevisto e de qualquer maneira. Uma fundação portuguesa – não a cito por pudor e porque, ainda hoje, honra lhe seja feita, realiza uma obra meritória em várias áreas, quer no nosso país, quer no estrangeiro, sobretudo nas ex-colónias – chegou a Bissau com um contentor cheio de material escolar e livros, alegadamente destinados ao sistema de ensino local. Pois, bem, tratava-se de sobras de livros e de materiais que ou não tinham sido aprovados em Portugal ou que restavam de anos anteriores. Não se cuidou em saber se se adaptavam ou não ao sistema de ensino da Guiné-Bissau e se se ajustavam aos programas locais. Interessava, isso sim, despejar o contentor, entregar o material, sacar fotografias e imagens para os *media*, proferir meia-dúzia de palavras de circunstância, mais auto-elogios, aplausos e pancadinhas no ombro, q. b. Assim, a obra humanitária e de ajuda desinteressada estava feita. Permitam-me uma pequena nota de roda-pé: o ministro da Educação local agarrou com displicência num livro de geografia sobre a Europa e disse-me: "Para que é que eu quero isto? Não há para aí nenhum livro de geografia sobre África?"

Portugal, na implementação da sua famigerada política palopiana devia, antes do mais, preocupar-se e cuidar, a sério e sem amadorismos caseiros, do ensino de português na Guiné-Bissau, onde poucos o falavam – e falam. Nunca o fez, pelo menos com o mínimo de honestidade desejável, mas blá-blá sobre África e os problemas africanos jamais faltou a qualquer político luso que pusesse os pés em São Bento.

O dr. Mário Matos e Lemos, com quem privei e que possui um conhecimento profundo destas realidades[57], confirma, genericamente o que refiro, nos seguintes termos: "Creio que fica também perfeitamente claro que existe um enorme desfasamento entre o discurso oficial de total apoio à divulgação da Língua Portuguesa e a prática seguida, pelo menos relativamente à Guiné-Bissau. Grandes discursos sobre a Lusofonia, grandes palavras sobre a importância da cooperação cultural, mas quanto a actuações é sempre tudo em termos baratinhos e, pior ainda, age-se pontualmente, sem qualquer sequência, sem estratégias, sem políticas determinadas."[58]

As ameaças ao português na Guiné-Bissau são sérias e a ameaça francesa não é ilusória, não é distante, não é irrelevante, é bem real, assustadoramente real. Não obstante, pode e deve ser contrariada. Creio que estamos perante uma ofensiva muito mais estruturada e consistente do que a que assistimos em Moçambique, com o inglês. Paris prossegue uma estratégia clara e com objectivos precisos. "Julgar-se-á que a França está interessada em pôr os guineenses (o escol, claro) a falar Francês simplesmente porque tem muito carinho pelas populações?"[59] Será que ninguém vê, ou quer ver, os sinais na linha do horizonte?

E uma vez que nos mostramos incapazes de responder cabalmente ao desafio, será que nem sequer ouvimos os pedidos instantes dos próprios bissau-guineenses? Será que não nos apercebemos da importância real da língua portuguesa e da cultura crioula de matriz luso-tropical na Guiné-Bissau?

---

[57] O referenciado, foi meu Conselheiro Cultural na embaixada de Portugal em Bissau e director do respectivo Centro Cultural, durante um curto período – oito meses, até atingir o limite de idade, uma semana antes de eclodir o conflito. Tive o privilégio de com ele trabalhar e privar. Esteve um total de quase 13 anos nesse cargo, depois de ter, previamente, desempenhado idênticas funções em Madrid, Moscovo e Roma.

[58] Lemos, Mário Matos – "Política Cultural Portuguesa em África – O caso da Guiné-Bissau (1985-1998)", Gráfica Europa, Lisboa, 1999, p. 128.

[59] *Ibidem*, p. 132.

Registe-se que "o próprio Presidente João Bernardo Vieira foi o maior defensor da Língua Portuguesa e insistiu, muitas e muitas vezes – em discursos públicos ou em conversas com autoridades portuguesas –, na necessidade de uma maior presença portuguesa no sector do ensino."[60]

As nossas opções, claro está, podem ser outras, mas então que o digam, bem alto e de forma inequívoca. Não nos venham, porém, com o repetitivo faduncho da "desgraçadinha". Já chega!

Em boa verdade, perante a descrição feita e tendo em atenção os interesses nacionais, devemos preocupar-nos muito com o facto da Guiné-Bissau não falar português?

Vistos "Schengen" – a grande tábua de salvação

A concentração de pessoas em frente da secção consular, com longas filas de espera, mais as vendedoras de mancarra, de caju e de bebidas, sem esquecer as criancinhas ranhosas que andavam por todos os lados de permeio com animais domésticos, tudo isto a duas casas de distância da residência oficial, produziu-me, logo após a minha chegada, um impacto extremamente negativo. O consulado estava "encaixado" entre os edifícios que constituíam o complexo da embaixada, ou seja entre a residência do nr. 2 (ao lado da minha) e o centro cultural. O movimento da Rua Cidade de Lisboa gravitava em torno da dita secção consular e do centro cultural durante todo o dia, praticamente sem cessar. À tarde, depois de almoço e passada a hora de encerramento, a rua voltava a ter um movimento normal e pacato. No dia seguinte repetia-se, sem variantes, a mesma cena.

As pessoas ansiavam pela obtenção de um visto para Portugal, que lhes garantia não só a entrada no nosso país, mas em todo o espaço "Schengen". Os funcionários não tinham mãos a medir e os interessados não podiam entrar nas instalações – até porque não havia espaço físico onde os arrumar – excepto os que eram chamados para as entrevistas ou para a entrega da documentação. A confusão era muita, mas, segundo me deu a entender, com bonomia, o inspector do SEF[61], dr. Fausto Garcia, tudo aquilo fazia parte do "folclore local."

---

[60] *Ibidem*, p. 133.
[61] Serviço de Estrangeiros e Fronteiras.

Os apetecíveis passaportes diplomáticos e de serviço estavam isentos de visto e eram emitidos pelas autoridades locais, i.e. pelo Ministério do Interior, em grande quantidade. Logo, como seria de esperar, o respectivo número excedia largamente quaisquer previsões razoáveis e obrigava os nossos funcionários a redobrarem de cuidados e de atenção. Constava-se que uns e outros eram vendidos pela módica quantia de 400 e 200 contos, respectivamente[62]. Assunto a que, pela sua manifesta relevância, voltarei mais adiante.

Depois, constava também que as vinhetas dos vistos "Schengen" eram vendidas em determinados lugares do mercado de Bandim, na capital e que também se podiam obter no mercado de Bafatá. Um compatriota nosso que vivia na região Leste conheceu a pessoa que possuía e vendia as tais vinhetas, em Bafatá, portanto longe da embaixada e de eventuais problemas na linha do horizonte. Este nosso conterrâneo chegou a manuseá-las, não me podendo, porém, garantir se eram verdadeiras ou falsas. Na capital, as suspeitas eram mais do que muitas, mas, dada a proximidade da nossa representação diplomática e a possibilidade de detecção, caía uma impenetrável e densa cortina de silêncio sobre o assunto. Tudo dava a entender que se traficavam vinhetas e passaportes especiais, o difícil era obter meios de prova sobre o assunto.

Não havia fumo, sem fogo. No passado, o cônsul havia exposto por escrito a situação ao meu antecessor, desconhecendo que sequimento concreto terá sido então dado ao assunto. Na parte que me tocava e dado o meu conhecimento ainda muito embrionário desta problemática, dei instruções específicas ao pessoal da secção consular para que estivesse atento a quaisquer irregularidades e que à menor anomalia recusasse a concessão de vistos e me comunicasse tal circunstancialismo de imediato, mas os dados do problema escapavam-se-me. No fundo, repetia mentalmente o lema do general Marcel Bigeard aos paraquedistas franceses em Dien Bien Phu, em 1954, "O possível está feito. O impossível há-de fazer-se." Mal sabia eu qual era a verdadeira dimensão do problema, mas, pelo menos, adivinhava, numa primeira análise, que o terreno estava completamente minado

Sem prejuízo do labor incessante que se levava a cabo na secção consular em Bissau, com o inestimável apoio do inspector do SEF, o grande crivo era, porém, o controle de passaportes no aeroporto de Lisboa e aí a menor irregu-

---

[62] O equivalente a 2.000 e 1.000 euros, todavia representava bastante mais se os ajustarmos aos valores reais de hoje.

laridade ou suspeição era assinalada e quem estivesse em situação menos conforme à lei era-lhe vedada a entrada em território nacional.

A atitude perante a morte

Eram quase 23 horas e depois de passar os olhos por três ou quatro páginas de um romance histórico que cheirava muito à Europa mediterrânica, ao mundo islâmico e à África de tempos idos – tratava-se de "Leão, o africano" de Amin Maalouf, um livro fascinante de errâncias por todas essas regiões e de aventuras incessantes e surpreendentes – preparava-me para dormir. Sempre gostei de me levantar cedo, encontrando-me, pois, em perfeita sintonia com os hábitos africanos. Na fase anterior que havia vivido na Guiné então portuguesa, como já referi, tinha a sensação de ter passado, na altura, por um movimento regressivo no que toca aos meus hábitos de leitura, talvez pelo triplo efeito do clima tropical, da atmosfera de guerra e do ambiente omnipresente e claustrofóbico de caserna. Era-me difícil concentrar-me num bom romance e menos ainda em obras de ensaio, que requeriam maiores atenção e reflexão. Porém, com ar condicionado e no ambiente tranquilo e controlado da residência, esquecida a cidade degradada e afavelada que começava, logo ali, no muro exterior do jardim, quando se franqueava o portão, podia-se fazer uma vida tão próxima da normalidade quanto possível.

Tocaram à porta. O Augusto foi atender. Era o Sabino, o motorista do centro cultural que também me prestava serviço nas ausências do sr. Carlos Silva. Exprimiu-se num português aproximativo mas aceitável:

– Embaixador, desculpa mas necessito com muita urgência de dinheiro para comprar mezinha na farmácia para a minha filha. Não tenho dinheiro – disse-me com um ar algo agitado, mas pretendendo aparentar calma.

Tinha aprendido, noutros tempos, em África, que na dúvida havia que desconfiar-se sempre, mas a minha mulher apareceu, de imediato, em *robe de chambre* e, com o seu espírito generoso e aberto, condoeu-se com a sorte do pobre homem.

– O que é que tem a criança? E quanto é que precisas? – perguntou a Ana rapidamente.

– Não sei, parece que é pulmonia. A minina não pode respirar. Preciso de 5 ou 7.000 francos CFA[63].

A Ana foi lá dentro e trouxe duas notas de 5.000 francos CFA.

– Toma lá e vai comprar os remédios, já.

O homem agradeceu e saiu celeremente em direcção ao centro da cidade. No dia seguinte, às 8 da manhã, lá estava, junto ao portão da garagem, com um ar calmo, quase indiferente, como se nada se tivesse passado, em contraste com a visível preocupação da noite anterior. Perguntei-lhe:

– Então, a tua filha? Está melhor? Compraste os medicamentos?
– Minha filha moreu. Moreu, mesmo. Tomou mezinha mas não ficou melhor. Embaixador, eu tenho mais 5 filho em casa – respondeu com naturalidade, dando a entender que a morte da filha não era nada de extraordinário, podia ocorrer a qualquer um e, além disso, tinha uma prole considerável, não ficando, pois, destituído de descendência.

Não lhe detectei qualquer manifestação especial de emoção. A morte era assumida como algo de natural, que se inscrevia no ciclo normal da vida, que tinha de ser aceite desta forma e não de outra. Não quero fazer juízos especulativos num caso destes, mas muito provavelmente seria menos uma boca a sustentar, menos um peso no orçamento familiar, quem sabe?

As telenovelas repetidas

Via, por dever de ofício, a televisão local, principalmente os noticiários em que as apresentadoras e locutoras, com as testas luzidias, perladas de gotas de suor, abanavam-se com um leque em pleno programa, devido ao calor e que o pousavam momentaneamente sempre que as câmaras as focavam. Mas muitas vezes, nem isso e, por conseguinte, continuavam a refrescar-se em directo Presumivelmente os estúdios não dispunham de ar condicionado e a temperatura devia aumentar alguns graus com os holofotes acesos e a demais maquinaria em funcionamento.

---

[63] 7,5 Euros a pouco mais de 10 Euros ao câmbio oficial. Nos dias que correm corresponderia a bastante mais.

Mudava, logo a seguir para a RTP-África, que, por via de um acordo bilateral de 1997, entre as duas emissoras de televisão (RTP e RTGB – Rádio Televisão da Guiné-Bissau) fazia as vezes de segundo canal com emissores próprios em território bissau-guineense. O satélite permitia-me ainda ter acesso a mais uns tantos canais internacionais, entre os quais a CNN. Era irreal assistir-se, por exemplo, à cerimónia da entrega dos Óscares em Hollywood, no meio daquele gigantesco aglomerado de barracas africanas que era Bissau.

Uma vez por outra deixava-me ficar mais algum tempo na emissão local da RTGB, até porque toda a gente me falava numa telenovela brasileira que estava na altura a ser transmitida com grande êxito. Consegui aguentar uma dúzia de minutos da dita emissão e mudei de canal.

Qual não foi o meu espanto, quando passada exactamente uma semana, vejo o mesmo episódio da dita telenovela à mesma hora. Perguntei a um conterrâneo o que é que se passava e a razão da repetição do programa. Será que faltavam episódios e eram obrigados a repetir os anteriores?

– Não, não é isso. É que o Presidente esteve no estrangeiro numa viagem oficial e não pôde ver a telenovela. Então, quando isso acontece, dá sempre ordem à televisão para retransmitir na íntegra os episódios que perdeu, nos mesmos dias da semana, logo que regressa ao país. Olhe, quando o Presidente "Nino" está muito tempo fora, chegam a repetir duas semanas inteiras de episódios. Isto aqui é assim!

Num cenário generalizado de miséria, a criminalidade começava a imperar

Aos poucos ia-me apercebendo da complexa situação interna da Guiné-Bissau e dos problemas que a afligiam. Num território onde predominava a miséria, o desemprego atingia percentagens elevadíssimas e a corrupção imperava, restaria acrescentar, para completar o quadro, que, em matéria de segurança urbana e de criminalidade, a situação em Bissau agravava-se continuamente. Por um lado, não só as fronteiras eram permeáveis e o controlo, quando existia, aleatório; como a liberdade de circulação com os países vizinhos, designadamente com o Senegal, era garantida pelos tratados da UEMOA[64]. Por outro,

---

[64] União Económico-monetária Oeste-africana.

o crescimento incontrolado e imparável de Bissau constituía um motivo de atracção para o mundo do crime da África Ocidental.

Em princípios de Dezembro, fui contactado pelo Sr. Fernando Merino e sua mulher, Da. Margarida Merino, proprietários do Clube de Caça do Capé [65](região de Bafatá), informando-me que na jangada, sita em João Landim (Norte de Bissau, onde se fazia a transposição do rio Mansoa, para a região setentrional do país), tinham sido detectados 7 indivíduos de diversas nacionalidades da África Ocidental (Senegal, Serra Leoa e Libéria) que se preparariam para assaltar as instalações daquele Clube e do pequeno complexo agro-industrial do Capé, propriedade de um bissau-guineense, situado nas proximidades. Os populares que se encontravam em João Landim, suspeitaram dos indivíduos em questão, conseguindo deter três deles, pondo-se os restantes em fuga. Na altura, foram apreendidas 3 *Kalashnikovs* e um plano escrito, bastante detalhado, para o assalto a Capé. Os 3 malfeitores detidos foram, posteriormente, entregues à polícia local.

Fernando Merino, com quem mantinha excelentes relações pessoais, solicitou-me protecção policial, disponibilizando-se a acolher guardas armados no seu complexo hoteleiro, que alojaria e alimentaria, a expensas próprias. Devido a dificuldades de comunicações da região de Bafatá com Bissau, pediu que expuséssemos a situação ao Ministério do Interior e que solicitássemos as providências que o assunto requeria. Assim fizemos, embora não muito convencidos quanto ao resultado das mesmas.

De registar que no fim-de-semana anterior, as forças policiais bissau-guineenses tinham lançado uma vasta operação (rusga) em toda a cidade, tendo então detido 1.000 indivíduos indocumentados, entre os quais se encontravam inúmeros estrangeiros – cerca de 200 – provenientes de quase todos os estados da região, desde o Senegal à Nigéria.

Já em finais de Novembro, a casa de uma funcionária da UNICEF tinha sido assaltada à mão armada por um grupo de 6 malfeitores, munidos de pistolas e armas brancas, que amarraram os guardas de segurança e abateram a tiro o cão, tendo roubado a maior parte dos valores que se encontravam na residência. Aparentemente, os assaltantes seriam senegaleses, pois

---

[65] Tratava-se de um estabelecimento hoteleiro de bom nível, na minha opinião o melhor da Guiné-Bissau, onde se alojavam os caçadores europeus. Dispunha de *bungalows*, piscina e um excelente restaurante.

alguns deles falavam Jalofo (Wolof), língua quase desconhecida na Guiné-Bissau.

Noutros desenvolvimentos sobre a criminalidade crescente, a então Embaixadora dos EUA advertiu-me que o seu Governo estava seriamente preocupado com o narco-tráfico e com as operações de moeda falsa na Guiné-Bissau, adiantando-me que o Ministério do Interior local já tinha solicitado a assistência dos Estados Unidos nesta matéria. Tratava-se de um aviso pré-monitório muito significativo para a realidade que é a Guiné-Bissau nos dias que correm, em que o tráfico de estupefacientes constitui um dos maiores problemas com que o país se confronta.

Em suma, a situação de segurança era, pois, considerada preocupante, tendo participado, numa reunião, com as presenças do Primeiro-Ministro, e dos Ministros dos Estrangeiros, do Interior e das Finanças em que também tomaram parte o corpo diplomático acreditado em Bissau e os representantes das agências especializadas de organismos multilaterais. A presença daqueles membros do Governo dava bem conta da gravidade da situação que então se vivia.

Da vida diplomática em Bissau: um episódio anedótico, mas aparentemente real

Relataram-me um episódio curioso que se passou antes da minha chegada a Bissau e que o vendo pelo preço que o comprei. Num jantar, numa embaixada estrangeira que por pudor não nomeio, com todos os efes e erres, à luz de velas – pela dupla razão da manutenção das velhas tradições protocolares e atenta a circunstância, aliás sempre aguardada, das rotineiras falhas de electricidade – com champanhe, uma bela entrada com paté, seguida de pato e rematada com um bolo de chocolate, o impensável aconteceu. A sobremesa, com excelente aspecto, estava totalmente revestida com o que parecia ser um "glaceado", todavia detectava-se-lhe um sabor algo estranho. Todos comeram, mas ninguém comentou.

No final da refeição, já sem os governantes locais, o anfitrião cavaqueou com os convidados mais íntimos, nos seguintes termos:

– Sucedeu aqui um episódio lamentável, de que lhes peço desculpa. Ninguém notou nada de especial no bolo de chocolate?

— Bom, tinha de facto um gosto esquisito, mas, enfim, nada de especial, perfeitamente comestível, para mais em Bissau, onde faltam quase sempre estas amenidades – comentou um dos convivas.

— Sabe, o cozinheiro, a meio da tarde, veio falar comigo e disse-me meio assarapantado que se lhe tinha esgotado a cobertura de creme de baunilha. Enfim, que era a última latinha, que não havia nada de semelhante em Bissau e que assim não podia cobrir o bolo. Eu não sabia que solução é que podia dar ao problema, pois não podia adivinhar onde se encontraria uma cobertura glacê ou de creme de baunilha, nesta terra. Disse-lhe que se desenrascasse e que tentasse encontrar alguma coisa que pudesse substituir a cobertura.

— E qual foi a solução que ele encontrou?

— Como todos achámos que o bolo tinha um gosto bizarro, perguntei-lhe, o que é que se tinha passado e ele contou-me, há minutos, que, como o bolo estava apenas meio coberto, encontrou para aí uma embalagem de "Colgate" e barrou o resto com pasta de dentes. Foi isto o que se passou. Resta-me lamentar muito sinceramente o sucedido.

CRÓNICA 8

Bissau, 19 a 21 de Novembro de 1997
Relações da Guiné-Bissau com a Indonésia
e como funcionava a nossa *intelligence* local

Em Bissau, tudo ou quase tudo se sabia, mau grado os rumores, boatos e especulações da mais variada ordem, que muitas vezes confundiam as pistas e baralhavam os raciocínios. A embaixada era permanentemente "bombardeada" com informações do mais diverso teor e amiúde contraditórias. Distinguir o trigo do joio não era propriamente tarefa para qualquer um, mas o certo é que existia todo um manancial de informação relevante e disponível que não podia ser desperdiçado.

A apresentação de credenciais do novo embaixador da Indonésia, com residência em Dakar, ao Presidente "Nino" Vieira, em Novembro de 1997, acompanhado por um numeroso séquito e pelo inefável "amigo" de Jacarta e do Chefe de Estado bissau-guineense, o empresário nortenho Manuel Macedo, foi a ocasião propícia – uma entre muitas, diga-se de passagem – para afinar os canais e fontes de informação e aferir as notícias.

A Indonésia de Soeharto, na altura inimiga declarada de Portugal – aliás, o sentimento era mútuo –, pretendia, na pretensa lógica do *business is business*, conquistar terreno e desferir-nos umas tantas farpas. Ao ler e reflectir sobre a documentação da época, creio que pretendia ir bastante longe e dificultar-nos a vida, o que nem sequer era muito difícil, nem lhe saía muito caro, para mais num arremedo de país como era a Guiné-Bissau.

Esta perspectiva indonésia entroncava com a visão oportunista de Bissau no sempiterno jogo claro-escuro de "Nino", em que a ambivalência era a habitual nota dominante. Na altura escrevi que o Presidente estaria pessoalmente interessado nos contactos com os indonésios, uma vez que poderia "lucrar alguma coisa com isso," tendo, inclusivamente, marginalizado alguns elementos da sua "entourage" e do próprio Governo. Leia-se, na óptica de João Bernardo Vieira, o dinheiro não tem cor e a cavalo dado não se olha o dente, com o seguinte corolário: se os tugas têm problemas com isso, são questões que nos ultrapassam. Então a Guiné-Bissau não era um país (?) soberano e independente, livre de manter relações com quem muito bem entendesse?

Na altura consegui apurar, com abundância de pormenores – as notícias fluíam em permanência e alimentavam os telegramas que enviava para Lisboa – que, no essencial, o relacionamento Bissau-Jacarta iria encetar uma nova fase que passava por um estreitamento das relações políticas, pelo acentuado reforço da cooperação económica e por modalidades próprias de cooperação militar. Neste último capítulo, mereciam especial referência os contactos ao mais alto nível, envolvendo, entre outros, o próprio CEMGFA (Brigadeiro Ansumane Mané) e os altos mandos militares, que, ao longo do ano, visitaram aquele país asiático e estabeleceram todo o tipo de possíveis "pontes" para uma eventual cooperação frutuosa. Alegadamente os indonésios estariam dispostos a fornecer às Forças Armadas da Guiné-Bissau aviões, carros de combate, armamento ligeiro e pesado, viaturas a gasolina e a gasóleo, fardamentos e arroz. O material a ser fornecido seria constituído pelos excedentes das Forças Armadas indonésias, uma vez que procediam, então, ao respectivo reequipamento. Jacarta estaria, igualmente, na disposição de facultar apoio às forças de segurança internas bissau-guineenses. Falou-se, na altura, com insistência, na assinatura, a breve trecho, de um protocolo ou acordo bilateral no domínio da cooperação técnico-militar, que não terá tido sequência.

Ao referir-se à pretendida cooperação militar indonésio-bissau-guineense, Manuel Macedo terá dito no "hall" do Hotel Hotti, a um compatriota nosso, alardeando a sua conspícua fanfarronice: "Com isto acabamos de vez com a CPLP!" *Honni soit qui mal y pense!*

No discurso da cooperação técnico-militar bilateral entre os dois países, apesar de não haver fumo sem fogo e de vários testemunhos apontarem nesse sentido, existiam, certamente, inúmeros elementos de contra-informação de difícil detecção que Manuel Macedo, arauto dos interesses combinados de Bissau e de Jacarta, utilizava a seu bel-prazer e em todos os azimutes, em especial quando dispunha de um auditório lusitano ou quando sabia que as mensagens acabavam por chegar ao destinatário final, ou seja, ao Governo português.

No que tocava à cooperação económica, fui obtendo diversas informações, umas com interesse e outras relativamente banais, que, à medida que iam aparecendo e uma vez minimamente cotejadas, ia transmitindo com regularidade a Lisboa, destacando entre outras o estabelecimento de uma Comissão económica paritária, o investimento num projecto de aquacultura do camarão, iniciativas nos sectores turístico e, sobretudo, agrícola (algodão, castanha de caju e óleo de palma). Alguns dos dossiers eram supostamente confidenciais. A imprensa local era parca em informações e a maioria destas era de interesse reduzido e de fiabilidade duvidosa. Neste quadro, teria de ler e analisar os próprios documentos ou as respectivas cópias para ter acesso directo à informação relevante.

Desabafei com um dos meus colaboradores sobre toda esta temática, sensivelmente neste termos:

– Vivemos nesta atmosfera do diz tu direi eu e ninguém sabe o que realmente se passou. Bom seria se pudesse ler uma cópia dos protocolos, dos acordos, dos memorandos ou lá o que é. Assim não me entendo.
– Oh, senhor embaixador, não se preocupe. Eu encarrego-me do assunto. Com meia dúzia de francos CFA obtenho-lhe tudo o que quiser e hoje mesmo. Não custa nada.
– Oh, homem, tudo bem, mas eu não posso envolver-me, nem de perto, nem de longe, no assunto, como deve compreender.
– Não se apoquente. Está tudo sob controlo.

Aparentemente o meu colaborador terá entrado em contacto com um funcionário menor do Ministério dos Negócios Estrangeiros e Cooperação, que conhecia bem, tendo-lhe solicitado cópia da documentação relativa às relações indonésio-bissau-guineenses, a troco do equivalente a dois contos de reis. Passada cerca de meia-hora, era-me entregue em mão, o projecto de Memorando de Entendimento entre a Guiné-Bissau e a Indonésia, nas línguas inglesa – como tive ocasião de verificar, uma versão simplesmente manuscrita, redigida num inglês aproximativo, vagamente compreensível – e portuguesa, datado de 19 de Novembro. Para meu espanto, tratava-se do documento autêntico (!) e não de uma cópia, cedida com a promessa de devolução imediata após leitura (entenda-se, após fotocópia que extraí, em boa e devida ordem, e que remeti prontamente às Necessidades – desconheço o destino que, posteriormente, lhe terão dado e se serviu para alguma coisa). Saliento que o dito projecto de Memorando não tinha sequer sido rubricado, tendo a respectiva assinatura ficado adiada para uma data posterior, uma vez que a delegação indonésia não vinha para tal mandatada.

Este é um exemplo entre muitos que poderia apontar e que ilustra bem a facilidade com que se tinha acesso à informação, mesmo a de carácter mais reservado. Por outro lado, este episódio demonstra igualmente o grau de corrupção a que a Guiné-Bissau tinha chegado.

A bem da Nação, sem jamais me envolver directamente no processo, pelo equivalente a 10 Euros obtive, por interposta pessoa, o documento genuíno! Isto diz tudo. Não estou arrependido do que fiz, antes pelo contrário, actuei em nome dos interesses do meu país. Assim, funcionava a nossa *intelligence* em Bissau.

CRÓNICA 9

Bissau, 14 de Janeiro de 1998
Sinais de instabilidade nas Forças Armadas da Guiné-Bissau

Praticamente desde o dia em que desembarquei em Bissau, para encetar as minhas funções oficiais, fui alertado, por alguns dos meus colaboradores para sinais de instabilidade nas Forças Armadas locais que suscitavam naturais apreensões a toda a gente. Uns interpretavam-nos com alguma bonomia, como se se tratasse de um facto corriqueiro e banal, típico de um país com o passado e as tradições da Guiné-Bissau, em que o exército de "libertação nacional" assumia, ainda, um papel preponderante na sociedade e carecia de uma nova orientação, e de uma nova missão nos dias que então corriam, uma vez que a "luta armada" havia terminado há longos anos. Outros, pelo contrário, consideravam que existia uma acumulação de factos de gravidade variável que nos davam bem conta de uma crescente ebulição, principalmente no seio do exército, cujos contornos eram, então, mal definidos, mas que pressagiavam dias sombrios e que, em suma, "tudo podia acontecer". Corriam, pois, insistentes rumores sobre alguma efervescência no seio das Forças Armadas: lutas pelo poder nos diferentes escalões hierárquicos; corrupção a todos níveis, designadamente nas chefias e nos altos mandos militares; situações de carência alimentar e, nalguns casos, mesmo, de fome; salários insuficientes e, quando pagos, invariavelmente, em atraso; insatisfação dos antigos combatentes pela sua situação de marginalização; tráfico ilegal de armas para os rebeldes da província senegalesa de Casamansa e, inclusive, tráfego de droga, para além de vários outros incidentes de pequena monta que iam surgindo aqui e além nos quartéis e que começavam a suscitar fundadas apreensões.

Já em Lisboa, poucos dias antes da minha partida para Bissau, o Presidente da República da época, dr. Jorge Sampaio, em audiência que me concedeu, para me entregar em mão as cartas credenciais de que iria ser portador para ulterior remessa ao seu homólogo da Guiné-Bissau, referiu-se, entre dois sorrisos, a um "quase pronunciamento", ou melhor a uma manifestação colectiva de apoio ao Presidente "Nino" Vieira por parte da hierarquia das Forças Armadas locais, que teve lugar em Setembro. Retorqui-lhe que conhecia por alto o problema, pois, tal como Jorge Sampaio, estava a par da correspondência oriunda da nossa embaixada em Bissau sobre o assunto. Tratou-se de um encontro das chefias militares com o Ministro da Defesa, a quem foi entregue uma carta de teor secreto a ser remetida ao Chefe de Estado. As declarações de alguns dos participantes lançavam alguma luz (ténue) sobre o assunto, designadamente as do CEMGFA de então, Ansumane Mané: "As Forças Armadas Revolucionárias Populares não têm nada a ver com a política, mas... têm o direito de se preocupar...[com]...qualquer situação difícil em que se encontre o país." Esta frase aplicada à conjuntura política da época, que experimentava dificuldades com uma complexa remodelação governamental, mal aceite por uma importante facção do PAIGC, pode ser considerada não só sintomática do mal-estar prevalecente, mas, mais do que isso, como um sério aviso à navegação em relação ao que se viria a passar meses depois.

À luz do exposto, era mais do que uma verdade lapaliciana que a agitação castrense constituía matéria sensível a que estaria de estar particularmente atento, nas minhas novas funções. Para mais, a Guiné-Bissau havia nascido de um movimento de guerrilha triunfante[66] e o Poder político possuía uma fortíssima componente militar, a começar pelo próprio "Nino" Vieira e pela sua *clique* mais próxima.

---

[66] Para todos os efeitos práticos e por muito que isso nos afecte o ego, confrontado com a nossa desistência de "jogo", o PAIGC acabou por "derrotar" o exército português.

Como oportunamente referi, a embaixada em Bissau dispunha de informação privilegiada, única e fundamental sobre o que se passava no país. Sem exagero ou presunção, podia-se mesmo dizer que a informação fluía, de todos os lados, de forma incessante para a Rua Cidade de Lisboa, tal como um rio que se alimenta de uma miríade de pequenos afluentes. A manifesta debilidade dos *media* locais: uns sob estrito controlo estatal, outros, sobretudo a imprensa escrita, de publicação irregularíssima e de paupérrima qualidade editorial, dificultavam a aferição das notícias que só podiam ser avaliadas *in loco* por nós próprios ou pela confrontação e análise dos diferentes testemunhos – e eram muitos. Assim, a filtragem da informação era difícil, sobretudo, em função da sua própria abundância.

Já com quase 3 meses de permanência em Bissau, com origem nas notícias recebidas, nos contactos mantidos localmente a todos os níveis e, bem assim, nos relatos e opiniões dos meus colaboradores, era-me possível traçar um quadro da situação, que apontava claramente para uma possível confrontação entre facções militares adversas, que poderia redundar ou numa tentativa de "putsch" militar ou, mesmo, numa guerra civil e que, por isso mesmo, urgia comunicar a Lisboa, por escrito, para que as coisas ficassem claras e não fosse um dia acusado de ocultar informação. Ao reunir-me com os meus colaboradores, estes procuraram mitigar os termos da minha comunicação e sem excluírem, liminarmente, a hipótese de confrontação armada, contra a minha opinião inicial, aconselharam-me vivamente a que não mencionasse supostos golpes de estado ou tentativas e, menos ainda, qualquer alusão a um pretenso conflito civil em gestação, com o argumento de que, nesta matéria, qualquer previsão seria arriscadíssima e que não existiam, na altura, elementos bastantes que nos levassem a essa conclusão. Estes factores de "prudência", quiçá excessiva, bem ao gosto lusitano, via de regra timorato, contrariavam o que eu já sabia, todavia era despiciendo remar contra a maré e, além disso, relativamente a alguns pontos, pairava também alguma incerteza da minha parte. Posteriormente, os factos vieram dar razão à minha tese inicial.

De qualquer forma, a comunicação que enviei em 14 de Janeiro era bastante clara para se extraírem todas as ilações possíveis e referia genericamente o seguinte – passo a citar as partes mais relevantes:

"Segundo inúmeras fontes de informação (a maioria fidedignas) e em conformidade com o que os meus colaboradores e eu próprio temos tido a oportunidade de verificar, numa base quotidiana, começam a ser detectáveis sinais de alguma instabilidade nas Forças Armadas da Guiné-Bissau.

- Por um lado, parece assistir-se a um fenómeno de bipolarização a nível das chefias e do oficialato local, em que se corre o risco de se radicalizarem posições.
- Por outro, é difícil determinar-se, com segurança, onde é que reside, hoje, o verdadeiro poder nas Forças Armadas.

Tudo isto se processa sob o pano de fundo de uma conjuntura em que subsistem ameaças militares potenciais na fronteira Norte (questão do Casamansa e possível envolvimento militar guineense no conflito), num ano politicamente complexo dominado por factores aleatórios (congresso do PAIGC, eleições gerais e autárquicas), num panorama económico-financeiro mais auspicioso que no passado recente, mas, todavia, ainda distante do que seria desejável e dominado por incertezas, no contexto de uma situação social que continua a degradar-se. Perante esta conjuntura, é natural que alguma apreensão se gere quanto à evolução deste país, designadamente no âmbito castrense.

Bipolarização nas FA's – Assinalam-se duas linhas distintas no seio da hierarquia militar:

- **Os antigos combatentes** – i.e., os indefectíveis do PAIGC e maioritariamente apoiantes deste Presidente da República, os homens do "mato", do início da luta armada. Em regra, trata-se de um grupo etário entre os 50 e os 60 anos, composto por semi-letrados ou, mesmo, analfabetos; rurais, inadaptados à vida urbana e ao mundo moderno, mas que beneficiaram de um estatuto, de algum modo, privilegiado na sociedade guineense. Conviria relembrar que este grupo apoiou o ex-Primeiro-Ministro, Coronel Manuel Saturnino da Costa, no último Congresso do PAIGC, mas que se sentiu, em larga medida, defraudado pela acção governativa concreta daquele.
- **Os novos quadros** – homens que, apenas, participaram na luta na sua fase final ou que nela nem sequer tiveram qualquer participação activa e que, no âmbito das diversas acções de cooperação técnico-militar, frequentaram ou estagiaram em estabelecimentos de ensino militar no estrangeiro (numa primeira fase, na ex-URSS, ex-Bloco de Leste e Cuba

e, numa fase ulterior, em França, nos EUA e em Portugal). Trata-se de uma geração na casa dos 40 anos, não só letrada, mas com conhecimento de línguas estrangeiras, com uma vivência concreta fora do país e que constituem, por assim dizer, os nossos aliados preferenciais nas Forças Armadas.

De salientar que o posicionamento relativo dos dois grupos em relação a questões sensíveis no contexto militar tem vindo a ser pontualmente comunicado às instâncias competentes do MNE. Com efeito, o primeiro grupo, encabeçado pelo CEMGFA, Brigadeiro Ansumane Mané, tem assumido posições favoráveis a uma aproximação à Indonésia, *maxime* em termos de cooperação militar e é, igualmente, favorável – ou pelo menos, não discordante – relativamente ao envolvimento na questão do Casamansa. O segundo grupo, em que pontificam o CEMA, Feliciano Gomes e o CEME, Sandji Fati, integrando entre outros os tenentes-coronéis mais jovens, Afonso Té e Malan Camará, opõe-se ao estreitamento de relações com a Indonésia e ao enredamento no conflito casamansense, manifestando-se, também, crítico ao acolhimento e instalação de refugiados casamansenses no Sul do país [67]. De referir que é, genericamente, favorável a um relacionamento privilegiado com Portugal. Para além de tudo isto, o grupo mais jovem tem-se, também, manifestado mais afirmativo em termos de reivindicações profissionais e de carreira.

As relações entre os dois grupos têm-se vindo a agudizar continuamente e poderão, a prazo, atingir um ponto crítico.

O poder político – o Presidente da República, entenda-se – tem jogado nestes dois conjuntos, ora apoiando um, ora apoiando outro, consoante as circunstâncias. É óbvio que "Nino" Vieira, atento à evolução dos tempos, não se poderia escorar, apenas, nos "veteranos" da luta armada, sem prejuízo do relacionamento pessoal que com eles mantém e sem poder esquecer a dívida "histórica" que com os mesmos contraiu (guerra da independência, golpe de Estado de 14 de Novembro de 1980, etc.). Acresce que "Nino" Vieira terá de granjear simpatias nos novos quadros da hierarquia militar. Um grupo que não lhe é, em princípio, afecto e cujo peso específico crescente não pode, por certo, ignorar.

---

[67] Uma iniciativa senegalesa para afastar essas populações o mais possível da fronteira Norte para não servirem de base de apoio à guerrilha separatista do MFDC (*Mouvement des Forces Démocratiques de la Casamance*).

Quem manda nas FA's? – Perante o quadro descrito começa a tornar-se cada vez mais difícil determinar onde está o verdadeiro poder nas Forças Armadas. Atente-se, por um lado, que as próprias chefias militares ao mais alto nível estão divididas (CEMGFA vs. CEME/CEMA); por outro, o Presidente da República, sem embargo de assumir as funções de Comandante Supremo das Forças Armadas e para além do apoio sólido, mas, materialmente, limitado, dos "Ninjas" (ou seja, a "guarda pretoriana" do regime), pretende levar a cabo um complexo exercício de equilíbrio entre facções militares que se opõem entre si, cujo desfecho é, por ora, inconclusivo (o seu próprio poder depende dos apoios militares que lhe forem facultados e pressupõe – *et pour cause* – Forças Armadas coesas e disciplinadas).

Para além do que se refere, existem factores novos de algum modo preocupantes. Assim, o CEMGFA terá recentemente proibido reuniões entre oficiais e, bem assim, contactos daqueles com oficiais estrangeiros. Quer umas, quer outros, continuam, porém, a realizar-se. O oficialato reagiu mal às proibições e parece estar a desobedecer às directivas recebidas. Existe, pois, um ambiente malsão propício a actividades de tipo conspirativo. Resta saber até que ponto os dois grupos pretendem chegar. Teme-se, mesmo, que, **a deteriorar-se a situação, se corra o risco de se enveredar pela via da confrontação**.

Não é meu propósito traçar um quadro alarmista e desconforme à realidade, mas afigura-se-me ser meu dever transmitir às instâncias governamentais competentes os presentes elementos de análise e de reflexão, que poderão ser confirmados ou infirmados pela evolução dos acontecimentos neste país."

Em suma e para concluir, em 14 de Janeiro de 1998, com todos os matizes possíveis e apesar de algumas dúvidas da minha parte e das reticências dos meus colaboradores, o quadro estava traçado e Lisboa estaria devidamente informada, a nível dos decisores políticos. Quando mais tarde, alguns altos responsáveis portugueses, alegaram desconhecer o que se iria passar na Guiné-Bissau tratava-se de uma inverdade absoluta e que tinha de ser pronta e cabalmente denunciada.

CRÓNICA 10

Bissau – Lisboa, Janeiro/Fevereiro de 1998
As grandes linhas da política interna e externa da Guiné-Bissau na perspectiva governamental

À medida que o tempo ia passando começavam a clarificar-se melhor no meu espírito as grandes linhas da política interna e externa da Guiné--Bissau para o que, conjunturalmente, contribuíram três circunstâncias: a cerimónia de apresentação de cumprimentos de Ano Novo do Corpo Diplomático ao Chefe de Estado, logo em Janeiro, a preparação e a própria visita do Primeiro-Ministro bissau-guineense, Carlos Correia, a Portugal, que teve lugar em Fevereiro e a agitação no meio castrense, sob o pano de fundo do problema de Casamansa. Os diferentes eventos que entretanto se iam sucedendo e os elementos de informação recolhidos junto de várias fontes e relativos às temáticas em apreço ajudavam, digamos, assim, a compor o ramalhete.

Uma política externa que se movimentava essencialmente por cifrões e que navegava ao sabor dos interesses do momento, no quadro africano e sub-regional

Sinteticamente, poderíamos começar por tentar caracterizar de uma forma simplista, mas não menos verdadeira, a política externa da Guiné-Bissau. Era, no mínimo, errática e orientava-se, no essencial, por um único objectivo: o dinheiro, independentemente da respectiva proveniência. Sendo o país pobre, interessava que fosse menos pobre, daí o recorrer-se ao exterior para satisfazer tal desiderato. Só que essa alteração qualitativa – o passar de pobre para menos pobre – implicava um processo em que quem detinha o poder, ou lhe estava próximo, seria, na prática, o beneficiário da situação.

Ao tentarmos esmiuçar a definição, verificávamos que não existia um conceito estratégico claro de política externa, mas, apenas, algumas linhas de orientação tendenciais, a saber:

- uma preocupação e interesse centrados na sub-região (África Ocidental) e, em segundo plano, no continente africano
- um relacionamento privilegiado com os doadores (reais ou potenciais) da Guiné-Bissau
- a integração em organismos multilaterais que entendia serem do seu interesse próprio.

Como corolário natural da primeira grande linha, emergia, com grande destaque, o problema da província senegalesa de Casamansa, a braços com um movimento separatista de grande amplitude, liderado pelo MFDC, e que envolvia os três países da sub-região: o Senegal, a Gâmbia e a Guiné-Bissau. As alegadas implicações desta última no conflito, com ramificações abrangentes a vários níveis da sociedade bissau-guineense, incluindo o próprio Chefe do Estado, iriam estar na origem da guerra civil de 98-99.

O posicionamento da Guiné-Bissau em relação à África Ocidental e África, em geral. A integração em organizações regionais e sub-regionais

Integrada desde Maio de 1997, na UMOA/UEMOA[68], contrariamente a promessas prévias a Portugal de que integraria a zona escudo – uma "pequena traição", a que Lisboa, como habitualmente, não reagiu –, a Guiné-Bissau queria manter um relacionamento preferencial com os estados da sub-região e compreende-se que assim fosse. Para além dos referidos estados-membros, entre os quais estava naturalmente o Senegal, o grande vizinho a Norte e a Leste, Bissau mantinha, também, boas relações com Conakry, que não integrava a UMOA/UEMOA – tanto quanto sabia, o entendimento entre os dois Chefes de Estado era muito cordial – e com Banjul – em finais de 1997, o Presidente da Gâmbia esteve em Bissau a título privado. Os 4 estados da Costa Ocidental, Guiné-Bissau, Guiné-Conakry, Senegal e Gâmbia, integravam a OMVG, *Organization pour la mise en valeur du fleuve Gambie*[69], organismo de vocação económica que tinha assumido, naquela época, uma componente militar.

Merece a pena determo-nos na adesão da Guiné-Bissau à zona franco. Para além de uma maior integração regional, a adesão da Guiné-Bissau à UMOA/UEMOA traduzia-se em consequências de vária ordem para o futuro do país – políticas, económicas, sociais e culturais. Passava a incorporar plenamente o espaço francófono, a submeter-se aos ditames de Paris e dos estados africanos que gravitavam na sua órbita, designadamente o Senegal, a inclusão num imenso mercado na África Ocidental e a inevitável diluição da sua identidade cultural própria de matriz luso-africana na "Francophonie" tropicalizada ou não, pouco importa, com tudo o que isso implicava. A impreparação económica da Guiné--Bissau para integrar a UMOA/UEMOA era notória e vozes discordantes fizeram-se ouvir um pouco por toda a parte, não só da Oposição, mas inclusive do próprio PAIGC. Como sublinha, a justo título, o dr. Mário Matos e Lemos,

---

[68] UMOA – União Monetária Oeste-africana, criada em 1962 e que integra os seguintes estados Benim, Burkina Faso, Costa do Marfim, Guiné-Bissau, Mali, Níger, Senegal e Togo, sendo o franco CFA a moeda comum; UEMOA – União Económico-monetária Oeste-africana, criada em 1994, visa harmonizar e consolidar as bases económicas da UMOA e assegurar o crescimento da sub-região.

[69] Organização para o aproveitamento do rio Gâmbia.

"as principais dúvidas [económicas] suscitadas quanto à oportunidade da adesão da Guiné-Bissau eram as seguintes:

- os graves problemas económicos, financeiros e estruturais;
- a inexistência de uma agricultura diversificada e a necessidade de intensificar a cultura do arroz;
- o índice de fiscalidade do país, que era o mais baixo de entre todos os membros da UMOA/UEMOA;
- a inexistência de uma reforma fiscal que permitisse encontrar fontes de receita que permitissem perder as receitas das alfândegas, que constituíam a maior parte da fiscalidade (40%);
- a ausência de uma política de crédito e de medidas conducentes à promoção e incentivação do sector privado;
- a ausência de uma classe empresarial forte e competitiva.[70]"

Ao acusar a falta de uma política bem definida e coerente de Portugal em relação à Guiné-Bissau, aliás bem patente ao longo dos anos, *maxime* no que toca à adesão do país à zona franco, Matos e Lemos põe o dedo na ferida:

"Ora, Portugal teve ocasião de colaborar na estabilização económica e financeira da Guiné-Bissau, com um Acordo de Arranjo Monetário, que parecia – mas não era – pensado para evitar a adesão da Guiné-Bissau à zona do franco, mas deixou fugir a oportunidade, precisamente por falta de uma de uma política africana bem definida. Claro que este acordo impunha determinadas obrigações aos guineenses, obrigações essas que a certa altura não foram cumpridas, pelo que Portugal tomou a iniciativa de suspender o acordo. As razões da suspensão eram, com certeza, objectivamente, justificadíssimas. o que eu tenho dúvidas é que tivesse sido feito um estudo profundo das implicações políticas de tal alteração."[71] E, acrescento, não eram certamente pequenas, nem conjunturais.

Voltando à questão de fundo da sub-região – o problema de Casamansa – os crescentes laços de dependência económica em relação ao Senegal, as contínuas

---

[70] Lemos, Mário Matos, *op. cit.*, p. 24.
[71] Ibidem pp. 24-25.

pressões de Dakar no sentido da contenção eficaz da revolta separatista do MFDC, em que "Nino" Vieira perdeu o papel de mediador, entre o movimento rebelde e o poder político senegalês, levaram alguns – o Ministro dos Estrangeiros, Delfim da Silva, entre outros – a procurar um estreitamento de relações com países da sub-região mais ricos e menos problemáticos (Costa do Marfim). Até que ponto é que a Guiné-Bissau teria capacidade para transformar o sonho em realidade, era a bem dizer uma incógnita, mas tudo levava a crer que a ideia não tinha pernas para andar.

As referências ao conflito de Casamansa estiveram presentes de forma implícita nas preocupações expressas pelo Presidente da República, na sua alocução ao corpo diplomático, em Janeiro: « é nosso firme propósito reforçar os fraternais laços de amizade que nos ligam aos países vizinhos, com os quais compartilhamos um passado e aos quais o nosso destino está intimamente ligado», pelo que a Guiné-Bissau não será «jamais parte de qualquer conflito interno, de qualquer país irmão», estando, contudo, disponível para dar o seu «contributo para a solução de conflitos» se «voluntariamente solicitada». E procurando esclarecer os motivos subjacentes à deslocação de efectivos militares para a fronteira norte com o Senegal, Vieira disse que «visam, exclusivamente, o respeito da nossa integridade territorial».

A questão dos refugiados casamansenses, apesar de não ter merecido qualquer referência específica por parte do Chefe de Estado, estava bem no cerne das suas preocupações e do seu governo, em que se manifestavam sérias discordâncias com o ACNUR[72] quanto aos locais de instalação dos refugiados. Entretanto, tinha-se conhecimento do rebentamento de minas em estradas do norte da Guiné-Bissau, em operações de *hot pursuit* (perseguição a quente) do exército senegalês em território da Guiné-Bissau e outros incidentes menores. As autoridades tentavam minimizar o problema, mas o certo é que existia já um envolvimento, se bem que mitigado, no conflito. Quaisquer elementos adicionais de perturbação conduziriam a uma escalada nesse envolvimento e a um crescendo da instabilidade interna. Por outro lado, subsistia uma situação confusa, a nível do Poder Político, quanto à solução adequada para o problema dos refugiados, que, todavia, não poderia ser adiada por muito mais tempo.

Acresce que, escassos dias antes da deslocação oficial do Primeiro-ministro a Portugal, registou-se uma inusitada movimentação nos meios militares e a

---

[72] Alto Comissariado das Nações Unidas para os Refugiados.

comparência do Ministro da Defesa numa comissão parlamentar de inquérito. Tudo isto tinha que ver com a questão de Casamansa que começava a atingir proporções desorbitadas e tensões acrescidas a nível interno. Em finais de Janeiro, "Nino" Vieira efectua uma visita-surpresa de inspecção à sede da Brigada Motorizada e aos paióis, no aquartelamento de Brá, dadas as fortes suspeitas de desvios de minas e de armamento para os rebeldes do MFDC. Aparentemente, essas suspeitas teriam sido confirmadas, tendo no imediato afastado vários oficiais, conotados com os "ortodoxos", da chamada "velha guarda". Na sequência destes acontecimentos, o Chefe do Estado-maior General das Forças Armadas, brigadeiro Ansumane Mané, companheiro inseparável e antigo guarda-costas de "Nino" Vieira dos tempos da luta de libertação, terá por este sido suspenso das respectivas funções, por alegado envolvimento no desvio de armas. Não se sabia, porém, como os oficiais afastados iriam reagir e sob que forma. Sabia-se, isso sim, que as reuniões das diferentes facções militares tinham lugar até altas horas da madrugada e assumiam uma índole conspirativa. A situação entrava, pois, numa fase de grande efervescência – que a imprensa local já não camuflava, *maxime*, o "Diário de Bissau" que se referia ao tema abertamente – e o Chefe de Estado viu-se, assim, forçado a adiar uma visita privada a França que havia programado para tratamento médico.

Para além do tema Casamansa, omnipresente nos discursos, mas, obviamente, extirpado dos elementos mais sensíveis e controversos e, bem assim, nas apreensões constantes das autoridades de Bissau, que eram do meu conhecimento, prevalecia, na altura, também o receio, infundado ou não, que as situações de guerra da Serra Leoa e da Libéria, designadamente da primeira, pudessem alastrar-se a outros países da África Ocidental. O próprio Presidente já me havia manifestado pessoalmente essa preocupação.

De registar também que, a nível regional, a Guiné-Bissau integrava várias organizações, designadamente a CEDEAO (ECOWAS)[73], tendo participado regularmente nas respectivas reuniões e cimeiras.

---

[73] CEDEAO (*Communauté économique des Etats de l'Afrique de l'Ouest*), em francês ou na sigla inglesa ECOWAS (*Economic Community of West African States*), trata-se de um agrupamento regional de 15 estados da África Ocidental, fundado em 1975, a que pertencem, entre outros, a Guiné-Bissau e Cabo Verde. A organização, na sequência do Acordo de Abuja, iria desempenhar um papel importante na fase final do conflito civil bissau-guineense. O inglês, o francês e o português são as 3 línguas oficiais.

O relacionamento com os demais países de África extra-regionais constituía, também, uma prioridade da política externa guineense. Um interesse especial era dedicado aos países lusófonos, designadamente a Angola, onde as autoridades de Bissau ambicionavam, de uma forma frívola, assumir uma posição de mediação ou, pelo menos, tentar organizar em Bissau um possível encontro Jonas Savimbi – Eduardo dos Santos. Tratava-se de uma tentativa de protagonismo, sem sentido, uma vez que o executivo local não constituía um anfitrião credível, sabendo-se das posições favoráveis que, no passado, manifestou em relação à UNITA e, pelo rumor não confirmado, mas insistente e já então divulgado na imprensa, que Delfim da Silva havia sido "comprado" por aquele movimento angolano.

Cabo Verde era – e continua a ser – um tema tabu para os guineenses. Ninguém o mencionava. Não só o peso da história recente apartava os dois países, existindo muitas feridas por sarar, como se mantinha um ódio latente prevalecente entre a população local contra o cabo-verdiano "explorador".

Ainda em relação à África em geral, no discurso de Ano Novo, de uma forma aparentemente calma e controlada – tratava-se do discurso do "chefe" que se considerava inconcusso e intocável – as suas palavras iam no sentido de alertar a comunidade Internacional para as injustiças do processo de globalização e a marginalização crescente do continente africano da economia mundial com o cavar do fosso entre países ricos e países pobres, apelando à «adopção de novos mecanismos de apoio ... entre a África e a Comunidade Internacional» capaz de provocar «um verdadeiro arranque económico do continente». Em suma, as generalidades do costume, passando subliminarmente a habitual mensagem da pedinchice.

As relações com os doadores

O relacionamento com os doadores constituía, porventura, a maior prioridade da política externa da Guiné-Bissau, o que se compreende. País carenciado, altamente endividado, na dependência quase total do exterior, a Guiné-Bissau olhava para o leque de doadores, efectivos ou potenciais, quer a nível bilateral, quer multilateral, como os salvadores da situação em que se encontrava.

Na óptica bissau-guineense, o universo dos doadores era o universo dos dólares, dos marcos, dos francos e dos escudos. Só que a Guiné-Bissau não tinha percebido, ou percebido mal: primeiro, que não estava no centro do mundo, nem sequer o país era considerado relevante ou possuía qualquer valor estratégico (económico, político ou militar); segundo, que a cooperação internacional, nos dias que corriam, pressupunha determinadas condicionantes políticas (respeito pelos direitos humanos, democracia pluralista, evolução para o estado de direito), económicas (reposição dos grandes equilíbrios macro-económicos, boa governação, rigor orçamental e financeiro) e éticas (medidas anti-corrupção, moralização da vida pública, etc.), que tinham de ser respeitadas; terceiro, que, contrariamente ao que pensava, os doadores não nadavam entre notas de dólar ou de marco e que o dinheiro disponível ia rareando.

É por isso que no aludido discurso ao Corpo Diplomático do Chefe de Estado, depois das habituais profissões de fé nas virtudes da democracia e na estrita observância dos princípios de "boa governação", prometendo uma viragem qualitativa do regime com o executivo então em funções, João Bernardo Vieira, em mais um apelo à Comunidade Internacional, pede a definição de novos mecanismos de cooperação que possa permitir dar um novo alento em matéria de desenvolvimento e criar sinergias próprias de forma a permitir um «desenvolvimento auto-sustentado e durável».

Este enunciado cauteloso, destinado a consumo externo, pretendia acalmar qualquer apreensão ou nervosismo da parte dos doadores – uma questão crucial para a Guiné-Bissau, pois sem essa muleta dificilmente poderia andar.

Atente-se que, para o Presidente da República o «ano de 1998 seria decisivo», destacando no plano macro-económico os problemas ligados à dívida externa «que constitui um verdadeiro entrave ao prosseguimento das acções de desenvolvimento», salientando a criação pelo Governo de um Fundo multilateral com os apoios da Suíça e da Suécia que tinha por objectivo «criar condições para o pagamento dos serviços da dívida multilateral, designadamente os das Instituições de Bretton Woods», pondo especial ênfase no *forcing* que o Governo vinha fazendo no sentido de aceder «à iniciativa especial dos países [pobres] altamente endividados» (HIPC)[74], sendo de referir que, para ambas as iniciativas, tinha sido solicitado o apoio de Portugal.

O "namoro" com os países da U.E., designadamente com a Comissão e com os três que então tinham representação diplomática em Bissau (Portugal, França e Suécia) mantinha-se com oscilações "sentimentais", digamos assim, princi-

---

[74] *Highly Indebted Poor Countries.*

palmente, em relação aos dois primeiros, tudo dependendo dos interesses conjunturais de momento, como, aliás, era hábito na Guiné-Bissau. Paris acenava com as vantagens da francofonia, as potencialidades da cooperação gaulesa, a sua sólida presença na África Ocidental e o seu peso como país, no concerto das nações. Lisboa utilizava *mutatis mutandis* o mesmo tipo de argumentos (lusofonia, cooperação e ajuda), mas falhava em dois pontos importantes, em que não podia, por forma alguma, superar a França: a respectiva presença a nível regional era muito circunscrita e a influência na cena mundial insignificante. A história e a língua constituíam para Portugal armas suplementares relevantes e que as podia esgrimir com argúcia e oportunidade, se para tal tivesse o necessário talento. A Suécia mantinha com a Guiné-Bissau uma cooperação histórica assinalável que datava dos tempos da guerra colonial. Averbava a seu favor uma presença com alguma dimensão, mas não podia competir com os outros parceiros comunitários, nem isso lhe interessava, aliás, tencionava encerrar a sua embaixada em Bissau dentro em breve. Finalmente, a Comissão Europeia, com base na "excelência" da "opção democrática" bissau-guineense, tal como ma definiram nos corredores de Bruxelas, mantinha um programa de ajuda ao desenvolvimento muito importante, mas não "namorava", nem para tal estava, obviamente, vocacionada. Segundo me confessou, na altura, o respectivo chefe de delegação dentro de poucos anos (3 ou 4), a Comissão tencionava igualmente fechar a representação em Bissau. Em suma, os parceiros disponíveis para entrarem no jogo não abundavam.

Complementarmente, a Guiné-Bissau, sequiosa de fundos e de eventuais investimentos, disparava em vários azimutes ao mesmo tempo, procurando, como vimos, cooperar com a Indonésia (vd. Crónica 8), mesmo sabendo que isso iria suscitar eventuais problemas com Portugal, aliás, sempre resolúveis, porque Lisboa invertebradamente nunca levantava ondas e, sobretudo, com Taiwan[75], fazendo subir em muito o inestimável preço do voto da Guiné-Bissau na Assembleia Geral das Nações Unidas que permitia a Taipé manter-se em cena.

Relativamente às relações com Taiwan, tive acesso a dois documentos internos do Ministério dos Negócios Estrangeiros e Cooperação local relativos ao quadro do relacionamento Bissau-Taipé. Um dizia respeito à próxima visita

---

[75] Aliás, a seguir a Lisboa, o Primeiro-ministro Carlos Correia seguia para Taiwan em visita oficial.

oficial do Presidente Lee Teng-Hui a Bissau (2 e 3 de Abril de 1998) e outro à assistência bilateral estimada em USD 52.750.000, designadamente nos domínios da saúde pública, pescas, agricultura e apoio institucional, no "âmbito da solidariedade Sul-Sul". Para Bissau advinham-lhe múltiplos e expressivos dividendos deste relacionamento com Taipé, para Taiwan havia, apenas, uma factura a pagar, pesada, mas imprescindível. Todavia, persistiam rumores de que as relações com Taiwan caminhavam rapidamente para a ruptura e que se abriam novas perspectivas no relacionamento com a República Popular da China. No fundo, na óptica desta "diplomacia dos cifrões", mugiu-se a vaca até dar leite e, agora, oportunisticamente, pensava-se em mudar de vaca, porque tinha secado a teta.

A Guiné-Bissau via-se, pois, coagida a diversificar o núcleo das suas relações, uma vez que não conseguia inverter o curso dos acontecimentos e capacitar-se da real insignificância da sua dimensão à escala global. Todavia, era, aqui, que tudo se complicava, porque Bissau começava, como disse, a disparar em todas as direcções de uma forma incoerente, senão pueril: recebia apoios da Líbia (2 milhões de dólares, em 1997) e queria assistência israelita(?); queria cooperar com a Indonésia e manter boas relações com Portugal; entendia, ingenuamente, que podia estabelecer "novos eixos" de cooperação com a Espanha, com a Alemanha e com os países árabes moderados (i.e. com as monarquias do Golfo e com a Arábia Saudita). Delírios...

O avolumar de nuvens na situação interna

Do ponto de vista interno, num ano que se avizinhava difícil, com vários obstáculos políticos a franquear e a deterioração acelerada da situação económica, o Chefe de Estado, na sua alocução de Ano Novo, manifestou o seu empenho no *real funcionamento da democracia* de que teria sido exemplo o seu papel na crise de Junho de 1997 ao demitir o Governo do coronel Manuel Saturnino Costa: «o ano transacto ... foi o cenário de acções e medidas de crucial significado no processo democrático» – abrindo caminho «para a entrada numa fase qualitativamente nova na vida política nacional». Nem uma palavra, porém, sobre as movimentações de caserna que iam ganhando corpo e que suscitavam fundadas apreensões. O problema não existia ou, à boa maneira de outros tempos, era simplesmente ignorado, pelo menos em público.

A este respeito, registo, por exemplo, que quando da visita do Primeiro-Ministro Carlos Correia a Portugal (4 a 6 de Fevereiro de 1998), ao ser recebido pelo seu homólogo português, o titular da pasta dos Estrangeiros bissau-guineense, em reunião à porta fechada a que estive presente, quando o dr. Jaime Gama, de uma forma subtil, lhe colocou o problema de se detectar alguma instabilidade nas Forças Armadas da Guiné-Bissau[76], Delfim da Silva afirmou desconhecer totalmente o assunto (!) e que, tanto quanto sabia, o Exército e os demais ramos estavam perfeitamente controlados pelos escalões hierárquicos competentes, manifestando até alguma estranheza pela pergunta (*sic*). Tratava-se de uma representação teatral notoriamente mal encenada, em que Delfim da Silva, se sentia muito pouco confortável no seu papel.

Via de regra, os dirigentes bissau-guineenses procuravam minimizar a questão de Casamansa, como se tratando de um problema local sob vigilância e que não tinha grandes implicações internas ou externas. "Trata-se de uma questão a resolver com o Senegal, embora haja guineenses metidos no assunto, mas isso é uma questão menor", diziam-me, tentando fazer passar-me por tolo ou por ingénuo.

No seu balanço de política doméstica ao corpo diplomático, "Nino" Vieira atribuiu louros ao seu jovem Ministro da Economia e Finanças, Dr. Issufo Sanhá, quase o considerando um "salvador da Pátria", aspecto importante em ano de eleições legislativas e autárquicas, precedido que seria pela esperada realização do congresso do partido no poder. Todavia, como na altura tive a percepção e os factos ulteriores vieram a dar-me razão, nesta matéria, o Presidente da República e o seu núcleo duro pretendiam arrastar os pés, ou seja, tentavam protelar tudo para as calendas gregas ou até que tal fosse jurídica e materialmente possível. Interessava, no fundo, para consumo interno, mas, sobretudo, externo, passar a mensagem de que a Guiné-Bissau, em matéria de democracia era um bom aluno, mas que, enfim, estávamos em África e os problemas eram mais do que muitos, sendo naturais algumas dilações.

Perigosa, isso, sim, era a realização do congresso do PAIGC, em que a facção adversa ao Presidente, liderada pela dupla Saturnino Costa (um homem da luta e ex-PM ressabiado) e Hélder Proença (poeta e deputado radical), caracterizada pelo seu fervor revolucionário, podia triunfar sobre as demais facções internas do partido, designadamente a do próprio Presidente da República. Os respon-

---

[76] Vd. Crónica 9.

sáveis políticos do país próximos do Chefe de Estado sabiam que o Congresso não podia ser eternamente adiado, mas tinham de contar e recontar as espingardas, numa situação que não primava pela clareza. Adiantava-se Março ou Abril para a respectiva realização, mas tudo isto assumia, então, um carácter meramente hipotético.

Por outro lado, com a temperatura a subir no seio das Forças Armadas, situação que perceptivelmente se agravava, dia após dia, e com o problema social dos antigos combatentes por resolver, começava a sentir-se algum desconforto, pairando no ar a hipótese de confrontação entre militares, cujos contornos começavam a emergir com nitidez. Faltava saber-se como é que as diferentes facções se iriam alinhar e quem as conduziria.

Como chefe aparentemente incontestado e com mão firme sobre as Forças Armadas e o Partido, João Bernardo Vieira pensava que dominava a situação e que todos os problemas assinalados eram menores e de fácil solução. Enganava-se.

Era este o pano de fundo em que se movimentava então a Guiné-Bissau e que deixava antever os problemas que se divisavam na linha do horizonte e que iriam despontar com vigor na guerra civil.

CRÓNICA 11

Bissau – Lisboa, Fevereiro-Maio de 1998
O relacionamento com Portugal

As relações com Portugal assumiam uma importância desmedida pelas razões que facilmente se adivinham, desde os laços históricos à imigração, desde a língua tendencialmente comum à extrema dependência económica da Guiné--Bissau.

Em 5 de Fevereiro, assinalando a visita do Eng.º Carlos Correia ao nosso país, o "Diário de Bissau" referia em editorial que pela «primeira vez, desde a abertura política decidida pelas autoridades guineenses em Maio de 1991 e mesmo depois das primeiras eleições multipartidárias realizadas há quase 4 anos, um Primeiro Ministro da Guiné-Bissau efectua uma visita oficial a Portugal». O articulista continuava o seu excurso panegírico afirmando que a «visita devia ser considerado como um marco na história dos dois países soberanos, que há mais de 500 anos comungam a mesma história cultural e linguística».

Depois de focar alguns dos temas que têm marcado ou, se se quiser, perturbado o relacionamento bilateral, o editorialista advogava que «a visita do Primeiro-Ministro guineense a Portugal deve ser aproveitada para dissipar todos os equívocos existentes entre Bissau e Lisboa», terminando por defender que «mesmo que o Primeiro-Ministro de Portugal não visite o nosso país, devemos aceitar o seu convite, para demonstrar ao mundo inteiro que nós fomos colonizados por Portugal, que nos legou uma herança cultural, linguística e histórica que, pelo destino que a história nos reserva, nunca nos separaremos dela, senão pela morte de cada guineense. Tudo que a história construir não se escolhe, mas impõe-se a tudo».

Este tipo de discurso não era incomum aos lusófonos e lusófilos da diminuta elite de Bissau e patenteava sinceridade, podia, porém, não agradar a certos sectores mais radicais do PAIGC ou aos francófilos. Por conseguinte, devia ser anotado, mas prudentemente sopesado.

Não cabe no âmbito destas crónicas fazer todo o historial das relações bilaterais Portugal-Guiné-Bissau, todavia, poder-se-ia apenas referir que, após o anti-portuguesismo doentio do Governo Saturnino Costa, deparávamos com um Governo que nos era, globalmente, favorável e que se mostrava interessado em estreitar o relacionamento, em todas as vertentes possíveis, não apenas pelos nossos lindos olhos, como é óbvio – o pobre batia sempre à porta de quem generosamente se prontificava a dar-lhe esmola e, sobretudo, quando não o interpelava com perguntas incómodas. Não obstante, tratava-se de um Governo de transição, não oferecendo garantias de continuidade, em termos de acção governativa. Para além disso, era preciso não esquecer que as relações ex-colonizado/ex-colonizador são sempre de natureza complexa e – correndo o risco de nos repetirmos porque já o dissemos – muitas vezes caracterizadas por sentimentos mistos de amor-ódio, nada nos garantindo, por consequência, que o relacionamento Guiné-Bissau/Portugal não viesse a navegar, mais uma vez, em águas tormentosas. Todos estes factores deviam ser tomados em linha de conta.

A Guiné-Bissau revelava um grau de dependência enorme em relação a Portugal: o maior investidor no país; dispondo do maior número de empresas da mesma nacionalidade em, praticamente, todos os sectores económicos relevantes; uma cooperação bilateral que excedia a de qualquer outro estado, individualmente considerado (24 sectores de cooperação, pelos quais se distribuíam 108 projectos!) e a lista podia prosseguir.

Em suma, Bissau sabia que podia contar com Lisboa, utilizando a habitual estratégia do "mais, sempre mais e ainda mais": não lhe custava nada pedir, tinha-o feito e Portugal, em regra, correspondia.

O relacionamento entre Portugal e a Guiné-Bissau caracterizava-se, por conseguinte, por um manifesto desequilíbrio em que, por um lado, o primeiro era o dador e a segunda o recipiendário e, por outro, Lisboa, por complexos de culpa, pecadilhos do passado ou questões insondáveis do subconsciente colectivo lusitano, suportava todas as mudanças de humor de Bissau, por mais atrabiliárias que fossem, e todas as atitudes por mais abstrusas que se revelassem. Portugal pagar, pagava sempre, sem pedir orçamento prévio ou factura e aceitava todos os amuos e birras, como se lidasse com uma criança mal educada, que jamais repreendia, que não tencionava educar e que mui cristãmente tudo perdoava.

Recomendei, na altura, a quem de direito, de forma inequívoca, que era talvez chegada a altura de exigir de Bissau um comportamento mais responsável, em matéria de relações bilaterais. Não poderíamos admitir provocações gratuitas e pueris, como era o caso, por exemplo, da aproximação à Indonésia, entre tantas outras, ou o desregramento e os dislates na área das finanças públicas, em que nos cabia em sorte apagar o fogo que não ateámos. Os avisos à navegação teriam de ser feitos com algum tacto e com as devidas cautelas, até para não alienarmos os amigos que tínhamos, mas suficientemente firmes para que Bissau percebesse, sem margem para quaisquer dúvidas ou equívocos, a mensagem, que se queria bem musculada. Não poderíamos admitir tratamentos displicentes ou actuações erráticas e imprevisíveis, na área das relações bilaterais e da cooperação Estado a Estado. As posições relativas de Portugal e da Guiné-Bissau eram, pois, meridianamente claras: no fundo, a Guiné dependia de nós e não o inverso. Ponto final!

As declarações do lado português, independentemente de quem as proferisse – Governo, Oposição, *media* ou, na realidade, quem quer que fosse – desde que aflorassem questões que a Guiné-Bissau considerasse melindrosas, mesmo as aparentemente mais inócuas ou fortuitas, eram recebidas com grande irritabilidade e perturbação do lado bissau-guineense, uma vez que, inadvertidamente ou não, havia-se tocado numa corda sensível. Recordo-me de afirmações do Secretário de Estado José Lamego, no Verão de 97, sobre o "movimento reajustador" de 14 de Novembro de 1980 (golpe de estado de "Nino" Vieira") em que criticou moderadamente o Chefe de Estado da Guiné-Bissau tendo este reagido pela negativa, ou as declarações do então chefe da Oposição, Professor Marcelo Rebelo de Sousa, em finais de Janeiro de 1998, relativas à desagregação da Guiné-Bissau e aos perigos que, em seu entender, representavam para o país o fundamentalismo islâmico e a francofonia, o que deu origem a um editorial indignado do "Diário de Bissau" e a reacções intempestivas do então deputado e líder do PRS[77], Kumba Ialá. O próprio Ministro dos Estrangeiros, Delfim da Silva, queixou-se com mágoa ao seu homólogo que o Ministro da Defesa português, António Vitorino, se havia referido ao novo modelo de cooperação militar com os PALOPs, esquecendo-se de mencionar a Guiné--Bissau. Tratava-se, com efeito, de um mero lapso da imprensa lusitana, mas os bissau-guineenses eram, de facto, muito susceptíveis – eu diria, mesmo, hiper--sensíveis – nestas matérias.

Podia-se também afirmar que tinham a memória curta, pois no ano anterior, de uma forma totalmente gratuita, haviam abusivamente retido a mala diplomática, com grande alarido e cobertura mediática, em que o próprio Director--Geral das Alfandegas, Joãozinho Vieira Có, ridicularizou, perante as câmaras da televisão local, Portugal e os portugueses. Esclareça-se que devido, principalmente, à escassez de bens alimentares em Bissau, a mala diplomática continha, em regra, víveres e outros bens que se destinavam exclusivamente ao pessoal da embaixada (ou seja, produtos que não se encontravam à venda no comércio local). Entendiam as autoridades bissau-guineenses que parte desses bens alimentares acabavam no mercado paralelo. Assim, contra o disposto na Convenção de Viena sobre Relações Diplomáticas e sem quaisquer provas das alegações atiradas para o ar, a mala foi embargada no aeroporto durante semanas. Portugal nunca protestou a sério, jamais levantou a voz e em vez de dar um murro na mesa, limitou-se a tamborilar os dedos e a assobiar para o lado, à espera que a crise passasse. Tudo isto ocorreu, bem entendido, antes da minha chegada e ao tempo do Governo estruturalmente anti-português de Manuel Saturnino Costa. Todavia, é bem sintomático da falta de verticalidade das nossas autoridades.

Para além de todas estas manifestações de (mau) humor, o dossier bilateral continha muitos pontos verdadeiramente sensíveis, a que urgia dar resposta: o problema da concessão dos vistos de entrada, as evacuações por motivos de saúde que fomentavam a emigração ilegal, a falta de resposta da parte portuguesa ao Plano Nacional de Desenvolvimento Sanitário, as pressões bissau--guineenses para a concessão de bolsas de estudo, as dificuldades com as emissões da RTP-África, a redução dos investimentos portugueses na Guiné-Bissau, a diminuição das trocas comerciais, o domínio em regime de monopólio virtual de certos sectores do mercado pelas empresas portuguesas (energia, teleco-

---

[77] Partido da Renovação Social.

municações, banca, etc), os apoios directos ao orçamento de Estado e um sem-número de outros assuntos de relevância variável.

Uma cooperação atomizada e pouco visível[78]

A multifacetada cooperação portuguesa possuía uma boa cobertura, embora dispersa e, como já o dissemos, pouco visível e sem conduzir a verdadeiros efeitos estruturantes. As autoridades bissau-guineenses, a começar pelo próprio "Nino" Vieira, apelavam para a necessidade de reforçar a cooperação nos domínios da educação, da saúde, da CTM (cooperação técnico-militar) e empresarial. Globalmente e sem embargo de alguns aproveitamentos oportunísticos a bem dizer inevitáveis, os pedidos locais faziam sentido e correspondiam a necessidades reais do país.

No que concerne o sector da educação, Delfim da Silva, em tom de fado menor, diria ao Dr. Jaime Gama, que, na altura sobraçava a pasta dos Estrangeiros, que a "Guiné-Bissau se sentia o parente pobre da cooperação portuguesa" (*sic*), isto apesar dos generosos benefícios que Bissau auferia e que mal agradecia. A todos os níveis, insistia-se enfaticamente do lado bissau-guineense na criação de uma escola portuguesa em Bissau, ou seja uma escola apoiada *oficialmente* pelo Governo Português (existia, de facto, uma, mas funcionava de modo muito deficiente e com uma carência enorme de meios). Este desejo, que correspondia a uma situação de necessidade efectiva, falha que urgia colmatar, camuflava também o interesse egoísta da elite governamental que os seus filhos e outros familiares frequentassem a escola portuguesa para posteriormente poderem ingressar no ensino superior em Portugal, sem dificuldades de maior, até porque o sistema de *numerus clausus*, vigente no nosso país, beneficiava os palopianos. "Nino" Vieira preocupava-se muito com uma maior presença da língua portuguesa na Guiné-Bissau, para o que contava com um maior esforço do nosso lado nesse domínio. Queria, por exemplo, que Portugal ajudasse no lançamento do ensino técnico-profissional no país, o que considerava um passo inovador e um meio para contribuir para um desenvolvimento progressivo e sustentado da Guiné-Bissau e permitir futuras saídas profissionais para os jovens. Nesta matéria, penso que o Presidente da República estava a ser

---

[78] Ver Crónica 7.

sincero, porque a língua portuguesa e o ensino podiam constituir os baluartes para a edificação da identidade nacional da Guiné-Bissau e para benefício da respectiva economia – por conseguinte, questões da maior relevância.

Na área da saúde, existiam inúmeros projectos em curso (talvez demasiados), sobre os quais não me irei deter. Interessa, apenas, salientar dois pontos: primeiro, que a saúde era um dos sectores mais degradados da Guiné-Bissau; segundo, que, sem embargo de outros problemas, as constantes evacuações para Portugal eram demasiado onerosas e, como já o referi, fomentavam a imigração ilegal. Nesta área, está bem de ver que os custos eram elevados e a eficácia reduzida[79]. Assim, na perspectiva das autoridades bissau-guineenses, era essencial avaliar a possibilidade de recuperação do Hospital Simão Mendes de Bissau (infra-estrutura, equipamentos e formação). O pedido era compreensível e fazia sentido.

No que respeita à CTM (Cooperação Técnico-Militar), tínhamos na Guiné--Bissau mais de 20 quadros e técnicos dos 3 ramos das Forças Armadas com vários projectos em curso: organização do Ministério da Defesa nacional, reestruturação da Marinha Nacional, organização do Comando do Exército, reestruturação da engenharia militar, reestruturação do serviço de material, operacionalidade do serviço de transmissões e cursos de informática. "Nino" Vieira pretendia ainda a cedência de 3 aviões principalmente para "vigilância e fiscalização marítima" e a recuperação de antigos quartéis portugueses abandonados. Já se fazia muito, mas pedir não custa.

No que toca à cooperação empresarial, "Nino" Vieira congratulou-se com a boa implantação das nossas empresas no país, mas queria que este interesse redobrasse (o que não era de todo evidente) a fim de acudir a casos de verdadeira miséria social, através da criação de postos de trabalho, sem esquecer os interesses mais globais da Guiné-Bissau.

Um outro aspecto, este, a meu ver, verdadeiramente crucial da cooperação bilateral consistia no apoio de Portugal ao processo eleitoral no ano então em curso, com a realização de eleições gerais e autárquicas, portanto de um apoio à consolidação da democracia e do estado de direito no país, a que Lisboa respondia de modo evasivo, com respostas dilatórias e pouco consequentes, como se esta questão fosse relativamente menor. Tratava-se, no fundo, de auxiliar o

---

[79] Isto mesmo dei a conhecer à então Ministra da Saúde, Maria de Belém Roseira quando visitou Bissau, em Abril de 1998 – v. Crónica 20.

processo de recenseamento e a posterior elaboração dos cadernos eleitorais. Para todos os efeitos, quer se quisesse, quer não, o processo eleitoral bissau-guineense tinha de recomeçar da "estaca zero"[80], a que acresciam os problemas derivados da Revisão Constitucional e da nova Lei Eleitoral, o que introduzia uma dilação considerável em todo este procedimento, de modo que o sufrágio não poderia ter lugar, na melhor das hipóteses, senão em Outubro ou Novembro, desrespeitando-se o calendário oficial (Julho) e suscitando-se uma questão política suplementar incómoda. Expliquei esta questão tim-tim por tim-tim a Lisboa, mas deparei com vários problemas, porque não dispunha na Cooperação Portuguesa de interlocutor minimamente sensível ao problema.

Finalmente, deve ser feita uma referência ao projecto mais interessante e mais válido de toda a nossa cooperação, a que já aludimos e que consistia no apoio à Faculdade de Direito de Bissau pela Faculdade de Direito de Lisboa, servida por um pequeno e excelente corpo docente de jovens assistentes portugueses[81].

Em suma, muito embora se reconhecesse objectivamente o contributo positivo da cooperação portuguesa para o desenvolvimento do país, apesar de alguma falta de publicidade e de imagem, detectava-se uma notória falta de coerência da ajuda ao desenvolvimento, amiúde demasiado atomizada, para poder provocar efeitos duradouros e sustentados no tecido económico, social e cultural bissau-guineense, na expectativa legítima de que se procedesse a uma definição conjunta dos objectivos de modo a que se pudessem inserir na estratégia governamental e no modelo de desenvolvimento prosseguido.

Afigurava-se-me e assim o recomendei a Lisboa que tínhamos de estabelecer linhas de força orientadoras para uma adequada política de cooperação que resultasse mutuamente vantajosa, donde

- a necessidade de concentração de acções, evitando-se a dispersão;
- a redefinição e avaliação de prioridades;
- a visibilidade e impacto das nossas acções de apoio ao desenvolvimento;
- a insistência na formação profissional e assistência técnica (pretensão da Guiné-Bissau que fazia todo o sentido);
- contribuir efectivamente para o modelo de desenvolvimento do país.

---

[80] Tanto quanto fui informado, os cadernos tinham misteriosamente desaparecido ou estavam completamente inutilizados (?!).

[81] Ver Crónica 3.

Não sei se estas ideias foram alguma vez ponderadas ou analisadas. Aplicadas não o foram com toda a certeza. Enfim, jamais tive eco das minhas sugestões por parte de quem de direito.

A sucessão interminável de visitas. A Guiné-Bissau umbigo do mundo?

Por estranho ou, mesmo, irreal que possa parecer, tive, por vezes, a nítida sensação de que, para muitos responsáveis portugueses, Bissau era uma espécie de "omphalós", talvez pela sua situação geográfica, no centro da barriga de África. Um magnete que tudo atraía, mau grado a diminuta dimensão do território, as respectivas limitações, os múltiplos problemas com que se debatia e a ausência de quaisquer atractivos ou de algo que fosse apelativo, independentemente do domínio considerado.

Assim, desde a minha chegada até ao eclodir da guerra civil, ou seja entre Outubro e Maio, contabilizei as visitas de uma delegação da Assembleia da República chefiada pelo respectivo presidente, dr. Almeida Santos, da Ministra da Saúde; dra. Maria de Belém Roseira, do Ministro do Trabalho, dr. Eduardo Ferro Rodrigues, dos Secretários de Estado dos Negócios Estrangeiros e da Cooperação, dos Desportos, Adjunto do Ministro das Obras Públicas, Transportes e Comunicações, do líder da Oposição, Professor Marcelo Rebelo de Sousa, do Secretário-Geral da UGT e de inúmeros Directores-gerais e Presidentes de institutos públicos, a começar pelo Director-geral da Política de Defesa Nacional passando pelo Presidente do Instituto da Cooperação Portuguesa e de *n* outros, que não me consigo lembrar e de muitos que nem sequer sabia que tinham andado por lá a cirandar.

Do lado bissau-guineense, para além da visita do Primeiro-Ministro a Portugal, acompanhado por uma expressiva comitiva de que faziam parte, para além do engenheiro Carlos Correia 6 Ministros (!) – a coisa não ficava por menos –, não posso fazer as contas às inúmeras deslocações do Ministro dos Estrangeiros, Delfim da Silva, a título oficial, oficioso ou privado e dos restantes membros do Governo que se serviam de Lisboa como placa giratória para outros destinos, na Europa e no mundo, ou para...compras e os inevitáveis *rest and relaxation*.

Referindo-me especificamente ao meu trabalho no terreno, não eram só as habituais correrias ao aeroporto, os encontros oficiais, as reuniões de trabalho, os almocinhos e os jantarinhos, mas, principalmente, as discrepâncias dos diferentes discursos das personalidades lusitanas perante os seus interlocutores bissau-guineenses, as patentes contradições entre os diferentes projectos de cooperação apresentados, a circunstância de uns departamentos disporem de dinheiro e outros não, a falta de concretização de objectivos previamente anunciados e, claro está, a ausência de um fio condutor desta cooperação fragmentada e desconexa. No fundo, era este o modelo da tão decantada "ajuda ao desenvolvimento descentralizada", que já vinha de trás, dos tempos do Partido Social Democrata[82], que não mereceu contestação dos seus sucessores, e cujos resultados, no fim de contas, pecavam por excessiva modéstia, passe o eufemismo, para não dizer que eram quase nulos.

Recordo um episódio que se passou, quando terminou a visita do Ministro do Trabalho que afirmou dispor de dinheiro para alguns projectos, designadamente na área da formação profissional. Um responsável guineense veio logo a seguir falar comigo e expressou-se-me, com alguma perplexidade:

– Então, a dra. Maria de Belém, há umas semanas, disse-nos que não tinha um tostão e que toda a política de cooperação na área da saúde tinha de ser revista e o dr. Ferro Rodrigues diz agora que tem dinheiro para gastar. Então, não são membros do mesmo governo? Há dinheiro para uns e não há para outros? Não percebo nada.

Como podia explicar, algo que eu próprio jamais entenderia?

Com prudência e atenta a "diplomacia dos cifrões", tão cara aos bissau-guineenses, havia, não obstante, que atender-se a algumas das pretensões do Governo da Guiné-Bissau, respeitando-se, sob nossa orientação e supervisão, bem entendido, o modelo de desenvolvimento do país, cujas opções cabiam inteiramente ao Executivo local. Como já o referi, os pedidos e as prioridades de Bissau, em grande parte, faziam sentido e podia-se responder de forma adequada, desde que, do nosso lado, as grandes linhas de orientação da política de cooperação tal como atrás definidas fossem respeitadas. Mas Lisboa, via de regra, acertava mal as agulhas.

---

[82] Ver Crónica 7.

No relacionamento com Portugal, a Guiné-Bissau não se enxergava

Recordo-me de um episódio verdadeiramente anedótico que teve lugar no decurso da visita do Primeiro-Ministro Carlos Correia a Portugal. Pretendia, então, a Guiné-Bissau abrir as portas a um operador de comunicações móveis francês, em detrimento da Portugal Telecom que através da sua filial Guiné Telecom detinha o monopólio das telecomunicações no país. Não existia espaço, nem interesse comercial, para a existência de dois operadores no terreno. Carlos Correia solicitou uma sessão nas Picoas com a administração da PT, na altura presidida pelo dr. Miguel Horta e Costa. É, então, exibida para o Primeiro-ministro e comitiva uma apresentação *powerpoint*, com imagens, mapas, gráficos, números e dados em profusão, verdadeiramente esmagadora em que a dimensão da PT aparecia em toda a sua grandeza, ostentando os seus muitos milhões de contos, fazendo sobressair a vertente internacional da companhia e os planos estratégicos que tinha em termos de futuro a médio e longo prazos. Nada que não se soubesse, mas que deixou completamente siderados os governantes bissau-guineenses. A certa altura, o Primeiro-ministro perguntou: "E onde está e o que representa a Guiné-Bissau nos interesses da companhia?". Respondeu Horta e Costa, apontando para uma das páginas do *powerpoint*: "Representa isto que não sei exactamente quanto é em termos percentuais." E voltando-se para os seus colaboradores, indagou: "Alguém me pode refrescar a memória? Enfim, é muito poucochinho, como se vê." Logo a seguir advertiu de forma velada, mas clara: "Se acaso a operação falha num determinado país ou não há interesse em prossegui-la, reforçamos outros sectores da companhia ou mudamos para outro destino. É fácil." Passou, assim, a mensagem que a Guiné-Bissau era uma simples gota no oceano e que a PT podia muito bem passar sem ela. Os dirigentes bissau-guineenses ficaram esmagados com o que ouviram. Gerou-se um gélido silêncio na ampla sala em que nos encontrávamos. A partir daí, as perguntas cessaram. Momentos antes, um membro da comitiva tinha-me dito que a Guiné-Bissau era fundamental para a estratégia africana da PT. Viu-se.

Em suma, a importância desmedida que Portugal atribuía à Guiné-Bissau, bem ilustrada na multiplicidade dos programas de cooperação, nas contínuas visitas à capital dos políticos, aspirantes a políticos e servidores dos mesmos, nas referências constantes, muitas vezes encomiásticas, dos discursos dos nossos dirigentes e nos (poucos) artigos que os media publicavam, suscitava a impressão de que o país possuía uma relevância que não tinha, nem nunca poderia ter. As pancadinhas no ombro oriundas do mundo lusófono, um mito por nós em grande parte criado, geravam junto dos bissau-guineenses ainda mais ilusões e sonhos incumpríveis.

A Guiné-Bissau não se enxergava. Precisava de se ver ao espelho.

CRÓNICA 12

Bissau, 25 a 27 de Janeiro de 1998
A visita do Professor Marcelo Rebelo de Sousa

Em finais de Janeiro de 1998, o líder da Oposição parlamentar portuguesa, Professor Marcelo Rebelo de Sousa do PSD, deslocou-se a Bissau, acompanhado pelos drs. José Luís Arnaut, Coordenador da Comissão Política Nacional e Américo Ferreira, membro da Comissão de Relações Internacionais daquele partido.

Esta deslocação a Bissau tratava-se, como o próprio a definiu, quer em público, quer em privado, de "uma missão de Estado, em prol dos interesses nacionais" e não, apenas, no âmbito estritamente partidário, adiantando que a política portuguesa em relação aos PALOPS, em geral e à Guiné-Bissau, em particular, era consensual, a nível das duas principais formações político-partidárias nacionais (ou seja, do PS e do PSD).

O Professor Marcelo Rebelo de Sousa manteve um jantar íntimo com o Presidente "Nino" Vieira, encontros com o Presidente da Assembleia Nacional Popular, com o Primeiro-Ministro e com vários Ministros, contactos com os principais partidos políticos com assento parlamentar e proferiu uma conferência na Faculdade de Direito de Bissau, a que me referirei mais adiante, dada a relevância que assumiu, designadamente em função das intervenções dos alunos, o que prenunciava uma posição de contestação forte em relação ao Poder de "Nino" Vieira, uma espécie de pré-aviso para algo de mais grave que estava já em germinação.

O encontro do professor Marcelo Rebelo de Sousa com Kumba Ialá na tabanca

O líder da Oposição, atentas as disposições da legislação portuguesa, é, em termos protocolares, equivalente a um membro do Governo em funções e foi nessa qualidade que o acolhi. Foi, porém, recebido com "pompa e circunstância", como um alto representante da República Portuguesa, por toda a parte e por toda a gente, com uma única excepção: Kumba Ialá. Com efeito, este recusou-se a comparecer, como era habitual, na residência oficial do embaixador de Portugal, para tomar um café e dar dois dedos de conversa com o visitante, aliás, como fizeram os líderes parlamentares do PAIGC e da RGB/Movimento Ba-fa-tá[83].

Segui nesta matéria um procedimento de rotina, que aliás adoptava com todos os políticos portugueses que passavam por Bissau. Telefonei uns dias antes, ao dr. Kumba Ialá e convidei-o, nos termos habituais, a vir à embaixada para um encontro com o Professor Rebelo de Sousa. Resposta categórica do visado:

– Obrigado, embaixador, mas nem pense nisso. Ele se quiser que venha falar comigo à sede do meu partido. Eu à embaixada não vou.
– Bom, posso saber a razão porquê? – perguntei
– O embaixador conhece as declarações que ele fez recentemente sobre a Guiné-Bissau, não conhece? Enfim, que o país não era viável, que estava em desagregação e por aí fora. Enquanto ele não se retractar publicamente, não vou à embaixada – retorquiu num tom emotivo o líder do PRS.
– Oh, dr. Kumba, peço-lhe que reconsidere. Eu não posso estar a abrir excepções. Os restantes dirigentes partidários já me garantiram que virão à residência. O tempo do professor Marcelo é muito limitado mas está

---

[83] Resistência da Guiné-Bissau/Movimento Ba-fa-tá, na altura liderado pelo dr. Domingos Fernandes.

interessado em dialogar consigo. Eu acho que é uma oportunidade única para se esclarecer o que houver a esclarecer. Falando é que as pessoas se entendem, não é assim? Bom, deixo o assunto nas suas mãos – tentei argumentar.
- Embaixador tenho muita consideração por si, mas já lhe disse que não. O Marcelo se quiser que venha à sede do meu partido e eu lá estarei para o receber – e deu por finda a conversa.

À chegada, coloquei, obviamente, o assunto ao líder do PSD, advertindo-o de que a intenção de Kumba Ialá era a de o chamar a terreno dele e utilizar isso como trunfo. A meu ver, talvez não fosse conveniente ceder neste ponto, até porque em África tudo o que é simbólico reveste-se de importância acrescida, mas a decisão não era minha. Enfim, podíamos sempre argumentar com as apertadas imposições do programa ou apresentar outra justificação qualquer.

O professor ficou um pouco pensativo, mas acabou por decidir ir ao local indicado por Kumba Ialá.

- Não há alternativa. Temos de ir lá! – disse-me.

Tratava-se de uma morança, perdida num bairro popular, quase na periferia de Bissau, em que tínhamos de dar uma série de voltinhas do Marão entre simulacros de estrada de terra batida para lá se chegar. Era uma casa banal, pobre, com telhado em chapa de zinco, não se distinguindo de outras semelhantes que por ali havia. Umas crianças brincavam por ali perto, junto a umas árvores frondosas. Completava o quadro um cão escanzelado e uns porcos que comiam umas plantas indefinidas e presumivelmente algum lixo.

- Senhor Carlos – pergunto ao motorista –, é mesmo aqui, no meio da tabanca? Tem a certeza?
- É, sim, senhor embaixador, é aqui.
- Mas o dr. Kumba vive neste local? Um homem que ia ganhando as eleições para Presidente, enfim, que tem responsabilidades e pretensões políticas?
- Senhor embaixador, isto é típico do Kumba. Mandou-nos vir cá para os senhores verem onde vive e com quem se dá. Está no meio do povo dele. Ele é assim e não muda.

Entrámos, na morança, uma casa térrea, sem grande conforto, numa palavra, espartana. Uma mesa de madeira e uma meia-dúzia de cadeiras constituíam a única decoração visível, numa dependência pequena e mal iluminada. Alguém foi chamar Kumba Ialá. Apareceu, de imediato, sorridente e disse, esticando a mão direita:

– Sejam bem vindos! Afinal o passarinho veio comer à mão, não é verdade?

Embora esperasse aquela entrada ou outra do género, o mínimo que posso dizer é que me senti desconfortável. O professor, porém, não se desconcertou minimamente, limitou-se a ouvir imperturbável e não fez quaisquer comentários. A conversa derivou, de imediato, para as declarações que o líder do PSD tinha feito uns dias antes sobre a Guiné-Bissau, que o professor Rebelo de Sousa esclareceu, directa e minuciosamente, à semelhança, aliás, de idêntico exercício que já tinha efectuado com outras personalidades políticas e com os meios de comunicação social locais. Com uma agressividade frontal e sem subterfúgios, Kumba Ialá considerou-as uma "ingerência na política interna da Guiné-Bissau". Com habilidade, o professor Marcelo Rebelo de Sousa continuou a abordar o tema, através de perguntas incisivas que foi formulando, sobre a situação doméstica da Guiné-Bissau, explorando um ou outro ponto que adivinhavam naturais reacções por parte do dirigente do PRS. Com efeito, este aproveitou a deixa para se queixar amargamente das perseguições de que era alvo por parte de "Nino" Vieira e da sua gente, lamentando muito que Portugal lhe depositasse tanta confiança. Traçou uma panorâmica da situação política e aproveitou para lançar, durante longos minutos, uma truculenta diatribe contra o Chefe de Estado bissau-guineense, de que reproduzo os pontos essenciais, retirados dos meus apontamentos:

- "O pomo de discórdia é o "Nino"! Evitámos a Guerra Civil, porque havíamos ganho as eleições e para manter a tranquilidade do país e a paz social não viemos para a rua. Isto mesmo foi reconhecido pelo Bispo de Bissau, pelos Embaixadores da França e dos Estados Unidos."[84]

---

[84] Kumba Ialá referia-se ao alegado "roubo" de cerca de 20.000 votos, na segunda volta das eleições presidenciais de 1994, no arquipélago dos Bijagós, que garantiram, assim, a vitória de "Nino" Vieira, assunto já mencionado pelo próprio e que refiro na Crónica 6.

- "Nino" não assegura o funcionamento das instituições."
- "As Forças Armadas estão connosco, até porque votaram esmagadoramente a nosso favor"
- "As armas e as minas, de origem portuguesa, que se encontram nas mãos dos rebeldes de Casamansa, na região da fronteira Norte, foram entregues com a conivência de "Nino""
- "O Senegal retirou a confiança à Guiné-Bissau como mediador do conflito, entendendo que devia ser a Gâmbia a assumir esse papel".
- "A justiça, neste país, é uma ficção. Os tribunais não administram qualquer tipo de justiça. O Procurador-Geral da República é um corrupto."
- "Nino" mete-se em tudo o que é negócio e que lhe cheire a dinheiro."
- "Para bem da Guiné-Bissau e porque entendemos que a política deve ser feita de modo construtivo, temos apoiado pontualmente o PAIGC na Assembleia".
- "Estamos dispostos a salvaguardar e a respeitar as instituicões."

Enfim, para além da demonização do regime de "Nino" Vieira, perfeitamente natural para um líder da Oposição, com as características populistas bem africanas do nosso interlocutor, todos os ingredientes que pressagiavam uma crise iminente de grandes proporções estavam contidos no discurso articulado, mas duríssimo, de Kumba Ialá.

– Como vê, valeu a pena, termos vindo até aqui – disse-me o professor Rebelo de Sousa, já no carro de regresso à embaixada.

Um ambiente que evocava um pré-Maio de 68 na Faculdade de Direito de Bissau

Organizada pelos drs. Filipe da Boa Baptista, assistente da Faculdade de Direito de Lisboa e coordenador dos cursos em Bissau, e Francisco Benante, director da faculdade local, sob um calor sufocante e com a presença de quase centena e meia de alunos, teve lugar no anfiteatro daquela instituição de ensino superior, a conferência sobre Direito Constitucional do professor Marcelo Rebelo de Sousa.

Finda a alocução inicial, abriu-se um animado debate com a assistência. Animado é um eufemismo para o ambiente escaldante que se gerou, não só em função da temperatura ambiente, mas em termos dos ataques violentos e emotivos por parte do corpo discente contra o Presidente da República. Quase todas as perguntas gravitavam em torno do artigo 65º da Constituição da República Guiné-Bissau.

Aquele artigo estipula taxativamente que "as funções de Presidente da República são incompatíveis com quaisquer outras de natureza pública ou privada." Ora, "Nino" Vieira, para além da chefia do Estado era simultaneamente presidente do PAIGC, por conseguinte, violava de forma ostensiva os preceitos constitucionais. Acresce que estava alegadamente envolvido em todo o tipo de negócios imagináveis que eram do conhecimento de toda a gente. Intervenção, após intervenção, não havia volta a dar-lhe: para a quase centena e meia de pessoas que se encontrava naquela sala (friso bem, a futura elite do país) estava-se perante uma situação claramente inconstitucional, cuja gravidade dispensava adjectivos. "Nino" não podia estar acima da lei que jurou respeitar. O Estado de Direito não existia. A tão apregoada democracia bissau-guineense estava em causa.

Apesar do brilhantismo da exposição do professor e de toda a sua retórica bem estruturada, as perguntas iam invariavelmente no mesmo sentido e não se saía dali. Era uma verdadeira pescadinha de rabo na boca.

No final, Marcelo Rebelo de Sousa comentou para os seus acompanhantes, para o dr. Filipe Baptista e para mim, mais ou menos, o seguinte:

– O ambiente não está nada bom. Isto está a ficar feio. Têm de se passar algumas mensagens a quem de direito.

Recados para vários destinatários, mas em especial para "Nino"

Não estive presente no jantar íntimo que o Chefe de Estado ofereceu ao professor Rebelo de Sousa, mas das conversas que mantive com este último e dos encontros que presenciei com vários membros do executivo posso traçar um quadro aproximado dos recados, recomendações e conselhos que o líder do PSD fez chegar aos seus interlocutores locais. Com base nos meus apontamentos, passo a enumerá-los, citando, em discurso directo, o então líder do PSD, e sublinhando a respectiva importância política. Assim:

- As hesitações e protelamentos verificados quanto à realização de eleições gerais e autárquicas podiam conduzir a um apodrecimento da situação política interna. Havia toda a conveniência em que os sufrágios se reali-

zassem no calendário previsto, se possível, podia, mesmo, arriscar-se uma "jogada de antecipação" ou, em alternativa, devia ser, claramente, expressa a vontade política de as levar a cabo, com a maior brevidade. Os actos eleitorais eram essenciais para a consolidação do processo democrático na Guiné-Bissau.
- Sem prejuízo das questões de ordem logística e técnica, bem como dos custos financeiros envolvidos, o processo eleitoral devia avançar, sob pena da democracia não se consolidar e se abrir a porta a um processo de radicalização política de consequências imprevisíveis.
- Havia, igualmente, toda a conveniência que o PAIGC realizasse o seu próximo Congresso, a curto prazo.
- Num regime de partido único, as clivagens seriam normais e suportáveis. Num regime multi-partidário, as fissuras fragilizavam a formação política no Poder e beneficiavam os partidos da Oposição. O PAIGC devia unificar as tendências que se verificavam no seu seio.
- Em democracia as instituições tinham de ser respeitadas. O Presidente da República era um garante da estabilidade do país. Os ataques que lhe eram dirigidos punham em causa a autoridade do Estado.
- O Chefe de Estado, porém, tinha de se demarcar da liderança partidária.
- Subsistiam preocupações quanto ao processo de revisão constitucional, em que na ânsia de tudo mudar acabava por se recomeçar da "estaca zero".
- O conflito de gerações na Guiné-Bissau era uma evidência. A maioria da população era jovem. Os períodos colonial e da "Luta no mato" eram vagas referências históricas, que lhe dizia muito pouco. Prevalecia, neste grupo etário, um sentimento de mudança pela mudança, com repercussões políticas, a todos os níveis.
- Por fim, teceu elogios à política macro-económica do Governo, cujo balanço considerou muito positivo. Todavia, também advertiu que os custos sociais eram elevados, matéria sobre a qual deveria recair a particular atenção dos governantes.

Em suma, todos os avisos à navegação tinham sido dados e de forma bastante clara. A partir daquele momento, os dados estavam lançados. O professor manifestou-me, em privado, bem com ao chefe de delegação da Comissão Europeia, Miguel Amado, as suas apreensões quanto ao futuro imediato e a médio prazo da Guiné-Bissau. Tinha razão.

CRÓNICA 13

Bissau, finais de Janeiro de 1998
O descontentamento da sociedade castrense e a intrincada questão de Casamansa

Para além das notícias que nos davam conta de um desagrado crescente nos três ramos das Forças Armadas, com a formação de facções antagónicas, ideologicamente mal definidas, mas com reivindicações próprias e com interesses divergentes, tal como procurei delinear em crónica anterior[85], estava-se perante um quadro sempre incompleto e que necessitaria permanentemente de ser aferido, à medida da evolução dos acontecimentos no terreno. O certo é que se temia que, de um momento para o outro, se acendesse o rastilho para uma qualquer movimentação militar de grandes dimensões que podia pôr a Guiné-Bissau a ferro e fogo. Os boatos eram mais do que muitos, sobretudo a partir de finais de Janeiro de 1998. A instabilidade crescia a olhos vistos e certos factos, que já não podiam ser ocultados, começavam a ser conhecidos pela opinião pública com acrescida preocupação.

É preciso não esquecer que a Guiné-Bissau, apesar de vinte e tal anos transcorridos desde a independência, era – e é – uma sociedade controlada pelos

---

[85] Crónica 9.

militares. Só que as divisões entre estes eram cada vez mais profundas e irresolúveis.

Nem sempre tinha sido assim. Originariamente o PAIGC nasceu como "partido armado". Por outras palavras, no período da "luta" e nos primeiros anos de independência, na esteira do figurino soviético, os comissários políticos tinham primazia sobre os comandos militares operacionais[86] e mantinham-nos sob um controlo estrito e efectivo. Porém, a partir do golpe de estado de "Nino" Vieira – o chamado "Movimento Reajustador" de 14 de Novembro de 1980 –, a situação alterou-se e os militares adquiriram alguma autonomia perante o partido e começaram a constituir um poder próprio dentro do Estado, tudo isto, bem entendido, com o aval e apadrinhamento do Presidente da República, que tudo dominava, através de um mando autocrático incontestado, mas que, não obstante, tinha de estar atento aos equilíbrios imprescindíveis entre os demais pólos para a sua própria sobrevivência politica.

No final dos anos 90, podíamos esquematicamente conceber o território como sendo dominado por uma tríade PR-militares-PAIGC, cujos elementos constitutivos deviam funcionar de uma forma equilibrada e harmónica entre si, pouco importando tudo o mais – leia-se, as formações políticas da Oposição, as organizações da sociedade civil, os *media,* etc. Todavia, as fronteiras não estavam bem delimitadas e a situação era confusa. O Presidente da República, agora ungido pelo sufrágio popular e não apenas pela legitimidade revolucionária de um *putsch* militar, era a um tempo, líder do partido e Comandante Supremo das Forças Armadas[87], situação nebulosa que conduzia a uma excessiva concentração de poderes em "Nino" Vieira, uma vez que não podia ser verdadeiramente contrabalançada pelos outros pólos, todavia estes procuravam escapar a esta situação de subordinação.

À luz do que antecede, o Chefe de Estado, ele próprio um militar, com todos os pergaminhos e louros obtidos na "mata", ou seja na guerra colonial, de tem-

---

[86] No caso em apreço, com uma conotação étnica clara: a preeminência dos cabo-verdianos (comissários políticos) sobre os ex-combatentes (guinéus), até porque os antigos guerrilheiros eram na sua quase totalidade analfabetos.

[87] "Nino" Vieira foi eleito Presidente da República, num escrutínio a 2 voltas, em 1994, formalmente como "independente", portanto como candidato supra-partidário, mas o certo é que não só beneficiava do apoio do partido, como também o controlava, porque assumiu, em seguida, a Presidência do PAIGC, o que suscitava problemas de inconstitucionalidade, uma vez que infringia o disposto no artº 65º da Constituição, como vimos na Crónica 12.

pos idos, era, agora, contestado por algumas facções da sociedade castrense; por outro lado, o PAIGC, à semelhança daquela estava igualmente fragmentado e as interrogações e críticas, já bem audíveis, da Oposição e da sociedade civil, relativamente à falta de democraticidade do regime e à sua própria natureza começavam a produzir efeitos e não podiam ser ignorados. A trindade tinha os seus dias contados, a construção desfazia-se, paulatinamente, o Poder esfarelava--se e ninguém sabia muito bem o que viria a seguir. Só que este ambiente malsão agravava-se diariamente com a boataria habitual, com novas revelações e novos factos, sobretudo os relativos ao envolvimento de militares bissau--guineenses no conflito de Casamansa, *maxime* no que tocava ao tráfico de armas para os rebeldes do MFDC. Tratava-se de um problema gravíssimo para Bissau, que envenenava as relações com Dakar e que punha em causa a estabilidade regional, num período em que a África Ocidental era sacudida pelas convulsões da Serra Leoa e da Libéria, mais a Sul.

Acresce que a Guiné-Bissau era paupérrima, muito abaixo dos limiares imagináveis da pobreza, e, por conseguinte, sequiosa de capital, de liquidez, de *cash*, em suma. E o dinheiro tinha de aparecer de algum lado, rapidamente e de uma forma fácil, mormente, após o falhanço resultante da introdução do franco CFA e da entrada na UEMOA, em 2 de Maio de 1997, pela ausência de medidas de acompanhamento, de ajuste e de reestruturação que a introdução da nova moeda implicavam. O conflito de Casamansa constituía, pois, o pretexto ideal para se venderem armas a bom preço e se auferirem dividendos.

Para além do que fica dito, a situação naquela província do Sul do Senegal comportava outras vertentes que deviam ser equacionadas e que suscitavam toda uma outra gama de problemas, a saber: o natural afluxo de refugiados a território da Guiné-Bissau (não só pela proximidade geográfica; sem embargo não nos podemos, igualmente, esquecer que os grupos étnicos eram os mesmos de ambos os lados da fronteira), com toda a panóplia de questões envolventes (de acolhimento, de alimentação, de emprego, de realojamento, de segurança, de saúde pública, de educação, etc.), as constantes incursões da guerrilha e do exército senegalês na Guiné-Bissau, etc. Este era, em linhas gerais o panorama pouco auspicioso que se divisava e que eu informei em devido tempo as entidades portuguesas competentes. A Guiné-Bissau atravessava um momento crítico, debatia-se com uma situação altamente complexa e encontrava-se quase à beira do colapso. As incógnitas eram mais do que muitas. Tudo podia acontecer.

Casamansa: um retrato *à la minute* para compreensão do problema

Casamansa é um território situado na região meridional do Senegal e parcialmente separado da parte central deste país e da respectiva capital, Dakar, pelo diminuto enclave anglófono da Gâmbia. Divide-se em duas regiões administrativas: a Oeste, o Baixo Casamansa, cuja capital é Ziguinchor e a Leste o Alto Casamansa, uma sub-região mais vasta, centrada em torno da cidade de Koldá. Tal como a Guiné-Bissau é um território com muitos cursos de água e com uma agricultura relativamente próspera[88], o que contrasta singularmente com o resto do Senegal, onde predomina uma savana seca, rodeada por regiões desérticas ou semi-desérticas.

A população é maioritariamente composta por felupes (no Senegal, chamados diolas) e por outras etnias também comuns à Guiné-Bissau (entre outras, mandingas, fulas, mancanhas, balantas e manjacos), para alem da etnia preponderante no Senegal, os jalofos, de estabelecimento mais recente na região. Contrariamente, ao resto do país, islamizado a 90%, a população casamansense, embora maioritariamente maometana (75%), possui expressivas minorias cristã (17%) e animista (8%)[89] e expressa-se normalmente em crioulo, na variante de Cacheu (*kriol di Catcheu*), uma vez que o território já foi pertença da coroa portuguesa. A utilização generalizada por grande parte da população de um crioulo português é um factor de diferenciação e de resistência.

A praça de Ziguinchor[90], hoje capital da província, foi criada pelos portugueses que dispunham de outros estabelecimentos na região, que, todavia, estavam a ser ameaçados pela colonização francesa no rio Casamansa, no século XVIII e, sobretudo, na segunda metade do século XIX.

---

[88] O Casamansa é considerado o celeiro do Senegal, uma vez que é a principal região produtora de arroz, base da alimentação das populações locais.

[89] Ver Evans, Martin, "Senegal: Mouvement des Forces Démocratiques de la Casamance (MFDC) – Armed Non-State Actors Project, Chatham House, Dezembro, 2004, in http://www.smallarmssurvey.org/files/portal/issueareas/perpetrators/perpet_pdf/2004_Evans.pdf

[90] Cujo nome é supostamente de origem portuguesa, uma deturpação em crioulo da expressão "Cheguei e choram", para ilustrar o medo que as populações locais teriam de ser escravizadas, uma vez que Ziguinchor foi um importante entreposto de escravos na África Ocidental. O nome Casamansa seria também de origem portuguesa: ou seja, "casa de Massá", um chefe felupe local.

Em 1886, na sequência da Conferência de Berlim (1884-85), Portugal negociou (mal) com a França uma convenção nos termos da qual Paris cedia a região de Cacine, na altura integrada na Guiné francesa por troca com o presídio e praça de Ziguinchor, mediante a promessa solene (?) de um apoio francês às pretensões portuguesas na África Austral ("Mapa-cor-rosa"), questão para Lisboa de primordial importância, como se sabe[91]. Casamansa passava, assim, definitivamente para as mãos francesas e em 1908 o ténue cordão umbilical que a unia à Guiné desaparece.

Sem embargo das múltiplas afinidades entre as populações de ambos os lados da fronteira – étnicas, linguísticas, religiosas, culturais –, o certo é que a Europa introduziu uma separação fictícia e abusiva na região e, à semelhança, aliás, do que fez em relação ao resto do continente, criou uma fronteira artificial que ainda perdura. Tal levou inevitavelmente ao aparecimento de um movimento separatista em 1982, o MFDC, sob a liderança do padre Augustin Diamacoune Senghor, que pretendia transformar Casamansa num país independente. As causas próximas tinham que ver com a posse da terra (*loi sur le domaine national*) que atribuía os terrenos não registados, a quem estivesse habilitado a registá-los, via de regra, forasteiros e não aos proprietários tradicionais das etnias locais, cuja propriedade da terra assentava no direito consuetudinário. Esses forasteiros eram *nordistes* (nortenhos, ou seja, maioritariamente jalofos)[92], o que introduzia exacerbadas tensões étnicas na região. Por outro lado, assistia-se, igualmente, a expropriações, sobretudo na região costeira (Cap Skirring), devido à expansão do sector turístico. A marginalização das populações locais, o afluxo de outros grupos étnicos estranhos à região e a repressão das autoridades senegalesas terão, por conseguinte, estado na origem do movimento secessionista.

O conflito conheceu um agravamento considerável no final da década de 90 com o aparecimento de minas anti-carro e anti-pessoal o que afectou enormemente as actividades económicas da região, designadamente a agricultura e o turismo, forçando milhares de camponeses a procurarem refúgio nos territórios vizinhos da Gâmbia e da Guiné-Bissau, agravando as condições de vida, já de

---

[91] Para que se tenha uma ideia da respectiva importância, consta que a convenção luso-francesa terá sido negociada pelo próprio Andrade Corvo, imagine-se, com o Chefe dos Arquivos do Ministério dos Estrangeiros francês (!). O documento, porém, foi devidamente ratificado pelo rei D. Luís.

[92] Cfr. Evans, Martin *op. cit.*

si precárias nestes países. A região Norte do país (Cacheu), para Oeste e Leste de São Domingos, serviu de refúgio e de base de ataque dos insurrectos, *mutatis mutandis*, à semelhança das bases de guerrilha em território senegalês – e da Guiné-Conakry – onde o PAIGC, na década de 60 e 70, operava contra o território da Guiné Portuguesa. Acresce que, ao longo dos anos, se registaram inúmeras violações de direitos humanos, raptos, torturas e execuções sumárias, sobretudo por parte do MFDC. As forças senegalesas também foram acusadas de abusos, designadamente de execuções extra-judiciais. Foram ensaiadas várias tentativas de negociações de paz, designadamente através da mediação gambiana. A luta reacendeu-se esporadicamente em vários pontos da província e ter-se-á disseminado a regiões mais longínquas, mormente em direcção a Leste (Koldá).

"Attika", palavra que significa guerreiro na língua felupe (diola) constituía o braço armado do MFDC que possuía duas frentes de combate: Norte, junto à fronteira com a Gâmbia, e Sul, junto à fronteira com a Guiné-Bissau. A actividade da guerrilha, apesar de dividida em várias facções, era mais forte na frente Sul.

No que respeita ao conflito casamansês, é preciso, desde logo, sublinhar que se trata de um problema transnacional, que directa ou indirectamente envolve as populações dos três países da região, prevalecendo interesses e posições contraditórias. Assim, as atitudes e posicionamentos políticos da Guiné-Bissau e da Gâmbia pautaram-se sempre por uma certa ambiguidade. Por opção voluntária ou por imposição circunstancial, ambos os países se implicaram, de um modo ou de outro, no diferendo.

Uma vez que, para a União Africana, as fronteiras herdadas do tempo colonial são intocáveis, constituindo um tabu absoluto; tendo em conta, que o Senegal não podia, por forma alguma, abdicar de uma parte importante e relativamente afluente do respectivo território nacional, *in limine*, o separatismo nacionalista de Casamansa não podia, por forma alguma, ser tolerado.

Em finais de Janeiro de 1998, informações difusas davam a entender que existia um envolvimento da Guiné-Bissau no tráfico de armas, o que levou à suspensão do CEMGFA

No decurso de Janeiro de 1998, terão havido recontros armados entre as forças bissau-guineenses e rebeldes casamanseses infiltrados no território de que terão resultado alguns mortos e feridos, muito embora os números então conhecidos das vítimas dessas escaramuças suscitassem fundadas interrogações[93].

Em finais do mesmo mês, é detectada uma mina anti-carro implantada na estrada Ingoré-Bigene (junto à fronteira Norte), a poucos quilómetros desta última localidade. Uma viatura civil terá passado por cima do engenho dissimulado no leito da estrada, não o fazendo, porém, accionar.

Pela mesma ocasião, informações, não confirmadas e com algumas discrepâncias de pormenores, davam conta que dez indivíduos, uns de nacionalidade bissau-guineense outros de nacionalidade senegalesa, que se faziam transportar numa carrinha, tinham sido detectados no controlo de Safim, uns 10 quilómetros a noroeste da capital, tendo sido descobertas e apreendidas numerosas armas e minas(?)[94].

Entretanto o Presidente "Nino" Vieira havia convocado uma reunião de urgência das chefias militares, para a sede da Brigada Motorizada, em Brá, nos arredores da capital. Tratou-se de uma visita-surpresa para inspecção dos paióis, dadas as fortes suspeitas de desvios de minas e de armamento para os rebeldes do MFDC[95]. Aparentemente, as suspeitas foram confirmadas, tendo no imediato sido afastados vários oficiais conotados com os "ortodoxos" da chamada "velha guarda", entre os quais o Chefe de Divisão de Operações do Ministério da Defesa, Tenente-coronel Emílio Costa. Na sequência destes acontecimentos, sob proposta do Ministro da Defesa, Samba Lamine Mané, o CEMGFA, Brigadeiro Ansumané Mané, foi suspenso das suas funções pelo Chefe de Estado, por alegado "desleixo e quebra de disciplina no seio das Forças Armadas" e envolvimento no desvio de armas. Tendo em conta estes factos, o Presidente da República, na sua qualidade de Comandante-Chefe, nomeou o Ministro da Defesa, interina e temporariamente, para as funções de

---

[93] Segundo algumas fontes, no mês em causa, o balanço ter-se-á saldado em 10 mortos e 40 feridos, o que sempre se me afigurou manifestamente exagerado.

[94] De acordo com o relatório da ANP (Assembleia Nacional Popular), que só veio a ser conhecido muito mais tarde, eram 13 os traficantes de armas, 8 bissau-guineenses e 5 senegaleses (independentistas de Casamansa). De registar que a comissão parlamentar de inquérito nunca conseguiu interrogar o condutor da viatura em que se faziam transportar.

[95] Tanto quanto então se soube, verosimilmente, os paióis de Brá não estavam fechados à chave e uma parte considerável do material de guerra tinha desaparecido (leia-se, devia encontrar-se já nas mãos dos rebeldes casamansenses).

CEMGFA, até à próxima nomeação de um titular definitivo. Samba Lamine Mané passou a acumular as referidas funções com as que detinha enquanto titular da defesa.

Perante a situação descrita, cujas gravidade e tensão dispensam adjectivos, "Nino" Vieira, muito embora se considerasse em controlo da situação, viu-se forçado a adiar a sua partida para França, onde pensava deslocar-se para tratamento médico, só devendo partir quando a situação estivesse clarificada. Desconhecia-se então se os oficiais afastados iriam reagir e sob que forma. Por outro lado, sabia-se já que as reuniões das chefias militares das diferentes facções assumiam um carácter regular e prolongavam-se até altas horas da madrugada.

No que respeita ao tráfico de armas, foi nomeada de imediato uma comissão de inquérito para apuramento de responsabilidades.

O Ministro da Defesa deslocou-se, em seguida a Dakar, sendo portador de uma mensagem do Presidente "Nino" Vieira, cujo teor se desconhecia, mas que estava obviamente conotada com a crise e, supostamente, deveria dar conta da respectiva evolução e das principais medidas tomadas pela Guiné-Bissau com vista a um maior controlo do tráfico de armas, satisfazendo, assim, as contínuas pressões senegalesas.

Sensivelmente na mesma ocasião, no âmbito de uma reunião à porta fechada da Comissão parlamentar permanente para a Defesa da Assembleia Nacional Popular, relativamente à questão de Casamansa, foram colocadas 9 ou 10 questões ao Ministro da Defesa, Samba Lamine Mané. Quanto ao envolvimento das Forças Armadas guineenses no conflito, para lá da linha de fronteira, o ministro respondeu pela negativa. A oposição (Movimento Ba-fa-tá) alegava, então, que, a comprovar-se qualquer envolvimento militar directo, o Governo deveria demitir-se imediatamente, porque colocava «o país numa situação de guerra sem que esta tivesse sido declarada". O Ministro da Defesa referiu aos parlamentares que se haviam registado, até então, apenas, duas incursões do exército senegalês, em território da Guiné-Bissau (ou seja, operações do tipo *hot pursuit* – perseguição a quente), tendo provocado algumas vítimas e danos materiais, sem, todavia, entrar em pormenores.

Estes elementos de informação, apesar da clara tentativa governamental em minimizar o problema, davam a entender que existia já um envolvimento da Guiné-Bissau, no conflito, designadamente de militares e, porventura, de civis, com repercussões de grande dimensão, a nível interno. Todavia quaisquer elementos adicionais de perturbação conduziriam a uma escalada nesse envolvimento e a um crescendo imparável da instabilidade interna.

Quanto à questão dos refugiados em território bissau-guineense, que começava a assumir proporções que geravam fundadas apreensões, fontes governamentais fidedignas informaram-me, na altura, que o Presidente da República havia encarregado o Ministro da Administração Territorial de estudar outras alternativas possíveis em termos de instalação de campos de refugiados no país, com a maior urgência, uma vez que o ACNUR rejeitava a respectiva instalação em Nhala (na região meridional de Quinara, perto de Buba, visto que os refugiados não tinham quaisquer conexões à região e, por conseguinte, ficariam completamente desenraizados), enquanto que as autoridades bissau-guineenses exprimiam fortes reticências em relação à opção por Jolmete, junto ao rio Cacheu, da preferência do ACNUR, dado tratar-se de uma localidade demasiado próxima da fronteira Norte e das bases do MFDC.

Convicto de que a crise estava resolvida ou em vias disso, João Bernardo Vieira parte para Paris, enquanto que o seu Ministro da Defesa, acompanhado pelas chefias militares comparece nos estúdios de televisão, para, numa operação de "charme", transmitir à opinião pública a mensagem "serena" de que a situação estava "normalizada".

Em termos de detenções, para além dos oficiais já referenciados, foram igualmente presos 6 oficiais (sendo capitão o de patente mais elevada) e 25 a 30 cidadãos civis, entre bissau-guineenses e senegaleses, todos encarcerados nas instalações da Força Aérea em Bissalanca.

Esta situação de crise merece alguns comentários, sendo certo que a causa imediata estava ligada ao tráfico de armas e ao conflito de Casamansa – factor externo – cabe saber até que ponto a mesma não terá sido manipulada a fim de se proceder ao afastamento dos elementos inconvenientes bem posicionados na cadeia de comando das Forças Armadas e refractários às posições do Presidente da República – o factor interno – com ganhos em diversos tabuleiros. Com esta purga parecia reforçar-se o núcleo político dos indefectíveis de "Nino" Vieira e visto então, por alguns observadores, como favorável aos nossos interesses na Guiné-Bissau (o que, a meu ver, não era mais do que um optimismo piedoso) e susceptível de produzir presumíveis efeitos no PAIGC, com um congresso a agendar a médio prazo, tendo sido afastados elementos conotados com os antigos combatentes (como era o caso de Ansumane Mané) e com a "ala dura" do partido (representada nas figuras do ex-Primeiro-Ministro Manuel

Saturnino Costa e de Hélder Proença, entre outros). Só que a volatilidade da situação na Guiné-Bissau era enganosa e as coisas não se definiam exactamente como pareciam ser. "Nino" parecia ter ganho o primeiro *round*, mas o combate mal acabava de começar.

A conspiração avançava calmamente na sombra. Os jogos não estavam, por forma alguma, feitos.

CRÓNICA 14

Bissau, Fevereiro/ Março de 1998
Casamansa a telenovela continuava e a trama adensava-se

As notícias sobre Casamansa eram, de certo modo, frequentes nos *media* de Bissau. Por todos os factores anteriormente referenciados e também pela circunstância dos separatistas quererem passar determinadas mensagens para consumo dos bissau-guineenses, o certo é que, mau grado a irregularidade da publicação dos jornais e a sua escassíssima difusão local, as referências lá apareciam e novas pistas e recomendações – dos rebeldes, entenda-se – iam surgindo.

Na segunda semana de Fevereiro, o jornal "Banobero", publicava uma entrevista com o Secretário-Geral Adjunto do MFDC, Mamadou "N'Krumah" Sané, no essencial, seriam de salientar os seguintes pontos:

- A Guiné-Bissau podia assumir um papel em eventuais negociações de paz, como o fez no passado, na condição de manter uma estrita neutralidade.
- A mediação do Presidente da Gâmbia, Yaya Jammeh aceite pelo Senegal, assentava no factor étnico (aquele era da etnia diola/felupe maioritária

no Casamansa). Esquecia-se, porém, que na região existiam múltiplas etnias.
- As negociações de paz (MFDC – Governo senegalês) teriam de se realizar em território neutro.

Para bom entendedor...

A pretendida ascensão de Samba Lamine Mané

Atendendo ao momento político que se vivia no país, à crispação no seio da família militar e, principalmente, aos ataques de que era alvo, o Ministro da Defesa Nacional, Eng.º Samba Lamine Mané, em 13 de Fevereiro, fez questão em que uma singela cerimónia de entrega material informático (oferecido à Guiné-Bissau pelo Instituto da Cooperação Portuguesa no contexto da Cooperação Técnico-Militar entre os dois países) tivesse lugar no seu próprio Ministério, na Fortaleza da Amura, com a expressiva participação de oficiais dos 3 ramos das Forças Armadas e com ampla cobertura mediática, atribuindo ao acto um significado político inédito com um relevo inusitado e quiçá despropositado, mas na Guiné-Bissau tudo podia acontecer. Para o titular a reestruturação e modernização do seu Ministério e das Forças Armadas bissau--guineenses tinha sido feita, em seu entender, com o contributo activo da cooperação portuguesa. Numa alusão indirecta aos últimos acontecimentos verificados no país, afirmou que os meios informáticos "vão permitir-nos ter um controlo mais eficaz dos paióis e dos depósitos de armas".

Em audiência privada que me concedeu, na altura, o Ministro referiu-se, com particular realce, à próxima aprovação do "pacote legislativo" da Defesa Nacional[96]. A seu ver, haveria a maior urgência na aprovação daquela legislação, tendo em conta o "perigoso" vazio legal em que a Guiné-Bissau se encontrava.

Entre outros pontos, referi ao Ministro que tinha assistido à destruição de minas, numa bolanha em Quinhamel, uns dias antes, tendo verificado que eram quase exclusivamente de origem portuguesa, com data de fabrico de 1970.

---

[96] O dito "pacote" integrava a Lei de Defesa Nacional e das Forças Armadas, a Lei do Serviço Militar, a Lei do Estatuto da Condição Militar e a Lei Orgânica de Base da Organização das Forças Armadas.

Retorquiu-me, simplesmente, que esse era o "legado" que tínhamos deixado na Guiné-Bissau e que alguém se tinha aproveitado da situação.

Começava a delinear-se uma situação nova. Com a suspensão do CEMGFA, Brigadeiro Ansumane Mané, o titular da Defesa, Samba Lamine Mané[97], devidamente avalizado por "Nino" Vieira como seu homem de mão, tentava emergir como uma figura de destaque no seio das Forças Armadas, capaz de reunir consensos à sua volta (!?) – está bem de ver que esta pretensão era totalmente fantasista. O Ministro tinha sido alvo de ataques persistentes a vários níveis e oriundos de diferentes facções militares. O empolamento por ele dado a uma simples oferta de material informático, inscrevia-se numa política de imagem de Samba Lamine e, igualmente, numa clara aproximação – ou mesmo "colagem" – a Portugal, procurando, de algum modo, fazer transparecer que o nosso país abonava, ainda que de modo indirecto, a situação político-militar então vigente na Guiné-Bissau. Para evitar maus entendimentos ou duplas leituras, tive de ser extremamente prudente em tudo aquilo que disse, quer em público, quer em privado. Fiquei com a nítida sensação de que "Nino" Vieira, através de Samba Lamine Mané e de outros, numa situação que começava a escapar ao seu controlo, procurava granjear o apoio do oficialato mais jovem, sabendo, de antemão, que nem todos lhe seriam favoráveis.

O desvio de armas para Casamansa passou a constituir o tema número um do debate político interno

Confirmando os rumores que circulavam por toda a parte, em finais de Fevereiro, a abertura da sessão plenária da ANP foi caracterizada pelo escândalo dos desvios de armamento para os rebeldes de Casamansa. O enleio adensava-se.

O deputado de um pequeno partido da oposição, a União para a Mudança, Agnelo Regala, insinuou que se registou um desvio de armas da guarda do Palácio Presidencial para o MFDC, afirmando que poderia revelar os respectivos números de série e que possuía mais elementos de informação a divulgar proximamente. Foi, entretanto, exigida a presença no parlamento do Ministro da Defesa, Samba Lamine Mané. Por seu turno, para o líder do PRS, Kumba

---

[97] Apesar do apelido comum, não existia qualquer relação de parentesco entre os dois.

Ialá, os militares detidos, no fundo, não eram mais que meros bodes expiatórios que encobriam "responsáveis mais altos". Ambos os partidos da oposição (UM e PRS) manifestaram-se contra a detenção de militares sem culpa formada, alegando que estariam a ser torturados.

O Ministro da Defesa viu-se compelido a comparecer, no Parlamento e a tentar clarificar a situação. No essencial, referiu o que já se sabia e adiantou poucas novidades, designadamente, as seguintes:

- os furtos de armas já teriam ocorrido no passado, i.e. na vigência do anterior governo (o que foi confirmado pelo ex-Ministro da Defesa, Zeca Martins, então deputado pelo PAIGC).
- as deficientes situações de segurança dos paióis, com chaves que não abriam os respectivos cadeados e, nalguns casos, verificando-se que certos paióis se encontravam de portas abertas.
- A situação de indisciplina nas FAs
- A comissão de inquérito finalizaria os seus trabalhos dentro de poucos dias.
- seriam 14 o número de militares detidos, não tendo nenhum deles sido submetido a torturas.

Os deputados do PAIGC assistiram silenciosos ao debate parlamentar, praticamente monopolizado pelos partidos da Oposição. A RGB/Movimento Ba--fa-tá, a maior formação política da oposição, requereu que o Presidente da República reunisse o Conselho de Estado e prestasse esclarecimentos aos parlamentares.

Em suma, pretendia-se, mais uma vez, atingir o Presidente da República e, desta feita, com insinuações, particularmente, graves, relativas a um envolvimento seu, directo ou indirecto, no tráfico de armas. Com ou sem fundamento, estava-se perante um claro aproveitamento político da situação, na ausência do chefe de Estado, então em tratamento clínico, em França. Se para a oposição, "Nino" Vieira era o alvo a abater, Samba Lamine Mané, o homem forte do momento e da confiança pessoal do Chefe de Estado, continuava a ser o alvo secundário, mas que, na aparência, estaria ainda em controlo da situação.

O Ministro da Defesa tinha sido até então, particularmente cauteloso, evitando mencionar "conluios" ou "movimentos conspirativos", para não introduzir mais elementos de perturbação nesta questão já de si muito complexa.

Em meu entender, enquanto o debate se circunscrevesse à imprensa e ao *inner circle* do Parlamento, não existiam perigos de derrapagem. Todavia a próxima divulgação dos resultados do inquérito e, segundo constava, o anúncio de mais detenções de militares, poderiam conduzir a uma maior instabilidade da situação política interna e a tensões acrescidas.Tudo tinha se ser muito bem ponderado e qualquer jogada em falso podia constituir um novo foco de incêndio.

A visão de Paris sobre a questão de Casamansa e o problema conexo dos refugiados

Segundo relatos divulgados pelos media locais, "Nino" Vieira, em consultas médicas em Paris, foi recebido, a suas instâncias, em meados de Fevereiro pelo Presidente Chirac, tendo sido abordados basicamente dois temas: a redução da dívida externa, cujas negociações estavam em curso nas instituições de Bretton Woods, assegurando Paris o apoio às pretensões de Bissau, e a questão de Casamansa, tendo Nino" Vieira garantido ao seu homólogo francês que a Guiné-Bissau daria continuidade aos controlos militares na fronteira Norte a fim de lutar contra o tráfico de armas para o MFDC e, igualmente, impedir as incursões de guerrilheiros daquele movimento na Guiné-Bissau. As preocupações de Paris, aliás em sintonia com Dakar, eram transparentes.

Atentas as informações posteriores facultadas pelo próprio embaixador de França em Bissau, François Chappellet, Paris via positivamente os recentes desenvolvimentos em Casamansa e o papel que a Guiné-Bissau tinha vindo a desempenhar, nos últimos tempos, no processo.

Quanto à questão dos refugiados, muito embora se desconhecesse então a decisão final bissau-guineense, a eventual transferência para Jolmete, na região de Cacheu, Centro-Norte do país, não seria, em si mesma, uma má solução, porquanto a fronteira estava a ser devidamente patrulhada pelo exército regular da República da Guiné-Bissau e não pela Guarda de fronteira, cujas operacionalidade e eficácia – na opinião das autoridades francesas – eram quase nulas, o que tinha, de algum modo, reduzido a respectiva vulnerabilidade à circulação e infiltrações de grupos de guerrilheiros. Na óptica francesa, desde que a situação na fronteira estivesse estabilizada, Jolmete seria, pois, uma opção a tomar em linha de conta. Confrontado com a questão, o Presidente "Nino"

Vieira, aparentemente não teria, ainda, tomado qualquer decisão sobre o assunto, mas alegou que teria de dispor de meios para garantir o controlo e a segurança das fronteiras, solicitando, para o efeito, entre outras coisas, helicópteros (!). A parte francesa não se teria comprometido, mas reconheceu que a República da Guiné-Bissau necessitaria de reforçar os respectivos meios de intervenção. Ainda, quanto a este ponto, apesar de Chappellet não ter sido muito claro, as autoridades de Paris terão, de algum modo, pressionado "Nino" Vieira para colocar 300 homens no terreno (i.e., o equivalente a 2 companhias operacionais reforçadas, o dobro dos efectivos militares na altura destacados na região).

No que toca aos desvios de minas e de armamento, Paris manifestava satisfação com o controlo que as autoridades de Bissau estavam a exercer neste domínio. Por um lado, esses desvios teriam, presumivelmente, terminado. Por outro, o controlo dos paióis estava a ser conduzido de uma "forma responsável". O Embaixador de França afirmou-me, em confidência, que, sem embargo das repetidas queixas do Senegal, em relação ao tráfico de armas com origem na Guiné-Bissau, as autoridades de Dakar sabiam perfeitamente, que a maioria do material de guerra utilizado pelo MFDC provinha dos próprios paióis senegaleses.

No que toca às relações Guiné-Bissau-Senegal, apesar da situação ainda envolver aspectos muito delicados, na opinião do embaixador Chappellet, o relacionamento bilateral havia melhorado consideravelmente nas últimas semanas.

A situação de Ansumane Mané: o libelo acusatório muda de orientação

Na altura, segundo informações que pude apurar junto de fontes dignas de crédito, o Brigadeiro Ansumane Mané, suspenso das funções de CEMGFA, pelo Presidente da República, seria exonerado das mesmas, logo após o regresso do General João Bernardo Vieira a Bissau.

Estava-se perante uma mudança de rumo em termos do libelo acusatório: Ansumane Mané já não era acusado de estar implicado no tráfico de armas para os rebeldes senegaleses mas apenas de desleixo e incúria, uma vez que não se provou o respectivo envolvimento nos desvios de armamento verificados. Entretanto, Ansumane Mané continuava a manter a sua guarda pessoal e as armas de serviço que lhe estavam distribuídas

De acordo com as mesmas fontes de informação, seriam entregues no Tribunal Militar os processos de inquérito aos militares implicados no tráfico de armas. Daqueles o oficial de patente mais elevada era o major Djaquité, comandante do Centro de Instrução Militar do Cumeré.

Noutros desenvolvimentos, a liga Guineense dos Direitos Humanos (LGDH) tinha denunciado que os detidos – 16 indivíduos no total: 11 militares e 5 civis, estes aparentemente membros ou simpatizantes do MFDC – tinham sido submetidos a torturas, o que foi negado, pelas patentes militares e pelo Ministério da Defesa. Todavia, os civis alegaram ter sido torturados e alguns teriam, mesmo, sido hospitalizados, em consequência dos maus tratos que lhes foram infligidos.

Entretanto corriam rumores insistentes que o Comandante Feliciano Gomes, homem de confiança do Chefe de Estado, seria provavelmente o futuro CEMGFA, muito embora fosse alvo de contestação por parte de oficiais próximos de Ansumane Mané, afastados das funções que até há pouco desempenhavam, tendo sido reafectados a outros serviços.

Todos estes desenvolvimentos não auguravam nada de bom.

Casamansa: Bissau quer explicar e explicar-se. Nada do que parece, é...

De forma um tanto extravagante, o corpo diplomático e os representantes dos organismos internacionais acreditados na Guiné-Bissau, foram convocados, a 12 de Março, para uma "reunião de emergência" (*sic*) no Ministério dos Negócios Estrangeiros e Cooperação, para abordarem, à porta fechada, o tema "Situação vigente no país", sem que fossem adiantadas quaisquer outras explicações.

Ao encontro foi conferida uma importância acrescida na medida em que compareceram altos representantes governamentais e das chefias militares, isto na ausência do Presidente da República, mas com a sua aquiescência explícita. Com efeito, a reunião em apreço foi presidida pelo Ministro dos Estrangeiros, Fernando Delfim da Silva e estiveram presentes o Comandante da Marinha Nacional Feliciano Gomes (CEMA), o Coronel Malan Camará (Ministério da Defesa) e o comandante Marcelino (Ministério do Interior).

O Ministro Delfim da Silva esclareceu que o objectivo da reunião consistia, essencialmente, num *briefing* sobre um tema "sobre-exposto na comunicação social": o tráfico de armas. Havia a intenção por parte das autoridades guineenses, segundo o Ministro, de informar os parceiros da Guiné-Bissau "de forma autorizada" (*sic*), uma vez que as informações de que dispunham assentavam quase exclusivamente nos artigos publicados pela imprensa.

Nas suas palavras introdutórias, Delfim da Silva sublinhou o seguinte:

- A República da Guiné-Bissau deseja a paz interna e, concomitantemente, a paz no quadro sub-regional em que se insere.
- "O incidente relacionado com a venda e tráfego de armas para Casamansa não envolve as instituições da República. Não é sequer concebível que, do ponto de vista institucional, o Governo da Guiné-Bissau estivesse envolvido num processo de desestabilização de um país, vizinho e irmão, como é o Senegal."
- A gravidade do incidente residia em dois factores principais: por um lado, qualquer movimentação de armas, não autorizada, no interior do país podia pôr em causa a paz interna; por outro, essa mesma movimentação visava desestabilizar o Senegal e, por isso mesmo, criar dificuldades no relacionamento bilateral.
- Ainda, segundo o MNE, era firme intenção das autoridades guineenses punir, de forma exemplar, todos os que estiveram envolvidos neste caso.

Falou em seguida o Comandante Feliciano Gomes que, com a palavra fácil, num português escorreito e bem articulado, praticamente, monopolizou a reunião, expondo e esclarecendo os seguintes aspectos:

- Na madrugada de 17 de Janeiro, no posto de controle alfandegário e de segurança de Safim (10 Km a Norte de Bissau), vários indivíduos tentaram furtar-se àquele controle, fazendo transportar em viaturas um importante carregamento de armas e munições. Foram detidos em flagrante e denunciados aos serviços competentes das FAs e do Ministério do Interior.
- O Conselho de Chefes de Estado Maior, órgão coordenador das FAs, analisou a questão "friamente" e considerando a gravidade do caso submeteu--o à consideração dos Ministros da Defesa e do Interior.

- Os factos apurados e o material apreendido aconselhavam a que fosse constituída uma comissão de inquérito, designada por Corpo da Polícia Judiciária Militar, que englobava, igualmente, elementos do Ministério do Interior. As suas funções consistiram em aprofundar as investigações e submeter os elementos apurados às instâncias próprias para que fossem tomadas decisões.
- Decorrido o tempo de investigação, foram detidas 16 pessoas, entre elas um oficial superior, o major Djaquité.
- Tratava-se de uma rede de grandes proporções e as "investigações ainda decorrem". Com efeito, para além do material detectado no posto de Safim, foi descoberto um verdadeiro arsenal em Cumura, na zona de Prábis, na periferia Oeste de Bissau, composto por bazucas, armas ligeiras e pesadas e minas.
- Segundo Feliciano Gomes, a descoberta deste material "constituiu, para nós, uma grande preocupação, enquanto instituição responsável pela defesa nacional e capaz de prover à segurança da sub-região."
- Após o apuramento das responsabilidades e o enquadramento legal dos ilícitos praticados, "os indivíduos detidos serão remetidos ao foro próprio, a fim do assunto ser apreciado e julgado."

Interrogado quanto ao papel do Presidente da República e a suspensão do CEMGFA, na versão do Comandante Feliciano Gomes, a situação teria sido a seguinte:

- O Presidente da República, enquanto Comandante Supremo das FAs concedeu sempre às chefias militares a responsabilidade da salvaguarda e segurança dos paióis onde se guardavam as armas.
- Todavia, havia já sido informado de que não existiam condições de segurança nos locais.
- Como medida cautelar, por instruções do próprio Presidente da República, existiam em cada um dos paióis 3 cadeados, dispondo o próprio Chefe de Estado de uma das 3 chaves de acesso.
- O CEMGFA, Brigadº. Ansumane Mané, sem avisar previamente o Presidente, mandou retirar os cadeados, sabendo que os paióis se encontravam em mau estado e que não dispunham de condições de segurança.

- Ao ser interrogado por "Nino" Vieira quanto às medidas tomadas, Ansumane Mané disse que, pura e simplesmente, tinha remetido uns "papéis sobre o assunto" ao Ministro da Defesa anterior[98], sem que do facto tivesse informado o actual titular.
- Constatou-se, assim, segundo Feliciano Gomes, uma **"negligência clara da parte do CEMGFA e corresponsabilidade nos assaltos verificados aos paióis"**.
- Reunido o Conselho de Chefes de Estado-Maior, chegou-se à conclusão que o Brigadeiro Ansumane Mané, devia ser imediatamente suspenso e submetido a inquérito para esclarecimento dos factos.

Sendo voz corrente que o tráfico de armas não era de hoje, mas que já se teria verificado há mais tempo, designadamente em 1997, o Comandante Feliciano Gomes limitou-se a constatar que esses rumores sempre existiram, mas que, só, agora (i.e., em 17 de Janeiro), houve uma denúncia formal.

Com base nas informações de que dispunha, procurei, então, saber se os processos de inquérito estariam já concluídos e, nesse caso, quando dariam entrada no tribunal militar. O Comandante Feliciano Gomes, retorquiu-me, de imediato: "Dão entrada amanhã, o mais tardar depois de amanhã." Neste contexto, esclareceu que a instrução preparatória havia terminado (o que contradizia o exposto, na parte inicial do *briefing*, na medida em que afirmou, então, que o inquérito estaria ainda em curso para apuramento de responsabilidades). Referiu, a terminar, que, muito embora fossem presentes a juízo 11 militares e 5 civis, seriam todos julgados no Supremo Tribunal Militar, em função dos ilícitos praticados, que eram, essencialmente, do foro militar.

No entender dos militares presentes e sem pretenderem "influenciar a decisão do tribunal", a motivação para o desvio de armas para os rebeldes do MFDC "obedeceu a intuitos puramente comerciais e não políticos."

A perguntas sobre violações de direitos humanos, designadamente quanto à prática de sevícias e de torturas sobre os detidos, Feliciano Gomes esclareceu que "terão havido alguns excessos de zelo, quando da detenção dos implicados", uma vez que estes tentaram resistir à voz de prisão. Confessou que foram sujeitos a sevícias, mas, apenas, no acto de detenção e "porque as circunstâncias, assim, o exigiram" (ora, como oportunamente referi, o Ministro da Defesa,

---

[98] Zeca Martins, já referenciado e que era então deputado à ANP, pelo PAIGC.

Samba Lamine Mané, no Parlamento, desmentiu formalmente que os detidos tivessem sido torturados).

A finalizar e para dissipar quaisquer dúvidas que, porventura, ainda susbistissem, o Ministro Delfim da Silva afirmou que "não houve, nem podia haver, vontade política em desestabilizar um país irmão como o Senegal, mas, apenas, interesses comerciais."

À laia de comentário, ocorre-me adiantar que estes *briefings* tardios e para um grupo heterogéneo de diplomatas e de funcionários de organismos internacionais, valiam o que valiam, como sempre. Dada a gravidade da situação e as perspectivas de evoluir negativamente, o Governo quis explicar e explicar-se (até porque o assunto assumia proporções invulgares e arriscadas). Todavia, a maioria das informações prestadas – e sem embargo das contradições detectadas –, veio unicamente confirmar o que já se sabia e, quiçá, esclarecer um ou outro ponto mais incerto. Em suma, de um lado, Ansumane Mané passava a ser o bode expiatório – a cabeça visível que se colocava no cepo –, do outro, tínhamos uma corja de quadrilheiros, uns civis e outros militares, já detidos e objecto do "tratamento habitual". Toda esta encenação era para inglês ver. Tratava-se de um assunto que o Executivo de Bissau queria encerrar, mas seria o fim da telenovela? O ponto final? Claro que não.

À superfície, o exercício de "transparência" foi bem conduzido, mas prevaleceu a sensação nítida de que **muito ficou por contar**. Por exemplo, os esconderijos de armas encontrados eram pelo menos 3 e não dois, um dos quais nas próprias instalações do Ministério da Defesa (!), todavia os nossos interlocutores foram omissos quanto a este ponto. Uma das mensagens que se pretendeu fazer passar, com insistência, era a de que se tratava, simplesmente, de um caso com contornos "mafiosos" e nada mais do que isso: alguém andava a lucrar com a venda de armas para proveito próprio ou do grupo – uma versão demasiado linear e que não afastava outras interpretações possíveis. Era reconfortante e tranquilizador que a versão oficial se circunscrevesse a um caso de mero banditismo. Todavia, na história não contada, afigurava-se, no mínimo curioso, constatar-se que tendo o caso vertente sido detectado em 17 de Janeiro, só nos finais do mesmo mês transpirassem algumas notícias concretas sobre o assunto e de forma muito velada. Não obstante, já se sabia, de fonte segura, que existia tráfico de armas e minas da Guiné-Bissau para os rebeldes de Casamansa. Aliás, referi isso mesmo, como uma forte possibilidade, no meu relatório original dos Chefes de Missão em Bissau, relativo à situação político-militar da

Guiné-Bissau, em finais de 1997, a que, curiosamente, o Embaixador de França se opôs, então, de forma frontal (e até com alguma incontida agressividade), por considerar a questão *hors sujet*[99](!), o que é extraordinário! A própria imprensa senegalesa aludiu, directa ou indirectamente ao assunto em Dezembro e Janeiro.

No seio das Forças Armadas, apesar de uma calma aparente e do que se pensava ser uma situação sob controlo prevalecia a indefinição

Na última semana de Março, poucos dias após o seu regresso a Bissau, no termo da sua prolongada ausência no estrangeiro, João Bernardo Vieira, esteve reunido, à porta fechada, com os Chefes de Estado-Maior dos 3 ramos das Forças Armadas e com oficiais mais antigos, ex-combatentes do tempo da luta armada. De acordo com as notícias que transpiraram para o exterior, o tema da reunião teria consistido, apenas (?), na análise do "pacote legislativo", relativo à proposta urgente de reestruturação do Ministério da Defesa Nacional e das Forças Armadas. A referida legislação projectada já havia sido aprovada em Conselho de Ministros e seria, agora, submetida à Assembleia Nacional Popular para apreciação.

Era muito provável, mais do que provável, que, para além do tema em apreço, tivessem sido abordados outros. Pelo menos, constava que o Presidente "Nino" Vieira queria fazer uma "apalpação de terreno", em termos dos possíveis apoios militares, desconfiando de alguns oficiais mais jovens que, a seu ver, teriam assumido um protagonismo excessivo na questão da detecção e repressão do tráfego de armas e naturais interrogações quanto à lealdade dos mais velhos. À falta de outros elementos de informação, tratava-se de questões especulativas, mas, em todo o caso, plausíveis em termos dos assuntos que estavam sobre a mesa.

Entretanto – talvez pelas razões expostas – ainda não tinha sido escolhido novo CEMGFA, não sendo provável que o viesse a ser nas semanas vindouras. Por um lado, o Ministro da Defesa – como vimos, um "homem forte" da *entourage* de "Nino" e que teria uma palavra a dizer – estava ausente do país, por outro, nenhum dos nomes até então citados beneficiava do consenso dos oficiais

---

[99] Fora de contexto.

dos 3 ramos das FAs. Quanto a Ansumane Mané, suspenso do exercício das respectivas funções, aventava-se que seria provavelmente destacado para Conakry como adido militar ou como oficial de ligação das Forças Armadas bissau-guineenses.

Em conclusão, se bem que aparentemente controlada, a situação nas Forças Armadas era muito confusa e com cada dia que passava tornava-se mais complexa. Pressentia-se que as facções se organizavam e se preparavam para um confronto. O ambiente malsão de conspirações era palpável e perigoso. "Nino" teria de jogar com todas as possíveis cautelas e avançar por "pequenos passos", pois a crispação ia subindo de tom e a situação podia degradar-se de modo irreversível de um momento para o outro.

Algumas conclusões na iminência de um cataclismo anunciado

Perante os dados conhecidos, podia traçar-se um quadro da situação que fazia temer o pior, mas os responsáveis governamentais e militares teimavam em minimizá-lo ou, mesmo, em despojá-lo de todo os aspectos desfavoráveis.

Em síntese, na óptica do Executivo,

- por um lado, isolava-se o Brigadeiro Ansumane Mané, suspendendo-o de funções, por alegada incúria e incumprimento do dever – e, por extensão, controlavam-se igualmente os militares, *maxime* os antigos combatentes, que gravitavam na sua órbita, o que nunca foi dito desta forma, mas subentendeu-se –, pelo que o CEMGFA seria, a beve trecho, formalmente exonerado;
- por outro, resumia-se o tráfico de armas para Casamansa a um mero caso de polícia, já resolvido, tendo sido detidos os principais implicados

Todavia, não se facultava qualquer resposta a 4 perguntas essenciais, para além de outras, subsidiárias, mas, igualmente, relevantes:

a) O tráfico de armas, para além de afectar as relações com o Senegal, punha ou não em causa a segurança interna?
b) A especulação nos meios de comunicação social e na sociedade em geral era ou não um factor de instabilidade?

c) Até onde iam os tentáculos do polvo, ou seja quais eram as verdadeiras ramificações do tráfico de armas, na sociedade guineense e qual o envolvimento do poder político nesta questão?
d) E, finalmente, a chamada pergunta do "milhão de dólares": as Forças Armadas estavam ou não pacificadas e controladas?

Quem quisesse podia, pois, continuar a acreditar, se quisesse, na história do Pai Natal!

Chamei a atenção dos meus interlocutores em Lisboa para estes todos estes pontos para deles extraírem as ilações correspondentes.

CRÓNICA 15

Bissau, Março de 1998
A carta-panfleto dos Combatentes da Liberdade da Pátria.
O jogo começava a clarificar-se

Na última semana de Março, tive acesso a uma carta[100], alegadamente oriunda de um autodenominado "Grupo de Combatentes da Liberdade da Pátria", e dirigido à Comissão de Inquérito da ANP para as Forças Armadas, que investigava o tráfico ilegal de armas.

O documento chegou-me às mãos pelo circuito habitual, ou seja através dos meus contactos no exterior, tendo estranhado a sua recepção tão tardia. Os meus informadores referiram-me que o documento tinha de ser mantido rigorosamente secreto até que todos os elementos da comissão parlamentar de inquérito tivessem conhecimento do respectivo teor. Adiantaram-me que o próprio governo não tinha conhecimento da respectiva existência, o que vim a confirmar posteriormente.

---

[100] A carta-panfleto (assim a designei, pois contem manifestas características panfletárias), com data original de 28 de Fevereiro de 1998 vem publicada na íntegra no livro já referenciado de José Zamora Induta, pp. 38 a 49, e foi dada a conhecer publicamente na Guiné-Bissau pelo "Diário de Bissau", em 8 de Abril de 1998.

Numa análise sucinta da carta-panfleto, seriam de destacar os seguintes pontos:

a) O documento ao pretender fazer a defesa dos chamados Combatentes da Liberdade da Pátria, invocava o seu peso específico na sociedade guineense e a sua capacidade efectiva de mobilização (2.100 homens, ou seja 1.500, de imediato, com capacidade para serem recrutados mais 600).
b) Os ataques pessoais ao Presidente "Nino" Vieira eram patentes da primeira à última página.
c) A actual hierarquia das FAs, incluindo os CEMs e os "jovens" oficiais em posição de destaque, eram, não só alvo de ataques cerrados, mas de notas biográficas individualizadas, todas negativas e altamente comprometedoras, produzindo-se alegações, relativas à prática de várias irregularidades e, nalguns casos, até, de ilícitos criminais, com uma única excepção: o CEME, Tenente-coronel Sandji Fati.
d) O recente desvio de armas para os rebeldes de Casamansa era apresentado como uma "inventona", avançando-se a ideia de que aquele tráfico já vinha de longe e que beneficiaria do apoio do próprio Presidente da República.
e) O CEMGFA suspenso, Brigadeiro Ansumane Mané, era poupado de quaisquer acusações, isentando-o, assim de responsabilidades no desvio de armas e inserindo-o no grupo dos "ex-combatentes".
f) O proposto "pacote legislativo", relativo à reestruturação do MDN e das FAs, já aprovado em Conselho de Ministros era muito contestado, em várias passagens do documento;
g) Do ponto de vista formal, tratava-se de um documento bem elaborado e estruturado, redigido num português, fluído e claro.
h) Sem prejuízo da data aposta na carta (28 de Fevereiro), o documento, tanto quanto era do meu conhecimento, só tinha começado a ser conhecido em Bissau, a partir de 20 de Março (presumivelmente pela razão prévia acima aduzida).

Num primeiro momento, considerei estar perante um texto apócrifo e que presumivelmente, teria beneficiado do contributo do PRS de Kumba Ialá. Com efeito, na altura, pela análise dos nomes nele citados (em que não figurava um único da etnia balanta) e pela leitura de determinadas passagens, eram patentes conotações tribais, que faziam parte do vocabulário político daquela formação partidária, designadamente do respectivo líder. Esta interpretação – aliás, plausível – era, na altura, também erradamente corroborada por outros observadores.

O documento estabelecia a "ponte" entre a ala "ortodoxa" das FAs nitidamente ultrapassada pelos acontecimentos recentes, e a oposição dos *soi disant* "descamisados" (*i.e.*, os "combatentes da liberdade da Pátria"). Tratava-se de capitalizar, pela via política, o descontentamento reinante e existiam razões de sobra para tal. Neste sentido, os riscos para o Poder e para a estabilidade do país eram grandes, sobretudo, na ausência de notícias quanto à realização do Congresso do PAIGC (várias vezes anunciada e outras tantas protelada), na falta de clarificação, em termos que não suscitassem dúvidas ou ambiguidades, a nível da sociedade castrense – o grupo emergente e, na aparência, dominante era, agora, fortemente contestado, o que, aliás, se inscrevia nas previsões – e, *last but not least*, em ano de eleições gerais.

Para além disso, cabe realçar que a carta-panfleto surgia num momento em que era do domínio público a doença do Presidente "Nino" Vieira, provavelmente incurável (constava que o Chefe de Estado tinha sido operado, em França, a um cancro alojado nos intestinos). A notícia era, em Bissau, considerada segredo de Estado. Ora este elemento novo (a doença de "Nino") constituía um factor de agravamento ao exposto no parágrafo anterior e que poderia vir a destabilizar todo o quadro político local[101].

Mais uma vez, o Presidente da República era apontado como o "alvo a abater", bem na linha da continuidade lógica dos ataques de Kumba Ialá e de outras formações da Oposição. Os demais alvos – ou seja, a "nova hierarquia" das FAs – eram, no fundo objectivos secundários. Todavia, assumiam no contexto da época, naturalmente, maior relevância para a "linha ortodoxa" das FAs, que se via eventualmente arredada da área do Poder e ameaçada pela proposta reestruturação, que conduziria a uma efectiva marginalização dos antigos combatentes. O apelo destes a uma moralização da vida militar, a uma maior competência, a princípios disciplinadores constituía um corolário ao que fica dito.

---

[101] Nunca se soube, com algum grau de rigor, qual era a "doença grave" de que padecia "Nino" Vieira. O certo é que esteve várias semanas fora do país e foi operado em França.

De salientar a ausência de referências a Arafam Mané, Ministro dos Combatentes da Liberdade da Pátria e a Zeca Martins, ex-Ministro da Defesa. O primeiro, muito embora membro do executivo de então, pelas funções que exercia e pelo facto de ser irmão de Ansumane Mané, nesta divisão de pendor maniqueísta, alinharia com a ala dos excombatentes. O segundo, conhecedor das andanças do tráfico de armas do tempo do seu mandato, no passado, como Ministro da Defesa, constituiria, à semelhança de Arafam Mané uma espécie de "reserva" do grupo e, além disso, era de etnia balanta.

Não era de excluir que a linha "dura" do PAIGC, personificada por Hélder Proença e Saturnino Costa não estivesse por detrás de algumas destas manobras. Seria, porém, arriscado, avançar com vaticínios. O certo é que todos os que estavam (ou presumivelmente iriam ser) afastados da área do Poder – e independentemente dos interesses que prosseguiam, amiúde, dissonantes, poderiam manifestar propensão em enveredar por alianças tácticas (mesmo contra natura) que entendessem ser-lhes convenientes, a prazo.

Uma breve análise dos "descamisados": os Combatentes da Liberdade da Pátria

O político e intelectual bissau-guineense, Filinto de Barros[102], descreveu bem no seu livro "Kikia Matcho, o desalento do combatente"[103], quem eram estes "descamisados", ou seja, os denominados Combatentes da Liberdade da Pátria, homens que, em tempos idos, abandonaram a tabanca e se juntaram à guerrilha, que trocaram o terçado[104] pela "kalash" e que voltaram a fazer a troca, uma vez terminada a luta armada, regressando à tabanca no meio do mato ou, então, vegetando por Bissau, sem eira, nem beira. Abandonados por todos, inclusive pela própria família, muitos caíram no álcool, na degradação física e moral, sem esperança nos "amanhãs que cantam" prometidos e jamais concre-

---

[102] Foi embaixador em Lisboa (1978-81), Ministro da Informação e Cultura (1981-83), Ministro dos Recursos Naturais e Indústria (1984-92) e Ministro das Finanças (1992-94); membro do "Bureau" politico do PAIGC, esteve envolvido nas negociações de paz no decurso da guerra civil (1998-99).
[103] Barros, Filinto, "Kikia Matcho", Editorial Caminho, S.A., Lisboa, 2010. O livro foi escrito em 1997, um ano antes do conflito armado na Guiné-Bissau.
[104] Catana.

tizados. Viviam num país que cedo se esqueceu dos homens da luta e que já não necessitava deles, mas, sim, de outros mais jovens e com outras habilitações literárias e profissionais para construir o futuro. Os antigos combatentes recebiam – quando recebiam – pensões miseráveis que não lhes chegava para comprar a indispensável saca de arroz.

Tratava-se de um problema social extremamente grave a que o Poder político nunca soube facultar resposta apropriada.

A situação dos Combatentes da Liberdade da Pátria contrastava singularmente com a dos políticos e dos jovens "bem instalados na vida", gerando situações de uma grande injustiça e desequilíbrio. O escândalo do tráfico de armas para Casamansa, a suspensão de Ansumane Mané (como se disse, ele próprio um ex-combatente), a corrupção instalada e abrangente, em suma, o desalento generalizado deste grupo de "velhos guerreiros", como aponta Filinto de Barros, faziam engrossar as fileiras dos descontentes, mas, agora, com características ameaçadoras e perigosas para o regime.

Um encontro surrealista com Delfim da Silva

Um dia após ter recebido a carta, com o pretexto de tratar de um assunto de serviço que realmente fazia parte da agenda bilateral – não me recordo qual era, nem isso tão-pouco importa –, avistei-me com o Ministro dos Estrangeiros, Delfim da Silva. Depois dos cumprimentos da praxe, da habitual conversa de circunstância e de termos abordado o assunto que ali me levou, mencionei-lhe o documento dos "Combatentes da Liberdade da Pátria". Delfim da Silva mostrou-se genuinamente surpreendido ou então teatralizou de tal forma a sua postura, qual émulo menor de Lawrence Olivier na versão cinematográfica do "Hamlet", que me baralhou por completo.

– Mas esse documento existe, realmente? – perguntou-me
– Existe e já circula por aí, embora numa base de difusão restrita, mas creio bem que os deputados da ANP da comissão de inquérito já o têm em seu poder.
– Senhor Embaixador, eu nunca vi, nem ouvi falar de tal coisa. Pode arranjar-me uma cópia?
– Oh, senhor Ministro, tenho aqui, mesmo, uma cópia na minha pasta. Eu pensei que tivesse conhecimento do assunto – e dito isto, abro a minha

"Samsonite" e mostro-lhe o papel. Mostrou-se curioso e um pouco inquieto.
- Importa-se que eu tire umas fotocópias? – perguntou e mesmo sem ouvir a resposta, começou, de imediato, a ler o cabeçalho da carta, dirigindo-se ele próprio à máquina fotocopiadora. Extraiu duas fotocópias de cada página – Bom, meu caro embaixador, uma é para mim e outra é para o palácio.
- Oh, senhor ministro, não me diga que o Presidente "Nino" Vieira não tem conhecimento disto? Não é de todo em todo possível...Então e a "secreta"?
- Ninguém sabe nada de nada. Aliás, o senhor sabe porque tem as suas redes próprias de informação. A si as coisas vêm-lhe parar às mãos, quase que por magia.

Manuseando e lendo em diagonal algumas das páginas, acabou por me dizer:

- Isto que está aqui é fogo. Existem elementos muito perigosos. Mas nós temos a situação sob controlo. Vou pôr o Presidente e o Governo imediatamente ao corrente da situação. Vocês, portugueses, possuem um ascendente sobre a sociedade guineense verdadeiramente notável. Conseguem tudo, sem grande esforço.

Despedimo-nos. Aparentemente, o Ministro estava muito apreensivo. Nunca o tinha visto assim. Ainda, hoje, me interrogo sobre este encontro extraordinário que constituiu uma verdadeiro desafio à minha lógica e bom senso.

As cartas de *tarot* ou 2 e 2 são quatro?

As dissensões entre militares, o envolvimento (de quem? quando? e como?) na questão de Casamansa (em que os acusados passaram a acusadores), os jogos de Poder, em que as alianças se rompiam e se refaziam em permanência, a contestação cada vez mais aberta ao Presidente da República, o desrespeito pelo princípio da separação de poderes, o postergado Congresso do PAIGC, as eleições gerais numa longínqua linha do horizonte, as manobras políticas dúbias, a corrupção endémica e abrangente, a situação económico-financeira à beira do colapso, a situação social explosiva, entre *n* outros elementos adicionais que se inscreveriam já numa segunda linha de preocupações, constituíam elementos de um cocktail perturbador e explosivo.

Em Janeiro[105] anunciei, de modo claro, às minhas autoridades a possibilidade de confrontação entre facções militares adversas, sem embargo da ameaça pendente se manter – mas, agora, com riscos acrescidos –, o realinhamento de forças parecia ter mudado de orientação, os "antigos combatentes" aliavam-se à "linha ortodoxa" das Forças Armadas e a Ansumane Mané, enquanto que os jovens quadros (ou parte deles) parecia alinhar com o Presidente da República. A partir deste momento, o desencadear de um golpe de estado, *putsch*, sublevação militar ou revolução era, apenas, uma questão de tempo e, sobretudo, de liderança e de organização das forças sediciosas.

"Nino" não teve coragem para demitir definitivamente Ansumane Mané e recuava em termos da acusação inicial. Todavia, este último, apesar de suspenso, andava armado, mantinha a sua guarda pessoal, a sua residência de função e conspirava na sombra.

Sem ideologia própria começava a gerar-se um movimento em torno de Mané, de todos contra "Nino", e a *clique* que o sustentava no Poder. Este era o novo factor a tomar em linha de conta.

---

[105] Vd. Crónica 9.

CRÓNICA 16

Bissau, Abril-Maio de 1998
A sempiterna questão de Casamansa e problemas conexos

Refugiados e reforço da presença militar bissau-guineense no terreno

Em finais de Março ou já nos primeiros dias de Abril, recebo um extenso relatório do ACNUR relativo ao problema dos refugiados senegaleses de Casamansa em território da Guiné-Bissau. O recenseamento efectuado reduzia a cerca de 1/3 as estimativas anteriores que apontavam para um universo de 15.000 pessoas, muito embora se pensasse, com alguma prudência, mas sem dados fiáveis, que aquele número seria consideravelmente inferior. Pelas minhas contas, afigurava-se-me que o número de refugiados reais deveria presumivelmente rondar os 7.000, sobrecarga que a Guiné-Bissau, pobre e exaurida de recursos, não podia, por forma alguma, suportar. Restava conhecer-se a decisão que seria tomada pelas autoridades locais quanto à instalação dos refugiados que, tudo levava a crer, quer pelas pressões do ACNUR, quer da própria França, deveria ser Jolmete, até pela ausência de outras alternativas viáveis – mais a Sul, entenda-se.

Sensivelmente, na mesma ocasião, a propósito da presença de refugiados de Casamansa na Guiné-Bissau, o semanário "Banobero" publicava um artigo sob o título "São Domingos não é trincheira dos rebeldes do Casamansa". O jornal referia que aquela povoação era a principal porta de entrada dos refugiados de Casamansa e a "base de retaguarda dos separatistas", mencionando a este respeito alguns casos esporádicos de agressões físicas e de pequena delinquência em território da Guiné-Bissau. Todavia, segundo o articulista, a região permanecia globalmente tranquila, interrogando-se quanto às razões que teriam levado as autoridades bissau-guineenses a reforçar a sua presença militar no terreno, tanto mais que não se teriam registado combates entre a tropa da República da Guiné-Bissau e os rebeldes independentistas. O autor não deixava, porém, de aludir a incursões frequentes de bandos armados contra as tabancas próximas da linha de fronteira antes da chegada dos militares, atribuindo-as a grupos dissidentes do MFDC. O artigo terminava com uma listagem das principais carências verificadas na região, aliás crónicas em todo o território bissau-guineense, de que o norte fronteiriço não constituía excepção: dificuldades de comunicações, falta de policiamento, inexistência de luz eléctrica, etc.

Desvios de armas: nervosismo e incertezas da parte governamental

Na segunda semana de Abril, após alguns dias de hesitação e de reflexão, perante o incessante avolumar de cartas abertas, semi-abertas e fechadas, de artigos e de comentários nos *media* (designadamente nos jornais e nas rádios locais), dos boatos e rumores mais desencontrados, as autoridades governamentais decidiram convocar uma conferência de imprensa pelo Ministro da Presidência e da Informação, Malal Sané, muito embora tivessem feito chegar, previamente, às embaixadas acreditadas em Bissau, um documento com a posição governamental, que, aliás, foi lido, publicamente, na ocasião, por aquele membro do executivo.

Tratava-se de um documento, essencialmente, defensivo, uma clara manobra de contra-informação e de propaganda governamentais, no qual eram expressas preocupações pela evolução do assunto, procurando desdramatizar-se a situação e, ao mesmo tempo, apresentar algumas justificações (frouxas) para a existência do tráfico de armas.

Segundo o comunicado, as preocupações eram de uma dupla natureza: por um lado, o tráfico de armas para Casamansa punha em causa a segurança interna; por outro, o tratamento dessa mesma questão, a nível da opinião pública bissau-guineense, constituía um factor de instabilidade. Não deixava de ser curioso notar-se que nos termos do próprio documento, «o caso do tráfico de armas deve ser considerado natural em países onde haja conflitos armados junto das respectivas fronteiras». Por conseguinte, o governo legítimo da Guiné-Bissau não só admitia a respectiva existência, como considerava "normal"(!?) essa actividade ilegal. A meu ver, tratava-se, pois, de relativizar, globalmente, o problema e justificar, antes que outras revelações viessem a lume – e tudo dava a entender que assim seria –, a escala do mesmo e o eventual envolvimento de altos responsáveis do país. Desta forma, caía por terra a tese de que o tráfico de armas se circunscreveria, unicamente, a um conjunto de acções pontuais levadas a cabo por um grupo reduzido de malfeitores, por conseguinte, uma mera acção de banditismo. A nova tese governamental mudava de rumo. Por último, o documento reconhecia explicitamente a existência de problemas complexos nas FAs, para concluir que o país se encontrava numa «situação difícil, mas que não é de crise». Ora, o simples facto de se afirmar que a crise não existia mais firmava a convicção de que ela de facto existia e que crescia, dia após dia.

Crise? Qual crise?

Durante um comício realizado a 12 de Abril (por sinal, domingo de Páscoa) em Quinhamel, a cerca de 30 Km a Noroeste de Bissau, o Presidente da República, referindo-se à questão pela primeira vez em público, declarou-se inocente no processo de tráfico de armas que estava no centro da crise que, no momento, se vivia na Guiné-Bissau. Mais afirmou que o inquérito parlamentar então em curso deveria ir até às últimas consequências com a punição dos verdadeiros responsáveis de acordo com as leis vigentes no país, atribuindo aos seus inimigos políticos a origem de acusações alegadamente infundadas que contra ele choviam.

Estava-se, finalmente, perante uma aguardada primeira reacção pública do Chefe de Estado quanto às denúncias em que era visado sobre o seu possível envolvimento no tráfico de armas. Estas delações que durante largos meses se mantiveram na esfera restrita de uma certa elite dirigente da Guiné-Bissau eram, agora, do domínio público, sendo comentadas abertamente, após os principais documentos que tinham alimentado esta problemática terem sido publicados nos chamados jornais independentes e citados abundantemente em conferência de imprensa pelo dirigente do PRS, Kumba Ialá, tido como o principal adversário político de Nino Vieira.

Os dias e semanas a seguir à Páscoa iriam ser prenhes de revelações e arrojariam mais umas tantas achas para a fogueira. Assim, logo a 14 de Abril, o jornal "Diário de Bissau", inseria uma notícia sobre as declarações de "Nino" Vieira no comício em Quinhamel, corroborando, deste modo, as informações que haviam chegado ao meu conhecimento por outra via. Sem embargo, a principal novidade adicional a reter consistia no facto do próprio Presidente "Nino" inocentar o Ministro da Defesa, Eng.º Samba Lamine Mané. Tratava-se de salvar um dos seus cortesãos, neste caso uma peça importante do "núcleo duro" do Chefe de Estado, na iminência da tempestade que se avizinhava.

Entretanto, o Presidente do PRS, Kumba Ialá, prometia, com o seu habitual protagonismo espalhafatoso, que, em conferência de imprensa, anunciada para aquela data, divulgaria provas documentais que confirmariam o envolvimento do Presidente da República no tráfico de armas. Não obstante, o anúncio retumbante, truculento e repleto de ameaças do líder do PRS, a conferência em apreço seria adiada, encontrando-se Kumba Ialá a essa mesma hora no interior do país (em Bula) sem ter dado qualquer explicação sobre os motivos que teriam estado na origem do protelamento da reunião.

Uns dias depois, Kumba Ialá pediu expressamente para ser recebido pelo Encarregado de Negócios, uma vez que me encontrava na altura ausente em Portugal. Pretendeu apresentar-se sempre como uma alternativa credível ao actual Chefe de Estado e passou claramente a mensagem que, no quadro de crise que a Guiné-Bissau atravessava, Portugal, "colado que estava às figuras gastas do PAIGC", devia começar a pensar em estabelecer "pontes" com o futuro Poder, ou seja com ele próprio, descartando, por irrelevante, o RGB/Movimento Ba-fa-tá – não o disse exactamente nestes termos, mas a mensagem subliminar era esta e não outra. Dado o seu interesse, analisarei mais adiante, outros pontos do seu discurso.

Relativamente ao momento que então se vivia no país, assegurou que iria persistir no seu combate sem tréguas e sem piedade contra "Nino" Vieira (no seu entender, «um corrupto»). Neste contexto, afigurava-se-lhe necessário avaliar rapidamente a sua saída negociada do cargo que ocupava, enquanto o pudesse abandonar com dignidade, pois não tinha dúvidas sobre o seu envolvimento no negócio das armas, esperando que a Comissão de Inquérito da ANP levasse até ao fim a sua missão – matéria sobre a qual teceu as maiores dúvidas, pois já se sabia que algumas figuras-chave se teriam recusado a comparecer perante a mesma, nomeadamente o Ministro da Defesa Nacional, Samba Lamine Mané, o Tenente-Coronel Afonso Té, o Coronel João Monteiro, Director-Geral de Segurança, o Brigadeiro Humberto Gomes, Presidente do Tribunal Militar, e o Capitão José Manuel Mendes Pereira, da Direcção-Geral da Segurança (Departamento de Quadros), tudo gente da *clique* de "Nino" Vieira.

A crise podia beneficiar conjunturalmente de alguma água na fervura, mas, no fundo, era sol de pouca dura – o horizonte estava toldado de nuvens

Não sem inúmeras dificuldades e num ambiente de crispação permanente, a situação política interna era dominada pelo andamento do inquérito conduzido no âmbito da ANP e relativo ao tráfico de armas.

O clima que se vinha adensando parecia querer dissipar-se após os depoimentos de figuras de primeira linha, importantes para a conclusão do inquérito (*maxime* as anteriormente citadas e que integravam a *entourage* próxima de "Nino" Vieira), precedidos, como já referi, pelas ameaças de recusa de comparência perante a Comissão parlamentar e que vinha sendo reclamada, aparentemente por terem sido indiciados no inquérito então em curso e fora dele. A situação em que os visados declinavam depor seria de uma gravidade enorme e poria em causa os fundamentos do próprio Estado de direito, como se sabe, num estágio ainda muito embrionário de construção.

Segundo as minhas fontes, esta reviravolta ficaria a dever-se à intervenção directa do Presidente da ANP, Malam Bacai Sanhá, junto do Presidente da República e dos partidos com assento parlamentar (RGB/Movimento Ba-fa-tá e União para a Mudança) representados na Comissão de Inquérito, de que se teria excluído o PRS de Kumba Ialá, porque este, numa posição maximalista, aliás expectável, pretendia ir até às últimas consequências, o que, por curioso que possa parecer, coincidia, obviamente por razões diferentes, com a posição do Presidente da República, como atrás referi. Aparentemente, ter-se-ia estabelecido um acordo[106] no sentido de se respeitar o Parlamento e passar a gerir o assunto estribado em razões de Estado, como meio também se evitar um exacerbar de posições de consequências imprevisíveis.

A minha leitura da situação apontava-me que as razões de Estado invocadas poderiam essencialmente prender-se com ameaças ao regime instituído e com o desprestígio da classe política. Assim, quanto ao primeiro ponto e ainda de acordo com as minhas fontes, Malam Bacai Sanhá, teria feito sentir ao Presidente que a não comparência dos convocados constituiria um grave atentado à autoridade parlamentar e à legitimidade que constitucionalmente usufruía, podendo colocar em risco o prestígio e o normal funcionamento das instituições democráticas no momento em que se esgotava a legislatura. E que mais grave seria, se o inquérito fosse concluído sem a presença de figuras consideradas próximas de um outro órgão de soberania (Presidente da República) dando a indicação de impunidade generalizada – o que era grave numa jovem democracia. A irredutibilidade de posições poderia abrir caminho a níveis de conflitualidade superiores e levar, a prazo, ao desaparecimento do regime democrático.

A permanente tensão em que vinha vivendo o regime, por via de um combate político, cujo método se escorava na conspiração permanente, agravado pelo facto da população sentir que a solução dos principais problemas com que se debatia era constantemente adiada, parecia ter devolvido consciência à classe política de que o abismo podia estar próximo, tornando-se ingente a alteração da *praxis* política, a fim de, no seu próprio interesse, não perder o controle da situação. Afigura-se-me, porém, que nesta fase já era demasiado tarde para inverter o curso dos acontecimentos.

Como se sabe – e esta questão é de uma enorme relevância – conectado com o tráfico de armas encontrava-se o caso do suspenso CEMGFA, Brigadeiro Ansumane Mané, não tendo tido "Nino" Vieira coragem ou "músculo político" para ir mais além na tomada de decisão que o caso carecia: ou seja, mantê-lo na plenitude de funções ou demiti-lo e substitui-lo por pessoa da sua confiança. A suspensão de funções de Ansumane Mané, "Combatente da Liberdade da Pátria", desde as primeiras horas, amigo pessoal e ex-guarda-costas de "Nino" Vieira, provocou brechas profundas no seio das FAs. O afastamento do cargo sob a forma de suspensão revelou-se inadequada, cuja gestão política era cada

---

[106] Segundo me disseram mais tarde, seria mais um acordo de cavalheiros (*gentlemen's agreement*) que outra coisa.

vez mais insustentável para o Presidente da República, pois ou Ansumane era reposto no lugar depois de ilibado – o que requeriria que a Comissão de Inquérito concluísse os seus trabalhos – não se concretizando o principal objectivo daqueles que o pretenderiam ver definitivamente afastado da esfera do poder ou era demitido com diferente fundamentação, subsistindo, no entanto e em permanência, dúvidas sobre os reais motivos do seu afastamento, sem apagar as clivagens entretanto criadas.

Nesta fase do processo, Ansumane Mané, teria afirmado ao próprio Presidente "Nino" que recorreria aos tribunais, se necessário fosse, para comprovar a sua honestidade e a falsidade das acusações lhe eram imputadas.

A crise adensava-se e cada nova revelação tornava-a virtualmente ingerível

Em finais de Abril, o caso do tráfico de armas continuava a merecer um destaque de primeiro plano na cena política da Guiné-Bissau, passe o eufemismo: *era o caso* e tudo girava em seu redor.

Reagindo à tentativa do Ministério Público de retirar imunidade parlamentar a Kumba Ialá – recusada pela ANP –, a fim responder às acusações que sobre ele pendiam por ter revelado, dias antes, através de leitura pública[107], documentos constantes do processo, designadamente os nomes dos militares de alta patente[108], inclusive o do próprio Presidente República, alegadamente envolvidos no tráfico de armas, o líder do PRS recusou comparecer perante o Tribunal de Bissau.

De acordo com o mesmo dirigente partidário, a notificação não teria passado de mais uma manobra política, pois apenas se limitara a ler um documento levado simultaneamente ao conhecimento da ANP, da Liga Guineense dos Direitos Humanos e dos diferentes partidos políticos com assento parlamentar, e que o Ministério Público deveria outrossim ter convocado o Executivo «que

---

[107] Tratava-se da famigerada conferência de imprensa (atrás referida) tão propalada por Kumba Ialá e adiada sem explicações que acabou por ter lugar uns dias depois.
[108] Os já anteriormente referenciados Ministro da Defesa Nacional, Samba Lamine Mané, o Tenente-Coronel Afonso Té, o Coronel João Monteiro, Director-Geral de Segurança, o Brigadeiro Humberto Gomes, o Presidente Tribunal Militar, e o Capitão José Manuel Mendes Pereira, da Direcção-Geral da Segurança, entre outros.

de certeza tem melhores elementos informativos para fornecer a essa instituição tendo até publicamente confirmado a existência do tráfico de armas»[109].

O Procurador-Geral da República, Dr. Juliano Fernandes – outro homem de mão de "Nino" Vieira –, certamente prevenindo resultados da Comissão de Inquérito sobre o tráfico de armas com indiciação de responsáveis, veio a terreiro, aproveitando para afirmar que seria necessário que as acusações se apoiassem em provas inequívocas sem as quais não seria possível "fazer justiça".

Entretanto, novos desenvolvimentos no caso começavam a lançar alguma perturbação e acrescida controvérsia. A meu ver, estávamos a chegar à fase do jogo em que *rien ne va plus*.

De acordo com informações que chegaram ao meu conhecimento e de fontes dignas de toda a confiança, o Presidente da República teria recebido nos primeiros dias de Maio, o Ministro dos Negócios Estrangeiros do Senegal, acompanhado pelo assessor para os assuntos de Casamansa, a que se seguiram, em momento posterior, os representantes do MFDC.

Por mera coincidência – o que não é crível – ou como resultado destes encontros, os três membros independentistas capturados e que estavam na origem do processo do tráfico de armas, alvo de investigação no seio das FAs[110] e a nível parlamentar e que tinha vindo agitar a cena política guineense, "puseram-se em fuga" do estabelecimento prisional em que se encontravam detidos (!).

Entretanto, estranhamente o comandante Feliciano Gomes, Chefe do Estado Maior da Marinha Nacional, e homem de confiança do "palácio" desaparece de Bissau e, segundo as minhas fontes, "estaria para o Norte", referência que na capital habitualmente significava uma alusão indirecta ao conflito de Casamansa. Nunca soube se estaria ou não implicado nesta "fuga", mas presumivelmente nada terá sido feito sem o seu consentimento ou sem a sua supervisão. Tratava-se de um dos homens fortes de "Nino" e, além disso, um forte candidato a CEMGFA.

---

[109] Cfr. as declarações do Ministro da Presidência e da Informação, dr. Malal Sané, em conferência de imprensa, na semana a seguir à Páscoa, atrás referenciada.

[110] Do inquérito a nível das FAs que, aparentemente, corria em paralelo com o da ANP, pouco se sabia, para além das declarações do Comandante Feliciano Gomes de que os processos de inquérito estariam terminados e seriam de imediato submetidos à apreciação do tribunal militar (vd. Crónica 14). Tanto quanto é do meu conhecimento, jamais se veio a saber o seguimento que foi dado ao assunto.

Outras fontes a que tive acesso e que dominavam o assunto, consideraram que se trataria, antes, de uma libertação negociada, porventura condição para que os contactos entre as partes interessadas ou implicadas no conflito pudessem prosseguir.

Neste quadro nebuloso, de uma coisa podíamos estar certos: os inquéritos em curso na Guiné-Bissau tinham de facto perdido importantes testemunhas que poderiam condicionar a sua evolução. Restava saber se também neste plano não se trataria de uma "fuga calculada" por forma a esvaziar em alguma medida os inquéritos em curso, no sentido, talvez, de atenuar tensões. Neste particular, é preciso atentar que estas "fugas" ocorreram em vésperas do Congresso do PAIGC e, no momento, em que o Ministro dos Negócios Estrangeiros, Delfim da Silva, declarava a posição da Guiné-Bissau "incontornável" na gestão do conflito de Casamansa, posição esta reiterada, igualmente, por relatório apresentado pelo próprio Presidente República e do Partido ao Conselho Nacional do Partido[111].

---

[111] Após sucessivos adiamentos, o VI Congresso do PAIGC teve início a 6 de Maio, a que nos referimos na crónica seguinte.

CRÓNICA 17

Bissau, Maio de 1998
O VI Congresso do PAIGC: a vã ilusão de tentar pôr ordem no caos

A premência em reunir o Congresso e os sucessivos adiamentos

Havia a clara percepção de que a clarificação a nível do partido do Poder, o PAIGC, era tão necessária como a chuva benfazeja em tempo de seca prolongada. Desde 1997, que o tema era recorrente e se, como vimos, outros assuntos dominavam as preocupações dos bissau-guineenses, sobretudo na capital e na reduzida elite do território, à medida que o calendário avançava, a inexorável passagem do tempo determinava a urgência em reunir, tão cedo quanto possível, o Congresso, porque a débil situação política e a já de si abalada solidez do partido histórico da luta corriam o risco de degradar-se ainda mais. Com efeito, não se podia protelar a questão *ad aeternum* e apesar da volubilidade da situação interna – questão de Casamansa, instabilidade nas Forças Armadas, futuro processo eleitoral, agravamento dos problemas financeiros, degradação da situação sócio-económica, etc. –, ou por isso mesmo, a reunião magna do PAIGC tinha, inevitavelmente, de se realizar. Subsistia um problema que era o do *timing* adequado, entenda-se politicamente adequado, controlado e controlável e sem se traduzir em sobressaltos de maior.

Já, em Janeiro, argumentando dificuldades várias de calendário, que me enumerou, mas aceitando a bondade da tese que o Congresso não podia ser adiado em permanência, Fernando Delfim da Silva adiantou-me que só seria exequível reuni-lo, na 2ª. quinzena de Fevereiro ou, mesmo, na 1ª. quinzena de Março. Reiterou-me, então, que a questão era, de facto, inadiável, mas que subsistiam, ainda, alguns "pequenos obstáculos" a ultrapassar, sem, porém, entrar em pormenores.

Para além das razões apresentadas, Delfim da Silva ter-se-ia "esquecido", involuntária ou deliberadamente, que os ventos não corriam de feição no interior do PAIGC, i.e. que o desfecho era então incerto e que, por isso mesmo – conclusão minha –, continuava a fazer-se a contagem e recontagem das "espingardas". Nada se podia dar por adquirido.

Por outro lado, a táctica do "salto para a frente", ideia que Delfim da Silva teria nalgum momento acalentado, não seria, de todo em todo, possível, correndo-se o risco de dar a vitória de mão beijada à facção radical liderada pela dupla Saturnino Costa-Hélder Proença, com o apoio de um "peso pesado", o ambicioso Presidente da ANP, Malan Bacai Sanhá, muçulmano e que contava com o respaldo de boa parte dos seus correligionários. Aliás, creio que esta ideia – talvez pelos perigos que em si mesma encerrava e pelo excesso de protagonismo do próprio Delfim da Silva – teria sido liminarmente rejeitada.

Finalmente, restava saber por quanto mais tempo e com que argumentos o Congresso poderia ser adiado. Estava-se numa situação típica de *wait and see*, mas que envolvia riscos.

Distraída que andava a opinião pública com outras notícias, só em finais de Abril (!), começaram a surgir os primeiros sinais de que o Congresso se aproximava. Entretanto, as facções anti-"Nino", desde há muito, arquitectavam estratégias e assestavam baterias. As coisas não iriam ser fáceis para as hostes ninistas.

Aparentemente, a ala do PAIGC, liderada por Saturnino Costa e Malam Bacai Sanhá, "com um bom domínio da máquina partidária, foi recrutando a seu favor um número substancial dos cerca de 500 congressistas que iriam estar presentes em Bissau. Em sentido inverso trabalhou Nino Vieira que, tendo descoberto que os seus opositores andavam a comprar os votos dos delegados, afrontou-os e, como prática, passou a adiar sistematicamente a data da sua realização até que o dinheiro se esgotasse...e com este a vinculação ao grupo de Saturnino/Malam."[112] Estas manobras, pouco transparentes, de "Nino" Vieira e dos seus fiéis introduziam dilações desmesuradas no que deveria ser um processo normal. Com efeito, "Nino", numa postura claramente inconstitucional, arvorava-se em líder partidário (leia-se de uma facção partidária) e não em presidente da Guiné-Bissau. Só reuniria o Congresso, quando tivesse a certeza plena da vitória.

O desejado *aggiornamento* do PAIGC

O Ministro dos Estrangeiros, Delfim da Silva, em entrevista ao jornal local "Gazeta de Notícias", de 21 de Abril, para além de ter focado alguns temas da sua área de governação e de outros decorrentes da sua qualidade de membro proeminente do PAIGC, declarou expressamente a sua qualidade de «pré-candidato [ao cargo de Secretário Nacional do PAIGC] por vontade de muitos militantes», estando, contudo, a reflectir a questão.

Relativamente ao VI Congresso do seu partido, foi loquaz, após passar rápidas pinceladas sobre a história do PAIGC, numa alusão velada às correntes radicais e ortodoxas mais divergentes, o Ministro admitia que «tem de haver lugar para certas rupturas», pois o «ontem e hoje» que moldaram o partido «são realidades temporais distintas». Explicitando, «ontem o PAIGC era um partido da guerra, da economia de guerra, de um certo "comunismo de guerra" cujas simpatias por um socialismo redutor eram evidentes»,... «hoje o partido não é contra os ricos, é contra a pobreza», para considerar mais adiante que o PAIGC não pode ser prisioneiro «da respeitável geração dos que fizeram a guerra», pois sociologicamente o PAIGC deve procurar a sua base de apoio em «pessoas que nasceram depois da independência».

Para rematar, Delfim da Silva, sublinhava que o PAIGC era um partido de implantação nacional, não-confessional, inter-classista, inter-étnico e antiracista, capaz, portanto, pelo seu especial posicionamento na sociedade bissau-guineense, de superar as contradições e, implicitamente, seria o único capaz de promover a coesão nacional.

---

[112] Nóbrega, Álvaro, "A Luta pelo Poder na Guiné-Bissau, Instituto Superior de Ciências Sociais e Políticas, Lisboa, 2003, p. 278.

Congresso do PAIGC – o que é que estava verdadeiramente em jogo?

Por todas as razões já conhecidas, podia-se dizer que a sociedade bissau-guineense havia atingido um patamar crítico, senão, mesmo, um ponto de ruptura, sob o pano de fundo do agravamento da situação económico-financeira. Como já o dissemos[113], nos últimos anos, o Poder na Guiné-Bissau assentava numa tríade PR-militares-PAIGC, que presumia uma actuação coerente dos seus elementos constitutivos. A construção começava claramente a ser abalada, até porque as linhas de fronteira apresentavam-se esbatidas e a promiscuidade entre os três pólos do poder uma evidência. Assim, "Nino" Vieira protelou a realização do Congresso até dispor de certezas, porque a conquista do PAIGC era, no fundo, uma das duas condições *sine qua non* para se manter no Poder. A outra era o controlo das Forças Armadas.

O mês de Maio encetava-se com uma febril actividade do Executivo, em que praticamente a totalidade dos seus membros estava implicada nos trabalhos preparatórios do Congresso.

Delfim da Silva mandou-me um opúsculo em que defendia as suas concepções, numa longa entrevista por si bem manipulada, senão, mesmo forjada – um elemento de pura propaganda – que o projectava como um dos grandes líderes do PAIGC "renovado"[114], beneficiando do óbvio *nihil obstat* de "Nino" Vieira. O grande *handicap* de Delfim da Silva, uma das figuras que sobressaía no círculo íntimo do Chefe de Estado e presumível primo-ministeriável, consistia no facto ser um *burmedjo* (mestiço), o que afastava os sectores do partido que pugnavam por uma genuína "africanização" dos quadros dirigentes, com os chamados *pretus-nok,* ou seja com os "negros escuros", os bissau-guineenses de "boa cepa". Em conversa que mantivemos sobre o Congresso, no seu entender, o confronto com a facção adversa de Saturnino Costa "seria inevitável".

O meu vizinho, Eng.º. Avito José da Silva, Ministro da Agricultura, com quem amiúde trocava impressões, era uma das figuras que apostava numa certa abertura e modernização do partido, temendo que os ultras tomassem o freio nos dentes e controlassem o partido "à moda antiga". Dizia-me: "Sabe, meu caro embaixador, se caímos nas mãos dessa malta, estamos feitos. O PAIGC tem que

---

[113] Vd. Crónica 13.
[114] Silva, Fernando Delfim da, "Um Olhar sobre o PAIGC", Bissau, 1998.

evoluir". Sentia-me tentado a acrescentar: "E lá se vão os tachos e os dinheiros por fora..." Avito era também um *burmedjo*.

Todavia, Francisca Pereira, Ministra do Interior, uma mulher da luta armada e uma das figuras históricas do PAIGC, valendo-se do seu estatuto de ex-combatente, de militante desde a primeira hora, exprimiu-me uma opinião diversa das anteriores: " Existem naturais diferenças de opinião, entre nós, mas o entendimento e a conciliação irão prevalecer".

Em suma, e para encurtar razões, verificávamos a existência de duas linhas fundamentais, no seio do Partido, isto, bem entendido, não excluía outras sensibilidades, tendências e sub-facções menores. Assim, de um lado, tínhamos os renovadores-pragmáticos (chamemos-lhe assim, à míngua de melhor designação) que gravitavam em torno de "Nino", do outro, as diferentes facções contrárias, em que apareciam os velhos "homens da luta", juntamente com marxistas radicais (Hélder Proença), *apparatchiks* ambiciosos e sedentos de poder (Malan Bacai Sanhá) e governantes falhados e ressabiados (Saturnino Costa). Toda a gama de alianças era possível e os perigos para o regime (e para a *clique* no poder), tal como João Bernardo Vieira e os seus fiéis temiam, não podiam ser descartados.

Neste quadro, é de salientar ter sido encarada publicamente, pela primeira vez, a hipótese do Presidente "Nino" abandonar o PAIGC, caso saísse perdedor do congresso, o que foi considerado possível pela muito provável aliança Malam Bacai Sanhá-Manuel Saturnino Costa que entre si dividiriam os principais cargos: Secretário-Nacional para o primeiro e Presidente do Partido para o segundo. Esta repartição de cargos explicar-se-ia pelo facto da imagem de Manuel Saturnino Costa ter sofrido algum desgaste, como resultado da chefia do anterior Governo, o que guindaria o actual Presidente da ANP à liderança do Executivo, caso o PAIGC vencesse as próximas eleições legislativas.

Era, para usar uma expressão já estafada, o congresso de todos os perigos. Restava, porém, saber se o PAIGC ainda era a força condutora da sociedade bissau-guineense.

7 de Maio – a abertura do VI Congresso. O Relatório do Conselho Nacional

Na versão final a que tive acesso horas antes de se iniciar o Congresso[115], afiguram-se-me de sublinhar os seguintes pontos constantes do Relatório ao Conselho Nacional que passo a referir:

- A insistência na necessidade de uma governação estável do país
- O apelo à unidade e à coesão interna do Partido
- A indicação de que as eleições autárquicas teriam lugar em 1999.
- A abundância de dados económicos, a ilustrar a boa "performance" do actual governo.
- A inclusão de um capítulo novo dedicado à política externa da Guiné-Bissau, que não constava da versão primitiva.

Dado o seu interesse passo a analisar alguns aspectos mais salientes do documento

Políticos

- Reiterava-se a ideia de que a "governação estável" da República da Guiné-Bissau só seria possível com o PAIGC, muito embora este tivesse de sofrer um processo de actualização e de modernização e de, concomitantemente, assumir uma posição pró-activa na sociedade.
- O PAIGC procurava encontrar um espaço ideológico próprio, no quadro da evolução política, económica e social do país. Todavia, para além das profissões de fé na democracia, no pluralismo e na economia de mercado e bem assim a sua inserção na "família socialista", ficava-se sem saber muito bem qual seria o figurino a adoptar e que contornos assumiria. Prevalecia, por conseguinte, uma ambiguidade generalizada.
- A falta de liderança no seio do PAIGC, que o tinham fragilizado e objectivamente contribuído para criar uma imagem negativa, enquanto força dirigente da sociedade bissau-guineense, eram objecto de uma mensagem

---

[115] Já tinha tido acesso, dias antes, à versão anterior que, entretanto, tinha sofrido algumas modificações.

explícita: "O Partido deve ser dotado de uma direcção segura, unida e consciente. Devemos reforçar a sua coesão interna".
- As eleições autárquicas eram definitivamente adiadas para o próximo ano (1999), em que teriam igualmente lugar as presidenciais, enquanto que na versão anterior prevalecia a ideia ambígua de que as primeiras constituiriam o "sufrágio possível", sem se indicar uma calendarização, mesmo aproximada das mesmas.

Económicos

- Não só na área económica, mas também noutras, subsistia uma certa confusão entre o balanço da acção governativa e as actividades partidárias *stricto sensu*.
- A abundância de dados e informações económico-financeiras e a análise favorável que das mesmas se fazia não permitiam estabelecer a destrinça entre o optimismo do Governo e do Partido.

Política Externa

Era, porventura, uma das partes mais interessantes do documento, porquanto na versão anterior constavam apenas referências de passagem, dispersas e sob forma não estruturada.

Em matéria de política externa eram abordadas, por esta ordem, os seguintes temas:

- A República da Guiné-Bissau como membro não permanente do CS-ONU[116] (1996-1997).
- A pertença da Guiné-Bissau à CPLP, "um grande projecto de amizade e de cooperação".
- A Francofonia que a República da Guiné-Bissau quer valorizar.
- A adesão à UMOA/UEMOA, que traduz a "solidariedade dos países africanos da nossa sub-região e da França".
- A CEDEAO, que "representa outra dimensão da nossa integração regional".

---

[116] Conselho de Segurança das Nações Unidas. Tratava-se do balanço do mandato bianual que esteve a cargo da Guiné-Bissau, como membro não-permanente do Conselho.

- A participação da Guiné-Bissau em missões de paz, na medida das suas possibilidades, nos quadros da ONU, da OUA e da CEDEAO,
- Questão de Casamansa – o conflito não só afectava o Senegal, mas tinha incidências graves nas fronteiras comuns e no interior do país. Para além disso, o problema dos refugiados constituía uma outra vertente complexa desta questão. Finalmente, "a fragilidade das nossas estruturas internas de controle" permitiu desvios de armas para os "rebeldes", tendo havido um aproveitamento político "irresponsável" por parte da oposição desse circunstancialismo."

Resultados e rescaldo do Congresso do PAIGC

Após uma reunião interminável – tratou-se do Congresso mais longo de que há memória (cerca de uma semana), prolongando-se mais cinco dias do que o previsto –, com a vitória do Presidente "Nino" e do seu grupo passaram a viver-se momentos de relativa acalmia (e de alívio) nas fileiras do Partido. "O Congresso – vedado à imprensa – parece ter tido cenas edificantes, com deputados a ameaçarem outros de lhes baterem e com o Presidente Vieira a atacar a governação de Saturnino da Costa..."[117], sem, inclusive, se inibir de ataques pessoais de uma grande violência verbal ao Secretário Nacional. "Os adversários de Nino queixaram-se de que a Segurança não só criou um clima de receio entre os delegados ao Congresso, como permitiu a entrada de mais de 40 'delegados' que ninguém sabia quem fossem e que, quando algum opositor de Nino queria usar da palavra interrompiam-no imediatamente e obrigavam-no mesmo a calar-se"[118].

O Congresso perdeu-se em discussões bizantinas, desprovidas de interesse, abstendo-se de abordar as grandes e prementes questões da vida nacional bissau-guineense – a suspensão de Ansumane Mané, o tráfico de armas para Casamansa, a situação dos Combatentes da Liberdade da Pátria, entre outras –, na postura típica da avestruz a esconder a cabeça na areia. Por outro lado, assistiu-se a um choque entre a velha guarda e os jovens que ambicionavam ascender, de qualquer maneira, ao poder. "O rejuvenescimento do aparelho do

---

[117] Lemos, Mário Matos, *op. cit.*, p. 148.
[118] *Ibidem*, p.149.

partido fez-se na base de uma cooptação massiva de elementos fiéis ao presidente para os órgãos directivos. A severa derrota infligida à ala do secretário nacional [Manuel Saturnino Costa] teve por corolário o controle efectivo do partido pela ala do presidente."[119]

Como refere Ossagô de Cravalho, "…. o que aconteceu naquele Congresso foi uma violenta oposição entre as personalidades presentes – elemento-chave do aprofundamento da crise que vinha se alastrando no PAIGC há anos."[120] João Bernardo Vieira continuava a liderar o partido como seu presidente – o que, como sabemos, suscitava fundadas dúvidas quanto à respectiva constitucionalidade; Delfim da Silva não podia assumir o lugar de Secretário Nacional, porque o mesmo havia sido extinto, mas assumia-se como putativo Primeiro-Ministro e na primeira linha dos indefectíveis "ninistas"; o Bureau Político (35 membros) era integrado por um conjunto apreciável de mestiços (14), mas também pelos muçulmanos (9) que, embora minoritários, não eram marginalizados, surgindo em posições de relevo (casos de Malan Bacai Sanhá e de Samba Lamine Mané, para citar, apenas, dois exemplos) que, todavia, se eclipsavam perante o poderio do Chefe.

O sucesso de João Bernardo Vieira dever-se-ia em boa parte aos recursos conjugados do seu "magnetismo pessoal" exercido sobre os delegados, da manipulação despudorada destes e, acima de tudo, da sua qualidade de "chefe", um estatuto, como se sabe, com peso na cultura africana, que os seus adversários terão menosprezado. Impôs-se, também, utilizando todos os truques permitidos na cartilha e muitos quiçá não consentidos, mas de difícil detecção.

A reacção do presidente teria apanhado de surpresa os congressistas que não acreditavam *a priori* no seu voluntarismo, pois as notícias que circulavam em Bissau davam conta da sua alegada fragilidade provocada pela doença que o vinha minando de forma irreversível[121]. Este facto teria encorajado os seus

---

[119] Viegas, Caterina Gomes e Koudawo, Fafali, "A Crise do PAIGC: um Prelúdio à Guerra", in *Soronda*, Revista de Estudos Guineenses, INEP, Bissau, Dezembro, 2000, p. 19.

[120] Carvalho, Ricardo Ossagô, "Que democracia? O processo de Transição politica guineense e a atuação das Forças Armadas na condução da politica nacional (1994-2009), Universidade Federal do Piauí, Teresina, 2010, p. 77.

[121] Até hoje, nunca se soube ao certo de que doença padecia João Bernardo Vieira que o levou a França para um tratamento prolongado (vd. Crónica 15). Sempre se aventou tratar-se de uma doença cancerígena.

opositores a avançarem com teses e estratégias próprias, crendo que a pulverização do poder se aproximaria inexoravelmente.

O Presidente "Nino" qualificou o VI Congresso como o Congresso da integração e não da exclusão. Numa outra perspectiva podia ser considerado, por maioria de razão, o congresso da dissensão. Os resultados, aparentemente, atestavam o esmagamento das facções internas. Afigura-se-me, no entanto, antes tratar-se de uma auto-anulação ou silêncio voluntário das diversas tendências, mais do que uma derrota. Ou seja, estaríamos perante o adiamento de uma confrontação que acabaria por ser inevitável a prazo. Neste contexto, a oposição formal de Hélder Proença e de Malam Bacai Sanhá – os grandes vencidos – teria mais como objectivo e sentido afirmar-se como tendência e alternativa de futuro e menos em derrotar a ala "ninista", no imediato. Vieira dispunha a partir, de agora, de inimigos certos e com sede de vingança.

O reforço dos poderes do Presidente que provavelmente seria acompanhado de fenómenos complementares de deificação e de culto da imagem; a recuperação da antiga *nomenklatura* para enaltecimento do sentido histórico do Partido originário e o apelo às raízes; a própria eleição do Presidente do PAIGC pelo antigo método de voto de "braço no ar", eram sinais que pareciam conferir grande unidade e coerência a toda a mudança e que poderiam reforçar a coesão interna. Só que no período crítico que a Guiné-Bissau atravessava não se podia dar nada por adquirido, muito menos a harmonia interna do PAIGC, em termos reais, inexistente.

Os objectivos que presidiram ou que poderão ter inspirado as alterações em causa, eram múltiplos e do mais lato alcance. Seguramente, teriam em vista a unidade na acção com vista às próximas eleições legislativas que se adivinhavam, à partida, muito difíceis para o PAIGC. "Nino" Vieira para se projectar para o exterior teria de proteger eficazmente a respectiva retaguarda, e com a "pacificação" do PAIGC (aparente e não real) podia, agora, encarar, sem condicionalismos de maior, as próximas lides políticas. Não obstante, persistiam no ar muitas incógnitas e não se podia tomar a nuvem por Juno. O natural optimismo das hostes "ninistas", após a vitória, suscitava uma atitude genericamente panglossiana que outros factores conhecidos e inter-relacionados contrariavam: a inconstância das FAs, a questão de Casamansa e a ambígua suspensão de Ansumane Mané, entre outras.

Ao longo da legislatura, então prestes a esgotar-se, podia-se retirar uma ilação maior: tivesse ou não governado – em termos técnicos, entenda-se –, os principais insucessos da governação foram atribuídos ao Presidente "Nino", pois o princípio constitucional da separação de poderes não era perceptível pela grande massa da população. Para esta, a referência ao "chefe" como entidade omnipresente – processo que, aliás, nunca foi recusado pelo Presidente "Nino" bastamente comprovada pela sua poderosa magistratura de influência – era o que efectivamente mais importava e era aceite sem dificuldades por integrar a cultura e tradição africanas. Os mecanismos jurídico-político-constitucionais eram-lhe estranhos.

João Bernardo Vieira procuraria, como passo seguinte, sacudir esse ónus político que o tinha manietado e afectado a sua imagem. De acordo com as minhas fontes – e esta possibilidade fazia todo o sentido, atenta a conjuntura da época –, "Nino" preparar-se-ia, então, para alargar os seus poderes já consagrados no âmbito do Partido para os extravasar externamente, mais precisamente no plano da Lei Fundamental, com a substituição do regime semi-presidencialista vigente por um regime presidencialista, aparentemente possível por, nesta matéria, não haver limites materiais na constituição recentemente objecto de revisão – e ainda não publicada, para o que careceria de 2/3 dos votos dos deputados eleitos em futuras eleições legislativas, salvo se um eventual Governo do PAIGC que emergisse dessas eleições viesse a enveredar por práticas menos legítimas, constitucionalmente falando, ou obter a necessária maioria qualificada. Certo é que a oposição, a manter-se a actual relação de forças, não cederia a semelhante desiderato – manobra que, aliás, já havia sido denunciada pela RGB/Movimento Ba-fa-tá.

A vitória do Presidente "Nino" e do seu grupo de fiéis iria obrigar a oposição a repensar estratégias que já estariam na forja. Segundo certos quadrantes políticos, o Presidente do PRS, Kumba Ialá, que teria, até às vésperas do Congresso, resistido a integrar um acordo global da oposição – na perspectiva plausível de aliança com o "outro" PAIGC[122] – estaria agora disponível para rever a sua posição.

De referir ainda que o Chefe de Estado, nos dias 15 e 16 de Maio, no uso da palavra em cerimónias que decorreram em Cacine e Bafatá chãos de muçulmanos, mas sobretudo nesta última cidade – a terceira do país –, na sequência dos resultados do Congresso, não deixou de denunciar aqueles que pretendiam reinar na Guiné-Bissau promovendo divisões religiosas, alusão

---

[122] A facção de Malan Bacai Sanhá-Saturnino Costa, entenda-se.

segura à ala islâmica (perdedora) do PAIGC, encabeçada por Malan Bacai Sanhá.

As reacções das demais forças políticas à vitória do "régulo"

Sob as acusações genéricas de "falta de democraticidade," de "regresso ao passado", de "controlo ditatorial do PAIGC e do país", os partidos da Oposição e os meios de comunicação social que lhe eram afectos mostraram-se altamente críticos em relação aos resultados e ao modo como decorreu o VI Congresso do PAIGC. As ameaças potenciais de implementação, a médio prazo, de um regime presidencialista "muito musculado" na República da Guiné-Bissau, para não lhe chamar outra coisa, suscitaram naturais preocupações no seio daqueles sectores da opinião pública local.

Para o líder da Resistência da Guiné-Bissau/Movimento Ba-fa-tá, Dr. Domingos Fernandes, o congresso do PAIGC representou um "retrocesso ideológico" e foi, marcadamente, "anti-democrático". Em seu entender, os jovens foram marginalizados e "Nino" Vieira "voltou aos velhos companheiros da luta". Hélder Vaz, a segunda figura do partido, ia mais longe: " a reeleição de "Nino" Vieira para o cargo de Presidente do PAIGC é incompatível com o cargo de Presidente da República, à luz do artº. 65º da Constituição" (uma questão que, como se sabia, já não era nova). Para além disso, Hélder Vaz proferiu insinuações fortes relativamente ao envolvimento de Nino Vieira no escândalo do tráfico de armas para os rebeldes de Casamansa. Na sua óptica, o regime estava a evoluir para uma "situação de ditadura".

Kumba Ialá, Presidente do Partido da Renovação Social, assumiu uma posição *anti-establishment*, mas de claro distanciamento: "O que está em causa é o sistema de governação, por isso não nos interessa o problema interno do PAIGC."

Uma perspectiva sobre os resultados do Congresso e o que se seguiria

"Nino" Vieira jogou pelo seguro e com todos os trunfos. O seu carisma pessoal, a eventual "compra" de delegados, as votações de braço no ar (contra as disposições estatutárias), as acusações lançadas aos seus adversários de oportunismo político (inclusive, com ameaças de prisão), permitiram-lhe criar uma onda de fundo que lhe granjeou o controlo do congresso e do partido. Vieira pacificou realmente o PAIGC? Pacificou-o de forma duradoura? Se pacificou, restava saber se não se trataria de uma paz podre e tudo indicava que assim era.

As demais figuras do PAIGC não podiam deixar de considerar-se ou perdedoras, muito embora integrassem o Bureau Político – casos de Manuel Saturnino da Costa[123] e de Malan Bacai Sanhá – ou relegadas a posições relativamente secundárias perante o ressurgimento consistente, incontestado e fulgurante do Chefe (caso, entre outros de Delfim da Silva, que não atingiu os seus objectivos, uma vez que o cargo de Secretário Nacional acabava de ser extinto, sem embargo de, como oportunamente se referiu, poder ainda aspirar a outros voos).

Uma coisa é certa: não se verificou a esperada implosão do partido e isso devia-se a "Nino" Vieira e aos seus fiéis. Para muitos, porém, essa destruição era apenas uma questão de tempo. O PAIGC também não se conseguiu renovar e ideologicamente não se sabia muito bem onde é que se situava. As divisões no seio do partido, bem entendido, continuavam a existir, apesar de temporariamente esbatidas pelos resultados do VI Congresso e pela institucionalização do verdadeiro *regulado* de "Nino" Vieira. Quem estava contra falava em surdina, mas também não ousava abandonar as fileiras. Era, no fundo, uma atmosfera de "faz de conta". Nestas circunstâncias, estaria o PAIGC em condições de afrontar os pleitos eleitorais que se avizinhavam, sem sobressaltos? Seria o partido no poder capaz de afrontar os desafios que a situação militar doméstica impunha e cuja dimensão não podia ser ignorada? Estaria o partido plenamente apto a encarar e resolver a complexidade dos problemas sociais, económicos e financeiros existentes e os mais que se divisavam na linha do horizonte?

Afigura-se-me evidente que se estava perante uma evolução clara para um regime com contornos autoritários, o que seria pesado de consequências. Com efeito em Novembro de 1994 e em Maio de 1997, o regime semi-presidencialista consignado na Constituição da República da Guiné-Bissau revelou sinais evidentes de um bicefalismo conflitual. Se a situação tinha sido, agora, aparen-

---

[123] Note-se que o seu mentor ideológico e o grande estratega da "linha dura" (Hélder Proença) nem sequer foi eleito para o Bureau Político, embora permanecesse no Comité Central.

temente resolvida, no âmbito do partido no Poder, teria logicamente que ser transposta para o plano constitucional e tudo apontava nesse sentido. Restava saber se esse objectivo seria alcançado. Finalmente, o VI Congresso do PAIGC saldou-se por um resultado positivo ou por um impasse prenhe de perigos, i.e. pôs-se ordem no caos reinante ou gerou-se a ilusão disso mesmo? A resposta não tardaria.

CRÓNICA 18

Bissau, finais de Maio de 1998
Eleições à vista ou sem vista possível?

Um processo eleitoral também ele permanentemente adiado

Desde que cheguei a Bissau, em Outubro de 1997, que se falava, por vezes com alguma insistência, das eleições legislativas, que teriam lugar em 1998. Tratava-se de uma questão importante, muito embora outros temas, como vimos, dominassem a agenda política. Para a Oposição, *maxime* para o PRS e para a RGB/Movimento Ba-fa-tá era um dos grandes temas da agenda política, para 1998, senão, mesmo, o mais importante, o que era compreensível. Kumba Ialá, numa entrevista ao "Diário de Bissau" em 11 de Dezembro de 1997 diria: "Isto que fique claro desde já ... Não vamos continuar a tolerar as arbitrariedades, que são visíveis, as violações constantes da legalidade, as impunidades e corrupções que reinam no país ...Aquilo que tolerámos em 94, nem mais um segundo, toleraremos, que as eleições sejam dilatadas por mais um dia, para além do dia 3 de Julho de 1998."

Por outro lado, o Presidente da República, o Governo, os parlamentares e as demais instituições da Guiné-Bissau sabiam que a grande prova da credibilidade externa do país consistia num processo eleitoral justo, livre e transparente, nos parâmetros da estrita legalidade, acima de quaisquer tergiversações, sem sobressaltos ou incidentes de percurso dignos de nota. O sufrágio era, pois, o verdadeiro teste à real democraticidade da Guiné-Bissau.

A fim de colher ensinamentos úteis e de se inteirar dos procedimentos que podiam eventualmente ser adoptados na Guiné-Bissau, uma delegação de deputados da ANP pretendeu, mesmo, acompanhar o processo eleitoral autárquico português de 14 de Dezembro de 1997, solicitando, para o efeito, deslocar-se a Lisboa, nessa ocasião, questão que ultrapassou a compreensão ou a boa vontade do então Instituto para a Cooperação Portuguesa (ICP) que, na sua costumeira atitude negligente, deixou, na prática, morrer o assunto e gerou naturais incompreensões da parte bissau-guineense. Na altura, isso deu origem a uma troca de mensagens acrimoniosas entre o Presidente do ICP e a minha pessoa, em que o primeiro, com o mais que sólido argumento da voz da autoridade, contra toda a evidência, tinha sempre razão e, se não a tivesse, o cargo dava-lha. O certo é que havia interesse da parte bissau-guineense pelo assunto, interesse obviamente não correspondido por Lisboa.

Em finais de Fevereiro de 1998, o Ministro da Administração Territorial, Dr. Nicandro Barreto, entrevistado pela televisão estatal (RTGB), informava, de modo explícito, que as eleições legislativas se fariam, dentro do prazo legal, i.e. até 4 de Julho de 1998. Esta posição do Ministro contrariava os elementos de informação de que eu então dispunha e que apontavam, antes, para a realização do sufrágio em Outubro ou Novembro. Seria, pois, imprudente assumir como compromisso de Estado o estrito respeito pelo calendário, que era manifestamente incumprivel. Interpretei, assim, a posição do Ministro mais como uma manifestação de vontade e de empenhamento políticos das autoridades locais quanto à consolidação interna da democracia do que o mero acatamento do calendário e das regras processuais. Com efeito, tendo em conta os atrasos registados, em termos de recenseamento eleitoral e a posterior elaboração dos cadernos eleitorais, seria virtualmente impossível cumprir o calendário referenciado. A conclusão era unívoca. Admito, no entanto, que o processo fosse passível de entrar, proximamente, numa fase de aceleração.

Por outro lado, o custo de toda a operação eleitoral (recenseamento, elaboração dos cadernos, sufrágio, etc.) deveria orçar pelos 6 milhões de dólares, segundo me confidenciou, na mesma ocasião, o Ministro das Finanças, Issufo

Sanhá alegando que não dispunha de dinheiro nos cofres do Estado para o efeito. Aquela cifra seria, presumivelmente, superior – 8 milhões de dólares –, o que era bem mais realista. Em suma, sem ajuda do exterior, ou seja, principalmente, dos Estados-membros da União Europeia, coordenando os seus apoios com o PNUD, não haveria processo eleitoral por falta de fundos. Ponto final.

Em 20 de Março, o plenário da ANP havia aprovado por consenso a nova Lei Eleitoral, ou seja um novo quadro jurídico que, entre outros pontos, previa a criação de uma Comissão Nacional de Eleições com um presidente eleito pelos parlamentares e não designado pelo Presidente da República, introduzindo-se desta forma um factor de correcção, no sentido da consecução de uma maior democraticidade e transparência. Tinha sido igualmente aprovada a nova lei do Recenseamento Eleitoral que, à semelhança da mencionada Lei Eleitoral, também aguardava promulgação.

Em 27 de Abril, completado que estava o quadro jurídico que tornava possível a realização das próximas eleições legislativas e após o acto de assinatura do Protocolo entre o Ministério da Administração Territorial e o Instituto Nacional de Estatística e Censos, que deu início aos passos preliminares do processo de recenseamento eleitoral, o Ministro Nicandro Barreto declarou que os atrasos na preparação das eleições não poderiam ser imputados ao Governo, pois a iniciativa nesta matéria estava condicionada à aprovação do respectivo quadro legal regulador que não era da sua competência. Por conseguinte, lavava daí as mãos como Pôncio Pilatos. Adiantaria ainda que, face ao ritmo de preparação das eleições, a realização destas seria de admitir até final do ano, considerando que o atraso não deveria preocupar o país, uma vez que face aos procedimentos previstos na Constituição, normalmente o processo só estaria terminado em finais de Outubro, ou seja tratava-se de uma tentativa velada de desdramatizar a importância que os actores políticos e os líderes de opinião vinham dando ao assunto. No fundo, desdizia-se. Por outras palavras, o processo eleitoral estava em curso, mas o calendário não podia ser respeitado, o que contrariava as suas categóricas declarações anteriores.

Só que estes atrasos e, neste caso, como o Ministro previa, extremamente dilatados, colocavam o país num limbo político, que pressagiava inúmeros perigos que os responsáveis políticos não podiam ignorar.

Eleições, sim, desde que alguém as pague e que o PAIGC as ganhe

No dia seguinte, a 28 de Maio, o Primeiro-Ministro, Eng.º Carlos Correia, convocou os representantes do Corpo Diplomático acreditado em Bissau, sem indicação prévia de agenda, tendo estado presentes igualmente do lado do Governo os Ministros da Administração Territorial, Dr. Nicandro Barreto, e do Equipamento Social, Eng.º João Cardoso, em representação do titular dos Negócios Estrangeiros e Cooperação, Dr. Fernando Delfim da Silva, ausente no estrangeiro.

De acordo com as palavras do Primeiro Ministro, o encontro inseria-se na linha de contactos que pretendia manter regularmente com o Corpo Diplomático e os «parceiros de desenvolvimento» e, no caso vertente, tinha como assunto principal a debater a organização das próximas eleições legislativas e questões conexas.

Depois de sublinhar a boa "performance" do seu Governo com indicação dos índices mais ilustrativos na área macro-económica, com redobrada esperança e incontido optimismo, apesar de alguns incidentes de percurso, Carlos Correia, mau grado a sua proverbial falta de eloquência, apresentou a versão bissau-guineense de "Alice no País das Maravilhas" –, pretendendo que todos os presentes sensibilizassem os respectivos países (governos e operadores económicos) a investirem na Guiné-Bissau. Este era o preâmbulo, assaz longo, diga-se de passagem, para o número habitual de pedinchice que se iria seguir e que já se adivinhava.

Com efeito, inferi do discurso do Chefe do Governo e da lógica que lhe estava subjacente que a garantia dos resultados obtidos, graças à dinâmica criada pelo Governo que liderava, dependeria das próximas eleições legislativas. Todavia, nas suas próprias palavras, a democracia era muito cara para países como a Guiné-Bissau, subsistindo um *gap* a preencher que rondaria os 4 milhões de dólares. Nesse sentido, o Governo da Guiné-Bissau mandatou o PNUD, através da sua representação local, para mobilizar e coordenar a Comunidade Internacional, no sentido de contribuir com a soma em falta. Resumindo e concluindo, *dinhêro ká tem*[124], a democracia sai cara, os ricos que a paguem!

Sobre a data das próximas eleições legislativas, o Primeiro-Ministro nada revelou, comprometendo-se, no entanto, a envidar todos os esforços para que

---

[124] Não há dinheiro (trad.).

o escrutínio se realizasse ainda no corrente ano, para o que contava com o apoio da Comunidade Internacional, única forma de conferir estabilidade ao país e uma prática democrática institucionalizada. Em suma, a data do sufrágio dependeria do dinheiro que estivesse sobre a mesa.

A propósito de uma intervenção da Encarregada de Negócios da Suécia, o Primeiro-Ministro, que não primava propriamente pela argúcia, não sendo a diplomacia o seu ponto forte, "atacaria", com alguma truculência, a referência à necessidade de observadores nas próximas eleições legislativas, que aquela havia feito, ironizando que esperaria um dia também poder «observar» as eleições na Suécia (!)[125]. Todavia, manifestou alguma abertura para que a questão pudesse vir a ser discutida no enquadramento adequado, relembrando, que, a seu ver, a presença de observadores não se tinha justificado nas eleições de 1994[126]. Este posicionamento do PM, que roçava a arrogância, caiu mal na assistência.

O Engº. Carlos Correia, na sua introdução, daria liberdade aos representantes do Corpo Diplomático para suscitarem igualmente questões sobre o recente Congresso do PAIGC. A questão não mereceu qualquer interpelação por parte dos presentes. O PM não se apercebeu que, para os presentes, existia uma destrinça nítida entre actividade governamental e actividade partidária e que as águas não se deviam misturar. No entanto, o Chefe do Governo continuou na sua e não deixaria de referir, na apresentação do tema, que «quando há problemas com o PAIGC, há problemas com a Guiné-Bissau» e que «foi uma boa ideia o adiamento do Congresso ..., o que permitiu transformar uma coisa negativa em positiva e ir preparado com a cabeça fria para o combate, de forma bem sustentada, permitindo, assim, sair com um Partido mais coeso e olhar a nova gestão com maior tranquilidade até ao fim: um bom Governo apoiado por um Partido reforçado». A meu ver, tinha acabado de escutar o discurso da esquizofrenia pura.

Este encontro do Primeiro-Ministro com o Corpo Diplomático deu-se praticamente logo após o encerramento do Congresso do PAIGC. Ficou

---

[125] Ninguém se riu por uma questão de pudor, mas abundavam os sorrisos nas faces dos presentes, isto perante o ar abespinhado do Primeiro-ministro.

[126] Esquecia-se – ou fingia esquecer-se – das fortes críticas ao desenrolar do processo eleitoral em 1994, por parte da Oposição, que ainda perduravam (veja-se, entre outros, o reiterado e contundente discurso de Kumba Ialá sobre esta matéria, já referenciado anteriormente – Vd. Crónicas. 6 e 12) e de muitas ONG's.

demonstrado, para quem ainda tivesse dúvidas, que este era efectivamente o evento que condicionava a realização das eleições legislativas e todo o processo que lhe estava inerente (tratava-se de uma verdade Lapaliciana, mas, em boa verdade, inaceitável). Assim, ultrapassado esse episódio da vida política guineense, podia agora o Governo e a máquina do PAIGC partir para a disputa eleitoral, cabendo-lhes ainda marcar o tempo e o modo. A não ser assim, e dado que os condicionamentos de natureza técnica e financeira eram estruturalmente os mesmos, os trabalhos já poderiam ter arrancado há bastante mais tempo de forma a respeitar-se o prazo constitucional previsto (4 de Julho).

Por outro lado, tornou-se claro que o Primeiro-Ministro e o seu Partido pretendiam retirar dividendos políticos dos alegados resultados positivos da governação do actual Executivo. O atraso das eleições servia perfeitamente esse objectivo. Resta acrescentar que a intervenção do Primeiro-Ministro deixou pairar a advertência de que a democracia, por cara, deveria, *naturalmente,* ser suportada pela Comunidade Internacional (!). A ser assim, no meu juízo, em próximos actos eleitorais talvez essa mesma Comunidade devesse reflectir se não lhe caberia, então, a imposição dos ritmos e, sobretudo, a missão de preservar, pedagogicamente, pois tratava-se de uma jovem e frágil democracia, o quadro legal aplicável. De outro modo, corria-se o risco da Comunidade ser submetida a processos de chantagem e transformar-se em instrumento de quem exerce ocasionalmente o poder político.[127]

O processo eleitoral na RGB: o que é que se seguiria? Uma situação no mínimo confusa

A propósito do processo eleitoral, a pergunta que se impunha era de saber se o comboio estava nos carris e pronto a arrancar.

Da leitura atenta do relatório confidencial do PNUD (que foi circulado pelas missões diplomáticas, em 28 de Maio), dos contactos que mantive e da minha própria análise da situação levaram-me às seguintes conclusões:

---

[127] Procurei pautar as minhas ideias pela lógica e pelo bom senso, mas eram, com efeito, politicamente incorrectas. Mais. Deveriam conter perigosos bacilos de paternalismo e de neocolonialismo.

(a) Subsistiam *questões jurídicas* importantes relativas às eleições na Guiné-Bissau que tinham de ser equacionadas: a data "teórica" do sufrágio e a legitimidade do executivo, após o termo da legislatura;
(b) A resolução dos *problemas orçamentais* constituía a condição *sine qua non* para o processo avançar;
(c) Teria que ser determinada a *data pragmática (possível) para a concretização das eleições* legislativas e questões conexas (recenseamento, feitura dos cadernos eleitorais, organização e realização do acto eleitoral).

Posto isto, uma questão essencial se impunha: o Governo e o Parlamento não poderiam continuar a arrastar os pés em relação à constituição dos "bureaux" e, principalmente, da Comissão Nacional de Eleições, porque a implementação daquelas estruturas era condição *sine qua non* para que o processo arrancasse definitivamente.

Eleições: Que fazer? O que requeria a Comunidade Internacional?

Na seguinte reunião do PNUD com as missões diplomáticas, logo a 29 de Maio, ficaram acordadas as seguintes conclusões operacionais:

- Pretendia-se que as eleições gerais fossem justas e transparentes.
- A data das eleições devia, desde logo, ser fixada e anunciada (era uma questão de fundo que, eventualmente, diluiria eventuais tensões)
- Os membros da Comissão Nacional de Eleições tinham de ser nomeados e aquela tinha de ser imediatamente empossada, a fim de garantir a supervisão do recenseamento eleitoral, tal como previsto na lei.
- O recenseamento eleitoral devia estar intimamente relacionado com o processo de identificação civil[128]. As autoridades guineenses tinham de garantir que as operações de recenseamento se processariam em boa ordem e que os cadernos eleitorais seriam devidamente conservados e arquivados de modo a evitar-se a sua perda e o recomeço de todo o procedimento, como ocorreu com as eleições de 1994.

---

[128] Tratava-se, como se referiu, de uma recomendação da parte portuguesa que foi aceite. Vd. nota de roda-pé anterior.

- Afigurava-se imprescindível que o recenseamento assumisse um carácter universal, o que não sucedeu em 1994 (outra recomendação da parte portuguesa, que assumi, por mero bom senso, sem quaisquer instruções de Lisboa).
- Deveria assegurar-se a existência de uma estrutura permanente de acompanhamento.
- O apoio financeiro a disponibilizar pelos doadores poderia ser coordenado pelo PNUD.
- O sufrágio deveria contar com a participação de observadores internacionais (exigência sueca e consensualmente aceite pelas demais missões, sem embargo da posição reticente do Primeiro-Ministro).
- Um responsável governamental deveria participar, em futuras reuniões, para facultar informações e ser informado das posições dos diferentes países e organismos internacionais presentes.
- Assumindo o orçamento, tal como apresentado, com carácter meramente indicativo, era necessário determiná-lo com maior rigor, devendo, para o efeito, obter-se as necessárias explicações do Governo.

Porque foi dada uma tão destacada relevância a este assunto?

Sem embargo de outros considerandos, tratava-se efectivamente de saber se o país iria ou não prosseguir o rumo democrático que apregoava, em alto e bom som, estar empenhado, se a Guiné-Bissau iria transformar-se num Estado com todos os seus atributos e deixar de ser o *non-state* que tinha sido até então, ou seja, se existia em termos reais e se tinha condições para tal, ou se estávamos perante uma real ausência de Estado. Quaisquer dúvidas que a este respeito existissem – e não eram poucas – tinham de ser devidamente esclarecidas. O verdadeiro teste consistia, pois, na probidade e na boa ordem do processo eleitoral no seu conjunto, que tinha de ser assegurado *prima facie* pelas autoridades políticas e administrativas da Guiné-Bissau, sem interferências externas ou internas, neste particular, por parte dos militares. A Comunidade Internacional tinha de estar atenta ao assunto e à forma como o Governo legítimo de Bissau abordava concretamente o dito processo.

Ora, para além das interrogações genéricas que prevaleciam sobre a democraticidade, o respeito pelos Direitos Humanos e a observância do Estado de

Direito na Guiné-Bissau, no que toca especificamente ao processo eleitoral, o Executivo guineense emitia sinais contraditórios, demonstrando não saber exactamente o que é que queria, por um lado, alguns responsáveis vinham exercendo pressões no sentido de fazer avançar as operações no imediato, por outro, detectava-se alguma *non-chalance* e "arrastar de pés", por parte de outros. O certo é que, em finais de Maio, apesar de algumas incertezas, ainda não dissipadas, o avião estava na pista, pronto a descolar, mas não tinha ainda as rodas no ar... Competia, de algum modo, à Comunidade Internacional exercer pressões para que os compromissos em matéria eleitoral fossem cumpridos, uma vez que o respectivo calendário já não o seria.

Estas questões não eram de todo em todo despiciendas, mas verdadeiramente fulcrais para se avaliar do rumo político que percorria a Guiné-Bissau.

Infelizmente, como veremos, o teste nem sequer foi ensaiado, porque independentemente da vontade dos detentores do Poder político – e, a meu ver, não era muita – foi interrompido por intercessão musculada dos militares.

CRÓNICA 19

Bissau, Maio de 1998
Mudam-se os tempos, mudam-se as vontades – de Taipé para Pequim, ou o oportunismo a todo o vapor

Quando a teta da vaca começou a secar...

Como se sabe, de há muito que corriam com insistência rumores de que Bissau iria cortar relações com Taipé e restabelecer o relacionamento com Pequim[129]. Era uma questão de mero oportunismo mercantil movido por interesses comerciais comezinhos, por conseguinte, ausente de quaisquer preocupações políticas ou éticas, estratégia engendrada por Delfim da Silva, o bufarinheiro local da política externa, que beneficiava do beneplácito de João Bernardo Vieira e da respectiva *entourage*. Essa mudança vem a dar-se em finais de Abril e torna-se efectiva em Maio.

Já em Fevereiro (dias 16 e 17) e no seguimento da visita do Primeiro-Ministro Carlos Correia a Taiwan, que teve lugar logo depois da deslocação a Lisboa, o Ministro dos Estrangeiros daquele país, Hu Chih-Ching, visitou Bissau. Esta deslocação ficou marcada pela intenção de Taiwan, em reforçar e alargar áreas

---

[129] Vidé a este respeito o que oportunamente se referiu na Crónica 10.

de cooperação com a Guiné-Bissau. O Ministro deixou bem clara essa intenção em todas as intervenções que fez no decurso da visita. Para além de declarações de amizade, repetidamente proferidas, o MNE de Taiwan não deixou de referir o apoio da Guiné-Bissau, na cena internacional, ao seu país, cuja garantia de continuidade constituía, seguramente, o objectivo principal do relacionamento bilateral e justificaria o incremento da cooperação TaiwanGuiné-Bissau, na óptica de Taipé. "Nunca nos esquecemos dos apoios que nos foram dados pela Guiné-Bissau, na arena internacional", disse então à imprensa.

Todavia, por estranho e paradoxal que pareça, o Ministro Hu Chih-Ching não foi recebido pelo seu homólogo guineense, Delfim da Silva, ausente no estrangeiro, que acabava de acompanhar as visitas do PM bissau-guineense a Taiwan(!) e a Portugal.

No âmbito bilateral, a cooperação entre os 2 países, para além de atingir uma expressão significativa em termos financeiros[130] abrangia várias áreas, designadamente, a agricultura (projectos orizícolas e piscícolas), a saúde pública e o apoio institucional (assistência pontual na adesão da Guiné-Bissau à UMOA). Acresce que Taiwan financiou duas importantes infra-estruturas no país que constituíam grandes marcos de referência da respectiva cooperação bilateral: a nova aerogare de Bissau e o edifício da Assembleia Nacional Popular.

Diga-se de passagem – em nota de roda-pé transposta, agora, para o corpo do texto (não resisto a fazê-lo) – que a multifacetada, polivalente e dispendiosa cooperação portuguesa –, todavia, na prática, quase invisível, nunca se atreveu a entrar no capítulo das grandes obras públicas, nem jamais fez algo de comparável, apesar dos 108 projectos então em curso![131]

Refira-se que a nova aerogare de Bissau, tinha sido custeada pelo Governo de Taiwan, mas ainda não havia sido inaugurada por falta de equipamento e de mobiliário. Tanto quanto me apercebi, este era um dos temas de diferendo entre os dois países, visto que Bissau, para além de receber uma aerogare novinha em folha, com as chaves na mão, queria que Taiwan financiasse tudo o mais, desde as passadeiras de transporte de bagagem aos aparelhos de ar condicionado, caso contrário...para bom entendedor...[132] Sem falar da mobília e do apetrechamento do aeroporto, o governo bissau-guineense pretendia, ainda, que

---

[130] Que representavam 52,750 milhões de dólares, vd. Crónica 10.
[131] Cfr. Crónica 11.
[132] Isto mesmo me foi confirmado verbalmente pelo próprio Ministro do Equipamento Social, Transportes e Comunicações, Engº. João Cardoso.

os taiwaneses construíssem uma unidade hospitalar em Canchungo, entre outras solicitações menores. Taiwan não cedeu – e bem – à chantagem.

Sensivelmente por ocasião da visita do Ministro dos Estrangeiros de Taiwan, por qualquer razão ponderosa, o Ministro Delfim da Silva tentou falar comigo ao telefone. Adiantou-me, apenas, que se encontrava no "estrangeiro", sem mais especificações. Vim a saber, pouco depois, por fonte da minha confiança, que estava em Macau(!) e que tinha ido à República Popular da China, para "tratar de assuntos de interesse para a Guiné-Bissau". Gato escondido com o rabo de fora...

Outra questão importante no relacionamento entre Bissau e Taipé, consistia na emissão de passaportes a taiwaneses, prática comum muito rentável para quem estava envolvido no "circuito" do lado bissau-guineense, designadamente a nível do governo. Para os semi-párias asiáticos, disporem de um passaporte local para se deslocarem pelo mundo sem grandes impedimentos, excepto os normais pedidos de visto, era uma questão compreensivelmente vital. Toda a Oposição havia criticado este procedimento, em que pontificava, com destaque, Kumba Ialá, como a voz pública mais reprovadora e mais cáustica.

A princípio falaram-me em meia dúzia de casos, para depois uma fonte credível me referir um total de 26, confirmados. Suponho que seriam muitos mais, mas não constituíam uma cifra demasiado empolada, pois levantaria naturais suspeitas no exterior de que as autoridades da Guiné-Bissau estavam envolvidas em procedimentos ilícitos em larga escala. Seria interessante assistir, por exemplo, nos serviços de Imigração e Controlo de Passaportes do aeroporto Kennedy em Nova Iorque, à chegada destes africanos da África Ocidental, sem um pingo de sangue negro e com os olhos em bico.

Para além do que fica dito, o cônsul honorário da Guiné-Bissau em Macau, Alberto Jorge, aparentemente, à revelia da embaixada daquele país em Taiwan, dizia-se que vendia passaportes à máfia russa, ao preço unitário de 400 contos (ou seja, 2.000 euros, o que corresponderia a bastante mais nos dias que correm) de que terão beneficiado várias prostitutas e marginais eslavos.[133] Os documentos de viagem seriam enviados directamente do Ministério do Interior em Bis-

---

[133] Familiares meus em Macau asseguraram-me de que alguns passaportes terão atingido a soma astronómica de 200.000 patacas (ou seja, 25.000 dólares ou 18.000 Euros). A mulher do Presidente da República, Isabel Vieira ia fazer compras a Hong Kong acompanhada pela mulher do cônsul honorário de quem era amiga. Não posso corroborar estas informações.

sau ao cônsul, com conhecimento do próprio Presidente da República. Também nunca foi esclarecido um negócio da compra de 83 jipes Toyota por Delfim da Silva aos chineses por 1,85 milhões de dólares, que acabaram por ficar retidos em Dacar, na alfândega[134].

Era por demais evidente que este tipo de situações não podia perdurar.

Se esta já não dá leite, então troca-se de vaca...

Uma das minhas fontes, que reputava de fidedigna, confirmou-me o que já sabia por outros canais: a ausência de Delfim da Silva quando da visita do seu homólogo taiwanês corresponderia a um "gesto reflectido que se integra na estratégia que se desenha de questionar a manutenção de relações diplomáticas entre ambos os países no actual formato." Aparentemente, o assunto já teria sido debatido em Conselho de Ministros, no início do ano, tendo-se este dividido, a favor das teses de rompimento ou de manutenção das relações diplomáticas, de forma não conclusiva. De acordo com a minha fonte e cito-a: «o Governo está completamente partido sobre a questão».

As hesitações do Executivo estariam principalmente relacionadas com a importância da dimensão da ajuda financeira que a Guiné-Bissau tinha vindo a beneficiar no quadro da cooperação com Taiwan. No entanto, a China Popular ter-se-ia disponibilizado para assumir *in totum* as promessas financeiras e os projectos a cargo da cooperação taiwanesa, caso a ruptura se viesse a consumar. O negócio não era, pois, para desprezar.

Taiwan ter-se-ia apercebido das manobras em curso, o que explicaria o *forcing* do seu lado, de que a aceleração de visitas recíprocas de figuras políticas de primeiro plano de ambos os países[135] seria o ponto mais visível do relacionamento diplomático, como meio de contrariar a "mudança de ventos" que já estaria na forja.

Segundo a mesma fonte, o Presidente da República, cujo papel decisivo neste processo se afigurava incontornável, estava a par da polémica sem a ela se opor, com a aparente finalidade de deixar amadurecer o assunto e como

---

[134] Vd. "Negócios da China de Nino" in "O Independente", edição de 28 de Maio de 1999.

[135] Estava prevista a visita do PR de Taiwan em Abril.

forma de, provavelmente, permitir que a GuinéBissau, a sua *entourage* próxima e ele próprio não saíssem perdedores em mais este negócio de vulto. Pois, então!

Em finais de Abril, o desfecho estava próximo, mas, sem qualquer vergonha na cara, a Guiné-Bissau pretendia secar o leite da vaca até à última gotinha, como vamos ver.

O Secretário da Embaixada de Taiwan, Senhor Lay, com quem a nossa missão diplomática mantinha excelentes relações (de registar que o referenciado e a mulher eram ambos originários da antiga comunidade chinesa de Timor e tinham a nacionalidade portuguesa), informou que o seu Embaixador havia sido chamado de urgência a Taipé e que estava a proceder à destruição de arquivos, dando quase por certo que a Embaixada seria encerrada definitivamente, aguardando instruções mais precisas do seu MNE nesse sentido. Entretanto, os técnicos chineses envolvidos em acções de cooperação já haviam recebido ordem para abandonar imediatamente o território da Guiné-Bissau, paralisando deste modo o andamento dos projectos.

Estaria, assim, presumivelmente inviabilizada a possibilidade deixada em aberto pelo Primeiro-Ministro, Carlos Correia, de que seria exequível a manutenção de relações de cooperação com a Formosa. Passo a citá-lo, para que se evidencie bem a posição invertebrada do Executivo bissau-guineense: «estamos na era da globalização e ... uma das preocupações da Guiné-Bissau é manter relações com todo o Mundo e isso não implica que não possa continuar a ter relações com Taiwan»; «...agora a questão depende desse Governo, porque nós estamos abertos ao diálogo e a continuar a desenvolver os amistosos laços de cooperação com a República da China." O nosso interlocutor da embaixada taiwanesa antecipou-se, dando, de imediato, rédea curta a estes devaneios sem pés nem cabeça. Com efeito, não havia justificação possível para se manter em funcionamento qualquer outro tipo de representação, designadamente um escritório de interesses, visto a Guiné-Bissau ser de escassa ou nula importância noutros planos como o económico e o comercial. Mais uma vez, os bissau--guineenses não se conseguiam ver ao espelho.

Da conversa havida, o senhor Lay procurou fazer ressaltar a impressão de que a Embaixada de Taiwan tinha sido apanhada de surpresa pelos acontecimentos, não tendo suspeitado de qualquer movimento que pudesse indiciar semelhante desenlace, o que não é de todo em todo crível, uma vez que eu já o sabia desde finais de 1997, sob a forma de rumores, na pendência de confirmação, rumores esses mais insistentes, em Fevereiro de 1998 e reconfirmados na primeira quinzena de Abril. Com efeito, dada, por um lado, a pequenez do meio e, por outro, a extrema facilidade de contactos de que normalmente os membros da Embaixada desfrutavam a todos os níveis e sabendo-se que os mesmos estavam bem entrosados na sociedade local, afigurava-se-me que os taiwaneses estavam a tomar-nos por tolos – aliás, tudo indicava que sabiam de tudo e que procuravam claramente inverter o curso dos acontecimentos. A não ser assim, teríamos então de lhes passar um atestado de total incompetência.

O nosso interlocutor parecia evidenciar o mais profundo pesar pela ocorrência, condenando a deselegância da atitude assumida em todo o processo pelas autoridades locais, que agora sabia «ter sido tratado através de Nova Iorque», cujos contactos teriam alegadamente aí tido início há mais de um ano e que a recente visita da Primeira Dama da Guiné-Bissau, Isabel Vieira, acompanhada pelo Ministro da Agricultura, Eng.º Avito da Silva, até à véspera da «declaração do Ministro dos Negócios Estrangeiros [Delfim da Silva] em Pequim», mais não seria que uma pura manobra de diversão. Adiantou-me que o próprio Embaixador de Taiwan acreditado em Bissau fôra chamado à presença do Primeiro Ministro, a fim de tomar conhecimento das intenções do seu Governo, apenas uma hora antes da declaração do Ministro Delfim da Silva, o que não lhe permitiu reagir adequadamente à situação criada. Enfim, o habitual blá-blá diplomático.[136]

De acordo com as minhas fontes de informação, a Guiné-Bissau pensaria retirar vantagens de vária ordem derivadas do restabelecimento das relações diplomáticas com a República Popular da China, indícios que constavam do próprio Comunicado Conjunto. Assim, a alusão à «salvaguarda da soberania nacional» fazia crer que uma abordagem pró-política da questão teria sido encarada, a fim de constar do documento, dada a situação de insegurança na fronteira norte (relacionada, como é óbvio, com o conflito de Casamansa, temendo-se que o Senegal pudesse um dia vir a impor uma lógica militar). Neste particular, devia atentar-se que a República Popular da China era membro permanente do Conselho de Segurança das Nações Unidas, com capacidade própria para condicionar decisões a esse nível.

---

[136] Esta versão taiwanesa vale o que vale, mas, a meu ver, falta-lhe credibilidade. Qualificar a posição da Guiné-Bissau apenas como "deselegante" é eufemística e parcimoniosa em termos de adjectivos, mas adiante.

Acresce que, no quadro pós-guerra fria, estava-se perante uma conjuntura em que existiam sinais inequívocos de retracção por parte dos doadores tradicionais, Bissau ao restabelecer relações com Pequim pretendia, no fundo, obter um valor acrescentado no quadro dos seus interesses próprios, atendendo ao peso económico e financeiro da República Popular da China, em constante expansão. Com efeito, teria obtido contrapartidas importantes, cujos pontos principais já foram assinalados. Pequim assumiria integralmente os compromissos em termos da cooperação e da ajuda bilateral que cabiam ao Governo de Taipé, designadamente o equipamento da nova aerogare de Bissau, o apoio no domínio da Saúde (Hospital de Canchungo), a assistência na agricultura e, bem assim, o apoio institucional, entre outros.

A Oposição manifestou-se a propósito desta reviravolta na política externa bissau-guineense. Para o líder da RGB/Movimento Ba-fa-tá, o restabelecimento das relações diplomáticas com Pequim, após 5 anos de interregno, «não demonstra, de modo nenhum seriedade em política externa». Para o PRS e o respectivo líder, Kumba Ialá, «a política externa do Governo de sete meses do PAIGC deixa muito a desejar».

As franjas mais esclarecidas da população manifestaram, aqui e acolá, estranheza pelo restabelecimento de relações "reforçadas" com Pequim e por se registarem compromissos em sectores importantes como o energético, onde a (quimérica) barragem do Saltinho[137] era sistematicamente referenciada, "mais à medida de uma potência como a República Popular da China." Também aqui o Comunicado Conjunto parecia deixar algumas pistas («o Governo da República Popular da China apoia o Governo da República da Guiné-Bissau ... para o desenvolvimento da sua economia»), salvo se se tratava de uma mera declaração de intenções, inócua como é de rigor.

Cabe salientar que o factor "surpresa", invocado pela ex-Embaixada de Taiwan em Bissau, não correspondia à verdade, uma vez que, nos últimos tem-

---

[137] Tratava-se de um projecto megalómano e dispendiosíssimo, de resultados mais do que duvidosos, em que se pretendia aproveitar os rápidos do rio Corubal, no Saltinho, para a produção de energia hidro-eléctrica. Este projecto entrosava noutros de dimensão ainda mais desorbitada que incluíam a construção de um porto de águas profundas em Buba (no Sul do país) e a construção de uma linha de caminho de ferro do Mali até ao Atlântico (ou seja, até ao futuro porto de Buba), para desencravar aquele país do *hinterland* africano permitindo-lhe o acesso ao mar e, finalmente, para também escoar a bauxite da Guiné--Conakry.

pos, Taipé tinha incentivado múltiplos contactos bilaterais de nível elevado e projectos de cooperação no terreno, a fim de prevenir o inevitável. A meu ver, o imprevisto teria residido – isso, sim – apenas no *timing* do anúncio, uma vez que Taiwan esperaria, presumivelmente, que tivesse lugar muito mais tarde em termos de calendário.

Na altura os *media* locais também se referiam ao tema, indicando que "a surpresa foi total no país" e que o próprio Governo bissau-guineense não estaria ao corrente do assunto (!). Tratava-se certamente de uma brincadeira por parte da inefável comunicação social local.

À laia de conclusão e procurando outras possíveis explicações ou talvez não

Em suma, a "seriedade" da política externa do executivo de Bissau ficou bem patente no folhetim da ruptura de relações com Taipé e no reatar do relacionamento com Pequim. Os dividendos ascenderam a somas, certamente, de monta e os beneficiários foram, mais uma vez, os "suspeitos do costume". Na altura nada mais podia adiantar sobre o assunto, porque desconhecia outros aspectos do mesmo, designadamente financeiros.

Todavia, muito mais tarde vim a saber que o "negócio" terá orçado em 205 milhões de dólares. Pequim negou veementemente que tal tivesse ocorrido, mas existem documentos que provam, de forma inequívoca, o que se refere. Tratava-se de um "programa Trienal de Cooperação", previsto para o período 1998-2000, naquele montante. Dos quais 115 milhões dariam logo entrada nos cofres do estado bissau-guineense. Este negócio...da China terá, porém, sido interrompido pelo levantamento militar de 7 de Junho[138].

Não obstante – e as conclusões são óbvias –, esta "diplomacia dos cifrões", alvo de críticas a nível interno, não se justificava, apenas, em si mesma (e as justificações eram mais do que suficientes), mas encontrava, porventura, outras explicações: por um lado, a pressão do Grupo dos Combatentes da Liberdade da Pátria que nunca viram com bons olhos as relações com Taiwan e, por outro,

---

[138] "Bissau a Pequim – A Guiné trocou o corte de relações com Taiwan por 205 milhões de dólares", in "O Independente" de 18 de Fevereiro de 2000.

pressões externas, tanto quanto sei, principalmente, por parte de países lusófonos, que teriam sido exercidas sobre Bissau para que reatasse relações com Pequim. Quanto a este ultimo ponto solicitei confirmação ao Dr. Delfim da Silva que se limitou a anuir.

Os mistérios, se mistérios houve, estavam desvendados!

CRÓNICA 20

Bissau, Abril-Maio-Junho de 1998
Episódios avulsos da vida quotidiana de um embaixador nas vésperas do conflito

Os mistérios da cooperação mediática RTP-RTGB ...

Nos primeiros dias de Abril, através de um telefonema do Departamento Internacional da RTP tive conhecimento de uma oferta de diverso material técnico daquela estação emissora para a sua congénere e parceira da Guiné-Bissau, a RTGB[139], que, aliás, já estava a caminho e que seria entregue dentro de dias. Vim a saber que se tratava basicamente de um carro de exteriores, de antenas parabólicas, computadores, vídeo gravadores, câmaras de vídeo e de outro material técnico.

Debatendo-se com inúmeras dificuldades, quer em termos de fundos próprios, que praticamente não tinha, de pessoal qualificado ou de material. Que também não tinha, a RTGB – único canal de produção e emissão exclusivamente locais – lá se ia aguentando, com umas escassas 3 ou 4 horas diárias – não sei mesmo se eram tantas –, transmitindo uns noticiários amadorísticos e manho-

---

[139] Radiotelevisão da Guiné-Bissau.

sos, difundindo telenovelas brasileiras e pouco mais. O profissionalismo, como oportunamente referi na Crónica 7, não era propriamente o seu forte, mas não é demais frisar que estávamos em África, num país "tem-te, não caias" que ensaiava os primeiros passos não se sabia muito bem em que direcção. Havia, pois, que aceitar-se a situação: as coisas eram como eram. A alternativa à RTGB consistia, como já o disse, na RTP África, que fazia as vezes de segundo canal. Para uma escassíssima meia-dúzia de felizardos que dispunham de satélite existiam naturalmente outras opções mais interessantes. Em suma, a RTGB circunscrevia-se a um pequeno núcleo de *habitués* em Bissau e não atingia, de modo nenhum, as grandes massas populares que viviam ainda na era da rádio, leia-se do transístor, que se ouvia individualmente ou com os familiares e amigos, na tabanca, sempre com o volume de som bem elevado.

O Sr. Eusébio Nunes, director da estação, convidou-me para o acto solene da entrega do material da RTP, no âmbito da cooperação bilateral entre Portugal e a Guiné-Bissau, pedindo-me que dissesse algumas palavras de circunstância para serem transmitidas no noticiário da noite. Assim fiz e lá proferi uma pequena intervenção para realçar o acto, a que se seguiram algumas perguntas mal amanhadas pelo repórter de serviço. No final, conversei com o Sr. Eusébio Nunes, de que reproduzo, em parte das minhas notas e o restante de memória, o diálogo então havido:

- Sr. Eusébio tem aqui uns belos computadores. Por sinal bem melhores do que aqueles que eu tenho lá na embaixada que já são velhos – disse eu.
- Ah, sim? São óptimos para ouvir música, não é verdade? Olhe tem aqui um botãozinho...Está a ver? A gente carrega e abre-se uma gavetinha onde se metem os CDs e depois isto toca sozinho. Olhe, um vai já para o meu gabinete – retorquiu o Sr. Eusébio.
- Ah, bom? E o carro de exteriores? Penso que é magnífico para as vossas equipas de reportagem se deslocarem pelo país... – perguntei.
- De exteriores? O jipe é para mim e para mais ninguém! Quais exteriores? É para eu ir com a família de fim de semana fazer piqueniques. Foi uma grande prenda! – respondeu.

Do pequeno relato que fiz na altura para as minhas autoridades, passo a citar um curto excerto que, num registo suavizado, dizia tudo: "Com efeito, não só o "Diário de Bissau" critica a oferta de um carro à RTGB, como circulam folhas volantes, de um auto-denominado "Jornal Abra os Olhos", em que se afirma que o director da estação, Sr. Eusébio Nunes, teria pedido aquela viatura, alegadamente um jipe luxuoso, para sua utilização pessoal.

Efectivamente, quando da entrega do automóvel em apreço, perguntei ao referenciado se se tratava de um carro de exteriores, ao que me respondeu, de imediato, que era para uso da direcção da RTGB"

Este é mais um exemplo da cooperação bilateral entre Portugal e a Guiné-Bissau. Escuso-me, por despiciendos, de quaisquer comentários adicionais. Nem Lisboa, nem a RTP disseram o que quer que fosse sobre o assunto.

Encontros quase surrealistas com a Ministra do Interior

Já em Abril me tinha avistado com a Ministra do Interior, uma antiga enfermeira do PAIGC dos tempos da luta, de seu nome Francisca Pereira. Esclareça-se que estranhamente a Guiné-Bissau possuía um Ministro da Administração Territorial, o dr. Nicandro Barreto[140], como a designação do cargo indica, para administrar as diferentes regiões e circunscrições do país, sendo também o principal responsável pela organização do recenseamento eleitoral e pela realização das eleições, e uma Ministra do Interior, que tinha a seu cargo a segurança nacional, a manutenção da ordem pública, a emissão de passaportes e, teoricamente, também responsável pela "secreta" (digo, teoricamente, porque a "secreta" funcionava de modo autónomo e só respondia perante o Chefe máximo, "Nino" Vieira).

A Ministra queria à viva força efectuar uma visita a Portugal, tão rapidamente quanto possível, para se avistar com o seu homólogo português da época, Jorge Coelho. A princípio tive alguma dificuldade em compreender esta insistência inusitada da Ministra. No fundo, Francisca Pereira referiu-me o seguinte: a sua visita a Portugal era um pedido já muito antigo – datava de Agosto de 1997 – e ainda não concretizado. A cooperação nas áreas de segurança e da administração interna constituía uma prioridade para as autoridades bissau-guineenses,

---

[140] A título de informação esclareça-se que foi barbaramente assassinado à bastonada, a murro e a pontapé na sua residência em Bissau em 22 de Agosto de 1999. Tratava-se de um homem honesto, jurista de formação e, tanto quanto me apercebi, amigo de Portugal.

tendo o Primeiro-Ministro manifestado, reiteradamente, grande interesse na realização desta visita. Segundo a própria titular, em conversa telefónica que havia mantido com o seu colega português, este ter-lhe-ia prometido enviar um convite para o efeito, presumivelmente já para o mês de Março. Todavia, a carta que o formalizaria nunca chegou a ver a luz do dia. Francisca Pereira tinha recebido, unicamente, o convite para participar na Segunda Reunião dos Responsáveis pela Segurança no âmbito da CPLP, prevista para 18-19 de Junho 1998, manifestando-me, desde logo, a sua intenção em estar presente. Pretendia, pois, deslocar-se uns dias antes em visita oficial, sem me adiantar razões. Respondi-lhe apenas que ia transmitir as suas sugestões a quem de direito pelo canal competente, não me podendo pronunciar quanto à conveniência ou inconveniência das datas por ela propostas.

Sempre que me via, a Ministra insistia no assunto e manifestava até alguma ansiedade pela concretização da visita. Não obstante, a meu ver, tudo isto teria de ser muito bem ponderado, porque a situação interna na Guiné-Bissau assumia contornos delicados – tenha-se em atenção a pasta que lhe estava atribuída –, num momento relativamente agitado da vida bissau-guineense (situação muito tensa nas FA's, Congresso do PAIGC, ano eleitoral, etc.).

Nos primeiros dias de Junho, o Ministro português respondeu de modo genérico ao pedido apresentado, não se pronunciando concretamente quanto a datas, mas indicava, num tom vago, que a visita "poderia ocorrer em data a articular posteriormente", ou seja em momento que fosse de conveniência mútua. Pedi audiência a Francisca Pereira para lhe explicar de viva voz quanto antecede e para tentar sacar nabos da púcara: o que é que ela realmente queria com a deslocação a Lisboa?

A Ministra sentia-se confortada com os resultados do VI Congresso do PAIGC e com o controlo aparente que João Bernardo Vieira detinha sobre as Forças Armadas, o partido e o país. Na sua perspectiva, era o momento ideal "para se fazerem coisas", opinião que eu, prudentemente, não partilhava, mas tão-pouco exteriorizava o meu pensamento. Sem embargo, continuava, porém, intrigado quanto aos verdadeiros motivos da visita.

O gabinete de Francisca Pereira era relativamente vasto, a julgar pelos padrões locais e, por estranho que pareça, tinha duas secretárias de madeira: numa, a principal, estavam os papéis e dossiers de despacho corrente e por isso não se distinguia de qualquer secretária de ministro ou de director-geral; na outra, no canto oposto da sala, deparava-se-nos uma mesa comprida, literalmente coberta com uns pequenos livrinhos com capas de cartolina vermelha ou preta. Estava tão atafulhada que alguns quase caíam para o chão. Era a mesa dos passaportes.

- Ah, Senhora Ministra, presumo que é aqui que assina os passaportes – disse eu com ar meio interrogativo, adivinhando a resposta.
- Pois é. Isto dá-me uma trabalheira louca. Tenho de assinar dezenas, centenas de passaportes, todos os dias. Cada vez há mais – retorquiu.
- Eu não sabia que os passaportes tinham de ser assinados por um membro do Governo. Em Portugal, o procedimento é diferente.
- Como garantia de segurança, sou eu que assino os passaportes diplomáticos, portanto esses de cor vermelha e os de serviço, os de cor preta. Assino-os todos. Sabe, Senhor Embaixador, é precisamente por causa dos passaportes que eu tenho de falar com o Ministro Jorge Coelho. Há coisas que eu não compreendo. Não compreendo. Não consigo compreender – lamentou-se.
- Se a Senhora Ministra for um pouco mais explícita, eu talvez possa tentar ajudá-la.
- Senhor embaixador, a Guiné-Bissau aprovou e publicou uma lei sobre a concessão de passaportes diplomáticos e outra sobre os passaportes de serviço. Essas leis foram copiadas palavra por palavra, vírgula por vírgula, ponto por ponto, da legislação portuguesa. As leis são rigorosamente iguais. Mas existem dificuldades com as suas autoridades. Olhe, Senhor Embaixador, dou-lhe aqui uma colecção de fotocópias das nossas leis e vai ver que são iguaizinhas às portuguesas.
- Falou-me em dificuldades. Que dificuldades são essas? – indaguei
- Dizem que existem pessoas que não têm direito a este tipo de passaportes especiais e que os obtêm a troco de dinheiro, que nós não os emitimos com o mínimo rigor, que há para aí gente que faz falcatruas, que beneficia indevidamente da situação e que se está a aproveitar do sistema, etc.
- Oh, Senhora Ministra, se bem percebi a vossa legislação é decalcada da legislação portuguesa, mas uma coisa é copiar a lei e outra aplicá-la. Há uma diferença, como deve calcular. O problema reside, pois, na aplicação da lei. Leis que só existem no papel e não são devidamente aplicadas não servem para nada.
- É por isso que eu tenho de falar com o Ministro Jorge Coelho.

Deve-se esclarecer que quem dispusesse de passaporte diplomático estaria isento de visto de entrada em Portugal, beneficiando de um acordo bilateral daquele mesmo ano, subscrito quando da visita do Primeiro-Ministro Carlos Correia a Portugal, todavia, ainda não promulgado[141]. Na prática, a concessão de vistos aos detentores de passaportes diplomáticos era um mero pró-forma, mas requisito obrigatório. A Guiné-Bissau – leia-se, os cortesãos ninistas – queria beneficiar do novo regime imediatamente, saltando por cima de eventuais burocracias e de trâmites processuais. Para os que eram portadores de passaportes especiais de serviço, os de capa negra, o visto era uma formalidade, mas vantajosamente concedido de forma gratuita. A pressa em falar com o Ministro português da Administração Interna girava em torno dos passaportes diplomáticos e de serviço, uma vez que Francisca Pereira estava sob pressão contínua da classe política, *maxime* de João Bernardo Vieira e dos seus correligionários.

O meu secretário de embaixada e cônsul tinha há já alguns meses apresentado uma exposição confidencial ao meu antecessor, a que aludo na Crónica 7, referindo-se ao problema dos passaportes diplomáticos e de serviço, designadamente à sua emissão não curial e à presumível venda, a bom preço, dos ditos documentos de viagem, no mercado do Bandim, em Bissau. Alguns compatriotas nossos referiam-me que também se vendiam passaportes no mercado de Bafatá[142]. Estas queixas nunca tiveram seguimento por alegada falta de provas e acabaram por ir parar ao pó dos arquivos ou ao cesto dos papéis. Com fundamento ou sem ele, o assunto merecia ter sido investigado, pois, certamente, não haveria fumo sem fogo...

Em suma, diziam-me que um passaporte diplomático custava 400 contos (o equivalente a 2.000 Euros, ou um pouco mais nos dias que correm) e um passaporte de serviço 200 contos (portanto, acima dos 1.000 Euros). Vi, isso sim, detentores de passaportes diplomáticos com "cargos bizarros", como, por exemplo, desportistas (!) e portadores de passaportes de serviço com a profissão de "empresários", que ocupavam a respectiva "vida empresarial" a vender

---

[141] Decreto nº 17/98 – Acordo entre o Governo da República Portuguesa e o Governo da República da Guiné-Bissau sobre Supressão de Vistos em Passaportes Diplomáticos, assinado em Lisboa aos 6 de Fevereiro de 1998, assinado e referendado em 3 e 17 de Junho, respectivamente, do mesmo ano.

[142] Em Bafatá, um nosso nacional afirmou-me ter assistido à venda de vinhetas de vistos Schengen no mercado local. Nunca tive meios para confirmar ou infirmar tal notícia.

limões no mercado de Bandim (!). Posso assegurar a quem quer que seja que não há qualquer ponta de exagero no que relato.

A este respeito, não resisto a contar um episódio que se passou com minha mulher no controlo de passaportes no aeroporto de Lisboa, à chegada do voo de Bissau. Uma vez que, em função do meu estatuto próprio, a Maria Ana possuía passaporte diplomático português, dirigiu-se, como sempre, ao guichet dos passaportes diplomáticos. Ao chegar, já lá estavam 4 ou 5 simpáticos jovens bissau-guineenses, a aguardar o controlo. Um deles, olhando-a através de uns óculos escuros com aros dourados cheios de arrebiques, disse-lhe:

- Oh, minha senhora, olhe que não é aqui. Isto é só para diplomatas. A "bicha" é aquela – explicou, apontando com o dedo, para uma fila mais distante.
- Sim, eu sei – respondeu a minha mulher, com um sorriso.
- Ah, então, também tem? – perguntou, admirado.

Voltou-se para a frente e continuou a conversar animadamente com os seus companheiros. Tinham blusões onde se podia ler em letras garrafais bordadas e brilhantes "Tabanka Djazz", o nome de um conhecido conjunto musical de Bissau. Por conseguinte estava-se perante os "verdadeiros embaixadores da música guineense", com direito a passaporte de função. Pois, então!

Com efeito, quando do governo de Manuel Saturnino Costa, este considerou que os músicos, artistas, desportistas e quejandos eram altos representantes da cultura e do povo bissau-guineense e vai daí toca a conceder passaportes diplomáticos a toda esta gente. Daí a profusão de "diplomatas" basquetebolistas, pintores *naïfs* ou intérpretes de *coladeras*. Tudo nos conformes da terra...

Nada disto era mínima e obviamente sério, mas os nossos doutos governantes, ungidos pelo sábio voto popular, assinaram um acordo com o executivo da Guiné-Bissau para a supressão de vistos em passaportes diplomáticos. Não me pediram opinião, mas se a tivesse dado para pouco ou nada serviria. Ah, as razões de Estado que para tudo servem até para dar cobertura a estes desvarios!

Existia uma outra razão, não declarada, para a Ministra querer falar com o seu colega português: tratava-se de estabelecer um programa de cooperação entre as polícias e as forças de segurança de ambos os países, uma vez que, nesta matéria, Bissau tinha mantido um programa importante com Paris, todavia, tanto quanto me apercebi, pretendia, agora, mudar de agulha. Tratava-se de uma matéria muito delicada e sensível em que a França, uma vez conquistada uma posição no terreno, não queria, por forma alguma, ceder o lugar a terceiros. E compreendia-se esta lógica: a Guiné-Bissau, integrava "La Francophonie", a CEDEAO/ECOWAS, a UEMOA/UMOA, utilizava o franco CFA como moeda nacional, era, como já se disse, um verdadeiro enclave em zona francófona e o argumentário pró-gaulês podia alongar-se. Neste quadro, o controlo das forças de segurança internas e o serviço de *intelligence*, apesar das suas características *sui generis*[143], eram vitais para os interesses franceses na região. Todavia, muito embora dispusesse de algumas pistas, nunca pude explorar bem este assunto, naturalmente, muito reservado, porque entretanto o conflito armado eclodiu com toda a sua veemência.

A França piscava o olho à Guiné-Bissau enquanto Portugal virava a cara para o lado e fingia que não via

Creio que não será supérfluo repisar o estafado tema do interesse da França pela Guiné-Bissau, matéria que eu seguia com particular atenção e de que informava Lisboa com regularidade, bem ciente do nervosismo inquieto das nossas autoridades à entrada de "terceiros" nos nossos supostos "coutos privados de caça." O raciocínio era simples, como me diziam alguns em linguagem chã, corriqueira e politicamente incorrectíssima: "esta gente é nossa, tem a nossa chancela de origem e não dos outros," posto noutros termos, beneficiávamos, sem sabermos muito bem como nem porquê, de um direito especial de tutela sobre o território e as suas gentes.

Na óptica de Paris, a Guiné-Bissau, à semelhança da Gâmbia, era um território exíguo e paupérrimo encravado na ex-África Ocidental Francesa, que Portugal nunca chegou a colonizar nem teve capacidade para administrar em condições e cujo poder de influência era, hoje, limitado. As autoridades por-

---

[143] Era comandado pelo famigerado Coronel João Monteiro e contava nas suas fileiras com elementos pouco recomendáveis, entre eles o major Baciro Dabó, um torcionário sinistro, homem da total confiança de "Nino" Vieira, que anos mais tarde foi Ministro da Administração Territorial e que esteve sempre envolvido nas actividades da polícia secreta, inclusive tendo-a dirigido durante algum tempo. Para além de Monteiro, Dabó era um dos principais elementos de ligação com o PR. Foi assassinado em 2009. Como referi, a "secreta" respondia directamente perante João Bernardo Vieira e mais ninguém.

tuguesas pareciam ser sensíveis a esta problemática e à proverbial arrogância francesa, muito embora, tanto quanto era do meu conhecimento, não dispusessem de uma estratégia própria para se afirmarem com pujança na Guiné-Bissau e contrariarem os alegados interesses franceses. Limitavam-se, de modo passivo, à boa maneira lusitana, a cruzarem os braços.

Na área cultural e de difusão da língua, os nossos maus exemplos proliferavam. Durante todo o período da minha permanência em Bissau, em período de paz, entenda-se, o dossier do novo centro cultural português ia permanentemente engrossando e enchendo as estantes da chancelaria sem se vislumbrar qualquer luz no fundo do túnel – o processo não atava nem desatava, mau grado as minhas intervenções regulares; a escola portuguesa[144], uma referência no país, para todos os portugueses, para a elite bissau-guineense e demais lusófonos, uma vez que lhe era reconhecido o paralelismo pedagógico com as instituições de ensino congéneres em Portugal, debatia-se com todo um rol agravado de dificuldades, isto no que tocava a instalações[145], financiamentos, contratação de docentes, material escolar, etc. Por outro lado, a formação de professores, num país em que o conhecimento da nossa língua era mais do que rudimentar, constituía uma questão de importância primordial. Para terminar, resta acrescentar que o diálogo com o Instituto Camões e com o Ministério da Educação primava pela insuficiência ou, amiúde, pela ausência. Diariamente lidava e desesperava-me com estas questões, perante o deixa andar e o desinteresse de Lisboa. Eram as minhas funções. Mas, em boa verdade, que mais podia eu fazer?

Os exemplos multiplicavam-se noutras áreas. Poupo os leitores a essas descrições.

---

[144] Vd. Crónica 11.

[145] As "infra-estruturas escolares" eram constituídas por 2 casas de habitação, ou seja duas pequenas vivendas, separadas por uma avenida de grande circulação, e mais uma parte de casa adicional, dada a exiguidade de espaço, distante daquelas cerca de 2 Km(!). Num relatório que entreguei em mão ao Secretário de Estado dos Negócios Estrangeiros e Cooperação, em Dezembro de 1997, sublinhava que a questão das instalações constitui "o ponto mais decisivo para a Escola Portuguesa, pois não só resolveria o problema de aceitação de novos alunos, como problemas orçamentais que se prendem com os custos professor/aluno e rendas a pagar pelos imóveis arrendados." Este assunto foi reiterado por nova comunicação com carácter prioritário, em 15 de Maio de 1998. A guerra civil começou poucas semanas depois. Ainda hoje estou para saber que solução foi dada ao assunto, se é que foi dada alguma.

Perante isto, a França avançava a todo o vapor e para um país com a dimensão e características da Guiné-Bissau não era preciso fazer muito, nem sequer gastar muito dinheiro. A prazo a Guiné-Bissau podia cair na órbita francesa, se é que não estava já com um pé dentro.

Em finais de Maio, veio ver-me o Delegado da Comissão Europeia em Bissau, Engº Miguel Amado, nosso compatriota, que, entre outros assuntos, referiu-me a realização da próxima reunião da Comissão Mista França-Guiné-Bissau, prevista para os dias 11 e 12 de Junho, deixando-me ficar cópias de alguns documentos que havia remetido para Bruxelas e que não deixei também de os enviar imediatamente para Lisboa.

O Engº Miguel Amado referiu-me que a grande preocupação francesa residia, precisamente, no capítulo da "Integração Regional", uma vez que a inserção da República da Guiné-Bissau no espaço UMOA/UEMOA e a adopção do Franco CFA constituíam compromissos políticos do Estado Francês (ou seja, do próprio Tesouro gaulês). Com efeito, a França tinha disponibilizado assistentes técnicos ao Ministério local da Economia e Finanças, a fim de controlar, na medida do possível, a política e as acções do executivo naquela área específica. Todavia, a actuação do titular daquela pasta, Dr. Issufo Sanhá que se desdobrava numa actividade incessante em todos os azimutes, por vezes de uma forma precipitada ou mesmo errática, mereceu por parte do Embaixador de França o seguinte comentário: "*Il a atteint le seuil de l' incompétence*"[146]. Era intenção declarada da França preencher os lugares de Conselheiros e assistentes técnicos estrangeiros no Ministério das Finanças, exclusivamente com nacionais seus, independentemente da sua origem, quer os oriundos dos departamentos oficiais franceses, quer os da Comissão Europeia.

Era por demais notório que a França procurava actuar em todos os quadrantes possíveis da cooperação bilateral e sempre numa perspectiva de integração regional (v.g., as próprias questões relativas ao Direito aplicável na República da Guiné-Bissau; a educação – a difusão da língua francesa "para uma melhor integração ..." do país na sub-região, etc.)

A pedido das autoridades bissau-guineenses, a França pretendia, naturalmente, intervir em áreas, onde, até então, a respectiva acção teria sido limitada – entre outras, a das pescas. De notar, por exemplo, que os meios aero-navais de fiscalização da Zona Económica Exclusiva, tinham sido solicitados à CTM

---

[146] "Atingiu o limiar da incompetência" (trad.).

(Cooperação Técnico Militar portuguesa). Agora, a parte bissau-guineense parecia querer requerê-los à França *dans une approche régionale*[147], como dizia o embaixador Chappellet, a que Paris não iria, certamente, reagir pela negativa.

Finalmente, como atrás se deu a entender, a França pretendia retomar a cooperação no âmbito das forças de segurança interna (polícia de intervenção), ou seja na formação e equipamento dos "ninjas" (no fundo, a guarda pretoriana do regime).

Não podia deixar de manifestar a minha sintonia com o Eng.º Miguel Amado e com o intercâmbio de informações e de comentários que efectuávamos com regularidade e que se me afiguravam em tudo pertinentes. Mais. Sublinharia que a França tinha procurado actuar, desde sempre, na Guiné-Bissau, de forma autónoma e sem qualquer articulação, quer com a Comissão, quer com os demais Estados Membros, ao arrepio das orientações aprovadas pelo Conselho Europeu, ou seja, das directrizes para o reforço da coordenação operacional entre a Comunidade e os Estados-membros no domínio da cooperação para o desenvolvimento[148]. Em suma, na esteira orwelliana do "Triunfo dos Porcos", apesar de sermos todos iguais, existem membros e membros da União Europeia, uns mais iguais que outros.

Permitir-me-ia sublinhar que, bem ao gosto gaulês e sem prejuízo das mudanças de governos e das reformas introduzidas em França, na área da cooperação, Paris, reiterando o seu tradicional paternalismo, começava, cada vez mais, a considerar a Guiné-Bissau como uma ex-colónia sua. Como dizem os anglo-saxões: *Facts are facts. Comments are free.*[149]

Estas revelações do Chefe de Delegação da Comissão Europeia e os documentos a que tive acesso dissipavam quaisquer dúvidas, se porventura ainda subsistissem, quanto à alegada ingerência da França na Guiné-Bissau. Aliás, na área da economia e finanças, Paris tinha muito visivelmente a faca e o queijo na mão. Só não via quem não queria ver. O neocolonialismo não era, nem nunca foi, uma ficção.

As minhas relações com o representante diplomático de Paris François Chappellet – um homem, à beira da reforma, oriundo dos quadros da administração colonial francesa e ex-condiscípulo do presidente Abdou Diouf do Senegal

---

[147] "Num enfoque regional" (trad.).
[148] Documento adoptado pelo Conselho em 9 de Março de 1998 – 98/C 97/01).
[149] "Os factos são factos. Os comentários são livres".

– eram correctas, mas nunca foram cordiais e muito menos amistosas. Não tinha grande simpatia por nós, considerando-nos um empecilho inevitável, com quem tinha de viver, mas não de se afeiçoar. Em lados opostos da barricada, ambos nos apercebíamos do jogo um do outro e dos reais interesses que estavam sobre a mesa.

Visto que a União Soviética tinha dado a alma ao criador, os bissau-guineenses aproveitavam-se bem desta rivalidade Portugal-França para, oportunisticamente, escolherem o melhor de dois mundos. Na mente da elite bissau-guineense, a questão era simples: no fundo, quem é que nos vai pagar o almoço, porque não temos um tostão para mandar cantar um cego? É assim que, como já o referi, sem prejuízo das reiteradas promessas feitas ao nosso país, Bissau subitamente abandonou a zona escudo para optar pela zona franco, em 1997. "Nino" Vieira e os seus rapazes fizeram-no e nem sequer mereceram uma admoestação da parte lusitana ou sequer um franzir de sobrolho. Este é um exemplo entre muitos. Muito lusitanamente entrávamos na habitual postura passiva do "come e cala", que tão bem nos caracteriza.

Mas, bem vistas as coisas, havia que reconhecer, que ainda tínhamos os nossos amigos em Bissau. Existiam lusófonos e, bem entendido, lusófilos.

Uma greve à boa maneira guineense

O Hotel Hotti era, na época, uma das duas unidades hoteleiras dignas desse nome na capital guineense. O outro era o "24 de Setembro" instalado na antiga messe de oficiais de Santa Luzia, perto do Quartel-general, com infra-estruturas muito degradadas e que funcionava de modo bastante precário. O Hotti que em tempos idos havia integrado a cadeia Sheraton, pertencia ao estado Bissau-guineense; era gerido por um português, Sr. Carlos Santos e, em termos europeus, mereceria quando muito a classificação de 3 estrelas. De resto a oferta era muito limitada, para além da pensão familiar da D. Berta, bem no centro da cidade, que tinha muitíssimas limitações, mas valia pelo ambiente e pelas refeições caseiras, existiriam ainda algumas pensões reles de péssima qualidade, uns pardieiros, que nunca cheguei a conhecer.

Após uma greve na primeira quinzena de Maio, os trabalhadores do Hotel Hotti preparavam-se para nova greve, em 5 de Junho, com a duração de 10 dias, segundo me informou o respectivo director que havia recebido o pré-aviso dois dias antes. Veio ver-me e mostrou-se muito preocupado porque à semelhança do que havia ocorrido anteriormente, temia um novo surto de violência e de depredação das instalações, designadamente pela eventualidade dos grevistas ocuparem os locais de trabalho. Assim, o Sr. Carlos Santos já havia solicitado medidas excepcionais de segurança junto da Ministra do Interior, Sra. Francisca Pereira e tinha, igualmente informado várias entidades oficiais bissau-guineenses sobre o assunto. Pediu a minha intervenção junto da Ministra como meio de pressão suplementar, lembrando-me que o hotel era o único que verdadeiramente funcionava na capital e que era frequentado na sua esmagadora maioria pelos nossos nacionais

Na anterior greve – e os documentos que me foram apresentados não deixavam grandes margens para dúvidas – foram praticados vários actos de sabotagem às instalações técnicas, designadamente à central eléctrica (incluindo os geradores), aos motores de água e bombas anti-incêndio, entre outras acções de vandalismo indiscriminado. Registaram-se, igualmente, agressões físicas e a destruição de propriedade privada – um automóvel.

Para além das habituais reivindicações salariais, os grevistas haviam optado por uma via de contestação política, questões que tinham de ser tomadas em linha de conta. Segundo o Sr. Carlos Santos, existiria provavelmente um grupo sul-coreano, interessado em adquirir o Bissau Hotti Hotel, no quadro da política de privatizações do Governo da Guiné-Bissau, anunciada em Fevereiro. Tratava-se de mais uma pequena machadada nos interesses portugueses. Com efeito, muito embora a unidade fosse propriedade do Estado guineense, a exploração cabia ao grupo português Hotti Hotéis, nos termos de um contrato de gestão, celebrado em 1992 e com a duração de 12 anos. O governo de Bissau preparava-se para roer a corda e tudo levava a crer que estaria por detrás destas manobras para poder passar a bola aos sul-coreanos e meter ao bolso mais uns cobres. Além disso, a julgar pela primeira greve, a violência cega estava na ordem do dia e tudo dava a entender que desta vez as coisas poderiam ser bem piores, se é que não eram instigadas do exterior.

Tive que falar pessoalmente com a Ministra do Interior a quem solicitei providências, em termos de protecção de pessoas e bens, advertindo-a que estavam em causa a segurança física dos nossos nacionais e os interesses portugueses. A violência não tinha limites e tudo podia acontecer. Foram-me dadas garantias que, muito naturalmente, possuíam um valor mais do que relativo.

Para mal dos meus pecados, era um caso, entre muitos, que eu tinha de gerir e que fazia parte do meu dia-a-dia.

O corrupio de visitas de altas personalidades e as contradições dos discursos

Em crónicas anteriores já me referi a este assunto. Tudo me levava a crer que Bissau possuía um íman poderoso que atraía todo o tipo de ilustres visitantes lusitanos das mais desvairadas proveniências. Não vou, nem de perto, nem de longe, referir-me a todos eles e muitos já os mencionei, com maior ou menor detalhe, em crónicas anteriores. Apenas um ou dois pequenos apontamentos para registo.

Entre 10 e 13 de Maio, o Ministro português do Trabalho e da Solidariedade, Dr. Eduardo Ferro Rodrigues efectuou uma visita de trabalho à Guiné-Bissau, a convite do Ministro local da Justiça e do Trabalho, Dr. Daniel Ferreira. Assinaram-se protocolos nos domínios do Emprego, da Formação Profissional, das Relações Laborais e da Segurança Social e foi delineado um programa de cooperação, em todas estas áreas, com acções concretas, a implementar brevemente.

Foram oferecidas viaturas e outro material – mobiliário e artigos de escritório – ao Ministério do Trabalho bissau-guineense. Ferro Rodrigues disse dispor de dinheiro para cursos de formação profissional e prometeu ajuda financeira e técnica a várias instituições locais nas áreas atrás referenciadas. Por outras palavras, havia dinheiro a rodos.

Isto contrastava singularmente com a recente passagem da então Ministra da Saúde, Maria de Belém Roseira por Bissau, depois de ser por mim alertada para os custos da cooperação no domínio da Saúde, que, nas contas do meu Adido para a Cooperação, ascendiam a 450.000 contos/ano[150]. Num discurso na residência oficial, perante várias entidades locais do Governo e da Oposição, afirmou que toda a política de cooperação no sector da saúde teria de ser revista e que o seu Ministério não dispunha de fundos para manter em pleno funcionamento os programas em curso, dada a sua onerosidade.

---

[150] O equivalente ao câmbio oficial a 2,244 milhões de Euros, todavia, em termos reais, bastante mais se tivermos em conta a evolução do custo de vida, entretanto verificada.

Num meio pequeno como o de Bissau, alguns dos interlocutores de Maria de Belém Roseira coincidiam com os de Eduardo Ferro Rodrigues. Na parte que me toca, era-me extremamente difícil explicar em termos racionais as discrepâncias dos discursos dos nossos governantes, as subtilezas do orçamento português e a alocação de verbas aos diferentes Ministérios[151].

Apesar de ter sido servido bacalhau com todos, talvez com um pitada de sal a mais, foi um almoço delico-doce com o Ministro das Finanças

Em finais de Maio, não me recordo da data, o Adido de Cooperação da Embaixada organizou um almoço com o Ministro das Finanças Issufo Sanhá para o qual me convidou. Tratou-se de um almoço a três em que, durante uma boa parte da tarde, se falou aberta e distendidamente da situação económico-financeira da Guiné-Bissau, dos projectos do Governo e do Ministro.

Por nós instado, Issufo Sanhá reconheceu que a situação da Guiné-Bissau não era propriamente brilhante, mas que "após o Governo calamitoso de Saturnino Costa e depois da entrada no franco CFA, estamos a pôr a casa em ordem". O futuro apresentava-se bastante mais risonho e com a ajuda dos principais parceiros – França, Portugal, Suécia, União Europeia – as perspectivas eram boas, mas havia que dar tempo ao tempo.

Reconheceu que a recente adesão à UEMOA se processou demasiado depressa, desde a assinatura do Tratado de Adesão à Zona Franco, à adopção da nova moeda em 1 de Maio de 1997, coexistindo o peso bissau-guineense com o franco CFA até Julho de 1997, momento em que a moeda antiga deixou definitivamente de ser aceite como meio de pagamento. Argumentei que a adopção do franco CFA não tinha sido acompanhada das necessárias medidas de ajustamento e acompanhamento e os períodos transitórios eram virtual-

---

[151] Cheguei a dizer à dra. Maria de Belém que o que se gastaria em dois anos com as evacuações, os tratamentos e consultas nos hospitais portuguesas e as demais acções de cooperação no domínio da saúde – ou seja, cerca de 900 mil contos – podia montar-se um centro hospitalar de qualidade que seria uma referência de prestígio bem visível da cooperação portuguesa na Guiné-Bissau. A resposta da Ministra foi mais ou menos esta: nem pense nisso, não disponho de dinheiro. Não ponho, por forma alguma, esta afirmação em causa, pois era capaz de ser bem verdadeira. Aliás, refiro esta situação por alto na Crónica 11.

mente inexistentes. Para além da natural confusão que se gerou, o país não estava preparado para este embate, tendo o processo assumido características inflacionárias, perturbado os frágeis circuitos económicos e facilitado a drenagem de capitais para o estrangeiro. A medida foi considerada polémica e provocou natural perplexidade em Portugal[152]. Issufo Sanhá referiu que a adopção do franco CFA constituía uma "necessidade absoluta" porque a Guiné-Bissau tinha que se integrar na região, sem embargo da respectiva debilidade económico-financeira.

Na prática, repliquei que isso não era mais que uma submissão ao Senegal, gerando-se uma acentuada relação de dependência, e uma subordinação aos interesses franceses "com a sua dosezinha escondida de neocolonialismo", para além de uma perda da identidade bissau-guineense a prazo. Argumentou, de forma não muito convincente, que o país manteria plenamente a sua independência e que era um arranjo de circunstância, mas que, bem vistas as coisas, a Guiné-Bissau não dispunha de verdadeiras opções nesta matéria. Acabou por não responder às eventuais implicações políticas e culturais da adesão à zona franco.

Em seguida, Issufo Sanha, na linha de intervenções públicas anteriores, assumiu, mesmo no círculo restrito em que se encontrava, os habituais excessos de voluntarismo e de protagonismo, patenteando uma certa ânsia em "queimar etapas" na implementação das medidas que visavam repor os grandes equilíbrios macro-económicos.

As medidas tomadas – e a tomar – eram, entre outras, essencialmente as seguintes[153]:

- Apertado controlo das despesas públicas, com redução drástica dos gastos sumptuários e das deslocações ao estrangeiro e com a projectada diminuição de efectivos na função pública;
- controlo estrito da inflação – segundo os dados oficiais, a taxa de inflação acumulada, em 1997, ter-se-ia cifrado em 16,8%, quando em Maio, desse mesmo ano, ultrapassava os 50%.

---

[152] V. Crónica 10.

[153] Para tornar mais clara a exposição retiro das minhas notas tiradas na altura e de relatórios anteriores enviados para o MNE os pontos mais importantes, minimamente estruturados, uma vez que estou a resumir uma conversa que se prolongou ao longo de várias horas e em que se mudou várias vezes de assunto.

- novo regime tributário, com a racionalização do sistema (supressão, redução e introdução de novos impostos – como era o caso do imposto geral de vendas – o IVA local);
- política de liberalização e de privatizações, acelerando-se a privatização de certos sectores-chave: telecomunicações, energia, portos e turismo;
- incentivos ao investimento, com a próxima publicação de um novo código de investimentos, com a constituição de um fundo de apoio aos investidores estrangeiros (Fundo de Cooperação Económica) e com a criação do "guichet único" – organismo destinado a desburocratizar e simplificar todos os processos de investimento;
- finalmente, a integração económica regional

Falou com entusiasmo e sempre com optimismo, deixando, porém, esfriar o bacalhau com batatas, o grão de bico e os ovos cozidos. No final, fiz-lhe apenas uma pequena observação, com uma pergunta de permeio:

– Não acha, Senhor Ministro, que tudo o que propõe peca um pouco por ambição? Não me parece que o país esteja preparado para tais medidas. Além disso, a Guiné-Bissau debate-se com problemas sérios do ponto de vista social, não só nas casernas, mas em todos os sectores, sem soluções à vista.
– Tudo se irá resolver, só precisamos de tempo – respondeu, com um sorriso de orelha a orelha, Issufo Sanhá.

O Ministro falou em seguida na necessidade que tinha o seu departamento em dispor das instalações da antiga embaixada da RDA para aí alojar uma Direcção-Geral sua (creio que a do Tesouro). Assunto que já havia sido abordado quando da visita do Secretário de Estado e que era recorrente. Disse-lhe que compreendíamos o problema mas precisávamos de um terreno para permuta, nas imediações da embaixada. Tomei boa nota e enviei, posteriormente, mais uma mensagem para Lisboa sobre o assunto.

Entrámos depois em questões mais delicadas. Em conversa propositadamente redonda referi-lhe os pedidos de empréstimo, a fundo perdido, sublinho bem, da Guiné-Bissau a Portugal, para o Orçamento de Estado, uma vez que a contabilidade já há muito que se escriturava a vermelho, os funcionários públicos não recebiam salários e o país estava na prática numa situação de cessação de pagamentos. Disse-lhe que corriam uns zun-zuns de que o Primeiro-Ministro Carlos Correia teria pedido, com carácter de urgência, ao seu homólogo português de então, António Guterres, uma quantia elevada, ou, mesmo, muito elevada, para ajuda directa ao Orçamento de Estado. Tentei saber se isto era verdade, dado que o assunto não me havia passado pelas mãos e, em caso afirmativo, se era possível saber-se qual era o montante, mesmo aproximado, do dito empréstimo/doação.

Issufo Sanhá quis mudar de assunto e meteu os pés pelas mãos. Perguntei-lhe então se já tinha falado sobre esta matéria com o Ministro das Finanças português da época, António Sousa Franco. Sanhá não quis responder. Atirei então com um número ao acaso para testar as águas:

– Não serão, pr'aí, uns dois ou dois milhões e meio de contos[154]?
– Desculpe, mas não lhe posso dizer nada sobre o assunto, nem que sim, nem que não, nem que talvez.

Assim ficámos. E mais não disse, nem lhe foi perguntado… O certo é que a ser verdade e atento o secretismo destas operações, nunca se desvendarão estes mistérios insondáveis. Tudo leva a crer, porém, que o bom contribuinte português deve seguramente ter pago a má gestão das finanças públicas da Guiné-Bissau sem todavia o saber.

Não, não era Paris que vinha em socorro de Bissau e muito menos Dakar, mas, sim, Lisboa, que dava presentes de Natal fora de época, mesmo aos meninos mal comportados.

A cooperação com a Guiné-Bissau saía irresponsavelmente cara, muito cara, mesmo e com resultados mais do que duvidosos.

Para terminar, à boa maneira portuguesa o bacalhau tinha um pouco de sal a mais, mas a conversa, por parte do nosso convidado, foi sempre delico-doce.

---

[154] Cerca de 10 a 12,5 milhões de euros em câmbio directo, o que equivaleria a bastante mais nos dias de hoje, por outras palavras uma quantia astronómica.

CRÓNICA 21

Bissau, 5 a 7 de Junho de 1998
Um fim de semana aparentemente banal que acabou por ser muito diferente

Uma ida ao Parque das Lagoas de Cufada

Sexta-feira, 5 de Junho, foi um dia como tantos outros. Tinha de ir para o interior. Acompanhado pelo delegado da Comissão Europeia, Miguel Amado e pelo Ministro da Agricultura e do Ambiente, Avito José da Silva rumámos a Buba, região de Quinara, no Sul do país, para nas imediações daquela povoação visitarmos o Parque Natural das Lagoas de Cufada[155] e inteirarmo-nos do projecto de recuperação daquela área, em comemoração do "Dia Mundial do Ambiente". O parque estava a ser supervisionado pelo Engº silvicultor, Renato Costa, um técnico português de grande qualidade, extremamente amável, de quem guardo as melhores recordações, embora o tivesse conhecido mal. O parque, com 89.000 hectares, tinha no seu interior a maior lagoa de água

---

[155] O projecto tinha nascido uns meses antes, no quadro de um Protocolo de Cooperação Tripartido, assinado entre a Guiné-Bissau, Portugal e a Comissão Europeia em 6 de Novembro de 1997, com uma duração de 4 anos.

doce da Guiné-Bissau. Tratava-se de um santuário de aves residentes e migratórias, bem como de outros animais (antílopes, crocodilos e hipopótamos). A flora era também exuberante e muito variada. Estava-se perante um ecossistema frágil que, em boa hora, Portugal, através do Instituto de Conservação da Natureza, do nosso Ministério do Ambiente, em articulação com as entidades atrás referenciadas, desenvolvia aquele grande projecto de cooperação. Fiquei impressionado com a beleza selvagem do local, com o trabalho que estava a ser feito e com as potencialidades que o parque possuía em termos de turismo ecológico, desde que fosse devidamente controlado.

Avito José da Silva falava pelos cotovelos e volta-meia-volta lançava umas piadinhas desajeitadas que pretendiam ter graça. O Parque interessava-o pouco. O seu tema de conversa recaía inevitavelmente sobre a "vitória esmagadora do Presidente "Nino" Vieira no Congresso do PAIGC e as perspectivas que se abriam para o futuro do país". Mantinha uma excelente relação com Miguel Amado, com quem se tratava por tu, uma vez que tinham sido colegas de estudo, no Instituto Superior de Agronomia, em Lisboa. Referiu-se depreciativamente a Ansumane Mané, dizendo-nos: "O tipo está feito. Não tem hipótese nenhuma". Quanto aos ex-combatentes, considerou que eram gente de outra época e que nada tinham que ver com o país moderno que se queria construir: "Ainda não se convenceram que a luta acabou", dizia. Em tom de confidência, explicou-nos que a situação estava toda sob controlo e que não nos devíamos preocupar. A sua alocução, em crioulo, à população local, incluiu um rasgadíssimo panegírico ao Presidente da República, entremeando o discurso com *n* vivas ao PAIGC. Parecia-me que tínhamos recuado no tempo e que estávamos a reviver a época áurea do partido único. Hábitos que não se perdem.

A exoneração definitiva de Ansumane Mané, o inseparável companheiro de "Nino" Vieira

Chegado a Bissau, já à noitinha, alguém me chamou a atenção para movimentações estranhas e uma crispação crescente entre militares, adiantando-me que "havia qualquer coisa no ar, mas não se sabe muito bem o que é". Não era segredo para ninguém que, desde Janeiro, ou mesmo antes, o clima se vinha toldando e, de um momento para o outro, algo podia ocorrer, mas quando? Não, não tinha em casa bolas de cristal e, muito embora localmente abundassem os bruxos e os feiticeiros, eu não os consultava. Como se sabe, desde o início do ano, que eu havia previsto a eventual ocorrência de qualquer manobra de força por parte de uma das facções militares, ao menor pretexto, real ou inventado. Entretanto, a situação interna, em todas as frentes, agravava-se cada vez mais e a questão de Casamansa era uma história muito mal contada, com envolvências a todos os níveis, designadamente do próprio poder político. Lisboa tinha conhecimento de tudo isto, tanto assim era que já existia, mesmo, um plano para evacuação dos nossos nacionais desde Abril de 1998[156]. Entretanto, o "Diário de Bissau", uns dias antes, havia publicado um pequeno artigo de primeira página, sugestivamente intitulado "Militarmente quente", referindo-se à iminência de um levantamento da tropa. Havia, de facto, algum fumo no ar.

Sábado de manhã, bem cedo, um dos nossos militares da CTM, não me lembro qual, vem bater-me à porta. Vou tentar reproduzir o diálogo que então mantivemos, procurando ser fiel ao respectivo espírito, mas, por razões óbvias, não à letra do mesmo.

– Senhor embaixador, temos para aí um problema. O brigadeiro Ansumane Mané foi demitido, ontem à noite, tendo sido substituído pelo Brigadeiro Humberto Gomes como novo CEMGFA e foi também nomeado o Tenente-Coronel Afonso Té, como Vice-Chefe. Tudo gente do "Nino", como sabe. O brigadeiro Mané foi intimado a desfazer-se da sua guarda pessoal e a entregar as armas, o que até agora não fez, nem parece ter intenções de vir a fazer. Não sei no que é que isto vai dar[157].

---

[156] "Em finais de Abril de 1998, o Governo português, pelo ministro da Defesa, professor Veiga Simão, aprova um Plano de Contingência (Plano Crocodilo) elaborado sob a autoridade do general Gabriel Augusto do Espírito Santo, chefe do Estado-Maior General das Forças Armadas. Previa-se a constituição de uma força conjunta – a Força de Recolha na República da Guiné-Bissau, abreviadamente, FORREG – com meios dos três ramos das Forças Armadas, sob o comando de um capitão-de-mar-e-guerra ou coronel, a designar. Assumia-se, como base do planeamento a desenvolver, que seria possível, obter o acordo e coordenar a execução da operação com as, entidades locais.", Alexandre Reis Rodrigues e Américo Silva Santos, "Bissau em Chamas – Junho de 1998", Casa das Letras, Lisboa, 2007, pp. 37-38.

[157] Como sublinha Matos e Lemos, "["Nino" Vieira] mandou desarmar Ansumane Mané, o que constitui uma grave degradação, comparável ao antigo ritual de arrancar os galões e quebrar a espada de um oficial europeu.", *op. cit.*, p. 149.

— Já há algum tempo que se ouvia falar nesses dois, que você referiu, portanto não há grande novidade nos nomes. Estranho, apenas, que o Comandante Feliciano Gomes[158] não tenha sido contemplado, pois tudo apontava nesse sentido e, em suma, é talvez o mais competente do núcleo dos "fiéis" do Presidente. O "camarada Nino" levou tempo a decidir-se, porquê só agora? – comentei

— Bom, ele queria ter a situação totalmente sob controlo e só agora o terá conseguido.

— Será que isso é verdade? Não me parece, apesar da aparente bonança que sucedeu ao Congresso do PAIGC.

— Senhor Embaixador, eu acho que isto tem pouco que ver com o Congresso mas, sim, com problemas entre militares, que conhece tão bem como eu e que continuam por resolver. É claro que, à moda antiga, "Nino" terá pensado que com o controlo do PAIGC tinha os militares na mão, porque as duas realidades sempre se confundiram. Isto no fundo, sempre foi uma amálgama, uma confusão de narizes muito grande.

— Mas houve coragem para demitir o Ansumane Mané, o "Bric-brac"? O antigo comandante da guarda presidencial? O braço direito do Nino? Uma amizade de 30 e tal anos, forjada nos tempos da luta? Nada disso conta? Como é que se chegou a esta situação? Para lhe falar com franqueza, sempre pensei que esta suspensão do CEMGFA era temporária e que as coisas ainda se podiam compor. Agora, isto? Enfim, os dados estão lançados, seja o que Deus quiser.

No mesmo dia, falei com o meu vizinho da frente, Eng.º Júlio Semedo, Director do Gabinete do Presidente da República, antigo MNE e ex-embaixador em Lisboa. Era um homem doente, diabético em alto grau, de saúde frágil. Tentou esquivar-se às perguntas que lhe fiz e mostrou-se visivelmente assustado com o rumo que a conversa estava a tomar. Deu-me, porém, a entender que a situação estava muito tensa e que Ansumane Mané e os Combatentes da Liberdade da Pátria podiam reagir. "Mas tudo isto é especulativo e, no fundo, eu não lhe estou a revelar nada, embaixador." Com estas ou outras palavras, repetiu-me esta frase, pelo menos, duas vezes.

---

[158] Chefe de Estado Maior da Armada.

À tarde, avistei-me com um bissau-guineense das minhas relações, que militava num partido da Oposição e que me confirmou o essencial das informações do dia. Não revelo propositadamente o seu nome. Eis uma tentativa de reprodução da conversa que então estabelecemos:

- Os ventos não correm de feição. Ninguém sabe ao certo o que se vai passar. Creio que o João Monteiro[159] e os seus capangas devem ter sido encarregados pelo "Nino" para desarmarem o Ansumane Mané e a sua guarda pessoal, e de lhes limparem o sebo, quando o Presidente estiver na Cimeira da OUA em Ouagadougou, que começa amanhã. Neste país, é assim que as coisas se costumam fazer. Quando o presidente se ausenta, passa-se ao assassinato selectivo dos elementos "incómodos". Ou muito me engano ou é isto mesmo que vai acontecer. Vai ver que é assim.
- Não acha que está a ir demasiado longe? – perguntei.
- Não. Não. Estamos em África. Estamos na Guiné-Bissau. A democracia é uma ficção para inglês ver. Ninguém abandonou os métodos antigos, nem a maneira de pensar dos tempos da luta e muito menos o "Nino". Alem disso há ainda outros factores a considerar.
- Quais?
- Sei de fonte certa que o relatório parlamentar sobre o tráfico de armas para Casamansa já está nas mãos do "Nino", antes de ser publicamente divulgado – o que está previsto, para o dia 8. Parece que se voltou o feitiço contra o feiticeiro, porque o Ansumane Mané sai limpo deste processo e quem está metido até ao pescoço é a gente do "Nino", a começar pelo próprio Ministro da Defesa, Samba Lamine Mané. Há pelo menos umas 40 pessoas envolvidas. Tudo leva a crer que o Presidente também terá beneficiado, directa ou indirectamente, com esta situação. Quando digo beneficiado, refiro-me a lucros, a dinheiro que lhe terá ido parar ao bolso. É tão simples quanto isto.
- Custa-me a crer que o Chefe de Estado caia daí abaixo, os seus homens, com certeza, agora, o próprio "Nino"? Tenho dúvidas. Mesmo que esteja envolvido, será muito difícil prová-lo.
- A divulgação do relatório não se fará com toda a certeza no dia 8, provavelmente nunca virá cá para fora. No fundo, o "Nino" queria um relatório

---

[159] O chefe da "Secreta". Vd. nota de roda-pé nr. 143.

resumido, sem grandes detalhes, nem acusações. Saíram-lhe as contas trocadas. Mas, repito, o homem é esperto e vai arranjar maneira disto morrer numa esquina qualquer. Asseguro-lhe que o relatório não vai ser divulgado, pelo menos na forma em que está.

Passei o resto do Sábado a matutar nos acontecimentos das últimas horas e cheguei a pensar em enviar mais um telegrama para o MNE, comentando a exoneração de Ansumane Mané, as nomeações de Humberto Gomes e de Afonso Té[160] e as tensões perceptíveis que pairavam na cidade, mas deixei isso para domingo. Havia tempo e em Lisboa ninguém ia ler notícias de Bissau num fim de semana de Junho, em vésperas de um grande feriado e da parada naval da Expo'98.

Jantei, distendidamente, com o dr. Francisco Mantero, empresário luso que tinha, então, grandes investimentos no sector agrícola (exploração de frutas tropicais) da Guiné-Bissau[161] e com o representante local da TAP, Francisco Gorjão. Falámos com algum vagar sobre a situação no país, tendo eu manifestado alguma apreensão sobre os últimos acontecimentos e as incógnitas que a evolução da situação naturalmente suscitava. Mas a conversa acabou por derivar para outros temas menos "indigestos". Como é óbvio, não revelei tudo o que sabia, até porque dispunha de poucas certezas.

Resumindo, João Bernardo Vieira supunha que tinha o partido na mão, que os seus "fiéis" nas FAs dominariam quaisquer eventuais focos de dissidência,

---

[160] Coincidência ou não, Humberto Gomes havia sido o Presidente do Supremo Tribunal Militar que condenou à morte vários alegados implicados no caso "17 de Outubro" de 1985. Sublinho que Afonso Té era, na altura, o Promotor Público no mesmo processo. No caso em apreço, foram acusados vários elementos, quase todos de etnia balanta, entre eles Paulo Correia, 1º Vice Presidente do Conselho de Estado e o dr. Viriato Pã, Procurador Geral da República, por alegadamente conspirarem contra a segurança do Estado, pela organização de um "putsch". O processo foi opaco, com julgamento à porta fechada e os réus foram fuzilados, apesar dos protestos internacionais. Até hoje, desconhece-se que provas existiam contra os referenciados. Outros 6 oficiais balantas foram também julgados e sentenciados à pena capital, mas acabaram apenas por cumprir penas de prisão. Muitos terão morrido sob tortura. Jamais foi provada, de forma clara, a culpabilidade dos supostos implicados. Este caso veio a gerar uma situação de revolta latente mas duradoura entre os balantas (demograficamente a maior etnia da Guiné-Bissau – cerca de 1/3 da população total) e os Combatentes da Liberdade da Pátria.

[161] É, hoje, o Secretário-geral do Conselho Empresarial da CPLP.

que Ansumane Mané já destituído, seria, posteriormente, desarmado e neutralizado – a interpretação quanto a esta última palavra fica inteiramente ao critério do leitor –, que os Combatentes da Liberdade da Pátria não constituíam uma ameaça séria a quem quer que fosse, que os problemas económico-financeiros do país seriam resolvidos a prazo, que o problema de Casamansa estaria controlado ou em vias disso, em resumo, embora o céu não estivesse totalmente limpo, não existiam, a bem dizer, na linha do horizonte, nuvens capazes de toldar o ambiente.

Sábado à noite, "Nino" Vieira fez um discurso exaltado e aguerrido na "chapa" de Bissau, apelidando a Oposição de *catchu caleron* (pásaros)[162] e afirmando, para quem o quis ouvir, que ascendeu ao Poder de armas na mão, que se manteria no Poder pela força, se fosse caso disso, que "mandaria até cair de velho, até ter de ser amparado para poder andar"[163], porque ninguém o arredaria do cargo, "afirmação que constituía mais uma grave afronta ao princípio da alternância do poder, trave mestra da democracia"[164]. Segundo o Comandante Zamora Induta, o seu discurso não terá "agradado à Oposição nem à maioria da população, militantes do PAIGC incluídos".[165]

Domingo, dia 7, ia ser, seguramente, diferente.

---

[162] Vd. Gomes, João Carlos, "Poilon di Brá", INACEP, Bissau, 1998, p. 22.
[163] Citado no opúsculo "Pensar a Guiné-Bissau", p. 23, da Junta Militar para a Consolidação da Democracia, Paz e Justiça, da provável autoria de Francisco Fadul (transmitido pela Rádio Bombolom em Junho-Julho de 1998).
[164] Ibidem.
[165] Zamora Induta, *op. cit.*, p. 118.

TERCEIRA PARTE

CRÓNICA 22

Bissau, 7 de Junho de 1998
O levantamento militar

Acordar sem despertador numa manhã de Domingo, nos trópicos

– Acorda, Ana. Não ouves? – digo em voz alta já bem desperto.
– Ouço, o quê? – pergunta-me estremunhada.
– São rebentamentos e ouvem-se tiros de metralhadora à distância – respondo.
– Não me digas que ....
– É isso mesmo. A festa deve ter começado. Se calhar é um golpe de estado. Bom, os militares devem andar à sarrafusca uns com os outros. Que horas são?
– Não faço a menor ideia. A luz falhou mais uma vez durante a noite e o rádio-despertador está pra'aí a piscar. O teu relógio está na casa de banho.
– Os rebentamentos continuam. Não ouves? Isto deve ser para os lados do aeroporto.
– Sim. Sim. Há qualquer coisa.

– Eu fiz aqui a guerra. Isto não me engana. Andam para aí ao tiro. Eu já estava à espera de uma coisa destas.

Levantei-me e fui até à cozinha. Estava por lá o velho Augusto.

– Augusto, o que é isto que estamos a ouvir?
– É guera, nosso embaixador. É guera, mesmo – respondeu-me com uma calma quase olímpica. Esta asserção era um pouco o constatar de uma evidência, mas, a bem dizer, não se podia adiantar mais nada.
– Bom, Augusto, prepara o pequeno almoço que eu vou-me vestir e vou já para o escritório.[166]

Estranhamente sentia a boca seca, um gosto amargo, um nó na garganta, o coração a bater descompassadamente, recuava no tempo uns bons 30 anos. Era a sensação de entrar de novo em combate. Faltava-me a G-3.

---

[166] Leonardo Cardoso (*op. cit.*, pp. 149-150), com base em informações publicadas no *Observatório* da Liga Guineense dos Direitos Humanos (ano I nº 1, Novembro de 1998) refere que eu, alegadamente, teria recebido um telefonema anónimo a informar-me do levantamento militar, o que é totalmente falso. Cardoso menciona o assunto nos seguintes termos: "Em Novembro de 1998, a Liga Guineense dos Direitos Humanos publica um artigo no qual faz a radiologia do conflito. De acordo com este documento, no dia 7 de Junho Fernando Henriques da Silva, embaixador de Portugal na Guiné-Bissau, recebe uma chamada anónima a anunciar um levantamento militar. Dez minutos depois (5h30 de Bissau) regista-se um forte tiroteio na zona do Estado-Maior do Exército (bairro de Santa Luzia) em Bissau.
É, no mínimo, questionável este telefonema.
Que relações existiam entre o embaixador português e o levantamento militar?
O levantamento representava. algo de importante para Portugal ao ponto de o seu embaixador ser informado em primeira mão ainda antes de começar, com todos os riscos que a chamada pudesse representar caso fosse interceptada?"
Apenas para responder a uma das perguntas formuladas, não existia qualquer relação entre mim e o levantamento militar. Um pequeno esclarecimento: o meu primeiro nome não é Fernando, mas Francisco. O delírio destas pretensas informações é total. Em 7 de Junho, às primeiras horas da manhã, as coisas passaram-se exactamente como as descrevi e não de outro modo.

Hora tchiga – chegou a hora. **As primeiras informações sobre o levantamento**

Em escassos minutos lá estava eu na chancelaria, agarrado ao telefone procurando obter informações de todas as fontes possíveis e imaginárias, umas certas outras incertas, que me permitiram, muito rapidamente redigir um primeiro telegrama sobre a situação que enviei de imediato para Lisboa. Desta vez, pensava eu, alguém leria a minha prosa, até porque a notícia já devia circular amplamente em Portugal através dos *media*, em especial da rádio e eu, de algum modo, procurava antecipar-me às habituais perguntas de algibeira, via de regra, cretinas por parte da hierarquia: Há mortos? Há feridos? Quantos? Os nossos nacionais como estão? Tem contactos com eles? Quem são os rebeldes? Porquê uma rebelião militar numa altura destas? Quantos são os insurrectos? O que é que eles querem? Que tipo de apoios dispõem? Como é que isso está a evoluir? O que é que você prevê? Porque é que nunca nos disse nada? – esta última pergunta, então, irritava-me solenemente. Tinha apenas três pessoas comigo: duas secretárias e o Adido de Defesa, Coronel António Laia. Como era Domingo e estava-se a viver uma situação de grande perigo, só quem residia no próprio complexo da embaixada ou nas imediações compareceu. Os restantes ficaram em casa. O quadro era ainda pouco claro e à primeira vista parecia tratar-se de uma tentativa de golpe de estado ou o princípio de uma sublevação militar. As informações tinham que ser aferidas em permanência, porque as dúvidas, as contradições e os boatos proliferavam.

Eis o texto da mensagem que remeti para as minhas autoridades, em que procurei ser tão objectivo quanto possível, mas o documento continha inevitavelmente alguns erros, *maxime* no que tocava ao aparente controlo da situação por parte das forças féis ao Presidente da República, uma vez que tais notícias provinham do próprio palácio e acabaram por se revelar falsas (nesta matéria sempre manifestei as minhas "dúvidas metódicas" em relação às informações oriundas dos cortesãos "ninistas"):

"Bissau vive momentos muito confusos devido a afrontamentos armados entre facções militares adversas, que começaram esta madrugada e que têm continuado pela manhã, presumivelmente na sequência da nomeação dos novos CEMGFA e vice-CEMGFA, Brigadeiro Humberto Gomes e Ten. cor. Afonso Té, que teve lugar ontem. Situação parece estar, já, sob algum controlo, na medida em que a intensidade dos combates tem vindo a diminuir, registando-se apenas tiros esporádicos de armas ligeiras, pelas 9 horas locais.

Tratou-se de uma acção concertada, por parte de "forças rebeldes", aparentemente centrada em 3 pontos da cidade:

- QG Exército (EME) em Santa Luzia
- Ministério da Defesa (Amura) e instalações da Marinha (centro da cidade junto ao porto)
- Sede da Brigada Mecanizada "14 de Novembro" na região de Brá, próxima do aeroporto e do Hotti Hotel Bissau e perímetro das novas embaixadas.

As acções de fogo mais intensas terão tido lugar em Santa Luzia, registando-se, principalmente, tiros de armas ligeiras (metralhadoras, espingardas semi-automáticas e granadas de mão), mas também de armas pesadas (lança "rockets" e morteiros?).

O tiroteio na região de Brá-aeroporto terá terminado, aparentemente, cerca das 8 horas. Na zona portuária creio que antes, muito embora tenha, a este respeito recebido notícias contraditórias.

Registaram-se tiros nas imediações da Rádio Pindjiguiti (privada) por parte dos revoltosos numa tentativa de assalto frustrada pelas forças leais ao Governo.

Segundo informações directas obtive respectivo Director Gabinete, Presidente da República encontra-se na capital, mantendo-se em contacto permanente com chefias militares. Facto "Nino" Vieira não ter abandonado Bissau, parece constituir um sinal de algum controlo da situação. Presidente cancelou já a sua deslocação à Cimeira da OUA, no Burkina-Faso, prevista para hoje.

No EME prevalece um ambiente muito tenso e confuso. De acordo com a mesma fonte de informação, na região de Santa Luzia, apesar da acalmia, encontram-se frente-a-frente tropas leais e rebeldes, em pré-posicionamento de combate. Por conseguinte, **controlo da situação, apesar das garantias dadas por estas autoridades não é total, repito não é total.**

Desconhece-se, por ora, número exacto de vítimas, mas afigura-se não ser muito elevado. Registou-se pelo menos um morto, aguardando-se confirmação oficial. Aparentemente não se registaram quaisquer vítimas entre os nossos compatriotas.

Ministro Defesa, Samba Lamine Mané, emitiu um curto comunicado, de que tive conhecimento indirecto, informando que existiam confrontos armados em Bissau entre "forças leais" e "revoltosos", recomendando à população que não saísse de casa. Acabo de ouvir um segundo comunicado daquele membro do Governo, em crioulo, referindo de que a situação estava sob controlo, o que repetiu 3 vezes, mas afirmou que ainda existiam "revoltosos" armados e que a população não deveria circular em Bissau, sob nenhum pretexto.

Na mesma linha, recomendei nossos compatriotas, através de alguns telefonemas que fiz, para que não saíssem de casa e que aguardassem a evolução dos acontecimentos. Acolhi, às primeiras horas da manhã, na residência cerca de 10 portugueses que viviam nas imediações.

Tanto quanto se sabe situação é calma no resto do país.

Concedi, pelo telefone, curtas entrevistas puramente factuais aos meios de comunicação social portugueses que me solicitaram."

Ao longo do dia, fui incessantemente enviando todas as informações disponíveis para as minhas autoridades. Os combates continuavam e no que tocava a confrontações armadas existiam dois pontos fulcrais: o bairro de Santa Luzia, onde se situava a residência de Ansumane Mané e o hotel "24 de Setembro"[167], e a zona de Brá-aeroporto. Todavia, estes dois pontos situavam-se a uma distância considerável um do outro (cerca de 10 quilómetros). De modo que à primeira vista, não se compreendia muito bem por que razão os rebeldes haviam escolhido esses lugares, designadamente o bairro de Santa Luzia que apresentava grandes vulnerabilidades, porquanto se situava mesmo ao lado do Quartel-general, relativamente próximo do palácio presidencial e do centro da cidade, ficando completamente isolado do que parecia ser o reduto principal dos insurrectos em Brá, já na periferia de Bissau. Se o golpe tivesse avançado com algum êxito e com efectivos suficientes, logo nas primeiras horas, compreendia-se um esforço de guerra acrescido em Santa Luzia o que permitiria a tomada do quartel-general que se estenderia ao palácio e ao centro da capital. Caso contrário, a posição não era, de todo em todo, sustentável. Compreendia-se que os rebeldes quisessem resgatar Ansumane Mané ou protegê-lo dos sicários de "Nino" Vieira.[168]

---

[167] A residência do Brigadeiro Ansumane Mané ficava mesmo em frente do hotel.

[168] Segundo uma versão que então correu e que nunca pude confirmar, com qualquer grau de certeza, os primeiros soldados enviados pelo Presidente da República para prender e desarmar Ansumane Mané ter-se-ão, de imediato, solidarizado com o ex-CEMGFA e associado à sua guarda pessoal, constituindo assim um núcleo rebelde muito mais numeroso do que originariamente se pensava.

A minha segunda mensagem tinha que ver precisamente com a situação que se verificava em Santa Luzia e com os estrangeiros, entre os quais muitos portugueses, que se encontravam encurralados no hotel "24 de Setembro", sujeitos ao fogo cruzado dos militares de ambos os campos em liça. Assim, escrevi:

> "Questão mais grave, no que concerne defesa nossos nacionais, é a do hotel "24 de Setembro", onde se encontram 58 estrangeiros, de várias nacionalidades (espanhóis, italianos, franceses, alemães, senegaleses e mauritanos), entre as quais 24 portugueses.
> Após os confrontos armados desta madrugada e início da manhã, na região do QG do Exército, Bº. de Santa Luzia, situação manteve-se relativamente calma até às 11h00 da manhã, momento em que o hotel foi tomado de assalto pelas forças rebeldes, não tendo estas molestado os hóspedes, mas impedido qualquer movimentação destes. Rebeldes não terão conseguido tomar conta daquela unidade militar, espalhando-se, então, pela zona circundante, e aproveitando para ocupar o hotel, com 7 ou 8 elementos armados. Acalmia durou até às 16h30, momento em que começaram a ouvir-se tiros de armas automáticas, logo seguido pela explosão de granadas de mão, de RPG e de morteiros. Tratou-se, aparentemente, de uma ofensiva das forças leais ao Governo. Não se sabe com que resultados. Clientes tiveram de se abrigar na zona central do hotel (recepção, hall, sala de jantar), continuando a ouvir-se rebentamentos até há momentos (informação é das 17h15 locais). Mesma situação, embora sem ocupação por parte de forças rebeldes, regista-se na Cooperação Técnico Militar, situada nas imediações, ou seja rebentamentos próximos e fogo intercalado de armas automáticas.
> Logo que possível, enviarei novo ponto de situação."

No meio da confusão, uma diligência praticada ao mais alto nível, em nome de Portugal da UE e dos EUA: como garantir a segurança das pessoas

Após inúmeros telefonemas para Lisboa – o nervoso miudinho já se tinha apossado daquela gente – e localmente com os meus outros colegas diplomatas, devidamente instruído pelo próprio Gabinete do Primeiro-ministro português,

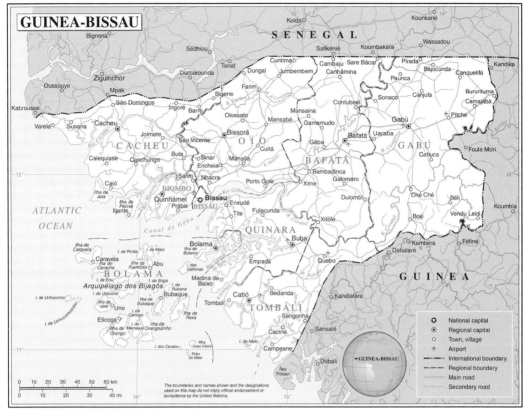

Mapa da Guiné-Bissau da Secção Cartográfica das Nações Unidas.

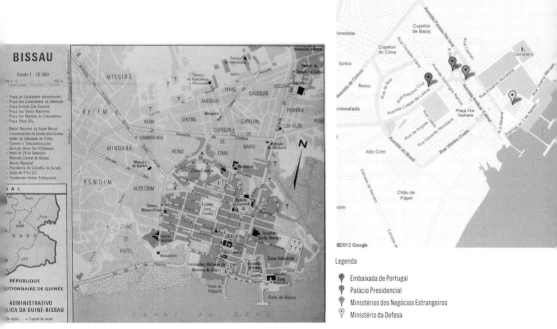

Centro da cidade de Bissau.

Mapa do centro de Bissau actual.

Carta da Província da Guiné da Junta de Investigações do Ultramar, Ministério do Ultramar, 1961.

Exercícios finais na Serra da Carregueira poucas semanas antes do embarque para a Guiné. Na primeira fila, dois soldados não identficados. Na 2ª fila, da esquerda para a direita o então aspirante Raul Albino, o autor, o aspirante José Manuel Medeiros Ferreira e o cabo miliciano Alpalhão.

No abrigo de morteiro 81, junto a uma trincheira, no Olossato (Oio).

Levantamento de uma mina pelo autor, detectada na "picada" entre Olossato e Bissorã (Oio).

Na mata do Oio em operações militares de combate em 1969, no Olossato.

Avenida Amílcar Cabral, Praça dos Heróis Nacionais e Palácio Presidencial, antes do conflito armado.

Visita do Secretário de Estado dos Negócios Estrangeiros e Cooperação, dr. José Lamego, a Bissau. Na foto, o encontro com o Adido Militar e os militares portugueses da Cooperação Técnico-Militar (primeira semana de Novembro de 1997).

Embaixada de Portugal em Bissau, situada na Avenida Cidade de Lisboa.

A guarda de honra quando da entrega de credenciais ao Presidente João Bernardo Vieira. (22 de Outubro de 1997).

Fotografia de grupo após a entrega das cartas credenciais. Da esquerda para a direita: Secretário de Embaixada, dr. Artur de Magalhães, o Ministro dos Negócios Estrangeiros e Cooperação, dr. Fernando Delfim da Silva, o autor, o Presidente da República, João Bernardo Vieira, o Conselheiro Cultural da Embaixada, dr. Mário Matos e Lemos, o Director de Gabinete do Presidente da República, embaixador Júlio Semedo, o Inspector do SEF, dr. Fausto Garcia.

Acto solene da entrega das cartas credenciais ao Presidente da República (22 de Outubro de 1997).

Audiência com o Presidente "Nino" Vieira e com o Ministro dos Estrangeiros, Fernando Delfim da Silva, após a apresentação de credenciais.

A minha mulher, Maria Ana, no abrigo construído com sacos de areia, junto à residência oficial.

Aglomeração dos refugiados no cais do Pidjiguiti, em Bissau, antes do embarque. Fotos inéditas extraídas de uma cassette-vídeo oferecida pelo Comandante Hélder Almeida do "Ponta de Sagres" (11 de Junho de 1998).

A instalação dos primeiros refugiados a bordo, entre os contentores de carga, enquanto um helicóptero da Guiné-Conakry sobrevoava a zona portuária.

Concentração do segundo grupo de refugiados junto às escadas de portaló do navio.

Diferentes aspectos da entrada dos refugiados a bordo do navio.

O autor saudando um miliciano.

A acostagem do "Ponta de Sagres" ao cais de Bissau.

As difíceis condições de instalação dos refugiados a bordo, devido à exiguidade do espaço.

A chegada a Dakar do "Ponta de Sagres" (12 de Junho de 1998).

Destruição provocada por um míssil "katyusha" na casa do Secretário de Embaixada (21 de Julho de 1998).

Outra perspectiva da explosão do míssil.

Outro ângulo da explosão.

Deslocação da equipa da embaixada portuguesa em barcos pneumáticos da Marinha portuguesa, do cais de Bissau para a fragata "Corte Real", para as conversações entre o Governo da Guiné-Bissau e a auto-designada Junta Militar (26 de Julho de 1998).

Assinatura do Memorando de Entendimento entre o Governo da Guiné-Bissau e a auto-designada Junta Militar, mediado pelo Grupo de Contacto da CPLP, a bordo da fragata "Corte Real". Na mesa, da esquerda para a direita, João Cardoso, Ministro do Equipamento Social e Ministro interino dos Negócios Estrangeiros do Governo da Guiné-Bissau, Dr. José Luís de Jesus, Ministro dos Estrangeiros de Cabo Verde e Presidente do Grupo de Contacto da CPLP, Tenente-coronel Emílio Costa, representante da Junta Militar (26 de Julho de 1998).

Aperto de mão entre os representantes do Governo da Guiné-Bissau e da Junta Militar, após a assinatura do Memorando de Entendimento, no termo de uma maratona negocial de três dias.

Helicóptero da Marinha de guerra portuguesa estacionado no cais de Bissau, aguardando a delegação do Governo da Guiné-Bissau que participava nas negociações com a Junta Militar (26 de Julho de 1998).

Soldados da Junta Militar algures na região de Bissau.

No último dia do conflito, explodiu uma granada de óbus numa escola católica do CIFAP – Centro de Instrução Formação Artesanal e Profissional –, no Alto do Bandim, provocando 40 mortos e 280 feridos. Estas fotos foram divulgadas, na altura por um dos padres da missão, e podem ser vistas nas seguintes páginas da Internet: www.didinho.org e www.blogda-se.blogspot.pt (7 de Maio de 1999).

Mais uma imagem do massacre.

Outra imagem do massacre na escola católica do CIFAP.

Aspecto exterior do Palácio Presidencial, após o assalto final da Junta Militar em 7 de Maio de 1999, seguido de incêndio.

Junta Militar – As três principais figuras da Junta Militar. Da esquerda para a direita, o Comandante Supremo, Brigadeiro Ansumane Mané, o dr. Francisco Benante, um dos principais ideólogos dos insurrectos, que, mais tarde, foi Ministro da Defesa do Governo de Unidade Nacional e o Ten. Cor. Veríssimo Seabra, conhecido como o "operacional" que comandava as forças rebeldes que assediavam a capital (a foto deve datar dos primeiros meses de 1999).

Foto do Polião de Brá (Poilón di Brá, em crioulo), árvore sagrada situada na estrada que liga Bissau ao aeroporto de Bissalanca e que demarcava a linha da frente, quando da guerra civil de 98-99. De um lado, dispunham-se em formação de combate as tropas leais a "Nino" Vieira, na direcção da centro da cidade e, do outro, os soldados e voluntários da Junta Militar estacionados no sentido do aeroporto de Bissalanca e da base militar de Brá.
Foto de BEMVINDO DOS SANTOS.

em concertação com os parceiros comunitários (França, Suécia e Comissão Europeia) e com a Embaixada dos EUA, uma vez que nenhum dos outros Chefes de Missão podia deslocar-se ao palácio presidencial, devido às barragens militares, que existiam um pouco por toda a parte, quer de forças leais quer de elementos rebeldes, dado residir a umas escassas centenas de metros do palácio, solicitei ser recebido, isoladamente, pelo Presidente João Bernardo Vieira, a fim de praticar uma diligência em nome dos supracitados. O Chefe de Estado e Comandante-chefe não me pôde receber, devido aos seus "afazeres", mas pediu aos Ministros da Defesa, Samba Lamine Sanhá e do Equipamento Social, João Cardoso – que assumia a pasta dos Estrangeiros *ad interim*, na ausência de Delfim da Silva, em viagem pelo estrangeiro – e ao respectivo Director de Gabinete, Engº. Júlio Semedo. que o fizessem em seu nome. Fiz-me acompanhar pelo Adido de Defesa, Coronel António Laia.

Comecei por manifestar ao Ministro da Defesa e respectivos acompanhantes a solidariedade manifestada pelo Primeiro-Ministro de Portugal com as autoridades da Guiné-Bissau, e o necessário respeito pela legalidade constitucional. Nos termos das instruções recebidas, referi que o Chefe do Governo português tinha natural interesse em falar directamente com o Presidente "Nino" Vieira, deixando ficar o respectivo número de telefone, para o efeito.

Em seguida, manifestei, em nome de Portugal, da União Europeia e dos Estados Unidos, para o que estava devidamente mandatado pelos meus colegas sediados em Bissau, a preocupação comum relativamente aos 58 estrangeiros que se encontravam no Hotel "24 de Setembro", solicitando que as autoridades governamentais bissau-guineenses enveredassem pela via negocial com as forças rebeldes, de modo a garantir a segurança das pessoas, que nada tinham a ver com a situação que se vivia na República da Guiné-Bissau e que se encontravam numa situação de reféns *de facto*, muito embora não tivessem, ainda, sido incomodadas. Frisei, repetidamente, que esta questão constituía uma matéria de grande preocupação para Portugal, para a União Europeia e para os Estados Unidos e que solicitávamos os bons ofícios das autoridades legítimas da Guiné-Bissau para que a solucionassem a contento, garantindo, pois, a segurança das pessoas, pela sua imediata evacuação das instalações do hotel. O Ministro da Defesa, que, como homem da inteira confiança pessoal de "Nino" Vieira, assumia, no fundo, o comando das operações no interior do palácio, disse-me que havia tomado boa nota da minha diligência e que iria tomar as medidas adequadas, sem, todavia, me dizer exactamente quais. Adiantou-me que a situação em Bissau estava sob controlo e que apenas resistiam alguns focos isolados, em Brá e Santa Luzia. Perguntei-lhe se subsistiam problemas na zona portuária, ao que me respondeu negativamente: "Aí não houve tiros!". Finalmente, referiu-me que já tinham sido detidas várias pessoas, asseverando-me que não se tratava de uma questão apenas entre militares, mas que tinha que ver com o desvio de armas [para Casamansa] e da forma como a Oposição tinha tratado o assunto[169]. Salientou, ainda, o envolvimento de civis na sublevação militar, designadamente de certos partidos políticos da Oposição, sem, todavia, os nomear. Aliás, quase me adiantou, antes da respectiva divulgação, o teor do comunicado do Presidente da República, que seria difundido pouco depois pela Rádio Nacional. Afiançou-me que a situação estava praticamente sob controlo e repetiu-me várias vezes que seria resolvida "brevemente". Não fiquei muito convencido. Finalmente, agradeceu, com alguma emoção, a posição expressa pelo Primeiro-Ministro português, referindo-me a este respeito: "Bom seria que os outros que o senhor embaixador aqui representa fizessem o mesmo."

Preocupou-me – e igualmente ao Coronel Laia – que pudesse vir a ser tomada uma solução de força para recuperar o Hotel 24 de Setembro, uma vez que, apesar das nossas insistências, ficámos com a sensação de que a questão poderia ser resolvida *manu militarii*, com inevitáveis riscos para os civis que ali se encontravam. Em África e, em particular, na Guiné-Bissau, tudo podia acontecer.

Com efeito, passado muito pouco tempo depois deste encontro, já na residência, tiveram lugar violentos recontros nas proximidades do Hotel, que ouvi distintamente. Contudo, afigurava-se ter havido algum cuidado, por parte das forças leais ao Presidente em não penetrarem nas instalações do "24 de Setembro".

Ao princípio da noite, tanto quanto me apercebi, a situação aparentava estar relativamente pacificada na região de Santa Luzia, com a presença de inúmeras tropas governamentais. Concomitantemente, decorriam fortes confrontos na região de Brá, com o rebentamento de granadas e o fogo intermitente de armas ligeiras. Teriam os rebeldes abandonado definitivamente as posições que ocupavam em Santa Luzia, transferindo-se com armas e bagagens para Brá? Era o que fazia sentido, uma vez que o posicionamento em Santa Luzia era indefen-

---

[169] Tratava-se de uma referência indirecta ao inquérito parlamentar que o dava como um dos principais culpados.

sável. Para além disso, como refere Zamora Induta o "Poilão de Brá [era] zona de capital importância do ponto de vista estratégico pois situa-se nas imediações dos paióis nacionais de armamento."[170]

Pelas 22h00, deixaram de se ouvir tiros esporádicos no perímetro urbano e parecia reinar uma calma tensa. Escrevi, então, já no final do dia, com alguma hesitação e apenas com base nas informações que me iam chegando pelas fontes governamentais, num dos meus constantes relatos da situação, o seguinte: "Com algumas reservas, atrevo-me a dizer que se entrou, presumivelmente, numa situação de controlo generalizado por parte das forças leais."

Estava enganado. Não era verdade. Os insurrectos limitaram-se a entrar num período de acalmia, de análise da situação e de consolidação de posições no terreno. Creio que estariam a pensar – como de facto depois o fizeram – em abandonar Santa Luzia, por que era uma posição muito periclitante e arriscada, para se concentrarem na base militar e no aeroporto, controlando, deste modo, a saída por estrada de Bissau, que é uma ilha, e encurralando as forças leais. Se atentarmos bem nas saídas de Bissau, verificamos que a estrada para Oeste (Quinhamel), logo a partir de Bissalanca, uns quilómetros mais adiante, termina no rio Geba; o cruzamento de Safim, a Norte de Brá, controla duas estradas uma para João Landim-Bula, agora com uma ponte, construída com fundos da União Europeia, e a outra para Leste, em direcção a Nhacra e Mansoa. A situação estava, pois, longe de estar esclarecida. Bissau estava cercada. Tudo dependia da força efectiva de uns e de outros, o que era, então, muito difícil de avaliar.

Na noite de 7 para 8 de Junho, o quadro que se podia traçar era demasiado fluído e contingente para se poderem ter quaisquer certezas.

*
* *

Hora tchiga – tinha chegado a hora, informava a Rádio Bombolom já em mãos rebeldes.

---

[170] Zamora Induta, *op. cit.*, p. 119.

CRÓNICA 23

Bissau, 8, 9 e 10 de Junho de 1998
Ouviam-se os canhões mas não as vozes

To speak or to be quiet, that was the question! [171]

– Está? É da embaixada de Portugal em Bissau? – pergunta-me alguém do outro lado da linha.
– Sim?! – acordo estremunhado.
– Eu queria falar com o senhor embaixador?
– É o próprio. É da parte de quem?
– Bom dia, daqui fala Fulana de Tal da Rádio Renascença. Eu queria que me fizesse um ponto da situação, no segundo dia de conflito. Vamos gravar?
– Oh, minha senhora, com franqueza, são 5 horas da manhã! Eu estou exausto! Se não despertasse com o telefone, despertava com os tiros que não devem tardar. Eu não sei o que é que quer e não lhe posso adiantar muito mais a esta hora da manhã.

---

[171] Falar ou estar calado, era essa a questão! (trad.).

– Eu compreendo que o senhor esteja cansado, mas compreende, certamente, que o público tem o direito de ser informado. Tem que me dizer qualquer coisa para os ouvintes da Rádio Renascença e para o país. São notícias em primeira mão e o senhor é que está em condições de mas dar.
– O que é que quer que eu lhe diga? Que tenho sono? Que tenho fome (ontem, praticamente não comi nada)? Que temo pela vida dos nossos compatriotas, pela de minha mulher e pela minha? Que não sei no que é que isto vai dar? Enfim, quer que eu lhe faça um ponto da situação quando a confusão é total? Não sei por onde começar, mas já estou acordado e bem acordado e ouvem-se tiros à distância. Ligue lá então o gravador.

Debitei um discurso qualquer que iria para o ar continuamente durante a emissão da manhã da Rádio Renascença e que seria retomado pelos outros meios de comunicação lusos. Grande furo jornalístico! A "cacha"! O "scoop"! O problema é que viriam outros colegas do 4º poder e o ciclo tornava-se infernal, mas, em abono da verdade, não se podia fugir a isto. Além disso, nas Necessidades estas coisas, aos engravatados de serviço, caíam sempre mal. Só quem não conhece aquela "casa" poderia pensar de maneira diferente. Eu já os imaginava a rosnarem entre dentes pelos claustros: "Lá está ele com excesso de protagonismo! Pensa que com isto vai ser promovido mais cedo? Que vai ganhar alguma coisa com o quiosque? Engana-se. Ai, engana-se, redondamente!" A hierarquia máxima também não iria achar graça nenhuma ao assunto. Aliás, os manda-chuva estavam no poleiro por obra e graça do sábio voto popular. E quem era eu? Um funcionário qualquer com ligações familiares suspeitas e que apanha em cheio com as luzes da ribalta simplesmente por ter a "sorte"(?!) de estar em Bissau naquele momento. Sorte? O único problema é que eu estava ali a apanhar com as granadas e as balas perdidas de uma guerra que não era a minha, a tentar descobrir maneira de despachar os lusitanos e outros no primeiro transporte que aparecesse e os meus coleguinhas, refastelados no ambiente aveludado do Largo do Rilvas, a darem palpites. Ao menor deslize – sabia-o – tinha o destino traçado para sempre. Era um pouco como no levantamento das minas e armadilhas que oportunamente descrevi, numa crónica anterior, em que só se podia falhar 3 vezes: a primeira, a única e a última.

Estas cenas com os *media* lusitanos e não só – falei com outros das mais variadas nacionalidades –, iriam repetir-se numa base diária e quando não várias vezes ao dia. Entre falar ou estar calado, optei por falar. Mas, vendo bem as coisas, quem é que me mandaria calar? Aliás, na esteira da repórter da Renascença, o povão tinha o direito à informação.

As peças do puzzle não encaixavam todas: a situação em Santa Luzia e no Hotti

Ao longo do dia, como, aliás, já o tinha feito na véspera, liguei repetidamente para o "Hotel 24 de Setembro", falando ora com o director, Sr. Eduardo Pereira, ora, com o dr. Francisco Mantero. As descrições não primavam pela clareza, mas lá consegui perceber que os hóspedes não podiam abandonar o hotel, porque a situação era altamente perigosa e que tinham todos dormido nos sofás e nas cadeiras da recepção e das áreas sociais, uma vez que não existiam quaisquer garantias de segurança nos "bungalows". Cá fora o tiroteio continuava com uma intensidade crescente, não se sabendo muito bem quem disparava contra quem. Segundo a descrição do dr. Francisco Mantero[172], dois soldados revoltosos feridos foram tratados por dois para-médicos que estavam também hospedados no hotel. Corriam já rumores de que o Presidente "Nino" Vieira poderia apelar a uma intervenção de tropa estrangeira. De Lisboa vinha a promessa verbal de que estaria em curso uma operação de resgate, desconhecendo-se quaisquer outros pormenores sobre o assunto. Entretanto, os hóspedes não podiam recolher aos quartos, porque as escaramuças, mesmo em frente da entrada do hotel persistiam, inclusive com fogo de morteiros. O dr. Mantero e o Eduardo Pereira pediram-me para intervir junto das autoridades legítimas da Guiné-Bissau para que, no caso de ataque às posições rebeldes, tivessem em atenção os hóspedes do hotel, todos estrangeiros, que corriam riscos de vida. Pratiquei a diligência e obtive garantias do Ministro da Defesa, Samba Lamine Mané, que, em nome do Presidente, me afiançou que a tropa leal bissau-guineense tomaria em atenção o meu pedido. Naquele caos, o valor de tudo isto era pouco mais que zero, mas enfim.

Entretanto, manifestava, igualmente, a minha grande preocupação com a situação no Hotel Hotti, que se situava, no bairro das embaixadas, já bem perto de Brá, na chamada "linha da frente". A situação, aí, não era muito diferente e

---

[172] A este respeito confira-se Mantero, Francisco, "Seis dias de vida", in "Grande Reportagem", nº 89, Agosto de 1998.

as armas pesadas estavam a ser utilizadas com regularidade. O director do hotel, Sr. Carlos Santos, estava naturalmente enervado com o curso dos acontecimentos, mas sabia que eu não podia fazer nada. Pedi-lhe que, de algum modo, tentasse controlar os hóspedes e que os mantivesse em zonas abrigadas, porque a utilização indiscriminada de canhões sem recuo, morteiros e mísseis constituía um risco mortal para toda a gente. Recomendei que as pessoas abandonassem os andares superiores e recolhessem às caves para evitarem o fogo das armas pesadas e as balas perdidas. A certa altura sou interrompido por um telefonema de um hóspede do próprio hotel. Com voz agastada e visivelmente alterado, numa linguagem recheada de impropérios diz-me de rompante:

— Ouça lá, você é que é o embaixador?
— Sim. Sou eu.
— Quando é que nos tiram daqui? F....! Eu estou pr'áqui com a minha mulher e o meu filho. Ainda apanhamos com um balázio nos c....., ouviu? O senhor é responsável, por isto!
— E o que é que quer que eu faça, uma vez que não sou o "Superhomem". o Batman ou o Rambo? Estamos todos na mesma situação, meu caro amigo. Há que aguentar e cara alegre. Estou a tentar resolver a vossa situação e a de muitos outros. Nada disto é fácil.
— O senhor não está a fazer nada por nós. P......! Se eu escapar desta, vou denunciá-lo à imprensa lá em Portugal.
— Agradeço-lhe que o faça e depressa que é para ver se eles lá na nossa terra percebem no que é que estamos metidos e se mexem – mudando de tom, disse-lhe, ainda o seguinte – Olhe, meu caro senhor, veja lá se se acalma e, como bom português que eu sei que é, junte-se a outros, aí no hotel, e ajude a controlar a situação, porque não sabemos como é que isto vai evoluir. Têm que se organizar nos locais onde se encontrem. Olhe eu estou sempre disponível. Telefone-me para saber novidades.

As exprobrações terminaram. A conversa ainda continuou durante mais um ou dois minutos, em que eu lhe fiz um ponto da situação tal como a conhecia e creio que o indivíduo lá conseguiu controlar a tensão nervosa que visivelmente o abalava.

Como proteger os portugueses?

Entretanto, na rádio o Presidente "Nino" Vieira anunciava que a situação estava controlada, o que não correspondia minimamente às informações que eu então dispunha, oriundas de outras fontes, designadamente por parte dos nossos nacionais e de bissau-guineenses que contactavam a embaixada.

De registar que o pequeno grupo de refugiados que se acolheu à residência, na manhã de 7, ia progressivamente engrossando, começando a atingir proporções quase incontroláveis. Apesar dos rumores e das notícias contraditórias, aferindo as informações que me iam chegando, aquelas davam já conta de uma rebelião militar de grandes dimensões, sublinhando-se que as forças leais não tinham capacidade para lhe fazer frente com um mínimo de eficácia.

Sabendo que os nossos compatriotas residentes em Bissau, tinham, via de regra, acesso às emissões da RTP África, solicitei à delegação local daquela emissora que filmasse e transmitisse uma mensagem que eu próprio gravei, acompanhado do Adido de Defesa, coronel António Laia. Procurei, em primeiro lugar, incutir calma aos nossos nacionais, mas que se mantivessem em suas casas e não efectuassem deslocações pela cidade, atenta a situação de perigo vigente; em segundo lugar, passar a mensagem de que estávamos em contacto com as autoridades portuguesas e bissau-guineenses, procurando, por todas as formas possíveis, resolver os problemas existentes e, finalmente, que iríamos disponibilizando informações úteis à medida que fossem sendo conhecidas. Nunca me referi a uma eventual evacuação, porque em rigor desconhecia o que quer que fosse sobre o assunto, mas a ideia estava implícita.

Uma chamada telefónica providencial

Estava na chancelaria, creio que ao fim da tarde de 8 de Junho, quando pelo intercomunicador a minha mulher me diz:

– Sabes, acabo de receber um telefonema, não sei bem de quem, suponho que é que do comandante de um navio que anda por aqui perto que apesar da carga que tem a bordo podia recolher alguns passageiros.
– Mas quem é que falou contigo?

– Ao certo não sei. Ele, de facto, identificou-se, mas, no meio desta confusão, não fixei o nome. Tomei nota, está para aqui num papel que não tenho à mão. Enfim, trata-se de um navio mercante que estava em Cabo Verde e que devia fazer a próxima escala em Bissau, para descarregar mercadoria, ou seja isto era o que estava programado. Dada a situação de guerra, está ao largo, no alto mar, mas relativamente próximo. Poderia deslocar-se, para Bissau, para recolher refugiados. A pessoa com quem falei, tinha tentado falar antes contigo, mas não conseguiu.
– Bom, é a única hipótese de evacuação, porque de Lisboa nada feito. Para já, não vão mandar nenhum navio e o aeroporto está nas mãos dos rebeldes. Tenho de falar imediatamente com a minha gente sobre o assunto, mas, em princípio, diz-lhe que sim. Eu já falo com ele. Tomaste nota de alguma coisa?
– Do que pude. O navio é o "Ponta de Sagres" um cargueiro da Portline que acaba de fazer uma descarga na Cidade da Praia devia seguir para aqui. Só que, devido à guerra, recebeu ordens para não avançar.

Vários telefonemas depois e após concordância plena de quem de direito com uma possível evacuação pelo "Ponta de Sagres", a operação parecia estar em marcha. Da cacofonia desse dia, recordo-me apenas de uma conversa surrealista com Lisboa, com um amigo meu, oficial do Estado-Maior, ali no santuário do Restelo:

– Então não há nenhum navio de guerra, pequeno ou grande para vir até aqui? Estamos numa situação desesperada. O número de refugiados nas instalações da embaixada não pára de aumentar. Os abastecimentos vão escassear. Há prá'aí tiro por tudo quanto é sítio. Vai-se fazer uma evacuação sem protecção militar, "à la Gardère"? É isto que me estás a dizer? – vociferei meio excitado.
– Eh, pá, calma. Eu não mando nisto. Das nossas 3 fragatas, uma está no Báltico[173], creio eu, a outra no estaleiro e a terceira participa no desfile naval do 10 de Junho. É tudo o que sei. Porque é que não falas com o Veiga Simão?[174]

---

[173] Ou na Noruega. Não me recordo exactamente da localização. Sei apenas que estava no Norte da Europa e a uma grande distância do teatro de operações.

[174] Na altura, Ministro da Defesa.

– Bom, mas essa fragata que está operacional não pode zarpar para aqui imediatamente? É que isto não está para graças. Existem alguns milhares de pessoas que vão embarcar em condições perigosíssimas, ou seja arriscamo-nos a uma catástrofe de todo o tamanho. Eu não me posso responsabilizar, se isto der para o torto e temos 90% de probabilidades de dar mesmo para o torto. Faz passar aí a mensagem para que se deixem de fitas e que disponibilizem de imediato essa fragata prevista para o desfile e que venha para aqui rapidamente e em força.
– Eh, pá, isso são decisões das altas esferas que ultrapassam o Veiga Simão, o general CEMGFA e que, naturalmente, me ultrapassam a mim. Não me parece que vão desistir da ideia. Há aqui questões políticas e isto pia muito mais fino do que tu possas imaginar Aguenta que eu creio bem que não há saída! Mas deixa estar que eu passo a mensagem.
– Estou tramado e há mais uns tantos que também vão estar!
– Boa sorte, pá!

Fiquei a saber com o que é que contava. Estava só. A fragata ia desfilar no Tejo no 10 de Junho com toda a pompa e circunstância, depois se veria. Política à portuguesa! Ponto final.

O pedido de intervenção das tropas estrangeiras

Vivíamos uma atmosfera de informação, de desinformação e de contra--informação permanente. A instabilidade era a nota dominante e perdurável. Num momento, o Governo dizia ter a situação sob controlo e no momento seguinte os factos desmentiam esta visão rósea. Os bombardeamentos de ambos os lados intensificavam-se. Em suma, depois do que parecia ser uma tentativa frustrada de golpe de estado, tudo levava a crer que a guerra estava para ficar.

O delegado de uma conhecida companhia aérea, visivelmente nervoso, veio ver-me, no dia 8. Pediu-me para fechar a porta do meu gabinete, pois tinha algo de altamente confidencial a contar-me. Relatou-me que o próprio presidente "Nino" Vieira lhe solicitou que a sua secretária pessoal e mais uma outra pessoa – que não identificou –, se deslocariam imediatamente ao escritório dessa companhia aérea, aliás, situado a curta distância do palácio presidencial, para redigirem no computador "uns documentos" que teriam de ser enviados imediatamente por fax para Dakar e Conakry. Tratava-se de uma questão muito, mas muito urgente, de importância vital para o Executivo da Guiné-Bissau e que já tinha sido tratada telefonicamente com os Governos daqueles países, ao mais alto nível.

As pessoas em questão lá compareceram na delegação, redigiram os ditos documentos em francês, e o próprio delegado se encarregou de os enviar por fax aos respectivos destinatários. Tratava-se dos pedidos formais de intervenção das tropas senegalesa e conakry-guineense no conflito da Guiné-Bissau, ao abrigo dos acordos e protocolos bilaterais existentes.

Em conversa com o delegado, disse-lhe frontalmente que não podia ter deixado utilizar os escritórios e a aparelhagem da delegação para aquele fim e que, além disso, ficariam sempre provas irrefutáveis de que os textos e os faxes tinham sido elaborados e difundidos a partir do respectivo escritório. Com efeito, bastava que os recipiendiários conferissem a origem e o número de fax que constavam dos documentos. O mal estava feito e não havia volta a dar-lhe. Esperava apenas que não tivesse consequências. Advertiu-o, ainda, que teria de apagar os textos do disco duro do computador e desfazer-se de eventuais "diskettes" que porventura existissem. Todos os elementos comprometedores tinham de desaparecer. O delegado empalideceu, mas confessou-me que nada podia fazer perante um pedido daquela natureza, para mais, vindo de quem vinha.

Como resultado do pedido de intervenção das tropas estrangeiras, a 9 de Junho, desembarcaram os primeiros contingentes que em poucos dias ascenderiam a 1.300 soldados senegaleses e a 400 militares da Guiné-Conakry.

A situação político-militar em 8 e 9 de Junho

Sem adiantar quaisquer comentários adicionais por supérfluos, reporto-me aos meus relatos da época que passo a transcrever, apenas na parte útil:

> 8 de Junho, 1998
> "1. Ponto situação militar
> Em tópicos:
> – Presumível "assalto final" dado pelas tropas governamentais a Brá, cerca 13h00/13h30, hoje falhou. Muitas dezenas de mortos, principalmente lado governamental.

- PR solicitou intervenção directa Guiné-Conakry e Senegal, tanto quanto se sabe, até agora, apenas primeira terá respondido pela positiva, mas de forma, por enquanto, limitada[175].
- Após ataque, cerca 14h30, acalmia total, com excepção de acção fogo, junto "24 Setembro" (controlado rebeldes), aparentemente, de iniciativa governamental, a que, devido nossas diligências, terá sido sustida, porquanto hóspedes corriam risco vida e podiam ser utilizados como "escudos humanos".
- Forças rebeldes agora estão já junto zona novas embaixadas, circulando diante Embaixada EUA.
- Decurso ofensiva, Embaixada Russa foi atingida por uma granada óbus, tendo destruído parede centro cultural.
- Fim da tarde, soube-se rebeldes controlam total ou parcialmente Base Aérea, tendo detido Comandante Celestino.
- Consta, ainda sem confirmação, que tropa Mansoa e Ingoré terá aderido lado rebeldes.
- Forças afectas a Ansumane Mané parecem controlar já vasta área da cidade, designadamente zona Brá, aeroporto, e imediações bairro embaixadas. Do lado Santa Luzia também parecem dominar parte considerável bairro, designadamente Hotel "24 Setembro".
- Situação tende a perdurar no terreno, com consequente apodrecimento, uma vez que nem um lado, nem outro, têm aparentemente capacidade para se impor militarmente ao seu antagonista.
- Agrava-se situação humanitária e sanitária. Refugiados e deslocados começam afluir embaixadas estrangeiras, hotéis e igrejas. Psicologicamente, nacionais e estrangeiros estão sofrer trauma derivado situação vigente.
- Para Embaixada e escassíssimo número respectivos funcionários (maioria, como se sabe, ausentes), começa a ser muito difícil gerir minimamente situação

2. Problema evacuações.
- Face ao que precede Embaixada França encara evacuação seus nacionais e outros por via marítima, dada insegurança zona aeroporto. Ope-

---

[175] Alguma tropa de elite heli-transportada.

ração já foi proposta Paris e será executada com meios humanos e logísticos existentes Dakar, dentro 2 a 3 dias.
- Governo não pode, repito não pode, assegurar segurança aeroporto, com vista sua reabertura e bem assim respectivas vias de acesso, o que torna operação repatriamento via aérea impossível.
- Cargueiro «Ponta de Sagres» da Portline encontra-se em águas da RGB – e poderá evacuar grande número pessoas. Há porém que garantir acesso ao Porto."

9 de Junho, 1998
"Situação militar
Decurso ataque desta madrugada, Embaixada França e Delg. Com. Europeia atingidas por granadas RPG. Não há vítimas, nem estragos materiais (granadas caíram nos jardins).

Tropas da Guiné-Conakry, em pequeno número já participaram operações ao lado forças governamentais.

Por outro lado, registou-se desembarque algumas forças senegalesas, aguardando-se cerca 800 cheguem por via terrestre ainda hoje.

Face ao que precede, configura-se situação potencialmente muito perigosa para populações civis próximas horas, designadamente madrugada e manhã de 10, porquanto grande ofensiva contra forças rebeldes deverá ser, então, desencadeada. Intensidade fogo presume-se seja muito forte devendo-se registar-se elevado número mortos e feridos.

Continuam rebentamentos durante toda manhã, designadamente lado Brá, próximo Fac. Direito e Bº Cooperação.

Tiroteio esporádico diversos pontos cidade.

Bº. Ajuda população em pânico, devido facto soldados se terem instalados casas particulares, expulsando habitantes

Situação humanitária
Hotel Hotti dispõe de abastecimentos para vários dias.
Residência oficial – disponho mantimentos para 3 a 4 dias
Bº. Cooperação dispõe provisões para alguns dias, ainda por determinar
Situação mais difícil é a do Hotel 24 Setembro, por razões já expostas.
Embaixada França não pode acolher mais refugiados."

Estas descrições extraídas de documentos da época que eu próprio redigi, já lá vão catorze anos, dão bem conta da gravidade da situação que se vivia em Bissau, naqueles tempos conturbados.

Flashes da guerra

Confirmou-se que os primeiros mortos no conflito, cerca das oito horas da manhã de dia 7, foram o Chefe de Protocolo do Estado, embaixador Eugénio Spain, que eu conhecia bem[176], o Capitão Rachid Saiegh da Polícia de Protecção Especial e o Capitão Tempo da Costa, que se deslocavam ao aeroporto para preparar a saída, nesse mesmo dia, do Chefe de Estado para a Cimeira da OUA em Ouagadougou. Na descrição de Zamora Induta[177], "Quando [a viatura] se aproximava do Poilão de Brá, recebeu ordem de um grupo de militares armados, que ali se encontravam. Acontece que os dois capitães que acompanhavam o Embaixador Eugénio Spen (*sic*) também se encontravam armados. Depois de cumprida a ordem, os militares revoltosos armados, aproximaram-se, tendo-se apercebido das metralhadoras AKM na viatura. Entretanto, um dos capitães que estava na viatura tentou agarrar uma das metralhadoras. A esse gesto, os militares revoltosos responderam com algumas rajadas de tiro contra a viatura, tendo atingido mortalmente o Embaixador Eugénio Spen (*sic*) e o capitão Rachid Saiegh, que veio a morrer pouco depois."

Zamora Induta conclui: "É a partir dessa altura que a situação começa a ganhar outras proporções e a tornar-se mais evidente a revolta político-militar dos *Homens da Caserna*."[178]

É no próprio dia 8, que se ensaiam com insistência várias tentativas de negociação, designadamente por parte de parlamentares locais e da igreja católica, a que se seguiriam várias outras, com os mesmos ou com outros interlocutores, nos dias seguintes. Estas malogradas tentativas em nada resultaram porque, se da parte dos revoltosos se manifestou alguma abertura a conversações, da parte governamental a intransigência foi total. Tratava-se de uma posição em que "Nino" Vieira considerava dispor de toda a legitimidade pelo facto de ter sido

---

[176] Foi com ele que eu tratei da minha expedita apresentação de cartas credenciais (vd. Crónica 5).
[177] Zamora Induta, *op. cit.*, p. 119.
[178] Ibidem.

eleito num sufrágio democrático e não se sujeitar a dialogar ou a negociar com "bandidos". Estes teriam que, primeiro, depor as armas, como condição prévia a qualquer diálogo. A postura de "Nino", ao longo de todo o conflito, sem embargo de algumas variantes, foi sempre esta e não outra.

Por outro lado, percebeu-se nesses dias iniciais do conflito e verdadeiramente cruciais para a definição do possível desfecho, que *Kabi na Fatchamna*[179] sem prejuízo de todos os seus pergaminhos de general, de Chefe de Estado e de combatente da liberdade da Pátria manifestava dúvidas quanto à lealdade e apoios de que podia dispor dos quartéis do interior e portanto não apelou directamente aos respectivos comandantes. Essa hesitação e os anti-corpos gerados com a vinda de tropas estrangeiras ser-lhe-iam fatais.

---

[179] "Nome de guerra" de "Nino" Vieira. Em balanta, significa "leão".

CRÓNICA 24

Bissau, 9, 10 e 11 de Junho de 1998
A protecção dos nacionais, na pendência das evacuações

Da vida quotidiana na Bissau assediada, logo no início da guerra civil[180]

Desde os primeiros dias do conflito e até ao seu desenlace, Bissau era uma cidade sitiada, muito à semelhança das antigas fortalezas da Idade Média, rodeadas pela soldadesca inimiga, ou, se se quiser, comparável aos fortes de paliçada perdidos nas pradarias do Far-Oeste norte-americano, cercados pelos índios em pé de guerra. Em termos de condições de vida, quer físicas, quer psicológicas, vivia-se uma situação de assédio real e permanente, com tudo o que isso implicava e que facilmente se imagina, situação agravada, porém, pela perturbação incessante decorrente do tiroteio entre os beligerantes e da instabilidade provocada pela movimentação de tropas na linha da frente. Com efeito, de um

---

[180] A parte substantiva deste texto foi inserida na obra já referenciada "Bissau em Chamas" dos senhores Almirantes Alexandre Reis Rodrigues e Américo Silva Santos, pp. 221 a 234.

lado, a tropa leal a "Nino" Vieira e os seus aliados estrangeiros, senegaleses e conakry-guineenses e, do outro, a Junta Militar, resolveram transformar uma cidade de 300.000 habitantes numa verdadeira carreira de tiro para armas pesadas.

A ilha de Bissau, dominada a Sul pelo canal do rio Gêba e a Oeste pelas bolanhas e braços de mar, em direcção a Prábis e a Quinhamel; a Leste, pelas bolanhas de Antula e do Cumeré; a saída para Norte e Noroeste controlada pelos revoltosos, através da única estrada existente que permitia sair de Bissau por via terrestre. Assim, do perímetro militar de Brá, do aeroporto de Bissalanca e dos bairros periféricos de Bissau, situados nessa zona, a Junta Militar bombardeava as posições governamentais, enquanto as baterias de artilharia destas últimas, muitas vezes nas imediações de igrejas, hospitais, embaixadas estrangeiras e de outros edifícios civis, disparavam a eito sobre o dispositivo rebelde. A pontaria não era, propriamente, apanágio de nenhum dos contendores. Em ar de chalaça, a minha mulher dizia-me: "Hoje, deve ser o zarolho que está de serviço aos canhões!" Sem embargo do intenso dramatismo da situação, felizmente, mantínhamos sempre o bom humor e, por que não dizê-lo, sangue-frio q.b. temperado com algum optimismo. Era a melhor receita para os dias de guerra. Em suma, a manifesta imprecisão de tiro numa zona bastante urbanizada, como era Bissau, afectava como não podia deixar de ser o dia-a-dia da população.

Para alem do que já foi referido, o trânsito de pessoas entre o chamado "Bissauzinho" (o núcleo central da Bissau colonial), sob controlo de "Nino" Vieira e a zona muito mais vasta da periferia dominada pela Junta Militar, efectuou-se sempre e, à parte um ou outro incidente, que também os houve, em regra, concretizava-se sem problemas de maior. Por outras palavras, no início do conflito, a circulação, apesar de circunscrita e limitada apenas ao tráfego de peões, nunca deixou de se fazer.

Arroz com "10 de Junho"

O levantamento militar tem lugar a 7 de Junho. Para a Festa Nacional – o Dia de Portugal, ou seja 3 dias depois – eu tinha mandado preparar uma recepção para mais de 500 pessoas: personalidades da vida pública bissau-guineense, corpo diplomático e muitos portugueses residentes na capital. Estava também prevista a vinda de um conjunto musical português e a realização de jogos para as crianças. A ideia consistia um pouco num misto de recepção oficial com algumas características de festa popular. Tínhamos preparado comida e bebida em quantidade, já guardada nas arcas-frigoríficas e na despensa da residência oficial. Contrariamente ao que se passa noutras partes do mundo, tendo em conta, o ambiente pouco sofisticado de Bissau, a celebração do Dia de Portugal é sempre um acontecimento social de relevo, em que, via de regra, aparecem mais convidados do que o número de convites, sem contabilizar a quantidade indeterminada de familiares, motoristas, guarda-costas e outros aderentes que aproveitam para comer e beber de graça. Apesar de todos os controlos possíveis de entrada, em Bissau, havia que relativizar um pouco as coisas e ser--se flexível.

Esclareça-se que as instalações da embaixada de Portugal distribuíam-se por um complexo de 6 pequenos edifícios inter-ligados pelas portas dos jardins das traseiras, quase todos eles situados na Avenida Cidade de Lisboa[181]. Na esquina, situava-se a residência do chefe de missão, logo a seguir a casa destinada ao Secretário de Embaixada, depois, o Consulado, o Centro Cultural e, finalmente, a Chancelaria diplomática.

Como referi na crónica 22, logo no dia 7, pela manhã, alarmados pelo tiroteio, chegaram os primeiros portugueses à residência oficial. Nas horas e dias seguintes, o número aumentou de forma desmesurada até atingir o limite máximo de capacidade de acolhimento: contávamos já com 300 pessoas no total – cerca de 70 na residência e, sensivelmente, 230 no Centro Cultural. Alojados pelos corredores, nos sofás, nas banheiras, no chão, enfim, por tudo quanto era sítio, onde quer que houvesse espaço disponível, aí foram recebidos os nossos compatriotas, nos parâmetros típicos do nosso consabido "desenrascanço" lusitano.

Comia-se onde calhava e o que calhava; faziam-se as necessidades em determinados lugares que rapidamente se tornavam insalubres e viveiros de todo o tipo de bactérias e de doenças. Se acaso uma granada de morteiro ou um míssil "katyusha" caísse mesmo em cheio nos edifícios ou nas imediações, teríamos de contabilizar mortos e feridos pelas centenas. Imaginei o pior dos cenários possíveis: sem assistência médica, muitos ficariam por ali a esvair-se em sangue

---

[181] Apenas a residência do Adido de Defesa que confina com a residência do Chefe de Missão é que se situa na rua superior, cujo nome não me ocorre.

à luz do sol dos trópicos, à espera dos jagudis[182]. Em suma, gerir esta situação não era uma tarefa fácil, evidente e, muito menos, agradável. Se mais gente viesse, rebentávamos, seguramente, pelas costuras. Era tão simples quanto isto.

Levantavam-se, pois, vários problemas de difícil solução:

- Como alimentar tanta gente e durante quanto tempo?
- Como manter 300 pessoas, num espaço mais do que exíguo, em condições mínimas de saúde, higiene e salubridade?
- Como evitar o afluxo de mais gente, sabendo-se que Bissau tinha entrado numa situação de caos absoluto e que a embaixada portuguesa era um dos poucos lugares de possível acolhimento?

A evacuação pelo cargueiro "Ponta de Sagres" teve lugar no dia 11, durante quase 4 dias, os portugueses que se refugiaram nas instalações da embaixada portuguesa comeram o que então denominámos "arroz com 10 de Junho" ou, em alternativa, "massa com 10 de Junho", ou seja, como dispúnhamos de várias sacas de arroz, cozia-se uma quantidade abundante e depois servia-se em pratos de cartão com um ou dois croquetes, pastéis de bacalhau, rissóis de camarão ou uma fatia de fiambre. A fórmula alterava-se um pouco quando eram servidos os mesmos salgadinhos acompanhados por esparguete com um cheirinho de molho de tomate.

Tivemos, também, a sorte de algumas casas comerciais de produtos alimentares em Bissau nos terem, gratuitamente, cedido frangos congelados, iogurtes, carnes frias, bolachas, queijos e outros produtos que complementavam a dieta. Aliás, estou-me a lembrar de uma generosa comerciante libanesa ter dividido os comestíveis do seu estabelecimento pela diocese, pela Cruz Vermelha guineense e pela embaixada.

A minha mulher tinha estas operações de intendência, abastecimento, limpeza e gestão das instalações inteiramente a seu cargo. Honra lhe seja feita, saiu-se bem, agindo com firmeza, autoridade e bom senso.

Todavia, a situação descrita e que piorava de minuto a minuto podia subsistir, quando muito, 3 ou 4 dias, no quinto entraríamos, inevitavelmente, em ruptura alimentar e o colapso seria pesado de consequências. Não podíamos escamotear o dramatismo da conjuntura que se avizinhava a passos largos e não dispúnhamos de resposta adequada.

---

[182] Abutres.

Por outro lado, a situação higiénica, sobretudo das pessoas que se encontravam no Centro Cultural, estava já a atingir um ponto de saturação. Os dois geradores a diesel da embaixada permitiam que as bombas de água funcionassem e conseguia-se lavar minimamente as instalações, mas os dejectos e o lixo já se acumulavam nalguns locais; as moscas surgiam às centenas e os jagudis volteavam em torno das casas. As doses maciças de creolina e de outros desinfectantes não estavam a surtir efeito. Algumas crianças já apresentavam sintomas de diarreia e de outros males menores, que se podiam agravar de um momento para o outro.

Depois, as notícias chegavam-nos um pouco de toda a parte e com uma insistência preocupante: muitos portugueses e estrangeiros queriam deslocar-se para a embaixada portuguesa: um oásis no meio do deserto urbano que era Bissau em guerra. No fundo, repetia-se a velha história dos náufragos a quererem tomar a jangada de assalto, que entretanto já estava ocupada por outros, correndo-se o forte risco de se afogarem todos. Enfim, revivia-se o velho mito do "refúgio-paraíso" (?!), que seriam as instalações da embaixada, o certo é que esta tinha muito poucas características da primeira palavra e nenhum atributo da segunda, mas existia e a bandeira por lá ondeava, sabe Deus como.

A chegada do "Ponta de Sagres" viria resolver muitos destes problemas. Apesar das conhecidas vicissitudes da evacuação, a que me referirei com maior abundância de pormenores numa das crónicas seguintes, quando terminou, dei um longo suspiro de alívio e pensei, ingenuamente, ao ver o navio zarpar rumo a Dakar, que as grandes dificuldades tinham sido superadas. Não sendo a astrologia o meu forte: a previsão pecou por defeito!

Flashes da situação dos refugiados

– Oh, Ana o que é que aconteceu ao telefone da sala de estar? Vêm-se os fios descarnados, mas o aparelho desapareceu – perguntei admirado, ao fim de um daqueles dias em que me esfalfei a trabalhar, sem ver nada de concreto feito.
– Fui eu que o arranquei da parede. Estava aí esse senhor do banco que se pôs a telefonar sem parar para a sede lá em Lisboa ou no Porto, ou lá onde é, para os amigalhaços e, claro, para a comunicação social. Fartou-se de dar entrevistas. À primeira oportunidade, fui lá e arranquei o telefone da parede. Olha, depois logo se vê.

Mais adiante. Um outro lusitano interroga-me, com bom humor:

– O Senhor embaixador, não terá aí um vinhito para o almoço? É que isto a seco não vai.
– Oh, meu amigo, a uma hora destas não me venha com esse tipo de pedidos. Olhe tem aqui uma garrafa de gin e sirva-se à vontade. Acompanhe o arroz e os croquetes com gin, verá que não é mau de todo. Os chineses quando podem acompanham as refeições com bebidas fortes. Habitue-se.

Perguntas ao acaso de várias origens:

– Onde é que eu arranjo medicamentos para o meu marido que é diabético?
– Precisava de papa para bebés, para o meu filho.
– Como é que eu telefono para o Porto para sossegar a família?

Não dispunha nem de farmácia, nem de super-mercado e o telefone estava preciosamente reservado para as nossas comunicações de serviço. O balcão de informações/reclamações estava aberto, mas não havia informações a dar e as reclamações entravam por um ouvido e saíam por outro. Tudo, mas tudo, sempre com um sorriso nos lábios que, aliás, era gratuito e que se dispensava, à direita e à esquerda, como fazem por regra de cortesia os anglo-saxões. Todavia, pairava sempre no ar a pergunta sacramental, inevitável e omnipresente, obviamente sem resposta:

– Será que isto vai durar muito?

Algumas senhoras foram para a cave da residência, onde se situavam as dependências dos criados e que eram protegidas por uma placa de cimento do rés-do-chão. Estavam ali horas a fio, praticamente o dia inteiro. Com uma varinha ou um pauzinho entretinham-se a fazer riscos e círculos no chão. Nunca percebi o alcance daquele ritual, mas era provavelmente uma forma de descontracção inspirada no budismo zen ou noutro qualquer rito oriental. O cheiro daquelas dependências fechadas e húmidas não era propriamente dos mais agradáveis, mas ali estavam, à espera não se sabe muito bem de quê. A Maria Ana ainda as convidava a subirem para o piso superior, sempre era mais confortável, mas nada as fazia mover do sítio onde estavam. Quando muito deambulavam pelo quintal, no intervalo dos bombardeamentos. Em tempos de guerra, os comportamentos humanos são, no mínimo, erráticos.

Quanto à conduta de alguns dos nossos *militares de "carreira"*, sublinho bem os termos, muito haveria a dizer. Fico-me por dois exemplos que eticamente não julgo:

- Oh, senhor embaixador eu estava lá em cima no edifício da CTM em Santa Luzia. Andavam para ali, feitos doidos, num tiroteio cerrado. Tive de me esconder debaixo do colchão, a noite toda. Criou uma mãe um filho para isto… Se eu soubesse…
- Eu não estou para estas coisas. Não vim para cá para guerras. Não sou dos comandos, nem dos "páras". A minha especialidade é outra. Não foi para isto que fui voluntário. Quero é pôr-me daqui para fora, o mais depressa possível.

Resposta da minha mulher, com toda a calma, para um deles.

- O senhor está muito nervoso. O melhor é tomar um copo de água e uma aspirina. Fazia-lhe bem.

Intervenção minha:

- Eu já fui militar e sei o que são estas coisas. Já passei por elas, aqui, mesmo, nesta terra. Os senhores são militares do quadro e têm de se comportar como tal. Não digo mais nada.

Por razões obscuras – lá estaria o malfadado subconsciente a trabalhar –, vieram-me à memória algumas estrofes do canto primeiro d' "Os Lusíadas", que ainda sei de cor:

"Que eu canto o peito ilustre Lusitano,
A quem Neptuno e Marte obedeceram:
Cesse tudo o que a Musa antiga canta,
Que outro valor mais alto se alevanta."

Irra ou irreal!

CRÓNICA 25

Bissau, 11 de Junho de 1998
A grande evacuação

De um pseudo-feriado atribulado, passando por uma noite de insónia ao pior dia de toda a minha vida

Todos os anos comemoro em recolhimento, silêncio e análise introspectiva o dia 11 de Junho de 1998. Quase me consigo lembrar e reproduzir, ao pormenor, hora a hora, minuto a minuto, todos os eventos dessa data tão marcante na minha existência. Senti, então, o imenso peso do mundo sobre os meus ombros e ainda hoje não consigo recordar esses momentos dramáticos sem um frémito de emoção e uma angústia incomensurável. Foi o dia da grande evacuação dos portugueses, estrangeiros e alguns bissau-guineenses da capital, pelo "Ponta de Sagres", como já o referi por alto na crónica anterior. Em suma e para abreviar razões, foi o pior dia de toda a minha vida.

Com muito trabalho, pouco descanso e uma crispação constante, nos dias anteriores, em especial 9 e 10, tentávamos acertar tudo para que a evacuação se pudesse efectuar com o mínimo de segurança e de organização. Na chancelaria da nossa embaixada, tinha sido instalado, pelo Comandante António Matos da "Portline" um posto de rádio que permitia comunicar com o navio, designadamente com o respectivo comandante Hélder Costa Almeida. Esta era a linha vital de comunicação que havíamos estabelecido, sem a qual a evacuação teria sido muito mais difícil, senão, mesmo, impossível.

Na embaixada recebíamos em profusão telegramas, mensagens, faxes e telefonemas de toda a parte do mundo, procurando identificar nacionais da Alemanha, do México, do Japão e de outras proveniências que estariam na Guiné-Bissau, sabe se lá onde e em que condições, solicitando o nosso apoio para descobrir os paradeiros de Fulano, Sicrano e Beltrano e acudir às diferentes situações existentes. O Ministério dos Negócios Estrangeiros em Lisboa, sabendo perfeitamente que eu não dispunha nem de pessoal, nem de meios, nem de qualquer capacidade de resposta, remetia, acto contínuo, incessantemente, sem qualquer filtragem prévia ou critério discernível, todas as mensagens que lhe iam aparecendo por fax e telex,[183] ou entregues em mão. O mesmo ocorria com as nossas embaixadas por esse mundo fora que me enviavam toda a casta de documentos que lhes iam também chegando. Em abono da verdade muitas dessas comunicações, só as li semanas, meses ou, mesmo, anos depois, (algumas só agora). Escusado será de dizer que ficava quase tudo sem resposta.

É ocasião para mencionar um telegrama "urgentíssimo" recebido do Ministério dos Negócios Estrangeiros que me autorizava a evacuar, com carácter prioritário, a *nomenkaltura* local, ou seja os membros do Governo, do Parlamento e dos demais órgãos de soberania bissau-guineenses, bem como, as respectivas famílias (!), em suma, um verdadeiro "bodo aos pobres" desprovido de qualquer critério ou de simples bom senso. Li-o por três vezes e quase me belisquei para me certificar de que não estava a sonhar. Aqui estava o nosso Portugal no seu melhor, não retratado n' "Os Lusíadas"!

Para a minha paz de espírito e dos escassos funcionários que me acompanhavam, mandei retirar os telefones dos descansos e desligar temporariamente a central telefónica. Porém não o podíamos fazer durante muito tempo, porque deixávamos de poder comunicar com as nossas autoridades, que de uma forma descoordenada e tonta telefonavam em permanência e exigiam todas falar comigo, "imediatamente, já, em seguida", sempre "com absoluta prioridade e

---

[183] Por e-mail, nenhuma, porque a Internet estava ainda na proto-história e o MNE e os seus funcionários não estavam para aí virados. Todavia, eu dispunha de acesso à rede e, por estranho que possa parecer, funcionou, com intermitências, é certo, durante quase todo o conflito.

a maior urgência", pedindo-me informações, dando-me as habituais ordens e contra-ordens. Poucos teriam ouvido falar numa realidade, certamente, abstrusa chamada "cadeia de comando". À boa maneira lusitana, cumpriam-se duas regras essenciais: (a) desenrascanço absoluto e (b) tudo ao molhe e fé em Deus.

Para preparar a evacuação, uma vez que não dispunha de funcionários suficientes e mesmo que estivessem todos ao serviço seria virtualmente impossível realizar na íntegra as tarefas necessárias à evacuação, em boa e devida ordem, tive de solicitar a ajuda de vários funcionários bancários portugueses (do Banco Internacional da Guiné Bissau e do Totta), residentes em Bissau, que estavam temporariamente alojados na residência oficial, que me ajudassem durante o dia a compilar as listas de portugueses e estrangeiros a repatriar e estabelecer contactos telefónicos com todos aqueles que fosse possível fazê-lo para indagar quanto ao respectivo estado de saúde física e psicológica e informá-los quanto à data/hora da evacuação, dos locais de concentração e de outras informações e directivas pertinentes relativas à saída de Bissau. Pus a chancelaria à inteira disposição destes portugueses que foram incansáveis nas tarefas descritas, patenteando uma dedicação e abnegação admiráveis, com os estômagos meio vazios, mal dormidos e sob a ameaça constante de bombardeamentos. Nunca lhes agradeci devidamente o muito que fizeram pelos seus conterrâneos, mas aqui fica a minha homenagem.

De entre os vários documentos recebidos dos muitos que nos enviavam dos quatro cantos do mundo, recordo-me de uma mensagem da nossa embaixada em Washington em que, após contactos no Departamento de Estado, os norte--americanos, à míngua de informações, solicitavam agora "batatinhas" da parte portuguesa e, na prática, exigiam esclarecimentos quanto às evacuações que não estariam já em condições de fazer[184]. Esclareça-se que no dia 9 ou no dia 10, os funcionários da embaixada norte-americana em Bissau tinham sido evacuados por uma embarcação senegalesa rumo a Dakar, pagando presumivelmente um preço exorbitante por esse transporte, mas ainda permaneciam ianques na Guiné-Bissau, designadamente no hotel "24 de Setembro", como relata o dr. Francisco Mantero na sua crónica[185].

---

[184] O navio de guerra norte-americano que se encontrava nas proximidades, por razões que me escapam, não podia entrar no Geba. Por reconhecimento via satélite, soube-se que a pista principal do aeroporto estava bloqueada por bidões com terra e por alguns veículos pesados, o que impedia os movimentos das aeronaves.

[185] Vd. artigo do próprio à "Grande Reportagem", já citado.

Relativamente ao "pedido indeclinável" de Washington e uma vez que Lisboa necessitava igualmente de ser informada – e ao mais alto nível –, transcrevo do meu arquivo pessoal, as minhas notas sobre o plano de evacuação que foram remetidas sob forma manuscrita àqueles destinatários. Conviria previamente esclarecer um ponto relevante, a fase A, correspondia à indicação prévia dos 4 locais possíveis de concentração na cidade de Bissau, a saber: (i) Sé-catedral; (ii) Escola António José de Sousa/Centro Cultural Francês; (iii) Embaixada/Centro Cultural Português e (iv) Hotel "24 de Setembro". Tal como já referi, estes locais e as demais informações pertinentes foram comunicadas telefonicamente aos portugueses e estrangeiros contactáveis e solicitada a retransmissão oral aos demais interessados pelo sistema de "passa palavra".

Assim, passo a transcrever:

> "10 de Junho, 1998
> PLANO DE EVACUAÇÃO
> – Concluída com êxito a fase A.
> FASE B – EMBARQUE
> – Pontos de partida para o cais de Bissau (Cais Velho)
> – 9h00 – Acostagem do "Ponta de Sagres"
> – 9h00 – Saída p/ Cais de Bissau 1º Grupo (Ponto de origem Sé-Catedral)
> – 9h30 – Saída 2º grupo da Escola António José de Sousa/Centro Cultural Francês.
> – 10h00 – Saída 3º grupo da Embaixada/Centro Cultural Português
> – 10h30 – Hotel "24 Setembro" e individuais
> PRIORIDADES EMBARQUE
> A) Grupos etários/sexo
>   1. Mulheres, crianças, idosos
>   2. Homens
> B) Nacionalidades
>   1. Portugueses
>   2. Outros
> C) Casos duvidosos
> – Famílias mistas luso-guineenses (indivíduos com dupla nacionalidade) – decisão do funcionário, em princípio, sim.

- Famílias mistas guineenses/outras nacionalidades – decisão individual do funcionário
- Guineenses – não

PORMENORES RELATIVOS OPERAÇÃO CONTROLE
A) Pessoal destacado
   - Equipa chefiada Adido Cooperação, dr. Silva Pereira.
   - Vice-cônsul – Dª. Aldevina Simões
   - Secretária – Dª. Teresa
   - Secretária – Ana Maria
   - Gestor Bº Cooperação – Victor Silva
B) Chegada/saída
   - 9h00 – Atracagem
   - 12h35 – Hora limite saída[186]
C) Pessoal indispensável Operações de embarque
   - Rep. Embaixada, dr. Silva Pereira
   - Rep. Portline – Cmdte. Ricardo
   - Administrador Guipor – Eng. Nabais
   - 1 Elemento da Capitania
D) Operações necessárias
   - Desembaraço Cais velho (pequena embarcação Marinha senegalesa pode dificultar acostagem)
   - Margem de segurança para atracagem e desatracagem navio
   - Acompanhamento por um delegado da parte guineense para facilitar o movimento de saída do navio."

Esta programação bem "germânica" teria talvez os seus méritos, mas seria desmantelada na primeira curva do caminho, à menor dificuldade ou ao mais anódino obstáculo, embora eu, ingenuamente, pensasse que não.

Como disse, trata-se da versão final manuscrita a que acima transcrevi e que não corresponde à versão original, mandada emendar, por "politicamente incorrecta", pelo Gabinete do Chefe do Governo lusitano, quando, antes de divulgar o documento em Bissau e noutras sedes, pedi o aval do Senhor Primeiro-Ministro, que, entretanto, já tinha assumido integralmente o comando das operações.

---

[186] A Junta Militar havia previamente acordado uma trégua até às 13h30 para permitir a saída do navio.

Dizia-me o respectivo assessor: "Eh, pá, agora quem manda é o PM, não há ministro dos Estrangeiros, nem da Defesa, nem Secretários de Estado, nem do raio que os parta a todos. A operação de evacuação da Guiné-Bissau vai ser feita assim e manda quem manda. No entanto, não podes dizer uma palavra sequer; dar a entender o que quer que seja, aos outros membros do Governo, ao CEMGFA ou às Forças Armadas. Eles não podem saber nada, absolutamente nada. Deixa-os falar para desentupirem as cordas vocais. Tu obedeces exclusivamente ao Chefe. Percebeste bem? Vê lá...".

"Politicamente incorrecta"? O que é que a minha digníssima pessoa terá feito para provocar desconforto, a senhores instalados em belas poltronas a 3.000 quilómetros de distância, gozando um suave pôr-do-sol à beira Tejo? Sentiam-se, de facto, incomodados com um cavalheiro, ali bem postado na linha da frente, responsável pelo eventual repatriamento de uns milhares de portugueses e estrangeiros, sujeito a apanhar com um tiro ou uma morteirada, a qualquer momento? De repente fez-se luz no meu espírito. No documento original, tal como o li ao gabinete do PM, na secção relativa às prioridades de embarque tinha introduzido umas categorias intermédias nas nacionalidades, entre "Portugueses" e "Outros", em que me referia a cidadãos "comunitários (ou seja, da U.E.), Brasileiros e dos PALOPS" (caso dos cabo-verdianos que eram muito numerosos). Era isto que causava engulhos.

De todos os países atrás referenciados tínhamos recebido pedidos específicos de evacuação e, além disso, mantínhamos – e ainda mantemos – com eles um relacionamento próximo e intenso, como é do conhecimento público. A estes acresciam, naturalmente, todos os outros – japoneses, russos, indianos, chineses, etc.- que também queriam embarcar. Acrescia que o "Ponta de Sagres" não podia levar toda a gente[187]. Quer quiséssemos, quer não, tínhamos de fazer opções. Também teríamos de ser naturalmente mais selectivos nos "grupos etários/sexo", dando prioridade a grávidas, doentes e mulheres acompanhadas por filhos menores. Decidi, porém, que tudo isso se faria, ao meu critério, e mandei o gabinete do PM dar uma curva.

O grande "desconforto" para os preclaros assessores de S. Bento e, decerto, outras personalidades que se moviam na sombra, consistia em que o documento, tal como estava, fosse parar às mãos dos norte-americanos e divulgado aos *media*

---

[187] O comandante Hélder de Almeida informou que podia embarcar 600 a 1.000 refugiados e transportá-los até Dakar (Reis Rodrigues e Silva Santos, *op. cit.*, p. 70).

nacionais e, sobretudo, estrangeiros, desta forma não burilada. Eu, de facto, devia dispor localmente de um gabinete de imprensa, de um serviço de protecção civil e de todo o tempo e calma para redigir directivas e comunicados bem concebidos, bem estruturados e gramaticalmente impecáveis. O certo é que o Governo de Portugal estava implicitamente a permitir que se efectuasse uma evacuação às três pancadas, sem qualquer protecção militar, correndo-se riscos gravíssimos, mas a isso ninguém se referia.

*
* *

Do hotel "24 de Setembro" informaram-me que os revoltosos tinham abandonado o local e que a situação estava a ser controlada pela tropa leal a "Nino" Vieira.

Em Bissau, começavam já a desembarcar tropas estrangeiras.

Ouviam-se tiros esporádicos, aqui e além.

Preparava-me para o grande dia.

Entretanto o engº José Ferreira da Guiné Telecom, filial da nossa PT, veio ver-me. Pediu para falar comigo, a sós, no meu gabinete. Informou-me que todas as linhas telefónicas iriam ser cortadas por ordem do Presidente da República. Apenas a parte central de Bissau, disporia de comunicações, mas meramente locais[188]. Tudo o mais ficaria inoperativo. Perguntei-lhe para quando é que isso estava previsto. A resposta foi imediata: "É para já. O mais tardar nas próximas horas". Entretanto volta-se para mim e entrega-me uma caixa com um INMARSAT[189], acrescentando o seguinte: "Tendo em conta as circunstâncias, deixo-lhe ficar um aparelho, para poder comunicar com o mundo, caso contrário, o senhor embaixador e a sua gente, ficariam completamente isolados. Este telefone permite-lhe entrar em contacto com qualquer rede telefónica de qualquer ponto do globo e também pode enviar e receber faxes." Bom, era o cordão umbilical que me conectava com a civilização. Também nunca agradeci devidamente esta dádiva que me caiu do céu aos trambolhões, permitindo-me

---

[188] Tanto quanto me apercebi, a zona do palácio presidencial chegou a dispor de comunicações internacionais e de acesso à Internet, todavia de acesso muito irregular (vd. Crónica 41).

[189] Telefone-satélite.

aguentar as tribulações da guerra e manter-me em contacto permanente com a minha gente e com o resto do planeta.

11 de Junho – o grande dia

Praticamente não preguei olho durante a noite. Apesar do cansaço não sei se terei dormido um total de uma hora. Estava inquieto, ansioso, perturbado. Os adjectivos ficavam muito aquém dos meus sentimentos reais. Não conseguia comer, apenas bebia um copo de água, de quando em quando, mas ia consumindo tabaco enquanto houvesse. As vidas de duas mil e tal pessoas estavam em risco. Este *leit-motiv* repetia-se incessantemente na minha cabeça. Era o maior teste da minha vida: um jogo de póquer em que sem perceber muito bem que cartas é que tinha na mão – e intuitivamente sabia que eram todas elas baixinhas – estava a jogar a "cave", ou seja, de uma forma alucinada, sem rumo e sem sentido, apostava no tudo ou nada.

Logo de manhãzinha, tive a primeira surpresa desagradável. Os senegaleses estavam a desembarcar e ocupavam com um dos seus navios de guerra o cais velho. O "Ponta de Sagres" não podia atracar. Aliás, tínhamos sido, de imediato, informados pelo comandante Hélder Almeida, via rádio, do sucedido. Ora, as autoridades bissau-guineenses tinham-nos garantido de que o cais estaria livre antes das 9 da manhã. Se o cais não estivesse desembaraçado, a evacuação não se podia efectuar, porque o navio estava impossibilitado de acostar. Tinha, pois, de diligenciar ao mais alto nível para resolver o problema. Acompanhado, do Coronel António Laia, rumei, de imediato, ao Palácio Presidencial.

Dentro do edifício, a confusão era grande. Gente apressada andava de um lado para o outro sem rumo certo, quais feras enjauladas no jardim zoológico. Aproximaram-se de nós o Primeiro-Ministro, Carlos Correia e o Ministro da Defesa, Samba Lamine Mané. Expusemos rapidamente o problema. Falaram-nos com emoção e alguma agressividade incontida na voz e nos termos, em especial Carlos Correia. Da nossa parte fomos claríssimos: o Governo da Guiné-Bissau tinha de cumprir os seus compromissos, tal como acordados, e desimpedir o cais de embarque para permitir a evacuação. Retorquiram-nos que as operações militares e o desembarque de soldados e material tinha prioridade sobre quaisquer transportes civis. Com a maior coragem que arranjei e sabendo dos riscos de insucesso que corria, adverti-os de que não estávamos ali para resposta evasivas, nem para brincadeiras. Caso não mandassem retirar o navio ou se se verificassem vítimas na evacuação – que, aliás, já estava consideravelmente atrasada[190] – a responsabilidade recairia inteiramente sobre as autoridades da Guiné-Bissau e fá-lo-íamos saber ao governo português e aos nossos amigos e aliados e, estava implícito, nas minhas palavras, também aos *media*. Sobre esta matéria não prevaleciam quaisquer dúvidas, estávamos dispostos a tudo. A temperatura subia. O ambiente estava a atingir um ponto de crispação máximo. Ainda hoje estou para saber como é que despejei o saco daquela maneira. João Cardoso, Ministro do Equipamento Social e interinamente responsável pelos Estrangeiros aproximou-se. O diálogo continuava na mesma toada. Mais calmo, Cardoso tentou pôr água na fervura e disse que iria fazer tudo para desimpedir o cais, mas advertiu-me: "O senhor embaixador não pode comparecer no porto, nem tentar interferir no que quer que seja." Perguntei-lhe porquê e respondeu-me: "Já disse o que tinha a dizer". Deu a conversa por terminada e desapareceu por um corredor. Não valia a pena, pois, continuar a conversa.

Tudo isto era extremamente difícil de gerir. Percebemos que não éramos bem vindos, que estávamos a gerar anti-corpos junto do Executivo local e que para aquela gente o que contava era o esforço de guerra, ignorando completamente a sorte das populações, fossem elas quais fossem. Tínhamos a razão do nosso lado, mas as duas lógicas, a dos correligionários de "Nino" Vieira e a nossa não se encontravam. Falámos com uma linguagem firme e inequívoca, mas sabíamos que, no fundo, era o discurso do rato Mickey: ou seja, estávamos a vociferar sem qualquer força tangível e o João Bafodeonça, sabia-o, fazia muito bem o que queria e sobrava-lhe tempo.

Entretanto, à medida que as horas iam passando, as pessoas iam convergindo dos diferentes pontos de concentração para o porto de Bissau. Nas instalações portuárias reinava a maior das confusões, com o afluxo maciço de pessoas pseudo-controladas por 6 soldados senegaleses que iam distribuindo coronhadas a torto e a direito. As listas dos evacuandos continuavam nas mãos dos meus funcionários, quais papéis inúteis que nem sequer serviam para abanar e refrescar as suas faces suadas, sob um sol abrasador. O caos estava instalado e a situação ia agravar-se. Pediu-se apoio à marinha da Guiné-Bissau para enviar mais

---

[190] Acresce que para além da situação de guerra, subsistia, ainda, o problema das marés, o que complicava sobremaneira as coisas. O factor tempo era, pois, crucial.

efectivos a fim de controlar a multidão, mas o resultado foi nulo. O "Ponta de Sagres" continuava ao largo. Não podia acostar. Entretanto começavam os bombardeamentos vindos de Brá: mísseis "katyusha" e morteiro de 120. Alguns projécteis caíram a uns escassos 50 metros do cais, gerando o pânico e as correrias habituais. A hora de evacuação havia passado e o período de tréguas igualmente. Convicta de que o embarque já havia sido feito, a Junta Militar bombardeava o porto, objectivo estratégico número um, porque era por ali que desembarcavam as tropas estrangeiras e por ali chegavam os vasos de guerra senegaleses. Portanto, azar dos Távoras, ia-se, presumivelmente, proceder ao embarque debaixo de fogo. A única protecção disponível seria a da Virgem Maria!

Bastava a explosão de um só míssil ou morteiro no cais de Bissau, abarrotado de pessoas, para termos uma tragédia de dimensões incomensuráveis, leia-se, pelo menos 50 mortos e mais de 120 feridos. Uma segunda explosão, a ocorrer, converteria a tragédia numa carnificina generalizada.

A bordo do "Ponta de Sagres" já se encontrava o Capitão de Fragata António Fernandes de Carvalho da CTM, destacado para controlar do navio as operações de embarque. O problema é que o cais previsto tinha de ser outro, em águas mais profundas, porque a maré vazava e o navio corria o risco de ficar encalhado. Para o efeito, foi solicitado a um navio mercante cubano que abandonasse o local permitindo a atracagem do "Ponta de Sagres".

Da chancelaria, via rádio, tentávamos coordenar a operação com o navio, mas não dispúnhamos de comunicação com o pessoal em terra, isto é, com o Adido da Cooperação e com o Coronel António Laia, uma vez que os "walkie talkies" já não estavam operacionais, não conseguindo, também, entrar em contacto com o comandante António de Carvalho. Nada funcionava. Entretanto, o tempo ia passando e os refugiados continuavam no cais sem possibilidades de embarcar, misturados com população bissau-guineense, que procurava também sair da cidade de qualquer maneira e que, para o efeito, havia forçado as barreiras de segurança.

Na chancelaria, falou comigo ao telefone o Primeiro-Ministro português de então. Perguntou-me, primeiro que tudo, se a operação de evacuação se podia realizar.

– Sim, senhor Primeiro-Ministro pode realizar-se, apesar de estar demorada, mas correm-se sérios riscos – respondi

— Que riscos?
— A zona portuária já foi bombardeada com mísseis e morteiros e arriscamo-nos a mais bombardeamentos. Estão para lá cerca de duas mil pessoas. A situação escapa completamente a qualquer controle.
— Por conseguinte, podemos ter mortos e feridos. É isso?
— É uma forte possibilidade, senhor Primeiro-Ministro. Podemos ter dezenas de mortos e centenas de feridos. Pode mesmo ser um massacre de grandes proporções. Basta que rebente um ou dois mísseis no meio da multidão concentrada no cais.
— Bom, senhor embaixador, apesar de tudo, responda-me com sinceridade: em sua opinião, a evacuação pode fazer-se ou não?
— Senhor Primeiro-Ministro, com o devido respeito, já respondi à pergunta e já lhe manifestei as minhas enormes preocupações quanto ao assunto, mas vamos dar tudo por tudo.
— Bom, quem coordena isto sou eu e assumo toda a responsabilidade pelo que vier a suceder. Tem carta branca para decidir o que achar melhor. O senhor embaixador está no terreno e eu não, portanto sabe o que se pode e não pode fazer. Se entretanto acontecer qualquer coisa, asseguro-lhe que respondo enquanto Primeiro-Ministro. Não se preocupe. Mantenha-se em contacto permanente com o meu gabinete e com mais ninguém. Depois telefone para este número quando tiver terminada a evacuação e dê-me conta do resultado.

Numa primeira reacção, fiquei satisfeito, reconfortado e até sensibilizado com as palavras do Chefe do Governo, mas pensando melhor, se as coisas dessem para o torto, e tínhamos aí 75% de probabilidades de darem mesmo para o torto, quem ia para a fogueira era eu e não ele. Podia chamuscar-se, sem dúvida alguma, mas quem ardia primeiro era eu e mais ninguém. Tinha de continuar a jogada. Era imperativo que o fizesse.

Seguiu-se novo telefonema, desta feita era o Chefe de Gabinete do Primeiro-Ministro. Esclareci-o que tinha acabado de falar com o seu chefe directo e dei-lhe conta da conversa que mantivemos. Pediu pormenores e mais pormenores sobre tudo e mais alguma coisa. Percebi perfeitamente que estava a agir por ordens expressas do patrão. A páginas tantas perguntou-me porque é que eu não estava, naquele preciso momento, no cais, a assistir ao embarque. Retorqui-lhe que, em primeiro lugar, o embarque não tinha ainda sido encetado; em segundo lugar, que não tinha o dom da ubiquidade: ou bem que estava no PCC (posto de comando e controlo), na embaixada, ou na "frente de combate", nos dois locais, em simultâneo, é que não podia estar. Esclareci-o que foi da chancelaria que comandámos e coordenámos tudo, conforme pudemos e com as dificuldades que se conheciam. Seria boa altura, rematou então o meu interlocutor, que me deslocasse agora ao porto, num comentário ríspido que eu entendi, claramente, como uma ordem. Ora, eu já tinha intenção de o fazer, a partir do momento em que o embarque começasse e tivessem sido removidos os últimos escolhos e assim o manifestei de viva voz. Todavia, não pude deixar de referir-lhe a conversa mantida com o Executivo da Guiné-Bissau, nessa mesma manhã, e a interdição que me havia sido imposta, não me responsabilizando pelas consequências dos meus actos que poderiam pôr em causa toda a operação em curso. Disse-lhe ainda que já tinha passado por situações de guerra e que não tinha medo, que sabia muito bem o que estava a fazer, que conhecia igualmente bem as minhas intenções e o meu pensamento sobre o assunto, que não fugia às minhas responsabilidades e, finalmente, que não precisava de recadinhos de ninguém[191]. Do posto de rádio, informaram-me, entretanto, que o "Ponta de Sagres" estava já nos preparativos para proceder às manobras de acostagem, assegurando-me que a evacuação podia ser feita, nas condições precárias que todos conhecíamos, mas que se podia tentar. Desliguei o telefone e segui para o carro oficial. Em menos de 5 minutos, conduzi-o directamente até ao porto de Bissau[192], fazendo-me acompanhar pelo meu vizinho, o embaixador Spencer, chefe da missão diplomática bissau-guineense em Moscovo e que estava de passagem pela capital.

Pelo caminho, via-se tropa senegalesa recém-desembarcada em todo o centro da cidade. Perto da catedral, alguns *djambars*[193] estavam a instalar, numa esquina, um "ninho" de metralhadora, escavando um buraco no pavimento e colocando sacos de areia à volta. Um pouco mais abaixo, uma cena idêntica junto a uma casa comercial. A maior parte dos soldados estava claramente assus-

---

[191] Propositadamente, não reproduzo a conversa em discurso directo, dada a delicadeza e o tom da mesma. E apesar de já terem passado 14 anos sobre o assunto, as duas versões sobre o diálogo havido poderiam naturalmente divergir muito. Não posso, pois, reproduzir essa interlocução com a fidelidade necessária.

[192] O meu motorista estava para o Norte, no "chão" manjaco e só me apareceu, na fase final da guerra, alegando que corria riscos em Bissau. Aparentemente, não seria o único...

[193] Soldados em jalofo.

tada e, de arma aperrada, olhava para todos os lados com desconfiança. À parte esta movimentação militar, não se via vivalma. A cidade estava deserta. Ao aproximarmo-nos do porto, é que vimos uma multidão descontrolada a aguardar a chegada do navio. Ficaram a olhar para nós e para a bandeirinha portuguesa que ondeava ao vento com um sorriso de esperança nos lábios. Os meus colaboradores deram-me conta do caos que prevalecia, da impossibilidade de controlo e principalmente das falhas no sistema de comunicações. Aliás, pelos "estafetas" que durante o dia tinham feito o vaivém com a embaixada, eu já sabia de tudo isto, com a devida minúcia.

Tentámos pôr um mínimo de ordem naquela gigantesca bagunça, em especial no que tocava ao embarque, estabelecendo, tentativamente, a ordem de prioridades, previamente determinada. Se alguns (poucos) procuravam cumprir as directrizes, a maioria, em pânico, queria tomar o navio de assalto e quando subiam por uma das escadas de portaló, acabaram por a abaular com o peso. Contaram-me que uma ou duas pessoas tinham caído ao rio. Tive que pedir a ajuda de alguns portugueses para controlar fisicamente, entenda-se, o acesso ao navio. Fui empurrado, pontapeado e quase agredido pela turbamulta, mas eram ossos do ofício. Tinha de aguentar a pé firme. Por sorte, não fui parar ao Geba. Surpreendia-me a quantidade de gente de cor e se existiam muitos cabo-verdianos e eventualmente africanos de outros países, o grosso da coluna era constituído por marginais de Bissau, muitos dos quais atiravam-se em "voo" do cais para o navio, para uma viagem à borla até Dakar.

A determinada altura e já com a situação tendencialmente controlada, vejo um importante executivo de um banco local, cujo nome por pudor, não vou mencionar, vestido de mulher e com um lenço na cabeça. A fealdade daquele pretenso ser do sexo feminino chamou-me logo a atenção, percebendo de imediato, a manobra. Gritei-lhe:

– O senhor não tem vergonha do que está a fazer? Do exemplo que está a dar? Vai imediatamente para o fim da fila e só embarca quando chegar a sua vez.

Resmungou qualquer coisa entre dentes que não ouvi, mas cumpriu a ordem. Nestas situações, a natureza humana revela-se em todas as suas dimensões. Por vezes, no meu íntimo, interrogava-me quanto ao pânico de certas pessoas, porque eu não o sentia da mesma forma, nem tão-pouco o compreendia.

O comandante Hélder Almeida, sob coordenação do Capitão de Fragata António Fernandes de Carvalho[194], revelou grande coragem ao ter tentado por 3 vezes acostar ao cais de Bissau sob o fogo de morteiros e de mísseis, inclusive foi proibido de atracar por um vaso de guerra senegalês, ordem a que desobedeceu incorrendo em sérios riscos, mas que, assim, viabilizou a evacuação. Conseguiu embarcar para cima de 2.000 pessoas, excedendo largamente o número inicialmente previsto, em apenas duas horas, que, nesse mesmo dia, rumaram a Dakar.[195]

Um longo suspiro de alivio, mas um amargo de boca

Apesar das conhecidas vicissitudes da evacuação, quando terminou, dei um longo suspiro de alívio e pensei, ingenuamente, ao ver o navio zarpar rumo à capital do Senegal, que as grandes dificuldades tinham sido superadas. Não sendo a astrologia o meu forte: a previsão pecou por defeito!

O navio desapareceu lentamente no canal do Geba. Regressei, então, à residência, acompanhado pelo embaixador Spencerm ainda sob o fogo próximo de morteiros pesados, disparados do lado de Brá e disse-lhe: "Naquele navio vai a cabeça da Guiné, o corpo ficou aqui". Deu–me um assentimento triste. Era uma verdade lapaliciana.

Tive de escolher umas ruas laterais, paralelas à Avenida Amílcar Cabral, todas elas esburacadas para fazer, quase em zigue-zague, o percurso do cais até á residência devido à intensidade do fogo de morteiros pesados que atingiam, naquele momento, aleatoriamente, o centro da cidade. Passei em frente à Baiana e ao Centro Cultural Francês e acelerei. Urgia chegar à embaixada tão rápido quanto possível. Por fim, franqueei a porta da chancelaria e depois de relatar telefonicamente o êxito da operação ao então Primeiro-Ministro, voltei às sobras do meu "arroz com 10 de Junho".

---

[194] Tanto quanto sei, o trabalho meritório desenvolvido pelo Capitão de Fragata António Fernandes de Carvalho, quando da evacuação dos portugueses e estrangeiros no "Ponta de Sagres", nunca foi devidamente reconhecido por quem de direito. O comandante do navio, porém, foi condecorado com o grau de oficial da Torre e Espada.

[195] Para uma descrição pormenorizada da evacuação, consulte-se a obra de Reis Rodrigues e Silva Santos, pp. 69-78.

Apesar de estar acompanhado pela minha mulher, que não me abandonou um só minuto e de alguns colaboradores próximos, senti que estava isolado, que havia cumprido o meu dever, mas que já pouco pesava para Lisboa. Fui acometido de um enorme desalento e algum azedume. Estava à espera de uma palavra de conforto de alguém em posição de mando. Escusado será de dizer que esperei em vão.

A RTP abriu o seu noticiário da noite, apresentando imagens da "evacuação caótica" no "Ponta de Sagres", num trabalho exclusivo da sua delegação em Bissau, responsabilizando-me pelo sucedido e dando a entender que não morreu gente por milagre. Essas imagens de sensação e impacto iriam correr mundo. Agarrei no telefone – que, por estranho que pareça, ainda funcionava – e desanquei o correspondente local da RTP. A terminar, disse-lhe: "Mas o certo é que, apesar de tudo, a evacuação fez-se. Com ou sem milagres, não morreu ninguém. O resultado é positivo e está à vista." Não me respondeu. Mais tarde pediu-me desculpa pelo sucedido, mas o mal estava feito.

No dia seguinte, à noite, o Primeiro-ministro, acompanhado pelas altas chefias militares, compareceu, com ar grave, perante as câmaras, os flashes e os microfones da comunicação social, para explicar às massas o êxito da operação. Não teve uma só palavra para o embaixador em Bissau. Esquecimento? Não creio.

Muito mais tarde, em 1999, numa extensa entrevista concedida à revista "Visão"[196], o Chefe do Governo, ao ser-lhe perguntado qual tinha sido o momento mais difícil do seu mandato respondeu e cito textualmente as suas palavras:

> " ... A decisão mais difícil que tive de tomar foi, seguramente, aquela em que perante uma situação dramática em Bissau, não dispondo Portugal de nenhuns meios militares que assegurassem a protecção no terreno, entendi que devia pedir ao comandante do navio mercante *Ponta de Sagres* que entrasse no porto de Bissau e depois de manter com ele um diálogo (em que a sua heroicidade ficou para mim demonstrada ao longo de horas), para que fosse possível a evacuação das mais de 2 mil pessoas que estavam em extremo risco. Isto, apesar dos bombardeamentos que ocorriam e que fizeram rebentar várias bombas bem perto do *Ponta de Sagres*. Aliás, creio que os portugueses nunca agradecerão suficientemente àqueles homens".

---

[196] "Visão", nº 333 de 5 de Agosto de 1999.

Dois ou três curtos comentários: jamais tive qualquer notícia, directa ou indirecta, do diálogo mantido entre o Primeiro-ministro e o comandante do "Ponta de Sagres", que, enfim, não duvido tenha existido. Sei, isso sim, que mantive um colóquio permanente durante todo o dia 11 com o comandante Hélder de Almeida e que falei com o Chefe do Governo e com os membros do seu gabinete por várias vezes, naquela mesma data. A coordenação da operação em terra ficou, inteiramente, a meu cargo e dispunha então de carta branca para o efeito, devidamente autorizado por quem de direito, ou seja, pelo próprio Chefe do Governo. Mas no balanço final, para o preclaro governante luso o seu representante em Bissau, pura e simplesmente, não existia.

Esta é a verdade dos factos!

CRÓNICA 26

Bissau, Junho de 1998
The day and days after

Informação, desinformação e contra-informação. A guerra porém continuava e estava para ficar.

Sem qualquer controlo sobre a (des)informação que lhe ia chegando, ou nem sequer esboçando uma tentativa rudimentar para verificação das notícias e respectivas fontes, em 14 de Junho, os *media* portugueses anunciavam, de forma sensacionalista, a vitória (!?) de "Nino" Vieira e dos seus aliados senegaleses. Assim, o "Diário de Notícias" encimava a sua primeira página em letras garrafais com o título "Revolta esmagada", enquanto que o "Público" da mesma data proclamava em manchete: "Senegal controla rebelião", explicando ambos os jornais que as instalações militares em Brá, quartel-general dos revoltosos, tinham sido tomadas de assalto pelas tropas senegalesas e pelos elementos leais a João Bernardo Vieira. Porém, uma leitura mais atenta dos artigos permitia ler nas entrelinhas alguma ambiguidade que moderava os títulos bombásticos: "...ainda é cedo para determinar o desenlace da crise guineense"[197] ou "na zona

---

[197] In "Público" de 14 de Junho de 1998.

de Brá subsistiam 'bolsas de resistência', enquanto as tropas senegalesas prosseguiam em direcção ao aeroporto"[198] ou, ainda, "sinais de resistência eram observados umas dezenas de quilómetros mais ao norte de Bissau"[199]. Em suma, a imprensa portuguesa dita de referência (importa perguntar "referência" de quê?) caía facilmente nas manobras de contra-informação do Senegal e da Guiné-Bissau (e porque não dizê-lo da própria França, através da agência noticiosa France Presse que era a principal fonte destes "rumores"). Por outras palavras, a Junta Militar permanecia em Brá e... recomendava-se.

Os disparates continuavam incessantemente a ser publicados. Na mesma data, o lisboeta "Diário de Notícias" anunciava que a operação de resgate dos portugueses, que ainda se encontravam em Bissau, com meios militares, estava "afastada", quando se sabia que essa operação estava em curso, que, inclusive, havia já sido referida de forma velada pelo próprio Primeiro-Ministro a 12 de Junho[200], e que os navios da Armada já tinham zarpado de Lisboa e estavam prestes a entrar nas águas territoriais da Guiné-Bissau, encontrando-se no dia 15 à entrada do rio Geba, chegando á capital a 16![201] É, de facto, extraordinário, o que aparece nas páginas dos jornais!

Os combates caracterizaram-se por grande violência nos dias 13 e 14, continuando nos dias seguintes, principalmente na zona de Brá e no bairro das novas embaixadas, tendo as missões diplomáticas da China, França, Comissão Europeia, Rússia e Estados Unidos sido fortemente atingidas por mísseis, morteiros e fogo de artilharia, uma vez que se encontravam na linha da frente, mas as forças da Junta Militar mantinham-se firmes e dispostas a lutar contra um inimigo aparentemente superior em número. Como em todas as guerras e em função da evolução do conflito, registaram-se mudanças de posicionamento de diferentes unidades dos dois campos na frente de batalha (ou seja, avanços e recuos), mas não mais do que isso.

No dia 16, devido à ofensiva senegalesa, um dos paióis de Brá, no quartel da Engenharia Militar, terá sido destruído, tendo a explosão sido ouvida por toda a cidade. Não obstante, os danos foram limitados. Entretanto, a ilha de Bissau, com excepção da parte central da urbe estava já em poder dos revoltosos, cujo

---

[198] In "Diário de Notícias" de 14 de Junho de 1998.
[199] Id.
[200] Reis Rodrigues e Silva Santos, *op. cit.*, p. 91.
[201] Id., pp. 106-107.

número ia engrossando continuamente, com a vinda de tropas e de voluntários do interior do país.

A nível da comunicação social, a desinformação abundava e ninguém tinha a certeza de coisa alguma. Repetia-se a história de Pedro e do Lobo: o QG dos rebeldes já tinha caído várias vezes e em dias seguidos; "Nino" e os senegaleses haviam ganho a parada ou estavam quase, quase, a fazê-lo. Sem embargo, as hostilidades continuavam, com paragens, uma breves, outras prolongadas. Assim, o "Correio da Manhã", a 18, referia em título "Queda de Brá anunciada"[202]; o "Público" de 19 de Junho titulava em primeira página "Nino reclama vitória em Bissau"[203], para, em linguagem mais matizada, mencionar em sub-título "Revoltosos afirmam que controlam o resto do país". Na mesma edição, o jornal em questão afirmava: "Senegal vence a batalha de Bissau", muito embora o corpo do artigo introduza algumas nuances a estas asserções categóricas. Estranha forma de guerra e estranhíssima forma de fazer jornalismo.

Em suma, o que se pode dizer, com alguma segurança, é que numa primeira fase, as forças leais e rebeldes eram equivalentes ou quase em efectivos e armamento. Os revoltosos possuíam, porém, quatro vantagens enormes: (i) o controlo das saídas por terra de Bissau (e do próprio aeroporto), (ii) a posse dos paióis e (iii) das armas pesadas e (iv), uma espantosa arma de propaganda – a Rádio Bombolom (a que nos referiremos em crónicas posteriores). Esse circunstancialismo, criava, à partida, um *handicap* enorme para as forças ninistas, daí "Kabi" ter-se visto forçado a apelar à intervenção das forças estrangeiras, o que, porém, se revelaria, a prazo, contraproducente, senão, mesmo, suicidário.

Pena foi que os *media* portugueses não tivessem analisado com cuidado o teor das notícias que publicavam a eito, sem qualquer critério ou recensão crítica e não se ativessem aos factos e à análise dos mesmos, tentando, pelo menos cotejar as informações que iam chegando com fontes minimamente autorizadas. Assim, se ia induzindo o público em erro. Mas Portugal é assim e não há nada a fazer.

---

[202] In "Correio da Manhã" de 18 de Junho de 1998, estranhamente com base em informações que eu teria facultado e de que não me lembro.
[203] In "Público", edição de 19 de Junho de 1998.

A intervenção estrangeira

Com a casa a arder e incorrendo no risco sério de ser apeado do Poder, de um momento para o outro, "Nino" Vieira vai, muito rapidamente, solicitar ajuda aos seus vizinhos o Senegal e a Guiné-Conakry, como vimos na Crónica 23. Abdou Diouf, Chefe de Estado senegalês, acede sem pestanejar, porque debelar a rebelião na Guiné-Bissau seria pôr termo à guerrilha casamansense e, além disso, porque os rebeldes seriam os "principais traficantes de armas" para o MFDC. Com efeito, "o conflito guineense e o seu desfecho eram particularmente importantes para o Senegal que via numa eventual vitória da Junta Militar o aumento, desta vez aberto, do apoio da Guiné-Bissau à luta do MFDC"[204]

No segundo caso, Nino Vieira e Lansana Conté, o ditador de Conakry, estavam ligados por fortes laços de amizade pessoal de longa data, forjada nos tempos da luta armada e, também, pelas relações de vizinhança. Ambos os dirigentes terão concluído que a sedição teria de ser morta no ovo, uma vez que o vírus podia alastrar-se a toda a África Ocidental e a Serra Leoa e a Libéria eram dois maus exemplos bem à vista e demasiado próximos.

Como sublinha Manuel Lobo Antunes: "A situação, todavia, ficou muito mais esclarecida quando soubemos que o Presidente Nino apelara aos seus homólogos do Senegal e da República da Guiné-Conacri para virem em seu auxílio. Era, assim, óbvio, que o Chefe de Estado guineense se encontrava em grande dificuldade, fragilizado, e que apenas uma intervenção estrangeira poderia obstar a que os rebeldes avançassem sem grande oposição até ao palácio presidencial, no centro da cidade. Com efeito, as informações que íamos recolhendo diziam que a parte das Forças Armadas que se mantinha leal ao Presidente era bastante reduzida, ainda que uma das melhores treinadas e preparadas. Os rebeldes contavam com um número multo maior de homens e tinham vantagem no equipamento pesado. E o seu líder era um homem prestigiado, "velho combatente da liberdade da Pátria".

A intervenção do Senegal e da Guiné-Conacri na Guiné-Bissau introduziu um elemento inteiramente novo no problema. O Presidente Nino e o Governo,

---

[204] In Carlos Sangreman e outros, "A evolução política recente na Guiné-Bissau", CESA, Centro de Estudos sobre África e do Desenvolvimento, Instituto de Economia e Gestão, Universidade Técnica de Lisboa, 2006 – p. 17 (in http://pascal.iseg.utl.pt/~cesa/files/Doc_trabalho/70.pdf).

conscientes da delicadeza da situação. justificaram-na como sendo ao abrigo de acordos de defesa mútua e para salvaguarda de um regime constitucional e democrático. Contudo, a realidade era mais intrincada do que esta simples explicação. No plano estritamente jurídico era discutível se tais acordos sancionavam a intervenção solicitada, e aceite, na ausência de agressão externa, como era o caso, para além de outras interrogações sobre a validade mesma, do ponto de vista constitucional, de tais acordos, que porventura não estariam em vigor por falta de ratificação parlamentar ou de o Presidente fazer apelo a tropas estrangeiras sem o consentimento da Assembleia. Mas talvez mais importante do que este aspecto formal, ainda que ele não fosse um ponto menor, a decisão do Presidente Nino de se socorrer de tropas estrangeiras foi, do meu ponto de vista, politicamente suicida."[205]

Também o ex-Secretário de Estado dos Negócios Estrangeiros e Cooperação, José Lamego, corroborava dez dias depois do golpe esta mesma opinião, num artigo de opinião no jornal "Público", nos seguintes termos:

> "A presença de forças estrangeiras em solo guineense – mesmo que compreensível em termos de solidariedades institucionais ou até em termos de legitimidade de Direito Internacional – não terá outro efeito senão deslocar as simpatias das populações para o campo dos revoltosos e acrescer o sentimento popular de hostilidade em relação aos Estados de onde essas forças são originárias."[206]

A propósito da guerra, uma conversa que se iria repetir noutras ocasiões com matizes diferenciados com o embaixador de França

Para os franceses, os acontecimentos na Guiné-Bissau, mais não eram que um motim da soldadesca indisciplinada, claramente inconstitucional e totalmente injustificado, que iria ser controlado em muito pouco tempo (leia-se,

---

[205] "Episódios da crise na Guiné-Bissau", in "Negócios Estrangeiros" – nº 1, Março de 2001, Lisboa.

[206] "Calem-se as armas", in "Público", ed. de 17 de Junho de 1998. Registe-se que a intervenção do Senegal e da Guiné-Conakry carecia de qualquer legitimidade formal, como sustenta – e bem – Lobo Antunes, como tive ocasião de comprovar pela leitura e análise dos tratados existentes.

numa questão de dias, dois ou três, no máximo). O défice de informação era mais do que notório e além disso confiavam inteiramente em rumores e notícias que lhes eram ventiladas pelo lado senegalês. Assim, o então Embaixador do Senegal em Bissau informou Dakar, que por seu turno terá informado Paris, que os rebeldes eram exactamente 45 – nem mais, nem menos – e que duas companhias senegalesas bastariam para controlar a situação(!). É, de facto, extraordinário!

O embaixador de França em Bissau, François Chappellet, era recebido regularmente no Palácio Presidencial e chegou a participar em reuniões do Estado-Maior com "Nino" Vieira, o CEMGFA e outros oficiais de alta patente bissau-guineenses, bem como com o comandante senegalês, Coronel Yoro Koné!

Logo nos primeiros dias em conversa, começou por me referir a "excelente" qualidade da tropa senegalesa – os *djambars* –, a sua preparação para o combate e o historial das suas campanhas, porquanto tinha lutado em duas guerras mundiais e em inúmeros outros conflitos armados, com bravura e glória, sob a bandeira tricolor.

– Você vai ver, meu caro. Quando todo o dispositivo militar estiver montado, Brá cai em meia-dúzia de horas – dizia-me ele, com alguma sobranceria.
– Olhe, caro colega, você não combateu contra esta gente, mas eu estive aqui, quase dois anos, na guerra colonial de armas na mão e sei do que eles são capazes. Este povo é combativo, tem experiência de guerra e é capaz de tudo. São valentes e destemidos Não pense por um só instante que os senegaleses resolvem o problema como se fosse uma passeata militar. Isto é a sério. Nós, portugueses, sofremos muito, nesta terra. O inimigo era um osso muito, mas muito, difícil de roer. Ao longo de 11 anos, não os conseguimos vencer. Temos de o reconhecer sem quaisquer complexos. Você acha, agora, que 1.500 senegaleses e mais uns tantos conakry-guineenses resolvem o assunto? Pense bem. Olhe que está redondamente enganado e acho que deve informar Paris desse erro em que está a laborar, que é perigoso – retorqui, tranquilamente, com infinita paciência.
– Não. Com o devido respeito, quem está enganado é você. Bastam umas peças de artilharia e tropa de elite e trata-se, apenas, de uma questão de tempo. É uma tropa indisciplinada, sem espírito de corpo e sem capacidade para enfrentar um exército minimamente equipado. Aliás, estão

concentrados num só local, o que torna mais fácil uma acção ofensiva de envergadura – replicou, convicto do que dizia
- Aconselho-o, se tiver tempo, que leia os relatos dos tempos de luta em Guidage, Gadamael, Guileje, no Morés, na mata do Cantanhez e na ilha de Como. Não só aumentaria o seu conhecimento sobre a história contemporânea da Guiné-Bissau, mas ficaria a conhecer o real potencial desta gente. Ouça o que eu lhe digo: isto não é nenhuma brincadeira. E vou mais longe: se acaso os senegaleses conquistarem Brá e Bissalanca, à base de barragens de artilharia e de tropa apeada, ou seja lá o que for, o que não acredito muito, mas tenho de admitir como mera hipótese académica, os rebeldes fogem para a mata e teremos uma luta interminável de guerrilhas que se prolongará por muitos e muitos anos e que se estenderá inevitavelmente a Casamansa, à Gâmbia e à Guiné-Conakry. O resultado será esse: ou seja, uma nova Serra Leoa ou Libéria sem qualquer fim à vista. Incendeia-se toda a região. Não me tome por presunçoso, mas sei muito bem do que estou a falar.
- Não acredito muito nesses cenários. E esta gente é diferente da do seu tempo. É outra geração. Não creio que se metam numa aventura dessas.
- Acredite ou não. O tempo dar-me-á razão. Acrescento-lhe só um pequeno ponto: a tropa senegalesa e da Guiné-Conakry é composta por estrangeiros – repiso bem o termo: estrangeiros – que são odiados pelos bissau-guineenses. A reacção nacionalista é muito forte e vai crescer ainda mais com o tempo. Verá.

A primeira investida senegalesa, como se sabe, falhou. Os 3 dias passaram sem nada de relevante ter sido alcançado. Preparava-se a grande ofensiva dos finais de Junho em que Brá inevitavelmente cairia, segundo Chappellet, em 48 horas, máximo. Não caiu. O Senegal não controlava coisa alguma, nem sequer os seus soldados muitos dos quais drogados, como tive ocasião de comprovar pessoalmente. A revolta estava longe de estar esmagada, pelo contrário crescia.

Não o disse, obviamente, mas pensava com os meus botões: os franceses pensam que esta aventura militar é relativamente fácil, tal como roubar a carteira a um bêbado, o problema é se o pretenso etilizado afinal está sóbrio e decide enfrentar os presumíveis ladrões.

Esta conversa teve várias variantes ao longo do tempo, mas a substância não se alterou.

As evacuações continuavam

Contrariando anteriores informações do "Diário de Notícias", o "Público"[207] destacava, escassos dias depois, em manchete na primeira página "Fuzileiros portugueses estacionados na Guiné", indicando que tinham sido evacuadas, sob protecção da Armada, cerca de 500 pessoas na fragata "Vasco da Gama".

Esta evacuação, bem como a imediatamente anterior no vaso de guerra francês "Drogou"[208], processou-se com ordem e disciplina, com protecção militar adequada e controlo estrito dos evacuandos, que, no caso em apreço, eu próprio orientei. Foi aí que evacuámos também os diplomatas da Rússia, Egipto, Líbia e Palestina. Registo que após ter recebido um contacto do embaixador russo – creio que através de uma mensagem manuscrita que me foi entregue por um estafeta: os telefones já não funcionavam – enviei um carro à zona das embaixadas, numa breve trégua entre combates, que recolheu, não sem algumas dificuldades, o embaixador e 3 membros do seu pessoal. Todos visivelmente cansados e esfomeados.

O embaixador fez-me sucintamente uma descrição dramática dos últimos dias em que os duelos de morteiros, de obuses e de "katyushas" entre tropas senegalesas e da Junta Militar foram particularmente intensos, tendo destruído quase todos os edifícios do complexo da missão. Ficou 3 dias sem electricidade, uma vez que o gerador tinha sido atingido, por uma rocketada, além disso, não dispuha de alimentação decente, nem sequer água. Ele próprio e o pessoal refugiaram-se na cave e limitaram-se durante a respectiva estada a comer o que por lá havia, ou seja umas latas de sardinha e de atum, uns biscoitos e a beber uns refrigerantes (?) bem aquecidos no calor dos trópicos. Em suma, o "Portugal dos pequeninos" resgatava os diplomatas da poderosa Federação Russa que regressavam à pátria a bordo de um navio de guerra lusitano!

No cais, tentei apressar o mais possível as operações de embarque (as pessoas tinham de ser transportadas em botes de borracha dos fuzileiros que faziam o vaivém entre a "Vasco da Gama", ancorada nas proximidades do ilhéu de Rei e da zona portuária). "*Gosse! Gosse*" (Depressa! Depressa!), vociferava eu, em

---

[207] Edição de 17 de Junho de 1998.
[208] Evacuou principalmente cidadãos franceses, mas também de outras nacionalidades, entre os quais 39 portugueses.

crioulo, para acelerar o movimento. De um momento para o outro, sem dizer água vai, podíamos sujeitar-nos a uma chuva de morteiros.

- Alguém me chamou à parte e confidenciou-me a meia-voz:
- Oh, senhor embaixador, vejo aqui demasiada gente de cor. Serão todos portugueses e cabo-verdianos? Veja lá que eu não quero problemas.
- Não se preocupe, senhor tenente. Estamos a verificar com o mínimo de rigor todas as identidades. Existem naturais da Guiné-Bissau com passaporte português e também muitos casamentos mistos, para além, claro, de uniões de facto, etc. Isto nem sempre é evidente, mas é assim – respondi

Assisti a duas cenas edificantes, que demonstram bem a irracionalidade anormal das situações de guerra e a extrema perturbação que induz nas pessoas, transformando-as noutros seres desprovidos de sentimentos ou de ética. A certa altura todos querem salvar a pele de qualquer maneira, sem escrúpulos, amor ao próximo ou respeito pelos outros, esquecendo-se dos grandes princípios e dos equilíbrios básicos da convivência normal entre humanos, para já não falar da lei e da moral, que se perderam algures nos dias idos de paz. As reacções são viscerais, animais, sem racionalidade aparente ou lógica discernível e faz-se tábua rasa de tudo o que somos ou julgamos ser.

- Senhor embaixador, este senhor quer embarcar com a família, mas não tem papéis. Ele ainda tem um bilhete de identidade português antigo, já caducado, mas toda a família é guineense. Não estava registado no consulado. Vive aqui há já muitos anos e tem filhos de todas as idades. Veja, aqui esta pequenita tem oito anos, mas o mais velho, que está ali, já tem 21 e há outros. O que é que se faz? – pergunta-me a Vice-cônsul, Dª Aldevina Simões, afastando-se uns metros da mesa de controlo de identidades, para não ser ouvida pelos visados.
- Mas, ouça lá, estão casados ou não? – interpelei.
- Dizem que sim, mas eu creio que não, que vivem amigados. Sabe como é...
- Diga-lhes que o casal pode embarcar, os filhos menores também, mas o rapaz de 21 anos não pode. Terá de ficar. Enfim, eu pretendo ser flexível, mas não quero mais problemas e não posso evacuar guineenses. Como sabe, tenho ordens estritas para não deixar seguir gente da terra, excepto

aqueles que a senhora sabe. Há por aí muita contradição, mas eu obedeço a ordens. Já tivemos problemas de sobra com o "Ponta de Sagres". Olhe, diga-lhes isto e veja lá como reagem. Vamos ver se damos a volta a este problema, mas não sei muito bem como.

Afastou-se uns metros de mim e aproximou-se da família de luso-guineenses, ansiosa por embarcar.

– Bom, não há nada a fazer. Só podem seguir o casal e os filhos menores. O mais velho terá de ficar – disse, então, a Dª Aldevina, em voz bem audível, para o grupo.
– Não me faça uma coisa dessas. Mas como é? Então o meu filho fica aqui? – protesta o homem, porém, de forma não muito veemente.
– São ordens. Se o senhor tivesse tratado de tudo a tempo e horas talvez as coisas se pudessem ter resolvido de outro modo. Eu sei lá se o seu filho é português ou guineense? Porque é que nunca o registou? Nunca tratou de nada? Eu nem sequer conhecia o senhor e conheço quase toda a gente, aqui em Bissau.
– Se não pode, não pode. Pronto, acabou-se, já está. Olha filho, ficas cá e não vais connosco. Toma bem conta da casa. Aguenta e desenrasca-te.

E voltando-se para a mulher e para o resto da família

– Nós vamos seguir viagem. Andem. Por onde é que se embarca, se faz favor?

Sem comentários!

Num outro caso, bem mais grave, a minha decisão foi mais expedita, deixando, porém, o presumível suspeito – aparentemente, supunha tratar-se de um crime de morte – fora de qualquer inquirição ou controlo. O visado, pura e simplesmente, desapareceu, no meio da multidão que se aglomerava no cais. Vamos aos factos.

– Oh, senhor embaixador, está aqui, um homem que não deve ser o verdadeiro detentor deste passaporte. Quer ver? – perguntou-me uma das minhas funcionárias.

Um africano muito alto e magro, estranhamente de casaco e gravata, ambos amarfanhados e puídos, ponta acima, ponta abaixo, muito mal adaptados à personagem, apresentou-me um passaporte português com uma fotografia que seria a de um outro africano gordo e de bigode, presumivelmente, muito mais baixo, com um nome comum genuinamente português (José Ferreira, João Costa, Manuel Silva ou algo do género), o que denotava uma provável origem animista ou cristã do titular. Não obstante, pelo aspecto e linguagem gestual, o homem, à minha frente, apesar da indumentária devia ser muçulmano. Aliás, para quem conhecia e vivia na Guiné-Bissau há já algum tempo, estas coisas saltavam à vista. Fiz-lhe então dois pequenos testes. Olhei para o passaporte e perguntei-lhe em português corrente:

– Como é que se chama?

Não tugiu, nem mugiu. Interroguei-o, então, em crioulo:

– *Bó nomi*?

Apontou com o dedo indicador para o passaporte. Vi que estava assinado e para tira-teimas final, pedi que assinasse o seu nome numa folha de papel, em cima do "capot" de um carro. Não sabia. Era analfabeto. Disse então para a minha funcionária:

– Este homem não embarca. O passaporte deve ter sido roubado e fica apreendido. Não há mais conversas.

Entretanto, aproximou-se da mesa um outro bissau-guineense, muito excitado, que queria falar comigo, imediatamente. Num português muito atabalhoado misturado com crioulo e perdigotos em quantidade, deu-me a entender, que conhecia o homem que eu acabara de entrevistar. Vivia numa morança próxima da sua, num bairro periférico, e não só o passaporte tinha sido roubado, por que ele conhecia bem o titular, que era seu vizinho, como este último havia aparecido morto durante a madrugada. Não me soube dizer mais nada, apesar das minhas múltiplas perguntas. Entretanto, como já referi, o homem alto sumiu-se. Não havia nada a fazer.

Um quadro ainda que incompleto das evacuações (Junho e Julho)

Para situar bem o leitor na dimensão do problema e sem embargo de todos os que abandonaram o território da Guiné-Bissau, pelos mais diversos meios e que não foram contabilizados (ou seja, pelas vias marítima, terrestre e aérea, alguns até, mesmo, a pé – na região de S. Domingos, por exemplo), relendo e transcrevendo – de forma mais estruturada, bem entendido –, os meus apontamentos manuscritos, apesar de alguns erros e omissões nele contidos, a seguir traço, com a fidelidade possível, o quadro das evacuações nos meses de Junho e Julho de 1998.

EVACUAÇÕES

Data	Dia da semana	Navio	Nacionalidade do transporte	Nº total evacuados	Nº evacuados portugueses
11/6	5ª feira	"Ponta de Sagres"	Portuguesa	cc. 2250	cc. 800[209]
14/6	Domingo	"Fouta"	Senegalesa	28	11
15/6	2ª feira	"Drogou"	Francesa	?	39
17/6	4ª feira	"Vasco da Gama", "João Coutinho" e "Honório Barreto"	Portuguesa	770	200
28/6	Domingo	"João Coutinho"	Portuguesa	185	25
12/7	Domingo	"Vasco da Gama"	Portuguesa	9	9
15/7	4ª feira	"Vasco da Gama"	Portuguesa	93	?

Foram, pois, evacuados para cima de 1084 cidadãos nacionais, sem contar com as evacuações pontuais em locais específicos do território, como a Ponta do Biombo, Quinhamel na ilha de Bissau e no Sul do país (Buba e Saltinho), situações que eram muito difíceis de avaliar.[210]

---

[209] Inicialmente foram contabilizados 415.
[210] V. Reis Rodrigues e Silva Santos, *op. cit.*, em especial Caps. 15 e 21.

Dos registos efectuados quando da evacuação no "Ponta de Sagres", todavia totalmente ultrapassados pelos acontecimentos já relatados, contabilizaram-se 518 pessoas de 18 nacionalidades diferentes (Portugal, Guiné-Bissau, Suécia, Cabo Verde, França, Angola, Reino Unido, Moçambique, Espanha, Noruega, Alemanha, EUA, Canadá, Senegal, Sudão, Cuba, Dinamarca e Brasil) que teriam, em princípio, direito a embarcar. Todavia, o número, como se sabe, foi muito superior e as nacionalidades igualmente. Apenas cito estes dados para se fazer uma ideia, ainda que muito grosseira, da ordem de grandeza do problema.

A secção consular da embaixada, de acordo com os elementos de que dispunha, calculava que existiriam na Guiné-Bissau 1300 a 1400 nacionais. O número verdadeiro aproximava-se senão ultrapassava, mesmo, os 1700 – aqui incluíam-se muitos africanos com passaporte português.

Deslocados, refugiados

O deflagrar do conflito armado e a violência dos combates, em especial, nos dias e semanas que se seguiram imediatamente ao levantamento insurreccional de 7 de Junho tiveram como resultado imediato mais visível a fuga maciça da população para o interior do pais, abandonando, ou melhor, desertificando, em termos populacionais Bissau que passou a ser uma cidade fantasma. Cada duelo de artilharia ou de armas pesadas significava em termos práticos a fuga de mais uns tantos milhares de pessoas. É muito difícil contabilizar o número de deslocados. Calcula-se, por alto, que dos 300 mil habitantes de Bissau[211] cerca de 200.000 terão abandonado a capital, numa primeira fase, a que se seguiram aproximadamente 50 ou 60.000 nas fases seguintes. Houve quem tivesse reduzido a população civil remanescente, talvez com algum exagero, a 10.000 pessoas. Não o creio. O número peca seguramente por defeito. Todavia, estas cifras são, de certo modo, aleatórias, pois estávamos perante uma situação complexa de fluxos e refluxos de população, variando consoante a alternância entre períodos de combate mais aceso ou de tréguas.

Na primeira fase, ou seja no início do conflito, os deslocados, na sua debandada para o interior, começaram a ser alojados nas moranças e tabancas de

---

[211] Sensivelmente 400.000 se incluirmos a área suburbana.

familiares e amigos, em regra da mesma etnia, portanto nos chãos manjaco, balanta, mancanha, mandinga, fula, biafada, etc. De modo que em rigor, o problema dos refugiados internos na Guiné-Bissau, nesta primeira fase, era, no fundo, um falso problema, na lógica simples e generosa "de põe-se mais água na sopa e dá para mais uns tantos" – neste caso, mais arroz na panela, uma vez que aquele constitui o sustento principal dos bissau-guineenses, independentemente das distintas etnias e tribos. Todavia, aqui e além já se começavam a notar sinais de rupturas alimentares e notórias dificuldades de abastecimento. Não nos podemos esquecer, que toda a população é endemicamente pobre e, por conseguinte, a chegada de mais gente, estava na origem de uma acentuada penúria alimentar. Subsistia ainda o problema da assistência médica e sanitária virtualmente inexistentes. As principais povoações, na periferia de Bissau, rebentavam pelas costuras, mas o agudizar dos combates fazia com que a população se deslocasse a pé, com os parcos haveres às costas ou na cabeça (à míngua de transportes, não havia alternativa), cada vez mais para o interior em direcção a Canchungo, Cacheu, Bafatá, Gabu, Mansoa, Bissorã e para o Norte (São Domingos) já em rota para o Senegal (região de Casamansa).

A descrição colorida, crua mas bem real desta situação, logo no início do conflito mas que iria repetir-se ao longo do tempo, dá-nos Luís Naves no seu romance "Jardim Botânico":

> "Na cidade, nas primeiras horas, instalou-se uma espécie de estupefacção geral marcada por um silêncio trágico. Então, como se obedecessem a uma ordem automática, as pessoas começaram a avançar na direcção da estrada e formaram-se espessas colunas de civis em fuga. Tudo o que tinha rodas avançou rumo ao interior (jipes, camiões, toca-tocas, bicicletas e carrinhos de bebé). Mas o grosso da coluna marchava. Havia mulheres de trouxa à cabeça e crianças agarradas às saias; um formigueiro em marcha, com fanatismo de insecto: os do meio sem saberem porque seguem aquele caminho, os da frente nunca se sentindo os da frente; pois que cada um vai atrás do outro, esse outro de ainda outro, e assim sucessivamente, numa correnteza. Viam-se pernas finas e pés descalços, braços empunhando objectos inúteis, um rádio, a ruína de um motor, ripas de madeira, colchões, pedaços soltos, a cadeira viajando no topo do monte de roupa, como se fosse um trono. E foram vistos velhos de mãos vazias caminhando em sentido oposto; veteranos da guerra colonial, que se dirigiam para os quartéis em torno do aero-

porto. Foi assim que os rebeldes engrossaram as forças. Crescia a maré da fuga, vinha o refluxo do passado."[212]

Os relatos pungentes sobre a situação dos refugiados iam-nos chegando de várias fontes e assumiam contornos extremamente preocupantes. A população vagueava pelas estradas e pelos campos, percorrendo dezenas e dezenas de quilómetros, sem eira nem beira, à procura de abrigo, de comida, em suma, de paz e de tranquilidade. "Nesta situação, muitos dentre os mais vulneráveis – velhos, mulheres, crianças e doentes – pereceram por falta de assistência. Grávidas deram à luz pelo caminho, e, fala-se de casos como, por exemplo, o de uma mulher, a qual após ter dado à luz gémeos teve que optar por levar consigo apenas o que podia nas circunstâncias – um dos recém-nascidos – abandonando a segunda criança à sua sorte, apenas para sucumbir pouco depois a uma hemorragia. Folhas cortadas de uma árvore próxima serviram de sepultura para ela e o segundo bebé acabado de nascer."[213]

No que podemos considerar uma segunda fase, o problema assumiu um carácter premente e, por muito que desejassem, as populações do interior já não conseguiam alimentar e cuidar dos deslocados, cujo número não cessava de aumentar. As tréguas temporárias conferiam um ilusório sentimento de paz e muitos regressavam a Bissau, para, às primeiras violações do cessar-fogo e aos primeiros tiros de artilharia, partirem desavorados, novamente, para o mato. Aqui, a solidariedade bissau-guineense tão magnânima no passado próximo já não funcionava da mesma forma de outrora porque o problema alimentar era cada vez mais grave, afectava toda a gente e não tinha solução à vista. Mais. O Senegal tinha fechado as fronteiras e impedia o acesso ao território da Guiné-Bissau dos camiões com ajuda humanitária. "Kabi", temendo que a Junta Militar viesse, em última análise, a ser beneficiária desta situação, não permitia que a assistência chegasse por via terrestre, aérea ou marítima ao interior do país que não controlava. As imensas dificuldades que a AMI[214] teve para fazer chegar os camiões com alimentos e medicamentos a território bissau-guineense ilustram bem o que se refere. A carga de ajuda humanitária transportada pelos nossos vasos de guerra ficou quase toda nos Bijagós, controlados pelas tropas

---

[212] Naves, Luís, "Jardim Botânico", Quetzal Editores e Luís Naves, Lisboa, 2011, pp. 11-12.
[213] Gomes, João Carlos, *op. cit.*, p. 38
[214] Assistência Médica Internacional coordenada pelo dr. Fernando Nobre.

leais. Uma projectada operação de lançamento de carga em voo de baixa altitude (voo rasante), na pista de Bafatá (Leste) pelos Hércules C-130 da Força Aérea Portuguesa não foi autorizada. O estabelecimento de um "corredor humanitário" para prover às povoações mais carenciadas jamais recebeu "luz verde". Estes exemplos podiam ser multiplicados à exaustão. Suponho que isto diz tudo, ou quase tudo, sobre o amor de "Nino" Vieira ao seu Povo e à sua terra. E por aqui me fico.

O "convite" para regressar a Lisboa

No dia 16 ou 17, quando da evacuação pela fragata "Vasco da Gama", recebi um telefonema do Secretário-Geral do Ministério dos Estrangeiros[215] de que passo a referir os pontos essenciais:

- Ó Francisco, ouça. A situação aí está má, muito má. Isso está a ficar cada vez pior. Nós temos seguido pelos jornais e pela RTP o que se vai passando. Você já fez o seu papel e bem. Isso é reconhecido publicamente. É boa altura para fazer as malas e vir-se embora. Está aí a fragata, portanto tem carta branca para abandonar o posto. Já chega!
- Olhe, meu caro, eu não faço tenções de abandonar o posto. Para aqui fui nomeado por S.Exa PR e para aqui fico, até poder. Por enquanto, posso, quando não puder logo se vê. Isto é muito difícil, mas aguenta-se. Não, não sigo.
- Bom, fica inteiramente ao seu critério. Tem completa liberdade para abandonar o posto e eu, como Secretário-geral, entendo que você já cumpriu a sua missão, evacuou quem tinha de evacuar, aguentou os bombardea-

---

[215] O Secretário-Geral do MNE é, por tradição, um dos embaixadores mais antigos (pelo menos o mais antigo em funções em Portugal) e ocupa o topo da carreira diplomática, sendo o representante e interlocutor desta última junto do Poder político. Hierarquicamente, posiciona-se logo a seguir aos membros do Governo que exercem funções no Ministério. Em regra, dispõe de grande influência junto do próprio Ministro, com quem despacha directamente. No passado – recorde-se o conhecido e relevante caso de Teixeira de Sampaio, no consulado de Salazar, durante a II Guerra Mundial – chegou a ser, no fundo, o verdadeiro Ministro em exercício.

mentos e não há mais nada a fazer na Guiné. Feche a embaixada e pode regressar. Sou eu que lho digo.
– Não, eu entendo que o meu trabalho é aqui e não em Lisboa e que as minhas tarefas ainda não acabaram. A embaixada permanece aberta e eu aqui continuo.
– Meu caro, Francisco, a decisão é sua.

Este convite foi efectivamente feito desta forma, ou de modo muito semelhante – uma vez que não posso reproduzir as palavras exactas, nem a conversa, que eu saiba, foi gravada –, mas mais tarde foi desmentido pelo dito Secretário-Geral, argumentando que o problema nunca se pôs. A minha palavra contra a dele? Não vou entrar no diz-tu-direi-eu, nem em polémicas estéreis, o certo é que permaneci em Bissau e isso é indesmentível e se quisesse podia ter-me vindo embora, com ou sem "luz verde", porém, como toda a gente sabe, não o fiz e isso é público e notório.

Para além de todos os argumentos imagináveis quanto à necessidade da manutenção da presença portuguesa em Bissau, através da respectiva representação diplomática que eu chefiava, contra ventos e marés, o embaixador francês permanecia também na capital. Se queríamos entregar os bissau-guineenses nas mãos da Francofonia triunfante, onde, aliás, já tinham um pé dentro, a minha saída constituiria o pretexto ideal para aí ingressarem de corpo inteiro. Sem embargo, passados mais de uma dúzia de anos sobre o sucedido e ao analisar a situação política, económica e social da Guiné-Bissau, uma não-entidade, que teimamos em considerar como Estado, interrogo-me quanto ao bem fundado desta argumentação. Na altura, porém, não tive quaisquer dúvidas e fiz o que me ditava a consciência.

Comigo ficou uma secção de fuzileiros navais que ficaram hospedados na residência e dependências anexas para conferirem protecção próxima ao meu pessoal, a minha mulher e a mim próprio em todo o complexo da embaixada (6 edifícios). Tratava-se de jovens bem preparados e corajosos, que, em caso de perigo iminente podiam proteger-nos durante alguns minutos de uma investida descabelada de qualquer dos beligerantes, mas que, seguramente, não nos podiam defender das morteiradas ou rocketadas dos artilheiros vesgos eventualmente de serviço.

Estes homens, que, como dizia a Maria Ana, podiam ser nossos filhos, comandados pelo Segundo-tenente Pinto Conde expunham-se a enormes perigos.

Saúdo a sua coragem! Aguardavam ser substituídos por uma equipa do GOE[216] que chegaria dentro de dias a Bissau num outro transporte naval.

Recordo apenas que numa noite de temporal – estávamos em plena época das chuvas – a minha mulher e eu acordámos com o ribombar ensurdecer de uma trovoada tropical. Sem me aperceber do que se estava a passar, acordei estremunhado e disse para a Maria Ana:

– As "katyushas" e os morteiros estão a cair-nos em cima. Temos mesmo de ir para a cave. Anda lá, despacha-te!

Lá vestimos os robes e saímos para a varanda, preparando-nos para descer as escadas. Um dos fuzileiros que fazia a ronda da noite, perguntou-me, com um sorrisinho nos lábios:

– Mas o que é que o senhor embaixador está a fazer, aqui fora, às duas da manhã?
– Acordei e pensava que havia para aí um ataque em força.
– Não, não há nada, é apenas uma tempestade tropical.

---

[216] Grupo de Operações Especiais da Polícia de Segurança Pública. A equipa era liderada pelo Sub-chefe Álvaro Costa.

CRÓNICA 27

Bissau, Junho a Outubro de 1998
A evolução da guerra e a posição dos *media*

Entre as bombas a desinformação continuava, mas o impasse era total

A 19 e 20 de Junho a "queda de Brá" (?) era noticiada em quase toda a imprensa portuguesa: "Nino reclama vitória em Bissau", "Senegal vence a batalha de Bissau" (ambas as notícias do "Público"[217]), ou então o "Diário de Notícias" que titulava: "O dia da anunciada vitória final", sublinhando, porém, numa segunda notícia "Informações sobre o conflito ainda contraditórias", para referir, numa terceira correspondência, esta do interior da Guiné-Bissau, que os "Rebeldes controlam Bafatá" – a segunda cidade do país[218]. Creio que fui prudente nas declarações que então fiz à comunicação social lusitana, acentuando

---

[217] Edição de 19 de Junho de 1998.
[218] Edição de 20 de Junho de 1998. O controlo de Bafatá era apenas parcial e muito incerto, só se concretizando plenamente bastante mais tarde, 4 meses depois, em 21 de Outubro.

que se verificavam alguns avanços no terreno na zona de Brá por parte das forças leais ao Chefe de Estado, mas que os rebeldes continuavam a controlar Bissalanca, que subsistiam combates noutros pontos do país, designadamente no Centro e no Norte, que, em suma, a situação estava ainda muito longe de estar clarificada, contrariando, com precaução e um mínimo de objectividade, a versão segundo a qual "Nino" e os senegaleses tinham "ganho a batalha de Brá", que, aliás, se veio a revelar completamente falsa.

No dia 20, em mais uma manobra de contra-informação, a Junta Militar afirmava "ter capturado sete militares franceses, armados até aos dentes que estariam a orientar o tiro da artilharia senegalesa." Os alegados soldados franceses teriam sido filmados e fotografados. A imprensa dita de referência noticiou esta pretensa captura em grandes parangonas, mas os vídeos e as fotos jamais foram vistas por quem quer que seja. As autoridades francesas desmentiram categórica e prontamente todos este arrazoado de disparates.

Entretanto, a guerra reacendeu-se do lado dos rebeldes com bombardeamentos intensos sobre o centro da cidade e as posições senegalesas, conakry--guineenses e da tropa leal a "Kabi". A pretensa vitória na batalha de Brá era, pois, mais uma história da carochinha muito mal contada. O armamento em poder da Junta Militar era considerável e muito diversificado, dispondo de mísseis terra-terra ("katyushas"), morteiros pesados, canhões sem recuo, lança--rockets e uma abundante quantidade de armamento ligeiro. A guerra estava para durar.

É interessante analisar o que era referido na imprensa senegalesa da altura, a propósito da operação "Gabou", nome de código utilizado por Dakar para a missão que visava restaurar o poder legal do Presidente "Nino" Vieira e que ilustra bem o que se refere. A 23 de Junho, era relativamente consensual nos jornais de Dakar que "Os amotinados do general Ansumane Mané opõem uma resistência feroz às tropas de intervenção senegalesa"[219]. Os homens de Mané, após a explosão parcial do paiol de Brá, utilizaram na contra-ofensiva de 19 de Junho "...tipos de armas pesadas que não se suspeitava que possuíssem"[220]. O jornal "Le Matin" afirmava: "foi o défice de informação dos decisores senegaleses, no momento de lançar a operação Gabou que pesou sobre o curso dos

---

[219] "Le Jour", nº 1027, Dakar, 3 de Julho de 1998.
[220] "Le Témoin" de 23 de Junho de 1998.

acontecimentos...Ansumane Mané encabeça um verdadeiro exército solidamente equipado."[221] *Voilà!*

Os *media* lusitanos começaram a alinhar sistematicamente com a causa rebelde

Os jornalistas portugueses – a maioria encontrava-se para lá da linha da frente em território controlado pela Junta – começavam não só a simpatizar, mas gradualmente a aproximar-se das posições ideológicas dos rebeldes, aliás a atitude quislinguista de Nino e da sua camarilha ao chamarem e alinharem com a tropa de ocupação estrangeira geravam fortíssimos anti-corpos na população local. A imprensa portuguesa abriu, de par em par, as suas páginas a jornalistas e a fazedores de opinião bissau-guineenses, todos anti-ninistas e favoráveis aos insurrectos. Atente-se, a título de exemplo, num excerto de um artigo subscrito por Carmelita Pires, justificando a sublevação:

> "O Exército, recolhido nos quartéis (em Brá, no Cumeré, em Gabu, etc.), sob o comando do seu legítimo Chefe Supremo[222], denuncia ao Povo Guineense um conjunto de práticas corruptas, arbitrárias e inconstitucionais, sem esboçar qualquer tentativa para tomar pela força o exercício de qualquer dos órgãos de soberania, antes reclamando e apelando à participação pública na denúncia dos actos do Estado."[223]

E mais adiante, conclui:

> "O Exército guineense tem por obrigação, à luz da sua Lei Suprema, repelir as tropas estrangeiras do território, sob pena de perda da independência, da soberania e da integridade territorial.
>
> Face à Constituição da República, só Ansumane Mané e a Chefia do Exército Guineense têm legitimidade para defender a Constituição da República da Guiné-Bissau."[224]

---

[221] In "Le Matin", também citado por "Le Jour".
[222] O Brigadeiro Ansumane Mané.
[223] Carmelita Pires "Mané tem legitimidade, 'Nino' não!", in jornal "Público" de 4 de Julho de 1998.
[224] Id.

Atente-se, por exemplo, noutro artigo, este subscrito por João de Barros, director do "Diário de Bissau":

"A má governação do regime lançou na miséria a maioria da população guineense, construindo assim pedra a pedra a revolta e a guerra que dilaceram hoje a Guiné-Bissau. Mais grave ainda, (...) o regime, na sua cegueira pelo poder, permitiu que as forças militares estrangeiras combatam no solo pátrio o Exército nacional."[225]

Ou, neste outro artigo de opinião, mais antigo e que, a meu ver, acertava, em pleno, na "mouche":

"Nino Vieira sempre recorreu à mesma afirmação 'Fui eleito Presidente e ainda não terminei o meu mandato'. É verdade. Mas um Presidente eleito de uma nação tem razão suficiente e argumentos morais para continuar agarrado ao Poder de maneira que leve à destruição do país e da vida dos seus cidadãos?"[226]

Com efeito, no essencial, a questão era esta: independentemente da sua legitimidade e do bem fundado das suas razões, "Nino", como máximo representante do seu povo, não o podia deixar perecer, lenta e inexoravelmente, num sofrimento atroz e continuado, apenas para fazer prevalecer os seus argumentos por mais consistentes e legítimos que fossem e, bem assim, os devaneios do seu próprio ego. Teria o dever ético de negociar a Paz para bem do seu Povo que o havia consagrado nas urnas e perante o qual teria sempre de responder.

Os editorialistas da nossa praça, sem grande conhecimento da realidade bissau-guineense e das verdadeiras causas do conflito, mais não fizeram do que repercutir nos seus artigos de opinião esta onda de fundo. Todavia, a meu ver, deixaram-se também, de algum modo, contagiar pelo romantismo da causa rebelde e pela constatação simples, mas verdadeira, que a democracia, o respeito pelos Direitos Humanos e o Estado de Direito na Guiné-Bissau eram meras figuras de retórica, sem qualquer correspondência com a realidade. "Nino", apesar do seu incontornável carisma era, agora, uma personagem antipática e pouco querida.

---

[225] in "Público" de 2 de Agosto de 1998.
[226] Fernando Ká, presidente da Associação guineense de Solidariedade Social, "A outra face de Nino Vieira", in "Diário de Notícias" de 17 de Julho.

Não obstante, este posicionamento quase generalizado causava-nos grandes incómodos[227], designadamente no que toca ao papel de mediação que Portugal queria desempenhar no conflito, por definição imparcial e, em particular, aos meus colaboradores e à minha própria pessoa que, por dever de ofício, permanecíamos em Bissau, em zona controlada precisamente por "Nino" Vieira e pelos seus aliados. Por outro lado, Portugal era criticado pela sua alegada "falta de firmeza" na condenação da insurreição.

Em matéria de "armamento", neste caso de pura acção psicológica, é indispensável referir que os rebeldes dispunham de um poderosíssimo meio de comunicação de massas, equivalente a vários "órgãos de Estaline": a Rádio Bombolom[228], cuja emissão esteve interrompida durante um dia, o que muitos então interpretaram erradamente como o sinal de uma "vitória" de "Nino" Vieira que a tinha silenciado de vez, à bomba. Tratou-se apenas de uma simples avaria no gerador eléctrico e não mais do que isso. A emissora que passou a designar-se por Rádio Voz da Junta Militar, tornou-se na maior máquina de propaganda da causa rebelde, pelos constantes apelos emotivos e aguerridos do conhecido locutor Nuno Grilo, à revolta popular. Transmitia também os noticiários da Rádio Renascença e da BBC, esta na emissão em língua portuguesa, uma vez que o Governo de Bissau tinha cortado as emissões especificamente destinadas ao continente africano da RDP e RTP.

Os avanços tangíveis da Junta no terreno

Em 26 de Junho, segundo relatos que me foram feitos por duas testemunhas[229], as tropas bissau-guineenses leais a "Nino" Vieira, senegalesas e da Guiné-Conakry desembarcaram em Buba, onde pernoitaram de 26 para 27,

---

[227] O Presidente da República e o seu Ministro da Informação, Malal Sané, manifestavam claramente o seu desagrado com a imprensa portuguesa, acusada de apoiar a Junta Militar e de fazer incitamentos à sublevação armada (cfr. "Público", ed. de 6 de Julho de 1998).

[228] Bombolom é um tambor de comunicação usado por certas etnias da Guiné-Bissau, designadamente pelos balantas. A rádio pertencia a Agnelo Regala, deputado da União para a Mudança, que havia sido, em tempos idos, Secretário da Informação de um governo do PAIGC.

[229] Uma delas, o Eng.º Renato Costa, cujo descrição integral, da autoria do próprio, consta do Capítulo 18 do livro "Bissau em Chamas", já cit., pp. 193 a 204.

para atacarem o Quebo, em poder da Junta Militar. Percebia-se que prevalecia, naturalmente, o conceito estratégico de formar uma "bolsa" na retaguarda rebelde, por conseguinte, no Sul do país, onde a situação era incerta e o controle militar aleatório (designadamente em Buba, Tite e Fulacunda), criando as necessárias condições para que toda a região ficasse sob o domínio das forças ninistas. O certo é que, após a noite passada em Buba, a tropa fez-se à estrada do Quebo, tendo por objectivo o aquartelamento rebelde aí existente, quando a poucos quilómetros à saída daquela povoação, foram emboscados "à moda antiga" pelos antigos guerrilheiros que de "kalash", "costureirinhas" e RPG-2, em punho, infligiram uma pesadíssima derrota às forças leais, causando-lhes vários mortos (segundo um dos relatos 14, segundo outro 4) e inúmeros feridos, obrigando-os a bater em retirada. Muitos dos antigos combatentes identificavam-se com palhas nos chapéus e bonés para não se confundirem com a tropa regular. De acordo com uma das descrições, a maioria dos militares pró-governamentais era composta por soldados da Guiné-Conakry que, à primeira rocketada e aos primeiros disparos de metralhadora, fugiram espavoridos estrada fora, largando, de qualquer maneira, armas e material pelo chão. Quanto aos insurgentes, "Embaixador, eram todos velhinhos. Velhinhos, mesmo. Gente de 50, 60 e mais anos, mas que sabiam de luta, a sério", foi o comentário que a este respeito me foi feito, por um jovem que ali esteve, quando destes acontecimentos.

Dos muito incidentes de guerra e não os consigo reproduzir todos, recordo, por exemplo, que em 16 de Julho, o mercado central de Bissau, bem no centro da cidade, foi atingido em pleno pelo fogo de artilharia da Junta, que resultou na sua destruição parcial. No dia seguinte, o mercado foi novamente alvo de disparos de artilharia, tendo morrido um número indeterminado de populares que andavam na pilhagem e também alguns soldados senegaleses. Não foi permitido pelo comando militar conjunto que alguém visse os cadáveres. O mercado acabou por arder na totalidade.

Quando desses incidentes, a tragédia bateu à porta de muitos bissau-guineenses, vítimas anónimas duma guerra imbecil e cruel. Os episódios proliferavam, qual deles o mais dramático. "Numa das manhãs de bombardeamentos, logo cedo, um grupo de cidadãos juntou-se à esquina da Casa Escada, ao lado do mercado central no centro da cidade, quiçá, a falar das experiências dos dias anteriores: nunca mais voltariam às camas que tinham acabado de deixar para trás, nas suas casas. Eram aproximadamente sete horas e trinta minutos quando uma bomba ceifou a vida de sete dentre eles, deixando bem claro as testemunhas o facto de que nesses dias, em Bissau, viver ou morrer tinha-se tornado numa *roulette* russa, ou seja uma questão de horas, minutos ou segundos, isto porque ninguém sabia onde é que a próxima bomba havia de cair e quem corrente havia de ser a próxima vítima."[230]

O conflito estava num impasse, em que as forças leais a "Nino" e os seus aliados do Senegal e da Guiné-Conakry controlavam realmente o centro de Bissau (ou seja, o "Bissauzinho"), o Leste (as cidades de Bafatá e de Gabu, mas aí o controlo era, a bem dizer, fortuito, por que as forças leais eram diminutas, mal armadas e desmotivadas) o arquipélago dos Bijagós e o resto do país já estava ou ia caindo paulatinamente sob o controlo da Junta Militar. Para além da ilha de Bissau, em que o "anel" de ferro e fogo se apertava em torno do reduto de "Nino" Vieira e dos seus aliados, circunscrito na prática a pouco mais que o centro da cidade, quase toda a região Norte estava em poder dos revoltosos e uma parte considerável do Sul, designadamente Buba, Catió e Cacine. A vila estratégica de Mansoa que dava acesso ao Leste, a Bula, Bissorã e Mansabá e o cruzamento de Jugudul, onde se encontravam importantes depósitos de combustível, acabariam definitivamente por cair na chamada "batalha de Mansoa", a 22 de Julho, em que as forças senegalesas e ninistas sofreram uma pesada derrota, tendo sido feitos prisioneiros muitos soldados bissau-guineenses, que combatiam do lado do Presidente da República, para logo em seguida mudarem de campo e se juntarem aos efectivos da Junta.

Com a queda de Mansoa e o domínio do cruzamento de Jugudul, estava aberto o caminho para Leste e, por conseguinte, o controle quase total do país. O avanço só foi sustido pela assinatura de um Memorando de Entendimento entre o Executivo de João Bernardo Vieira e a Junta Militar, a bordo da fragata "Corte Real", mediado pelo Grupo de contacto da CPLP, em 26 de Julho, a que me referirei mais adiante[231].

As conversações de paz, designadamente com o referido Grupo de Contacto da CPLP (e a queda de Mansoa), introduziram tréguas temporárias que de um momento para o outro podiam ser rompidas por incidentes esporádicos ou disparos inopinados e que, numa rápida escalada, podiam dar origem a duelos

---

[230] Gomes, João Carlos, *op. cit.*, p. 43.
[231] O "Diário de Notícias", na sua edição de 28 de Julho de 1998, diria, a este respeito, com alguma razão: "Mansoa determina as tréguas – Rebeldes apoderaram-se do principal nó rodoviário e dos depósitos de combustível da Guiné-Bissau. Nino teve de negociar".

de artilharia. A situação era muito instável e caracterizada por uma grande tensão.

Pode-se dizer que o rompimento das tréguas precárias esteve por um fio, nos primeiros dias de Agosto, quando da morte do Chefe de Estado Maior da Armada, Comandante Feliciano Gomes, e de uma dezena de soldados senegaleses que tentaram desembarcar no Xime, perto de Bambadinca, a uns 40 quilómetros de Bafatá. "Nino" e os aliados senegaleses pretendiam reforçar a guarnição da segunda cidade da Guiné-Bissau, para daí, presumivelmente, se lançarem ao assalto do cruzamento estratégico de Mansoa-Jugudul já em poder dos insurrectos. A emboscada dos homens da Junta impediu que isso se concretizasse.

Por esta ocasião ou um pouco mais tarde, não consigo precisar o momento exacto, o CEME, Tenente-coronel Sandji Fati, falou directamente pelo telefone-satélite do Clube de Caça de Capé, nos arredores de Bafatá, com o próprio Chefe de Estado, em Bissau, fazendo-lhe o ponto da situação politico-militar na região. Esta conversa foi testemunhada pelo meu amigo Fernando Merino, conhecido empresário e director daquele estabelecimento hoteleiro, que assistiu à conversa e que poderá atestar da veracidade do diálogo que então teve lugar. Sandji Fati referiu a "Nino" Vieira a falta de efectivos, a ausência de armamento (pesado e ligeiro), a desmotivação dos soldados e a extrema precariedade da situação no Leste que podia cair nas mãos dos revoltosos, de um momento para o outro, ao menor sinal de hostilidades. A descrição era, no mínimo, apocalíptica. A páginas tantas, Fati disse-lhe, ainda, o seguinte:

- Mas isto não é tudo, meu General. A sua "ponta"[232] foi assaltada e roubaram-lhe dois porcos!
- É incrível assaltam a "ponta" do Presidente da República e têm a ousadia de roubar-lhe dois porcos! Que desgraça! A que ponto é que chegou este país!

Em suma, militarmente, Mané parecia estar prestes a ganhar a partida. Todavia, sem prejuízo destas vitórias no terreno, o impasse continuava, porque "Kabi" estava ainda bem entrincheirado e não desistia, longe disso. A lógica africana, que não se distingue muito da dos nossos cavaleiros medievais, é muito simples: ou se vence ou se morre no campo de batalha, não há meio termo.

---

[232] Quinta, granja.

Com maior ou menor gravidade, os incidentes multiplicavam-se. Acresce que, sem embargo do cessar-fogo, as forças de um e de outro lados, encontravam-se a escassos metros umas das outras, ou seja a palha ao pé do fogo. Assim, a 9 de Outubro, soldados senegaleses dispararam em Bissau contra as tropas de "Bric-brac", recomeçando, em seguida, os duelos de artilharia. Tratou-se da primeira violação séria do período de tréguas. Quase de imediato, ambos os contendores, procuraram minimizar o incidente. Não obstante os combates prosseguiram nos dias seguintes e com intensidade acrescida, só abrandando, a partir de 18. A CEDEAO que, então, se arvorava em árbitro da situação, tentando ultrapassar o Grupo de Contacto da CPLP, primava pela inacção e inépcia. Mais uma vez, a população civil, descrente e atemorizada, punha-se em fuga para o interior. Para não fugir à regra, a situação complicava-se e de que maneira. Cheguei a temer que a Junta se preparasse para o assalto final à capital, o que, felizmente, não passou de um falso alarme. Os representantes diplomáticos dos 3 países da União Europeia ainda presentes em Bissau – Portugal, França e Suécia – exigiram o "respeito pelo cessar-fogo" de Agosto e a retoma das negociações de paz, o que possuía mais um valor simbólico e mediático do que outra coisa.

Entretanto, cerca do meio dia de 20 de Outubro, no Leste do país, Bafatá caía, sem combate, como uma pêra madura nas mãos da Junta Militar, o que, aliás, se quadrava nas previsões. Seguiu-se-lhe Gabu (a antiga Nova Lamego), o que ocorreu logo a seguir (na tarde de 21 de Outubro). As forças da Guiné-Conakry que constituíam o grosso da guarnição de Bafatá não conseguiram – nem verosimilmente queriam – resistir ao avanço imparável dos rebeldes. A Junta Militar aprisionou cerca de 200 militares daquele país, prometendo tratá-los "com humanidade". O mínimo que se pode dizer é que o seu comportamento em combate deixou muito a desejar.

Por outras palavras, a Junta Militar aguardava, no fundo, uma violação séria do cessar-fogo em Bissau, para se apoderar de todo o Leste, reduzindo "Kabi" e os senegaleses ao centro da capital e ao arquipélago dos Bijagós, o que acabou por acontecer em finais de Outubro. A derrota de João Bernardo Vieira, dos *djambars* senegaleses, cuja fama vinha de longe mas sem proveito visível, e da tropa fandanga da Guiné-Conakry era mais do que evidente. O desastre estava à porta e não podia ser escamoteado.

Mais de 2.000 soldados senegaleses – a imprensa chegou a falar em 3.000 militares – e 500 combatentes da Guiné-Conakry defendiam "Kabi" e o seu pequeno baluarte na capital, na pendência do assalto final que se temia iminente.

Se a "bolsa" caísse nas mãos da insurreição e, apesar de estarmos em África, onde tudo podia, de uma forma ou de outra, ser relativizado, como justificariam Abdou Diouf e Lansana Conté o rotundo desastre militar perante as suas opiniões públicas e perante o mundo?

Confrontado com esta situação desesperada, o Ministro dos Negócios Estrangeiros português chega a Bissau a 24 de Outubro, evitando o ataque decisivo da Junta Militar e criando as condições para um futuro encontro "Nino"-Mané que vem a ter lugar, a 29 do mesmo mês, em Banjul, na Gâmbia, a que se seguiu, pouco depois, o Acordo de Abuja, assinado na capital nigeriana, assuntos que abordo na crónica seguinte. Tratou-se, a meu ver, de uma deslocação inútil que só veio a introduzir dilações no inevitável desfecho da guerra civil. Para o Ministro, em entrevista concedida à revista "Visão", de 29 de Outubro de 1998, "havia o dever de agir," adiantando ainda que "tinha a consciência de que essa presença [em Bissau] era absolutamente indispensável para evitar o pior. Se não tivesse ido, ficaria sempre com esse problema." Ora, acabou por salvar "Nino" Vieira *in extremis* e adiou o inexorável "pior" para mais tarde. O verdadeiro problema era este e não outro e, quer quisesse quer não, ficou com ele. A situação tinha de se clarificar, no terreno, sem quaisquer ambiguidades. As águas mornas não nos conduziam a parte alguma.

CRÓNICA 28

Bissau, Banjul, Abuja, Lomé e outros lugares 1998-1999

O processo negocial. A mediação/"facilitação" portuguesa

Nota prévia: O texto que se segue, quase todo ele redigido em 2007, consiste numa versão revista e consideravelmente aumentada de um outro mais curto que remeti ao Senhor Almirante Alexandre Reis Rodrigues, de que alguns excertos foram incluídos na obra "Bissau em Chamas", já citada. Nesta crónica, são abordados a maior parte dos temas – mas não todos – do processo de paz na Guiné-Bissau.

Devo esclarecer que não participei em muitas das negociações de paz, designadamente a bordo da fragata "Corte Real", na ilha do Sal, na Cidade da Praia, em Abidjan e em muitas fases do próprio processo negocial em Bissau, que envolveram destacados políticos e altos funcionários portugueses. Por razões que me escapam, fui excluído dessas conversações e nem sequer me foram facultados relatórios, mesmo sucintos, daquelas, o que seria absolutamente curial em casos desta natureza. De referir que quadros superiores da hierarquia do MNE nem sequer se dignaram transmitir-me, por via oral, mesmo numa versão abreviada, os aspectos mais salientes do processo então em curso, deixando-me na mais completa ignorância, o que era manifestamente importante para o cabal desempenho da minha missão.

Em contrapartida, estive em Banjul (Gâmbia), Abuja (Nigéria) e Lomé (Togo), onde fui um observador privilegiado e pude aconselhar, mediar e negociar muita coisa, não só entre os irmãos desavindos, mas inclusive com os outros africanos e ao mais alto nível. Apesar de ter conduzido tudo isto sozinho, em "roda livre" e com dificuldades de vária ordem, essa actividade terá sido relevante pois permitiu acompanhar aspectos cruciais do processo de negociações e posterior informação, em primeira mão, ao Governo português. Todavia, provavelmente, essa actuação "não terá caído bem" a muito boa gente em Lisboa, até porque lhe roubava "prótagónismo". A este respeito, permitam-me que cite os nossos amigos espanhóis: ¡eso no me importa un pepino!

Feitas as contas, não tenho quaisquer pretensões a detective amador ou a historiador domingueiro. Por conseguinte, algumas coisas soube, outras não. Quem quiser que reconstitua, com os elementos que encontrar, o que entenda que deve ser reconstituído.

As tentativas de mediação. Um processo longo, complexo e em permanente mutação.

As tentativas de mediação/negociação não são compreensíveis sem as situar no contexto de guerra, que, como se sabe, é uma realidade multifacetada e em constante mutação e, igualmente, variável em função da preponderância conjuntural de "falcões" ou de "pombas", de um e de outro lados da contenda e, sem esquecer, obviamente, o poder efectivo de persuasão dos mediadores, negociadores e *peace brokers*. O contexto é tanto mais movediço, porquanto nos encontrávamos numa guerra civil em África, em que prevalecia uma certa irracionalidade em termos da defesa dos interesses em presença, aliada, entre outros, a factores de ordem tribal e a ódios ancestrais, o que poderá não fazer muito sentido a europeus, sem embargo de fenómenos similares terem ocorrido na própria Europa (ex-Jugoslávia, Tchéchénia, etc.). O processo não pode, pois, ser analisado de uma forma estática ou artificialmente segmentado em fases dissociadas do conflito e de toda a sua complexidade. Esta é a minha visão própria do problema. Outras haverá, quiçá mais respeitáveis e inteligíveis.

Para encurtar razões, como o disse reiteradas vezes à comunicação social e repeti nos meus relatórios, os dois campos partiam de posições maximalistas, irredutíveis e inaceitáveis, a saber:

- "Nino" Vieira e a sua gente só estavam dispostos a negociar com a Junta Militar desde que esta, como condição prévia, depusesse as armas.
- Mané e os militares rebeldes só se sentariam à mesa das negociações desde que os senegaleses e os conakry-guineenses abandonassem o país.

Nestas condições, o entendimento era, pois, impossível. Nem sequer era factível fazer aceitar por parte dos beligerantes, como em qualquer conflito, as chamadas medidas geradoras de confiança[233], um mínimo denominador comum que permitisse entabular o diálogo.

De registar que, logo nas primeiras semanas de guerra, há uma tentativa frustre por parte da Gâmbia de mediar o conflito na Guiné-Bissau, através do seu Ministro dos Estrangeiros, Sedat Jobe, que se deslocou expressamente à capital bissau-guineense em 17 de Junho de 1998. Esta iniciativa provocou grande irritação entre a gente de "Nino" Vieira e os senegaleses que a inviabilizaram desde o primeiro momento. Sedat Jobe não chega sequer a ver "Nino" Vieira e, quando se tenta aproximar da área controlada pela rebelião, o tiroteio deflagrou com toda a intensidade embargando assim a missão de bons ofícios gambiana[234].

---

[233] Ou seja, o que se designa na língua inglesa por CBMs – ou *Confidence Building Measures* – que fazem sempre parte da cartilha diplomática de qualquer processo negocial em situações de conflito armado.

[234] De registar que, ao longo de todo o processo, a Gâmbia (alegadamente, sob inspiração líbia – o que nunca se provou) tentou protagonizar iniciativas de paz, cabendo ao respectivo Chefe de Estado, Coronel Yahya Jammeh, o mérito de ter realizado o primeiro encontro entre "Nino" Vieira e Ansumane Mané, em Banjul, em 30 de Outubro de 1998 e de os ter acompanhado a Abuja, onde viria a ser assinado o Acordo de Paz mais estruturado e consistente de todo o conflito, apesar das suas múltiplas imperfeições e deficiências, o que analisaremos mais adiante.

Os primeiros intentos sérios de mediação

Todo o quadro, marcadamente belicista, traçado nas crónicas anteriores, vem a chocar-se, por um lado, com as iniciativas de paz internas da Guiné-Bissau, ou seja com as tentativas de mediação oriundas das igrejas (designadamente da Igreja Católica, liderada pela figura carismática do bispo de Bissau D. Settimio Ferrazzetta), do Parlamento e da sociedade civil guineense e, por outro, com as posições de Lisboa e da Comunidade dos Países da Língua Portuguesa (CPLP). Estas duas vertentes da mediação não eram incompatíveis nem conflituais, na medida em que, no meu entender, se complementavam. O certo é que a mediação interna, subalternizada por "Kabi", uma vez que, por um lado, não dispunha de força efectiva para impor soluções e, por outro, porque poderia eclipsar o protagonismo dos *peace brokers* externos – neste caso, Portugal e a CPLP – foi sempre, injustamente, menorizada, mas esteve sempre presente, desde a primeira à última hora.

A mediação luso-angolana

Em 27 de Junho de 1998, tem lugar uma iniciativa de mediação luso-angolana, conduzida pelo Dr. Jaime Gama, então Ministro dos Negócios Estrangeiros de Portugal e por Venâncio de Moura (já falecido), ex-Ministro das Relações Exteriores de Angola. Esta primeira tentativa de mediação, que se pretendia consistente, não obteve qualquer êxito porque a má vontade do Governo da Guiné-Bissau era mais do que notória. O Executivo local aceitou a contragosto a vinda da missão de bons ofícios luso-angolana e fez questão de afirmar em alto e bom som que não a havia solicitado, limitando-se, tão-somente, a tolerar a sua presença. E aqui residia o busílis de toda a problemática da mediação e, a meu ver, também do agravamento das relações bilaterais luso-guineeneses, na fase inicial do conflito.

Debatendo-se com inúmeras dificuldades logísticas e obstáculos de vária ordem, os representantes luso-angolanos mantiveram contactos com as partes beligerantes em separado. Não obstante, estas reuniões permitiram pelo menos "à parte mediadora ter uma noção mais exacta das razões que estavam na génese do *levantamento de 7 de Junho*."[235]

---

[235] Zamora Induta, *op. cit.*, p. 127.

Se esta missão à semelhança de tantas outras falhou – e, em boa verdade, não se esperavam, então, quaisquer resultados dignos de registo – abriu, pelo menos, o terreno para uma próxima actuação da CPLP.

A primeira tentativa de mediação com a CPLP e outros desenvolvimentos

Com efeito, a 30 de Junho, têm lugar as tentativas de mediação com a CPLP, todavia a posição de Bissau mantinha-se inalterada. "Nino" Vieira concedeu, como se de um favor especial se tratasse, que observadores[236], sem qualquer poder negocial, comparecessem a bordo da fragata "Vasco da Gama", numa mera missão de relações públicas, desprovida de qualquer significado. A alteração do estatuto dos representantes da parte governamental, questão central para o início do processo, era amiúde abordada nas conversações dos mandatários da CPLP com as autoridades governamentais bissau-guineenses, todavia sem quaisquer resultados aparentes ou minimamente palpáveis. "Kabi" e a sua gente mantinham-se inamovíveis.

Prevalecendo uma lógica de guerra, quotidianamente confirmada no terreno, as propostas do lado governamental eram sempre apresentadas da forma mais maximalista possível, sabendo-se, de antemão, da respectiva inaceitabilidade pela outra parte. Em abono da verdade, podia-se dizer que o movimento era nulo.

A mediação, na óptica governamental bissau-guineense, devia circunscrever-se, na prática a um "papel pedagógico", porque, provavelmente, os rebeldes eram "maus alunos"...Situação que, para além de desconfortável, não era prestigiante e nem Portugal, nem a CPLP, podiam sujeitar-se a este tipo de situações. Aliás, na altura, quem falasse de paz era, à partida, alvo das maiores suspeições.

A entrega por Portugal de um telefone-satélite INMARSAT à Junta Militar foi considerado um gesto "inamistoso" por parte do Executivo local e objecto de uma nota diplomática de protesto, muito forte.

---

[236] Manecas dos Santos, Filinto de Barros e Cristóvão Lopes. A delegação da Junta Militar era composta pelo Tenente-Coronel Emílio Costa, Capitão de Fragata Lamine Sanhá, Capitão-Tenente José Zamora Induta, Major Melcíades Gomes Fernandes, Major Baba Djassi e Capitão Paulo – Vd. Zamora Induta *op. cit.*, p. 126.

Por fuga de informação, o Governo da Guiné-Bissau vem a tomar conhecimento da entrega do telefone-satélite, logo a 1 de Julho, convocando-me dois dias depois, para a entrega da dita nota de protesto. Para o Executivo de "Nino" Vieira, tratou-se de um "assunto grave", na medida em que "a concessão feita à rebelião" desfavorecia a posição estratégico-militar das forças governamentais. A nota foi rejeitada pelo Governo português em 6 de Julho, uma vez que o seu conteúdo havia já sido revelado publicamente pelo Ministro da Informação de "Nino" Vieira, dr. Malal Sané, em conferência de imprensa, desrespeitando-se, assim, o sigilo e a prática diplomáticas, que haveria que preservar-se, a todo o custo, atentas as circunstâncias.

Todavia, sem esperar pela eventual resposta da parte portuguesa, Bissau enceta, de imediato, a guerra psicológica contra o nosso país: o Ministro da Presidência profere, também numa outra conferência com os *media*, uma violentíssima diatribe contra Portugal. A Rádio Bombolom, em contrapartida, congratulou-se com a "dádiva" e referia-a, com regularidade nas ondas hertzianas – "os portugueses permitiram que contactássemos com o mundo…"

Por outras palavras nesta saga do telefone-satélite, fui empurrado contra a parede e senti-me completamente desamparado. Muito embora pudesse sempre cumprir o que me mandavam, era-me muito difícil justificar o que, a meu ver, era injustificável. Não tinha argumentos. Para tal jamais fora treinado e faltava-me a imaginação.

As diferenças entre as principais posições em presença: uma visão de conjunto

Os dados estavam, pois, lançados e, independentemente de quaisquer outros considerandos, na óptica de "Kabi" e da sua camarilha já tínhamos, para todos os efeitos práticos, tomado partido, ou isso assim era dado de barato. Em consequência, o governo de "Nino" decidiu assumir uma atitude hostil em relação ao nosso país, desdizendo o que havia previamente acordado. A Junta Militar, por seu turno, de uma forma sincera ou oportunista, tendia a aproximar-se de nós. E este padrão de comportamento, de uma e de outra partes, começava a ganhar corpo, envolvendo-nos até ao pescoço na guerra propagandística[237].

---

[237] Curiosamente, os maiores inimigos de Portugal na Rádio Nacional da Guiné-Bissau, Barnabé Gomes e Xico Marupa que juntamente com Baciro Dabó – o último chefe da

Para o Chefe de Estado bissau-guineense, era-lhe intolerável que Portugal colocasse em pé de igualdade o Governo legítimo e democraticamente eleito do seu país e um grupo de insurrectos, que preconizasse a não-internacionalização do conflito (reduzindo-a a uma dimensão meramente doméstica), que referisse que a solução do problema não era exclusivamente militar, que tentasse influenciar ou pudesse pôr em causa as decisões dos organismos sub-regionais, *maxime* a CEDEAO. Pretendia da nossa parte, como já o disse, à semelhança da França, uma posição mais firme e mais enérgica, como apoiante, na mais lata acepção do termo, das teses e das intenções governamentais, cuja evidência, no seu entender, carecia de demonstrações.

Restava saber se o regime implantado por "Nino" Vieira, sem prejuízo de estar incontestavelmente ungido pelo sufrágio popular, era, na essência, democrático e respeitava os valores comummente aceites do estado de direito, das liberdades públicas e da economia de mercado. Estas questões não eram, por forma alguma, retóricas.

Num dos encontros que mantive com "Nino" Vieira, no decurso do conflito, este exprimiu-me claramente o que lhe ia na alma: "Se o mundo quer que a Guiné-Bissau siga o caminho da Serra Leoa, se todos acham muito bem que isso aconteça, então a África está perdida. Será que os países ocidentais entendem que no continente africano a democracia se faz de armas na mão, ou se decide nas urnas?"

No mesmo sentido se pronunciou o embaixador francês, François Chappellet, quando lhe contestei, em termos severos a acção política de "Nino": "Nem que fosse o próprio Al Capone. Ganhou as eleições e, por isso, apoiamo-lo!"

Sem comentários!

"secreta" ninista e animador de um programa de rádio sensacionalista e de denúncia, que, na fase final do conflito, acabou por ser o mais popular da emissora oficial do Governo – "Uatcha Catcheu" –, compraziam-se diariamente em atacar-nos nas ondas hertzianas. Sem embargo, foram recebidos, a 7 de Maio de 1999, na Embaixada de Portugal, passando a viver a expensas do bom contribuinte português, que tudo paga sem olhar à conta. Os dois primeiros acompanharam "Nino" Vieira no exílio. Baciro Dabó foi detido pela Junta Militar, mais tarde foi libertado e foi Secretário de Estado da Ordem Pública, no Governo de Aristides Gomes, até Novembro de 2005. Candidato presidencial, foi assassinado a 5 de Junho de 2009 pelas forças de segurança por alegado envolvimento numa conspiração visando um golpe de estado (vd. a este respeito, também, a nota de rodapé nr. 143).

Para a Junta Militar, porém, o Presidente da República tinha actuado à margem da constituição e das leis, logo era ilegítimo. O povo, a sociedade civil, todos os partidos políticos (incluindo o próprio PAIGC) e as demais instituições nacionais contestavam-no. Era responsável pela situação calamitosa a que tinha chegado a Guiné-Bissau. Não podia, por isso, continuar no Poder e cabia ao Povo, de armas na mão depô-lo. Mais. "Nino" Vieira, ao pedir, sem qualquer base legal, a intervenção da tropa estrangeira, traiu as instituições, o Estado e o seu próprio Povo.

Em suma, tudo sopesado, parecia que tomávamos claramente partido por um dos contendores – a Junta Militar, convictos da sua vitória a prazo –, enquanto apregoávamos aos quatro ventos a nossa neutralidade, condição indispensável para a mediação. Esta ambiguidade emergia de forma manifesta e suscitava-nos múltiplas dificuldades, designadamente a quem, como eu, permanecia na "cova dos leões".

Como se sabe, já tinham surgido dificuldades várias no relacionamento bilateral quando da evacuação dos portugueses e estrangeiros no navio "Ponta de Sagres", na tarde de 11 de Junho, devido à má vontade e obstrução das autoridades locais, que tardaram horas em autorizar a concretização da operação, aumentando os riscos da mesma.[238] Daqui para a frente, os obstáculos iriam ser ainda mais difíceis de transpor.

Perante as dificuldades com que me confrontava, recordo-me que, na altura, o Embaixador de França foi recebido pelo Presidente, pelo Ministro da Defesa e pelos Chefes de Estado-maior umas 2 vezes e outras tantas em privado. Sei que, entre outros assuntos, se debatia a situação político-militar estando sempre presente o coronel Yoro Koné, comandante das forças senegalesas. Outra coisa não seria de esperar: a lógica era de guerra e a França, o patrão do Senegal. Nessa altura, fui recebido uma única vez pelo Chefe de Estado, numa das minhas deslocações ao Palácio, aproveitando a circunstância de me avistar com um dos seus ministros. Recebeu-me por especial favor. Viu-o por uns escassos 7 minutos. Portugal inseria-se na lógica de paz e isso não lhe interessava minimamente.

Recordo, ainda, que quando solicitei ser, expressamente, recebido em audiência para lhe entregar o Comunicado da CPLP, apelando à paz entre as partes beligerantes, recusou sob a alegação de que estava muito ocupado com operações militares.

---

[238] V. toda a Crónica 25.

*
* *

A posição de Portugal – uma análise

A meu ver, a posição de Portugal foi dúbia, pois rapidamente passou de uma fase inicial de condenação do pronunciamento militar, para uma segunda etapa, um pouco mais dilatada, de "esperar para ver", ou seja um pretenso posicionamento neutro, e depois, lentamente, começou a acercar-se ou, pelo menos, a manifestar alguma receptividade às teses dos insurrectos.

A reprovação é clara logo a 8 de Junho 1998, na reunião dos Ministros dos Negócios Estrangeiros da União Europeia, no Luxemburgo, em que Portugal se juntou ao consenso, se não foi mesmo um dos principais obreiros dessa postura, o que, aliás, o governo cabo-verdiano, de imediato, secundou. As posteriores condenações da tentativa de *putsch* pelo Brasil (9 de Junho) e, principalmente, pela ONU (10 de Junho) e Estados Unidos (11 de Junho), não mereceram qualquer reparo ou reserva mental por parte de Lisboa, antes pelo contrario. À medida que a posição portuguesa ia cautelosamente evoluindo começou a perceber-se melhor os contornos dos dois campos em confronto. O Executivo lusitano, antes, durante e depois do levantamento militar, beneficiava de um capital informativo inestimável. Teria, porém, de ter naturalmente os maiores cuidados com a delicadíssima evacuação dos seus compatriotas.

A aproximação às teses rebeldes é mais clara quando os "teóricos" civis da Junta Militar – Francisco Fadul e Francisco Benante – emergem e redigem os primeiros documentos dos revoltosos, cuja argumentação e lógica intrínsecas eram consistentes. Para além disso, os diplomatas tipo Rambo ou os jogadores de póquer de última hora, cuja ambição desmedida não tinha limites, que também os havia (e há) nas Necessidades, terão influenciado, de uma forma irresponsável e com uma notória falta de senso, os sábios governantes portugueses a inflectir posições. Não obstante, não se poderiam cortar as pontes com os poderes reais e legítimos, por efémeros que fossem, no "Bissauzinho." Portugal entrava num jogo de roleta perigoso e de resultados incertos, tanto apostava no preto como no vermelho, no par como no ímpar, na primeira, na segunda ou na terceira dúzias. A coerência não era o nosso forte. É o mínimo que a este respeito me ocorre dizer.

O Governo e os militares leais ao Governo da República da Guiné-Bissau, em especial estes últimos, esperavam de Portugal uma posição de apoio mais clara ao Poder "legítimo", principalmente em termos de respaldo político – que pretendiam límpido, inequívoco e incondicional – e inclusive de assistência militar, em material não-bélico, conforme pedidos que me formularam oralmente e que, depois, consubstanciaram por escrito, a que nunca foi dada qualquer resposta: nem sim, nem não, nem talvez. Subsistia, pois, uma certa desilusão, quando não amargura, nas Forças Armadas e no Ministério da Defesa Nacional locais em relação ao nosso país.

Em suma, o jogo que encetámos consistiu num exercício delicadíssimo de equilíbrio na corda bamba que só as amizades, o poder de influência que dispúnhamos em Bissau, as informações oriundas de toda as fontes imagináveis, o *networking* estabelecido e, principalmente, a debilidade estrutural de "Nino" e dos seus apoiantes permitiram mantê-lo. Por outro lado, a minha permanência naquela capital mantinha as portas abertas ao diálogo e ao intercâmbio de informação com todas as partes envolvidas. Não quero pecar por imodéstia, mas afigura-se-me que constituiu, em si mesmo, um factor muito relevante.

Há que dizê-lo com toda a frontalidade: em meu entender, pecámos por actuações precipitadas, por inconstância, por excessos de voluntarismo e por uma falta de discernimento sereno da situação. Estou, hoje, plenamente convencido que os governantes portugueses foram mal aconselhados por esses pretensos "Rambos" de pacotilha, por jogadores de póquer de baixa extracção em "bluff" permanente, por alunos cábulas e pouco inteligentes que se apresentavam a exame sem qualquer conhecimento da matéria. Se interesses tínhamos na Guiné-Bissau (nunca acreditei muito na respectiva importância, mas adiante...), estas jogadas de alto risco tudo punham em perigo, passe a redundância. Felizmente, as coisas acabaram por se resolver da melhor forma, sem embargo de algum choro e ranger de dentes de permeio.

Um funcionário superior português, que desempenhava, na altura, um alto cargo no MNE e que acompanhou uma das nossas delegações a Bissau disse, em pleno Palácio Presidencial, para quem o quis ouvir, a ilustrar bem a nossa mudança de agulha: "Bom, a gente, agora, aposta no outro lado. Estás a ouvir, pá? Estes tipos estão feitos ao bife!. Fini! Finished! Terminado!". Posso garantir que a "secreta" local, que nos acompanhava, estava bem atenta ao que então se disse e não tinha cera nos ouvidos.

Mais adiante, esse êmulo rasca de Arnold Schwarzenegger, numa enésima edição do "Terminator", desta vez com uma "polo-shirt" verde escura da "Lacoste" (não há aqui quaisquer intenções publicitárias), dizia-me, numa linguagem boçal, enquanto se coçava incessantemente: "O que é preciso, pá, é agarrar esta malta e tê-la bem presa! Não os largar e apertá-los até caírem de vez." Infelizmente, o nosso país tem destes espécimes pseudo-musculados que só borram a pintura para que estes eternos criados e admiradores, sempre às ordens de uma qualquer Excelência transitoriamente no Poder e de todas as Excelências que se lhe seguirem, venham corrigir a situação, como souberem e puderem!

O posicionamento de Portugal e da CPLP e a respectiva capacidade de actuação: uma perspectiva.

Portugal arrastou consigo a CPLP e testou-a no "laboratório" da Guiné-Bissau. A organização teria ou não maturidade, consistência e capacidade para politicamente conduzir com êxito o processo de paz daquele país, sendo certo que os objectivos prosseguidos pela CPLP, antes de serem linguísticos, culturais ou económicos são, nos termos do seu próprio estatuto, políticos? Poderia a Comunidade, ainda numa fase muito embrionária da sua própria existência e eivada de fragilidades várias, ser testada até ao limite, inclusivamente correndo o risco sério de implosão?

A verdade é que, apesar de tudo, ou seja dos muitos e graves erros cometidos, sobretudo, na fase inicial do processo, Portugal e a CPLP acabaram, a prazo, por encarar o problema da Guiné-Bissau – a meu ver, correctamente – de um modo distinto das análises francesa, sub-regional ou africana em sentido lato:

- Em primeiro lugar, tratava-se, essencialmente, de uma questão interna (se se quiser, de *família*), que pouco tinha que ver com a sub-região ou com o continente africano, mas, apenas, com a própria Guiné-Bissau[239].

---

[239] A meu ver, o problema do tráfico de armas para Casamansa é introduzido artificial e abusivamente no processo para o saldar de contas entre "Nino" e Mané e, como se veio a provar, teve mais a ver com a corrupção endémica de gente próxima de "Nino" Vieira que com a Junta Militar.

Conferir-lhe outra dimensão seria altamente perigoso. Nesta ordem de ideias, a solução deveria ser encontrada a nível doméstico e não externo.
- Em segundo lugar, os de fora só poderiam e deveriam contribuir, em termos de mediação e dos esforços em prol da paz, na busca de uma solução interna[240] e para dar força efectiva a essa mesma solução interna, julgada em termos dos seus méritos próprios e não de quaisquer outros. Neste sentido, Portugal e a CPLP, de modo desinteressado, poderiam contribuir para resolver o problema doméstico de Bissau no seio da família lusófona.

A minha visão própria deste assunto ia inclusivamente mais longe: entendi que o problema interno tinha que ver, antes do mais, com os abusos de poder (a que haveria que pôr-se cobro), com a corrupção generalizada e desregrada e com a injustiça (política, económica e social) reinante, mas, para além disso, tinha também que ver com questões muito profundas da Guiné-Bissau e que tocavam à sua própria essência, entre outras:

- a afirmação, ainda que tímida, da respectiva identidade linguístico-cultural que recusava *in limine* a dissolução na francofonia dominante a nível da sub-região e a consequente integração social, política e económica nesse mesmo espaço;
- essa identidade linguístico-cultural, tendencialmente lusófona (peso bem a terminologia), era susceptível, em princípio, de ser integrada na matriz e correspondia à asserção própria e assumida do que poderia constituir, em tempo e atentos os condicionalismos históricos, o esboço da identidade nacional da Guiné-Bissau;
- a ultrapassagem plena das fases de luta anti-colonial e de formação do país e de todos os síndromas inerentes a tais fases;
- a reestruturação das Forças Armadas e o papel que deveria ser cometido aos militares na sociedade guineense;
- o virar de página definitivo sobre os desmandos e excessos da era "ninista" e da que a precedeu (Luíz Cabral) encetando-se uma nova etapa da vida do país;

---

[240] A solução interna passava necessariamente pela mediação da sociedade civil guineense (igreja católica, parlamento, Comissão de Boa Vontade, etc.) com a participação ou facilitação do diminuto corpo diplomático local.

- a própria edificação e reorganização do Estado, em moldes ainda a definir, como tarefa colectiva e patriótica;
- a efectiva viabilização e racionalização económica da Guiné-Bissau que não podia assentar nas culturas do arroz, em termos de subsistência, e do caju, como monoproduto de exportação, complementadas que eram pela ajuda internacional, ou, então, em esquemas ilícitos e mafiosos de enriquecimento que apenas beneficiavam franjas muito minoritárias da população (os tráficos de armas ou de droga, este então nascente) e,
- finalmente, o devir da Guiné-Bissau como Nação real em construção e não meramente quimérica.

Ora, a resposta a todo este conjunto de questões – ou, mesmo, o simples equacionar desta problemática – parecia condenar, à partida e sem quaisquer equívocos, "Nino" Vieira e os seus cortesãos, sem embargo do resultado incontestado das urnas, o que nem aquele, nem os seus acólitos, perceberam. Contrariamente ao que podiam dizer outras vozes do exterior, eleger um Presidente e dispor de um Governo também ele saído de eleições, não podia, por forma alguma, constituir um cheque em branco. E "Nino" não lera com atenção Montesquieu, ou melhor, nem sequer o lera. Para além disso, com "Kabi" e o seu grupo os grandes problemas do país continuariam por resolver *ad aeternum*.

A viabilidade da solução interna dependia naturalmente da aceitação plena pelas partes de que o problema era doméstico e não externo e esta questão não era, por forma alguma, pacífica. Para a Junta Militar, a resposta era óbvia. Outro tanto não se poderia dizer de "Nino" Vieira por que, desde a primeira hora do conflito fez ressaltar tão-somente a dimensão exterior[241], única forma de obter os apoios militares de Conakry e de Dakar, cruciais para a sua própria sobrevivência. Mais: para o ex-Presidente bissau-guineense não havia, nem poderia haver um problema interno, porque seria o reconhecimento inequívoco do respectivo falhanço pessoal e político.

Para qualquer observador minimamente atento da cena local, o levantamento militar e as respectivas características próprias definiam-no, em termos objectivos, como um problema doméstico. Era uma evidência, entrava pelos olhos dentro. A componente externa existia – é certo – mas encontrava-se circunscrita, ou era mesmo, diminuta e não deveria, por isso, ter sido empolada, o que complicava desnecessariamente a questão.

---

[241] Leia-se, mais uma vez, o envolvimento dos "rebeldes" no problema de Casamansa.

Independentemente das considerações expostas, interessava analisar, de forma tangível, a capacidade efectiva para a acção da CPLP. Antes do mais, a organização dispunha de uma capacidade real para intervir politicamente, *maxime* numa dimensão externa, ou devia antes remeter-se ao mero exercício de um papel cultural e linguístico? Se para os países que a compunham a resposta podia ser óbvia, não o era porém para "Nino" Vieira, para a CEDEAO e para os africanos, em geral. Assim, como refere M. Lobo Antunes:

"O Presidente Nino Vieira não confiava inteiramente na imparcialidade da organização lusófona. que pensava ser demasiado complacente com as teses da Junta Militar. Colaborava, por isso, com algumas reticências, nunca desistindo, acrescente-se, de acreditar numa solução militar. Quanto à CEDEAO/ECOWAS, não conferia grande (ou nenhuma) legitimidade ao desempenho da CPLP, parecia considerá-la mesmo como uma entidade algo 'anacrónica' que não correspondia aos 'modelos institucionalizados' de organização internacional, e, em virtude da presença portuguesa, talvez mesmo escondendo pretensões neo-coloniais."[242]

Também Zamora Induta alude a esta questão nos seguintes termos: "Nos finais de Julho, depois da assinatura do *Memorandum de Entendimento* [a que nos referimos mais adiante], a CEDEAO reivindica a liderança no processo de mediação do conflito da Guiné-Bissau, alegando ser a CPLP uma organização de carácter cultural não vocacionada para resolução de conflitos, além de não estar mandatada pelas Nações Unidas para tal."[243]

Estes obstáculos eram de difícil superação. Por outro lado, no âmbito da CPLP, apenas Cabo Verde (que liderava então a organização), Portugal e o Brasil seriam, presumivelmente, os únicos países com capacidade de intervenção efectiva. Angola, muito embora interessada, estava assoberbada com os seus próprios problemas internos, o que era compreensível. São Tomé e Moçambique estavam um pouco fora de jogo. Todavia, Cabo Verde, o único país africano com protagonismo no processo, gerava demasiados anti-corpos, por razões históricas e políticas, na Guiné-Bissau. Portugal e o Brasil conferiam – em termos africanos – uma dimensão bizarra ao problema, enquanto *outsiders*. E res-

---

[242] Manuel Lobo Antunes, in art. cit.
[243] Zamora Induta, *op. cit.*, p. 136.

tava saber até que ponto é que o Brasil estava, realmente, disposto a participar no jogo. Finalmente, a CPLP não possuía qualquer experiência prévia de processos negociais em situações de conflito armado e era demasiado jovem como organização multilateral. Logo, os riscos de derrapagem eram muito grandes.

Sem embargo de todos os seus louváveis esforços e das suas realizações no terreno, a CPLP, mais tarde ou mais cedo, tinha de abandonar a partida, porque, pura e simplesmente, não era aceite. E contra isso não havia nada a fazer.

Penso também, que, infelizmente, Portugal e a CPLP menosprezaram as tentativas de mediação da sociedade civil bissau-guineense, inviabilizando-as na prática e nunca procuraram estabelecer com a França, os estados e organizações da sub-região e da África em geral, as necessárias pontes para o diálogo e o entendimento, o que muito poderia ter contribuído para aproximar posições e, principalmente, para a própria solução do problema, não só em tempo útil, mas sem a perda de vidas humanas, de bens e de haveres, que a continuação do conflito implicava. A inversa também é verdadeira: não há qualquer movimento da França, do Senegal, da Guiné-Conakry e da CEDEAO em direcção às posições de Portugal e da CPLP. Existe até uma hostilização real ou latente em relação ao nosso país e a atoarda imbecil de uma pretensa actuação "neo-colonialista e nostálgica" da nossa parte[244]. Em conclusão: ninguém se preocupou seriamente com o problema da Guiné-Bissau e do seu Povo, mas, sim, com o do seu próprio protagonismo na crise.

Desgraçadamente, quer de um, quer de outro lados, tentou-se apenas marcar terreno e ver quem poderia ganhar no braço de ferro. Uns tinham uma noção vaga do problema, mas percebiam, pelo menos, que a Guiné-Bissau era um país com características próprias, parcial ou tendencialmente, lusófono e que a sua sociedade atravessava uma crise profunda por culpa de quem havia até então detido o Poder. Outros possuíam também uma visão difusa da questão, mas jogavam a cartada da integração sub-regional, do respeito pela estrita legalidade e, *last but not least*, dos seus próprios interesses. Alinhar por uma ou outra posição não era, pois, indiferente. Todavia, se a primeira posição iria

---

[244] Aliás este *leit-motiv* era permanentemente reiterado até à exaustão, pela imprensa e pelos líderes africanos, mesmo após ter terminado o conflito armado. Assim, Armand Mendy nas páginas do "Jeune Afrique" (nº 2025 de 2 a 8 de Novembro de 1998) referia-se, num escrito com propensões paranóicas, a uma "conspiração colonial nostálgica de Portugal na Guiné-Bissau" (*Guinée-Bissau: la nostalgique conspiration coloniale du Portugal*) adiantando que "a Guiné mitológica do mundo lusitano foi ameaçada pelos invasores francófonos".

ganhar a prazo – e sempre tive a clara percepção de que isso seria assim – o certo é que a balança penderia, durante algum tempo, para o lado contrário.

O que é Portugal podia ou devia ter feito?

Antes do mais, por uma questão de coerência, devia ter condenado inequivocamente a insurreição militar, porque, independentemente das razões invocadas, tratou-se de um golpe anti-constitucional. Fê-lo, durante um curto período de tempo – há que reconhecê-lo – todavia, de forma não totalmente convincente[245].

Para além disso, afigura-se-me que detendo o nosso país uma das chaves do problema, uma vez que, desde que respeitasse a regra da estrita neutralidade e conhecendo o que estava em jogo, podia estabelecer o diálogo com as partes em conflito, com a sociedade civil bissau-guineense, com a CPLP, com a França, mas, igualmente, com o Senegal, com a Guiné-Conakry e com a CEDEAO, embora num grau menor. Deveria ter avançado com iniciativas próprias, imaginativas e consequentes e sem protagonismos excessivos, a bem da Guiné-Bissau e do seu povo. Não vou asseverar que não o tenha tentado e, mesmo, que não o tenha parcialmente realizado. Só que ficou muito aquém do que podia ter feito e deixou-se ultrapassar por outros. Note-se, Portugal dispunha de um poder de influência, não negligenciável, e mesmo de algum músculo.

Devíamos ter percebido que tínhamos de estabelecer pontes entre todas as partes envolvidas, directa ou indirectamente interessadas no processo e solidificar esses laços. Esta questão era crucial: a verdadeira prova dos nove diplomática. Nada disto foi feito, nem sequer tentado.

*
* *

---

[245] E isso deveu-se a quem mal aconselhou o Poder político de então. Todavia, este devia saber o que estava a fazer, pois para tal fora eleito pelo sábio voto popular.

A evolução do processo. Outras tentativas de mediação. O Memorando de Entendimento e o acordo de Paz da Cidade da Praia

O Memorando de Entendimento, assinado a bordo da fragata "Corte Real" a 26 de Julho de 1998 (primeiro cessar-fogo), após uma maratona negocial de três dias, muito bem conduzida pelo Ministro dos Estrangeiros de Cabo Verde, José Luís de Jesus, que detinha a presidência rotativa daquela organização lusófona e que liderava o Grupo de Contacto, estabelecia o que deveria ser uma trégua efectiva, "formal e imediata"[246], logo seguida a 7 e 8 de Agosto de uma outra reunião a bordo do mesmo vaso de guerra que reconfirmaria aquele cessar-fogo e, por fim, o acordo de Paz da Cidade da Praia de 26 de Agosto, precedido pela ronda negocial da ilha do Sal (18 e 19 do mesmo mês), a que a CEDEAO, apesar de convidada, pelo Grupo de Contacto da CPLP, não se fez representar, apesar de já ter tido contactos com a Junta Militar.

O processo negocial começava a avançar em todos os azimutes e com reuniões sucessivas, tendo em vista consolidar uma paz embrionária, mas era tolhido pelas hesitações da CEDEAO, que, entretanto, ameaçava com uma intervenção militar através do seu braço armado, a ECOMOG.

Nesta fase inicial do processo em que a balança começava a pender para o lado insurrecto, os principais documentos assinados – Memorando de Entendimento de 26 de Julho e Acordo da Cidade da Praia de 26 de Agosto –, embora louváveis eram naturalmente precários (e o tempo viria a provar a justeza desta asserção), mas possuíam a marca clara de Portugal e da CPLP, sem prejuízo da participação e do aval da CEDEAO. Esta organização regional oeste-africana, após algumas hesitações, ao acordo subscrito em Cabo Verde acabou por aceitá-lo, a contragosto, como é óbvio (registe-se que o despeito por parte da CEDEAO – cuja incapacidade para se organizar e, principalmente, para actuar

---

[246] A trégua assentava nos seguintes princípios: (a) o reconhecimento público das instituições e da legalidade democráticas; (b) cessação das hostilidades; (c) manutenção das posições militares ocupadas pelas duas partes em 24 de Julho de manhã, não devendo haver qualquer movimentação de qualquer força em relação a outra, nem aumento de armamento ou de efectivos militares [esta situação tinha a ver com tomada de Mansoa pelas forças da Junta Militar, em 22 de Julho, o que lhe conferia uma vantagem estratégica]; (d) estacionamento de uma força de observação ou de interposição de preferência oriunda de países lusófonos; (e) abertura imediata de corredores humanitários e (f) cessação de propaganda hostil.

era manifesto – levou o respectivo Secretário Executivo, Lansana Kouyaté, ao ver-se ultrapassado por Portugal e pela CPLP, a tirar velhos fantasmas do armário e reiterar a estafada acusação de "neocolonialismo", o que fomos obrigados a ouvir inúmeras vezes). Todavia, sem prejuízo dos esforços imensos da CPLP, a verdade seja dita: faltava, de facto, qualquer coisa, nesta fase do processo. A componente oeste-africana passou a ser, quer se quisesse, quer não, um dado fundamental do problema[247] e o papel que lhe estava reservado não podia ser, como tinha sido até então, marginal.

"É durante esta ronda negocial que é delineada e ultrapassada a questão da articulação entre estas duas organizações. Foi adoptado o sistema de co--presidência da mediação que ia variando alternadamente, em conformidade com a organização que marcasse a ronda negocial. Esta ronda negocial da Praia culminou com a assinatura do *Acordo de Cessar Fogo de Armamento Ligeiro*, situação que veio a ser posteriormente controlada por ambas as partes através da emissão de comunicados."[248]

Não obstante, o Senegal, a Guiné-Conakry, o Executivo de "Nino" Vieira e, na sombra, a França, manifestavam o maior interesse numa solução africana no quadro da CEDEAO, ou seja, uma resposta regional para um problema regional, sem outros intervenientes extra-regionais, quaisquer que fossem, o que era naturalmente aceite pelos demais Estados-membros daquela organização. Não se podia, pois, remar contra a maré.

As falhadas conversações de Abidjan (meados de Setembro de 1998) terão constituído a última e, quiçá, a maior oportunidade para que as pontes para o diálogo entre todas as partes envolvidas – o Executivo da Guiné-Bissau, a Junta Militar, a CPLP e a CEDEAO – se estabelecessem de forma consistente e coerente. Era, porém, demasiado tarde. A habitual ciumeira africana, as pretensões militares megalómanas do Senegal, que pretendia ver a Guiné-Bissau, dividida em 5 zonas militares e ocupada por 5.000 soldados[249], o jogo dúplice da equipa

---

[247] A meu ver indevidamente, pois atribuía à guerra civil guineense uma dimensão externa inusitada que só complicava o que estava em jogo e dificultava a respectiva solução.
[248] Vd. Zamora Induta, *op. cit.*, p. 139.
[249] Não fazia qualquer sentido à CPLP e a Portugal colocar um mega-dispositivo militar desorbitado em todo o território da Guiné-Bissau, quando a luta se restringia, em termos práticos, à ilha de Bissau (cfr. M. Lobo Antunes, art. cit.)

negocial de "Nino" Vieira, a teimosia, romantismo, postura provocatória e falta de visão da Junta Militar, aliadas à ingenuidade da CPLP, obrigada a jogar permanentemente à defesa, sem protagonismo e sem imaginação, são alguns dos principais factores que contribuíram para o impasse (ou, melhor, para o fiasco) de Abidjan. O plano colheu naturalmente o apoio de "Nino" Vieira, mas não beneficiou do apoio unânime dos Estados-membros da CEDEAO, enquanto que a CPLP o rejeitou *in limine* e a Junta Militar o estigmatizou, considerando-o uma verdadeira "invasão" e um atentado contra a soberania nacional. Tinha-se chegado a um beco sem saída.

Registo que das conversações de Abidjan só tive conhecimento posterior e indirecto, quer por documentos a que tive acesso numa fase relativamente adiantada do processo, quer por relatos orais que me foram feitos por elementos da Junta Militar e do Executivo de Bissau. Do meu Ministério, apenas me foi feito um breve telefonema, dias depois da deslocação da delegação portuguesa à capital marfinense.

Das violações do cessar-fogo ao encontro "Nino"-Mané em Banjul

O atribulado regresso da delegação da Junta Militar de Abidjan a Bissau, via Banjul, em 8 de Outubro, constituiu uma pequena (grande) odisseia, devido à interdição imposta pelo Senegal ao sobrevoo do seu espaço aéreo, excepto a aeronaves senegalesas ou francesas, impedindo, igualmente, o trânsito, por via terrestre, do seu território. Os representantes dos estados-membros da União Europeia, em Bissau (a *troika*, que integrava Portugal, França e Suécia – o nosso país presidia, então, ao grupo) com a colaboração do CICV[250], do Bispo de Bissau, da Comissão de Boa Vontade e de dirigentes do PAIGC – entre estes o ex-Primeiro-Ministro Manuel Saturnino Costa – tiveram de negociar arduamente o assunto. Note-se bem que os helicópteros para o transporte foram cedidos pela França, transitando depois os representantes da Junta em cortejo automóvel pelos bairros de Bissau controlados pelas tropas senegalesas e pelos militares fiéis a "Nino" Vieira. Tratou-se de uma operação de altíssimo risco uma vez que "Kabi" e os senegaleses tentaram sabotar esta operação, por todos os meios, desde a primeira hora.

---

[250] Comité Internacional da Cruz Vermelha.

Assim, a contragosto, a delegação dos rebeldes acabou por ficar retida abusivamente 21 dias na Gâmbia. E essa retenção iria aumentar em mais uns tantos graus a crispação, já de si insustentável.

O balanço das conversações de Abidjan não tinha ainda sido feito quando o cessar-fogo é interrompido por mais uma violação, seguida de *n* outras, que não estou em posição de contabilizar, nem creio que valha a pena fazê-lo, pois eram intermitentes como as luzes dos pisca-piscas dos automóveis. Os homens da Junta reagiram muito mal à retenção abusiva dos seus negociadores em Banjul e às sucessivas violações de cessar-fogo. "Nino" e os seus aliados punham-se a jeito. Não iam esperar pela demora.

Como já se referiu na crónica anterior, todo o Leste (Bafatá, Gabu) caía, então, nas mãos dos rebeldes, bem como algumas posições relativamente importantes na região de Bissau, ainda detidas por João Bernardo Vieira. Bem feitas as contas, "Kabi" ficava reduzido à expressão mais simples, ou seja ao último reduto da fortaleza onde ainda ondeava muito tremulamente a sua bandeira esfarrapada. A Junta preparava o assalto final. Não iria seguramente tardar.

Perante esta sucessão de eventos, a 24 de Outubro, o Ministro dos Negócios Estrangeiros português, acompanhado por um dos seus azougados conselheiros, desembarcava em Bissau, para tentar remediar o que se afigurava quase inevitável, ou seja a queda da capital nas mãos dos insurrectos, com previsíveis efusão de sangue e destruição em grande escala. Esta situação foi evitada *in extremis*. Ainda hoje estou para saber porque é que a Junta Militar cedeu, quando tinha a vitória na mão, ou seja porque é que desperdiçou deliberadamente um pénalti, a escassos minutos do fim da partida, perante uma equipa adversária cansada, desmotivada e sem alento?

Assim, "considerando essa situação militar totalmente desfavorável ao então Presidente, este viu-se obrigado a declarar um cessar fogo unilateral e a manifestar uma disponibilidade total e incondicional em avistar-se com o Brigadeiro Ansumane Mané."[251]

Hesitou-se muito quanto a um possível local de encontro em território da Guiné-Bissau, tendo-se aventado todo o tipo de hipóteses congemináveis, mas não era possível harmonizar posições, porque, a bem dizer, não existia qualquer território neutro ou, caso se concluísse pela sua existência (uma embaixada

---

[251] Zamora Induta, *op. cit.*, p. 151.

estrangeira, as instalações episcopais ou um campo desportivo), não reuniria os necessários requisitos de segurança.

Após contactos prévios com elementos do Executivo e da Junta e obtidas que foram as indispensáveis "luzes verdes" de ambos os lados, a *troika* dos embaixadores comunitários, juntamente com a Comissão de Boa Vontade, que integrava o Bispo de Bissau, convidou, então, formalmente, o Comandante Supremo da Junta Militar, Brigadeiro Ansumane Mané e o Presidente da República "Nino" Vieira para um encontro em Banjul, sob o alto patrocínio do presidente gambiano Yahya Jammeh. Era também proposta uma ordem de trabalhos muito curta em que eram mencionados, sem grandes especificações, tópicos de reconhecida importância, tais como: o acordo de cessar-fogo e a respectiva fiscalização, a abertura do aeroporto e do porto de Bissau, a ajuda humanitária e um plano de trabalho para as negociações de paz.

Uma bela manhã (29 de Outubro), desloquei-me, como era costume, nessa época, a Bissalanca, sede da Junta Militar, e após os contactos habituais com Francisco Fadul, Francisco Benante e Emílio Costa, sem saber como nem porquê, lá embarco para a Gâmbia, num avião de aspecto mais do que duvidoso da "Dabia Air". Acompanhavam-me o embaixador de França, a encarregada de negócios da Suécia e o bispo de Bissau, D. Settimio Ferrazzetta. O Ministro dos Estrangeiros da Gâmbia, Sedate Jobe, quis ficar ao meu lado e, no trajecto muito curto, até Banjul, foi-me falando no empenho que Portugal devia demonstrar em encontrar uma solução para a Guiné-Bissau e em não abandonar o processo um só minuto que fosse, pois o nosso país ainda tinha um papel a desempenhar. "Isto recai principalmente sobre si, embaixador, porque eles [ou seja, as duas partes beligerantes] não confiam em mais ninguém."

Muitos – e não apenas a Junta Militar – acreditavam na solução em família, ou seja no seio da CPLP e com a participação activa de Portugal. Todavia, muitos mais optavam por uma solução exclusivamente africana, quando muito com uma participação acessória da CPLP. A segunda tese iria muito naturalmente vingar. Seria de uma enorme candura da nossa parte pensar o contrário.

Com grande pompa e circunstância, trajando à maneira árabe, com um balandrau enorme, branco e preto, decorações douradas, chinelos com as pontas encaracoladas para cima, alfange à cintura e um turbante volumoso, Yahya Jammeh recebeu-nos com desorbitada teatralidade, numa sala, onde o calor apertava e a humidade penetrava um pouco por toda a parte. Fez um discurso pomposo, mas banal, de mera circunstância, agradecendo todos os esforços que estavam a ser feitos em prol da paz, designadamente pelas entidades presentes, numa alusão indirecta aos embaixadores e aos membros da Comissão de Boa Vontade. Seguiram-se os encontros separados com Mané e "Nino", cujo conteúdo permaneceu desconhecido.

Mais tarde, no salão de baile de um hotel local, com os membros do Governo, os deputados, o corpo diplomático, as delegações que tinham vindo de Bissau e a comunicação social, em peso, em mais uma cena de opereta, bem orquestrada, Yahya Jammeh, com uma indumentária um pouco diferente da anterior, mas, quiçá, ainda mais espectacular, onde predominavam as cores vivas e os dourados, acolhia os dois beligerantes, com uma *overdose* de palavras de circunstância, aludindo, entre outras coisas, "ao mau exemplo que a África estava dar ao mundo." No essencial, Jammeh queria que os dois beligerantes apertassem a mão em público, para que ficassem todos juntos na fotografia, com ele próprio bem ao centro. A substância era o que menos lhe importava. Ao entrar, Mané, vestido de camuflado, saudou "Nino" Vieira com uma continência aprumada. "Kabi", de fato completo, estava nitidamente em baixo de forma, com o semblante preocupado e pouco sorridente. Olhava, desconfiado, para os confins da sala, à procura sabe-se lá de quê, talvez de um milagre de Nossa Senhora de Fátima, e sentia-se claramente desconfortável. Era perceptível.

Muito embora desconheça o que se terá passado nos bastidores, o certo é que o encontro de Banjul se terá resumido a coisa nenhuma, ou seja não se terá avançado um milímetro sequer na senda da paz, mas a reunião valeu como exercício de relações públicas e para satisfazer o ego do presidente gambiano. A África é assim mesmo e temos de aceitar as coisas tal como são.

Em suma, o importante é que Yahya Jammeh, em sintonia com o presidente nigeriano, Abdulsalami Abubakar [252], convidou os dois dirigentes bissau-guineenses e respectivas delegações a seguirem para a Cimeira da CEDEAO, em Abuja, que tinha lugar no dia seguinte. O cenário começava a compor-se.

---

[252] Estou convicto de que o presidente nigeriano já tinha organizado as coisas, de tal sorte que, após as cenas teatrais de Banjul, com pouco significado em termos de avanço do processo de paz, nas vésperas da reunião magna da CEDEAO, consistiam, isso, sim, no prelúdio de um acordo, já em preparação, a ser subscrito em Abuja, à margem da cimeira.

O Acordo de Abuja – um quadro delineado à pressa, em meia-dúzia de pinceladas, por finalizar, sem moldura e frágil, mas, apesar de tudo, existia.

De Banjul seguimos para Abuja, a bordo de um avião nigeriano especialmente enviado para transportar a delegação da Junta. Os acontecimentos precipitavam-se. Eu nem sequer roupa tinha, mas lá fui. Francisco Fadul, Francisco Benante e os homens do GOE ficaram para trás, num hotel na Gâmbia. Por outras palavras, os civis ficavam "em terra" e o processo negocial passaria a ser debatido exclusivamente entre militares, o que envolvia alguns riscos, porque, com a provável excepção de Emílio Costa, prevalecia uma certa ingenuidade e um marcado, senão excessivo, optimismo entre as altas patentes. Nesta matéria, pouco podia fazer.

Finda a cimeira da CEDEAO/ECOWAS, as negociações relativas ao processo de paz na Guiné-Bissau, a que não assisti, pois estive sempre nos bastidores, terão demorado umas escassas horas. Fiquei com um conhecimento fragmentário do que lá se passou. No meio de tudo isto, registava-se um sinal positivo: tínhamos um documento formal subscrito ao mais alto nível.

O grande mérito do Acordo de Paz de Abuja (1 de Novembro de 1998)[253] é o simples facto de existir – até então o que tínhamos eram meras tentativas de mediação, de negociação, de "facilitação" de contactos, mas que não passavam disso mesmo de tentativas, sem consistência ou de resultados incertos. A partir daqui deparamos, efectivamente, com uma base ainda que precária, mas de uma verdadeira base para se poder trabalhar, que teria, obviamente, que ser aperfeiçoada e, mais importante ainda, que teria dispor de mecanismos de implementação próprios.

---

[253] O Acordo de Paz de Abuja entre o Governo da República da Guiné-Bissau e a auto-proclamada Junta Militar foi subscrito na capital da Nigéria por ambas as partes beligerantes e ainda pelos Presidentes da Nigéria, General Abdulsalaml Abubakar, e da Gâmbia, Coronel Yahya Jammeh, pelo Secretário-Geral da CEDEAO, Lansana Kouyaté, pelo Ministro da Comunicação da República Togolesa e Presidente em exercício da CEDEAO, Koffi Panou, pelo Secretário-Geral Adjunto das Nações Unidas, em representação do Secretário-Geral, Ibrahima Fall e pelo representante do Secretário-Geral da OUA, Adwoa Coleman.

A seguir se transcrevem na íntegra, as disposições do Acordo de Abuja, traduzidas do original em francês:

"Acordo entre o Governo da Guiné-Bissau e a auto-proclamada Junta Militar

As duas partes em conflito na Guiné-Bissau reunidas entre 31 de Outubro e 01 de Novembro de 1998, no quadro dos esforços da 21ª sessão da Conferência dos Chefes de Estado e de Governo da Comunidade Económica da África Ocidental (CEDEAO) acordam o seguinte:

1. A reafirmação do acordo de cessar-fogo assinado em 20 de Agosto de 1998 na Cidade da Praia;
2. A retirada total da Guiné-Bissau das tropas estrangeiras. Essa retirada será efectuada simultaneamente com o envio de uma força de interposição da ECOMOG que substituirá as tropas retiradas;
3. A força de Interposição garantirá a segurança ao longo da fronteira entre a Guiné-Bissau e o Senegal, manterá as partes separadas e permitirá às organizações e agências humanitárias o livre acesso às populações civis afectadas. Para o efeito, o aeroporto internacional Osvaldo Vieira e o porto de Bissau serão imediatamente abertos;
4. A criação de um governo de unidade nacional, que em conformidade com as disposições do acordo já assinado pelas duas partes compreenderá, entre outros os representantes da auto-proclamada Junta;
5. A organização de eleições gerais e presidenciais o mais tardar até fins de Março de 1999. As eleições serão supervisionadas por observadores da CEDEAO, da Comunidade dos Países de Língua Portuguesa (CPLP) e da comunidade internacional.
Feito em Abuja, em 1 de Novembro de 1998."

Com este acordo a Junta Militar obtém o reconhecimento internacional que lhe faltava e, entre outras, duas cláusulas fundamentais para os seus interesses:

- a retirada das tropas estrangeiras da Guiné-Bissau e
- a respectiva integração num futuro governo de unidade nacional.

Reduzido ao "Bissauzinho" e a algumas ilhas dos Bijagós, perante os Chefes de Estado da Nigéria e da Gâmbia e altos representantes da CEDEAO, da ONU e da OUA[254], "Nino" perde em toda a linha. Segundo me contaram, o então presidente nigeriano general Abdulsalaml Abubakar, com um mapa da Guiné--Bissau na mão, perguntou aos representantes da Junta Militar que território controlavam. Em seguida, perguntou em separado a "Nino" Vieira se isso era verdade. O presidente guineense limitou-se a confirmar, com resignação, o que havia sido previamente dito pelos homens de Mané. Perguntou-lhe, acto contínuo, Abubakar: "Então, veio, aqui, negociar o quê?"

Em suma, o acordo reflectia, pois, a dinâmica de vitória da Junta Militar e confirmava, sem margem para quaisquer equívocos, a posição de extrema debilidade do Chefe de Estado bissau-guineense. Entretanto, o processo negocial saía das nossas mãos para ficar, bem ou mal, em mãos africanas, o que, em meu entender, era já, nessa altura, inevitável. A CPLP, sem embargo do disposto no artº 5, estava, em termos práticos, fora de jogo.

Negociadas à pressa e sob pressões de vária ordem, as curtas disposições do Acordo de Abuja continham elementos positivos, pois constituíam, em si mesmas, um passo importante no caminho da paz, mas encerravam, igualmente, enormes fragilidades, a saber:

- Em primeiro lugar, as forças senegalesas não abandonariam o território da República da Guiné-Bissau, sem a vinda das tropas da ECOMOG[255], contingente este de dimensão necessariamente mais reduzida. Até lá as duas partes beligerantes continuariam frente-a-frente fortemente armadas e a escassos metros uma da outra (por outras palavras, um barril de pólvora à espera da primeira fagulha – dispenso-me por despiciendos de comentários adicionais!). O texto era, pois, omisso quanto ao calendário de retirada das tropas estrangeiras e ao futuro estacionamento da força de interposição.
- Em segundo lugar, o documento era vago em inúmeros pontos e continha uma outra omissão grave e perigosa: o facto de não prever qualquer mecanismo de implementação do seu próprio clausulado.
- Em terceiro lugar, indicava-se 31 de Março de 1999 como data-limite para a realização de eleições gerais e presidenciais, sabendo-se de antemão

---

[254] Organização de Unidade Africana.
[255] Braço armado da CEDEAO.

que o prazo era totalmente irrealista e que não podia, por isso, ser cumprido.
- Em quarto lugar, o acordo não continha quaisquer referências, explícitas ou implícitas, ao estrito respeito pelos direitos humanos por parte de ambos os beligerantes
- Finalmente, subsistiam inúmeras ambiguidades no texto e a possibilidade de duplas leituras e interpretações.

Por conseguinte, o acordo teria de ser analisado com o maior realismo possível e dentro de um optimismo prudente e moderado, até porque não estava assegurada a sua plena credibilidade interna e externa.

A "linha dura" da Junta Militar (Tenente-coronel Veríssimo Seabra, entre outros, que permaneceu em Bissau) opôs-se ao acordo e o mentor ideológico dos rebeldes e futuro Primeiro-Ministro, Francisco Fadul, mostrou-se extremamente crítico relativamente às condições acordadas em Abuja, em documento escrito que apresentou ao Comando Supremo. "Nino" e o seu grupo saíram derrotados e portanto descontentes com os termos do protocolo assinado. Um dos indefectíveis de João Bernardo Vieira, o seu porta-voz, Engº. Cipriano Cassamá, não me escondia, com muita amargura, a sua desilusão. Algumas formações políticas guineenses da oposição interrogavam-se: para uns o acordo era "constitucionalmente duvidoso" (União para a Mudança) para outros era um "verdadeiro golpe de estado testemunhado pela comunidade internacional" (Movimento Ba-fa-tá)[256]. Do lado senegalês, várias foram, também, as vozes discordantes.

Abuja era o acordo possível e, por forma alguma, o ideal. Todavia, tinha de se viver com ele, porque não havia outro e, também, porque não existia outro processo de paz.

Em Portugal, como é habitual nestas coisas, embandeirou-se em arco, atitude um pouco estranha para quem em nada contribuiu para a sua negociação e feitura e quando todos os sinais indicavam ser prematura uma tal postura[257].

---

[256] V. a este respeito a Crónica 33, onde a reacção dos partidos políticos e da sociedade civil ao Acordo de Abuja é analisada mais detalhadamente.

[257] Perante algum pessimismo – moderado, mas justificado – da minha parte, o "Diário de Notícias" de 4 de Novembro de 1998, sabe-se lá por que razões obscuras, de forma totalmente imbecil e pondo em causa o meu papel, presente, passado e futuro, no frágil processo de paz, considerou que eu estaria a pisar o risco, ou seja, que estava a contrariar as posições

Os desenvolvimentos subsequentes do conflito viriam a dar razão a quem optou, como eu, pela via de um certo comedimento e circunspecção. A fragilidade do acordo de Abuja era manifesta.

Se a Junta Militar alcançou uma importante e inequívoca vitória na capital nigeriana, perante os *frères africains/African brothers*[258] e o mundo, isto devido à sua implantação efectiva no terreno e à respectiva intransigência e capacidade negocial, não é menos certo que "Nino" Vieira e os seus comparsas, perante as disposições vagas do acordo, sabiam que o processo de negociações bilateral Junta-Governo teria de continuar porque o documento, como tal, era inaplicável e daí poderiam auferir dividendos reais ou, pelo menos, beneficiariam do factor tempo.

Com efeito, como sublinha Fodé Abdulai Mané, "a continuidade das negociações para a precisão dos termos do Acordo foi o meio dilatório conseguido pelas autoridades governamentais para imporem o que tinham perdido no campo militar, aproveitando a imprecisão dos preceitos do texto.

Realça-se as imprecisões constantes nos preceitos que falam na retirada das forças estrangeiras sem uma escala calendarizada, a fixação da força de interposição e a realização das eleições, que, para além de não estar bem delimitada, não reflectia uma situação realista.

À semelhança dos outros instrumentos jurídicos produzidos não foi previsto nem existiu um meio de fiscalização capaz de garantir o seu cumprimento, nem um mecanismo de imposição das suas normas."[259]

É interessante a análise que António E. Duarte Silva faz sobre o Acordo de Abuja porquanto este introduz uma situação de excepcionalidade na vida constitucional da Guiné-Bissau: "Apesar de, em rigor, a Constituição não estar formalmente suspensa, deve considerar-se que este *Acordo de Abuja* correspondeu a uma vicissitude constitucional de alcance parcial e excepcional, com um duplo

---

do Governo de Lisboa. Como se sabe, os factos vieram, posteriormente, a dar-me inteira razão, quando das primeiras violações de cessar-fogo que não tardariam. É pena, porém, que tal tenha vindo a público, num jornal tido por conceituado, em pleno contexto de guerra e no quadro de um processo de pacificação acabado de encetar, cuja delicadeza dispensava adjectivos. Adiante.

[258] Trad. "irmãos africanos".
[259] Mané, Fodé Abdulai, "O Conflito Politico-Militar de 7 de Junho de 1998. A Crise de Legitimação", in *Soronda*, Revista de Estudos Guineenses, INEP, Bissau, Dezembro, 2000, p. 82.

efeito: por um lado, revelou a ruptura constitucional, embora limitada a uma remodelação governamental; por outro lado, regulou o retorno ao funcionamento normal das instituições, permitindo que, uma vez realizadas as eleições, a Constituição readquirisse 'plena força jurídica"[260]

Protocolo adicional de Lomé

Face ao impasse negocial registado quando da formação do Governo de Unidade Nacional (GUN), sob a égide dos mesmos Chefes de Estado é negociado e subscrito o protocolo adicional de Lomé em 15 de Dezembro[261], nos termos do qual a Junta Militar passaria a dispor das duas principais pastas de soberania no futuro GUN: Defesa e Administração Interna. João Bernardo Vieira deixaria, assim, de deter qualquer poder efectivo, em termos de governação, na Guiné-Bissau, o que para o próprio era, obviamente, inaceitável.

Sem prejuízo de alguns sinais prévios, na perspectiva de "Nino" o desastre avizinhava-se a passos largos, evidente e irreversível, em especial, a partir da assinatura do Acordo de Abuja, corroborado pela assinatura do protocolo de Lomé de 15 de Dezembro e reconfirmado pelo acordo de cessar-fogo de 3 Fevereiro de 1999 que implicava a saída definitiva dos "amigos senegaleses" e a entrada das forças da ECOMOG. A partida estava perdida. Mas João Bernardo Vieira não quis assumir a derrota. Pior do que isso: tentou todos os golpes para evitar o inevitável, fazendo tábua-rasa do que tinha assinado e do que se havia comprometido em acto público. Arrastou os pés, pois um dos seus objectivos consistia, como se disse, em engendrar manobras dilatórias e ganhar tempo. Numa clara estratégia de sobrevivência; procurou recrutar numa base

---

[260] Silva, António E. Duarte – "Invenção e Construção da Guiné-Bissau", Edições Almedina, Coimbra, 2010, p. 215.

[261] Cuja designação completa é a seguinte: Protocolo Adicional ao Acordo de Abuja de 1 de Novembro de 1998 relativo à Formação do Governo de Unidade Nacional da República da Guiné-Bissau. Visava, no essencial, a distribuição de pastas no GUN. O documento foi subscrito por ambas as partes beligerantes e ainda pelo Presidente da República Togolesa, General Gnassingbé Eyadema, pelo Ministro do Interior do Senegal, General Lamine Cissé, pelo Ministro da Defesa Nacional do Níger, Tounkara Yahaya, por um Plenipotenciário nigeriano em representação do respectivo Chefe de Estado e pelo Secretário-Executivo da CEDEAO, Lansana Kouyaté.

étnica[262] novos soldados – os "aguentas" – tentativa primária para recriar um exército perdido para uma causa perdida e, sobretudo, rearmar-se porque nunca, em momento algum, optou pela lógica de paz. Contribuiu, pois, em termos objectivos, para a sua própria queda.

A sua gente também não o ajudou em nenhuma fase do processo. Os cerca de 20 cortesãos do palácio, desde ministros a conselheiros, de chefes militares a assessores, escamoteavam-lhe a verdade, diziam o que o "Príncipe" queria ouvir e conspiravam em permanência. O ambiente, para além de tenebroso, assumia contornos shakespeareanos. Resta saber – e ainda hoje me interrogo – se "Nino" não aceitava e apreciava o jogo, sabendo ser este um faz-de-conta permanente, inconsequente e desprovido de qualquer seriedade.

À boa maneira de alguns chefes tribais africanos, para "Kabi", o Poder era algo que se detém para a vida. Logo, não seria concebível perdê-lo, excepto pela lei da morte ou pela força. Por conseguinte, perfilhou sempre uma lógica de sobrevivência pura: viver ou morrer. Mais: "Kabi" aceitou o ónus, no fundo, imposto de fora (i.e., pelos ocidentais) de se submeter ao sufrágio popular e venceu. Logo, sentia-se com uma dupla, senão, mesmo, com uma tripla legitimidade: era o régulo, o presidente eleito e o ex-chefe da guerrilha. Não percebeu que os ventos no seu próprio país tinham mudado, que o velho guerreiro mandinga Ansumane Mané não ambicionava o poder, mas, talvez um tanto romanticamente, apenas a defesa da dignidade e da honra e, principalmente, que a revolta, ao beneficiar de um forte respaldo popular, ia bastante mais longe do que se pensava. Aliás, contrariamente ao que «Nino» afirmava, Mané nunca ambicionou sentar-se na cadeira do poder. E isso tornou-se claro para muita gente. Bastava falar meia-dúzia de minutos com ele. "Kabi" mentia – «*Nino é fantochi. Nino ká fala bardadi!*»[263], como dizia amiúde o próprio Ansumane Mané.

A título de mero exemplo que ilustra bem o pensamento de "Nino", lembro-me que uns dias antes de Abuja, mais precisamente em 21 de Outubro de 1998, num dos muitos encontros que com ele mantive, o Presidente da República tentou, por várias vezes, invocar o facto de ser o "Presidente eleito e legí-

---

[262] Papéis e bijagós. Os primeiros eram da sua própria etnia e maioritários em termos do recrutamento possível, aliás, confinado a Bissau e a algumas ilhas dos Bijagós. Ao verificar que a guerra estava perdida ou em vias de o ser, "Kabi" procurou, de forma irresponsável, desfraldar a bandeira étnica.

[263] "Nino é um palhaço (expressão muito mais forte em crioulo que em português). Nino não fala verdade!" (Trad.).

timo" da Guiné-Bissau. Tive de lhe responder de uma forma muito directa, talvez com uma franqueza brutal: "O Senhor Presidente pode ter a legitimidade, mas eles têm a força. A equação é simples."

Da mediação à "facilitação". As posições portuguesas

Até ao acordo de Abuja, os perigos que a(s) posição(ões) portuguesa(s) encerrava(m) eram enormes; os riscos, imensos. Com ou sem CPLP, a margem de manobra de Portugal tinha-se esgotado. O inevitável confronto com a África dos *"frères africains/African brothers"* que Lisboa em parte desconhecia e com a própria França poderiam ter sido desastrosos. Nada ou muito pouco se resolve a nível dos ditos *"frères africains"* e só se atinge o muito pouco ao fim de muito tempo e paciência q. b. Não se pode, porém, ir a contracorrente do pensamento dominante oeste-africano e, sublinho, contra a própria França, convictos de que dispúnhamos, de braço dado com a CPLP, da varinha mágica para resolver todos os problemas e mais alguns, ou seja, de que andávamos à chuva e não nos molhávamos.

Abuja é para mim o sinal claro de que Portugal (e a CPLP) devia(m) abandonar quaisquer veleidades de continuar(em) a desempenhar um papel de primeiro plano no processo de paz, uma vez que a mediação, a implementação e a manutenção da paz na Guiné-Bissau estavam reservadas aos oeste-africanos.[264] Sem embargo, tal não impedia, antes pressupunha, que o papel de Portugal, no mínimo como facilitador entre as partes, se mantivesse e que viesse a assessorar e apoiar, positivamente, os esforços da CEDEAO e, como é óbvio, a futura reconstrução do país e o processo eleitoral. A África Ocidental, no fundo, estava à espera que Portugal assumisse isso mesmo. Lisboa devia saber interpretar os sinais e não desperdiçar a oportunidade. Não sei se os terá interpretado correctamente.

Sem prejuízo do que atrás se refere, isto é de um certo esbatimento da presença portuguesa no processo em termos de mediação, propriamente dita, a julgar pela minha participação contínua no assunto, creio, mesmo, que se terá

---

[264] Para além da reafirmação do acordo de cessar-fogo subscrito na Cidade da Praia, o que constituía um elemento positivo para a CPLP que o negociou (artº 1º). Nos termos do artº 5º do Acordo de Abuja, era apenas reconhecido à CPLP o papel de observador no futuro sufrágio eleitoral.

reforçado em termos da capacidade de facilitação e de algum poder de influência sobre as partes – leia-se, de lóbi. Com efeito, acompanhei pessoalmente os encontros de Banjul, na Gâmbia (29 de Outubro de 1998), as negociações do acordo de Abuja (1 de Novembro) e do Protocolo Adicional de Lomé (15 de Dezembro); as reuniões da CECIAPA[265] e, *last but not least*, como oportunamente referimos, as delicadíssimas negociações para o regresso a Bissau da delegação da Junta Militar, retida contra a sua vontade na Gâmbia. Portugal tinha um papel a desempenhar, de natureza diferente, mas ninguém o punha em causa.

Em ilustração do que fica dito, sem qualquer veleidade de protagonismo ou vaidade pessoal, mas para a boa ordem da história e bom nome do nosso país, relevo o que se passou comigo em Lomé, no Togo, quando da assinatura do citado Protocolo Adicional. Fui convocado, a altas horas da noite, para uma reunião conjunta com os ex-presidentes daquele país e da Nigéria, o Secretário-Geral da CEDEAO, Lansana Kouyaté e outras altas personalidades oeste-africanas. O então Presidente togolês Gnassingbé Eyadema, já falecido, agradeceu ao Governo português todos os esforços empreendidos no sentido de se encontrar uma solução pacífica para o conflito, solicitando que os ajudasse, agora, a ultrapassar o impasse existente entre as duas partes "ex-beligerantes." Em seguida, aludiu, genericamente, às dificuldades com que a África se debatia, quer na esfera política, quer no que toca ao respectivo desenvolvimento económico. Depois de me referir a mensagem que transmitiu, recentemente, ao meu colega então ali acreditado, Embaixador Barreiros Martins, afirmou-me que, na qualidade de presidente em exercício da CEDEAO, iria enviar, logo que possível, um representante especial a Portugal, para agradecer tudo o que nosso país tinha feito, desde a primeira hora, e "o papel proeminente que tinha desempenhado no processo de paz da Guiné-Bissau."

O ex-Presidente nigeriano. Abubakar solicitou *"assistance to bring peace to the region. We rely on you for a lasting solution to this problem"*[266]. A seu ver o Acordo

---

[265] Trata-se da Comissão Executiva Conjunta para a Implementação do Acordo de Paz de Abuja que era uma comissão paritária, com elementos do Governo e da Junta Militar e com a presença de observadores (diplomatas estrangeiros e representantes da sociedade civil). Como o nome indica, estava encarregada de estudar as modalidades práticas de aplicação do acordo de paz.

[266] [pretendemos] "Assistência para trazer a paz para a região. Dependemos de vós para uma solução duradoura do problema" (trad.).

de Abuja tinha de ser consolidado. Teriam existido problemas menores, já ultrapassados, mas, agora, subsistia a questão da distribuição das pastas ministeriais e, se bem que isso não constituísse, uma dificuldade de maior era, todavia, um obstáculo que, com a ajuda de Portugal, poderia ser removido, nas próximas horas. Advertiu que o perigo da guerra se reacender constituía uma ameaça pendente, essencialmente, porque as partes, ao mais alto nível (Presidente da República/Ansumane Mané), não dialogavam entre si.

No essencial, os Chefes de Estado oeste-africanos pretendiam:

(a) Uma avaliação objectiva da situação na República da Guiné-Bissau;
(b) Possíveis cenários relativamente à distribuição de pastas ministeriais

Ou seja, solicitava-se à parte portuguesa, um contributo para o estudo de uma solução mutuamente aceitável. Procurei dar resposta adequada. Dispenso-me de mais comentários sobre o assunto.

As (previsíveis) violações do cessar-fogo

Entre 31 de Janeiro e 3 de Fevereiro de 1999 tiveram lugar os mais graves incidentes de violação do cessar-fogo desde a assinatura do acordo da Praia, aparentemente encetados pelas tropas leais a "Nino" Vieira e pelos seus "aliados" (i.e., os soldados senegaleses e da Guiné-Conakry). A presidência togolesa da CEDEAO negociou à pressa com as duas partes em confronto mais um acordo de cessar-fogo que visava permitir a entrada imediata do contingente da ECOMOG. Cessar-fogo que durou cerca de 3 meses até à queda definitiva do "Bisauzinho" e de "Nino" Vieira, permitindo, nesse interim, garantir o cumprimento do acordo de Abuja e a posse do Governo de Unidade Nacional, previsto para 20 de Fevereiro[267].

---

[267] A posse do GUN é antecedida por um encontro tripartido em Lomé ("Nino" Vieira, Junta Militar, Governo togolês), em 17 de Fevereiro de 1998, sob os auspícios do falecido Presidente Eyadema que constitui uma espécie de avaliação do processo de paz, garantindo, entre outras coisas, a aceleração da retirada das tropas estrangeiras, a desmobilização e o acantonamento das partes beligerantes, o envio de todos os contingentes militares da ECOMOG e a realização de eleições. É então oferecido a Mané um "presente armadilhado": a pasta da Defesa Nacional, o que, caso tivesse sido aceite, o colocaria, numa posição de subalternidade face a "Nino" Vieira, que continuaria como Chefe de Estado.

Sem embargo do circunstancialismo de "Kabi" teimar ainda em resistir, apesar de ter perdido a partida, o diálogo que com ele tinha estabelecido prosseguia, o que era, em si mesmo, um facto relevante. Concomitantemente, mantinha as melhores relações com o Primeiro-Ministro Francisco Fadul e com a Junta Militar, criando-se, assim, as condições ideais para uma interlocução frutuosa e dinâmica com todas as partes envolvidas. Como facilitador, como "conselheiro" e como lóbiista, Portugal passou a dispor de uma capacidade protagónica inabitual e incontornável. As potencialidades para poder cooperar, uma vez alcançada a paz definitiva, eram, a bem dizer, inesgotáveis.

O então Presidente da Assembleia Nacional Popular, Malam Bacai Sanhá, que depois assumiu as funções de presidente interino da Guiné-Bissau, quando da queda definitiva de "Nino" Vieira em 7 de Maio de 1999, um homem da guerrilha, durante anos um pouco arredio em relação ao nosso país, disse-me e cito-o: "Portugal é o único país que nos pode ajudar a sair desta crise". Frase que Francisco Fadul também subscrevia, mas que nos colocava – *et pour cause* – perante responsabilidades acrescidas.

*
* *

A(s) tentativa(s) de mediação entre militares

Raramente é mencionada uma acção de grande relevância que, dada a evolução da situação político-militar, designadamente do processo de Paz, acabou por não ter sequência, uma vez que acabou por ser ultrapassada pelos acontecimentos. Tratou-se de uma tentativa de aproximação, mediação ou facilitação de contactos entre os militares bissau-guineenses que militavam em campos opostos. No essencial, pretendia-se, de uma forma ultra-sigilosa e sem o menor alarde, estabelecer o contacto entre irmãos de armas desavindos, a fim de resolverem os diferendos de ordem castrense directamente entre si, sabendo-se que esta temática se encontrava na raiz do levantamento militar. A iniciativa foi conduzida pelos militares portugueses em Bissau, *maxime* pelo Adido Militar, Coronel Laia e, principalmente, pelo responsável pela Cooperação Técnico Militar, coronel (hoje, brigadeiro) Evaristo, actuando como "facilitadores". Nunca me envolvi directamente neste assunto, até pela ultra-confidencialidade e melindre do mesmo, permitindo que os soldados profissionais se entendessem ao seu nível próprio. Todavia, fui sempre informado de tudo, acompanhando o processo à distância e só intervim quando o tema parecia requerer a passagem ao patamar político.

O tenente-coronel Sandji Fati, Chefe de Estado-Maior do Exército constituía o elemento-chave do lado governamental. Tratava-se de um homem inteligente, moderado e sensato, fiel ao Chefe de Estado, mas que pouco tinha a ver com os oficiais radicais do campo "ninista". Do lado da Junta, emergiam as figuras do tenente-coronel Emílio Costa – o negociador-chefe dos "rebeldes" – e do próprio Veríssimo Seabra – o operacional.

Numa fase já relativamente adiantada do processo (princípios de Outubro de 1998), num dos meus contactos com o Ministro da Defesa Nacional de "Nino" Vieira, Eng. Samba Lamine Mané, que apoiava cautelosamente os esforços em curso, fui por este esclarecido que tinha avançado com algumas propostas de sua própria iniciativa, mas que ainda não tinha obtido a "luz verde" final do Presidente. Por outras palavras, tratava-se de um dossier que avançava por pequenos passos em que o Ministro, em diálogo comigo e com o Coronel Evaristo, trazia e levava mensagens de e para o Palácio, até se compor um quadro globalmente coerente e aceitável, para o Presidente da República e para o Governo, entenda-se .

Quando o Chefe de Estado me convocasse ou me comunicasse por escrito que solicitava os bons ofícios de Portugal, nesta matéria, poderíamos, então, avançar sem entraves ou constrangimentos no terreno. Em qualquer dos casos, conviria saber o que pensavam os responsáveis da Junta Militar sobre o assunto e apenas isso, sem os confrontar com um plano detalhado. Aleguei, na ocasião, que o que ganhávamos em segurança perdíamos em tempo e, naquele momento, o factor tempo, que não dominávamos, era crucial, o que punha em risco o próprio processo de paz. Teríamos, de algum modo, de testar minimamente o plano.

Em termos esquemáticos, o quadro para o estabelecimento de contactos directos entre militares governamentais e da Junta Militar, com vista à ultrapassagem de certas dificuldades que tinham surgido no âmbito das negociações, conformar-se-ia, sensivelmente, aos seguintes aspectos: um debate exploratório e informal, à porta fechada, de questões exclusivas do foro militar ou com incidência nessa área, como preparação ou mesmo pré-negociação para as rondas negociais formais; em local neutro previamente acordado entre as partes. Os temas de agenda, providos porém da maior flexibilidade, poderiam consistir, por exemplo, no estacionamento das forças de observação e de interposição e a composição das mesmas; a reabertura do aeroporto; a deposição das armas e a retirada parcial das forças estrangeiras da Guiné-Bissau, mantendo-se um "cordão de segurança" senegalês na fronteira norte; a reestruturação das Forcas Armadas e, finalmente, a situação dos Antigos Combatentes.

O caminho para a Paz podia ter passado por um entendimento no seio da família militar. Todavia, "Nino" Vieira não deu qualquer seguimento ao assunto, como se este não existisse. Os dias passaram e a situação evoluiu para pior, com o balanço final em termos de baixas humanas e de destruição material que se conhece e que muito se lamenta.

A comunicação social portuguesa e a respectiva influência no processo de mediação

A comunicação social portuguesa desempenhou um papel importante na guerra civil guineense, na medida em que, por um lado, foi uma das poucas (raras) fontes de informação sobre o conflito e, por outro, ao tomar deliberadamente partido por uma das partes beligerantes – a Junta Militar – fez pender a opinião pública e as próprias posições do Governo português num sentido favorável a essa mesma facção, o que constituiu mais um "irritante" – significativo e permanente – nas relações bilaterais Bissau-Lisboa, que só a vitória dos revoltosos veio a diluir. Todavia, finda a guerra, no núcleo duro "ninista", nalguns círculos frustrados do PAIGC e no atrabiliário e imprevisível Kumba Ialá a pedra no sapato permaneceu. Não é menos verdade que se fosse outro o desfecho – e uma intervenção mais musculada e expressiva dos países vizinhos no conflito foi sempre uma hipótese muito forte a ponderar que não podia ser descartada – os *media* portugueses e Portugal teriam "perdido" de vez a Guiné-Bissau, que transitaria tranquilamente para a órbita da Francofonia, onde, note-se, ainda mantém um pezinho.

Luís Castro, jornalista da RTP, descreve bem no seu livro "Repórter de guerra"[268], as peripécias por que passou na Guiné-Bissau, poucas semanas depois do início da guerra, designadamente na fase exploratória das conversações de paz, tendo sido um dos homens que facilitou os primeiros contactos da mediação luso-angolana com a Junta Militar, em Ilondé, na estrada entre Bissau e

---

[268] Castro, Luís, "Repórter de Guerra", Ed. Oficina do Livro, Lisboa, Junho de 2007.

Quinhamel. Esta acção merece ser devidamente destacada pois assumiu uma enorme importância no processo de paz. Passou por dissabores sérios com os militares senegaleses, quando transitava da zona controlada pela Junta Militar para território de "Nino" Vieira e dos seus aliados. Por informações a que tive então acesso e oriundas de fontes da "secreta" bissau-guineense, estava prevista a sua eliminação física, bem como do seu *cameraman*, na cambança (passagem) de uma bolanha para entrar em Bissau, no quadro de uma emboscada "encenada" e montada pelos militares senegaleses e "ninistas"(seriam abatidos por "balas perdidas" num recontro fictício com os rebeldes da Junta). Mantive um diálogo com ele pelo telefone-satélite, aliás descrito com fidelidade no seu livro, dissuadindo-o de o fazer[269]. A princípio reagiu mal, pensando que eu estava possivelmente a agir por pressões da concorrência, dificultando sem razão aparente o seu trabalho. Adverti-o de que não era esse o caso e que corria realmente risco de vida, mas não podia, por forma alguma, revelar-lhe as minhas fontes, nem as punha em causa. Para cúmulo, foi injustamente acusado de ter entregue o telefone-satélite INMARSAT à Junta Militar, incorrendo na ira de "Nino" Vieira e dos seus próximos.[270] Suponho que a minha presença em Bissau continuava a revestir-se de utilidade, até para casos como este.

Se durante anos a Guiné-Bissau não foi notícia (passavam-se semanas e meses sem que fosse publicada uma só linha sobre aquele país nos jornais portugueses) e se mesmo as denúncias dos excessos e das taras mais flagrantes do regime "ninista", designadamente a violação sistemática dos direitos humanos, eram passadas por alto, as aproximações ambivalentes do executivo bissau-guineense à região – até certo ponto compreensíveis – e à França não terão passado completamente desapercebidas aos *media* lusitanos, gerando-se instintivamente um capital de simpatia pelo "outro lado", porquanto este preconizava um posicionamento inequivocamente pró-lusófono.

Os meios de comunicação social portugueses despertaram alvoroçados a 7 de Junho de 1998 e Bissau saltou para as primeiras páginas dos jornais e para a abertura dos telejornais. A nossa imprensa funciona, como se sabe, nos parâmetros do curto, ou, mesmo, do curtíssimo prazo e via de regra manifesta um real desconhecimento das situações e uma ainda maior ignorância analítica quanto ao que está verdadeiramente em causa – as razões do conflito, a pro-

---

[269] *Ibidem*, pp. 146-148.
[270] *Ibidem*, p. 157-158.

blemática política, económica, social, religiosa, tribal, etc. O jornalismo de investigação praticamente não existe e a situação no final da década de 90 era bem pior do que a que se verifica nos dias de hoje. As perguntas que me faziam deixavam-me literalmente siderado[271]. Depois, havia que facilitar-se as coisas e distinguir, tão rapidamente quanto possível, os "bons" e os "maus" da fita: quem é o Jack Palance e onde está o Brad Pitt? Bom, são estes! Então descreva--se a cena em ritmo hollywoodesco: aqui temos os "maus polícias" e ali estão os "bandidos", que, afinal, até são bons rapazes. O guião funcionava. Tratava-se, na melhor das hipóteses, de uma reedição dos contos dos irmãos Grimm, mas para um observador menos sofisticado mais não era que uma série B ou um "western spaghetti" mal passado para o celulóide. Mas vamos. É o que interessa ao grande público. Ponto final.

No que toca à mediação propriamente dita, com razão ou sem ela, a demonização do campo "ninista" e a exaltação simultânea das qualidades dos insurrectos criavam-nos dificuldades suplementares e a acusação fácil por parte dos representantes do Governo da Guiné-Bissau de que estávamos feitos com o "outro lado".

Os jornalistas portugueses, presentes em Bissau, eram, pois, continuamente criticados pelo lado governamental (falta de objectividade, alinhamento com as teses rebeldes, visão distorcida da situação, etc.) e foram proferidas ameaças sérias quanto à respectiva integridade física, quer por militares governamentais, quer por elementos da "secreta".

Pela Internet (a que, na prática, só o Governo tinha acesso, porque não existiam, então, comunicações telefónicas internacionais regulares ou estas só se faziam quando o palácio assim o entendia), pela rádio, pela RTPi e pelas informações que colhiam através dos seus agentes em Lisboa o Governo da Guiné-Bissau e a "secreta" tinham pleno conhecimento do que era divulgado pelos *media* portugueses e eram extremamente sensíveis às notícias e comentários sobre o país, com origem em Portugal.

Recordo que do círculo íntimo de "Nino", o eng.º Cipriano Cassamá, ao tempo porta-voz do Chefe de Estado e Conduto de Pina, ex-deputado do PAIGC, mostrava-me com frequência excertos de páginas da Internet, com reproduções de artigos da imprensa portuguesa ou páginas "on-line" do "Diá-

---

[271] Chegaram-me a perguntar, em plena guerra, se as carreiras de autocarro se mantinham e se existiam meios de transporte para a linha da frente!

rio de Notícias", "Expresso", "Jornal de Notícias" ou da Rádio Renascença. Procuravam ameaçar-me, acusando-me de ser a fonte de informação dessas "notícias tendenciosas que desacreditavam o bom nome da Guiné-Bissau e do seu Presidente eleito" (faziam sempre questão de sublinhar este ponto), além disso prejudicavam o processo negocial em curso. Eles que foram os principais instigadores da guerra e os acérrimos defensores da invasão estrangeira. "Se as coisas correrem mal à mesa das negociações, o senhor embaixador é um dos principais responsáveis". Respondia-lhes invariavelmente que a imprensa em Portugal era livre e ai, de mim, se fosse interferir com o que era publicado na minha terra. Finalmente, disse-lhes, com ironia mas com bons modos, que muito folgava pelo facto de conhecerem melhor o que se publicava em Portugal do que eu – "passaria a vir ao Palácio Presidencial com mais frequência para me informar e depois informar as minhas autoridades" –, mas não seria mau que se preocupassem antes com a solução de paz para o seu país do que "armarem-se em agentes secretos amadores". Nada disto era fácil – é o mínimo que posso dizer, mas apesar de tudo consegui sempre manter um bom relacionamento com o círculo próximo de "Nino".

Tudo o que refiro, como é óbvio, complicava sobremaneira o nosso papel de mediadores/facilitadores.

*
* *

O levantamento surpreendeu o Governo Português?

A tentativa de golpe militar em 7 de Junho de 1998 não colheu minimamente Lisboa de surpresa: os *media*, talvez; as autoridades, não. Em inúmeras ocasiões, figuras de primeiro plano da politica portuguesa alegaram que a insurreição em Bissau as havia surpreendido, porque não a esperavam. Francamente! Das duas uma: ou informei mal o Governo de então ou os assessores do Primeiro-Ministro e dos demais membros do Executivo, pura e simplesmente, não os informavam[272]. Além disso, sei que o SIEDM, a DIVINFO e o SIS facultaram

---

[272] Para além que já freferi, disponho de um número apreciável de documentos que provam, sem sombra para quaisquer dúvidas, que as autoridades portuguesas estavam devidamente informadas da iminência de uma confrontação entre militares na Guiné-Bissau.

atempadamente informações sobre a situação na Guiné-Bissau antes da tentativa de golpe e, inclusive, traçaram possíveis cenários de evolução. Com efeito, a única incógnita consistiria em saber-se o dia e a hora em que o golpe iria ser tentado e para tal era melhor perguntar aos golpistas ou ir à bruxa. De há muito que se sabia que a atmosfera castrense tinha vindo a aquecer em Bissau, isto ao longo do ano de 1997, com particular incidência no segundo semestre. A partir de meados de Janeiro de 1998, todas as informações disponíveis apontavam já para uma forte probabilidade de confrontação entre facções militares adversas, que se revelaria praticamente inevitável, à medida que o calendário avançava. O adiamento das eleições gerais, as revelações sobre o tráfico de armas para Casamansa, a suspensão de Ansumane Mané das funções de CEMGFA, o Congresso do PAIGC e as lutas intestinas do partido no poder constituíam outros tantos factores malsãos de instabilidade e que contribuíram objectivamente para que a insurreição saísse à rua. De tudo isto o Executivo português estava plenamente informado. Afirmar o contrário – e houve quem o fizesse ao mais alto nível – é pura desinformação, para não lhe chamar outra coisa.

CRÓNICA 29

Bissau, 21 de Julho de 1998
Um míssil na embaixada e como o autor sem saber como, nem porquê, se transforma em "herói."

Uma *Katyusha* para depois do pequeno almoço

No dia 21 de Julho, logo às primeiras horas da manhã, ouviam-se disparos de armas pesadas em várias direcções: do "Bissauzinho" para Brá, Bissalanca e Cumeré e destas localidades para o centro da cidade. Os rebentamentos no interior da zona urbana iam-se acercando numa sucessão rápida, de algum modo, irregular, mas que se pressentia cada vez mais próxima. Não, não eram morteiros. Lá estavam eles de novo com as BM-21 (os "órgãos de Estaline"), desta feita utilizando, em simultâneo, vários tubos, a contra-corrente da rotina do tiro a tiro, como era seu hábito. Estávamos perante um ataque um pouco diferente. O bombardeamento era entrecortado por umas pausas de vários minutos, algumas bastante longas, tendo por alvo a parte central de Bissau. Da cidade, as baterias de artilharia senegalesa respondiam ao fogo com tiro quase ininterrupto em direcção a Brá. O problema é que não era só Brá. Estávamos a ser alvejados principalmente dos lados do Cumeré e talvez de pontos presumivelmente situados do outro lado da bolanha de Antula (ou seja, a Nordeste), por conseguinte a Junta Militar devia estar a utilizar camiões que se movimentavam de um lado para o outro, impedindo a localização. Além disso, deviam estar a fazer fogo de novas posições que contrariavam o padrão usual.

Às nove da manhã, o bombardeamento já era cerrado e as explosões muito próximas. Os silvos dos foguetões seguidos dos rebentamentos eram constantes. Por uma questão de segurança, na chancelaria, recolhemos todos à sala da cifra que era a dependência mais abrigada do edifício, protegida que estava por várias paredes. Aguentaríamos seguramente um impacto frontal.

Estava francamente preocupado com a Maria Ana, na prática quase sozinha, a três casas de distância, apenas com a companhia dos empregados, em especial do Augusto, do Alberto e da Carolina, em quem confiava. A minha cara metade tinha por hábito, durante os bombardeamentos, pôr-se a ouvir ópera em altos berros, enquanto engomava a roupa. Geralmente, escolhia aquelas árias mais sonoras e conhecidas de Verdi, interpretadas pela voz possante do falecido Luciano Pavarotti. Não sei se a casa vibrava com as explosões se com a ópera italiana, com o volume de som do estéreo quase no máximo. De resto, não seguia o bom preceito de se dirigir ao abrigo, ou seja às dependências do pessoal doméstico na cave. "O que é que queres? Falta-me o ar. Aquilo é claustrofóbico", dizia-me ela.

Desta vez, a situação fugia ao padrão habitual e estava a ficar mesmo feia. A Junta não brincava em serviço. As explosões eram medonhas e varriam o bairro, de uma ponta à outra. Ouviram-se vários rebentamentos seguidos, destacando-se três, pela proximidade, cada um mais forte que o precedente. O primeiro para os lados do Liceu; o segundo perto do edifício do Benfica ou nas imediações, portanto a uma distância de 100 ou 150 metros da chancelaria, mas já muito próximo da residência que ficava na ponta da rua; o terceiro, a julgar pela deflagração que foi violentíssima, teria acertado em cheio na residência ou mesmo ao lado. Não havia qualquer dúvida. Abandono a acanhada dependência da cifra, convicto de que a Maria Ana teria ido desta para melhor. O bombardeamento continuava, mas eu só pensava na minha mulher. Os silvos e as explosões prosseguiam sem cessar. Dirigi-me para o meu gabinete e agarrei com fúria no telefone-intercomunicador. Liguei para a residência. O telefone tocava, tocava e nada. Entrei, pela primeira vez, em pânico. Pronto, já não há nada a fazer, pensei eu, com o meu pendor pessimista. Que guerra, mais estúpida! Fiquei completamente angustiado e com o coração a galope. Queria lá saber dos mísseis e da guerra! Queria era perceber o que se tinha passado. Não, não podia ser! Liguei mais uma vez para a residência. Desta vez, a Maria Ana respondeu-me (suspiro de alívio!), mas em tom agastado.

- O que é que tu queres? Obrigaste-me a sair debaixo da cama e dei uma grande topada com a cabeça nas traves de madeira. Fiquei com um galo enorme. Não podias esperar um pouco?
- Bom, meu Deus, ainda bem que estás viva. Não queiras saber como estava aflito. O que é que se passou?
- Estava no chuveiro quando começaram os rebentamentos mais fortes. Isto nunca foi tão violento. Não podia sair daqui. Fui então a correr, toda molhada, para debaixo da cama.
- Eu pensava que tinham acertado em cheio na residência. Tudo levava a crer que ...Ouve lá, tu tens mesmo a certeza que a casa está intacta?
- Há uns vidros partidos...Olha, não sei bem. Aqui no quarto não há nada de especial. Na casa de banho ainda não vi...
- Eu já aí vou.

Avancei pelos quintais traseiros rapidamente e em segundos estava no local. A minha mulher enganou a morte por muito pouco – não, não era, ainda, a sua hora. Teria bastado o desvio de umas escassas décimas ou centésimas de grau na trajectória da "katyusha", para que esta acertasse no nosso quarto, na casa da banho ou no salão. Congratulei-me com a falta de pontaria dos "artilheiros estrábicos". Com efeito, o míssil tinha estoirado na casa do secretário de embaixada, contígua à minha, aí a uns 15 metros de distância atingindo a sala e a varanda. Dois aparelhos de ar condicionado, bem pesados, por sinal, tinham sido projectados a vários metros de distância e jaziam no solo, inertes como se fossem duas latas velhas e amachucadas. A casa estava esventrada e havia pó por todos os lados, com as vigas a emergirem grotescamente no meio da caliça e dos tijolos semi-desfeitos. Uma das colunas da varanda que sustentava o telhado ameaçava ruir a qualquer instante. O buraco provocado pela explosão do míssil deixava ver o interior da casa: um biombo meio desfeito, quadros cravejados de estilhaços, um tapete com vários buracos o aparelho de alta fidelidade cheio de pó, pedras e cacos de telhas. O carro do delegado da Comissão Europeia, Miguel Amado, estava feito em fanicos, como se tivesse participado numa *stock car race*[273] à americana, depois de ter apanhado com vários outros calhambeques em cima, ou um choque em cadeia numa das nossas auto-estradas em dia de piso molhado.

A casa do secretário de embaixada, que se encontrava em gozo de férias, estava temporariamente ocupada pelo Adido da Cooperação, uma vez que o apartamento deste último, muito próximo da linha divisória entre as duas forças beligerantes, no chamado Bairro da Cooperação tinha sido atingido uns dias antes por granadas de canhão sem recuo, que provocaram uma grande destruição de bens materiais. O Adido da Cooperação tinha estado a tomar o pequeno almoço na sala, meia-hora antes da explosão. Escapou por milagre.

Logo que soube da ocorrência, a comunicação social portuguesa compareceu em força para filmar, tirar umas tantas fotografias e entrevistar-me. Um operador foto-cine da Guiné-Conakry pediu-me também autorização para registar o acontecimento. Acedi a tudo o que me foi pedido. Tínhamos de ser totalmente transparentes, aliás, não havia nada a esconder.

Descrevi, sucintamente e em termos objectivos, o que se passou às minhas autoridades, deixando que as imagens amplamente divulgadas falassem por si, complementadas que foram pelos artigos publicados na imprensa. Assim,

"À semelhança passada sexta-feira ...e conforme prevíamos, após acalmia relativa últimos 3 dias, apenas quebrada por fogo esporádico de artilharia à distância, recomeçaram bombardeamentos em grande escala ao centro cidade Bissau, pelas 7h00 prolongando-se até às 10h20. Explodiram várias granadas e foguetes nas proximidades complexo Embaixada tendo um destes atingido residência secretário, destruindo-a parcialmente (telhado, varanda, sala, casa de jantar, quadro eléctrico, aparelhos de ar condicionado, bens pessoais e vidros de várias janelas e portas). Explosão provocou, ainda, disseminação estilhaços jardins e rebentamento vidros no Centro Cultural, no Consulado (onde está alojado GOE) e na Residência Oficial, danificando também seriamente carro do delegado da Comissão Europeia que se encontrava estacionado em frente da casa.

---

[273] Corrida de carros comuns (não modificados), em regra, modelos antigos, que competem, acabando por chocar uns contra os outros, numa pista oval relativamente curta. Este tipo de corridas é muito popular nos Estados Unidos e Canadá.

Segundo Sr. Adido de Defesa, tratou-se foguete de 122mm de fabrico soviético, presumivelmente disparado pela tropa rebelde que se encontra no Cuméré ou, eventualmente, da região de Antula (ambas a NE da cidade).

Depois das 10h30 e ao longo do dia, registaram-se... acções de fogo de artilharia muito espaçadas e distantes.

Permito-me salientar que, apenas, Ministro Saúde Pública e Ministra Interior me telefonaram, a título pessoal, manifestando-se solidários com situação Embaixada e respectivos funcionários. Do Palácio não houve uma palavra."

Em Lisboa, já se sabia de tudo pelas agências noticiosas e pela rádio que dava a notícia em primeira mão.

A Junta Militar apresentou-me o seu pedido de desculpas pelo incidente. Não houve da sua parte qualquer intenção de atingir as nossas instalações e de provocar danos materiais, mas a embaixada estava na linha de fogo, nas proximidades do palácio presidencial. A Rádio Bombolom, agora, como se sabe, crismada Rádio Voz da Junta Militar, divulgou várias vezes um comunicado em que os rebeldes lamentavam o sucedido.

Tive a grata surpresa de receber um telefonema pessoal do Presidente da República, dr. Jorge Sampaio, que me manifestou a sua total disponibilidade e que me enviou uma mensagem que foi divulgada publicamente e que transcrevo:

"Lisboa, 21 de Julho de 1998

Senhor Embaixador,

Tendo acabado de tomar conhecimento de que a nossa Embaixada em Bissau foi atingida directamente por fogo de artilharia, que felizmente não provocou feridos mas danificou seriamente um edifício, desejo os meus sinceros e calorosos sentimentos de solidariedade, que lhe peço transmita a todo o pessoal dessa missão.

Quero ainda aproveitar a oportunidade para, em nome do Povo Português e no meu próprio, lhe manifestar a expressão do maior apreço pela coragem e serenidade que desde há longas semanas vem dando provas, expressão de apreço que faço extensiva a sua mulher e a todo o pessoal dessa Missão e que muito honra e dignifica não só a nossa diplomacia, como toda a Nação Portuguesa.

JORGE SAMPAIO"

Esta mensagem, que muito me sensibilizou, contrastava singularmente com o silêncio do meu Ministro e dos seus Secretários de Estado que, certamente, devido aos múltiplos afazeres de que estavam então incumbidos não terão tido tempo para me telefonarem. Dois ou três colegas, especialmente aqueles com quem lidava de mais perto, ligaram-me. *C'est la vie!*

Quando da assinatura do Memorando de Entendimento, entre o Governo da Guiné-Bissau e a Junta Militar, mediado pelo grupo de contacto da CPLP, a bordo da fragata "Corte Real" a 26 de Julho de 1998, referida na crónica anterior, o Ministro dos Negócios Estrangeiros português, acompanhado por um dos seus Sylvester Stallones de meia tigela deslocou-se a Bissau. Quando nos dirigíamos da residência para a chancelaria pela Avenida Cidade de Lisboa, uns escassos cinquenta metros, se tanto – não necessitávamos de efectuar o percurso habitual pelos quintais traseiros, uma vez que estava uma trégua em vigor – apontei para a casa ao lado e disse ao governante:

– Esta é a casa do Secretário de Embaixada. Foi aqui que rebentou o míssil – e fiz um gesto com a mão, apontando para o local.

Aparentemente, não esboçou o menor interesse ou emoção pelo assunto. A sua cabeça não se mexeu um centímetro que fosse e o seu olhar concentrava-se nas irregularidades da calçada como se não tivesse nada que ver com o que tinha ocorrido uns dias antes. Os seres humanos são de facto muito diferentes uns dos outros.

Como o autor, inopinadamente, se transforma em herói no Portugal dos Pequeninos

O rebentamento do míssil que destruiu parcialmente um dos edifícios do complexo da embaixada constituiu, por assim dizer, um ponto de viragem em relação à minha pessoa consolidando o meu estatuto de "herói mediático" – passe a imodéstia – forjado pela comunicação social lusa. Esta questão merece ser abordada sob vários ângulos, mas posso afiançar que não serviu, seguramente, para alimentar em exclusivo o meu ego. Nunca tive aspirações, nem vocação, para desempenhar grandes papéis na ribalta política, quis apenas cumprir o que pensava ser o meu dever, tal como fora educado desde o berço.

Da parte dos nossos *media*, ressaltava-se, por um lado, a necessidade da emergência de um "herói", o que, presumivelmente, corresponderia a uma pulsão profunda, mas reprimida do subconsciente colectivo lusitano. Não sou psicólogo, nem psico-analista, de modo que não tenho resposta para esta questão. Por outro, a imprensa referir-se-ia amiúde às minhas ligações familiares, como se tivesse que pagar um preço por isso, ou que compensaria, de certa forma, esse "pecado original" com um suposto "comportamento heróico" no terreno. Fantasias! Tudo isto me ultrapassava. Finalmente, consciente ou inconscientemente, os jornalistas criaram-me não poucos problemas de relacionamento com o Poder Político, com a hierarquia do meu Ministério e com os meus colegas. Os excessos de protagonismo, procurados ou não, pagam-se.

Como já o disse, desde o início do conflito armado que a imprensa me contactava várias vezes ao dia, procurando avidamente informar-se sobre a confrontação militar e as suas sequelas. As fontes de informação disponíveis eram poucas, inseguras e não fiáveis. Por conseguinte, cabia-me a mim e a mais ninguém estar de faxina aos *media*.

Logo em Junho, o "Expresso", sabendo que eu permanecera em Bissau, prescindindo da evacuação, no "Ponta de Sagres" e depois na fragata "Vasco da Gama", teceu elogios à minha pessoa, não sei se da melhor maneira, colocando-me na caixa dos "Altos" e, em contraponto, arrumando o meu ministro na caixa dos "Baixos"[274]. Mau começo! Criava-me um duplo problema, com o titular e com a "casa". Lá estaria eu, armado em "estrela da companhia", a pedir holofotes e passadeira vermelha. Além disso para enquadrar bem o caso, o jornal lembrava o meu grau de parentesco por afinidade com António Rosa Casaco, antigo inspector da polícia política do regime deposto a 25 de Abril de 1974, pai de minha mulher. Mais achas para a fogueira! O que é que o cós tem a ver com as calças ainda hoje estou para saber, mas a idiossincrasia lusa é esta e não outra e tem que se viver com ela.

Relendo a imprensa da época, os elogios vinham um pouco de toda a parte, mas, invariavelmente, relembravam o facto de eu ser genro de quem era. O que é que eu podia fazer? Não podia desmentir este *leit-motiv* permanente. Eis alguns dos títulos de artigos então publicados, em que, quer quisesse, quer não, figurava, como "actor principal": "...E o embaixador que resolveu ficar"[275];

---

[274] In "Expresso", edição de 20 de Junho de 1998.
[275] In "Público" de 17 de Junho de 1998.

"Um homem abnegado"[276], "A devida vénia"[277] e "Vingança da História e..do chinês!"[278]. Eram também múltiplas as referências em artigos de opinião, atafulhados de encómios, que me dispenso de citar, para evitar más interpretações. [279] Tudo o que foi publicado, publicado está. Nunca pequei por vaidade. Esclareço, pois, que jamais andei à procura do elogio fácil, das pancadinhas no ombro e dos aplausos da plateia, tão-pouco encomendei artigos ou procurei, de algum modo, influenciar os *media*. Os panegíricos não me impressionam e jamais os procurei. A imprensa publicou o que lhe deu na real gana. É tudo!

Se a minha actuação já era comentada, desde os primeiros dias, é sobretudo a partir do bombardeamento do complexo da embaixada que atinjo, sem querer o estatuto de "herói de telenovela barata", bem ao gosto da lusitana gente, que na tristeza baça dos dias que então corriam (não muito diferente dos de hoje diga-se de passagem) não vislumbrava semi-deuses, em parte alguma e precisava de os encontrar. Presente na guerra, desempenhando as funções que o cargo me ditava, fiquei para trás, quando os outros saíram e, finalmente, como prato de resistência, aguentei a pé firme quando a residência, felizmente desocupada, do secretário de embaixada foi atingida por um míssil. Vai daí e cozinha--se o "herói" que não sou, nem nunca fui. Só que o nosso Portugal dos Pequeninos tinha – e tem – absoluta necessidade de heróis, como precisa de "craques" do futebol e de salvadores da Pátria.

Começa, então, uma outra fase da minha imagem em que apareço retratado, com alguma pormenorização, em reportagens já de cunho biográfico, nos jornais e revistas, sempre acompanhadas pelas fotografias da destruição provocada pelo míssil. Assim, a revista "Visão" traça-me o perfil, em duas páginas, encabeçando-o do seguinte modo: "Henriques da Silva, o resistente. Perito em minas, o embaixador de Portugal em Bissau tem conseguido sobreviver às hostilidades na Guiné e no Ministério dos Negócios Estrangeiros."[280] Inevitavelmente o nome do meu sogro vinha sempre à baila. Também o "Independente" enveredou pela mesma via do elogio gratuito (que agradeço, mas não mereço) com

---

[276] In "Expresso" de 20 de Junho de 1998, já citado.
[277] Id.
[278] In "O Diabo" de 30 de Junho de 1998.
[279] Quem quiser que se dê ao trabalho de consultar o "Diário de Notícias" de 18 de Junho de 1998, o "O Diabo" de 7 de Julho de 1998 ou "A Capital" de 2 de Julho de 1998, que refiro a título de exemplo.
[280] In "Visão" de 30 de Julho de 1998.

hiper-abundância de referências e de adjectivos: "O Senhor Embaixador – Francisco Henriques da Silva, embaixador de Portugal na Guiné-Bissau. Ele insistiu em manter a bandeira portuguesa hasteada. O herói do momento"[281] O "Público" também trazia a lume artigos do mesmo teor, cujos excertos me abstenho, por pudor, de reproduzir [282].

Tudo isto não me aquecia, nem me arrefecia. Sabia o que me esperava.

Era bem o "herói do momento", como alguém o disse no desaparecido "O Independente", só que o momento era fugaz e a fama efémera. Faltava pagar *la dolorosa* – e iria pagá-la bem cara – mas o meu instante de glória (perdoem-me a falta de recato) foi sentir-me como Nuno Álvares Pereira ou a padeira de Aljubarrota, momento que já lá vai!

---

[281] In "O Independente" de 31 de Julho de 1998.
[282] In "Público" de 5 de Agosto de 1998.

CRÓNICA 30

Bissau, Julho e Agosto de 1998
A ajuda humanitária e o problema dos deslocados.
As evacuações pontuais autorizadas, ou não, continuavam

Ajuda humanitária e deslocados internos um problema complexo

A descrição genérica do problema dos deslocados na Guiné-Bissau foi já relatada na crónica 36, todavia tratava-se de uma questão que não cessava de se agravar, dia após dia, cada vez com maior acuidade, por uma multiplicidade de razões: por um lado, as carências básicas de alimentação, de assistência médica e medicamentosa, de saúde, de higiene, de habitação da população bissau-guineense eram dramáticas e cresciam quase em progressão geométrica; por outro, os beligerantes, indiferentes ao sofrimento das populações, continuavam nos seus labores de guerra sem se importarem muito, ou, mesmo, nada, com o drama humano que tinham entre mãos. Este último ponto aplicava-se com maior exacção ao lado governamental, na medida em que, temeroso, que a ajuda humanitária pudesse cair em mãos rebeldes tudo fazia para impedir que aí chegasse, enquanto a Junta Militar, dia após dia, ia estendendo o seu domínio incontestado a novos territórios. Acresce que o Executivo de "Nino" Vieira e os seus aliados estrangeiros temiam que, ao abrigo da ajuda humanitária, não só se estaria a "alimentar" os insurrectos, como suspeitavam de que lhes estariam a ser fornecidas armas e apoio logístico.

A chegada de ajuda ao porto de Bissau ou às ilhas significava, na prática, que os beneficiários seriam, apenas, alguns cidadãos – friso bem os termos – que se encontravam sob controle governamental, excluindo-se todos os outros que se encontravam ou em zonas dominadas pela Junta ou de controle aleatório. Acrescia ainda que a assistência que procurava chegar por via terrestre era impedida de transitar pelas fronteiras, pois era coarctada pelas autoridades senegalesas ou conacry-guineenses.

Sem prejuízo de todas estas dificuldades que eram bem reais, tinha de se negociar com os poderes locais a recepção, distribuição e encaminhamento da ajuda, o que nem sempre era evidente e muito menos fácil, porquanto se vivia – mesmo no decurso dos frágeis períodos de trégua – numa autêntica paranóia de guerra.

Em Bissau foi criada uma Comissão de Ajuda Humanitária de Urgência (CAHU) presidida pelo Ministro da Saúde, dr. Brandão Gomes Có, e que integrava as embaixadas de Portugal e da Suécia, a Cruz Vermelha local, bem como representantes das igrejas católica e protestante e da comunidade islâmica, para além de outras organizações da sociedade civil. A capacidade de manobra da CAHU era, no mínimo, limitada, ou, se se quiser, muito limitada. Estava controlada por um membro do Governo, médico de profissão, com pouca relevância na *nomenklatura* local, alem disso recebendo directivas e orientações directamente do Primeiro-Ministro. O mínimo que se pode dizer é que os refugiados e deslocados interessavam muito pouco ao Governo legítimo da Guiné-Bissau.

Quando da segunda viagem do "Ponta de Sagres" a Bissau, a 16 de Julho, desta feita exclusivamente com carga humanitária[283], foi elaborado pela Comissão de Ajuda Humanitária e de Urgência um documento no qual se garantia a adopção de medidas de segurança no tocante à descarga e armazenagem da ajuda humanitária transportada naquele cargueiro, fornecendo, igualmente, garantias quanto à respectiva distribuição à população carenciada, que deveria ser concretizada por via marítima, fluvial e terrestre. O documento referenciado

---

[283] Foram descarregados 32 contentores de ajuda humanitária (alimentos e medicamentos) com o peso total de 632 toneladas. A acostagem e descarga do navio foram filmadas pela RTPÁfrica e pela SIC.

mencionava, inclusive, os meios navais de transporte da carga humanitária, os locais de destino e de desembarque da mercadoria, designadamente na região de Cacheu, no Norte do país e uma infinidade de outros pormenores e informações no que respeitava à sua ulterior distribuição, em função da variabilidade dos fluxos populacionais, no contexto da grave crise que a Guiné-Bissau atravessava. Uma parte diminuta da carga terá seguido ao seu destino, mas diga-se, em abono da verdade, que uma porção, quiçá mais substantiva, terá presumivelmente permanecido em Bissau, porquanto não interessaria muito aos "ninistas" que a "generosidade internacional" ultrapassasse os limites da capital.

Uma vez que se suscitaram dúvidas e uma acrescida ansiedade em Lisboa, quanto ao destino da ajuda humanitária, tendo, então, a embaixada sido objecto de vários telefonemas e faxes sobre o assunto[284], fui forçado a esclarecer por escrito que "o conhecimento do que se passava no terreno e das organizações que nele operavam era da responsabilidade da Comissão, bem como todas operações relativas [à] recepção, descarga, armazenagem, guarda, organização transportes marítimos, fluviais e terrestres, encaminhamento, e distribuição final da ajuda humanitária.

Existem, naturalmente, condicionamentos e contingências de diversa natureza relativos uns e outras à situação de conflito armado prevalecente neste país e às zonas de influência territorial de cada uma das partes beligerantes. Assim, não é, pois, possível garantir à partida que todas as acções referidas no parágrafo anterior possam ser executadas em boa ordem. São riscos que têm de se assumir voluntariamente, não existindo, a meu ver, alternativas viáveis para os suprir."

Tinha de ser realista e, ao mesmo tempo, pôr os pontos nos ii, porque Lisboa chegou a suscitar dúvidas quanto à nossa integração na CAHU, bem assim, como à capacidade e eficiência desta última para levar a cabo a sua missão. Estas dúvidas metafísicas e existenciais, típicas de governantes lusos, colocavam-me mais uma vez perante uma situação extremamente delicada. Tive de esclarecer que o Comité Internacional da Cruz Vermelha (CICV), citando-o expressamente, confiava naquela organização e que não podíamos, por forma alguma, pô-la em causa, nem tínhamos qualquer capacidade para agirmos por conta

---

[284] Designadamente por parte do Secretário Estado da Presidência do Conselho de Ministros, a quem aparentemente incumbiam responsabilidades próprias (senão exclusivas) em termos de encaminhamento da ajuda humanitária.

própria, a solo, o que seria de uma rematada estupidez. Assim o dei a entender, de forma indirecta, na mesma mensagem para o meu Ministério:

> "Afigura-se-me, salvo melhor opinião, que nunca foi posta em causa a nossa pertença à Comissão. Por conseguinte, não se nos afigura podermos actuar à margem daquela. Aliás, tal gesto seria, certamente, mal interpretado por estas autoridades e depararia com as maiores dificuldades em termos execução prática."

A situação no terreno dispensava adjectivos, os pedidos multiplicavam-se por toda a parte. Desconhecíamos, porém, o que se passava no interior do país. A julgar pelo que víamos em Bissau e periferia, temíamos o pior e a nossa antevisão pessimista não devia andar muito longe da realidade. Em Cumura, a pouca distância da capital, a situação era paradigmática do quadro global, tal como a descrevi em mensagem que enviei para Lisboa, de que transcrevo a parte útil:

> "Foi contactado o dr. Faustino, director e médico-cirurgião hospital de Cumura (10 Km a Oeste de Bissau). Encontra-se praticamente sem pessoal, apenas dispõe de uma irmã-enfermeira. Prevalecem graves carências de medicamentos, não existindo praticamente coisa alguma. As necessidades mais prementes são: anti-palúdicos, anti-piréticos, anti-diarreicos, betadina, lixívia, álcool, soro, antibióticos e pomada cicatrizante. O dr. Faustino afirmou-me que, segundo as suas previsões, um surto de cólera deveria eclodir dentro de 15 dias a um mês."

Da carga do "Ponta de Sagres" – ajuda humanitária disponibilizada pelo Governo português e pela Cruz Vermelha portuguesa –, sob constante pressão de Lisboa, conseguimos, a custo negociar, com o Ministro Brandão Gomes Có, a respectiva distribuição (pelo menos parcial, entenda-se) para a região de Gabu, onde actuava a ONG portuguesa AMI[285], liderada pelo dr. Fernando Nobre, bem como às populações de Cacheu, Oio e Bafatá, onde a situação seria mais crítica. Enfatizámos a importância deste gesto amigo de Portugal no contexto do conflito armado. Por outro lado, pretendíamos que da parte bissau-

---

[285] Assistência Médica Internacional.

-guineense fossem desencadeadas as operações de distribuição, em conformidade com os compromissos anteriormente assumidos.

As dificuldades que experimentámos com a ajuda humanitária haveriam de prosseguir ao longo de toda a guerra, em que éramos forçados a um equilíbrio diário na corda bamba entre o governo de Bissau e os seus aliados, a Junta Militar, as insistentes pressões de Lisboa (temendo esta, naturalmente, que os *media* detectassem falhas ou que pusessem em causa o que estava a ser feito), as ONG's e, acima de tudo, os deserdados da Guiné-Bissau, ou seja os destinatários finais da ajuda.

O Governo português imaginava tolamente que eu, por artes mágicas, com 2 ou 3 pessoas, num cenário de conflito armado, amiúde muito violento, dispunha de infra-estruturas e de meios humanos e materiais capazes de receber toneladas de ajuda humanitária e encaminhá-las ao seu destino. Era mais do que óbvio que, nem eu, nem os meus colaboradores, o podíamos fazer.

Evacuações, refugiados e outras histórias invulgares, explicadas ao Povo e contadas às criancinhas.

Desde o dia 7 de Junho que não sabia do Secretário de Embaixada que tinha ido de férias para parte incerta, não me tendo informado, como era curial e seria seu dever profissional, do local (ou locais) onde iria em gozo de licença. Por portas e travessas, vim a saber que foi apanhado na fase inicial da guerra em Praia Varela, no Norte do país, junto à fronteira senegalesa, onde estava a banhos, tendo conseguido evacuar alguns portugueses que ali se encontravam e ele próprio acabou por se escapulir para Dakar. Tive conhecimento de tudo isto por via indirecta, por terceiros, nada me tendo sido comunicado por qualquer canal normal, oficial ou oficioso.

No dia 10 de Julho, após ter recebido telefonemas do meu Ministério e ter entrado em contacto com o meu amigo Fernando Merino, do Clube de Caça de Capé, soube da evacuação de um grupo de 9 portugueses, entre eles um tenente-coronel pára-quedista, na reserva, de ascendência libanesa, de seu nome Chauk Danif, pela fronteira de Pirada, em direcção a Koldá, no Senegal. O grupo era liderado pelo referenciado e em princípio a passagem pela fronteira não devia suscitar problemas, uma vez que os evacuandos estavam munidos de passaportes portugueses válidos[286]. Contactei o meu colega em Dakar, explicando-lhe a situação e solicitei a sua ajuda para esta evacuação.

- Você não pode deslocar alguém da sua equipa para Koldá? – perguntei eu.
- Mas está lá o seu secretário de embaixada. Eu posso dar-lhe o número do telefone-satélite – retorquiu.
- Espere aí. Eu já tomo nota. Ouça lá, mas, no fim de contas, o funcionário é meu ou é seu?
- É claro que pertence à embaixada em Bissau, mas apresentou-se, há uns tempos, aqui e o nosso Ministério disse-me que ele ficaria provisoriamente ao serviço da embaixada em Dakar.
- Mas eu não fui informado de nada, nem pelo Ministério, nem por si, nem pelo próprio. Isto é totalmente incompreensível e foge a todas as normas. O que é isto? Então eu não sou informado por ninguém? Não tenho sequer o direito à informação, apesar do funcionário ser meu?

---

[286] Segundo relato recente que me fez o próprio Fernando Merino, no dia do levantamento militar, portanto a 7 de Junho, o referenciado encontrava-se em Capé e preparava-se para seguir para Bissau, a fim de conduzir ao aeroporto o último grupo de caçadores que tinha vindo ao Clube de Caça, nesse ano. Curiosamente eram todos espanhóis, e com amizades que iam até ao conhecimento pessoal do Rei de Espanha!

Como o aeroporto de Bissau estava encerrado, esses espanhóis dormiram nessa noite, outra vez em Capé, e no dia seguinte, Fernando Merino transportou-os até Koldá, no Senegal, para onde fez seguir uma avioneta (um táxi aéreo da empresa "Arc-en-Ciel") com o objectivo de fazer seguir os caçadores espanhóis para Madrid, através do aeroporto da capital senegalesa.

Essa primeira "experiência" constituiu o ponto de partida para as evacuações de cidadãos portugueses que foram efectuadas no Leste da Guiné-Bissau. Por outras palavras, todas foram efectuadas com os meios de transporte providenciados pelo Fernando Merino e a suas expensas!

De acordo com a descrição que me fez, espantou-se ao verificar que uma data de «guineenses, libaneses e 'afins', afinal eram Portugueses de gema", munidos dos respectivos passaportes lusitanos!

Entre esses "portugueses de gema", encontrava-se a mãe do tal Sr. Danif que "arrumou" a "candonga" que possuía na sua casa de Bafatá, e também se aproveitou do seu transporte para Koldá!

Fernando Merino foi instrumental nestas evacuações no Leste da Guiné-Bissau e facultou-me preciosíssimas informações sobre a situação político-militar na região, que, aliás, constam destas minhas crónicas. Tanto quanto sei o Estado Português jamais lhe agradeceu.

– Isso são coisas que me ultrapassam completamente. Vou dar-lhe o número do telefone. É o....

Fugia com o rabo à seringa. Barafustei inutilmente com mais meia-dúzia de frases e acabei por desligar o telefone. Falei, então, secamente com o "meu" funcionário, pu-lo ao corrente da situação e instruí-o quanto ao procedimento a adoptar. Nesse mesmo dia, contactei o Secretário-Geral do MNE, mencionando-lhe a falta de curialidade daquela situação que mais parecia uma farsa que outra coisa e que, além do mais, atentava contra a dignidade do meu cargo. Que diabo, eu ainda era o superior hierárquico do funcionário em questão e continuava a ser embaixador de Portugal em Bissau! O meu interlocutor reconheceu que, sim, senhor, que eu devia ter sido informado em devido tempo. Deu-me uma série de desculpas esfarrapadas e prometeu-me que o funcionário em questão regressaria, brevemente, ao posto. Terminei, dizendo-lhe que estava farto de brincadeiras de mau gosto. Não respondeu. Suponho que terá encolhido os ombros do outro lado da linha, em perfeita segurança, a uns milhares de quilómetros de distância. De facto, não dava para ver...

*
* *

Em meados de Julho, de novo em Bissau, a fragata "Vasco da Gama" recebeu alguns refugiados no que seria, digamos assim, a última evacuação das 7 que contabilizei, desde o início[287]. Nessa altura, o meu interlocutor em Lisboa (como se sabe, passei por vários) era o Ministro da Defesa, com quem já havia mantido contactos intermitentes desde o início do conflito. A fragata devia dar protecção a um navio-petroleiro que descarregou combustível em Bissau, evacuou portugueses e outros estrangeiros em vários pontos do território, descarregou mantimentos para a embaixada, recolheu alguns elementos da equipa do GOE, cujo núcleo principal tinha transportado numa viagem anterior, e desembarcou alguns jornalistas[288].

O Ministro da Defesa insistia muito comigo quanto ao destino e distribuição da ajuda humanitária transportada a bordo dos navios da Armada, efectuando

---

[287] Vd. Crónica 26.
[288] Cfr. Alexandre Reis Rodrigues e Américo Silva Santos, *op. cit.*, p. 259-260.

todo o tipo de exigências, a que eu, evidentemente, não podia responder. Não sei se foi com ele se com o Secretário de Estado da Presidência do Conselho de Ministros que, num dos muitos e inconclusivos diálogos que com eles mantinha alternadamente, a páginas tantas, no meio de um bombardeamento, eram solicitadas informações sobre evacuações, ajuda humanitária ou qualquer outro tema conexo. A cadência dos tiros de artilharia aumentava e os rebentamentos sentiam-se cada vez mais próximos. Eu não podia estar para ali feito parvo, de costas para a janela, à espera de eventuais estilhaços, muito embora beneficiasse da protecção incerta das fitas autocolantes que faziam imensos XX nas vidraças. No fundo, estava a arriscar a pele para ouvir uma conversa que não nos conduzia a lado nenhum e que servia apenas para alimentar o ego do meu interlocutor.

– Desculpe, Senhor Ministro[289], mas estamos neste momento a ser bombardeados. Não sei se está a ouvir?
– Sim, sim. Eu...eu.. compreendo, mas há só mais uma coisa, ...só mais uma coisa... que lhe quero perguntar... – contestou-me o governante, quase a gaguejar.

Farto daquela brincadeira e convicto que, das duas uma, ou o Ministro era um imbecil ou estava no gozo, dou um palmada com a mão direita no tampo da mesa, ouvindo-se um som cavo.

– Ouviu? Isto é mesmo aqui perto. Tenho que desligar.
– Ouvi, ouvi, eu depois telefono. Boa sorte!

Assim eram os governantes da nossa "ilustre Pátria, minha amada!"

*
* *

Creio que foi sensivelmente nesta altura que tratei da evacuação de 18 crianças órfãs, que terão seguido para Portugal, a bordo de uma das fragatas. Na véspera, a minha mulher, juntamente com duas ou três freiras que as acompanhavam, tinha-as instalado na sala de jantar da residência, ficando os bebés a dormir em cima das almofadas dos cadeirões e das espreguiçadeiras da piscina,

---

[289] Ou Secretário de Estado, o que para o caso é indiferente.

cobertas com lençóis. Foram alimentadas e, apesar do muito calor que se fazia sentir – estávamos em Julho, em plena época das chuvas –, o aparelho de ar condicionado, de vez em quando ainda funcionava, apesar das naturais restrições que havia em relação aos gastos de combustível para o gerador.

Na manhã do dia seguinte, as crianças vieram para a varanda, à espera de transporte para o navio. O calor apertava e as freiras deitaram-nas no lajedo meio-morno da varanda, alegando que ali estariam melhor e mais frescas que no interior da residência, uma vez que o ar condicionado estava desligado. Além disso o transporte estava quase a chegar. Era uma questão de minutos. Entretanto, alguns bebés adormeceram com as carinhas na laje. Umas tantas moscas que por ali volteavam vieram pousar nas suas cabecitas.

Apareceram, então, as furgonetes e os repórteres da RTP que filmaram a fachada do edifício, o escudo e a bandeira portuguesa para em seguida se fixarem nas criancinhas filmando-as em "close-up" para se ver bem que estavam a dormir no chão com as moscas na cara. Cena bem africana, digna de Darfur ou do Ruanda! Imagens de impacto! À noite, este apontamento de reportagem passaria no "horário nobre", com o seguinte comentário em *off*: "A embaixada de Portugal já não tem capacidade de resposta, não podendo acolher devidamente estas pobres crianças órfãs"[290]. Uma foto vale mil palavras, mas o comentário citado, bem na linha do sensacionalismo tão do agrado da maioria dos nossos profissionais da comunicação social, rematava, às mil maravilhas o apontamento para ser apresentado no noticiário das 8. Eis o serviço público de televisão no seu melhor!

*
* *

As andanças da "Vasco da Gama" em águas da Guiné-Bissau, em Junho e Julho, cujo labor altamente meritório jamais pus em causa, antes pelo contrário sempre o considerei digno dos maiores encómios, geraram inevitavelmente problemas junto de "Nino" e da sua corte. Em condições extremamente difíceis e correndo inúmeros riscos num conflito que não nos dizia respeito, a Marinha Portuguesa, fiel às suas tradições, realizou um trabalho inigualável, sobretudo

---

[290] Reproduzo-o de memória, com a ajuda de minha mulher que ainda hoje se sente revoltada com o episódio.

em termos humanitários, uma vez que procederam a várias evacuações, e de facilitação diplomática (foi na "Vasco da Gama" que se encetou o processo negocial entre o Executivo bissau-guineense e a Junta Militar e aí se assinou o primeiro "Memorando de Entendimento – vd. Crónica 38). Porém, outra era a visão desconfiada do governo do "Bissauzinho".

De qualquer dos modos, as autoridades legítimas da Guiné-Bissau formularam as suas queixas e convenhamos tinham fundamento, deixando-me, mais uma vez, numa situação difícil. Com efeito, unidades navais da Armada Portuguesa tinham levado a cabo no início de Julho, operações de resgate não autorizadas, por 2 vezes na Ponta do Biombo, em plena zona controlada pelos rebeldes e no Saltinho (Sul), com um helicóptero. Essas situações tinham sido objecto de queixas orais apresentadas, quer pelo Ministro em exercício dos Negócios Estrangeiros e Cooperação, que me mencionou o assunto em várias ocasiões, quer pelo Ministro da Defesa Nacional, quando se avistou com o nosso Adido de Defesa.

Consideravam as autoridades bissau-guineenses e, a meu ver, justificadamente, que se estava perante casos flagrantes de violação da soberania nacional da República da Guiné-Bissau, com a entrada em território desta última de meios e efectivos militares não autorizados, de homens armados e, no caso do Saltinho, de violação do espaço aéreo.

Sublinhavam os meus interlocutores locais que, apesar da situação de guerra, tinham concedido autorizações para operações com meios navais e aéreos, desde que devidamente formalizadas pelos canais próprios e com a antecedência julgada necessária.

Sem prejuízo do inegável mérito da actuação da Armada Portuguesa, estávamos perante uma situação de grande delicadeza e sensibilidade, uma vez que a Guiné-Bissau se encontrava em estado de guerra. Tudo isto foi comunicado oralmente, quer ao MNE, quer ao canal próprio militar, advertindo-se para o risco de execução de tais operações não autorizadas e para todas as implicações inerentes à respectiva concretização.

Ora, contra o meu parecer expresso, oportunamente comunicado a diversas entidades dos Negócios Estrangeiros e independentemente de outros considerandos, *maxime* de ordem humanitária, no dia 10, foi realizada mais uma operação de resgate no Saltinho (Sul) com a utilização de um helicóptero, não tendo sequer a Embaixada sido avisada previamente de que tal operação se iria realizar.

A minha situação era de uma grande fragilidade e de um momento para o outro, temia que a Guiné-Bissau pudesse enveredar pela via da ruptura de relações diplomáticas com Portugal e eu fosse considerado *persona non grata*. É claro que, se a minha situação não primava pelo brilhantismo, a situação das autoridades locais, por outras razões, era bem mais negra e a tanto não se atreveram. Fiz das tripas coração e vi-me forçado a falar com voz grossa para a minha gente, o que naturalmente me gerou anti-corpos em profusão e aliado a outros factores, alguns já mencionados em crónicas anteriores, haveria de traçar para sempre a minha carreira por caminhos estreitos.

Assim, perante o caso concreto, e de uma forma clara, asseverei, com serenidade, mas com todo o vigor, para Lisboa:

a) Que continuava a ser o representante pessoal de Sua Excelência o Presidente da República na Guiné-Bissau e que, por isso, defendia os interesses superiores de Portugal naquele país, que, aliás, tinha sempre procurado salvaguardar, independentemente das circunstâncias, mesmo as mais adversas.
b) Que a minha opinião, enquanto embaixador e homem no terreno, devia ser, minimamente, tomada em linha de conta e que devia ser informado do que se passava ou iria passar no país em que estava acreditado.
c) Que, perante a situação descrita, a minha posição tinha sido afectada e poderia, a breve trecho, ficar desacreditada de modo irreversível junto das autoridades locais.

À luz de quanto antecede, punha o meu lugar à disposição, nestes termos:

"Não se me afigura estarem reunidas as condições para o desempenho cabal das minhas funções, enquanto Embaixador de Portugal neste país."

Estiquei a corda. Fui forçado a tomar uma posição audaciosa, subi a parada, mas não tinha cartas. Todavia, perante isto, Lisboa não reagiu – o que não era bom sinal, mas, de facto, não podia ir muito mais além porque também não dispunha de jogo e de alternativa viável para a representação dos seus interesses em Bissau –, limitando-se o Director-Geral Político a respingar, pelo telefone, que não tinha gostado do que havia lido. O caldo estava em vias de se entornar, mas, por ora, ainda permanecia na panela – pelo menos foi essa a minha percepção. Era certo e sabido que a factura viria mais tarde e teria de a pagar.

Pensei que se tinha posto um ponto final nesta saga das operações de resgate não autorizadas, mas, não, o folhetim continuava e o lado bissau-guineense entrava claramente num delírio incontrolado.

A 13 de Julho, fui convocado pelo Ministro dos Estrangeiros em exercício, João Cardoso, juntamente com o Adido de Defesa, Cor. António Laia, estando também presentes o Ministro da Defesa Nacional, Samba Lamine Mané e o Vice-CEMGFA, Tenente-coronel, Afonso Té. Por conseguinte, era uma reunião *au grand complet*. A conversa decorreu num tom relativamente cordial, mas firme, por parte dos nossos interlocutores, tendo sido patenteada, mais uma vez, a "profunda preocupação" das autoridades da Guiné-Bissau relativamente aos seguintes factos: (i) movimentos de lanchas da Marinha Portuguesa no rio Mansoa, até João Landim; (ii) desembarque de munições, víveres e combustível em Varela; (iii) movimento de botes no rio Cacheu (iv) resgate de portugueses e guineenses no Sul; (iv) passagem de aviões (1 português, com fardamento e 2 franceses, com provisões) na região de Gabu (Leste).

De acordo com as palavras do Ministro da Defesa, tratar-se-iam de atitudes "inamistosas" por parte de Portugal, uma vez que se tratava de acções não autorizadas e que violavam a soberania nacional da República da Guiné-Bissau, todavia o Governo queria salvaguardar o diálogo e cooperação. "Não nos forcem a situações que não devem ser forçadas", disse Samba Lamine Mané, em tom de ameaça, adiantando, ainda, o seguinte: terminada a respectiva missão, as unidades navais deveriam abandonar as águas territoriais guineenses; não seriam autorizadas quaisquer aterragens de aeronaves em Gabu, nem voos rasantes a baixa altitude para lançamento de ajuda humanitária.

Retorquimos nos seguintes termos: alguns dos factos relatados eram-nos totalmente desconhecidos (como eram os casos de Mansoa, Varela e de Cacheu); duvidávamos, seriamente, que navios portugueses tivessem descarregado munições em Varela e afirmámos peremptoriamente que nenhum avião militar português sobrevoara Gabu; quanto ao resgate de portugueses e de bissau-guineenses no Sul (supúnhamos que teria tido lugar nas proximidades de Buba), tratou-se, segundo testemunhas oculares, de auxílio prestado a uma embarcação local que solicitou ajuda nos termos da tradição e ética dos homens do mar, tendo sido recolhidos os respectivos tripulantes e passageiros, com excepção de um homem armado, possivelmente rebelde, que regressou a terra.

Adiantámos, ainda, que as manifestações da nossa boa vontade foram manifestas na escolta ao navio-tanque; na evacuação de alguns bissau-guineenses, que assim o solicitaram, para Portugal; na ajuda humanitária já prestada e a prestar; na manutenção da Embaixada em pleno funcionamento contrariamente às demais e nos pedidos de autorização de movimentos de navios que tínhamos apresentado pelos canais oficiais e respeitando os procedimentos em vigor. Por outras palavras, estávamos a agir de uma forma correcta e transparente, não compreendendo as posições de crispação dos nossos interlocutores, que não eram, de todo em todo, justificáveis.

Não obstante o que referi, o Ministro João Cardoso afirmou que iria entregar-me uma nota de protesto. Disse-lhe que, no espírito de cooperação e diálogo, aliás, invocado pelo lado bissau-guineense, tentaria obter todas as possíveis informações e esclarecimentos sobre os pontos vertentes e deles daria conta em próximo encontro, não me parecendo justificar-se a apresentação de qualquer nota. Todavia, assistia-lhe o direito de ma enviar, se assim o entendesse por adequado e conveniente, relembrando-lhe, porém, o contexto de guerra em que vivíamos.

Face ao descrito, solicitei instruções e esclarecimentos por parte das minhas autoridades, com toda a possível brevidade e o caso não era para menos. A resposta a este pedido ingente, apesar da situação melindrosa em que me encontrava, consistiu num silêncio sepulcral e absoluto.

Os resistentes. Quem ficou?

Terminadas as evacuações, em Agosto, de acordo com as listas elaboradas pela Secção Consular, encontravam-se na Guiné-Bissau 171 pessoas, ainda, eventualmente susceptíveis de serem evacuadas: 106 de nacionalidade portuguesa, 9 estrangeiros (russos, brasileiros e cabo-verdianos) e 56 bissau-guineenses, em diferentes situações[291].

Os portugueses eram, essencialmente, os funcionários da embaixada e os seus familiares, os militares da Cooperação Técnico-Militar, a equipa do GOE,

---

[291] Casados ou em união de facto com cidadãos portugueses e de outras nacionalidades; respectivos filhos maiores não registados; bissau-guineenses de origem, mas alegadamente detentores da nacionalidade portuguesa por aquisição, todavia sem documentos probatórios e outros.

os jornalistas (tratava-se de um grupo de nacionais flutuante e, por isso mesmo, variável), os religiosos (uns haviam manifestado o desejo de sair e outros não), os velhos residentes na Guiné-Bissau e os indivíduos que, contra ventos e marés, não queriam, por forma alguma, abandonar os seus negócios ou propriedades agrícolas. Apenas 23 pessoas manifestaram o desejo de voluntariamente serem evacuadas para Portugal. A este número haveria que acrescer os respectivos agregados familiares locais, uma vez que a grande maioria dos evacuandos possuía laços de sangue com bissau-guineenses. Assim, o número cifrar-se-ia em cerca de 70 a 80 pessoas, contabilizando-se, igualmente, para o efeito alguns portugueses da periferia e do interior que, devido à situação de guerra, só tinham conseguido chegar a Bissau nos últimos dias de Julho. Os raros estrangeiros que ainda se encontravam na capital e os bissau-guineenses a evacuar tinham todos laços familiares a nível local. Os chamados "casos políticos" – membros do Governo, deputados, dirigentes e quejandos[292] –, devidamente autorizados pelos governantes lusitanos, não foram – e bem – tomados em consideração.

Dos cerca de 1.700 portugueses residentes na Guiné-Bisau tínhamos ficado reduzidos a um punhado de resistentes – 106, sem se contabilizarem os respectivos agregados familiares.

---

[292] Cfr. Crónica 25.

CRÓNICA 31

Bissau, 1998

Alguns aspectos da vida quotidiana na "capital" durante a guerra civil

A situação de segurança dentro da "fortaleza"

Ao longo do conflito, principalmente, nos momentos em que as hostilidades recomeçavam, Bissau era uma cidade muito insegura, devido aos bombardeamentos[293], saques e pilhagens, perpetrados pela tropa e por alguns delinquentes e, também, pelos controlos executados pelas Forças Armadas governamentais e pelos soldados senegaleses, no âmbito da operação "Gabou"[294]. As

---

[293] Em determinadas fases do conflito, os bombardeamentos de artilharia e os tiros de armas pesadas obedeciam a uma certo padrão: de manhã cedo, iniciavam-se os primeiros disparos que eram interrompidos, sensivelmente, pelas 8h30 ou 9 da manhã; depois, eram reiniciados um pouco mais tarde (aí pelas 11, meio-dia); cessavam à hora do almoço e durante a sesta (grande parte da tarde) para voltarem a reacender-se ao fim do dia. Em regra (houve algumas excepções) as noites eram relativamente tranquilas. Em suma, era a "Guerra do Solnado", recordando a famosa rábula do falecido comediante português, dos anos 60.

[294] A operação "Gabou", assim designada pelas Estado Maior senegalês, consistiu na intervenção das Forças Armadas daquele país (e da Guiné-Conakry) para repor a ordem constitucional na Guiné-Bissau, a pedido do Presidente "Nino" Vieira.

detenções e violências gratuitas exercidas sobre cidadãos, quer da Guiné-Bissau, quer estrangeiros, eram-me reportadas com frequência. À noite era usual ouvirem-se tiros de pistola ou de armas ligeiras em vários pontos da cidade, inclusive nas imediações da embaixada. De quando em quando, ouviam-se rajadas de metralhadora em bairros mais distantes.

Com o evoluir da situação no terreno, apesar de uma forte presença militar, a insegurança mantinha-se ou, mesmo agravava-se, devido às próprias contingências da guerra e à falta de policiamento urbano. A polícia civil, conhecida pela sua consabida ineficácia, era virtualmente inexistente. Os saques e pilhagens continuavam, sendo raras as casas particulares e os estabelecimentos comerciais que não foram, então, objecto de depredação ou de tentativas de assalto, algumas com carácter violento. As brutalidades cometidas principalmente pela tropa senegalesa constituíram um factor de grande perturbação ao longo de todo o conflito. Assim, "a forma como os senegaleses agiram, destruindo mesmo o que não era necessário para abrir caminho, ou na procura de alojamentos, o tratamento dado a veículos novos, alguns retirados das montras e ainda sem matrícula – como foi o caso da empresa STEIA – levou muitos guineenses a começar mesmo a perguntar-se: será que ao virem para cá, os senegaleses não vieram com uma segunda agenda, ou seja, a intenção de aproveitar da ocasião para destruir o tecido militar, económico, social e moral dos guineenses como forma de desorganizar esta socieade e como forma de vingança por causa de questão de Casamance? Por causa de tudo isto, os guineenses viam nos senegaleses, nada mais nada menos que uma tropa de ocupação e que, como tal, não era bem-vinda."[295]

Em finais de 1998-princípios de 1999, no "Bissauzinho", podia-se circular relativamente à vontade durante o dia, mas o mesmo não sucedia durante a noite. Os controlos exercidos, sobretudo, pelas forças senegalesas eram constantes. As detenções e violências gratuitas praticadas sobre cidadãos, quer da Guiné-Bissau, quer estrangeiros, eram-me comunicadas numa base regular, todavia afiguravam-se-me inferiores às verificadas no início das hostilidades (Junho-Julho de 1998).

Na linha da frente, ouviam-se, de quando em quando, rajadas de metralhadora e tiros isolados. A meu ver, não se tratava de verdadeiras violações de

---

[295] Gomes, João Carlos, *op. cit.*, pp. 72-73.

cessar-fogo[296], mas do nervosismo natural ou das bebedeiras de soldados, de um e de outro lados, que se encontravam nos respectivos postos de sentinela.

O aparecimento de zonas minadas, já dentro do perímetro urbano de Bissau ou nas redondezas (designadamente, nos flancos esquerdo e direito da Linha da Frente[297]), isso, sim, constituía um perigo gravíssimo para a população civil.

Finalmente, a polícia secreta, quer a oficial, quer a "privada" ameaçavam a vida de políticos da Oposição[298], de jornalistas portugueses e dos cidadãos bissau-guineenses, em geral.

Em suma, as violações de direitos humanos, de uma e de outra partes, foram uma constante em todo o conflito.

Liberdade de circulação?

Sem prejuízo do que já referi anteriormente, a liberdade de circulação encontrava-se muito condicionada, o que é compreensível, atendendo a que, em finais de Julho, ou, mesmo, antes, a cidade já estava completamente cercada pela Junta Militar. A maior parte dos bairros da periferia imediata da capital mantinham-se inacessíveis aos veículos automóveis, designadamente os que se situavam não só nas proximidades de Brá ou a caminho do aeroporto, mas também para Oeste, com os acessos cortados pelas barragens militares. A pé e pela cambança[299] das bolanhas, era difícil transitar, sobretudo havia que evitar-se os inúmeros *checkpoints*, mas, apesar de tudo, era sempre possível fazê-lo.

Para circularem dentro da capital, os veículos tinham obrigatoriamente de dispor de um livre-trânsito (*laissez-passer*) emitido pelas autoridades senegalesas[300], que, mudavam aleatoriamente de cor e de língua (ora, em francês, ora em português). Apesar de se notar um certo aligeiramento, nos períodos de tréguas, sobretudo em 1999, continuavam a ser efectuados controlos por parte

---

[296] Ou seja das disposições do acordo de Paz de Abuja de 1 de Novembro de 1998, subscrito entre o Governo da República da Guiné-Bissau e a auto-proclamada Junta Militar.
[297] O que tive ocasião de testemunhar, apresentar e denunciar numa reportagem da RTP (vd. Crónica 32).
[298] Como foi o caso de Hélder Vaz, líder de bancada do Movimento Ba-fa-tá, que escapou de um atentado de morte e cuja vida correu sempre sérios riscos.
[299] Passagem a vau ou em piroga das zonas alagadas.
[300] Quase sempre assinadas pelo próprio comandante senegalês, Coronel Yoro Koné.

das autoridades militares, com revista completa de carros, junto a muros de terra ou das barreiras de sacos de areia.

As dificuldades alimentares, o bolo da pastelaria "Mexicana" e o champanhe francês

A generalidade da população debatia-se com grandes carências alimentares. Na fase inicial do conflito, faltava toda a espécie de víveres e existiam raros pontos de venda. Quando dos períodos de tréguas e já em 1999, a situação experimentou certas melhorias e alguns raros estabelecimentos comerciais tinham aberto as suas portas.

Como já referi numa crónica anterior[301], o mercado central da cidade foi destruído num bombardeamento e ardeu integralmente. O grande mercado de Bandim, junto à Mãe d'água, o verdadeiro barómetro da vida económica de Bissau e do país, apresentava-se invariavelmente vazio ou quase vazio e só ganhou alguma animação, mesmo assim timorata, quando uma parte dos habitantes começou, com naturais precauções, a regressar à capital e a esboçar alguma confiança (mínima) no processo de paz. Todavia, a enorme carestia dos produtos e a falta de liquidez da população, impediam-na de adquirir bens de primeira necessidade. Por outras palavras, passava fome.

Alguns produtos haviam aumentado 200 e 300% (a gasolina, 600%!) e os preços só não subiam mais devido ao estado generalizado de insolvência da população bissau-guineense e à rarefacção da moeda. No interior, tanto quanto fui informado, os preços não estariam tão inflacionados como na capital. O certo é que a falta de liquidez estava a levar, gradualmente, o país para um sistema de "economia natural", ou seja, de troca directa.

No que respeitava ao pessoal da Embaixada e aos escassos portugueses que ainda por ali se encontravam, as principais faltas consistiam na ausência de batatas, hortaliças, cebolas, fruta, peixe e carne de vaca. Em regra, com divisas fortes ou francos CFA conseguíamos, de alguma forma, abastecer as arcas frigoríficas e encontrar produtos através de contactos pessoais. O *networking* funcionava. Comprava-se, por exemplo, um porco inteiro, que se mandava abater e depois dividia-se entre vários interessados. Quando faltava a imaginação ou

---

[301] Crónica 27.

matéria-prima para as artes culinárias, fazia-se o habitual percurso de enlatados com arroz.

Já agora relevo um pequeno apontamento de circunstância para ilustrar esta crónica. Trata-se de uma breve conversa com a Maria Ana, num dia de guerra igual a tantos outros.

- Não sei como é que vamos aguentar isto. Apesar de termos dinheiro, não conseguimos comprar comida, porque não se encontra. Já há muitos dias que as refeições praticamente não variam. A propósito do regime alimentar, o cabelo está a cair-me em grande quantidade. Quando estou no banho, os cabelos caem-me aos punhados. O que é isto?
- Pois, é Ana, isso é devido provavelmente à falta de vitaminas, de proteínas, de sais minerais. Eu sei lá...Mas como é que se sai desta, não faço a menor ideia. Mesmo que a paz se restabeleça, não vai ser fácil variar a alimentação, nos tempos mais próximos.

Na fase última da guerra, uma esplanada e, tanto quanto me lembro, um restaurante permaneciam abertos, com ementas parcas, pouco variadas, de qualidade e higiene mais do que duvidosas.

Recordo que, num dos períodos de trégua, quando da deslocação a Bissau de uma delegação governamental portuguesa, servi, à sobremesa, a última lata de pêssego em calda que tinha na despensa. Perante o espanto dos convivas que me perguntaram se não haveria bananas, papaias, mangas ou outras frutas tropicais, retorqui que em Bissau a fruta havia desaparecido de todas as árvores. Não existia literalmente coisa alguma, porque a população esfomeada havia comido tudo!

Essa mesma delegação trouxe a bordo do Hércules C-130 da FAP, em que se fez transportar de Lisboa para Bissau, um bolo da pastelaria "Mexicana" (!). Fui forçado a dizer, de modo enfático, a um dos membros da delegação que, na capital bissau-guineense, estávamos a passar por grandes e graves dificuldades alimentares e que dispensávamos os bolos, sem menosprezo para a qualidade do que nos tinha sido tão gentilmente oferecido. Mistério insondável: porque razão não se encheram em Lisboa meia-dúzia de carrinhos de supermercado e se transportou o respectivo conteúdo no "Hércules" para dar de comer a quem tinha, realmente, fome?

Os 8 polícias do Grupo de Operações Especiais (GOE), encarregados da minha protecção e de quem conservo gratas recordações, pediram às duas secções de "comandos" que escoltavam a delegação ministerial as respectivas rações de combate. Creio que terminaram a refeição com o bolo da pastelaria "Mexicana"...

Um ilustríssimo colega meu das Necessidades que acompanhava o Ministro dos Estrangeiros, convidado para jantar – o que havia – na residência, comentou-me, a páginas tantas, olhando para o copo:

– Eh, pá, não há aqui gelo para o uísque.
– Pois, é melhor, então, beberes uma cerveja que ainda há – repliquei.

Segura na garrafa e diz-me acto contínuo:

– Bolas, pá, esta cerveja está quente!

Já estava a ficar pelos cabelos. Retorqui-lhe, com maus modos:

– Olha, pá, da próxima vez, bebes mas é água do pote!

Em contraste absoluto com esta situação, tipicamente lusitana, nas precárias instalações da embaixada francesa, acantonada, a título provisório, no respectivo centro cultural, na "baixa" da capital, a minha mulher e eu próprio, a convite do embaixador François Chappellet, tivemos a oportunidade de comer gelado de baunilha acompanhado a champanhe "Möet Chandon", uma vez que a representação de Paris era abastecida regularmente por helicópteros vindos das bases francesas no Senegal.

Saúde e cuidados médicos – operações na sala de jantar da residência oficial

Em pouco tempo, a maior parte dos médicos abandonou o território da Guiné-Bissau, incluindo os próprios nacionais guineenses. Os últimos médicos portugueses foram evacuados, em meados de Julho de 1998. Se bem me lembro, permaneceu apenas um único profissional, por acaso também sacerdote católico, que acabou por abandonar Bissau, no início de Novembro de 1998. Também todos os médicos cubanos deixaram o país, com excepção do médico assistente do presidente "Nino" Vieira.

O degradado Hospital Simão Mendes, que já antes do conflito funcionava em condições deficientíssimas, não dispunha de quaisquer meios de diagnóstico ou de tratamento e, obviamente, de pessoal especializado. Acolhia, como podia, os feridos provenientes da frente de batalha e já tinha, entretanto, sido atingido por vários projécteis.

Esclareça-se que, logo no início das hostilidades, o Depósito Central de Medicamentos foi alvejado por uma granada de morteiro 120, dando origem a uma ruptura do *stock* existente.

Os funcionários da Embaixada, os demais compatriotas, a minha mulher e eu próprio não dispúnhamos, pois, de assistência médica. Se partíssemos uma perna ficávamos com a perna partida. Era esta a realidade dos factos que não se podia ocultar!

A falta de frescos, de uma alimentação variada, de vitaminas e de proteínas, fazia, como disse, que o cabelo de minha mulher começasse a cair aos punhados. No meu caso concreto, sentia-me, com frequência muito indisposto de estômago, apesar dos cuidados que ambos tínhamos com o que comíamos.

Em contrapartida – e como atrás refiro –, os franceses dispunham de helicópteros que vinham todas as semanas de Dakar ou de Cap Skirring, na província de Casamansa, e que podiam evacuar feridos ou doentes em casos de manifesta urgência.

Para além dos ferimentos de guerra, a população padecia de todo o tipo de doenças tropicais (paludismo, disenteria, diarreias, etc.), bronco-pulmonares (tuberculose), epidemias (desconhecia-se, por exemplo, a dimensão de um surto de cólera, que teve lugar durante o conflito, ou a propagação real da SIDA), desnutrição, etc. Por outro lado, a situação no interior do país aparentava ser grave, mas era-nos em grande parte desconhecida, pois, apenas, se possuíam informações muito fragmentárias, sobre o que por lá se passava.

Como nota final, refira-se que, em 1998, uma nossa vizinha, para-médica, de formação cubana, efectuou duas intervenções de pequena cirurgia, a nacionais portugueses, que tinham sido atingidos por estilhaços de granada, um deles com alguma gravidade, na coxa e joelho. Estas operações foram realizadas na sala de jantar da residência oficial[302]. Para além de uma cama articulada, cedida

---

[302] O jornal "Correio da Manhã" publicou na altura um artigo sobre o assunto.

pela para-médica, conseguimos obter o material necessário para o efeito, ou seja, gaze, analgésicos, anti-inflamatórios e outros medicamentos junto da diocese de Bissau.

Comércio e serviços: relógios parados no tempo

Numa cidade deserta, como era Bissau, em tempo de guerra, as lojas abertas eram raríssimas e nem sequer tinham produtos à venda. Muitas haviam sido saqueadas e em quase todas registava-se o abandono completo por parte dos proprietários que fugiram, de qualquer maneira, para o estrangeiro, ou para o interior do país. Os mercados tinham poucos produtos à venda e encontravam-se longe do centro da capital. O mercado central, como já referi, tinha sido totalmente destruído por um incêndio provocado pelos bombardeamentos que se verificaram em 17 de Julho.

Os bancos estavam fechados, desde 5 de Junho (o conflito eclodiu no dia 7, que era domingo) não se sabendo quando e como poderiam reabrir as suas portas, com a quase totalidade do pessoal directivo e técnico fora do país. Subsistia, naturalmente, uma grande falta de dinheiro, a população estava carente de liquidez, de "cash", do chamado "dinheiro vivo", que não existia em parte alguma.

No que respeita aos hotéis, presumia-se que o "24 Setembro" pudesse facultar serviços mínimos (para 15 a 18 clientes), com a possível brevidade, o que era, no meu entender, uma perspectiva demasiado optimista. O Hotel Hotti situado na zona de combates encontrava-se parcialmente destruído e tinha sido saqueado pela tropa senegalesa. Os quartos de banho tinham sido utilizados pelos soldados, mas a falta de água e de saneamento básico fazia que deles exalasse um cheiro pestilencial que se sentia logo no exterior a dezenas de metros do edifício. O hotel estava completamente inoperacional.

Os serviços públicos eram inexistentes. O funcionalismo público estava há largos meses, muito antes da guerra, sem receber salários.

Nada funcionava.

Telecomunicações e Internet

Logo no dealbar do conflito, as redes telefónicas, internacional e interurbana, foram desconectadas. No que respeita às linhas internas da cidade de

Bissau, só estavam operacionais alguns números, designadamente os que correspondiam ao centro da cidade. Todos os bairros a Norte e Noroeste da capital, sob controlo da Junta, não beneficiavam de quaisquer ligações.

Como já referi na crónica 25, por amável cedência do engenheiro José Ferreira, da Portugal Telecom, a embaixada dispôs, logo na fase inicial da guerra civil, de um telefone satélite INMARSAT, permitindo-lhe comunicar livremente, com Lisboa e com o mundo. Era, a bem dizer, o nosso cordão umbilical.

O governo de "Nino" Vieira tinha acesso, embora irregular, à Internet[303] e entretinha-se em saber, em pormenor e com natural curiosidade, o que os meios de comunicação social portugueses publicavam sobre o país. Os serviços de *intelligence* de "Nino" Vieira assentavam, essencialmente, na televisão por satélite, designadamente a RTPÁfrica e Internacional e, como refiro, na *Web*. Um cortesão fiel de "Kabi", o deputado Conduto de Pina, seguia atentamente o fluxo de informação oriundo de Portugal. Era uma espécie de OSINT[304] africana.

Ponto zero dos transportes

Eram praticamente inexistentes. Com a ocupação do aeroporto de Bissalanca pela tropa da Junta, todas as ligações aéreas internacionais tinham sido interrompidas desde o início do conflito. Contudo, após o Acordo de Abuja, o aeroporto reabriu, unicamente, para voos humanitários e de observadores militares. Alguns aero-táxis chegavam aleatoriamente a certas pistas, como Bubaque, no arquipélago dos Bijagós (sob controle governamental), Gabu e Bafatá (originariamente, semi-controladas pelos efectivos governamentais e, na segunda fase do conflito, a partir de finais de Outubro, passaram ao controlo rebelde). Uma grande parte das estradas, na periferia de Bissau e em vários pontos do interior, tinha sido cortada. A circulação era relativamente fácil e fluida no Leste do país. Os acessos à capital eram precários e apenas se podiam processar por via marítima e fluvial. Não obstante, as embarcações corriam riscos, na medida em que navegavam por áreas controladas pelos rebeldes, até à chegada ao porto de Bissau.

---

[303] Diga-se, em abono da verdade, que eu, de vez em quando também tinha acesso à *web* porque o complexo da embaixada encontrava-se nas imediações do palácio presidencial.

[304] *Open Sources of Intelligence* – trad. Fontes Abertas de Informação.

Para exemplificar, as dificuldades de transporte na Guiné-Bissau, um membro do Governo que quisesse deslocar-se para fora do país teria de ir de barco até Bubaque, nos Bijagós e daí apanhar um aero-táxi até à capital do Senegal – um percurso que levaria quase dois dias a completar e que saía bastante caro.

Informação e entretenimento: a propaganda acima de tudo

A televisão local, RTGB, cessou as suas emissões logo no dia 7 de Junho. Uma semana, depois a RTP-ÁFrica, RDP-África, a RFI[305], e as rádios privadas deixaram de ser retransmitidas ou emitidas, como se menciona na crónica 27. Durante o conflito, apenas se ouvia a Rádio Nacional em várias frequências FM, disseminando em doses maciças, a verborreia arrebatada da propaganda governamental e a Rádio Bombolom, ou Rádio Voz da Junta Militar, como veio a ser baptizada pelos rebeldes, de escuta obrigatória, porque nos dava a visão do outro lado da barricada. A Bombolom atravessou alguns períodos em que era quase inaudível (com efeito, a emissão chegou a estar coberta, na mesma frequência, pela Rádio Nacional) ou era remetida a um silêncio temporário, mas acabava sempre por retomar as suas emissões. A propaganda, constituía também, aqui, o prato do dia. É de registar que esta rádio difundia, periodicamente, noticiários internacionais em língua portuguesa[306], permitindo um melhor acesso à informação e alguma objectividade. Quem não dispunha de rádios com Onda Curta ou televisões com antena parabólica estava virtualmente isolado do mundo exterior.

À semelhança de outros pontos do planeta com conflitos internos, a rádio assumiu um papel fundamental na sorte da guerra, na medida em que a população ouvia as emissões em permanência e mostrava-se receptiva à propaganda da Junta, sobretudo às emissões agressivas do locutor Nuno Grilo, que entremeava os apelos exaltados à luta com música guerreira, sobretudo da etnia balanta. Pode-se dizer, sem grande margem de erro, que a Bombolom ganhou a "guerra das ondas", a nível da população.

Como refere João Carlos Gomes, "o controle da 'Rádio Bombolon' em particular, é um elemento que [se] viria a provar de extrema importância... Ter

---

[305] Radio France Internationale.
[306] da Rádio Renascença e da BBC- Serviço África.

podido comunicar directa e regularmente com as populações deslocadas e refugiadas surtiu um efeito mais eficaz do que o conjunto de todas as bombas e outras ofensivas militares desencadeadas ao longo das confrontações pelos revoltosos."[307]

Energia: uma questão vital

O problema energético assumiu na situação de guerra que se viveu em 98 e 99, em Bissau, uma importância capital. Para além de tudo o que se afigura óbvio, mesmo a um espectador menos atento e que dispensa comentários, é preciso realçar que a extracção de água no complexo da embaixada de Portugal se efectuava através de bombas eléctricas. Em qualquer situação de conflito armado o acesso à água é, quiçá, a questão número um, porque sem ela as demais actividades humanas ficam condicionadas. Logo, qualquer falha nos geradores implicava, *ipso facto*, um corte imediato no fornecimento de água. Por outro lado, o sistema de telecomunicações, vital para a nossa missão em Bissau, ficaria inoperativo sem energia eléctrica.

Dispúnhamos então de 2 geradores: um de grande potência (125 KW) e um mais pequeno, de capacidade limitada, que pertencia ao Adido de Defesa e que só poderia ser utilizado em caso de manifesta necessidade.

Na situação que então se vivia, o abastecimento de combustíveis revelava-se aleatório, situação que, muito naturalmente, nos causava as maiores apreensões.

No Verão de 1998, todas as centrais eléctricas do país, com excepção da existente na capital, não se encontravam operacionais. Esta última funcionava irregularmente em regime de racionamento, só trabalhando durante certos períodos do dia.

Em Fevereiro de 1999, os cortes de energia eram cada vez mais frequentes e a situação energética em Bissau caminhava para um estado de pré-ruptura, em virtude da escassez de combustível.

O reacender esporádico dos combates, interrompendo os períodos de cessar-fogo acordado entre as partes beligerantes gerava uma tal situação de instabilidade, que a acostagem de qualquer navio-tanque ao cais de Bissau constituía uma operação de altíssimo risco

---

[307] Gomes, João Carlos, *op. cit.*, p. 31.

A contingência do abastecimento energético gerava naturalmente em todos nós uma grande angústia, pois tratava-se de uma questão de sobrevivência. Alturas houve, em que dispúnhamos de gasóleo para uma escassa meia-dúzia de dias, vendo-me forçado a encarar a tomada de medidas drásticas de racionamento. Felizmente, tudo acabou por se resolver, mediante negociações entre as partes em conflito.

Soube que, na zona controlada pela Junta Militar, alguns bidões de gasóleo chegaram a ser transportadas da Gâmbia ou do Senegal em pirogas, o que, por estranho que pareça, terá, mesmo, sucedido com alguma frequência

Se no Verão de 1998, já não havia abastecimento de gás para uso doméstico, em finais de Setembro, esgotaram-se definitivamente as últimas reservas de gás em botija, constituindo o carvão, vendido a preços exorbitantes, a única alternativa para a população local cozinhar.

Um comentário final para um destinatário ausente, distante e distraído

Estes relatos factuais, aqui sintetizados, foram transmitidos com periodicidade para as entidades portuguesas competentes, por todas as vias possíveis, oralmente e por escrito, além disso os sucessos foram testemunhados por todos os que puseram os pés em Bissau durante o conflito, o que dava bem conta das dificuldades de vida na "pseudo capital" de um país inexistente. Em Novembro, referi muito claramente para Lisboa que "Bissau, para além das vicissitudes de guerra e que são bem conhecidas, conferem-lhe, seguramente, o estatuto do **posto mais árduo e de maior sacrifício pessoal de toda a rede diplomática portuguesa**. A situação descrita – e que, a meu ver, não peca por qualquer exagero – **tem tendência natural a agravar-se,** nos tempos mais próximos, sem prejuízo de alguma 'normalização', ou seja mesmo sem a eclosão confrontos armados."

Este alerta era quase uma subestimação ou, mesmo, uma dissimulação da realidade e devia ser devidamente ponderado por quem de direito. Creio que nunca o foi. O MNE era um destinatário ausente, distante e distraído.

CRÓNICA 32

Bissau, 1998-1999

Direitos Humanos, uma invenção europeia?

Em termos de violações dos direitos humanos básicos existia apenas uma diferença de grau entre o que se passou na Guiné-Bissau e na sub-região, mesmo assim...

As guerras independentemente da respectiva caracterização parecem constituir o cenário ideal para as violações mais flagrantes, grosseiras e bestiais dos direitos humanos. O conflito civil armado da Guiné-Bissau não foi excepção, antes confirmou essa asserção basilar. Ambos os lados violaram as regras, registando-se, porém, com toda a verosimilhança uma maior incidência, em termos de infracções, por parte das forças governamentais e dos seus aliados estrangeiros que do lado rebelde. Todavia e sem embargo do que refiro, pelo que me foi dado conhecer nos diferentes conflitos em países da sub-região (Libéria, Serra Leoa e, mais tarde, na então pacífica Costa do Marfim), a violação dos direitos humanos na Guiné-Bissau foi de algum modo mitigada quando comparada com os outros maus exemplos que abundavam na vizinhança e um pouco por todo o continente africano.

Na terceira semana de Julho de 1998, recebi um comunicado à imprensa da Liga Guineense dos Direitos Humanos (LGDH), na altura liderada por Fernando Gomes[308] no qual se referia à "deplorável situação de Violação dos Direitos Humanos" que se vivia na Guiné-Bissau, em virtude do estado de guerra prevalecente. Depois de saudar os esforços de paz empreendidos por várias entidades, sem resultados, a LGDH:

- apelava às partes para cessarem as hostilidades e encetarem negociações "a fim de encontrarem por via pacífica o fim do conflito";
- condenava os bombardeamentos da população civil;
- solicitava a atenção das partes para o respeito pelas normas internacionais de protecção dos prisioneiros de guerra;
- apelava a Comunidade Internacional para "redobrar a ajuda humanitária" e
- disponibilizava-se a participar em acções de carácter humanitário.

Com efeito, em termos genéricos, no que tocava a violações dos Direitos Humanos, verificavam-se detenções e prisões arbitrárias, perseguições a cidadãos pelo simples facto de pertencerem a partidos políticos ou a organizações conotadas com a Oposição, espancamentos, violência física exercida sobre a população civil, apreensão abusiva de viaturas, saques e pilhagens, de soldados e civis, sem qualquer controle por parte das autoridades, confiscação abusiva de passaportes, livres-trânsitos e documentos de identificação e, finalmente, impedimentos ao enterro de cadáveres.

Todos os factos descritos foram corroborados por várias testemunhas e eram do nosso conhecimento, directo ou indirecto, ou seja, através de funcionários da Embaixada ou de compatriotas nossos. No que respeita aos impedimentos ao enterro de cadáveres, uma questão extremamente grave, o próprio bispo de Bissau, D. Settimio Ferrazetta, disse-me muito amargurado que o Presidente "Nino" Vieira tinha dado ordens expressas para que não se deixassem enterrar os corpos dos combatentes rebeldes tombados na frente de combate. Ora, uma atitude destas era altamente vexatória para a população local, uma vez que

---

[308] Um grande activista nesta área que era também Vice-Presidente da Federação Internacional dos Direitos Humanos. Posteriormente, foi presidente da Aliança Socialista da Guiné e candidato à Presidência da República.

estava firmemente enraizada nas suas tradições – e independentemente das etnias a que pertenciam e das religiões que professavam – o absoluto respeito pelos mortos, *maxime* as cerimónias do "choro". A exposição dos corpos ao sol escaldante, à chuva, aos abutres e aos cães era frontalmente contrária aos hábitos locais e repugnava à população. Na zona do Pólon di Brá, na linha divisória entre as forças de "Kabi" e de Ansumane Mané, cheguei a ver, com os meus próprios olhos, vários cães escanzelados e, presumivelmente, doentes que tentavam devorar um cadáver, enquanto a miudagem os afastava com pedras. Cenas de guerra! Em suma, "Nino" nem sequer respeitava os mortos. Era o que se dizia, com razão, em Bissau.

Relativamente, a execuções sumárias, torturas maciças e estupros, não possuía quaisquer provas testemunhais, mas constava, com insistência, que todas essas violações de Direitos Humanos teriam sido cometidas.

Muito embora, como referi, os diferentes atentados contra os Direitos Humanos fossem indistintamente atribuídos às duas partes em conflito, era voz corrente, que recaíam maioritariamente sobre as forças senegalesas, em áreas sob o seu controle, a responsabilidade pela respectiva perpetração e uma maior incidência de casos.

Logo em Julho a *Amnesty International* divulgou, da sua sede em Londres, um comunicado relativo à situação dos direitos humanos na Guiné-Bissau que a imprensa portuguesa divulgou.

Assim, sob o título "Violações generalizadas dos direitos humanos", o "Diário de Notícias"[309] escrevia:

> "Violações 'generalizadas' dos direitos humanos estão a ser cometidas na Guiné-Bissau pelas partes beligerantes, com execuções, torturas e espancamentos de prisioneiros, denunciou a Amnistia Internacional (AI) num relatório intitulado 'Guiné-Bissau. Direitos Humanos sob Fogo'
> Segundo o documento, "há um abuso generalizado dos direitos humanos, incluindo tortura, mortes deliberadas e arbitrárias por forças que combatem do lado governamental, incluindo tropas senegalesas e espancamentos de presos em poder dos rebeldes."

---

[309] Edição de 23 de Julho de 1998.

Segundo o mesmo relatório, os revoltosos teriam cerca de 200 civis presos e mais "200 estrangeiros, na sua maioria senegaleses, que são mantidos em separado de 20 outros da Libéria, Nigéria e Serra Leoa."[310]

Merece ser relatado um, entre muitos episódios, que se registou nas primeiras semanas de guerra e que atesta bem este estado generalizado de violações sistemáticas dos direitos humanos.

A embaixada de Portugal constituía um pólo de atracção para toda a gente e um refúgio "seguro", ou supostamente mais seguro que outros na capital. Uma manhã, após os bombardeamentos de rotina da artilharia de ambas as partes, aparece-me a tremer como varas verdes um jovem repórter, provavelmente estagiário de uma conhecida emissora de rádio portuguesa, que se dedica quase exclusivamente a notícias e informações. Com o microfone na mão direita e o gravador na esquerda, pedia-me com a voz entrecortada pelo nervosismo:

- Senhor embaixador, o senhor tem que me proteger. Isto são tiros por todos os lados e, além disso, a tropa já me ameaçou. Querem-me bater. Os soldados senegaleses apontaram-me as armas. As coisas estão a ficar muito más.
- Olhe, meu amigo, convença-se que isto não é um passeio à beira-Tejo. Estamos em guerra e tudo pode acontecer. O que é que pensava que vinha encontrar? Fique aqui na sala de espera que eu já mando alguém para falar consigo.
- Mas eu quero ser evacuado, senhor embaixador. Valha-me Deus!
- Nisso de evacuações não mando nada. Não depende de mim, mas se houver qualquer coisa eu aviso-o. Deixe-se estar aí.

Posto isto, voltei para o meu gabinete. Passados dois minutos, batem-me à porta.

- Está ali fora um senhor que quer falar com o senhor embaixador, com a maior urgência. Está todo ferido, nas mãos e nos pés. Ai, faz muita impressão! – dizia-me, contristada, a Nazaré, a minha secretária administrativa.

---

[310] Id.

Vim imediatamente cá fora e deparou-se-me um espectáculo chocante e pouco habitual num escritório: um africano enorme, aí com quase dois metros de altura, extremamente anafado, descalço, com os pés inchados e meio ensanguentados e com as mãos em carne viva. Uma camisa aberta e rasgada, mal lhe cobria o peito, deixando ver alguns vergões avermelhados. No rosto era visível uma expressão de sofrimento e um olhar de esperança para o homenzinho ali postado diante dele, que era eu, qual duende mágico saído de um conto dos irmãos Grimm, em frente do gigante assustado. A Nazaré e uma outra funcionária miravam-nos de alto a baixo como se fossemos marcianos. Uma cena quase felliniana de tão grotesca que era.

– Senhor embaixador, senhor embaixador, tenho aqui documento com o número de telefone – e dizendo isto exibe-me, com dificuldade, entre os dedos feridos, um rectângulo de papel amarfanhado com um número escrito a lápis em letras garrafais.

Vi de imediato que era um número no estrangeiro, presumivelmente em Inglaterra, pois começava por 0044. Convidei-o a sentar-se no meu gabinete e pedi à Nazaré que lhe trouxesse um copo de água.

– E o que é quer que eu faça? Esse número é de alguém da sua família? – perguntei eu.
– Não. É número da amnistia em Londres. Tem que telefonar a contar tudo, porque toda gente sabe que embaixador tem telefone – responde-me o rapaz.
– Mas digo o quê?
– Que eu fui preso pelos militares. Eles dar muita porada a mim. Olha minhas mãos. Olha meus pés.

Através de uma curta conversa vim a saber que o meu interlocutor, que pertencia à LGDH, tinha sido apanhado pela "secreta", na véspera, e torturado com um chicote feito de pneu, tendo-lhe sido dadas inúmeras chibatadas nos pés, nas mãos e no corpo. Tinha sido libertado naquela manhã, garantindo-me que havia mais gente nas prisões, também sujeita a espancamentos e torturas por parte da tropa (deduzi que seriam elementos da polícia política e militares afectos a "Kabi"). Os detidos pertenciam a partidos políticos da Oposição, militantes da Liga dos Direitos Humanos e de outras ONG's ou, mesmo, cidadãos comuns, sem nada de relevante que justificasse o respectivo encarceramento. O homem quase não podia andar, fazia-o a muito custo amparado por duas pessoas. Para pouco lhe serviam as mãos intumescidas porque quase não as conseguia mover. Voltou a solicitar-me encarecidamente que entrasse em contacto com a Amnistia Internacional em Londres. Expliquei-lhe que sim, senhor, que encaminharia o seu pedido pelos meus canais próprios, que não se preocupasse.

Mal saiu, telefonei para o Director de África do meu Ministério e pu-lo ao corrente do assunto. Estávamos em guerra. Não podia, obviamente, entrar em contacto directo com a Amnistia Internacional em Londres. Mandavam as boas regras que as coisas fossem filtradas e encaminhadas através da sede. Não podia actuar em roda livre. Não era sensato e, além do mais, arriscado.

Terminada a conversa, dirijo-me à sala de espera e que vejo eu: o dito estagiário de microfone em punho a fazer a entrevista da sua vida ao gigante africano recém-chegado da câmara dos horrores, o grande "furo" jornalístico para, verosimilmente, abrir o noticiário da noite da estação, propalando a "história" do dia com a pompa e circunstância requeridas. Dei, repentinamente, um salto e arrancando-lhe o microfone da mão, exasperado, gritei-lhe:

– Então o senhor não teve coragem para estar lá fora a ouvi-las cantar e tem agora a lata de vir fazer entrevistas, aqui, no conforto da chancelaria? Entrevistas que nos podem comprometer a todos? Acaba com isto e acaba já! Não me compromete a mim, nem compromete a embaixada. Ouviu? Estamos numa situação de alto risco, ou ainda não percebeu isso?

Empalideceu. Desligou nervosamente o gravador e não tugiu nem mugiu. Passadas umas horas saiu da chancelaria. Nunca mais o vi. Uma das minhas funcionárias disse-me que tinha sido ulteriormente evacuado num dos navios da Armada.

Violações dos Direitos Humanos e crimes de guerra – uma pequena amostragem

De um relatório interno do PAM (Programa Alimentar Mundial) uma agência da ONU, transcrevo algumas passagens em português – existiriam duas versões, na nossa língua e em inglês – bem elucidativas da situação que se vivia na Guiné-Bissau em termos de violações dos direitos humanos e de crimes de guerra[311]:

"1. Governo da Guiné-Bissau recrutou elementos muito jovens com sistemas coercivos, directos e indirectos...

...O treino, para muitos, consiste em aprender a colocar minas anti-pessoais, daquelas que a ONU proscreveu e conjuntamente com os estados membros se comprometeu a destruir.

As pessoas sabem-no. Estas minas foram colocadas em Takir, Casa Regional do PIME com 6.000 refugiados; Cumura Hospital e Leprosaria, com 20.000 refugiados (já houve casos de mutilações)...

...As minas já recolhidas recentemente na área de Cumura, conquistada pela Junta, são mais de 211.

2. A.S. com 26/27 anos, professor, doente há tempo... É parado e levado para as instalações da Marinha de Guerra, onde se encontra o Comando da tropa senegalesa e a prisão, dirigida por pessoal composto em 1 a 2% por guineenses e o resto senegaleses. Durante 4 dias e 4 noites é espancado...

3. Uma pessoa directamente envolvida e sobrevivente, de 23 anos, de nome A.B., conta-nos o que segue: Em meados de Setemhro tinha acabado de trabalhar os campos da aldeia natal e regressava a Bissau. No trajecto de Inhaca a Taquir onde reside um irmão (primo). Antes de chegar ao rio, é parado e preso por um militar guineense governativo, de nome Iaia Dabó[312] que o acusa de ser um rebelde que se quer infiltrar para espiar.

Bate-lhe com a arma até lhe ensanguentar a cara. É levado para a sede da Marinha Militar, Quartel General da tropa senegalesa e ali é fechado numa cela com outros detidos . Quando a maré enche a cela é invadida pela água e as condições de higiene são indescritíveis. Aí passa mais de 45 dias

São espancados diversas vezes. Depois a ele e a outros 8, são-lhes vendados os olhos. Conduzem-no para a linha da frente enquanto enfurecem os combates. Ser-lhe-á dada uma arma com a ordem de disparar...."

---

[311] *WFP Guinea Bissau, Sitrep 16/98 – Reporting Period from 27/10/98 up to 02/11/98.*
[312] irmão de Baciro Dabó, da polícia secreta, já mencionado.

Violações dos Direitos Humanos – uma constante ao longo do conflito

Os dirigentes partidários e os deputados, sobretudo da Oposição, queixavam-se de alegadas restrições ao direito constitucional de livre circulação e de violação dos direitos de Deputado e manifestavam-se especialmente contra os condicionamentos existentes em matéria de concessão de livre-trânsitos. Tal era o caso, por exemplo, de Hélder Vaz, dirigente da RGB/Movimento Ba-fa-tá, que deixou ficar na embaixada cópia de um requerimento que apresentou às autoridades.

Eu próprio fui coarctado no meu direito à liberdade de circulação, para mais ignorando-se deliberadamente o meu duplo estatuto de representante diplomático e de membro da Comissão Executiva Conjunta para a Implementação do Acordo de Paz de Abuja (CECIAPA). Com efeito, em comunicação enviada para o MNE, em Novembro de 1998, referia:

> "...
> a. Solicitei, termos habituais, concessão salvo-conduto ("laissez-passer") para esta manhã, uma vez tinha reunião aprazada com próprio Brigadº. Ansumane Mané às 10h30, fim analisar possibilidade novo encontro alto nível entre este PR e Comandante Supremo Junta, bem como, respectivas modalidades. Aproveitaria, igualmente, ocasião para me avistar dr. Domingos Fernandes, Pres. Movimento Ba-fa-tá, a seu pedido.
> b. Não foi dado qualquer seguimento solicitação apresentada até agora, gorando-se meu encontro com Brigadº. Mané. Todavia e contrariamente procedimento habitual, foi exigido que o fizéssemos por escrito, o que, aliás, foi imediatamente feito, sem qualquer resultado aparente.
> c. Impossibilidade contactar Ministro Delfim da Silva, falei Ministros Agricultura, Engº. Avito José da Silva e Justiça, dr. Daniel Ferreira (que integra CECIAPA), dando-lhes conta situação e sublinhando que se liberdade movimentos me estava a ser coarctada, não podia desempenhar minhas funções. Tal era atentatório meu estatuto observador CECIAPA e minha situação enquanto representante diplomático de Portugal na Guiné-Bissau. Meus interlocutores prometeram ir tratar

assunto pelos canais adequados. Adverti-os que não me competia como Embaixador andar a mendigar 'laissez-passer', que as autoridades competentes ou mo concediam ou, então, teria de reconsiderar a minha própria presença na CECIAPA.
   d. JM, Embaixadores e imprensa já estão corrente assunto. Está prevista reunião Chefes de Missão esta tarde para debater assunto.

3. Comentários
- Situação está a tornar-se dificilmente sustentável, sob todos os pontos de vista e admito, eventualidade, respectivo agravamento.
- Permito-me sugerir ... que se actue nesta matéria com maior firmeza possível: caso sejam postos entraves de qualquer espécie liberdade movimentos meus colaboradores e de mim próprio **não podemos** comparecer reuniões, nem, tão-pouco, desempenhar nossa missão. Sugeriria, mesmo, endurecimento nossas posições de forma gradativa, por exemplo, suspensão emissão de vistos ou mesmo minha chamada para consultas."

É claro que nesta matéria, Lisboa nada fez. Cruzou, como de costume os braços e assobiou para o lado. O Portugal eterno emergia. Aliás, jamais submergiu.

*
* *

Em 24 de Setembro, Dia Nacional da Guiné-Bissau, o presidente da República, na sua alocução ao país, exortou a Assembleia Nacional Popular a desempenhar o seu papel como símbolo da democracia e «factor importante, senão decisivo para esse processo de entendimento nacional», retomando a «agenda que estava em discussão antes do início do conflito". Solicitou aos partidos políticos que regressassem à sua actividade para a qual contarão «com todas as garantias constitucionais».

No entanto, se estas eram as reais intenções do Presidente não tinham qualquer correspondência na respectiva prática política. Efectivamente, o Parlamento continuava sem funcionar por uma série de condições restritivas a que o Presidente não tinha dado satisfação. Os deputados não usufruíam de liberdade de circulação e os partidos ainda não beneficiavam de liberdade de reunião em Bissau e de expressão nos *media* oficiais. Uma prometida audiência com a Oposição foi adiada *sine die* e, por outro lado, o Chefe de Estado recusava liminarmente qualquer troca de impressões com a mesma antes do último encontro em Abidjan relativo às conversações de paz. Tudo somado, estas constatações constituíam evidências que contrariavam a sua alegada "bondade."

Em meados de Novembro de 1998, a *Amnesty International* tinha enviado uma carta aos membros do Governo, aos responsáveis da Junta Militar e aos representantes diplomáticos, com várias recomendações e observações em matéria de violações de direitos humanos. Esta carta foi posteriormente transformada em comunicado à imprensa. Entre outros pontos, recomendava que a Comissão Conjunta (ou seja, a CECIAPA, já referenciada) fosse assessorada por um perito independente para verificação de quaisquer infracções nesta área, solicitando que "todos os que cometeram violações dos direitos humanos desde o início do conflito fossem julgados de forma justa." Referia também que "durante o conflito e nos períodos de trégua, as forças de segurança da Guiné-Bissau e os soldados senegaleses torturaram prisioneiros e levaram a cabo execuções extra-judiciais. Os rebeldes também teriam feito prisioneiros, alguns dos quais foram espancados. O novo governo (ou seja, o futuro Governo de Unidade Nacional) deveria assegurar prioritariamente que, em contraste com as práticas do passado, nenhum responsável ficaria impune à violação de direitos humanos."[313]

Na sequência da carta da *Amnesty International*, verifiquei, no dia seguinte que apenas a colega sueca tinha recebido a mesma correspondência. O embaixador de França desconhecia o assunto e, tanto quanto me apercebi, tratava-se de matéria que o incomodava. Sugeri que entregássemos cópias das cartas aos membros Comissão Executiva Conjunta (CECIAPA), na sequência, aliás, do teor e das solicitações constantes das mesmas. Curiosamente, o embaixador de França opôs-se, alegando não dispor de instruções; que não se tratava de diligência comunitária; que iríamos complicar e sobrecarregar a ordem de trabalhos e que existiam assuntos mais importantes a tratar. Percebi, pelo rumo da conversa, que a sua principal dificuldade residia nas más interpretações que as

---

[313] *Amnesty International – News Service* 238/98 – AI/INDEX: AFR 30/11/98 – 3 December 1998.

autoridades de Dakar – e, porque não dizê-lo, de Paris – podiam ter sobre a matéria vertente e qualquer peritagem independente conduziria à eventual condenação do comportamento dos efectivos militares senegaleses na Guiné--Bissau. Todavia, o delegado da Comissão Europeia, eng.º Miguel Amado, disse, claramente, que a cooperação futura das instâncias comunitárias com a Guiné--Bissau dependia do estrito respeito pelos direitos humanos, posição que foi, de imediato, corroborada pela encarregada de Negócios da Suécia, Ulla Andrén. Esta considerou que o assunto era pertinente, tendo em conta que a organização em causa não era uma ONG qualquer. Além disso, devia-se tomar em linha de conta a importância dos próprios destinatários das cartas.

Face à incompreensível resistência do embaixador de França, decidi, *de motu proprio* entregar cópia do documento, informalmente a ambas as delegações, que ainda não as tinham recebido, tendo colhidoadas duas partes, em separado, reacções bastante positivas e construtivas.

A boa vontade da França estava à vista. Não se podia fazer ondas de qualquer espécie com o Senegal. Dakar estava sempre acima de qualquer suspeita.

Bem mais graves eram as constantes ameaças à segurança física das pessoas, como analisamos a seguir.

Ameaças constantes do exercício de violência física, algumas concretizadas

Em finais de Novembro, compareceu na embaixada o motorista, Carlos Silva, de nacionalidade portuguesa, dado como desaparecido, desde o início do conflito armado, mas que se devia, presumivelmente, encontrar, no "chão" manjaco, na região Norte do país. Por outro lado, as pressões sobre os meios de comunicação social mantinham-se. Estes casos eram exemplares do clima de coacção que se vivia na Guiné-Bissau, como então relatei às minhas autoridades:

"... Sr. Carlos Azevedo e Silva foi ameaçado morte pela "secreta" guineense e pelos serviços de contra-inteligência senegaleses, sob alegação de trabalhar para o "outro lado" e de utilizar material rádio de grande potência (referenciado é rádio-amador), acusando-o de ter mantido comunicações com o exterior e de ter transportado elementos JM, no seu carro, durante sua longa permanência em Praia Varela (Norte). Sr. Carlos Silva, que vive

RGB há mais 50 anos, considera ameaça séria e corre risco vida iminente, pelo que autorizei sua saída Bissau, próximas horas.
2. Também jornalista RTP-Porto, Sr. Ricardo Mota, que se encontra em território controlado JM, foi ameaçado "secreta" governamental que se voltasse cidade Bissau sua vida corria perigo. À semelhança períodos mais conturbados deste conflito, intimidações e ameaças poucos jornalistas ainda aqui se encontram são, agora, também frequentes."

Noutra comunicação, sensivelmente na mesma ocasião, alertei para o possível encerramento da delegação local da RTP-África, nos seguintes termos:

"Residência RTPÁfrica foi, hoje, cercada militares senegaleses. Civis, aparentemente, da "secreta" guineense têm andado a importunar 2 profissionais daquela delegação. Jornalista responsável encara hipótese encerrar delegação, a curto prazo."

O caso mais sério com que me defrontei, no que respeita a perseguições aos profissionais da comunicação social, foi o já relatado na Crónica 28 e que envolveu o jornalista Luís Castro e o seu operador de câmara. Se estes últimos eram os visados, os demais não estavam a salvo de perseguições, de violências físicas, prisão e, mais grave ainda, de assassinatos selectivos, que, tanto quanto sei, chegaram a estar planeados. Tive conhecimento de toda esta problemática por acesso a documentos da "secreta" local.

Perante a extrema gravidade da situação convoquei todos os representantes dos *media* portugueses em Bissau (estávamos então, nos finais de Junho) para os advertir seriamente dos riscos que correm no exercício da sua profissão num teatro de guerra como era a Guiné-Bissau, em que tudo podia acontecer. Comecei por lhes pedir o mais rigoroso sigilo quanto ao teor das informações que lhes iria prestar. Obtida a anuência expressa de todos, expliquei-lhes, sem todavia revelar as minhas fontes, os riscos que correm no exercício das suas actividades e as responsabilidades que me incumbiam em facultar-lhes adequada protecção, enquanto cidadãos portugueses. Não me furtava a essa missão, por complexa que se revelasse. Nesta matéria, acrescentei "mais vale prevenir do que remediar" e, perante tiros, numa bolanha qualquer, disparados por desconhecidos, eu não podia fazer nada, como eles bem sabiam. Os jornalistas tomaram devida nota do que lhes foi dito. Fizeram uma ou outra pergunta de circunstância e a sessão foi dada por encerrada.

Todos respeitaram escrupulosamente o compromisso assumido com uma única excepção. O enviado especial da SIC, abriu o noticiário das 20 horas, através do seu telefone-satélite, mais ou menos nos seguintes termos: "O Embaixador de Portugal em Bissau acaba de nos informar, a título confidencial, dos riscos de vida concretos que os jornalistas correm em Bissau." Se a vídeo-cassette ainda existir, provará sem sombra para quaisquer dúvidas, o que refiro.[314] Quaisquer comentários adicionais nesta matéria são supérfluos, uma vez que os factos são eloquentes.

No início de Fevereiro de 1999, em encontro com o Comandante da ECOMOG[315], Coronel Beréna, de nacionalidade togolesa, o Encarregado de Negócios português[316] aproveitou a oportunidade para se referir à temática dos Direitos Humanos, a fim de que o referido oficial, como representante de uma organização internacional com responsabilidades no processo de paz da Guiné-Bissau, se mantivesse vigilante, perante indícios seguros de que existiriam condicionamentos ou perseguições a dirigentes políticos locais e outras figuras proeminentes.

A perda consistente de terreno por parte de "Kabi" e da sua corte não punha termo à saga dos representantes dos media portugueses destacados em Bissau, antes pelo contrário, o desespero da sua causa definitivamente perdida levava-os a acicatarem-se ainda mais contra a "imprensa tuga". Com efeito, os jornalistas Marta Jorge, delegada da RTPÁfrica, e Adalberto Rosa, correspondente da Lusa foram alvo de tentativas de condicionamento da respectiva actividade no decurso do período mais crítico das intensas violações de cessar-fogo, que tiveram lugar entre 31 de Janeiro e 3 de Fevereiro de 1999.

Também o estatuto diplomático não isentava os funcionários da embaixada, devidamente credenciados de acosso por parte dos militares leais a "Nino" Vieira. Assim, na primeira semana de Fevereiro de 1999, o Adido da Coopera-

---

[314] O mesmo jornalista, erradamente identificado como pertencendo aos quadros da RTP, é referenciado no livro "Bissau em chamas", já citado, "...ao relatar que os portugueses [os navios e os efectivos da marinha] estavam ali para ajudar Nino Vieira e o seu governo", o que gerou polémica entre os fuzileiros e naturais desconfianças por parte da Junta Militar (cfr. op, cit., p. 125). Tratava-se da evacuação através da fragata "Vasco da Gama" e das corvetas "João Coutinho" e "Honório Barreto", em 17 de Junho.

[315] Braço armado da CEDEAO/ECOWAS.

[316] Nessa altura, estava ausente de Bissau por ter vindo à Europa ao casamento de minha filha.

ção, num controle militar, foi objecto de apertada busca, sendo-lhe apontada uma arma de fogo, apesar de haver comprovado o seu estatuto.

A actuação dos agentes provocadores – os "aguentas"

A criação abastardada dos "aguentas", a última guarda pretoriana do regime, inventada por "Nino" Vieira para sobreviver mais algum tempo, daria origem a violações gratuitas e avulsas dos direitos humanos um pouco por toda a cidade. Os raros nacionais portugueses que ainda deambulavam por Bissau eram os alvos preferenciais destes "hooligans" fardados, obrigando-nos a intervir em permanência junto das autoridades, principalmente junto dos comandos militares e do Ministério do Interior. Os arruaceiros provocavam, molestavam e espancavam, sem razões aparentes, os nossos concidadãos, porque supostamente os "tugas" estavam "feitos" com a Junta Militar.

Para além destas manobras de intimidação diárias, os "aguentas" iriam demonstrar a sua força quando da realização de uma "marcha pela Paz", em 9 de Março de 1999, preparada por várias organizações da sociedade civil, que integrava algumas figuras destacadas da vida local, como eram os casos de Henrique Rosa[317], de Fernando Gomes, Presidente da LGDH e de muitos políticos locais. A demonstração, que terá tido a expressiva participação de umas cinco mil pessoas, terminou numa confusão generalizada em que os militares se envolveram em confrontos violentos com a população civil. Aparentemente, na zona portuária de Bissau, os populares apuparam e apedrejaram militares senegaleses, a que se seguiram, imediatamente, cenas de pugilato e de agressão com bastões, cintos e paus entre os "aguentas" e os manifestantes. Ter-se-ão registado cerca de 20 feridos ligeiros, entre civis e militares. Porém, um dos "aguentas" ficou ferido, em estado muito grave, uma vez que a multidão, em fúria, pretendia linchá-lo, tendo sido impedida *in extremis* de o levar a efeito pelos militares senegaleses.

Estes incidentes foram minimizados de um e de outro lados e, tudo levava a crer, que não iriam pôr em causa o processo de paz. Entretanto, o Primeiro-

---

[317] Foi Presidente interino da Guiné-Bissau entre 28 de Setembro de 2003 e 2 de Outubro de 2005, na sequência do golpe de estado que depôs Kumba Ialá, em 14 de Setembro de 2003.

-Ministro do Governo de Unidade Nacional, Francisco Fadul, determinou o levantamento de um rigoroso inquérito. Muito embora assistissem culpas aos "aguentas" pelas provocações gratuitas, os organizadores da "marcha" foram criticados pela inoportunidade da iniciativa.

Minas em zonas urbanas

Em meu entender uma das questões mais graves – senão mesmo a mais grave em termos de direitos humanos e que, infelizmente, é pouco focada nos relatórios – consistia na **implantação de minas em terreno urbano** (realço bem os termos) causando grande sofrimento e angústia à população local. Nos últimos meses do conflito, sobretudo a partir da segunda semana de Fevereiro, "Nino" Vieira consentiu nesta prática, selvática e bárbara, de que foram executantes, principalmente, os soldados senegaleses. Terão sido utilizadas minas de várias proveniências algumas de origem portuguesa do período da guerra colonial, mas também francesas, russas e chinesas.

O enviado especial do jornal "Público" relatou o que então se passava no terreno, nos seguintes termos: "As estradas abrem, mas o cessar-fogo pode ser mortífero... A Rádio Voz da Junta Militar começou o dia alertando a população para um perigo novo: as tropas governamentais colocaram minas anti-pessoal e anti-carro em vários bairros periféricos de Bissau. Teme-se que a livre circulação de pessoas e bens seja acompanhada de vítimas civis dessas minas."[318]

Um dos coronéis togoleses da ECOMOG pisou uma mina ao saltar de uma viatura, mas apenas se ouviu o "clique", não chegando a explodir. Tratava-se de uma velha mina portuguesa dos anos 60, felizmente inoperacional.

Esta questão está também documentada num apontamento de reportagem da RTP, salvo erro, do jornalista Carlos Mota, em que exibo para as câmaras uma mina anti-pessoal que eu próprio tinha desactivado[319], salvo erro, nas imediações da estrada de Prábis. As minas tinham sido detectadas pelos militares da Junta. O vídeo em referência é uma denúncia claríssima dos atropelos de "Kabi" e do desrespeito absoluto que nutria pelo seu próprio povo.

---

[318] Jornal "Público", edição de 12 de Fevereiro de 1999.
[319] A minha experiência como especialista militar para alguma coisa serviu.

Notas finais

Creio que as violações de direitos humanos estão relativamente bem documentadas, embora não se saiba tudo. Em comunicado, após o termo da guerra civil, a *Amnesty International,* referindo-se à não-observância generalizada dos Direitos Humanos, reconhece, com justeza, mas de uma forma algo repetitiva, o seguinte:

> "O desrespeito pelos direitos humanos esteve entre as causas do conflito. Os direitos humanos sofreram uma reviravolta durante o conflito. Contudo, os direitos humanos aparentemente não constavam da agenda no decurso dos esforços internacionais para pôr termo ao conflito."[320]

O mesmo comunicado refere-se à prática de "torturas, execuções extra-judiciais e estupros" por parte das tropas leais a "Nino" Vieira e dos seus aliados da Guiné-Conakry. Quanto à Junta Militar refere-se apenas a prisões (arbitrárias) e "ill-treatment" (maus tratos), estabelecendo, pois, uma diferença de grau entre uns e outros, sem, porém, deixar de condenar o comportamento dos rebeldes.

Quanto a execuções extra-judiciais, diariamente chegavam-me inúmeros relatos alguns presumivelmente verdadeiros, outros, porém, fantasiosos ou pouco credíveis. Jamais duvidei que tivessem tido lugar. Sem embargo, o único caso concreto de que tive conhecimento foi o de um irmão de um líder da Oposição que foi assassinado à queima-roupa, à noite, com tiros de pistola, dentro do seu carro, por um elemento da "secreta", perto do Centro Cultural francês, no centro da cidade.

Assim, o relatório do Departamento de Estado norte-americano relativo a 1998[321], numa linguagem seca mas objectiva, refere a ocorrência de "execuções políticas e extrajudiciais", o que corrobora o que atrás menciono. Mais adiante assevera que "as tropas leais ou aliadas do Presidente Vieira mataram um número indeterminado de civis não combatentes, na sequência da rebelião de Junho".

---

[320] *Amnesty International – News Service* 123/99 – AI/INDEX: AFR 30/08/99 – 5 July 1998.
[321] *U.S. Department of State – Guinea-Bissau Country Report on Human Rights Practices – for 1998. Released by the Bureau of Democracy, Human Rights, and Labor,* Washington, D.C., February 26, 1999.

Reconhece que as forças senegalesas tinham instruções para disparar a matar sobre quem quer que se encontrasse nas ruas (*sic*). "O presidente Vieira nada fez para encorajar as forças coligadas a minimizar a perda de vidas entre a população civil." O relatório confirma, entre outros pontos, as detenções arbitrárias, a suspensão das liberdades e garantias constitucionais, os espancamentos, as violações de domicílio, as buscas sem mandado e as pilhagens indiscriminadas, sobretudo por parte das forças senegalesas, muito embora ambas as partes beligerantes estivessem implicadas nessas actividades. [322]

Merece uma referência própria, porque se tratava do património histórico e cultural da Guiné-Bissau, a destruição e pilhagem do Instituto Nacional de Estudos e Pesquisa (INEP) pela tropa senegalesa. Nesta matéria, limito-me a citar o jornal "Expresso"[323] e a aduzir dois ou três comentários complementares: " Guiné: liquidar a memória – 'Terrível desastre' é como se pode explicar o que aconteceu ao Instituto Nacional de Estudos e Pesquisa (INEP) da Guiné-Bissau desde que o complexo escolar onde estava instalado foi invadido pelos tropas senegaleses e transformado em caserna. Todas as suas dependências foram violadas e transformadas em dormitórios, e os acervos espalhados sem dó nem piedade, expostos às inclementes chuvas torrenciais que têm caído. Muitos computadores, das várias dezenas existentes, foram roubados e os restantes esventrados, perdendo-se a memória ali depositada, decorrente da informatização do Instituto. Pior: as matrizes, quer seja em cassete audio, em vídeo ou em relatórios escritos, estão na sua maioria irremediavelmente deterioradas...".

Esclareça-se que os monitores dos computadores foram confundidos com televisores e transportados por barco para Dakar. Os documentos, muitos deles preciosidades do tempo colonial e da luta de libertação, serviram para atear fogueiras onde os militares cozinhavam os seus alimentos e se aqueciam. Vi também muitos dossiers a cobrirem poças de água para facilitarem a passagem dos soldados. Assim se liquidou a memória da Guiné-Bissau.

---

[322] Id.
[323] "Expresso" ed. de 3 de Outubro de 1998.

CRÓNICA 33

Bissau, de Novembro de 1998 a Janeiro de 1999
Uma paz intermitente

Da criação às primeiras reuniões da CECIAPA

Logo no início de Novembro, na sequência do acordo de Abuja, ambas as partes, bem como a sociedade civil bissau-guineense e os representantes da comunidade internacional, reconheciam a necessidade imprescindível de constituição imediata de uma comissão conjunta, integrando elementos do Governo e da Junta Militar, para aplicação do acordo de Abuja[324] e que, como disse, viria a ser conhecida pelo acrónimo de CECIAPA (Comissão Executiva Conjunta para Implementação do Acordo de Paz de Abuja). Tratava-se de matéria de que tinha oportunamente dado conta a quem de direito e que me parecia ser uma das lacunas mais graves daquele documento, aliás, amplamente confirmada pelos factos e cuja constituição revestia um patente carácter de urgência.

---

[324] Tal, porém, não era seguramente o pensamento de algumas figuras políticas lusitanas, dos ilustres jornalistas e do então director do "Diário de Notícias", mas toda esta gente estava, felizmente, bem longe.

Contrariamente ao pensamento quimérico de alguns, a "bola" não passava para o campo dos representantes da sociedade civil e da comunidade internacional, que não podiam, por razões óbvias, substituir-se aos "jogadores", nem sequer actuar como "árbitros", mas, antes, teriam de estabelecer a "ponte" entre as partes e, outrossim, facilitar as modalidades de futuros encontros. Com efeito, o "jogo", ou seja, o processo negocial, permanecia inteiramente nas mãos dos contendores e aqueles representantes não eram mais do que meros facilitadores: cabia-lhes um papel assistencial, porventura relevante, mas não central.

Sem embargo do desejado arranque do processo, subsistiam, ainda, dúvidas quanto aos resultados das reuniões à porta fechada da Junta Militar, uma vez que se registavam algumas dissonâncias internas relativamente à justeza do clausulado de Abuja[325]. As reservas existentes, porém, com o tempo e a capacidade de persuasão dos que detinham o poder real (leia-se, militar), teriam sido vencidas e o Comando Supremo da Junta aprovou o documento. Consequentemente, as tensões crescentes que faziam temer o pior, ter-se-iam dissipado, o que permitia encarar as posições dos revoltosos com um optimismo prudente, mas, sem embargo, consistente.

De acordo com as informações oriundas de diferentes fontes, o Presidente da República, muito debilitado politicamente, parecia querer assumir a posição de *après moi, le déluge*, mas sem nunca dar o braço a torcer, sentindo-se destabilizado, procurava destabilizar, porquanto sendo-lhe coarctados os poderes de intervenção na vida política iria utilizar os mecanismos constitucionais para entravar todo o processo, *maxime* numa das questões mais prioritárias da conjuntura pós-Abuja: a formação do Governo de Unidade Nacional. Sublinhei inúmeras vezes que esta táctica de "arrastar os pés" podia ser extremamente prejudicial ao processo de paz.

Pode-se dizer que, em termos genéricos, o Governo legítimo, a Junta Militar, as diferentes facções do PAIGC e os partidos da Oposição, sem grandes disparidades de posicionamento, entendiam que, para além da futura composição

---

[325] Essas dissonâncias eram muito fortes, sobretudo por parte dos antigos combatentes, a maioria dos quais balantas que, numa sanha vindicativa, pretendiam levar a batalha final às últimas consequências e castigar – leia-se, liquidar fisicamente – "Nino" Vieira pelos crimes cometidos no passado contra o oficialato daquela etnia (ver a este respeito o que se diz na nota nº 160). O controlo destes elementos mais radicais pela cúpula da Junta era, em abono da verdade, aleatório.

da Comissão Conjunta[326], as questões mais momentosas, em matéria de processo de paz, diziam respeito a cinco grandes tópicos, a saber:

(i) a formação do Governo de Unidade Nacional;
(ii) a fiscalização da linha de cessar-fogo;
(ii) a vinda da força de interposição da ECOMOG;
(iv) a reabertura do porto e aeroporto de Bissau e
(v) o trânsito de pessoas e mercadorias e a concomitante abertura das vias de comunicação, rodoviárias e fluviais.

Apesar de matizes de opinião entre os diferentes membros do PAIGC, prevalecia um largo consenso nesta matéria, como me dizia, na altura, o engº Filinto de Barros, ex-ministro e membro do "Bureau" Político do partido[327]. Para os homens da Junta a posição não era muito diferente. Outro tanto não diria em relação ao Governo, em que persistia a sensação de que os seus representantes praticavam um jogo sinuoso, ou seja, diziam que sim, mas, no fundo, participavam no exercício, sem grande convicção, podendo mudar de orientação inopinadamente a qualquer momento. Tudo dependia do humor atrabiliário de "Kabi", a quem estavam subordinados e não se atreviam, de modo algum, contestar.

Ao longo de inúmeras sessões, os representantes das duas partes beligerantes, da sociedade civil bissau-guineense (Comissão de Boa Vontade), os chefes de missão da U.E. (Portugal, França, Suécia e a Comissão Europeia) e também os representantes da CEDEAO sentavam-se à mesma mesa e debatiam os temas atrás referenciados e conexos[328]. À luz do que referi mais acima, os diplomatas estrangeiros limitavam-se a facilitar contactos, a estabelecer pontes entre as partes e a tentar alcançar consensos, não intervindo no sentido de influenciar decisões, a que só aquelas podiam livremente chegar.

---

[326] Que devia integrar, na opinião de quase todos os intervenientes, também os mediadores da CEDEAO e da CPLP, no espírito do acordo de paz.

[327] Que também havia sido nomeado por "Nino" Vieira para integrar a equipa negocial inicial do Executivo bissau-guineense, que, sob os auspícios da CPLP, esboçou a primeira tentativa de negociação Governo-Junta Militar em 30 de Junho de 1998, a bordo da fragata "Vasco da Gama".

[328] Temas, tais como, o realojamento de deslocados ou a circulação sem entraves da ajuda humanitária, relacionados que estavam com o trânsito de pessoas e de mercadorias assumiam uma particular relevância, no contexto de guerra.

O jogo nem sempre claro de "la douce France"

De relevar que o embaixador de França, François Chappellet, *de motu proprio*, sob instruções de Paris, ou por ambas as razões, mostrava-se céptico e renitente em relação ao processo de paz. Assim, com o Senegal, humilhado, à beira da catástrofe e "Nino" Vieira numa posição de extrema fragilidade, manifestava uma inusitada resistência em aceitar pacificamente a nova situação, o que gerava grande azedume entre as hostes do PAIGC, que se opunham, agora, a "Kabi"[329]. Chappellet, em conversa com os quadros do partido, terá dito que, em caso de reacendimento do conflito e com a presumível tomada do poder por parte da Junta Militar ou na eventualidade de um golpe palaciano (hipótese que ganhava corpo nalguns sectores do PAIGC), instalaria a embaixada na ilha de Bubaque, no arquipélago dos Bijagós, e para lá levaria o Presidente da República e o Governo, sob a protecção dos vasos de guerra franceses, ideia que veladamente já me havia referido no passado próximo. Por conseguinte, na sua óptica, o futuro executivo de Bissau seria ilegítimo. O diplomata lamentou-se que elementos importantes do PAIGC estivessem a aconselhar "Nino" Vieira a renunciar. Filinto Barros e outros membros do Bureau Político contestaram vivamente François Chappellet e perguntaram-lhe o que é que a França pretendia realmente da Guiné-Bissau, uma vez que a embaixada permanecia de portas abertas, no quadro de um conflito armado, em princípio, totalmente alheio aos interesses de Paris. Tanto quanto fui informado, o embaixador, numa actuação ardilosa e com evidente má fé, terá relatado o teor desta conversa ao próprio Chefe de Estado, que, reiterou, mais uma vez, as habituais acusações de traição dentro do seu partido.

Este comportamento florentino de François Chappellet era, em si mesmo, edificante. Perante isto, adverti seriamente as minhas autoridades que o embaixador de França, cujas simpatias com o Senegal e com o próprio Abdou Diouf eram manifestas, poderia não estar a informar Paris, com isenção e objectividade, do que se estava a passar no terreno.

---

[329] Sem prejuízo de "Nino" e o seu grupo de indefectíveis ter ganho o VI Congresso do PAIGC, o certo é que as diferentes alas e tendências dentro do partido, de algum modo amordaçadas pelo "régulo", podiam, uma vez que este último estava em posição de grande fraqueza, emergir sem grandes restrições. Acresce que com o apelo a tropas estrangeiras, "Kabi", pura e simplesmente, havia traído o país que ajudara a fundar.

Ao longo do tempo e com a derrota mais do que anunciada de "Nino" Vieira, a França não queria mudar de posição, antes mostrava uma crescente intransigência na defesa dos seus pontos de vista. A Guiné-Bissau estava a fugir ao canto de sereia da francofonia e isso era um sapo muito difícil de engolir pelo orgulho gaulês. Não obstante, em determinada fase do processo, Paris introduziu uma alteração qualitativa na sua postura, porquanto a estratégia até então prosseguida estava votada ao malogro. Apostou, então, numa solução no quadro das Nações Unidas e no apoio logístico à vinda da força de interposição da ECOMOG, prodigalizando, paternalmente, "conselhos" quanto ao *modus faciendi* dessa operação.

Paris nunca se apercebeu que a sua política repugnava à esmagadora maioria dos bissau-guineenses, com excepção de um pequeno núcleo de jagunços que gravitava em torno de "Nino" Vieira. E os seus golpes de rins eram demasiado toscos e tardios para produzirem quaisquer efeitos.

Um processo de paz que avançava a passo de caracol. Mas será que se pretendia torná-lo expedito?

Ao longo de várias semanas, os temas em debate, com algumas excepções pontuais e pouco relevantes, não registavam grandes avanços. Tudo começava a concentrar-se em torno de duas questões fulcrais: (i) a formação do Governo de Unidade Nacional (GUN) e (ii) a vinda da força de interposição da ECOMOG. Quanto ao mais, muito embora se pudessem registar, aqui e além, alguns avanços tratava-se de questões residuais perante a importância dos assuntos citados.

Percebia-se, claramente, que a formação do GUN, dependia de um entendimento a nível do patamar político de topo, ou seja "Nino"-Mané, ultrapassando, deste modo, a capacidade de propositura da CECIAPA. Por outro lado, a ausência da força de interposição era uma fonte de crispação permanente, porque à menor fagulha estaríamos perante um incêndio incontrolável. Além disso, a maioria das sugestões e propostas noutras áreas (reabertura do aeroporto ou do porto, por exemplo) eram virtualmente inexequíveis, pois não podia ser levada a cabo de forma pacífica e sem sobressaltos.

Sem prejuízo das suas limitações, no essencial, a CECIAPA exercia duas funções importantes: por um lado, consistia numa plataforma de diálogo, assistida ou "vigiada" pela sociedade civil e pela comunidade internacional e enquanto as pessoas estivessem à mesa a conversar não andavam aos tiros ou com vontade disso; por outro, gerava alguma confiança entre as partes e avançava ainda que timidamente com pequenas medidas, que pouco a pouco, se iam solidificando. Contudo, como disse, não dispondo de capacidade preventiva, não podia, de modo algum, evitar um incêndio caso este se declarasse.

Na fase inicial, momentos houve em que pensei que a CECIAPA podia propor o nome do Primeiro-Ministro. Esta ideia era partilhada pela Junta Militar que entendia que, no âmbito da Comissão Conjunta, se poderia chegar a acordo entre as partes quanto a este ponto. Também o PAIGC comungava da mesma opinião. Todavia, "Nino" Vieira não queria implicar-se na nomeação do Chefe do Governo ou na composição do Executivo, mas, apenas, "iniciar o processo constitucional, esperando encontrar consenso", segundo o embaixador de França. Mais: para o Chefe de Estado, o Governo não poderia tomar posse sem a vinda da força de interposição. Ora, como vemos, a interligação entre os dois temas era estabelecida pelo próprio "Kabi". A ser assim – e na pendência da chegada da força multinacional –, eram introduzidas dilações insuperáveis no processo com os consequentes riscos de descarrilamento.

A CECIAPA conseguiu reabrir alguns eixos rodoviários (a ligação Prábis--estrada de Bor – Bissau; mais tarde, foi também decidido abrir a conexão Bissau-Poilão de Brá-Safim – ou seja, a estrada principal que conduzia ao aeroporto de Bissalanca e principal via de acesso à capital), garantindo o livre trânsito de pessoas e bens, incluindo viaturas e comboios humanitários.

Mais tarde, numa das reuniões da Comissão, os seus membros deslocaram--se à linha da frente (estrada de Bor-Prábis e em Bissaque), em mais um pequeno passo no sentido da criação de um clima de confiança mútua entre ambas as partes beligerantes, tendo, então, sido estabelecidos contactos directos entre comandantes e soldados, de um e de outro lados.

Sem prejuízo destes gestos simbólicos, a situação permanecia instável, caracterizando-se por uma extrema volatilidade. Urgia avançar-se rapidamente com soluções mais estruturadas e consistentes, *maxime* com a formação de um Governo de transição.

Analisando as posições das duas partes em presença, verificava-se que o Governo dava a conhecer as suas ideias de uma forma extremamente cautelosa, procurando sempre escudar-se na legalidade constitucional e questionando a postura da Junta Militar no que tocava à filosofia subjacente ao GUN, as tarefas fundamentais que aquele deveria levar a cabo, num horizonte temporal limitado e, bem assim, a natureza e os objectivos do futuro Governo. Não apresentou quaisquer documentos, o que demonstrava ou pouco afinco no tratamento desta matéria, ou incapacidade ou, talvez, a falta de "luz verde" política para o efeito.

Por seu turno, a Junta defendeu quase sempre, de forma clara, posições maximalistas. Colocou o acento tónico na "factualidade" e no novo contexto criado pelo Acordo de Abuja, interpretando-o extensivamente e relegando, na prática, para segundo plano, a Constituição da Guiné-Bissau. Tratava-se, parafraseando o dr. Fadul, de uma "situação extra-constitucional". No fundo, foi utilizado, com abundância de argumentos, o discurso da "legitimidade revolucionária".

Desta forma, o Governo colocou-se numa posição meramente defensiva, legalista, reactiva e, em regra, pouco imaginativa. Por seu turno e em contraste, a Junta Militar assumiu uma postura pró-activa, com produção de documentos – a maioria, porém, inaceitáveis porque eivados de radicalismo – e com algumas provocações verbais. Em suma, era difícil levar o barco a bom porto nestas águas buliçosas.

A elaboração do regimento do GUN, sob proposta da Junta, iria suscitar problemas de delicada superação, porque na perspectiva da "factualidade" em detrimento da "constitucionalidade", insistia-se no primado do Acordo de Abuja e, inclusive, das decisões tomadas no seio da CECIAPA, sobre o próprio texto constitucional, o que gerava uma situação confusa, juridicamente inaceitável e perigosa. Para além disso, nos termos do documento apresentado, o futuro Governo passaria a ter uma dupla dependência: do Presidente da República e do Comandante Supremo da Junta, o que, em termos práticos, conduziria à sua total inoperacionalidade, uma vez que qualquer das entidades referenciadas podia apresentar um "cartão vermelho" ao Executivo, gerando-se uma situação de grande instabilidade política. Finalmente, as funções do Governo ou estavam incompletamente definidas ou exorbitavam do que deveria ser o mandato de um Executivo de transição ou, mesmo, de qualquer Governo[330].

---

[330] O documento propunha, por exemplo, que o GUN dispusesse de prerrogativas próprias para legislar sobre as condições de elegibilidade do Chefe do Estado, questões de Defesa Nacional e, inclusive, sobre os próprios símbolos nacionais!

Sem força de interposição, com os combatentes, armados até aos dentes, nalgumas posições da linha da frente, a menos de 50 metros uns dos outros, temia-se sempre o pior e só a custo se evitavam problemas de maior dimensão. Várias vezes falei com militares de um e de outro lados e alertei-os para o estrito controlo dos soldados, pouco afeitos à disciplina, quando não bêbados ou drogados, como era o caso dos senegaleses. Nesta fase, a vinda da força da ECOMOG era a prioridade das prioridades e já haviam passado mais de três semanas sobre a assinatura do acordo de paz.

Assim, a 23 Novembro, registou-se uma violação do cessar-fogo, na zona de Bissaque-Granja, em que, segundo os representantes governamentais na CECIAPA, teriam sido feitos disparos inopinados oriundos das posições da Junta Militar, seguidos de rajadas de metralhadora e lançamento de "rockets". Todavia, na versão dos homens da Junta, tropa fresca e inexperiente recém-chegada da Guiné-Conakry terá efectuado tiros isolados de armas ligeiras, a que os efectivos do brigadeiro Mané terão respondido, com fogo de metralhadora e de "bazuca", como, aliás, já haviam advertido em comunicados difundidos pela rádio, ou seja, que responderiam imediatamente e com potencial de fogo adequado a qualquer provocação.

Por outro lado, sensivelmente na mesma ocasião, cerca de 400 a 500 soldados governamentais, maioritariamente da etnia papel, treinados na Guiné-Conakry, os chamados "aguentas", numa manobra intimidatória, efectuaram "crosses" no centro da cidade e nalguns bairros periféricos, gritando: "Vamos defender a terra do Nino". Segundo constava então e como se veio a confirmar mais tarde, foram destacados para a linha da frente. Estes factos não auguravam nada de bom.

Entretanto, desconhecia-se quando viria a força de interposição – as dúvidas a este respeito eram mais que muitas e aumentavam numa base diária – continuando, como vemos, a subsistirem perigos gravíssimos na linha da frente, até porque os mecanismos de fiscalização preconizados eram não só primários, como totalmente falíveis. A presença do contingente da ECOMOG constituía uma necessidade imperativa. O "jogo" não podia continuar sem "árbitro" e sem "juízes de linha."

Por outras palavras, as enormes fragilidades de Abuja saltavam, mais uma vez, à vista: a força militar internacional primava pela ausência, o governo de transição era, por ora, inexistente e os dois dossiers estavam indissoluvelmente interligados.

Os índios falavam mas os chefes não. De súbito um desfecho inesperado: Francisco Fadul é nomeado Primeiro-Ministro

Tinha-se chegado a uma situação de impasse de contornos muito pouco promissores. Assim, em 30 de Novembro, mantive contactos, em separado, com o Brigadeiro Ansumane Mané e com "Nino" Vieira, quanto à eventualidade de uma reunião de alto nível entre os dois dirigentes das facções beligerantes, tendo em vista a próxima formação do GUN. De registar que tinha sido o próprio Presidente da República e a parte governamental que haviam insistido pela realização do encontro a fim de desbloquear o assunto e ultrapassar as dilações que se verificaram no âmbito da CECIAPA. Aliás, na óptica, quiçá, ingénua, do Chefe de Estado, tudo se resolveria, pelo menos em termos da constituição do futuro Governo, num breve *tête-à-tête* entre ambos.

Tive de servir de mediador entre os dois lados e transmitir mensagens de Brá para o palácio e vice-versa. Não era uma posição cómoda e tinha de assumir o complexo e duplo papel de mensageiro e de advogado da parte contrária na presença de cada um deles, isoladamente.

Mané entendia que, na fase negocial que se estava a viver, só se revestiria de utilidade uma reunião de alto nível, caso surgissem bloqueamentos ou divergências de fundo. Fiz-lhe ver que era o caso. A situação, tal como se configurava conjunturalmente, requeria um tal encontro, antes que fosse tarde demais. Mané exprimiu reticências, manifestava, à partida, uma grande desconfiança. Queria saber o que é que "Nino" Vieira pretendia dele, que ideias manifestava. Respondi-lhe que não podia adivinhar o que pensava "Kabi", mas, tanto quanto sabia, ambicionava, essencialmente, duas coisas: dar um novo impulso às negociações e escolher, de comum acordo, o nome do futuro Primeiro Ministro. Mané afirmou-me, de uma forma irrealista, que a haver encontro este teria de realizar-se em Portugal, excluindo qualquer ponto em território nacional bissau-guineense ou, mesmo, Banjul. Admitiu, apenas, como alternativa remota, Cabo Verde, mas insistiu que preferiria Portugal. Redargui que um encontro em Portugal ou noutro país estrangeiro (Cabo Verde, por exemplo), no actual contexto da situação da Guiné-Bissau, inviabilizava-o, na prática, porque não se podia concretizar no curto prazo; era demasiado oneroso em termos de transporte; representava uma grande perda de tempo e de energias; em suma: era demasiado complicado. Ansumane Mané manteve-se calado, não se manifestando quanto aos argumentos por mim apresentados. Adiantou-me, porém, dois pontos relevantes:

a) a Junta dispunha já de uma lista com possíveis nomes para Primeiro-Ministro e quando julgasse oportuno dá-la-ia a conhecer;
b) Quanto a encontros de alto nível, tinha sido informado pelo Embaixador do Togo, nesse mesmo dia, que o Presidente daquele país, Gnassingbé Eyadema, queria organizar uma cimeira a três (ele próprio, Mané e "Nino").

Ao falar com o Chefe de Estado, agora com tempo, disposição e, porque não dizê-lo, com uma notória ansiedade em receber-me, o que contrastava singularmente com a primeira fase do conflito, em que primavam a soberba, a obcecação e o distanciamento. Relatei-lhe a conversa com Mané e fiz-lhe ver que, de acordo com a minha interpretação dos resultados do encontro, o Brigadeiro Mané não manifestava, de momento, verdadeiro interesse numa reunião cimeira. Referi-lhe, de forma clara, que a minha leitura da situação levava-me a concluir que a atmosfera na Guiné-Bissau era de tipo revolucionário. Que a Oposição, hoje generalizada a todos os partidos políticos sem excepção, incluindo pois o próprio PAIGC, decididamente não queria um período transitório mas mudanças imediatas, leia-se: a classe política visava criar uma situação real de ruptura.

Com efeito, dois dias antes, a Assembleia Nacional Popular (ANP), reunida em sessão plenária, após análise da situação político-militar do país, aprovou uma resolução, nos termos da qual o Presidente da República era altamente censurado, sendo-lhe retirada a confiança política e solicitada a "imediata renúncia do cargo". "Kabi" era acusado de várias violações da Constituição e de outras ilegalidades. As acusações de traição vieram um pouco de toda a parte. A resolução requeria, ainda, a retirada imediata das tropas estrangeiras do território nacional da Guiné-Bissau. De notar que se registaram 69 votos a favor, 9 abstenções e nenhum voto contra, o que era sintomático[331].

---

[331] O jornal "Público", na sua edição de 28 de Novembro de 1998, dava conta desta situação num artigo intitulado "Nem um só voto a favor de 'Nino' Vieira – Deputados exigem destituição do Presidente da Guiné-Bissau. O "Diário de Notícias", da mesma data, anunciava: "Nino Vieira perde 'confiança política' – Parlamento guineense exige a 'imediata renúncia' do Presidente e a sua responsabilização criminal". Num outro artigo, na mesma edição, mencionava o acordo encontrado no seio da CECIAPA que definia a estrutura do

Tratava-se de uma decisão eminentemente política, uma vez que a resolução não era vinculativa. Todavia, com esta votação maciça, por um órgão de soberania, como era o Parlamento, contra a sua presença à frente dos destinos da Guiné-Bissau, "Nino" Vieira deixava de ter qualquer apoio interno digno de nota, dispondo, na prática, apenas, do amparo das tropas senegalesas e de meia-dúzia de fiéis. Era um facto novo de enorme relevância a tomar em linha de conta.

Para além de inúmeras perguntas que lhe fiz, ao longo de quase duas horas, sublinhei-lhe dois pontos de grande relevância na conjuntura que então se vivia. Em primeiro lugar, manifestei-lhe a minha preocupação e da Comunidade Internacional pela distribuição de armas à população, como se tinha verificava no Bairro de Bissaque – que eu próprio tinha testemunhado – e no interior do país (Bafatá, Mansoa, etc.). Advertiu-o que a Guiné-Bissau podia enveredar pelos caminhos ínvios da Serra Leoa, da Libéria e da Somália, conhecendo-se, de antemão, os resultados. Em segundo lugar, Portugal seguia atentamente a situação no país e, à semelhança de outros parceiros bilaterais e multilaterais, só poderia reagir positivamente às solicitações de Bissau, no sentido de apoiar a normalização da vida política, económica e social, desde que a paz efectivamente se consolidasse e se formasse, de imediato, o GUN, minimamente aceitável e credível.

Como era seu hábito o Presidente da República só respondeu às perguntas que mais lhe interessavam. As outras fingiu ignorá-las, designadamente as mais "provocadoras". Reagiu emotiva e previsivelmente a certos temas, com os chavões habituais. Acossado, fragilizado, mas com a mesma teimosia de sempre e o desejo íntimo de vingança, procurou, numa posição defensiva e personalizando exageradamente os assuntos, que Portugal e os demais países representados em Bissau o ajudassem. O apelo parecia ser sincero. Assim, referiu-me o seguinte:

(a) Iria reagir à ANP que, em seu entender, não tinha qualquer legitimidade para fazer o que fez, isto é, exigir a sua demissão. "Sou o Presidente legítimo e eleito deste país!", declarou categoricamente.

---

novo Governo de Bissau e referia ainda em sub-título: "Resolução parlamentar exige a 'retirada imediata e incondicional' das forças estrangeiras."

(b) Considerou que a CECIAPA andava a perder tempo e que tinha de se pronunciar, unicamente, quanto ao nome do futuro Primeiro-Ministro. Tudo o mais não interessava. "Não têm nada que discutir a estrutura do Governo. É ridículo!", disse-me. Era, pois, esta a razão principal por que tinha de conversar com Mané. "Pedi-lhe, apenas, que me indicasse 3 nomes [para o cargo de Primeiro-Ministro]. Até, agora, não o fez e já se passou mais de um mês, desde Abuja," comentou.

(c) Ficou literalmente furioso com as posições políticas dos partidos da Oposição e com os "traidores" do PAIGC. A este respeito, alegou: "Se querem que eu saia, o país entra no caos. Se eu sair vem para cá o Malan Bacai Sanhá [o Presidente da ANP] e depois, nos termos da Constituição, tem de realizar eleições dentro de 60 dias. Ora, isso não é possível e toda a gente sabe isso." Registei, então, que era a primeira vez que ouvia "Nino" Vieira referir-se, mesmo em tom reactivo e um tanto nervoso, à admissibilidade da sua própria substituição, aliás, num cenário constitucionalmente correcto.

(d) Portugal tinha de ajudar a Guiné-Bissau a sair desta situação, solicitando-me que não só passasse esta mensagem para as minhas autoridades, mas que eu próprio procurasse incutir um "pouco de senso nas reuniões da Comissão." Era a primeira vez desde o início do conflito que "Kabi" me fazia um pedido pungente desta natureza. Portugal, agora que tudo estava a dar para o torto, contava e de que maneira.

Era extremamente difícil mediar o que quer que fosse nestas circunstâncias: Mané não sabia exactamente o que queria, mas sentia-se com força, muita força mesmo; "Nino", acossado, pretendia agarrar-se a eventuais tábuas de salvação, num mar revolto e prenhe de perigos, na expectativa de dias melhores ou de uma simples "aberta" para poder dar a volta à situação por cima. A ANP e os partidos políticos não ajudavam, entrando – com legitimidade ou sem ela, pouco importa – pela via da provocação, ou seja, deitando mais achas para a fogueira. O diálogo estava, pois, inviabilizado à partida. Que fazer neste cenário pouco promissor?

A 1 de Dezembro, soube, em confidência, pelo Chefe de Delegação da Junta Militar, Tenente-Coronel Emílio Costa e pelo dr. Francisco Fadul que a Junta tinha uma carta preparada para entregar dentro de dias ao Presidente da República, com a indicação de um único nome para Primeiro-Ministro, que não me tinha sido revelado, mas que tudo levava a crer que seria o do próprio Fadul, como se veio posteriormente a confirmar. Segundo me foi dito pelos meus interlocutores, a proposta constante da carta era do tipo "pegar ou largar", não estando o Comando da Junta disposto a ceder, ou mesmo a discutir, o que quer que fosse nesta matéria, com o Presidente da República.[332]

Em 8 de Dezembro, a proposta tinha sido oficial e pacificamente aceite por "Kabi". A "felicidade" patente no rosto de Francisco Fadul e o optimismo evidenciado, quer à imprensa, quer à CECIAPA poderiam pecar por alguma ingenuidade. Com efeito, o "jogo" de "Nino" Vieira poderia não ser tão transparente como se pensava. Tendo em conta o estado calamitoso em que a República da Guiné-Bissau se encontrava, o futuro Governo de Francisco Fadul era, na aparência, um executivo para "queimar", independentemente de quem o liderasse. Por um lado, eu desconhecia até que ponto o alegado *hands off* de "Nino" Vieira em relação à acção governativa era 100% honesto e o passado era pródigo em exemplos que pareciam provar precisamente o contrário. Por outro, se esse alheamento fosse real, também poderia fazer renascer das cinzas o debilitadíssimo Chefe de Estado em meia dúzia de meses (num 1º. cenário) ou dentro de alguns anos (num 2º. cenário). "Nino" jogava numa estratégia muito clara e coerente de pura sobrevivência.

"Nino" – o "mau" da fita

Em 9 de Dezembro, os embaixadores da União Europeia – com a mais que notada ausência do chefe da missão diplomática francesa – reuniram-se, à porta fechada, com os partidos políticos com assento parlamentar e com alguns representantes de organismos da sociedade civil local: Resistência da Guiné--Bissau/Movimento Ba-fa-tá (RGB/MB), União para a Mudança (UM), Partido da Renovação Social (PRS), Liga Internacional para a Protecção Ecológica (LIPE), Frente de Libertação e Independência da Guiné (FLING), a "ala renovadora" do PAIGC e a Câmara de Comércio local. Em síntese, numa clara

---

[332] Na altura o "Diário de Notícias", de 4 de Dezembro de 1998, referiu a existência de 6 nomes, uns propostos pela Junta Militar e outros pelo lado governamental, sugeridos para ocuparem o cargo de PM. Tal não correspondia minimamente à verdade. A Junta apresentou apenas uma lista uninominal.

condenação do Chefe de Estado, os presentes defenderam os seguintes pontos de vista:

- Para a UM, o principal fautor de instabilidade na Guiné-Bissau era "Nino" Vieira. Bloqueou o sistema. Agiu de forma inconstitucional. Não queria eleições. Logo, perdeu a legitimidade. Mesmo que se mantivesse a título transitório não oferecia quaisquer garantias de estabilidade para o país. A ANP era representativa da vontade do povo. Nesse sentido, qualquer solução fora do quadro parlamentar não tinha futuro. As soluções híbridas e pouco claras não conduziam a parte alguma. O Acordo de Abuja era, no mínimo, constitucionalmente, duvidoso.
- Para a RGB/MB, o acordo de paz mais não era que um verdadeiro "golpe de Estado" perpetrado por "Nino" Vieira e Ansumane Mané e testemunhado pela Comunidade Internacional. "Não nos peçam para abdicar temporariamente da via para a democracia, porque tal não faremos", afirmou Domingos Fernandes. A renúncia do Presidente da República, tal como exigida pelo parlamento, era necessária porque conduziria a Guiné-Bissau a uma situação de normalidade. Assim, a Comunidade Internacional teria de tomar em consideração a resolução da ANP e, em conformidade, solicitar a "Nino" Vieira que se demitisse.
- Para Hélder Proença, porta-voz do "grupo renovador" do PAIGC, o Presidente não reconhecia qualquer legitimidade à ANP, nem considerava que esta tivesse qualquer contribuição útil a dar ao país (assim o teria declarado em entrevista recente à Rádio França Internacional). Esta matéria causava as mais vivas inquietações, porque "Nino" Vieira converteu-se no principal factor de instabilidade. Assim, a sua perpetuação no Poder conduziria ao bloqueio e concorreria para a criação de condições de guerra. Quanto ao Acordo de Abuja, foi "um percalço em todo este percurso". Todavia, tratava-se de um instrumento importante e, neste momento, o único para se alcançar a paz.
- Para Kumba Ialá do PRS, "Nino" Vieira recusou-se a dialogar com os "rebeldes", mas aconselhou outros a que o fizessem, em ocasiões semelhantes (tal foi o caso de Lansana Konté da Guiné-Conakry). "A Junta Militar reivindicou, desde a primeira hora, o funcionamento da democracia. O Povo não elegeu "Nino" Vieira para se voltar contra a própria democracia. Como primeiro magistrado da Nação ele é responsável pelo cum-

primento das regras do jogo". "Nino" Vieira podia renunciar e passar o poder para o Presidente da ANP – a segunda figura do Estado –, que faria respeitar o Acordo de Abuja até às eleições. "A solução é perfeitamente legítima e constitucional", concluiu.
- Em mais uma intervenção, o Dr. Domingos Fernandes, da RGB/Movimento Ba-fa-tá, afirmou que a Comunidade Internacional teria, de forma explícita, de apoiar a resolução da ANP, solicitando a saída de "Nino" e a retirada das tropas senegalesas, porque essa era a forma correcta de consolidar a democracia na Guiné-Bissau. "A consciência da Comunidade Internacional é mais tocada pelo acordo de Abuja que pela resolução da ANP." Manifestou dúvidas quanto à realização de eleições: "O que é que nos estão a pedir em termos de tempo? Qual é a perspectiva temporal para podermos dar o nosso contributo para este país?"
- Para a LIPE, "Nino" Vieira agiu sempre como um ditador, desprezando as instituições, designadamente o Parlamento. Todavia, parecia dispor do apoio moral da Comunidade Internacional.
- Para o dr. Canjura Injai, Presidente da Câmara de Comércio, existia preocupação, a nível internacional, com o destino de "Nino" Vieira e com a estabilidade do país, "mas haverá alguma outra saída, fora do acordo de Abuja? Esperar até Março, também não é esperar muito tempo."
- Finalmente para o representante da FLING, "Temos de fazer prova de realismo político. O Acordo de Abuja é uma realidade incontornável, avalizado pela Comunidade Internacional. Não se pode pôr em causa um acordo desta natureza, porque se põe em causa a própria solução política do conflito. Apesar de conter aspectos inconstitucionais, há que conciliar-se o próprio Acordo com a Constituição da República."

A condenação de "Kabi" era, pois, consistente, esmagadora e unânime, comportando, bem entendido, alguns matizes relevantes, mas com duas chamadas de atenção à Comunidade Internacional: em primeiro lugar, o Acordo de Abuja, apesar de constitucionalmente incerto, na carência de outras alternativas, tinha de ser aceite, mas não esgotava, nem podia esgotar, o processo de paz; em segundo lugar, o Parlamento e a sociedade civil bissau-guineense, quase sempre ignorados, tinham uma palavra a dizer em tudo isto e, sobretudo, tinham de ser ouvidos.

À espera de Godot ou da desejada vinda da força de interposição

Em meados de Dezembro, o Embaixador de França referiu-me que 300 homens – como "força de interposição" e sublinhou bem o estatuto da força – seriam suficientes para o efeito pretendido. Desconhecia, porém, se o Senegal reivindicava ou não um reforço mais expressivo de tropas para o pretendido "cordão de segurança" junto à fronteira. Informou-me, ainda, que a França estava disposta a facultar apoio logístico a um Batalhão e meios de transporte. Os americanos, segundo Chappellet, estariam dispostos a fornecer mais dinheiro como subsídio de viagem a ambas as partes beligerantes para as negociações de paz.

Afigurava-se-me, então, que qualquer força militar estrangeira que excedesse em muito os 300 homens (portanto, o equivalente a duas companhias reforçadas), para além de injustificável, seria susceptível de criar problemas sérios, não só sociais, mas, inclusive, políticos. O próprio Francisco Fadul, em confidência, dizia-me que não poderia governar o país com uma "força de ocupação estrangeira" ou percebida como tal.

Entretanto a convite pessoal do Presidente da República, numa clara manobra de *marketing* de imagem deste último, deslocaram-se a Bissau os seus "amigos de sempre", o empresário Manuel Macedo e o general Galvão de Melo, que foram pródigos em declarações e entrevistas à rádio governamental, criticando fortemente o executivo português, a nossa diplomacia em relação à Guiné-Bissau e, bem assim, a atitude "desleal" de Lisboa em relação a "Nino" Vieira e ao seu governo. Os referenciados, num prolongado exercício de encómios fáceis e gratuitos e, igualmente, de auto-afirmação e de auto-elogio arvoraram-se em "representantes do Povo Português" – principalmente, Manuel Macedo –, em "verdadeiros amigos" da Guiné-Bissau e, como não poderia deixar de ser, de "Nino" Vieira, que não se esqueceram de louvar em permanência e de salientar todas as suas apregoadas virtudes. De registar, que as intervenções em apreço deram origem a alguma polémica a nível local, tendo sido fortemente criticadas pela Rádio "Voz da Junta Militar". Os escassos portugueses ainda residentes em Bissau fizeram circular um abaixo-assinado denunciando a atitude dos supracitados e manifestando o respectivo apoio ao Governo português.

O convite de "Nino" Vieira a Macedo e Galvão de Melo, e no momento em que o fez, mais não era que uma simples manobra de recuperação do terreno perdido, para poder alegar que não estava isolado, que dispunha de "amigos" em Portugal e que nem todos os portugueses perfilhavam as ideias e posições do Governo de Lisboa.

As dificuldades na constituição do GUN e a Cimeira de Lomé

Com a indigitação do Primeiro-Ministro passava-se à etapa seguinte, ou seja à constituição do governo propriamente dito, que teria de ser composto em partes ainda a determinar pelo Presidente da República e pelo Comandante Supremo da Junta, matéria que, bem entendido, iria dominar os trabalhos da CECIAPA e concentrar as atenções da classe política e da Comunidade Internacional. No que concernia a distribuição de pastas, nem a parte governamental, nem a Junta Militar, queriam ceder no que tocava ao controlo das Forças Armadas e das polícias, pois manifestavam-se convictas de que aí residia o "Poder real." E, com razão, não só porque se tratava de pastas de soberania (Defesa e Interior), mas, antes do mais, porque a guerra, por razões óbvias, tinha que ver, precisamente, com aquelas duas áreas. Para além disso, numa pretensa lógica de vitória da Junta, a Defesa, a Segurança Interna e a organização do processo eleitoral constituíam pontos de honra, que os rebeldes não estavam, por forma alguma, dispostos a abdicar. Na óptica, do Governo, teoricamente ainda em funções, e do PR, perder o controlo das Forças Armadas e da polícia secreta consistia num cenário inimaginável, conducente ao fim político de "Nino" Vieira e do regime.

De imediato, concluiu-se que a solução não podia ter lugar no seio da Comissão, pois esta estava à partida incapacitada para tomar uma decisão de um tal jaez, que a ultrapassava pela respectiva magnitude política. Restava ou um entendimento, ao mais alto nível "Nino"-Mané, o que se revelava, em termos práticos impossível, por razões já anteriormente invocadas, ou por imposição (negociada, é certo) da CEDEAO, em reunião a ter lugar, presumivelmente, em território estrangeiro.

Este jogo político, cujas paradas podiam ser decisivas, não podia ser escamoteado, consequentemente a tensão começou a subir em Bissau, temendo-se o pior. Alguém teria de ceder e quanto antes.

Optou-se, muito naturalmente, pela solução de um encontro sob os auspícios da CEDEAO, que era o que fazia mais sentido. Foi, pois, sem surpresas que se soube que a constituição do GUN ficaria adiada, provavelmente, para uma cimeira a realizar em Lomé, a 14 de Dezembro, todavia não se dispunha de quaisquer certezas quanto aos eventuais resultados.

Neste quadro, os rebeldes apresentavam-se numa posição de força. Fortemente pressionado pelas bases, ou seja, pelos Comandantes e soldados da Linha da Frente e, suplementarmente, pelos parlamentares, o Brigadeiro Mané ameaçou que os seus homens passariam à ofensiva, caso as suas pretensões não fossem atendidas na capital do Togo.

Esta posição belicosa do "Comandante Supremo" e dos homens da Junta era recorrente. Foi uma constante no decurso da guerra civil. Sentindo-se com força, mostravam a musculatura sem qualquer complexo. O comportamento era típico de guerrilheiros que já não tinham nada a perder e jogavam no tudo ou nada. Se era, sem dúvida, um comportamento corajoso, não deixava, porém, de ser também invulgar, impulsivo e radical, eliminando ou, pelo menos, dificultando muito a via negocial. "Kabi" e a sua gente tinham de se acautelar.

"Nino" Vieira via o seu poder real reduzido à expressão mais simples e a respectiva carreira política a atingir o seu termo, salvo a ocorrência de qualquer acontecimento superveniente extraordinário e improvável que viesse alterar o curso da história. Era manifesto que João Bernardo Vieira ainda continuava a ser, do ponto de vista formal, o Presidente da Guiné-Bissau e que a sua capacidade de manobra confinada a um espaço mínimo, mas não a "zero", ainda subsistia. Para além disso, Francisco Fadul, apesar do seu optimismo idealista, depararia com as maiores dificuldades em governar a Guiné-Bissau; iria, certamente, cometer erros e a *entourage* de Kabi, que ainda não tinha abandonado o país, ou que não o tencionava fazer, não lhe faria a vida fácil.

As negociações de Lomé, conduzidas sempre em separado, pelos Presidentes da Nigéria e do Togo, com cada uma das delegações – excepto numa única ocasião – foram caracterizadas por extrema dureza e pela inflexibilidade de posições de ambas as partes. No final, registou-se uma total cedência de "Nino" Vieira às pretensões da Junta Militar – o que se afigurava inevitável, respeitando-se, quase na íntegra, a sua última proposta, apenas com uma concessão de vulto, mesmo, assim, condicionada – a pasta dos Negócios Estrangeiros e da Cooperação Internacional, que viria a ser preenchida por indicação do Chefe do Estado, mediante aprovação, prévia e explícita, do eventual indigitado pelo Primeiro-Ministro. Por outras palavras, Francisco Fadul podia "chumbar" qualquer candidato ao cargo que não merecesse a sua confiança política.

Com excepção daquela pasta e dos Ministérios da Agricultura e Pescas e da Justiça e Trabalho (esta de menor protagonismo e que seria entregue a um "tecnocrata"), o Chefe de Estado não controlaria quaisquer departamentos política ou economicamente importantes, como acabaria por herdar ministérios difíceis e de gestão complexa, na área social, como eram os casos da Saúde e da Educação, de grande exposição e vulnerabilidade. Para além disso, Fadul disporia de voto de desempate no Conselho de Ministros. "Kabi" perdia, assim, em toda a linha e sem possibilidade de recuperar o terreno perdido.

Segundo me relatou o próprio Ansumane Mané, o Ministro do Interior do Senegal, General Lamine Cissé, que tinha servido de "ponte" entre ele e "Nino" Vieira, perguntou-lhe em nome deste que pasta é que pretendia para si próprio no GUN, se a Defesa ou o MAI? Retorquiu que não queria qualquer pasta ministerial, nem lhe interessava o poder e que não tinha pegado em armas por uma questão de ambição pessoal, mas, apenas, para repôr a legalidade e a justiça na Guiné-Bissau. No íntimo, aspirava limpar o seu nome e passar à reserva com dignidade.

Aliás, registo que Mané foi devidamente aconselhado a não aceitar o que quer que fosse, em termos de pastas governamentais, pois automaticamente colocava-o numa posição de subalternidade em relação a "Nino" Vieira que, para todos os efeitos, era sempre o Chefe de Estado. Portanto, revelava-se imprescindível que compreendesse a natureza exacta dos presentes envenenados que lhe eram oferecidos e as artimanhas do adversário.

A segunda metade de Dezembro foi ocasião para que as partes avançassem com nomes para a formação do Governo. Mantive inúmeros contactos com Francisco Fadul e apercebi-me das imensas dificuldades com que se deparava para constituir o executivo, em que, por um lado, a margem de incerteza era enorme, num quadro de guerra ainda não dissipado; por outro, as dissensões, mesmo entre os elementos, simpatizantes e "ministeriáveis" da Junta eram cada vez mais profundas, já para não falar da rivalidade com os fiéis cortesãos de "Kabi" e com os nomes avançados pelo lado governamental; por outro ainda, tratava-se de um governo para "queimar" e com uma autoridade mais do que limitada, percepção esta que era clara para quase toda a gente.

Os anunciados princípios da acção governativa. A personalidade do PM. As áreas de interesse. O futuro relacionamento com Portugal

Por diversas ocasiões, Francisco Fadul referiu-se-me aos seus projectos quanto ao futuro imediato e, igualmente, aos seus propósitos quanto à transformação do país e das mentalidades, designadamente a implantação de uma verdadeira Democracia na Guiné-Bissau, o respeito absoluto pelos Direitos Humanos, a realização de eleições, o termo da corrupção, a transparência dos actos de Governo e a aplicação de uma verdadeira justiça social, entre outros temas.

Utilizava, no fundo, uma linguagem romântica e idealista, em muitos aspectos ingénua, porventura, mais próxima do ideário do século XIX, aqui e além com alguns resquícios de Maio de 68, que da dos nossos dias. Tratava-se de um homem trabalhador e honesto que, sob a capa de uma calma aparente, escondia um grande nervosismo interior e frequentes mudanças de humor, quase sempre imprevisíveis. Era patente que, quer na linguagem que utilizava, via de regra, maximalista, quer no comportamento diário, se detectavam alguns desequilíbrios. Possuía o que em linguagem comum se chama um feitio complicado e depararia, certamente, com algumas dificuldades em relacionar-se com os outros membros do Governo, *maxime* com os elementos que lhe seriam indicados por "Nino" Vieira. Os momentos de grande tensão na acção governativa – e cuja frequência se adivinhava diária – constituiriam um verdadeiro teste para as capacidades de Francisco Fadul.

Tanto quanto me apercebi, as suas preocupações dominantes em termos de acções concretas a desenvolver incidiam muito sobre questões de segurança interna (acabar com a polícia secreta e com o estado-policial), a defesa e as Forças Armadas (a reestruturação e reorganização destas; o problema dos antigos combatentes), as relações externas (a imagem externa da Guiné-Bissau e o bom relacionamento com os parceiros tradicionais, designadamente com Portugal, afirmando-se, desde a primeira hora, um lusófono convicto), justiça (tema permanentemente glosado) e assuntos sociais (a educação era uma das suas grandes prioridades). Estava menos à vontade na área económica e, se bem que partidário da economia de mercado, não lhe havia detectado qualquer interesse particular por esta área, limitando-se a fazer comentários de circunstância, com excepção de ferozes críticas pontuais à introdução do franco CFA na Guiné-Bissau.

Muitos dos temas citados eram recorrentes no vocabulário da Junta Militar e ajudavam até a explicar as posições assumidas quanto à distribuição de pastas.

Tendo em conta a circunstância do Ministério dos Estrangeiros e da Cooperação ficar nas mãos de uma personalidade da confiança pessoal de "Nino" Vieira, a política externa seria estreitamente controlada por Fadul e era também ponto assente que as importantes funções de Ordenador Nacional[333] seriam exercidas pelo Ministro das Finanças, cuja nomeação cabia à Junta Militar. Interessava, pois, esvaziar completamente as competências dos futuros membros do governo de nomeação presidencial e, sobretudo – não o disse, mas subentendeu-se – de acesso ao financiamento.

Fadul via as relações com Portugal não só como preferenciais, mas, sobretudo, fraternas, sem embargo dos dois países serem independentes, com economias diferenciadas, situados em pontos distintos do globo e prosseguindo interesses próprios. A seu ver, a Guiné-Bissau estava indissoluvelmente ligada a Portugal – e, na altura do conflito, mais do que nunca – por laços históricos, políticos, culturais, linguísticos, económicos e, até, de sangue. Em seu entender, a crise na Guiné-Bissau veio, pois, a aproximar ainda mais os dois países e rejeitar a presença de estranhos (referia-se à França, embora não a mencionasse explicitamente). Segundo me exprimia, a percepção política, desde o primeiro momento do conflito, das razões que levaram ao levantamento militar; a actuação pró-activa, porém, desinteressada e neutral de Portugal, assumindo posições equidistantes em relação às duas partes beligerantes e tendo dado, ao longo de toda a crise, continuidade e coerência a essa actuação, calaram fundo no coração dos bissau-guineenses. Aliás, à semelhança do que já me havia sido referido pelo dr. Domingos Fernandes, Presidente do Movimento Ba-fa-tá, "a identidade cultural e política da Guiné-Bissau na África Ocidental é a resultante da sua colonização por Portugal."

Todavia, este posicionamento colocava-nos numa posição ingrata, visto que se esperava muito mais de Portugal, o primeiro doador e o primeiro investidor na Guiné-Bissau, do que de qualquer outro país e essas expectativas não poderiam, de modo algum, ser defraudadas. A crise era muito profunda e, como me dizia, o então Presidente da ANP, Malam Bacai Sanhá, durante anos um pouco arredio em relação ao nosso país, "Portugal é, de facto, o único que nos pode

---

[333] Do Fundo Europeu de Desenvolvimento (FED), por conseguinte coordenador dos financiamentos da U.E. de ajuda ao desenvolvimento.

ajudar a sair desta crise". Frase que Francisco Fadul subscrevia, mas que nos colocava perante responsabilidades acrescidas, desafio a que teríamos de responder cabalmente, desconhecendo eu, em rigor, a nossa real capacidade de resposta.

Como governar um país exaurido, numa capital dividida, em que a liberdade de movimentos dos respectivos cidadãos estava fortemente condicionada, com ódios, recalcamentos e tensões acumuladas, com tropas de ocupação estrangeiras e sob a ameaça pendente de riscos de guerra?

Formulei estas perguntas a Francisco Fadul, como futuro Chefe do Governo, aliás na linha das preocupações que o próprio já me tinha expresso em Lomé. Mais e em concreto: como é que os titulares indicados pela Junta Militar iriam ocupar os Ministérios cruciais da Defesa e da Administração Interna, onde se encontravam os elementos afectos a "Nino" Vieira?

A resposta não tardou, mas desassossegou-me. O PM indigitado retorquiu-me que, após a sua tomada de posse, a Junta Militar preparava-se para entrar na cidade com 250 homens armados, apoiados por 2 ou 3 blindados e com peças de artilharia para protecção de todos os ministros da Junta, em particular o PM, os Ministros da Defesa e da Administração Interna. Repisava-me, pois, a estratégia do tudo ou nada. Tentei deitar alguma água na fervura, adiantando-lhe que a questão deveria ser pré-negociada, com a devida minúcia, com o PR, pois, não sendo assim, arriscava-se a criar uma situação complexa, inquietante e muito perigosa, podendo contribuir para um reacender imediato das hostilidades.

Como formar um governo minimamente funcional numa conjuntura de grande volatilidade e sem quaisquer garantias mínimas de segurança?

Depois do Natal e aproximando-se já o Ano Novo, continuavam a subsistir dificuldades na elaboração da lista de individualidades que poderiam integrar o futuro GUN por parte da Junta Militar. A dança de nomes continuava sem solução à vista, porquanto o PM indigitado, com ou sem fundamento, levantava objecções a algumas das personalidades sugeridas. Consequentemente, o colectivo da Junta, de um momento para o outro, preparava-se para impor soluções a Francisco Fadul, a gosto ou a contra-gosto.

Também as possíveis datas de posse do GUN, na altura meramente hipotéticas, concentravam boa parte das especulações, pretendendo-se que o Executivo tomasse posse quanto antes. Porém, as questões de segurança estavam, por razões óbvias, na ordem do dia e, por excelentes razões: nada poderia ser feito sem um mínimo de garantias e ninguém estava em condições de as poder dar. Por um lado, o Governo não poderia tomar posse sem a vinda da força da ECOMOG e, por outro, afigurava-se necessário um entendimento mínimo entre o PR e o Comandante Supremo para assegurar a segurança, não só de qualquer uma dessas duas personalidades, mas do próprio governo e das unidades militares no terreno.

Em mais um encontro Fadul-"Nino" que acompanhei de perto, servindo de "facilitador", toda esta temática veio à baila. O Chefe do Estado reputava de essencial um encontro bilateral dele próprio com o brigadeiro Mané para desbloquear os problemas de segurança existentes. Por seu turno, o futuro PM afirmou que a vinda da força da ECOMOG só se poderia concretizar, desde que houvesse firmado um acordo quadripartido (PR, Comandante Supremo da Junta Militar, PM e o Presidente da CEDEAO) com resposta satisfatória aos quesitos oportunamente formulados, tal como havia sido acordado na reunião de alto nível de Lomé.

Para F. Fadul, a tropa da ECOMOG deveria assumir as características de uma "força de observação", em que os militares que a integravam disporiam de "estatuto diplomático" e não de uma verdadeira força de "interposição" (o que, aliás, contrariava as disposições do Acordo de Abuja, como fiz ver ao visado).

Com algum optimismo, talvez pecando por uma grande dose de ingenuidade, Fadul dizia-me que se "assistia a uma normalização em todos os planos da vida nacional, até no plano pessoal", referindo-se especificamente ao seu relacionamento com "Nino" Vieira.

Ao entrarmos em 1999, apesar de alguns desenvolvimentos positivos – de que relevo os encontros entre "Nino" e Fadul, o que parecia constituir um esboço porventura ainda mal definido de confiança – globalmente, o quadro não se apresentava muito auspicioso. Para já, Fadul e a Junta tinham alguma dificuldade em concertar-se e acordar numa estratégia concreta. Em seguida, as dilações já introduzidas em todo este processo e as que se adivinhavam, designadamente as que tinham que ver com questões de segurança, faziam-nos duvidar que a posse do governo estivesse para breve, todavia na Guiné-Bissau e depois de tudo o que tinha assistido, nada era impossível. Para além disso,

"Nino" Vieira, vencido, mas não completamente, derrotado, começava, talvez, a ver neste quadro a possibilidade de reemergir, prevendo, por um lado, que o Governo se revelasse incapaz de levar a "carta a Garcia" e, por outro, que o seu mandato, por força dos atrasos no calendário eleitoral seria quase integralmente cumprido. Finalmente – e este é um aspecto crucial do problema – as forças da ECOMOG, independentemente das respectivas natureza e dimensão, deveriam preceder a formação do Governo, pois permitiriam a este governar sem a presença maciça de tropas senegalesas. Ora, o processo seguido foi exactamente o inverso, por conseguinte as questões de segurança – e de soberania – assumiam, por isso mesmo, maior acuidade.

Finalmente, no quadro da ECOMOG, a 26 de Dezembro, chegou a Bissau, o primeiro contingente de tropas togolesas (70 militares), a que se seguiu, nos dias subsequentes, um pequeno destacamento de soldados gambianos (40 soldados), perfazendo um total de 110 homens, ou seja o equivalente a uma companhia operacional. Não era um número de efectivos muito significativo, nem podia, seguramente, evitar contendas, mas era o início do processo de implantação da força de interposição.

CRÓNICA 34

Dakar, Santiago de Compostela, Lisboa, Bissau, Janeiro de 1999 a Abril de 1999
A guerra inacabada

Entre a África Ocidental e a Península Ibérica

Em finais de Dezembro, após algumas peripécias que relatarei, oportunamente noutra parte deste livro, fui coagido a actuar com muita firmeza perante as altas figuras do meu Ministério, numa ingénua posição de força que me viria a sair cara. Segui para Dakar, pedindo boleia num dos helicópteros franceses, rumo à Europa, para assistir ao casamento da minha filha em Santiago de Compostela, que teria lugar logo no início do ano. Não só me assistia esse direito, como inclusive, ainda me sobravam bastantes dias de férias. O Natal tinha-o passado, sem a família, na calidez tristonha dos trópicos, sem luzinhas, pais-natal, presépios ou bolos-rei, impedido que estava de abandonar Bissau. O mínimo que podia dizer é que o tempo não estava propriamente para festas, passe o eufemismo.

À chegada a Dakar, ainda eram horas para tomar o pequeno almoço e no hotel banqueteei-me com café, ovos, torradas e frutos tropicais. Afinal, por estranho que parecesse, estas coisas ainda existiam! Mais tarde, a convite do nosso encarregado de negócios na capital senegalesa, dr. Frederico Silva, fiz um *debriefing* dilatado para os embaixadores da União Europeia, a maioria acreditados também em Bissau. Foi inevitável o embate com o embaixador francês, André Lewin, que a páginas tantas me perguntou se o Presidente "Nino" Vieira era ou não o Chefe de Estado legítimo da Guiné-Bissau, como que duvidando da minha exposição pormenorizada sobre a situação no país vizinho. Respondi-lhe que efectivamente assim era, todavia, em circunstância alguma, um Presidente democraticamente eleito pedia a intervenção de tropas estrangeiras para se manter no poder contra a vontade do seu próprio povo. Não gostou do que ouviu, mas calou-se.

Segui rapidamente para Madrid e daí para Santiago de Compostela. Entretanto, a minha mulher já se encontrava em Espanha, tendo saído de Bissau uns dias antes do Natal, para preparar o casório, também à boleia nos helicópteros franceses.

Na Península, a atmosfera era festiva, a condizer com a quadra do ano que se vivia. Na euforia do *boom* económico, com fundos comunitários abundantes e acessíveis, em época de crédito cada vez mais fácil e dos habituais subsídios de Natal, gastava-se desenfreadamente sem se pensar no dia de amanhã. Estava, agora, bem longe das bolanhas, dos bairros de lata de Bissau, dos duelos de artilharia, do sofrimento continuado da população bissau-guineense, em suma, dos altos e baixos da guerra. Não dava bem conta de mim. Sentia-me num universo irreal, quase feito zombie, numa atmosfera exuberante e, a meu ver, excessiva que me confundia e tinha dificuldade em perceber. Pouco falava. Custava-me integrar num ambiente dito normal que, no fundo, era o que devia conhecer melhor. A Guiné-Bissau não queria literalmente dizer coisa alguma à maioria das pessoas, muitos não a saberiam seguramente localizar no mapa, mesmo com ajuda. Com excepção dos portugueses, os espanhóis – ressalvando, apenas, o meu futuro genro e os seus pais – não faziam a menor ideia de que havia por lá uma guerra, enfim, seria mais uma das muitas que proliferavam pelo continente africano e que não merecia mais que um bocejo entediado. Alguém lhes disse que eu era embaixador num ignoto país da África Ocidental. Respondiam, desinteressados: "Ah, sim!?", mudando rapidamente de tópico de conversa.

Também não me apetecia, nem de perto nem de longe, referir-me ao assunto. Queria esquecer, pelo menos, temporariamente, "Nino" Vieira e a Junta Militar, Ansumane Mané e os rebeldes de Casamansa, Fadul e o GUN. Mas, claro está, o meu falecido pai tinha de me fazer um comentário generalista sacramental, de que eu, aliás, estava à espera:

- Já sei que aquilo é muito difícil. Sabes, a gente aqui não faz bem ideia do que por lá se passa, mas o certo é que vais mudar de poiso. É o que interessa. Falta pouco.
- Sim, pai. É difícil. É complicado. Mas está a acabar.

Não havia, de facto, mais nada a acrescentar.

A paz ilusória. "Nino" preparava-se para o contra-ataque

No decurso de quase todo o mês de Janeiro, reinava uma paz aparente, ambígua e malsã em Bissau. A ausência de hostilidades significativas no terreno e o retorno de uma parte da população à capital, conferia alguma ilusão de normalidade, todavia não consolidada. As forças beligerantes continuavam no terreno armadas até aos dentes. O contingente da ECOMOG ainda não tinha chegado e as notícias quanto à sua vinda eram incertas. Nestas condições, o Governo, ainda em formação, não podia tomar posse. "Nino" e a sua gente mantinham-se estranhamente silenciosos, passando para o exterior a falsa mensagem de que estariam "resignados" com o *status quo*. Mas, para alguns – e sobretudo, para mim, apesar de me encontrar a mais de 3.000 quilómetros de distância[334] – as coisas não eram bem assim, tudo dava a entender que algo podia estar a ser cozinhado nos bastidores. Poder-se-ia argumentar que esta seria, no fundo, uma previsão banal, atendendo à conjuntura extremamente fluida que se vivia em Bissau.

Com a nomeação do PM e com a anunciada vinda do contingente da ECOMOG, a CECIAPA tinha deixado de se reunir, o que era um mau presságio – haveria que manter-se, ou, mesmo, forçar-se um diálogo permanente entre as partes, sabendo-se que não nos conduzia a qualquer resultado tangível, mas, pelo menos, evitava-se as escaramuças e procurava-se gerar alguma confiança entre os dois lados em liça.

---

[334] Seguia os acontecimentos através da telegrafia de Bissau, a que tinha acesso regular, e dos relatos orais que me faziam os colegas das Necessidades, designadamente o Director de África.

O PM indigitado e alguns elementos do seu futuro executivo participavam em reuniões e mesas redondas com representantes das agências da ONU (PNUD e OIM[335]), com os doadores e com as ONG's presentes na Guiné-Bissau. O tema único consistia em saber-se como reconstruir o país e, neste quadro, quais seriam as prioridades, tarefa de uma magnitude ciclópica e que, nas circunstâncias então vigentes, podia apenas ser vagamente aflorada. Em regra, à laia de introdução, a gente afecta à Junta procurava, de uma forma didáctica, nem sempre feliz e em manifesta perda de tempo, explicar (e explicar-se) aos presentes, a génese e o bem fundado do levantamento militar.

Em finais do mês, Francisco Fadul revelava algumas incertezas quanto ao futuro. Com efeito, o Primeiro-Ministro designado receava que o PR do Togo e Presidente em exercício da CEDEAO, quisesse aproveitar-se do presente processo para «branquear a sua imagem», atentas as acusações que sobre ele pendiam de violações dos direitos humanos, de falta de democraticidade no seu país e de desrespeito pelo estado de direito[336], mas não iria, certamente, opor-se à participação de Portugal.

Entretanto, confirmou que o batalhão da ECOMOG que entraria em território da Guiné-Bissau, em finais de Janeiro, seria apoiado logística e financeiramente pela França.

Francisco Fadul exprimiu algumas preocupações que não eram apenas fruto da sua imaginação. Com efeito, muito embora não identificando as ameaças, mas sem ocultar a respectiva existência, foi claro quanto à probabilidade de atentados à soberania da Guiné-Bissau, suscitando-se, em seu entender, a necessidade de preparar urgentemente um quadro adequado de respostas estratégicas. Assim solicitou explicitamente ao nosso Encarregado de Negócios que transmitisse às competentes autoridades portuguesas esta sua preocupação e que Portugal avaliasse a hipótese de «poder garantir a independência do seu país», sem, porém, apontar a modalidade que poderia concretizar essa garantia.

---

[335] Programa das Nações Unidas para o Desenvolvimento e Organização Internacional das Migrações.

[336] O Togo era então uma ditadura truculenta, à semelhança de *n* outras em África, conduzida pela mão de ferro de Eyadema e condenada unanimemente pelas democracias ocidentais.

Um ou dois dias depois, percebeu-se um pouco melhor este discurso inquietante, mas um tanto elíptico de Francisco Fadul. A seu ver, a CEDEAO tencionaria:

- organizar as eleições previstas no Acordo de Abuja;
- chamar a si o processo de reunificação das Forças Armadas;
- enviar para a Guiné-Bissau um contingente da ECOMOG de 5.000 homens (!).

O significado e alcance destas revelações geravam enormes apreensões e clarificavam as palavras de Fadul. As intenções desorbitadas da CEDEAO eram, por uma razão ou por outra, irrealizáveis e pareciam obedecer a uma agenda escondida. As ameaças à soberania podiam, pois, ser bem reais.

Na mesma ocasião (26 de Janeiro), em conversa havida com "Nino", foi abordado o estacionamento das tropas da ECOMOG e a sua regulamentação, o Presidente afirmou desconhecer o teor das propostas de ambos os lados – Junta Militar e CEDEAO –, então em debate, pelo que não poderia comentar com fundamento as mesmas. Tratava-se, obviamente, de uma mentira grosseira, que suscitava perplexidade, pois quem conhecesse "Kabi", sabia que este só estando muito afectado psicologicamente se poderia desinteressar da boa condução dos negócios do Estado. O Encarregado de Negócios português, no entanto, insistiu com o Presidente, recordando que um contingente de 5.000 homens já havia sido aventado e recusado em Abidjan, não compreendendo, pois, a razão da cifra apresentada, que pecava por notório exagero. O Chefe de Estado respondeu, de forma pouco convincente, que o contingente em causa teria sido aconselhado por «um General da ECOMOG», num relatório qualquer, sem elaborar muito mais sobre o assunto. Acabaria, contudo, por defender esse número máximo de efectivos militares por entender que estavam em causa a preservação da democracia e a legitimidade dos titulares dos cargos políticos. Finalmente, confrontado com a pergunta crucial e pertinente de se saber se não estaria, de facto, a entregar o seu país à CEDEAO. Retorquiu que «era a CEDEAO quem mandava na região» e que, portanto, achava natural que a Guiné-Bissau lhe ficasse submetida (*sic*). Ora, assim pensava o "patriota" João Bernardo Vieira, Presidente da República, eleito pelo sufrágio popular. Com efeito, para "Nino", a Guiné-Bissau, no fundo, não existia. Era uma pedra solta, uma "não entidade", subordinada aos ditames dos demais líderes e ditadores de meia-tigela da África Ocidental. Esta postura ocultava-nos, porém, parte do jogo de "Kabi". Este preparava-se, certamente, para fazer alguma: nada disto fazia sentido, nem era transparente.

Diametralmente oposta, era, como se sabe, a opinião de Francisco Fadul e da Junta Militar. Ainda antes da tomada de posse, já se anteviam, por conseguinte, choques frontais entre as duas partes, desta feita em questões vitais de soberania e com implicações graves para o futuro do país.

A 30 de Janeiro, recebeu-se uma nota da Embaixada de França, relativa ao calendário das operações de destacamento do batalhão da ECOMOG apoiado por Paris, prevendo-se o desembarque do primeiro contingente em Bissau a 1 de Fevereiro.

"Nino" – o último fôlego. A contra-ofensiva de 31 de Janeiro a 3 de Fevereiro

No último dia de Janeiro, "Nino" sentindo-se com força, provido com a indispensável "luz verde" de Dakar e, presumivelmente, com o amarelo intermitente de Paris, sem tropa da CEDEAO no terreno, à semelhança da ofensiva do "saliente" das Ardenas no Inverno de 1944-1945, na II Guerra Mundial, envereda pelo contra-ataque fulgurante, desrespeitando o que havia assinado, na estratégia de que ninguém-está-a-ver-e-no-meio-da-confusão-ainda-me-safo, igualmente convicto que, à semelhança dos alemães em Dezembro de 1944, criaria debilidades ao inimigo desatento e, porventura, cisões entre as suas hostes. A paz podre, vivida sempre em constante sobressalto, tinha decididamente acabado.

Os relatos então enviados pela embaixada em Bissau são bem elucidativos, como veremos:

31 de Janeiro de 1999
"Cerca das 5,00 horas da madrugada de hoje, irrompeu na zona de Bissaque tiroteio de armas automáticas e a espaços de RPG7, prosseguindo mais tarde com intervenção de artilharia, principalmente morteiros, disparados com maior intensidade parte tropas governamentais. Confrontação estender-se-ia a toda a linha da frente. Em número que não pude ainda determinar há a registar mortos e feridos entre população.

Ambas as partes se acusam reciprocamente estar na sua origem. Rádio Voz Junta Militar apontou expressamente como culpados 'senegaleses e franceses'...

...Uma granada de óbus caiu a 50 metros Chancelaria, no jardim da residência do conhecido empresário Jivá, ou seja, do outro lado da Av. Cidade Lisboa onde está situado complexo da Embaixada.

Comandante Zamora, aos microfones Rádio Voz Junta Militar, pediu a cessação hostilidades e serenidade à população.

Porta-voz da Presidência República, Eng.º Cipriano Cassamá, apelou aos «irmãos que estão do outro lado para que isto não continue», incitando população a não abandonar a capital....

...Algumas fontes pretendem ligar incidente a bloqueio verificado últimos dois dias lado Governo matéria de combustíveis, levando JM a retaliar com bloqueio de produtos agrícolas e carvão."

1 de Fevereiro de 1999

"Após 19,00 horas de ontem, tiroteio de artilharia aumentou significativamente, para cessar cerca das 22,00 horas, provocando abandono Bissau parte população. Disparos, à imagem do que sucede durante o dia, foram consideravelmente mais frequentes lado forças governamentais.

Manhã de hoje, cerca das 7,00 horas, por iniciativa forças governamentais, disparos de artilharia recomeçaram, subindo de intensidade até cerca 9,00 horas, com uso lança-foguetes múltiplo, para abrandarem cerca das 9,10. JM começou responder intensamente por volta das 9,30 horas. População encontra-se em fuga e ruas de Bissau estão desertas.

Comandante Zamora esta manhã, em comunicado divulgado por Rádio Voz da Junta Militar, aconselhou população a abandonar centro de Bissau, pois JM iria responder a provocações das tropas estrangeiras.

Alguns obuses caíram nas cercanias da Embaixada com estilhaços a tombarem no interior do complexo, mas trabalhadores e funcionários mantêm-se calmos."

1 de Fevereiro de 1999

"..Presidente Nino Vieira desde manhã cedo de hoje está incontactável, o que impossibilita qualquer diligência parte Representantes Estados-membros da UE com vista cessar hostilidades. Referidos Representantes partilham sentimento de que responsabilidade reinício combates cabe por inteiro a forças governamentais.

Todos lamentam acontecimentos dado Comissão Técnica Conjunta – integrando delegações JM, CEDEAO e PR – havia completado com sucesso sua missão de elaborar em comum projecto de acordo regulando o estacionamento das tropas da ECOMOG na RGB que já havia sido rubricado pelo Cor. Emílio Costa, Chefe da Delegação da JM (por questões de segurança quanto à versão acordada mas que não dispensa a assinatura formal do acordo, que compete de um lado ao Secretário Executivo da CEDEAO e do outro a Presidente República RGB e Comandante Supremo da JM).

Esta manhã, Embaixador de França, em face escalada do conflito, deu-me conta que preparava evacuação sua Missão, para o que dispunha de meios marítimos fundeados ao largo de Bissau, tendo-os oferecido com idêntica finalidade a esta Embaixada.

Delegado Comissão Europeia cerca 10h30, participou-me que iria abandonar este território aproveitando meios franceses.

Comandante Zamora, em comunicado leu na Rádio Voz da JM, cerca das 11h00, deu três horas à população para abandonar Bissau, acrescentando que próximos combates levariam JM até à vitória final."

Uma das questões pertinentes que o reacender do conflito suscitava consistia na assistência a facultar aos nossos compatriotas (alimentar, médica e medicamentosa) e a eventual necessidade de se proceder a mais uma evacuação. O número de portugueses que foi possível apurar rondaria os 190, incluindo os 22 elementos da nossa missão diplomática e da cooperação técnico-militar, que ainda se encontravam em Bissau. A embaixada dispunha de 480 rações de combate, ali deixadas pela "Vasco da Gama", não havendo problemas de água e de energia a assinalar. As rações de combate seriam suficientes para ocorrer às primeiras necessidades, caso se verificasse uma escalada no conflito.

Entretanto, "Nino" mantinha-se deliberada e permanentemente incontactável, apresentando os seus colaboradores desculpas esfarrapadas e contraditórias quanto aos lugares em que se devia encontrar, muito embora o nosso Encarregado de Negócios fosse portador de mensagens urgentes das presidências da U.E., do Togo e da CEDEAO. "Kabi", porém, evitava todo e qualquer contacto.

Posteriormente, soube-se que "Nino" teria negociado com o tenente-coronel Béréna, Comandante das forças avançadas da ECOMOG, uma declaração de cessar-fogo, sob pressão do Presidente Eyadema e também presidente em exercício da CEDEAO, aparentemente preocupado com a ameaça de ruptura do processo de paz e com a sorte das suas tropas.

Entretanto, um navio francês com um contingente da ECOMOG aproximava-se de Bissau, temendo o comando da Junta que aqueles militares se viessem juntar às tropas senegalesas e da Guiné-Conakry. Os disparos da artilharia rebelde tinham sido intensificados precisamente para evitar esse desembarque.

Em mais um ponto da situação, a embaixada dava conta dos últimos desenvolvimentos:

01 de Fevereiro de 1999

"Adido Defesa, Cor. Laia, comentou no final de hoje: 'foi um dos piores dias de todo este conflito'. Julgo que desabafo daquele respeitado oficial resumirá o que realmente ocorreu, com artilharia rompendo os céus num ritmo e sons infernais.

Notícias, sem possibilidade confirmação, indicam que forças da JM poderão ter avançado no sector NW de Bissau (área de Bissaque), aproximando-se da zona do QG (actual Estado-Maior do Exército), ultrapassando a linha de água (bolanha) que separava as forças no local e até à zona do Bairro Militar no sector Oeste de Bissau, a norte da estrada Bissau-aeroporto. Às 22,00 horas ainda se ouviam combates com armas ligeiras e, a espaços, rebentamentos de armas pesadas, com tracejantes cruzando os ares, presumivelmente no sentido NE-SW."

2 de Fevereiro de 1999

"Cerca 7,15 horas da manhã de hoje ouviram-se tiros de artilharia no centro de Bissau, com respostas de ambos os lados, sendo impossível determinar quem reiniciou hostilidades.

Por volta das 12,00 horas registava-se uma acalmia, ouvindo-se tiros esporádicos de artilharia, e matraquear de armas ligeiras e pesadas, mais ou menos intenso, vindo das linhas da frente. De qualquer modo centro da cidade foi claramente poupado por artilharia JM."

4 de Fevereiro de 1999

Dia de ontem, na continuidade se havia verificado durante a noite – 2 para 3 Fevereiro –, intensificou-se tiroteio de armas ligeiras e artilharia pesada – cerca das 07h30, principalmente zona da Granja e cercanias Estado-Maior do Exército.

Artilharia pesada foi particularmente intensa entre as 09h00 e as 11h00, com respostas ambos os lados. Alguns obuses caíram próximo desta Embaixada.

Partir das 11h00 assistiu-se a uma trégua, forma permitir aterragem avião no aeroporto de Bissalanca que transportava delegação do Togo, composta por Ministros da Defesa e dos Negócios Estrangeiros, com principal finalidade negociação cessar-fogo...

...Cessar-fogo foi assinado ontem por Ansumane Mané e Presidente Nino em presença do Ministro de Estado, Encarregado dos Negócios Estrangeiros e da Cooperação e Representante do Presidente em exercício da CEDEAO, Senhor Kokou Koffigoh, e declarado em vigor a partir das 15,00 horas do mesmo dia, sendo importante assinalar que acordo prevê o desembarque imediato das forças da ECOMOG.

Cerca das 18h30 registou-se um recrudescimento das hostilidades para regressar a acalmia, com disparos esporádicos de artilharia pesada e armas ligeiras pela noite dentro, que se prolongaram pela madrugada e manhã até cessarem cerca das 9 horas."

Entretanto registavam-se intensas movimentações de militares rebeldes para o Norte do país, aparentemente em direcção a Canchungo, onde existia um hospital e também de Bafatá (Leste) para reforço do flanco norte, presumivelmente no sentido de impedir o eventual avanço de tropas senegalesas.

Quanto aos guerrilheiros do MFDC, cujos efectivos totais deviam situar-se entre os 400 a 500 homens seriam deslocados para a defesa de Mansoa, ponto estratégico para o reabastecimento da Junta e de penetração para o interior do território em todas as direcções e que evitaria, no pior dos cenários, que as forças revoltosas que cercavam Bissau fossem atacadas pela retaguarda.

A intensidade dos combates em Bissau, durante 4 dias e esta dispersão de forças para Norte e Centro do território podiam revelar-se adversas aos interesses da Junta Militar, afigurando-se-me que esta ou estaria a deparar-se com dificuldades inesperadas ou a temer uma invasão senegalesa a Norte[337]. De qualquer modo, os 4.500 a 5.000 homens que a Junta dispunha em Bissau, bem como a quantidade apreciável de peças de artilharia com que contava podiam não ser suficientes para o assalto final. Entretanto, como se temia, crescia a insatisfação entre os homens da rebelião. Tanto quanto me apercebi mais tarde, a declaração de cessar-fogo não terá sido consensual do lado Junta Militar, o que iria agravar as clivagens existentes e pôr em causa a unidade e coesão manifestadas desde a primeira hora.

"Nino" tinha jogado no tudo ou nada, mas aparentemente a estratégia não resultou como pensava. A Junta foi abalada, sem dúvida alguma, mas resistiu bem e, ultrapassado o elemento surpresa, passou à ofensiva logo no final do primeiro dia de combates.

Muito embora os revoltosos, sem grandes jactâncias ou triunfalismos, clamassem vitória, o certo é que não haviam conquistado novas posições no terreno, estas mantinham-se estacionárias, sem alterações sensíveis. Em suma, podia considerar-se que o resultado desta batalha consistiu num "empate técnico", o que para "Nino", até ali em acentuada perda de velocidade, não deixava de ser positivo.

De assinalar que, no auge dos combates, em especial de 2 para 3 de Fevereiro, a propaganda hostil a Portugal e aos portugueses foi elevada a expressões extremas, indignas de quem as proferiu e, por vezes, com carácter difamatório[338]. Tratou-se de uma campanha antecipadamente preparada, não sendo fruto do acaso e bem integrada no conflito militar então em curso.Tratava-se de criar um bode expiatório, figura ciclicamente recuperada pelo lado governamental, sobretudo durante os períodos mais críticos da crise, na procura dos efeitos clássicos deste tipo de manobras[339].

---

[337] Admitia-se um reforço do dispositivo militar senegalês, com irradiações a partir da zona de Koldá.

[338] O Ministro dos Negócios Estrangeiros português foi classificado com o epíteto de "cabeça de vaca" na Rádio Nacional da Guiné-Bissau, um dos piores insultos em crioulo. Entretanto, Portugal era acusado de ser o principal responsável pela guerra civil (in "Expresso", edição de 6 de Fevereiro de 1999).

[339] A concepção e execução da campanha da Rádio Nacional teve como principais actores Baciro Dabó, Director-Geral Segurança, Barnabé Gomes, Assessor Imprensa do Presidente "Nino", Carlos Nhaté, Xico Marupa e, disfarçando muito mal o seu envolvimento

O acordo de cessar-fogo permitia dar seguimento aos trabalhos da Comissão Técnica Conjunta (Junta Militar – CEDEAO – PR) consentindo resultados positivos e concretos.

A respectiva consolidação requeria, porém, a rápida passagem à fase seguinte, ou seja à assinatura por todas as partes do projecto de acordo estipulando os termos do estacionamento das tropas da ECOMOG na República da Guiné--Bissau, pelo que se impunha a aceleração do calendário de negociações.

Na sequência dos últimos desenvolvimentos e dos contactos estabelecidos com os oficiais da CEDEAO, o tenente-coronel Béréna admitiu que se estava perante um endurecimento de posições da parte governamental, não por uma pretensa dinâmica de vitória da Junta, que não se verificou, mas por perda de confiança na respectiva liderança. Considerou ainda que o problema da retirada das tropas estrangeiras continuava a ser um tema central, no quadro das negociações então em curso, com ambas as partes a manifestar diferenças inconciliáveis.

Finalmente, o inquérito, realizado pela ECOMOG e divulgado uns dias depois, provaria que a responsabilidade dos incidentes de 31 de Janeiro caberia inteiramente às forças leais ao PR e às tropas "aliadas", o que reforçava a opinião expressa pelos observadores independentes. O nosso Adido de Defesa, Coronel António Laia, disse-me que as acções de fogo de armas pesadas, naquela data, começaram, cerca das 8h00, da cidade de Bissau para o exterior e que a Junta Militar só começou a responder às 14h00. A estratégia de "Kabi", desrespeitando flagrantemente o que assinara, era já clara para toda a gente.

Os *media* lusitanos retrataram o agravamento da situação político-militar, com alguns títulos e artigos bombásticos, muitos nem sempre rigorosos[340], o que, curiosamente, ocorreu nas vésperas da visita do presidente gaulês, Jacques

---

nesta operação, também Conceição Évora, Directora da Emissora. Alguns dos referenciados acompanharam "Kabi" no exílio em Portugal, a quem o governo português abriu, incompreensivelmente, as portas de par em par.

[340] A título de exemplo, " Bissau foi de novo palco de tiroteio" ("Diário de Notícias" de 1 de Fevereiro de 1999), "Nino e Mané em guerra total" ("Público" de 2 de Fevereiro de 1999), "Junta Militar prepara assalto final a Bissau" ("Diário de Notícias" de 2 de Fevereiro de 1999), "Situação agrava-se na Guiné-Bissau – Portugal vai retirar cidadãos" ("Público", de 3 de Fevereiro de 1999), "Sem perspectivas de trégua" ("Diário de Notícias" de 3 de Fevereiro de 1999), "Nino Vieira e Mané aceitam cessar-fogo" ("Jornal de Notícias" de 4 de Fevereiro de 1999).

Chirac, a Lisboa. Este, confrontado com manifestações populares de imigrantes bissau-guineenses em Portugal viu-se forçado a desmentir qualquer envolvimento da França no conflito armado na Guiné-Bissau[341]. Também o futuro Primeiro-Ministro, Francisco Fadul, acusou Paris de se imiscuir no conflito armado do seu país. Assim parecia ser. Os indícios apontavam iniludivelmente nesse sentido.

Des jeux dangereux et interdits – **Paris queria definir o jogo, as regras e os jogadores.**

Desde o ínicio do conflito que a França, pela voz do Ministro delegado para a Cooperação, Charles Josselin, desmentia formalmente o seu envolvimento na guerra civil bissau-guineense e o seu apoio ao Senegal. Todavia, isso era contraditado pelas declarações do seu representante em Dakar. Com efeito, em entrevista ao jornal senegalês *Le Nouvel Horizon*, em 27 de Novembro de 1998, o embaixador francês, André Lewin, referia o seguinte:

"Não lhe vou fazer a contabilidade das munições, dos equipamentos, das reparações de veículos, das horas de voo que serviram para acompanhar os diversos equipamentos de que faziam parte, entre outras coisas, coletes antibalas, rações de combate, *very lights*, etc. É má fé dizer que o exército francês abandonou o exército senegalês ou o Senegal nesta operação [na Guiné-Bissau]"[342]

Em várias crónicas deste livro, denunciei o envolvimento francês na guerra civil e, bem assim, a defesa arrebatada e permanente de "Nino" e do seu regime pseudo-democrático e corrupto contra ventos e marés, sobretudo, à revelia do sentimento popular dos bissau-guineenses, dando apenas prioridade aos seus interesses nacionais egoístas. Todavia, bem mais grave foi a implicação gaulesa na última fase do conflito.

---

[341] "França desmente intervenção" ("Público" de 3 de Fevereiro de 1999), "Chirac desmente envolvimento na Guiné" ("Público" de 5 de Fevereiro de 1999).
[342] Citado por Verschave, François-Xavier, "Noir silence", p. 76, Editions des Arènes, Paris, 2000. V. também "Billets d'Afrique", nº. 72 – juillet-août, 1999.

Assim, como relata Verschave: "em finais de Janeiro de 1999, antes da chegada da força de interposição, uma bateria de canhões franceses de 155 mm foi entregue aos aliados de Vieira. Isso provoca uma retoma breve mas muito violenta da guerra civil, matando mais de uma centena de habitantes de Bissau. Pouco depois, o embaixador da França, François Chappellet, confia a um diplomata: *'Se tivéssemos tido mais cedo essa artilharia de 155 mm, teríamos ganho.'* Um '*nós*' edificante! Contra um governo de unidade nacional, apoiado por uma assembleia [ANP] muito representativa..."[343]

Posso assegurar que não foi comigo que Chappellet teve o desabafo, mas conhecendo-o, como eu o conhecia e não constituindo a política africana da França para mim uma incógnita, não me custa nada acreditar que o tenha proferido.

Quando da contra-ofensiva de 31 de Janeiro – 3 de Fevereiro, Francisco Fadul denunciou os bombardeamentos da artilharia naval senegalesa, com uma inabitual precisão de tiro, o que só seria possível com apoio militar técnico francês e, mesmo, acções operacionais na linha da frente envolvendo militares gauleses.[344]

Em entrevistas e declarações à imprensa portuguesa, em finais de Fevereiro, o PM tinha perdido a paciência com a França e a sua constante interferência nas questões sub-regionais e internas da Guiné-Bissau. Fadul " acusou repetidas vezes aquele país de não só dar apoio logístico ao Senegal como ainda de ter soldados na frente de combate"[345], constava, então, que a NATO dispunha de fotografias de satélite que provariam um envolvimento francês no conflito.

---

[343] Ibidem, p. 78. V. "Billets d'Afrique" nº 72, já citado. Cfr., igualmente, Roy van der Drift "Democracy: Legitimate warfare in Guinea-Bissau" in *Soronda*, Revista de Estudos Guineenses, INEP, Bissau, Dezembro, 2000 – p. 57.

[344] Muitos autores e inúmeros artigos publicados na imprensa referem-se a este alegado envolvimento militar francês na Guiné-Bissau, de forma categórica, que não deixa lugar a muitas interrogações. Gérald Gaillard, por exemplo ("La guerre en son contexte: histoire d'une erreur politique", in *Soronda, op. cit.*, p. 244), afirma: "É certo que o exército francês forneceu aos lealistas novas armas (designadamente, canhões de 155 mm) e provável que durante estes combates os militares franceses fossem mais activos na capital. A sua presença é inegável, mas o seu número permanece um mistério. Sem dúvida não seriam muito numerosos porque a discrição seria a palavra de ordem. A opinião pública francesa não estaria disposta a aceitar uma intervenção militar num país de que ignorava a própria existência."

[345] "As malhas que a França tece na Guiné", in "O Independente" de 26 de Fevereiro de 1999. Apesar de existirem vários testemunhos (entre eles o de um padre italiano), nunca

Mais uma de "Nino" Vieira: a suspensão da cooperação técnico-militar

Não contente com a propaganda hostil contra Portugal, "Nino", sentindo ilusoriamente que ainda mandava na Guiné-Bissau, em mais um gesto inamistoso, mandou suspender a cooperação técnico-militar com o nosso país, através de uma nota verbal do Ministério dos Negócios Estrangeiros e da Cooperação, de 8 de Fevereiro, em que solicitava «a retirada temporária de todos os elementos ligados aos serviços de Cooperação Técnico-Militar, até à efectiva normalização da vida sócio-económica e política da Guiné-Bissau."

Em encontro com o Eng.º Cipriano Cassamá, porta-voz da Presidência da República, a quem foram pedidas explicações sobre o teor da referida nota, aquele responsável (aliás, subscritor do próprio documento) começou por defender os termos da mesma, acrescentando que os elementos ligados à CTM seriam vistos com frequência passeando-se pela cidade, sem aparente justificação. Foi-lhe retorquido que os respectivos militares portugueses não tinham por missão a recolha de informações, nem sequer dispunham de meios para o efeito, pelo que se afigurava que a acusação implícita – de espionagem, entenda-se – não tinha qualquer fundamento. Além disso, a quase totalidade dos seus efectivos tinha abandonado o país logo nas primeiras semanas do conflito. Foi manifestada a maior estranheza pelo teor da nota e foram suscitadas da nossa parte dificuldades em dar-lhe execução imediata. Demos a entender, veladamente, que entraríamos no jogo de arrastar os pés. Cassamá ficou de reavaliar a situação. O certo é que depois dos acontecimentos do início do mês, "Nino" sentia-se com mais músculo. A anunciada presença de forças aero-navais portuguesas nas proximidades das águas territoriais da Guiné-Bissau, poderia, em alguma medida, explicar a subida de tom por parte das autoridades. Todavia, bem vistas as coisas e atenta a debilidade estrutural das forças leais a "Nino", a atitude assumida era de uma manifesta estupidez.

Também a encarregada de negócios sueca foi convocada no mesmo dia ao palácio e convidada a não proferir declarações alegadamente falsas à imprensa sobre a situação politico-militar, sobretudo no tocante a tropas estrangeiras (senegalesas e da Guiné-Conakry). A proceder de outro modo, as autoridades legítimas reagiriam em conformidade.

---

se provou, sem margem para dúvidas ou contestações, a presença de militares franceses directamente envolvidos em acções de combate.

Tratava-se, por conseguinte, de tentativas meio-desajeitadas para calar quaisquer vozes discordantes. Estas atitudes revelavam que os duros se tinham apossado definitivamente das rédeas do poder, aproveitando o vazio existente. O presidente dispunha, agora, de uma "equipa de combate" para o período difícil que se avizinhava, mas cuja direcção se ignorava. "Nino" sentia-se ilusoriamente com força e podia enveredar por novas aventuras. A mentalidade da fortaleza sitiada evoluía para uma paranóia generalizada de contornos imprevisíveis e tinha assentado arraiais no palácio presidencial.

Nesse mesmo dia, fui informado pelos Coronéis Laia (Adido de Defesa) e Evaristo (responsável pela CTM) que o Conselheiro Presidencial Engº. Cipriano Cassamá havia intimado os oficiais da CTM a abandonarem o território nacional da Guiné-Bissau, nos termos da nota verbal atrás referenciada, temendo-se que fossem exercidas represálias de vária ordem, no contexto da situação que se vivia na capital e no âmbito dos poderes que eram, aparentemente, conferidos ao Engº. Cassamá por parte do PR. A respectiva ascensão daquele no *inner circle* de "Nino" Vieira, sem constituir um dado novo, assumia, conjunturalmente, uma dimensão que mês e meio antes não tinha.

A saga da CTM continuava, com justificações absurdas e desprovidas de nexo, mas tudo levava a crer que o PR e a sua *clique* estavam dispostos a abrandar a velocidade ou mesmo a engrenar a marcha atrás. Dizia-me Cassamá uns dias depois (11 de Fevereiro): "Há confiança por parte do PR em Portugal... mas para preservar a cooperação entre os nossos dois países solicitou-se a retirada provisória dos elementos da Cooperação Técnico-Militar...Não existe qualquer má intenção da nossa parte, apenas o desejo de protecção (*sic*) dos técnicos militares que estão no nosso país..."

Contra-argumentei, de imediato, afirmando-lhe que eu próprio dispunha de uma protecção pessoal mínima e estava exposto a mais riscos que qualquer outra pessoa. Que a minha mulher, que se encontrava na capital e tinha estado presente durante toda a minha permanência em Bissau, idem. Que os diferentes funcionários da Embaixada não dispunham de qualquer protecção. Que, além disso, aqueles militares nunca a haviam solicitado, em nenhuma circunstância. Por conseguinte, a argumentação apresentada não me parecia consistente.

À medida que o tempo ia passando e estando já criadas as condições para a tomada de posse do Governo de transição, com a anunciada saída de uma parte significativa do contingente senegalês, numa reviravolta de 180º, mal tinham passado 24 horas, o PR referiu-me o seguinte (transcrevo dos meus próprios apontamentos o que então escrevi, porque o golpe de rins era de facto extraordinário):

"Não existia qualquer problema [com a CTM] e de concreto nada havia sido feito [por parte das autoridades locais, entenda-se]. Subsistia um mal-entendido que convinha dissipar. Se eles [os militares da CTM] quiserem voltar que venham. Tudo isto foi feito na boa-fé. Mais. Se pretendem voltar, hoje, mesmo, ou amanhã, que regressem. Não há qualquer desejo ou intenção da nossa parte de suspensão da cooperação técnico-militar ou de qualquer outra."

Fiquei completamente siderado. Quase não acreditava no que estava a ouvir. Assim, na parte final da conversa, para que as coisas ficassem inequivocamente claras, vi-me na obrigação de lhe ler as frases acima transcritas, solicitando-lhe que confirmasse cada uma delas, o que fez, com um sorriso nos lábios (!).

A ansiada chegada da ECOMOG

Em 9 de Fevereiro chegavam finalmente vários contingentes expressivos de forças da ECOMOG a Bissau, cerca de 300 militares, transportados pelo navio de guerra francês *Sirocco*. No dia seguinte (10 de Fevereiro), desembarcava um destacamento de tropa gambiana, 136 homens.

Assim, previa-se, numa primeira fase, a retirada gradual de forças do Senegal e da Guiné-Conakry, equivalente ao número de efectivos entrado, que iria aumentando, com a chegada de novos militares até à retirada total e definitiva dos aliados de "Nino" Vieira que coincidiria com o estacionamento final de todo o dispositivo da ECOMOG programado.

A missão da força da ECOMOG consistiria na separação das partes beligerantes, na reabertura do porto e aeroporto, na segurança urbana (substituindo as forças senegalesas nos "checkpoints" e na protecção do PR e do Governo) e, bem assim, no estabelecimento de um "cordão de segurança" junto à fronteira de Casamansa.

Pareciam, pois, estar criadas as condições mínimas para a tomada de posse do GUN. Todavia, desconheciam-se ainda os nomes propostos pelo Presidente da República e temia-se que "Kabi" nomeasse João Cardoso (um dos seus fiéis para a pasta) o que mereceria um rotundo não do PM indigitado e da própria Junta e constituiria um novo foco de tensão.

A retirada das tropas estrangeiras

Já a 9 de Fevereiro, a Rádio Voz da Junta Militar anunciava a saída das tropas estrangeiras da Guiné-Bissau, nos termos do protocolo de entendimento acordado entre as 5 partes envolvidas ("Nino" Vieira, Junta Militar, ECOMOG, Senegal e Guiné-Conakry) que obedeceria ao seguinte esquema: retirada de 1200 efectivos até ao dia 14 e os restantes até final do mês, informação que me tinha sido confirmada, pelo Comandante Zamora Induta e pelo PM indigitado. Todavia, Francisco Fadul sublinhou que ainda subsistiam dificuldades dos lados senegalês e de "Nino" Vieira, uma vez que ambos exigiam da parte da Junta a retirada dos rebeldes casamasenses (300 a 400 homens, possivelmente mais) que tinham combatido ao lado de Ansumane Mané. Apesar da resistência de Fadul e dos militares da Junta, fiz-lhes ver que a pretensão era perfeitamente razoável.

Em conversa com o futuro chefe do governo, este informou-me que após a destruição de um dos 4 paióis de Brá, em Junho último[346], tinham sido feitas, recentemente, escavações no local e encontraram-se novas dependências intocadas pela explosão, onde foram descobertas grandes quantidades de armamento e muitas munições. Escusado será de dizer que todo este material já estava "em boas mãos", ou seja sob controle da Junta Militar. O caminho estava, pois, aberto a novas confrontações.

Eu próprio, à semelhança de outros que também o fizeram, sugeri ao PR e ao PM indigitado que o GUN tomasse posse tão depressa quanto possível, mesmo com a presença de algumas tropas senegalesas. Embora um tanto relutante, Fadul transmitiu a mensagem ao Comando Supremo da Junta que, na noite de 11 de Fevereiro deliberou, por maioria, aceitar a proposta, sob certas condições. Era um passo importante no processo de "normalização" da Guiné--Bissau.

Um dos pré-requisitos da Junta consistia na assinatura de um Protocolo adicional ao Acordo Abuja, amiúde designado por estatuto-quadro, contemplando

---

[346] Vd. Crónica 27.

o mandato da ECOMOG, a calendarização da retirada das tropas estrangeiras (senegalesas e da Guiné-Conakry) e a constituição da comissão mista (ECOMOG, Junta Militar e representação de "Nino" Vieira) para a desmobilização e desmilitarização nacionais.

Segundo me disse Francisco Fadul, o protocolo teria de ser assinado por todas as partes envolvidas, incluindo o Secretário-Geral da CEDEAO, Lansana Kouyaté, e que, em 3 ou 4 dias o GUN poderia tomar posse.

Quanto à calendarização da retirada das tropas estrangeiras, subsistiam algumas divergências entre os meus interlocutores: Fadul insistia que 1200 senegaleses deveriam sair até ao dia 14 e os restantes até final do mês; Cassamá, porém, arguiu que o calendário poderia ser um pouco mais dilatado no tempo, do que o inicialmente previsto, mas que se procuraria respeitar o espírito do que foi acordado entre as partes. Para os "ninistas", a procrastinação estava, como sempre esteve, na ordem do dia.

Por outro lado, os cortesãos do palácio, designadamente Cassamá, insistiam muito na concretização de um encontro Vieira-Mané, em território nacional, que poderia ser "facilitado" pelos mediadores internacionais.

De qualquer maneira – e sem prejuízo de um ou outro pormenor ainda por solucionar –, com a saída de, pelo menos, 1200 soldados senegaleses, pensei que estavam reunidas as condições mínimas para a tomada de posse do Governo.

Um parto particularmente difícil: como e quando seria investido o GUN?

Por ocasião do meu encontro com o PR, em que este dava o dito por não dito relativamente à "suspensão temporária" da CTM, "Nino" considerou da maior urgência a entrada em funções do novo Governo, observando que a situação se estava a tornar insustentável e que o país não podia continuar, por muito mais tempo, a viver naquelas condições – para mim este discurso era despiciendo e redundante, pois tudo o que me era relatado constituía a mera asserção do óbvio. João Bernardo Vieira solicitou a ajuda de Portugal para que tal se concretizasse o mais rapidamente possível e que exercesse alguma influência sobre "o outro lado". Não existindo alternativas e goradas as veleidades de se impor pela força das armas, agora que os amigos senegaleses faziam as malas para irem de abalada, "Nino" voltava-se de novo para Portugal – a última tábua de salvação.

Relativamente à retirada das tropas estrangeiras, "Nino" Vieira asseverou-me que, com a vinda do contingente gambiano, já se encontravam em Bissau 600 soldados da ECOMOG, mas o número era ainda insuficiente para permitir a retirada das "forças aliadas". A seu ver, aquelas só poderiam sair na totalidade quando os efectivos da ECOMOG totalizassem 1450 homens. Além disso, a força de interposição teria também de ser estacionada na fronteira norte. Haveria que encontrar-se financiamento para esta operação, ou seja para o remanescente de 850 soldados, que, em seu entender, eram indispensáveis. Solicitou-me, reiteradamente, que Portugal pudesse, de algum modo, ajudar a Guiné-Bissau, financiando a vinda desse contingente. Em suma, "Nino" jogava desesperadamente nos factores tempo, financiamento, logístico e técnico-militar para poder sobreviver.

O nosso país subitamente perdia o estatuto de vilão e aparecia, agora, como um anjo salvador, livre de toda e qualquer mácula. Os humores presidenciais, de facto, variavam muito. Além disso, Portugal poderia sempre servir de cofre pagador para tudo e mais alguma coisa, sentimento, como eu bem sabia, prevalecente em toda a sociedade bissau-guineense, não se circunscrevendo apenas ao palácio presidencial.

Entretanto anunciava-se a vinda, a 14 de Fevereiro, da Comissária Europeia, responsável pela ajuda humanitária, Emma Bonino, o que seria ocasião para "Nino" e Mané manterem o primeiro encontro em território nacional, nas instalações da delegação da Comissão Europeia, questão que estava já a ser negociada com celeridade.

Aceite o princípio e modalidades da retirada da tropa "aliada", apesar das habituais vicissitudes e de arestas ainda por limar, nada obstava a que o GUN não pudesse tomar posse, no imediato. Todas as partes estavam de acordo. A cerimónia de investidura ficou, assim, aprazada para 20 de Fevereiro, dependendo, apenas, da aceitação por parte do Presidente em exercício da CEDEAO, General Gnassingbé Eyadema.

Uns dias depois, Fadul comentava-me: "Com ou sem soldados senegaleses vou tomar posse no próximo fim-de-semana. Depois se verá...Os senhores convenceram-me e as pressões foram muitas".

As questões de Defesa e de Segurança Interna, na perspectiva do futuro Governo

Em conversa, o PM indigitado afirmou-me, de modo terminante que pretendia o reatamento imediato da Cooperação Técnico-Militar, logo que o GUN tomasse posse, até porque, em seu entender e igualmente do futuro Ministro da Defesa, dr. Francisco Benante, com quem também me avistei, "trata-se de matéria da exclusiva competência do Governo e não do Presidente da República". Logo, a decisão da suspensão temporária da CTM por parte do Chefe de Estado, no entender de ambos, era nula e de nenhum efeito.

Mais me informou, a título completamente sigiloso, que era sua intenção negociar e assinar, com a maior brevidade possível, um Acordo de Defesa Mútua entre Portugal e a Guiné-Bissau. Pretendia, entre outras coisas, que Portugal estabelecesse uma base aero-naval no país (!), um pouco à semelhança do que faziam os franceses por toda a África francofona, "até, como acção preventiva, ou seja para evitar que certo tipo de coisas ocorressem", como havia sido o caso na Guiné-Bissau. "Daremos um exemplo, não só ao espaço lusófono, mas ao mundo, pondo definitivamente para trás todos os complexos coloniais," concluiu. Limitei-me a tomar boa nota e a informar Lisboa em conformidade.[347]

O caso bicudo do embaixador da Guiné-Bissau em Lisboa

Na fase inicial do conflito armado, fui surpreendido com o pedido de *agrément* para o novo embaixador da Guiné-Bissau em Portugal, dr. Adelino Mano Queta. Escusado será de dizer que o referenciado era um homem de mão de "Nino" Vieira, integrava o grupo dos incondicionais do regime e, por conseguinte, era malquisto pelos rebeldes. Em contrapartida, o então titular, José Batista, era um simpatizante da Junta e actuava abertamente em prol da rebelião nas ruas e bairros da "Grande Lisboa" junto dos seus compatriotas. Informei os meus interlocutores no MNE de tudo isto e fiz-lhes ver que conceder o *agrément*,

---

[347] Tratava-se de uma proposta de grande dimensão e importância, que tinha de ser devidamente ponderada em todas as suas implicações e inédita a nível dos PALOPs. Cfr. a este respeito o que se diz na nota 354.

naquelas circunstâncias, não fazia qualquer sentido e podia afectar gravemente os nossos interesses, uma vez que nos encontrávamos numa situação de guerra e pretendíamos assumir uma posição neutra de mediação. Ao aceitarmos o pedido, fazíamos uma óbvia concessão aos caprichos de "Nino" Vieira. Acrescia, ainda, que a situação era demasiado movediça em Bissau e tudo podia acontecer. Não obstante, a Junta já dispunha de vantagens indiscutíveis no terreno. Por conseguinte, era mais avisado dar tempo ao tempo e arrastar os pés, tanto quanto nos fosse possível, até a situação se clarificar em definitivo.

Aos meus comentários e sugestões, Lisboa, como se vivêssemos numa situação de completa normalidade, fez ouvidos de mercador e entendeu que devia dar um tratamento de rotina ao assunto, acabando por outorgar a sacramental "luz verde" passadas umas semanas. Esta situação era simplesmente mirabolante: para o Largo do Rilvas, o conflito armado na Guiné-Bissau nunca existiu! Confrontava-me, pois, com o discurso da esquizofrenia pura e tinha de viver com ele!

Em Novembro, recebo uma nota do Ministério dos Estrangeiros local informando que a "missão do actual Embaixador da República Guiné-Bissau em Portugal atinge o seu termo em 15 de Dezembro, ficando a gerência da Embaixada entregue ao Encarregado Negócios, até à chegada do novo Chefe de Missão, dr. Adelino Mano Queta." Por conseguinte, o MNE arrostava uma incontestável situação de facto: tinha de fazer andar o processo, quer lhe agradasse, quer não, uma vez que o *agrément* tinha sido concedido, nos termos legais e protocolares.

O assunto, porém, complicava-se. Num dos muitos encontros que mantive com Francisco Fadul em Fevereiro de 1999, este referiu-me, de forma inequívoca, que o Embaixador da Guiné-Bissau em Lisboa continuava a ser o dr. José Pereira Baptista, com quem acabava de falar ao telefone e pessoa em quem depositava "total e absoluta confiança." Esclareci-o relativamente ao pedido de *agrément* já concedido ao dr. Adelino Mano Queta e à situação confusa que se podia gerar, uma vez que ambos se encontravam em Lisboa: o primeiro devidamente credenciado e o segundo em vias de o ser, aliás aguardando apenas a data de apresentação de credenciais. Solicitou-me então Fadul que transmitisse ao Governo português que não fosse dado qualquer seguimento ao processo. Assim fiz.

Indiferente às minhas recomendações, o processo, porem, seguia os seus trâmites, sem desenvolvimentos dignos de menção.

Muito mais tarde, já em vésperas da minha partida definitiva da Guiné--Bissau, em finais de Março, o Chefe de Estado voltou à carga e trouxe, mais uma vez à colação, o problema do novo Embaixador da Guiné-Bissau em Lisboa, exibindo-me cópia de uma nota que eu tinha enviado ao PM e que tinha igualmente dado conhecimento à Ministra dos Estrangeiros, Hília Barber, na qual solicitava esclarecimentos quanto às intenções do Governo da Guiné-Bissau relativamente ao próximo desempenho de funções do dr. Adelino Mano Queta. Mostrou-se extremamente agitado e nervoso. Começou por me dizer que, nos termos da Constituição do país, quem nomeava os embaixadores era ele, enquanto Presidente da República e não o Governo. Nesta ordem de ideias o envio da nota para o PM não se revestia de qualquer utilidade e consistia num factor de perturbação. Retorqui-lhe que, como ele próprio sabia, o *agrément* tinha efectivamente sido concedido ao dr. Adelino Mano Queta. Todavia, encontrando-se um novo Governo em funções e tendo este manifestado a intenção de ponderar todas as nomeações para altos cargos do Estado, foi-nos solicitado um compasso de espera relativamente à apresentação de credenciais do novo Embaixador em Lisboa, o que, aliás, *mutatis mutandis* se aplicaria, igualmente, a outros casos. Tendo já transcorrido um lapso de tempo considerável, solicitávamos, com toda a transparência, na nota em referência que o assunto fosse clarificado por quem de direito, com a possível celeridade. Interessava-nos, para nossa orientação e boa ordem, que a questão fosse esclarecida de uma vez por todas. O nosso interlocutor era o Governo da Guiné-Bissau e por essa razão lhe pedimos que se pronunciasse sobre a matéria vertente. Além disso, sem prejuízo da nomeação dos embaixadores competir ao Chefe do Estado, assistia ao Governo o direito de propositura.[348]

---

[348] No final da guerra civil, quando da destituição de "Nino" Vieira, o "Diário de Notícias", na sua edição de 19 de Maio de 1999, sob o título "Portugal sofre derrota na UE e Nino fez chantagem", referia que "Nino fez depender a concessão do *agrément* ao embaixador António Dias [o meu sucessor] da imediata viabilização da substituição do embaixador da Guiné-Bissau em Portugal, João Pereira Batista.

Lisboa cedeu à exigência de Nino e, em dois dias, aceitou a promoção de tal susbtituição, pelo que o embaixador João Pereira Batista teve que ceder o lugar a Adelino Manu Queta, diplomata de confiança do presidente deposto." Estas afirmações não correspondiam à verdade dos factos. Tratou-se de uma enorme confusão jornalística de permeio com fantasias. Com efeito, contra o meu parecer, o *agrément* tinha sido concedido em boa e devida ordem e já havia algum tempo. Na fase em que nos encontrávamos, queríamos apenas saber se o novo governo, tendo em conta os desenvolvimentos recentes, queria manter a nome-

Não gostou e resmungou qualquer coisa entre dentes.

Tanto quanto sei, Adelino Mano Queta foi embaixador em Portugal, entre 1999 e 2000. José Pereira Batista foi Ministro dos Negócios Estrangeiros do GUN, quando "Nino" foi apeado do Poder.

Lisboa, mais uma vez, tinha metido a pata na poça.

A visita da "Pomba branca"

Emma Bonino, muito pálida e loura, contrastava com a cor escura quase azulada e brilhante da multidão compacta de bissau-guineenses que acorreram às regiões de Safim, Cumura e Prábis, na periferia de Bissau, a 13 de Fevereiro, onde, no meio de uma poeirada indescritível e sob um calor abrasador, se concentravam várias dezenas de milhares de refugiados e de deslocados para a saudar entusiasticamente. Talvez pela estranheza que aquela italiana cinquentona, um tanto extravagante, frágil, mas determinada, provocava nas imensas populações de maltrapilhos, em tudo carentes, após muitos e muitos meses de guerra, ou pelo significado de ali aparecer naquele momento em que tudo parecia encaminhar-se, com os dedos cruzados e com angústia na alma, para uma situação de paz ou porque muitos dos presentes, sobretudo as crianças, descalças, ranhosas e subnutridas, consideravam aquele instante como quase mágico, as pessoas começaram espontaneamente a gritar: "Pomba branca! Pomba branca! Pomba branca!" Era algo nunca visto, mas muito reconfortante. Quem havia de dizer que esta dirigente do partido radical italiano se transformaria na mensageira da Paz?

Emma Bonino, na altura responsável na Comissão Europeia pela área da assistência humanitária, considerou a situação local nesta área específica como "catastrófica", mas, nas suas próprias palavras, até então, "conseguimos evitar o pior". Qualquer "derrapagem", porém, podia dar origem, de um momento

---

ação ou não. Por outro lado, o jornalista não cuidou em certificar-se do nome do embaixador que era José e não João. Os factos são como relato e não são outros.

Mais conforme à realidade foi a entrevista concedida pelo embaixador José Pereira Batista ao semanário "Independente" (edição de 21 de Maio de 1999) – "Governo Português foi chantageado". Como refere Batista, a pressão de "Nino" Vieira exerceu-se, efectivamente, sobre a apresentação de credenciais e não sobre o *agreement,* visto que este já tinha sido concedido.

para o outro, a um surto epidémico de grandes proporções, principalmente, por falta de condições mínimas de higiene e de salubridade, encontrando-se milhares de pessoas em situação de perigo iminente. Em mensagem que foi passando, ao longo da visita e que transmitiu a "Nino" Vieira, Emma Bonino sublinhou: "A ajuda humanitária internacional será sempre insuficiente sem uma solução política. Não disponho de competência para entrar nos pormenores políticos, mas, apenas, para fazer compreender [às partes em conflito] quais serão as consequências."

No encontro bilateral Bonino-"Nino" Vieira, o PR apresentou a sua própria versão do conflito em curso e os últimos desenvolvimentos verificados, desculpabilizando-se em tudo. Referiu-se à retirada das "tropas aliadas", omitindo deliberadamente a saída de 500 ou 600 soldados, como me havia mencionado previamente – e que o PM indigitado também referiu, dando-a como instante –, concentrando-se, antes, nos temas "desarmamento e acantonamento" de tropas. Insistiu na necessidade de financiamento dos 850 efectivos para "completarem o contingente ECOMOG", na linha do que me havia comunicado pessoalmente em audiência prévia.

Com Mané, Bonino verificou que existiam contradições de fundo no projecto de acordo relativo ao estatuto-quadro da ECOMOG que teriam ser superadas no imediato. As questões essenciais diziam respeito à programação e calendarização da retirada das tropas estrangeiras e ao desarmamento e acantonamento das forças de ambas as partes beligerantes. Mané, porém, não colocava quaisquer pré-condições à saída dos contingentes senegaleses ou conakry-guineenses. Sublinhava-se a convicção – e neste ponto haveria consenso entre as duas partes – que um número significativo de tropas estrangeiras abandonaria o território da Guiné-Bissau, antes da tomada de posse do Governo.

Em debriefing aos embaixadores da U.E., Emma Bonino considerou que "Nino" já estava desacreditado junto dos Presidentes da Guiné-Conakry, com quem ela se havia avistado na véspera, e do Mali. Segundo referiu, ambos queriam que "Nino" encetasse um *phasing out* (ou seja, um apagamento faseado mas deliberado) e que saísse de cena tão depressa quanto possível. O encontro mantido com o PR não a tinha convencido minimamente. Compreendeu que "Nino" Vieira estava "encurralado pelo Senegal".

No meu entender, não podia deixar de considerar como positivo o resultado da cimeira Bonino-"Nino"-Mané, contudo teria de assumir um optimismo prudente porque a evolução da situação não era ainda clara e os pontos de interrogação múltiplos. Estávamos perante um "contexto inconstante" e, mais do que isso, em permanente e rápida mutação, provido de um carácter totalmente aleatório. Os abraços e as boas palavras em público, cenas que já não se podiam considerar inéditas, pouco significavam se as intenções dos actores não fossem transparentes e sinceras.

O discurso e a postura de "Nino" não mudavam. Por outro lado, desta vez, assistia-se a um recuo da Junta Militar, porque o dogma "retirada imediata e total das tropas estrangeiras" foi quebrado. Todavia, o lado insurrecto nunca compreendeu – ou não quis compreender – que o Senegal fazia parte da equação, resumindo o problema a "Nino" Vieira e aos seus escassos fiéis. Este erro afigurava-se-me particularmente caro, quando se sabia que a vitória militar não estava, ainda, ao seu alcance e o cansaço de guerra era de há muito uma realidade incontornável.

As tentativas frustradas de desmilitarização

Sem prejuízo dos discursos e das manifestações de vontade, não se registava grande movimento no que tocava à saída dos contingentes estrangeiros. As promessas continuavam por cumprir.

Noutro registo, como posição de princípio, "Nino" Vieira pretendia o desarmamento e acantonamento de todas as forças no território da Guiné-Bissau (tratava-se do *leit motiv* então recorrente), sob o pretexto de que existiam armas distribuídas à população, um pouco por toda a parte. Por seu turno, a Junta Militar só admitia a desmilitarização da cidade de Bissau, alegando que a zona de conflito se circunscrevia, apenas, à capital. Os operacionais rebeldes, no terreno, não só em Bissau, mas no interior do país, opunham-se firmemente à entrega de armas. E compreende-se: a entrega de armamento seria o canto do cisne da rebelião.

Sabia-se, de fonte certa, que os militares na província estavam muito descontentes com a hipótese de desmilitarização do país, sem que o conflito tivesse ainda beneficiado de uma solução clara, para mais tendo em conta a presença maciça de tropas estrangeiras. Aparentemente, as dissensões entre elementos da Junta Militar ("falcões" e "pombas") começavam a adquirir alguma dimensão, constando, com alguma insistência, que se assistia, já, ao início de uma contestação à própria pessoa de Mané.

Perdurava alguma preocupação quanto à fronteira Norte, opondo-se a Junta com firmeza à criação de um "cordão de segurança" senegalês em território bissau-guineense, enquanto se registavam incidentes na região de S. Domingos com fogo de artilharia pesada do outro lado da fronteira, de acordo com o relato de testemunhas. Mais unidades insurrectas – creio que uns 700 homens – tiveram de ser destacadas para o Norte.

Um presente envenenado em Lomé

A 17 de Fevereiro, Ansumane Mané, acompanhado de alguns elementos da Junta, deslocou-se à capital do Togo, para uma alegada "visita privada" e eventuais conversações com Eyadema. "Nino" e os seus fiéis também ali se deslocaram para o mesmo efeito. Para além de garantias que terão sido dadas ao Comandante Supremo da Junta quanto à aceleração do processo de retirada das tropas estrangeiras foi-lhe oferecido um presente envenenado: o cargo de Ministro de Estado e da Segurança do GUN, "com o argumento de que era a única pessoa capaz de unificar as duas forças beligerantes, graças à confiança que inspirava no seio militar"[349]. Tratava-se "praticamente de um golpe de Estado", nas palavras da encarregada de negócios sueca, Ulla Andrén, também presente em Lomé, visto que colocaria Mané na dependência de "Nino"[350] e que, felizmente, não chegou a passar da fase de mera formulação. Dito de outro modo: voltava-se à carga com o mesmo estratagema, atirando-se o barro à parede para ver se pegava.

Segundo Zamora Induta, "quase que a argola estava enfiada no pé do Comandante Supremo. Felizmente, os elementos que faziam parte da comitiva fizeram-lhe ver que não havia lógica na proposta, porque o estatuto do Comandante Supremo ultrapassava o do cargo que lhe estava a ser proposto: O Comandante Supremo era co-presidente, era signatário do *Acordo de Abuja*. E assim falhou essa tentativa do General Nino e o encontro acabou por ser denominado *Encontro de Consolidação de Paz Definitiva*."[351]

---

[349] Zamora Induta, *op. cit.*, p. 122.
[350] Vide o que a este respeito refiro na nota 267.
[351] Zamora Induta, *op. cit.*, pp. 172-173.

A retirada dos efectivos estrangeiros em passo de caracol

Entretanto, os senegaleses começavam finalmente a abandonar a Guiné-Bissau, muito embora o fizessem quase a conta-gotas.

Os militares "leais" a João Bernardo Vieira, quer os moderados, quer os radicais, sentiam-se, aparentemente, com alguma força após os confrontos do início do mês e estabeleciam um *linkage* retirada das "tropas aliadas"-desarmamento/acantonamento das forças nacionais. Ora, o 2º parágrafo do Acordo de Abuja prescrevia explicitamente que a retirada total das forças estrangeiras se faria concomitantemente com o *deployment* (estacionamento) da força de interposição da ECOMOG. Logo, o *linkage* a estabelecer era, obviamente, outro.

Esta filosofia dos "fiéis" de "Nino" Vieira, que nem sequer era nova, assumia contornos cada vez mais claros, regressando, no tempo, à 1ª fase do conflito, em que a posição governamental assentava no princípio "deposição das armas (por parte dos rebeldes), como condição prévia à retirada das tropas estrangeiras".

Existiam, pois, ingredientes perigosos na posição assumida pelos comandos militares "ninistas". O problema podia mesmo vir a agravar-se, a curto prazo, na medida em que transitaria para a esfera de competências do GUN, logo que tomasse posse.

Em Lomé, Eyadema não terá dado seguimento a estas reivindicações, aliás contrárias ao rumo do processo de paz. Todavia, terá assegurado junto de Abdou Diouf uma aceleração da retirada das tropas senegalesas a que aquele terá anuído.

Parecia assistir-se, agora, a um retrocesso das posições de "Nino" Vieira e à mitigação das posições triunfalistas assumidas nas últimas semanas – aliás, um triunfalismo injustificado –, *maxime* pela "linha dura" do regime que havia emergido com alguma força. Restava saber qual seria a reacção do Senegal ao resultado do encontro de Lomé, isto é se iria aceitar pacificamente e sem contestação o entendimento havido.

Em síntese, muito embora pairassem algumas nuvens no céu, tudo bem sopesado e ponderado, podíamos permitir-nos um longo suspiro de alívio. Estavam criadas as condições para a tomada de posse do Governo.

A investidura e o início de funções do GUN

Perante muitos dignitários estrangeiros, entre aplausos, correrias e palavras de ordem, Ansumane Mané foi acolhido entusiasticamente na Praça dos Heróis para participar na cerimónia de investidura do novo governo. "Posse, delírio e 'declaração de guerra" titulava em "cacha" alta o jornal "Público". Numa feliz e brevíssima síntese, o cabeçalho definia os pontos mais marcantes da cerimónia de investidura[352]. Visivelmente acabrunhado e tristonho, "Nino" proferiu o discurso do "derrotado", lançando farpas sobre os seus adversários e agradecendo reiteradamente ao Senegal e à Guiné-Conakry o respectivo "sacrifício para a defesa da legalidade na Guiné-Bissau". Qualificou a guerra como um "conflito absurdo, absurdo" e considerou prioritário o processo de acantonamento e desarmamento das forças nacionais, a cargo da ECOMOG. O novo Primeiro-Ministro, que discursou antes do Chefe de Estado, traçou um retrato calamitoso do país: "A família nacional fracturou-se, o tecido social rompeu-se, a honra, o orgulho e o patriotismo entristeceram."

Terminada a festa de 20 de Fevereiro, que, quer se queira quer não, constituiu um marco importante na evolução do conflito bissau-guineense no sentido da paz e um grande passo em prol da normalização do país, foi já num ambiente confuso e preocupante que se assistiu à primeira "jornada de trabalho" do GUN, após a respectiva tomada posse. Alguns (raros) departamentos mantiveram as suas portas abertas e os respectivos titulares tiveram a oportunidade de visitarem as instalações e de estabelecerem os primeiros contactos com funcionários; outros, porém, encontravam-se de portas fechadas e sem possibilidade de acesso (como eram os casos dos Ministérios da Economia e Finanças e da Agricultura e Pescas); outros, ainda, ocupados por tropas estrangeiras (Comunicação Social) ou servindo de enfermarias militares (casos da Cultura, Juventude e Desportos). Alguns dos governantes indicados pela Junta Militar, mantiveram-se todo o dia em território sob controlo desta e, tanto quanto então me apercebi, em reuniões permanentes.

Em contacto com o PM referi-lhe a próxima visita do Secretário de Estado dos Negócios Estranegiros e da Cooperação a Bissau. O referenciado salientou que a cooperação com Portugal, dada a importância do *dossier* para a Guiné--Bissau, constituía matéria que ele próprio pessoalmente coordenaria, margi-

---

[352] "Público", edição de 21 de Fevereiro de 1999.

nalizando claramente a nova Ministra dos Estrangeiros, nomeada por "Nino". Asseverou-me que as grandes prioridades do GUN, como eu já sabia, assentavam, no essencial, nas áreas da Defesa, Forças Armadas e Administração Interna. Por outras palavras, em seu entender, a cooperação luso-guineense assumia uma vertente fundamentalmente política e não técnica e, mais do que isso, em sectores de governação sensíveis. Tudo o mais era, obviamente, prioritário, mas numa segunda linha, entenda-se, e o país carecia de tudo: "A Guiné--Bissau vive uma situação especial e isso tem de ser tomado em linha de conta," rematou.

Quanto a outros temas, designadamente no que tocava à questão mais candente e delicada da retirada das tropas estrangeiras, Fadul assumia, mais uma vez, a meu ver, arriscadamente, uma posição maximalista. Foi claro: os contingentes estrangeiros deviam abandonar o país até final do mês, conforme estava previsto. Seriam concedidos mais uns dias – máximo uma semana ou 10 dias – para que o fizessem. Se assim não sucedesse, o Chefe do Governo solicitaria à Ministra dos Estrangeiros que convocasse os Embaixadores do Senegal e da Guiné-Conakry, informando-os que o "Governo legítimo da República da Guiné-Bissau" intimava as respectivas forças militares a saír do território nacional. Caso não estivessem na disposição de cumprir, seriam, então, tomadas várias medidas gradativas que poderiam culminar com a expulsão *manu militarii* das tropas estrangeiras (o que, frisou bem, seria sempre o último recurso). A primeira semana de Março afigurava-se-lhe, pois, crucial, para se certificar da boa-fé dos senegaleses e do PR.

Fadul referiu-me que a ECOMOG iria proceder à supervisão e controlo de todo o material de artilharia existente no país. Tratava-se de uma medida importante, pois evitaria o reabrir das hostilidades.

Finalmente, disse-me que estava já previsto que a ECOMOG com o seu Governo iriam estudar, em conjunto, as modalidades para a reunificação das forças armadas.

Perante este posicionamento, começavam a piscar vários sinais de alarme que eu não podia ignorar. Via-me forçado a suavizar posições e a limar arestas. Assim, procurei influenciar o PM no sentido de evitar que o processo "descarrilasse", que aceitasse pequenos gestos mesmo "simbólicos" da parte do PR e do Senegal e que, pela via do diálogo e da negociação, chegasse a uma plataforma de entendimento. Considerei que qualquer orientação que, neste momento, privilegiasse uma solução exclusivamente militar, não só conduziria o processo à estaca "zero", mas seria muito mal compreendida pelos países amigos da Guiné-Bissau. Para bom entendedor... Creio que percebeu a mensagem, mas eu teria, certamente, de a reiterar, de forma ainda mais enfática.

A situação descrita demonstrava bem a complexidade da conjuntura movediça que se vivia em Bissau. A minha posição era de uma extrema dificuldade, obrigado em permanência a falar com todos, sujeito a todo o tipo de pressões, alvo de suspeitas, ora de uns ora de outros, sempre com o credo na boca, à espera da primeira erupção de violência ou da primeira curva do caminho mal delineada, bem consciente da fragilidade do processo e dos riscos permanentes que se incorria. As coisas tinham de se definir e não nos era possível traçar os limites de uma zona desmilitarizada num paralelo 38º inventado.

Jaime Nogueira Pinto descreve bem as dúvidas, as incertezas e a própria volatilidade do *status quo*: "Dada a ambiguidade dos acordos, Nino mantinha-se em Bissau como Presidente e Malam Bacai Sanhá continuou como Presidente da Assembleia Nacional Popular. E havia um governo resultante do Acordo de Abuja... Era toda a situação clássica dos conflitos empatados, que acabam por ter o seu desfecho."[353]

Uma conversa com o Presidente da ANP: o papel de Portugal no conflito

Nos últimos dias de Fevereiro, mantive uma longa conversa com o Presidente da ANP, Malan Bacai Sanhá, a pedido deste. Em termos constitucionais e protocolares, era a segunda figura do Estado. Tratava-se de um homem importante da *nomenklatura* e do PAIGC, muito embora tivesse sido derrotado pela facção "ninista" no VI Congresso. Oriundo de um grupo étnico islâmico minoritário (beafadas), formado em Ciências Políticas na antiga R.D.A., ambicioso, autoritário, mas aberto ao diálogo, inimigo aberto de "Nino" Vieira, por quem tinha sido diversas vezes humilhado no decurso do conflito armado, considerou que se encontrava numa posição difícil e que estava a ser alvo de várias pressões políticas.

Agradeceu reconhecidamente tudo o que Portugal tinha feito em prol da paz na Guiné-Bissau e passou certas mensagens, a saber:

---

[353] Pinto, Jaime Nogueira, "Jogos Africanos", p. 475, *A Esfera dos Livros*, Lisboa, 2008.

- O nosso país tinha de continuar a desempenhar um papel de 1º. plano no processo de paz da Guiné-Bissau e estar muito atento à estratégia e posições assumidas pela França e pelos seus aliados na sub-região.
- As tropas estrangeiras teriam de se retirar totalmente do território nacional, não se justificando, por outro lado, um reforço do contingente da ECOMOG.
- "Nino" Vieira perseverava numa lógica de guerra e de completo apêgo ao Poder. Logo, a sua base principal de apoio era constituída pelos efectivos militares estrangeiros, na esteira da estratégia francesa para a sub--região, que servia, em última análise, os interesses pessoais do PR. O principal obstáculo à retirada das tropas estrangeiras era, pois, o próprio "Nino".
- Portugal tinha de ter a percepção real do que se estava a passar na Guiné--Bissau e impedir que a estratégia francesa servisse, como estava a servir, o Chefe de Estado e não os interesses do país e do seu povo.
- Acusou a França de "ingerência nos assuntos internos da Guiné-Bissau" e adiantou que Paris e os seus aliados na região pretendiam manter tropas estrangeiras por tempo indeterminado no território. Ora, se assim fosse, as eleições não poderiam ter lugar porque se realizariam sob o controlo militar de países estrangeiros. "É preciso frisar que a África não é da França, mas dos africanos!", disse. A actuação das autoridades francesas não era "limpa" e as cumplicidades com o Senegal eram mais do que muitas.

Para Malan Bacai Sanhá, o problema de dificuldades logísticas, para a evacuação dos contingentes militares era uma falsa questão: "No início da guerra, o Senegal colocou os seus homens em Bissau em 48 horas. Nunca se queixou de dificuldades com meios de transporte. A Guiné-Conakry enviou os seus primeiros efectivos de helicóptero. Como é que não podem evacuar um batalhão no espaço de um mês?"

Perguntou-me depois com que traje é que o PR me tinha recebido na véspera. Estranhei a pergunta, mas respondi-lhe que o havia feito em uniforme militar. Retorquiu-me em seguida: "Na Europa, talvez não, mas em África estas coisas são simbólicas. Receber os embaixadores fardado significa que bem no seu íntimo continua na mais pura lógica de guerra."

Ora, bem...

As dificuldades da governação

Das muitas conversas regularmente mantidas com o novo PM, tendo em conta as extremas dificuldades com que o país se debatia, o dr. Francisco Fadul solicitou-me que Portugal pudesse facultar apoio directo ao Orçamento de Estado. Idêntico pedido foi formulado também à Comissão Europeia. Tratava-se de uma postulação de emergência, a fim do Estado bissau-guineense poder pagar salários à Função Pública e estar em condições de honrar os seus compromissos em relação aos operadores privados. Repetia-se o padrão de anteriores governos e uma constante assaz conhecida na vida da Guiné-Bissau desde a independência. O país não funcionava, jamais funcionou e nas circunstâncias então vigentes seria ilusório pensar que alguma coisa funcionasse, mesmo parcialmente.

Esta e outras questões, *maxime* as que envolviam apoio financeiro, iam, seguramente, ser apresentadas em sucessão pelos distintos sectores do GUN, uma realidade com que o Secretário de Estado dos Negócios Estrangeiros e Cooperação se iria confrontar quando da sua anunciada deslocação a Bissau, prevista para daí a uns dias.

Dos contactos havidos nos diferentes ministérios, não só a título de visita inicial de cortesia mas para preparar a vinda de Sua Excelência, registava-se uma situação catastrófica: o país era um relógio parado, com os ponteiros paralisados no tempo, apontando para uma hora e um momento imaginários: a Guiné-Bissau, pura e simplesmente, não existia. Era uma ficção.

Assim, os ministros que visitei pretendiam uma cooperação em todos os azimutes com Portugal – ou, para dizer a verdade, com quem quer que fosse, pouco importava. Constatar que a situação era desesperada ficava muito aquém da realidade.

Em suma, a Guiné-Bissau estava descapitalizada, os ministros queriam o regresso dos quadros e a reabilitação das infra-estruturas. Eram os *minima minimorum*. Para além da cooperação nos sectores da Defesa[354] e da Segurança

---

[354] Para o Primeiro-Ministro, Portugal teria de ponderar seriamente a negociação de um Acordo de Defesa Mútua, tal como oportunamente explicado. Nesta linha, aduziu, ainda, a seguinte ideia: "A Guiné-Bissau terá de estabelecer com Portugal um acordo que reflicta o nível de amizade e de confiança que une os dois países e povos e que permita à República da Guiné-Bissau fazer face às ameaças à sua independência e soberania," ou seja, pretendia-se uma verdadeira parceria em matéria de defesa. Restava saber se Lisboa podia avalizar

Interna (as grandes prioridades) que caíam sob a alçada directa do Primeiro-Ministro, os demais membros do Governo pretendiam, entre outras coisas, a reabertura do aeroporto e a retoma dos voos comerciais, a permuta do edifício da ex-embaixada da RDA (de nossa propriedade) por um terreno vago, para aí instalarem serviços do Ministério das Finanças, a retoma da cooperação com a nossa Direcção Geral das Constribuições e Impostos, a reabertura da banca, a reabertura e liberalização dos portos e do sector das telecomunicações, a recuperação dos hospitais, a supressão de carências em material médico-hospitalar e em medicamentos, a necessidade de médicos e pessoal de enfermagem, a evacuação de doentes para Portugal, o combate às endemias e aos surtos epidémicos, o tratamento de águas para abastecimento público, a reabilitação imediata das escolas, sabendo-se que os alunos haviam perdido dois anos lectivos, etc. O rol de agravamentos não se ficava por aqui, muito mais ficou por dizer.

Um encontro acrimonioso com o embaixador francês

Convoquei uma reunião de informação, no âmbito da U.E., que se limitou a um brevíssimo encontro, quase entre portas, com François Chappellet, apresentando este a desculpa um tanto incoerente de que tinha um outro compromisso à mesma hora. Gerou-se uma troca de palavras áspera, por iniciativa do próprio Chappellet, que se mostrou particularmente agastado e agressivo. Assim, num tom arrogante e como se a França fosse dona e senhora de toda a África Ocidental, afirmou-me peremptoriamente que as tropas estrangeiras só abandonariam o território da Guiné-Bissau, quando o dispositivo da ECOMOG estivesse integralmente montado, ou seja 1450 homens, defendendo, pois, uma solução radical que iria gerar novas tensões, para mais conhecendo-se as posições de Fadul, da Junta e da generalidade da classe política local nesta matéria.

---

uma situação destas, tratando-se de um governo frágil, efémero e num cenário, muito incerto, de guerra latente. Muito embora compreendesse a situação e a natureza do pedido, adverti o Primeiro-Ministro que não pretendíamos gerar gratuitamente anti-corpos. A sociedade bissau-guineense estava fracturada. As feridas ainda não tinham começado a sarar. Tínhamos de dar tempo ao tempo e não podíamos queimar etapas, sem sentido, nem nexo. Tal como se previa, este assunto viria a ser enfaticamene retomado no decurso da visita do Secretário de Estado.

Retorqui-lhe, de imediato, que não via necessidade de muitos mais efectivos da ECOMOG do que os que presentemente se encontravam no país e que, quando muito, poderíamos admitir um acréscimo de 100 ou 200 soldados daquela força, caso houvesse justificação fundamentada para tal.

O Embaixador Chappellet argumentou – utilizando, praticamente, as mesmas frases de "Nino" Vieira – que se tinha, ainda, de proceder ao desarmamento de toda a Guiné-Bissau. Repliquei-lhe que, nos últimos 5 ou 6 meses, o conflito se tinha confinado exclusivamente à região de Bissau (aí, sim, tinha de se proceder à desmilitarização da capital), mas que competiria ao Governo legítimo e às Forças Armadas da Guiné-Bissau, uma vez reunificadas, controlar as armas no restante território, onde aparentemente não subsistiam problemas de maior. Tratava-se, pois, de uma questão de soberania. Concluí afirmando-lhe que não nos competia estar a inventar problemas onde eles não existiam e a imiscuir-nos em questões do foro interno da Guiné-Bissau.

Voltou, então, a reiterar-me, em tom categórico, duas pré-condições: retirada das forças estrangeiras/estacionamento total da força da ECOMOG; retirada do contingente/desarmamento total do país, afirmando: "Nesta matéria, temos opiniões diferentes. Esta é a posição das minhas autoridades. Não tenho mais nada a dizer."

Acabei por lhe expressar, com firmeza, que já se havia adiantado uma data para a retirada total das tropas estrangeiras – 16 de Março. Respondeu-me que já sabia, mas adiantou-me logo de seguida: "Isso é o que vamos ver!" e posto isto saiu porta fora, sem se despedir.

Ainda hoje estou para saber, o que é que Lisboa terá dito a Paris sobre esta matéria. Aparentemente, como era – e é – habitual na diplomacia lusitana, o silêncio deve ter sido de ouro e se a palavra foi de prata não terá, seguramente, sido proferida.

Todavia, do lado dos militares da Junta e após contacto destes com o comandante das "forças aliadas", Coronel Yoro Koné, foi assegurado que aquelas poderiam abandonar o território em 48 horas (tropa apeada) ou um pouco mais (para o material pesado e contando, também, com a desmontagem de dois hospitais de campanha). Não existiam quaisquer dificuldades logísticas. Alegou que o incumprimento do calendário devia-se ao facto do mesmo nunca ter sido comunicado ao comando senegalês pela Presidência da República (!). Para Zamora Induta, com quem falei, tratava-se de mais uma manobra de encobrimento por parte dos "ninistas", com evidente má fé. Koné, contrariando o embaixador francês, avançou com a data de 16 de Março para a retirada total. Chappellet estava, pois, a ser mais papista que o Papa!

O entendimento entre militares para pouco ou nada servia se não houvesse entendimento político. E aí por razões que se compreendem e que se tornarão mais claras nas páginas seguintes, nem "Nino", nem a França queriam acelerar o processo. Por outro lado, o tempo podia ser o melhor aliado de João Bernardo Vieira.

Ainda e sempre as questões de fundo: a situação politico-militar

Logo no início de Março encetaram-se as operações de acantonamento de artilharia em território controlado pela Junta Militar, o que constituía mais um passo na direcção certa. As partes beligerantes estariam, igualmente, de acordo para proceder às operações de desarmamento, em geral, na região de Bissau, sob a supervisão da ECOMOG (aparentemente, nas reuniões entre militares nada foi dito quanto à desmilitarização de todo o território nacional, mas este ponto acabaria mais tarde por ser aceite).

Sem prejuízo da má vontade manifestada pelo lado gaulês, ninguém punha em causa a exequibilidade técnica e logística da operação de retirada, mas, sim, a vontade política em a concretizar. Neste particular, as posições de Abdou Diouf, da França e de "Nino" Vieira eram determinantes. Por conseguinte, prevalecia alguma incerteza quanto ao desfecho deste assunto, não obstante alguns sinais positivos detectados. A minha análise da situação levava-me a crer que a retirada se viria a processar de forma progressiva, acoplada ao estacionamento e disposição progressiva das tropas da ECOMOG e a outros *linkages* conhecidos. Restava saber até que ponto é que esta tese vingaria – o que dependia essencialmente do empenhamento do Senegal e da França na respectiva sustentação – ou se não viria a ser ultrapassada pelos acontecimentos no terreno, a bem dizer, imprevisíveis.

A observância da data-limite de 16 de Março para a retirada dos contingentes estrangeiros constituía um importante objectivo a tomar em linha de conta e tudo levava a crer que seria cumprido.

Soube, então, pelo próprio Ministro da Defesa, dr. Francisco Benante, o número 2 da hierarquia do GUN, que os senegaleses pretendiam que as evacuações se processassem com a maior discrição, devido ao elevado número de feridos e mutilados de guerra. Existia, até, um particular cuidado para que os desembarques não se fizessem pelo porto de Dakar, mas através de outros portos senegaleses (Ziguinchor e outros, no Sul do Senegal), a fim evitar repercussões negativas na opinião pública. Os militares seriam destacados para unidades na província de Casamansa, designadamente para instalações militares próximas da linha de fronteira. Aí, deveriam permanecer durante alguns meses e só depois regressariam às suas unidades de origem. Desta forma, os soldados mortos em combate na Guiné-Bissau seriam contabilizados como tendo falecido em operações militares no próprio território nacional senegalês, escamoteando-se a verdade dos factos. Tratava-se, no fundo, de uma operação de imagem, evitando criar alarmismo na opinião pública.

No que tocava à reunificação das Forças Armadas, o Ministro disse-me que, a partir daquele momento, já não se podia falar em tropas da Junta Militar ou leais ao PR, mas apenas de FARP (Forças Armadas Revolucionárias do Povo), i.e., a designação tradicional. Para o dr. Benante, a reunificação seria um facto, criando-se, assim, as condições para a reestruturação e reorganização das FA's.

A 15 de Março, o último contingente senegalês abandonava definitivamente Bissau (24 horas antes da data aprazada), cumprindo-se o que havia sido previamente estipulado. Permanecia, apenas, um pequeno destacamento de tropa da Guiné-Conakry que aguardava repatriamento.

Por esta ocasião, os militares leais a "Nino" Vieira informaram o Adido de Defesa que as operações de desarmamento na zona de Bissau tinham chegado ao seu termo e que se procedia, agora, à recolha de armas na região de Safim e noutros locais mais afastados da capital. No entanto, aqueles oficiais queixaram-se que o PR dispunha de "tropa desarmada" em Bissau e que a Junta tinha efectivos bem armados e municiados em todo o território, excepto, obviamente, na capital. Logo, prevalecia uma situação de desequilíbrio favorável aos insurrectos e uma grande "insegurança." Na mesma linha, o tenente-coronel Beréna da ECOMOG referia-me que, com a saída de tropas estrangeiras e com a conclusão, em termos práticos, das operações de desmilitarização na região de Bissau, constatava-se "um claro desajuste entre as forças leais a 'Nino' Vieira e as da Junta Militar", porquanto estas últimas dominavam todo o território nacional da Guiné-Bissau. Além disso, "a desmilitarização no interior do país permanecia bloqueada."

Por volta do dia 20, o comandante Zamora Induta informou-me que as "linhas da frente" tinham sido efectivamente desmanteladas, mas que a desmilitarização do interior do país ainda demoraria algum tempo, "até porque Bissau não está completamente desmilitarizada", dizia-me de uma forma enigmática. Adiantou-me, confirmando o que me havia sido dito pelo tenente-coronel Beréna, que ainda existiam esconderijos de armas na cidade e que era necessário inspeccionar quartéis e instalações militares de ambas as partes beligerantes[355]. Estas informações, que não me supreeenderam, causaram-me as mais vivas apreensões. Os *handicaps* e as vantagens de uns e de outros eram evidentes. Mais uma vez, à menor provocação, ao incidente mais banal – e agora sem tropa senegalesa do lado "ninista" –, as hostilidades podiam recomeçar em pleno e a força de interposição da ECOMOG pouco ou nada poderia fazer. Por outras palavras, o assalto final a Bissau podia ter lugar de um momento para o outro e a tentação para o levar a cabo era grande.

O Secretário-Geral da CEDEAO, Lansana Kouyaté, em reunião comigo e com o embaixador francês, aludiu ao facto das armas recolhidas se encontrarem em contentores susceptíveis de serem violados, verificando-se que o armamento reunido, do lado "lealista" encontrava-se desmontado, enquanto que as armas entregues pelos militares insurrectos estavam montadas, portanto passíveis de serem utilizadas, no imediato. Além disso, existiriam esconderijos secretos de armas da Junta Militar, um pouco por toda a parte.

Tudo se confirmava. A guerra ainda não tinha terminado e quando recomeçasse era a partida de póquer final. A "cave" de "Nino" era exígua, não tinha cartas e já não podia fazer "bluff". Mané tinha três ases e estava à espera que lhe saísse o quarto, se é que não estava escondido na manga. "Nino" sentia-se perdido, completamente perdido, tão perdido, como dizem os nossos amigos brasileiros, como cego no meio de tiroteio.

---

[355] Falou posteriormente comigo o Major Piloto-Aviador Melcíades Fernandes. Disse-me, muito confidencialmente, que a Junta Militar mantinha alguns depósitos secretos de armas e munições na região de Bissau. "Não somos parvos e não sabemos o que isto pode dar", disse. Referiu-me que os militares da Junta dispunham de uma rampa lança-mísseis de 96 tubos que resultava de uma adaptação de mísseis ar-solo que ele, próprio, tinha congeminado e preparado. A notícia não era completamente inédita, porquanto já me tinha sido transmitida por fontes de credibilidade duvidosa. Obtinha, agora, a confirmação desses rumores. O major Melcíades afirmou-me que o lança-mísseis está devidamente guardado "para o que der e vier e o Brigadeiro está ao corrente do assunto." Tranquilizou-me, afirmando-me que não era intenção da Junta utilizar aquele material, mas que o mesmo se encontrava plenamente operacional. É por demais óbvio que nada disto me sossegava.

A minha mulher, que é uma pessoa tranquila, serena e amante da paz, dizia-me muitas vezes, com a típica intuição feminina: "Estás tão embrenhado nessa história do processo de paz que não vês a realidade. As coisas precisam de se definir. Isto assim não é carne, nem é peixe. Mais cedo ou mais tarde, eles vão resolver o problema, de uma vez por todas, de armas na mão. A situação tal como está não pode continuar!"

Vem a propósito citar a celebérrima frase de Sherlock Holmes, nos romances de Sir Arthur Conan Doyle: "Elementar, meu caro Watson, elementar!"

CRÓNICA 35

Bissau, Lisboa, Abidjan, Abril-Maio de 1999
O último acto

Nota prévia: 1 de Abril de 1999, o dia das mentiras, para mim encerrava uma grande verdade, abandonava definitivamente Bissau, rumo a Lisboa, donde seguiria mais tarde para Abidjan. Não assisti à evolução do processo durante o mês de Abril, nem, bem entendido, aos dramáticos acontecimentos que culminaram no assalto final ao "Bissauzinho" e na deposição de "Nino" Vieira, em 7 de Maio. Relato aqui, sem grande rigor, o que me foi dado ler na imprensa, nacional e estrangeira, nas poucas obras até agora publicadas, nas páginas da internet e também do que pude ver e ouvir na RTP-internacional, entretanto já instalado na capital da Costa do Marfim, no entendimento que, muito embora não fosse testemunha presencial, estas crónicas ficariam incompletas sem esses elementos de informação que tentarei sintetizar ao máximo. Acompanhei tudo à distância, mas, escusado será de dizer: vivi este "tudo" com muita intensidade.

A coexistência nem sempre pacífica entre "lealistas" e rebeldes

Sob o controlo da ECOMOG, prosseguia o processo de desmilitarização, ou seja, as operações de recolha de armas e de acantonamento de tropas. Todavia, como vimos, o armamento era precariamente colocado em contentores, com um único cadeado, susceptíveis de serem violados com toda a facilidade, de um momento para o outro. Além disso, tratava-se do jogo do "empurra" (ou seja, faz tu primeiro que eu depois já faço): ninguém, verdadeiramente, se esforçava por facilitar e agilizar o processo de entrega das armas e os esconderijos proliferavam por toda a parte.

Entretanto, a 20 de Fevereiro, Francisco Fadul empreendia uma viagem pela Europa, visitando Portugal, França, Itália, Vaticano e Suécia, procurando passar, em todos os países, a mensagem de que a Guiné-Bissau encetava um processo de "normalização" e que para o efeito necessitava absolutamente de ajuda internacional (falava-se em 140 milhões de dólares, mas a cifra era seguramente superior). Para rematar, a 4 e 5 de Maio, sob os auspícios da ONU, teria lugar uma mesa-redonda de doadores em Genebra – um momento chave para a Guiné-Bissau poder, enfim, respirar de alívio, se para tal pudesse garantir a respectiva solvência junto dos parceiros internacionais.

Por estranho que pareça, Fadul falava pouco em eleições, considerando, talvez, que se tratava de um assunto não prioritário. O embaixador francês já em tempos se havia referido ao assunto e eu também não podia deixar de me interrogar nesta matéria. Compreendia que a Guiné-Bissau se debatia com problemas gravíssimos, qual deles o mais complicado, mas o sufrágio permitiria clarificar as coisas, garantia uma aura de respeitabilidade ao país e, *last but not least*, respeitaria o clausulado de Abuja. Fadul acabou por reconhecer – o que era de há muito uma evidência – que as eleições não podiam ter lugar em Março, mas teriam de ser adiadas para Junho ou Julho e mesmo assim... Sem prejuízo do que se refere e admitindo que o sufrágio se realizasse nessa ocasião, o certo é que a Guiné-Bissau entrava numa situação inequívoca de inconstitucionalidade e nenhuma instituição seria legítima.

A 23 de Abril, na ausência de Fadul, a demonstrar a fragilidade do acordo de Abuja e a precariedade do cessar-fogo, ocorreu um incidente que podia ter dado origem a uma nova escalada das hostilidades. Zinha Vaz, do Movimento Ba-fa-tá (RGB/MB – então o maior partido da Oposição) pretendeu tomar conta da Câmara Municipal de Bissau, em substituição do incumbente, Paulo Medina, do PAIGC, nomeado por decreto presidencial de "Nino" Vieira. Medina não queria abandonar as instalações e Zinha Vaz indigitada pelo GUN pretendeu forçá-lo a isso. "Aguentas" que se encontravam nas proximidades acorreram em defesa de Medina e militares da Junta fizeram outro tanto em prol de Zinha Vaz. Os ânimos exaltaram-se e escusado será de dizer que ambos os grupos estavam armados. A ECOMOG foi, pois, forçada a intervir, de imediato, para sanar a disputa que, felizmente, foi contida. Restava saber até quando é que incidentes semelhantes podiam ser controlados, numa cidade em que coexistiam, em crispação constante, militares lealistas com rebeldes e tropas da ECOMOG.

A 28 de Abril, surgiu mais um diferendo. "Nino" Vieira nomeou um novo Procurador-geral da República, sem consultar o governo, a ANP ou a Junta Militar, violando, mais uma vez, o Acordo de Abuja e a constituição bissau-guineense[356].

É também em meados de Abril que a ANP, tendo aprovado o inquérito parlamentar que ilibava Ansumane Mané de responsabilidades no caso do desvio de armas para Casamansa, apontava um dedo acusador a "Nino" e aos seus próximos, entre os quais, o ex-Ministro da Defesa, Samba Lamine Mané, o Chefe da Segurança, João Monteiro e o Vice-CEMGFA, Afonso Té, pretendendo submeter o Chefe de Estado a julgamento por "omissão". Criou-se, assim, mais um foco de tensão, este verdadeiramente insustentável, na medida em que colocava entre a espada e a parede, de uma forma constitucional e legalmente duvidosa, o ainda Presidente da República.

Todos estes elementos novos a juntar a muitos outros do passado próximo levavam-me a concluir que a partida inconclusiva tinha de ser definida a curto ou, mesmo, a curtíssimo prazo. Em África, a negociação e o compromisso não são, propriamente, apanágio das populações e dos respectivos líderes políticos e militares. A situação de vencedores e de vencidos tem de ser inequivocamente clara. Os grandes diferendos entre facções adversas resolvem-se, via de regra, de armas na mão. Ninguém fica à espera que chova...

O assalto final ao "Bissauzinho"

Tendo objectivamente ganho o conflito armado, a Junta Militar via-se, apesar de triunfante, obrigada a partilhar o Poder com um homem praticamente

---

[356] Cfr. Roy van der Rift, *op. cit.*

isolado acompanhado por uma escassa meia-dúzia de indefectíveis: um general sem tropas que aguardava a última batalha, um comandante sem tripulação de um navio na iminência de se afundar. Esta situação absurda, incompreensível para as classes política e castrense e menos ainda para o homem da rua, devia-se às pressões internacionais e a jogos de bastidores opacos, indefiníveis e sinuosos. "Kabi" sobrevivia, não porque fosse capaz de o fazer por si próprio, mas porque os estrangeiros ainda lhe forneciam a última dose de morfina, a derradeira garrafa de oxigénio. Aguardava-se, pois, o menor pretexto para se resolver a situação de uma vez por todas. A ocasião não tardaria.

Haveria porém que saudar-se a coragem, determinação, perseverança e, sobretudo, a imensa capacidade de sobrevivência de "Nino", apesar de todos os seus defeitos e de todas as suas taras. Aos meus olhos emergia a figura do grande chefe de guerrilha, o combatente da mata, o resistente, em suma.

João Bernardo Vieira recusava-se a desarmar o batalhão presidencial (600 homens) alegando que era para sua protecção pessoal. Todavia, no âmbito dos acordos de desarmamento firmados, teria de o fazer, reduzindo a guarda próxima a 30 ou 35 militares. A Junta Militar fez então um ultimato a "Nino" ameaçando que se não o fizesse iria também armar um batalhão para protecção do respectivo Comandante Supremo. "Nino" desrespeitava, flagrantemente, o Acordo de Paz de Abuja e os demais protocolos subsequentes. Todavia, já se esperava que assim procedesse. A armadilha estava montada e "Kabi" caiu que nem um patinho.[357]

No dia 6 de Maio, a Junta toma a decisão de rebentar com as fechaduras dos contentores onde estavam depositadas as armas recolhidas e guardadas pela ECOMOG e em menos de 24 horas invadiu o "Bissauzinho" e derrotou o contingente "lealista" reduzido à expressão mais simples e formado quase exclusivamente por "aguentas", a maioria sem qualquer experiência de combate e deficientemente preparados. Os combates tiveram lugar em diversos pontos da capital, mas a resistência era, na prática, já irrelevante.

Às 11 da manhã, os rebeldes controlavam todo o centro da cidade, bombardearam e incendiaram "gratuitamente" o palácio presidencial, símbolo do poder, já depois da rendição do presidente[358]. "Nino" tinha-o abandonado logo às

---

[357] Ver a este respeito o artigo "O golpe premeditado" in "O Independente", de 11 Junho de 1999.

[358] "Expresso" de 15 de Maio de 1999.

primeiras horas da manhã e procurou refugiar-se primeiro no Centro Cultural francês, que provisoriamente servia também de chancelaria diplomática, uma vez que as instalações da embaixada, situada na linha da frente, estavam parcialmente destruídas e já tinham sido alvo de pilhagens, para depois se acolher à residência do bispo, a umas dezenas de metros de distância. Um dos 12 militares franceses que protegiam o Centro Cultural havia dissuadido "Nino" de aí permanecer, pois a respectiva segurança pessoal não podia ser garantida.

Para se evitar o pior – isto é, um linchamento pela população enfurecida – dois elementos da Junta, o coronel Buota Na Batcha e o Major Melcíades Fernandes, após negociações com o embaixador português, António Dias, e com a participação directa deste último transportaram "Nino" para a embaixada de Portugal, sob escolta militar. Por via telefónica, o nosso chefe de missão diplomática terá obtido autorização prévia de Lisboa para acolher "Nino" Vieira na residência.[359]

Segundo o semanário "Expresso", para que toda a operação descrita se processasse em boa ordem, "o comando dos rebeldes colocou três condições: a assinatura pelo ex-Presidente de uma declaração de rendição; um pedido formal à embaixada de acolhimento nas suas instalações; e por fim, o compromisso das autoridades portuguesa de que Nino não sairia do país" [360]. A rendição incondicional punha termo ao conflito e a mais de 18 anos de governo de "Nino" Vieira, primeiro, em ditadura, na sequência do clássico golpe de estado de 14 de Novembro de 1980 (o chamado "Movimento Reajustador") e depois em pseudo-democracia, após as eleições de 1994.[361]

---

[359] Já antes António Dias tinha contactado o Comando da Junta solicitando a anuência do Comando Supremo para acolher "Nino" Vieira na embaixada portuguesa e o fim dos bombardeamentos e dos actos de violência contra o Centro Cultural francês, onde a população pensava que "Kabi" se encontrava. Ambos os pedidos foram aceites.

[360] In "Expresso" de 15 de Maio de 1999.

[361] A declaração de rendição manuscrita pelo punho do próprio "Nino" Vieira, tal como reproduzida na obra citada de Zamora Induta (a pp. 184-185) é do seguinte teor:

DECLARAÇÃO DE RENDIÇÃO

Eu, General João Bernardo Vieira, Comandante, Supremo das Forças Armadas. Após onze meses de conflito político-militar, declaro a minha rendição incondicional. Bissau, aos 8 de Maio de 1999.

a) ass.

Os "inimigos"(?) francófonos

Entretanto, a Junta aproximou-se do Centro Cultural francês e, pela força das armas, obrigou todas as pessoas a saírem com as mãos no ar ou em cima da cabeça segurando panos brancos, o que foi amplamente filmado pelas câmaras de televisão e fotografado pelos repórteres, imagens que deram a volta ao mundo e que, naturalmente, tiveram grande impacto em França. O Centro foi propositadamente atingido por inúmeras rajadas de metralhadora e bombardeado com RPG-7, donde resultou um incêndio que destruiu quase por completo o edifício. Tratou-se de uma acção inútil para vexar a França e que só serviu para gerar um sentimento de cólera em Paris. "Esta situação e estas fotografias iriam ter consequências. Os poderosos nunca se deixam humilhar impunemente, pois sabem qual é o custo de encorajar pela impunidade os atrevidos. E se em *Realpolitik* não há sentimentos, o exemplo é sempre dissuasor: o Brigadeiro entrava para a lista negra."[362]

Perante os acontecimentos, chegou a temer-se uma operação militar de Paris que teria tido consequências desastrosas, porém "o pedido de ajuda do Governo francês a Portugal, para que este contactasse a Junta Militar, exigindo a segurança dos seus nacionais, foi executado imediatamente, o que evitou uma eventual intervenção militar francesa em larga escala."[363]

A embaixada do Senegal foi igualmente atacada e saqueada. Sucederam-se actos de pilhagem e vandalismo em vários pontos do centro da cidade.

Mais tarde, franceses e senegaleses foram acolhidos temporariamente na embaixada de Portugal, tendo sido evacuados para os seus países de origem.

Ao fim da manhã, José Zamora Induta dava por terminado o assalto, afirmando perante as câmaras de televisão e os demais *media*: "A situação está sob controle, a Junta Militar controla a cidade" Zamora garantiu que os rebeldes não tinham ambições políticas, que estavam comprometidos com a democracia e que levariam a cabo eleições. "A nossa posição continua a ser a mesma. O nosso lugar é nos quartéis.", asseverou.

À parte alguns excessos inevitáveis, pode considerar-se que o tratamento dado ao núcleo duro dos apoiantes de "Nino" e à sua "guarda pretoriana" (os "aguentas") foi moderado, a julgar pelos padrões africanos e, sobretudo, do que

---

[362] Pinto, Jaime Nogueira, *op. cit.*, pp. 474-475.
[363] Sangreman e outros, *op. cit.*, p. 19.

se verificava nos países da sub-região (vejam-se os casos da Libéria ou da Serra Leoa).[364] Algumas figuras gradas do regime deposto o CEMGFA, o brigadeiro Humberto Gomes, o Vice-CEMGFA, o tenente-coronel Afonso Té, o chefe da "Secreta" João Monteiro e muitos outros foram detidos. 634 "aguentas" renderam-se depois de terem procurado refúgio junto das forças da ECOMOG. Posteriormente, foram transferidos para a Junta, sob supervisão e controlo internacionais e em seguida entregues à Liga Guineense dos Direitos do Homem para reinserção na sociedade local.

A humilhação gaulesa foi muito dura, para mais com a difusão de imagens dos "enfants de la Patrie" de mãos na cabeça rodeados por uma farândola de vagabundos de "kalashnikov" em punho. A França preparava-se para fazer pagar cara a aventura rebelde, estimulando a comunidade internacional a condenar o *golpe de estado*. A CEDEAO e a OUA foram as primeiras organizações internacionais a desaprovar as acções da Junta. O Secretário-geral da ONU lamentou a escalada de violência, as invasões e pilhagens das embaixadas estrangeiras, mas não condenou formalmente o presumível golpe de estado.

O Senegal, apesar de amesquinhado mas ao mesmo tempo aliviado por ter abandonado a Guiné-Bissau e, assim, ter deixado de contabilizar mortos e feridos numa guerra impopular em terra alheia, não reagiu muito mal aos acontecimentos de 7 de Maio. "O Senegal reconhece Estados e não regimes", afirmou então Jacques Baudin, Ministro dos Estrangeiros[365], que não condenou o *putsch* de Bissau. Todavia, o referenciado lamentou que as novas autoridades bissau--guineenses não tivessem apresentado desculpas pelos actos de violência cometidos contra a embaixada senegalesa, sem deixar, porém, de referir que o relacionamento bilateral e a cooperação iriam prosseguir[366]. Dakar não podia, apesar de tudo o que se passou, hostilizar as novas autoridades de Bissau, sob a ameaça pendente de uma eventual aliança daquelas com a guerrilha do MFDC, agora com a capacidade real de desestabilizar todo o Sul do país.

Paris, porém, podia e devia ir mais longe que Dakar[367]. A cólera era imensa e dispunha de meios para embargar, de imediato, toda a ajuda económica bilateral. Mas a vingança principal da França reservava-se para o quadro da União

---

[364] Cfr. também o que a este respeito escreve Jaime Nogueira Pinto, *op. cit.*, p. 475.
[365] In "Sud Quotidien" de Dakar, edição de 8 de Maio de 1999.
[366] "Le Matin" de Dakar, edição de 12 de Maio de 1999.
[367] "Pourquoi la France va plus loin que le Sénégal", in "Walfadjri", Dakar, edição de 14 de Maio de 1999.

Europeia onde, apesar da resistência de Portugal, da Suécia e dos Países Baixos, conseguiu convencer a então presidência alemã e os demais estados-membros a uma condenação firme e a suspender a ajuda comunitária ao abrigo das disposições da Convenção de Lomé. Também exerça a sua influência nas instituições financeiras internacionais. Paris não conseguiu tudo o que queria, mas Bissau iria pagar cara a aventura. Para já estavam em causa mais de 200 milhões de dólares conseguidos, a custo, por Fadul em Genebra.

Desenlace?

A 14 de Maio, Malan Bacai Sanhá, na qualidade de Presidente da Assembleia Nacional Popular assumia interinamente a chefia do Estado e as eleições gerais foram marcadas para 28 de Novembro.

Entretanto, Portugal ficou com o menino nos braços, perdão, com "Nino" na embaixada, a quem, passado um pequeno compasso de espera, acabaria por conceder-lhe asilo, permitindo-lhe, mais tarde e após algum ranger de dentes dos elementos mais radicais da Junta – e da classe política – que exigiam fosse julgado, que seguisse, então, para o exílio em Vila Nova de Gaia.

É interessante a tese defendida pelo investigador brasileiro Roberto Cordeiro de Sousa, que, aliás, perfilho – e que, a meu ver, é inteiramente confirmada pela história recente da Guiné-Bissau –, relativamente às consequências do ataque final ao "Bissauzinho" por parte da Junta Militar, desfazendo, em termos definitivos, a tríade PR-militares-PAIGC, ao colocar as Forças Armadas como as verdadeiras detentoras do poder na Guiné-Bissau. Com efeito, escreve o supracitado: "o golpe de Estado realizado em maio de 1999, que impossibilitou o fim do primeiro mandato democrático do PAIGC e do presidente João Bernardo Vieira na Guiné-Bissau, foi liderado por militares com o apoio de políticos que freqüentemente usam a classe castrense como meio de chegar ao poder.

Conseqüentemente, o **controle civil sobre os militares** deixaria de existir, porque estes, ao serem usados pelos políticos como instrumentos para chegar ao poder, passam a sentirem-se autônomos para fazer o que querem e quando querem, dentro do próprio sistema político. Inclua-se nisso crimes como – **tráficos de armas e de drogas, assassinatos**, etc. Ou seja, a **lógica de relação civil-militar** na Guiné-Bissau seria uma espécie de **contrato** que ambos os lados devem respeitar, sem intrometer-se no espaço do outro.

O que os militares traçam em relação aos civis é o seguinte: 'vocês estão governando por intermédio dos nossos apoios, desta forma, os seus poderes serão intocáveis apenas quando não formos controlados pelo governo', ou, dito de outra forma, a **relação civil-militar** é permeada pela lógica de que o mandato do governo permanecerá intacto enquanto o quartel estiver intacto. Com isso, as Forças Armadas tendem a derrubar o governo que teve seu apoio para chegar ao poder quando os seus interesses castrenses começam a serem ameaçados e/ou não atendidos."[368]

É de sublinhar, igualmente, que desde o despoletar do levantamento militar "alguns partidos políticos posicionaram-se... a favor da rebelião, tentando desta forma salvaguardar os seus interesses políticos. O recurso às armas era por eles considerado a melhor forma para afastar o presidente democraticamente eleito, derrubando, assim, um regime que, apesar de instalado em condições de democracia. se tinha convertido numa verdadeira autocracia, com violações e abusos do poder."[369] Este posicionamento vem conferir consistência à tese de que o controle civil sobre os militares será sempre inexistente porque os civis chegam ao poder encostados aos militares, portanto numa posição de subordinação. Isso era meridianamente claro desde o início da rebelião. As consequências, a longo prazo, desta situação – que não nos cabe aqui analisar – estão à vista: a Guiné-Bissau é um território governado pela soldadesca e sujeito aos seus caprichos.

*
* *

Depois de todos estes acontecimentos e, sobretudo, após 11 meses de guerra civil, entraria a Guiné-Bissau numa via de estabilidade e de reconstrução nacional? As tensões na Guiné-Bissau não se dissipariam. Os problemas políticos, económicos, sociais e, agora, também étnicos iriam tornar-se mais complexos e reacender-se, incontroladamente com um vigor insuspeitado. O "não-Estado" emergiria com toda a força. O programa seguia dentro de momentos.

---

[368] Sousa, Roberto Cordeiro de, "DANÇA DE CADEIRA: Golpes de Estado entre Autoritarismo e a Democracia guineense" in www.didinho.org., p. 11.
[369] Cardoso, Leonardo, *op. cit.*, p. 135.

CRÓNICA 36

Bissau, de 7 de Junho de 1998 a 1 de Abril de 1999
Episódios breves, historietas e instantâneos de guerra
– as múltiplas frentes de combate

Muitos episódios breves, historietas, cenas do quotidiano, anedotas, instantâneos de guerra foram relatados ao longo das crónicas precedentes, mas faltaria sempre qualquer coisa a este conjunto de escritos se eu não relatasse outra meia-dúzia de casos que, do ponto de vista humano, completam o quadro e podem lançar alguma luz sobre os acontecimentos, as personagens e o próprio curso da história. Com efeito, sem essas descrições, o relato ficaria truncado.

É preciso que o leitor se mentalize para o exercício que vou encetar que, apesar de ser meramente descritivo, pode revelar-se complexo, em termos das ilações a extrair, a maioria das quais não vou deliberadamente finalizar, deixando, como em páginas anteriores, as conclusões ao critério de quem me lê. Com efeito, na Guiné-Bissau, em 98-99, existia, no meu entender, não uma, mas múltiplas frentes de combate: entre as duas partes beligerantes propriamente ditas e no interior destas; entre as partes e a mediação – ou, se se quiser, entre as partes e as diferentes mediações – e no próprio seio dos distintos negociadores e facilitadores; entre os portugueses dentro da "fortaleza" assediada e os que se encontravam no exterior; entre mim e os meus legítimos superiores; entre mim e os meus colaboradores e poderia prolongar a lista. Não posso apelidar estes choques permanentes, ao longo de 10 ou 11 meses, de meras interacções porque, em muitos casos, tratou-se de um verdadeiro processo de luta, com avanços e recuos com vencedores e vencidos, em contrapartida, noutros casos, registaram-se empates, impasses e desfechos inconclusivos.

Da traição entre a lusitana gente – parte I

Passadas já umas largas semanas ou mesmo uns meses de guerra, fui forçado a falar com responsáveis do meu Ministério sobre um tema muito delicado. Vou tentar reproduzir, com a maior fidelidade possível, o diálogo que mantive com uma interlocutora feminina, na altura, altamente colocada.

- Temos aqui um problema muito grave e complicado que não posso, por forma alguma, passar a escrito. Você tem que me ouvir atentamente e transmitir o teor desta conversa ao patamar político para decisão. Por outras palavras, este assunto tem de ser tratado com a máxima prioridade e cuidado. Não se trata de uma brincadeira – disse eu à laia de introdução.
- Bom, vá direito ao assunto – retorquiu a minha interlocutora do outro lado.
- É tão simples quanto isto: estamos numa situação de guerra e estou confrontado com um caso, ou mais, não sei, de deslealdade, de traição, em suma. Alguém anda a passar informações internas à gente do "Nino" Vieira.
- O quê!?
- Pode crer que é assim. Das minhas reuniões na embaixada, à porta fechada, com 3 ou 4 pessoas, no mesmo dia essas conversas chegam ao conhecimento do palácio. Uma vez, tudo bem, admito. Pode tratar-se de um caso fortuito, de uma coincidência, mas isto está a suceder a um ritmo diário. Estou a ser confrontado com uma situação impossível, que considero de uma gravidade extrema. Tenho a vida de várias pessoas, para além da de minha mulher e da minha própria vida em risco. Há evacuações que, como sabe, estão na ordem do dia. Há ajuda humanitária a caminho. Informações que me chegam de toda a parte em permanência que têm de ser filtradas e geridas com o maior dos cuidados. Não tenho o síndroma de coisa nenhuma, nem estou paranóico. Esta é a realidade dos factos.

– Mas tem a certeza do que está a dizer? Mas como é que pode estar seguro de tudo isso?
– Olhe, eu dou-lhe dois ou três exemplos. Um dos conselheiros do PR disse-me que em tal data se ia efectuar uma evacuação, no navio X e que *n* pessoas iam ser evacuadas. Essa informação tinha-a obtido de manhã, pelo nosso canal militar e era rigorosamente confidencial. Só tinham conhecimento dela 2 colaboradores meus e mais ninguém. Como é que chegou ao "Nino"? O lançamento de carga humanitária em voo rasante na pista de Bafatá foi do conhecimento desta gente, em circunstâncias semelhantes e, como sabe, eles proibiram a operação imediatamente. As opiniões por mim expressas entre as quatro paredes da chancelaria, são conhecidas de trás para a frente e da frente para trás, aqui, mesmo, ao lado, na toca dos leões. Quer que lhe ponha mais na carta ou já chega?
– Já percebi. Vou passar a mensagem. Mas, ouça lá, em boa verdade, o que é que nós podemos fazer?
– Olhe, minha cara amiga, antes só que mal acompanhado. Ponham-me esta gente a mexer daqui para fora e já. Se quiserem, mandem-me depois, alguém de absoluta confiança que eu cá me arranjo
– Ah, mas isso, assim como você quer, é muito complicado...
– Mas complicado porquê? Em qualquer país civilizado fazia-se de imediato um inquérito aos meus colaboradores e substituíam-se uns dois ou três. Eu não confio em certas pessoas que aqui estão e posso nomeá-las. Se isto continua, terei de as denunciar à imprensa e é uma chatice para toda a gente. Resolvam-me o problema. Isto não pode continuar. Não me sinto minimamente seguro.

Que eu saiba, não sucedeu absolutamente nada. Nem sequer sei se a mensagem transitou para o patamar de decisão política.

Da traição entre as hostes "ninistas"

Não sei que horas seriam exactamente, mas pouco passava das oito e meia da manhã. Devíamos estar aí, em Novembro ou Dezembro. O sub-chefe Álvaro Costa do GOE pediu para me ver com urgência:

– Bom dia, senhor Álvaro Costa, então o que há?

– Bom dia, senhor embaixador. Temos aqui um problema. Eu estava a fazer o meu *jogging* matinal com um capitão senegalês, como faço todos os dias, ali para os lados daquela bolanha – não sei bem como é que se chama – creio que na ponte de Sibe, quando vimos, do outro lado, uma bateria de mísseis que está instalada, junto a umas casas. Aquilo aponta mesmo na direcção do palácio e nós estamos na linha de fogo. Parece-me que os homens do Mané estão a instalar uma segunda bateria, mas não estou bem certo disso. A verdade é que há por ali um movimento de tropas pouco habitual. O melhor é a gente pôr-se a pau, porque isto pode dar para o torto.

Agradeci a informação. Meti-me no carro e fui direito ao palácio presidencial. O Presidente não estava. Informaram-me que se encontrava numa reunião com o Estado-maior num local relativamente perto. Para lá me dirigi. Assim que cheguei, pedi para falar com ele com urgência. Apareceu de camuflado, de pistola à cinta e semblante carregado. Expliquei-lhe rapidamente o que se passava e conclui:

– Senhor Presidente, estamos ambos no mesmo barco e sujeitos aos mesmos perigos, na medida em que a embaixada está a 300 metros do palácio. Se disparam nesta direcção, arriscamo-nos a ser atingidos e uma bateria de mísseis terra-terra em fogo de barragem, apesar da imprecisão de tiro, rebenta com tudo pela frente.

Olhou para mim pensativo como que a ponderar bem o que lhe havia dito e manda chamar o CEMGFA, brigadeiro Humberto Gomes. Repete-lhe a mesma história e interpela-o:

– Bom, isto que diz o embaixador é verdade?
– Não, não é verdade, meu general. Não temos informação nenhuma de tropas ou da instalação de uma bateria do outro lado dessa bolanha. Não pode ser. Há aí qualquer confusão.

Foi-se embora. Não contente com a resposta, "Kabi" chamou um segundo oficial, não me recordo bem quem era, mas desempenhava funções importantes no Estado-maior. Repetiu-se a mesma cena, a mesma pergunta e o mesmo tipo de resposta.

– Não, meu general, não há qualquer movimentação da tropa inimiga. Está tudo calmo em toda a parte.

"Kabi" ficou extremamente agitado com a resposta. Ao sair o oficial, não me contive e exclamei:

– Senhor Presidente, para já não minto, nem tenho qualquer necessidade de lhe mentir. Além disso, corremos ambos riscos iminentes e por isso vim aqui.

"Nino" fecha a porta, estava possesso, gesticulava com cólera, voltou-se para mim e explodiu:

– Isto é incrível! Estou rodeado de traidores, senhor embaixador! Digo bem: traidores! Escondem-me a verdade, a mim que sou o Presidente da República da Guiné-Bissau. Sabe, o único que falou verdade em tudo isto foi o senhor. Parece que têm medo de me dizer as coisas. Estão a trair-me! A trair-me! Não posso confiar em ninguém!

Não havia mais nada a acrescentar. A cena adquiria contornos shakespeareanos. Era uma espécie de "Júlio César" tropical com personagens africanos. Quase se vislumbravam um Brutus e um Cássio, mais uma dúzia de conspiradores imaginários, por detrás das colunas do palácio, de faca afiada, à espera de "Nino" para o assassinarem com os terçados (catanas)...

A Guiné das muitas traições, das mentiras e dos conluios

Numa longa entrevista de duas horas ao "Expresso"[370], o Presidente "Nino" Vieira considerou que a Guiné-Bissau era "um país de traições", o que para mim e suponho que para muito boa gente não constituía a menor novidade. Mais interessantes, porventura, eram as mentiras grosseiras que "Kabi" propalou nesse entrevista, sem jamais serem contraditadas pelo entrevistador. A título de mero exemplo:

---

[370] "Expresso", edição de 26 de Setembro de 1998.

"EXP. – Quanto tempo depois do início da revolta pediu auxílio aos países seus amigos?
N.V. – Uma semana.
EXP. – E quanto tempo é que demoraram a chegar os reforços?
N.V. – Não sei bem. Julgo que três dias. Vieram de barco."

Ora, o pedido de intervenção das tropas senegalesas e da Guiné-Conakry é feito no dia 8 de Junho, ou seja 24 horas depois do início das hostilidades e não uma semana depois. O primeiro contingente héli-transportado da Guiné-Conakry chega a 9 de Junho. A entrada de forças senegalesas por via terrestre registou-se, também, na mesma data. Dois dias depois, a 11 de Junho, quando da evacuação dos portugueses e estrangeiros no navio "Ponta de Sagres", vasos de guerra senegaleses desembarcavam no porto de Bissau tropas e material de guerra, o que testemunhei com os meus próprios olhos e os quase dois milhares e meio de refugiados igualmente, o que, aliás, constituiu uma das razões para os atrasos e as enormes dificuldades que se verificaram quando da evacuação. Por conseguinte, estes acontecimentos não ocorreram 10 dias após a tentativa de "putsch", como dá a entender "Nino", mas apenas 2 ou 3 dias depois.[371] Esta questão suscita, muito naturalmente, uma outra: a rapidez meteórica, tão pouco africana, com que o corpo expedicionário senegalês e o contingente da Guiné-Conakry chegaram a Bissau dá a entender que a operação "Gabou" podia estar a ser preparada pelos Estados-maiores dos 3 países desde há muito. Não sou o único a levantar esta suspeita.

Com efeito, para Roy Van der Drift "é muito provável que num escalão militar elevado no Senegal, já tivessem sido tomadas medidas, antes do fim de semana de 6-7 de Junho, antecipando uma possível reacção de Ansumane Mané. De que outro modo se pode explicar que – de acordo, aliás, com o que os jornais senegaleses confirmam (*Sudonline*, 15.03.99; *Le Soleil*, 16.03.99) –, os primeiros militares daquele país já se encontravam a caminho de Bissau, no domingo 7 de Junho?"[372] Por outras palavras, a operação estava em marcha. Nesta ordem de ideias, o pedido de intervenção das tropas estrangeiras não foi mais que um pró-forma.

---

[371] Vd. Crónicas 23 e 25.

[372] Van der Drift, Roy, "Democracy: Legitimate warfare in Guinea-Bissau", in *Soronda*, Revista de Estudos Guineenses, INEP, Bissau, Dezembro, 2000, p. 46 (nota de roda-pé nr. 8)

E um outro exemplo das mentiras de "Kabi" que, neste particular, me tocava directamente.

"EXP. – Qual foi a sua relação e a dos membros do seu gabinete com o embaixador português durante a guerra?
N.V. – Excelente!
EXP. – Boa?
N.V. – Excelente. Eu até estava preocupado com a esposa que sempre o acompanhou, mas ele disse-me que ela já estava habituada a estas coisas e pediu para não me preocupar."

Procurei sempre manter uma boa relação com "Nino" Vieira e a sua gente e em parte consegui-o, o que não foi nada fácil, mas daí a qualificar a relação como "excelente" ia uma enorme distância. Subsistiram sempre grandes tensões no relacionamento, pelas razões já adiantadas, com abundância de pormenores, em anteriores crónicas. Na fase inicial da guerra, "Nino" Vieira recusava-se receber-me e os seus fiéis acusavam-me – e acusavam Portugal – de fazer o jogo da Junta, designadamente quando da entrega do telefone-satélite INMARSAT aos homens de Mané. Depois a situação inverteu-se e "Nino" voltou a ensaiar uma aproximação a Portugal, mas só na segunda fase do conflito, sobretudo a partir da assinatura do Acordo de Paz de Abuja. Suponho que isto diz tudo sobre a apregoada "excelência" das relações...

Mais. A minha mulher, com grande coragem, estava a viver, pela primeira vez, uma situação de guerra. Posso garantir que não estava habituada, nem de perto, nem de longe, "a estas coisas". Muito simplesmente não me quis abandonar, mesmo nos piores cenários. É tudo. "Nino" jamais, em tempo algum, me fez semelhante pergunta.

Por seu turno, Ansumane Mané declarava à Comissão de Mediação de Boa Vontade que queria assassinar "Nino" Vieira, um dia antes do levantamento, alegando ter sido traído pelo presidente depois de lhe entregar o poder, quando do golpe de estado de 14 de Novembro de 1980[373]. A lógica de Mané era tipicamente africana: antes que me matem, mato eu.

Posteriormente, numa entrevista ao "Expresso", Mané punha em causa a idoneidade e probidade do Chefe de Estado, afirmando: "O Nino vende passaportes tanto ordinários como diplomáticos; é traficante de notas falsas: fran-

---

[373] Vd. a notícia completa in "Jornal de Notícias" de 21 de Setembro de 1998.

cos franceses e dólares americanos. E no tráfico de armas é a mesma coisa. Nós só queremos que vá a tribunal e que se saiba a verdade."[374] Nada disto constituía grande novidade. Todas estas acusações eram conhecidas: se não era o "Nino", era alguém que lhe estava próximo e a mando daquele. Inédita e mais interessante, porém, era a acusação de que o presidente estava envolvido no tráfico de droga. Era uma premonição para o advento do narco-estado que hoje é uma realidade palpável e bem conhecida e que caracteriza singularmente a Guiné-Bissau.

A oposição frontal entre os dois homens encontrava várias explicações, algumas evidentes outras não. Ao culpar Mané pelo desvio de armas, quando sabia que tal não correspondia à verdade, "Nino" tinha criado um inimigo para sempre, na pessoa daquele que tinha sido um amigo verdadeiro, leal e fiel dos tempos da luta anti-colonial e do golpe de estado de 14 de Novembro. "Kabi" precisava de um bode expiatório e encontrou no velho guerrilheiro, meio-analfabeto e, aparentemente, sem grandes apoios nas fileiras[375], essa figura. João Bernardo Vieira era um cristão, da etnia papel, oriundo da Chapa de Bissau, um homem da "praça" (como se designam na Guiné-Bissau os citadinos). Ansumane Mané era um muçulmano, mandinga, originário da Gâmbia – é claro que em África as fronteiras não possuem grande significado –, um camponês. Os valores culturais e morais de um e outro não coincidiam. Para um papel mentir ou faltar à palavra dada não tinha o mesmo peso que para um mandinga, cujos princípios eram muito mais rígidos. O código de honra de Mané era, mal comparado, quase medieval. O papel, por seu turno, era muito mais volúvel. Todas as acções de Vieira, independentemente de serem legítimas ou não, eram interpretadas por Mané como uma violação do código de honra e, nesse caso, constituíam uma traição.

Francisco "Cansado da Guerra" da Silva – O "convite" para Abidjan

Quando em finais de Setembro de 1998, nas vésperas do meu regresso a Bissau, quase no termo do meu período de licença, pedi para falar com o Minis-

---

[374] In "Expresso", edição de 14 de Novembro de 1998.
[375] Neste ponto, porém, Vieira estava redondamente enganado, muito embora ao longo do tempo e sobretudo depois da guerra civil, se viesse a verificar que esses apoios nas Forças Armadas eram meramente tácticos e pouco consistentes.

tro. Este recebeu-me prontamente. Durante toda a fase inicial da guerra tinha falado com ele uma única vez pelo telefone, logo nos primeiros dias do conflito. Posteriormente, só havia trocado uma meia dúzia de frases comigo quando se deslocou a Bissau por duas vezes para as negociações de paz, em finais de Junho e em 25, 26 de Julho, quando é acordado e assinado o Memorando de Entendimento, a bordo da fragata "Corte Real".

Fiz-lhe ver, de forma bem clara, que estava num posto de alto desgaste e de grande sacrifício pessoal e, como ele bem sabia, as minhas palavras ficavam muito aquém da realidade. Aspirava, por conseguinte, a ser compensado com um outro posto quando tal fosse possível. Não lhe manifestei qualquer preferência específica, nem qualquer pressa. Sentia-me de boa saúde e com espírito positivo, apto para tudo o que de mim fosse exigido, todavia existiam, como é compreensível, limites.

Não me respondeu. Creio que não terá ficado minimamente satisfeito com o meu pedido, mas nem sequer pestanejou, tendo, porém, tomado boa nota mental de tudo o que lhe disse. Penso que não gostou das minhas palavras, porque eu ainda não tinha completado um ano no posto; a minha missão não havia terminado, designadamente em termos de informação sobre a evolução no terreno e de mediação entre as partes; a situação era muito periclitante e, presumivelmente, não disporia de mais ninguém para ocupar as minhas funções. Para o efeito, teria, pois, de fazer uma "prospecção de mercado", o que não se afigurava fácil. Tudo isto, da minha parte, era, bem entendido, especulativo, mas estava a ajuizar uma situação pelos silêncios do meu interlocutor e, sobretudo, pelo que se veio a passar depois.

Ulteriormente, já em Bissau, o jornalista do "Independente", Paulo Reis, perguntou-me um dia se eu estava bem e se não me sentia cansado. Estranhei a pergunta e retorqui-lhe que estava em perfeitas condições, com o cansaço natural de vários meses de guerra, situação que ele podia verificar com os seus próprios olhos. Aquele jornalista, bastante tempo depois, publicou um artigo no jornal em referência em que, a propósito da minha saída de Bissau, escreveu o seguinte: "Na altura, a sua substituição foi bastante criticada, chegando a correr um abaixo assinado entre a comunidade portuguesa exigindo a sua manutenção no cargo. A justificação então avançada por fontes do MNE atribuía a substituição ao facto de o embaixador Henriques da Silva estar numa situação de desgaste físico e psíquico – justificação absurda para quem teve oportunidade de contactar o diplomata naquela altura."[376] Também, já antes, José Pedro Castanheira, nas páginas do "Expresso", se referiu ao assunto, desmentindo que eu estivesse em débeis condições físicas ou psíquicas e alegando que eu era um "mouro de trabalho"(*sic*)[377]. É por demais óbvio que alguém no MNE estava-me fazer a cama muito bem feitinha.

Para o bem e para o mal, eu tinha saído do cinzentismo característico do Largo do Rilvas e o meu protagonismo, não desejado, mas assumido, pagava imposto e bem alto.

Uma bela manhã, a 30 de Setembro de 1998, estava eu a tomar o pequeno-almoço quando a minha secretária Nazaré Moreno me aparece toda transtornada, deitando os bofes pela boca e afiançando-me que o Secretário-geral estava em linha no telefone-satélite da chancelaria e queria falar comigo imediatamente. Adiantou-me ainda que o dito senhor não estava disposto a esperar. Franzi o sobrolho, mas lá avancei, lestamente, de robe e chinelos de quarto por entre os quintais das traseiras – trajecto que utilizávamos todos rotineiramente durante a guerra, por uma questão de segurança, mantendo, assim, o complexo da embaixada completamente conectado – até chegar ao meu gabinete. De Lisboa, a secretária passou-me então Sua Excelência. Depois dos cumprimentos da praxe, foi direito ao assunto:

– Bom, Francisco a razão principal do meu telefonema é, essencialmente, para o informar que, no âmbito de um grande movimento diplomático que o senhor ministro tem em mente levar a cabo, você sai desse posto e o seu destino é Abidjan.

À partida, fiquei de algum modo perplexo com a "oferta", mas permaneci silencioso. Deixei o meu interlocutor continuar a perorar, sem o interromper, muito embora fosse detectável alguma tensão na sua voz.

– Sabe, Francisco, é um posto importante para a diplomacia portuguesa. A Costa do Marfim tem dado assistência à UNITA. E é em Abidjan que está uma importante base de apoio do Savimbi. Política e economicamente aquele país pesa muito na África Ocidental. Além disso, há uma outra coisa: você fez meio posto em Bissau e fará outro meio posto em Abidjan, completando, assim, o que seria uma comissão normal em África.

---

[376] In "O Independente" de 5 de Fevereiro de 1999.
[377] Cfr. "Expresso", edição de 6 de Fevereiro de 1999.

– Ouça, meu caro. Todos nós sabemos muito bem a relevância que tem a Costa do Marfim na política externa portuguesa, que é igual a zero ou pouco mais que zero. Sabe eu não estou a passar de cavalo para burro, mas de cavalo para algo que está abaixo de burro. Isto não se faz e muito menos a quem serviu e serviu bem o seu país. Tenho a consciência disso. Não estou a puxar a brasa à minha sardinha, mas toda a gente sabe o que fiz nesta terra. É público e notório.

– Você compreende que eu não estou a falar em nome próprio e por minha iniciativa. Estou a comunicar-lhe algo que foi aqui decidido por quem manda.

– Meu caro, não vale a pena continuar por esse caminho que não nos leva a parte alguma. Deixe-me que lhe diga mais uma coisa. Essa história do meio posto é caricata. O que vai constar do meu currículo são os postos que fiz. Que eu saiba não vão por lá figurar meios postos ou quartos de posto. Isso não tem pés, nem cabeça. Quanto à Costa do Marfim: não, não aceito.

Posto isto, recebo passados uns dois dias um telefonema de um colega na Presidência da República que me perguntou se tinha, realmente, escolhido Abidjan como próximo destino. Repliquei-lhe que não, que se tratava de uma imposição e não de uma preferência minha e que não houve, como era hábito, qualquer conversa ou sondagem prévia sobre o assunto. Disse-me então que ia ver o que é que podia fazer no caso vertente junto de quem de direito.

Enviei nessa ocasião uma mensagem pessoal à consideração do Secretário--geral em que "declinava a proposta" que me havia sido feita, confirmando, assim, por escrito, o teor da conversa telefónica.

Entretanto fui informado pelo meu colega na Presidência que o meu caso tinha sido levado à consideração do Presidente Jorge Sampaio, mas que a partida estava perdida: ninguém terçava armas por mim. Teriam sido apresentados pelo Ministro argumentos convincentes quanto à minha mudança para Abidjan. Não disponho de lóbi ou de influência nas sedes do Poder, em Lisboa, estava só: tinha o destino traçado.

O Secretário-geral vem, então, novamente à fala comigo.

– Então a sua decisão é final e definitiva? É que não se tratava de nenhuma proposta. Eu nunca lhe propus o que quer que fosse. Limitei-me a comu-

nicar-lhe o que me transmitiram. Você reiterou o que me disse por escrito. Se essa é a sua derradeira posição...
– Olhe, meu caro, não tendo fortuna pessoal, nem qualquer influência onde quer que seja, tenho de pensar todos os dias no prato de lentilhas. Considero que a sua argumentação, além de inútil não vale dois caracóis. Sou forçado a engolir este sapo, porque não tenho alternativa, mas você sabe melhor do que eu que é uma situação injusta, mais do que isso, iníqua. Sou demasiado pequeno para enfrentar os grandes deste mundo. Seja!

Dei a conversa por terminada. Este assunto iria ser falado durante algum tempo, sem qualquer resultado, entre a gente de "Nino" e de Mané, entre os bissau-guineenses em geral, nos *media* e na comunidade portuguesa, mas tinha perdido a partida e bem. Tinha de assumir a derrota e, sobretudo, o erro ingente de ter falado aberta e ingenuamente com o Ministro. Estas faltas pagam-se caro e eu, além de não ter peso específico, tinha também telhados de vidro. Estava de candeias às avessas com o poder político em Lisboa e com os cortesãos das Necessidades.

Se não tivesse aceite Abidjan, o meu destino consistia, muito simplesmente, em ir para casa e arrumar as botas. A comunicação social falaria disso durante dois dias, se tanto, e ao terceiro cairia rapidamente no esquecimento. *C'est la vie!*

Fardamento português pago em dólares novinhos em folha

Em Fevereiro ou Março, o comandante José Zamora Induta vem à chancelaria e pede para falar comigo.

– Senhor embaixador, nós vamos comprar fardamento em Lisboa e queremos pagar adiantado, tal como está estipulado, com a empresa fornecedora. Pode certificar-se de tudo isto junto do seu Ministério da Defesa ou do CEMGFA que eles estão ao corrente desta operação. O procedimento não é muito complicado, mas eu explico-lhe.

De acordo com os esclarecimentos que me prestou, tratava-se, de facto, da compra de fardamento a uma empresa portuguesa, mediante o depósito prévio de 200.000 dólares norte-americanos na embaixada, ficando aquela quantia, paga integralmente em *cash*, depositada no cofre da missão. Seriam passadas declarações relativas ao depósito efectuado e alguém do nosso CEMGFA ou da Defesa comunicaria à empresa que estava tudo regularizado. Assim que a situação político-militar se normalizasse, o dinheiro seria entregue pela embaixada ao vendedor.

A história era pouco comum e fazia lembrar as aventuras de um romance de espionagem de John Le Carré. Contactei as entidades referenciadas e, sim, senhor, a história era verdadeira. Tudo batia certo. Só que não podia comunicar nada por escrito. As coisas deviam passar-se na maior discrição possível. O meu interlocutor em Lisboa estava numa posição muito alta na hierarquia e não podia duvidar das suas palavras. Obtive igualmente confirmação genérica de tudo isto no meu Ministério, junto de fonte autorizada. Por conseguinte, obtive "luz verde" em toda a parte!

O dinheiro vinha em maços cintados de notas novas de 100 dólares, envoltos nuns plásticos transparentes e aquelas apresentavam-se em sequência numérica (...16, ...17, ...18, ...19 e por aí fora). Muito embora os maços ostentassem as tarjas bancárias com a indicação das quantias que se encontravam dentro de cada um deles, ordenei que o dinheiro fosse contado por máquina bancária própria que dispúnhamos na secção consular. Depois, envolvemos o dinheiro em envelopes pardos devidamente fechados e lacrados, elaborámos as declarações de entrega, comuniquei a Lisboa que estava tudo em ordem e dei por finda a operação.

Donde teriam surgido 200.000 dólares no meio da imensa bagunça que era a Guiné-Bissau em pleno conflito armado?

O que andavam os líbios a fazer na Guiné-Bissau em guerra?

A história anterior pode estar relacionada com a que se segue.

Constou-me que no início da guerra, três líbios, presumivelmente da embaixada em Bissau, em que um deles seria o próprio embaixador, não tinham abandonado a cidade, à semelhança da maioria dos outros diplomatas e por ali andavam a circular, um pouco ao Deus dará (ou, talvez, não). Terão falado com militares "lealistas" e verificado posições na linha da frente. Não se sabia se tinham ou não sido recebidos no palácio. Pouco depois desapareceram.

Bastante tempo mais tarde – é difícil precisar quando – os mesmos três líbios foram vistos na região de Bafatá e ficaram hospedados no Clube de Caça de Capé.

Segundo me relatou, então, Fernando Merino, que geria aquele estabelecimento hoteleiro, os três líbios nunca tomavam as refeições juntos, ficando sempre um no quarto, enquanto os outros dois almoçavam ou jantavam. Faziam turnos e alternavam entre si.

Fernando Merino referiu-me a existência de uma misteriosa mala de viagem "Samsonite" que, aparentemente, conteria dinheiro (dólares norte-americanos) e que estaria a ser guardada em permanência por um dos três líbios. Admitindo que a mala estivesse cheia com notas de 100 dólares, podemos facilmente chegar à conclusão contabilística de que a mala poderia encerrar cerca de 3 milhões de dólares[378]. De registar, por último, que o pagamento da conta de hospedagem dos líbios foi feito em dólares novinhos em folha, em notas bancárias sequenciais!

Nunca se soube exactamente o que é que os líbios andaram a fazer durante a guerra. Todavia, Mané, por razões que se prendiam com acontecimentos do passado recente e com as suas ligações à sua Gâmbia natal, parecia ser receptivo à influência líbia.

Terminada a guerra civil, já em Junho de 1999, Mário Matos e Lemos escrevia no "Público" um interessante artigo intitulado "Sete Sinais de Preocupação na Guiné-Bissau". Referia, entre outras coisas, o seguinte: "É claríssima a aproximação da Junta Militar à Gâmbia. Foi com a Gâmbia que a Junta se entendeu para a saída de "Nino" Vieira e é da Gâmbia que espera auxílio para romper com o relativo ostracismo a que está a ser votada pela Europa, principalmente por acção da França. E eu, atrás da Gâmbia, continuo a ver a Líbia, cada vez mais afastada dos árabes e mais próxima dos africanos."[379]

Em Maio de 2000, o novo presidente senegalês Abdoulaye Wade referiu-se à conexão Guiné-Bissau-Líbia numa entrevista concedida à revista "Jeune Afrique/L'Intelligent"[380].

---

[378] Pelo que me foi dado conhecer, uma "Samsonite" *attaché-case* pode albergar 500 a 600.000 dólares, por conseguinte uma mala de viagem que tem um espaço 4 a 5 vezes superior, terá capacidade para acomodar 2,5 a 3 milhões de dólares.
[379] In "Público", edição de 21 de Junho de 1999.
[380] In "Jeune Afrique/L'Intelligent", edição de 17 a 23 de Maio de 2000.

Também Manuel Delgado sustenta a tese da influência líbia na guerra civil, via Malan Bacai Sanhá, nos seguintes termos: "E da nebulosa de acusações, suspeições e traições emergem dois nomes como mandantes e apoiantes do golpe e do esforço de guerra que se lhe seguiu: Malam Bacai Sanhá, na frente interna, e Muammar Kadhafi, com quem Sanhá vinha mantendo relações muito estreitas, na frente externa."[381] Não disponho de elementos de informação que permitam asseverar a 100% o bem fundado desta asserção, o certo é que existiam – e existem – fortes suspeitas nesse sentido.

Dos feitiços, bruxarias e outros mistérios

O ambiente na chancelaria era tenso. Não só se vivia intensamente a guerra e as suas sequelas, mas as relações entre as pessoas não eram propriamente saudáveis e pautadas pela normalidade. Não sei se vivíamos, como se costuma dizer, "apanhados pelo clima" ou se a atmosfera densa e carregada era, como já o disse, típica das gentes das fortalezas cercadas pelo inimigo, temendo o assalto final, a qualquer momento. O sentimento de uma angústia inexplicável e omnipresente era dominante.

Jamais enveredei pela via da paranóia ou da mais leve monomania da perseguição, mas o certo é que não confiava em ninguém ou quase ninguém, por razões já bastas vezes explicadas. Depositava apenas confiança em duas secretárias, uma angolana do quadro administrativo do MNE, de uma fidelidade canina e de uma amizade a toda a prova, de seu nome Nazaré Moreno e de uma secretária bissau-guineense, evacuada logo nos primeiros dias no "Ponta de Sagres", mas que depois de uma prolongada estada em Lisboa e em Cabo Verde, regressou a Bissau, já na fase final da guerra, e serviu-me com dedicação, Leonilde Pimentel.

A Nazaré gerava algumas resistências junto dos locais pelo simples facto de ser angolana, por conseguinte uma estrangeira, proveniente de uma outra África que não tinha nada que ver com a Guiné-Bissau. Teve uma vida atribulada o que a levou a pedir para ser destacada para a embaixada em Bissau: um acumu-

---

[381] Delgado, Manuel, "Guiné – A instabilidade que espreita", in "Mundo em Português" nr. 2 – Revista do Instituto de Estudos Estratégicos e Internacionais, Lisboa, Novembro de 1999.

lar de desgostos e problemas, uma família quase desfeita, um filho com problemas do foro psíquico, uma filha ainda adolescente praticamente sozinha, um marido distante e pouco interessado na vida em comum – de quem se viria a separar mais tarde –, enfim o vale de lágrimas habitual.

Uma manhã preparava-me para beber o café. Mal levo a xícara à boca, a Nazaré, num ápice, sacode-me, com vigor, a mão direita, entorna-me o café e diz-me, muito agitada:

– Não beba isso, por amor de Deus!
– Oh, mulher, você está doida? O que é que lhe passou pela cabeça?
– Senhor embaixador, o café tem feitiço! Tem bruxedo!
– Bom, estamos mal. Isto é um disparate pegado. Só me faltava mais esta! Agora, o café tem bruxedo! – disse eu num tom agastado.
– Oh, senhor embaixador, olhe bem para o fundo da chávena – e dizendo isto, entorna o resto do café no pires. Ficaram a boiar umas partículas negras na xícara.
– Bom, e o que é que isso tem? São borras de café.
– Não são, não. Isto é macumba! Eu sei o que estou a dizer.

E dizendo isto, agarra numa garrafa de água do Luso que estava na minha secretária. Olha-a à transparência, erguendo-a em direcção à luz que se filtrava pelos vidros manchados da janela e exclama:

– Ora cá está. Veja bem, senhor embaixador o que eu lhe dizia.

No fundo da garrafa de plástico, viam-se uns pedacitos de cinza escura, que, seguramente, não tinham sido engarrafados na origem.

– Isto de facto é estranho – disse eu –, esta agora...

Verteu o resto do café e o conteúdo da garrafa de água na sanita e voltámos ambos aos nossos afazeres quotidianos.

No dia seguinte ou passados uns dias, não me recordo bem. Vinha a pé pelos quintais traseiros, no percurso habitual entre a residência e a chancelaria, atravessando as áreas de serviço da casa do secretário, da secção consular e do centro cultural, quando ao aproximar-me da porta traseira do meu gabinete, senti um forte cheiro a urina. Fiquei aborrecido, convencido que qualquer vagabundo tinha por ali andado a altas horas da noite, a urinar pelos cantos. Então ninguém vigiava as dependências da missão? Para que é que servia o GOE, se qualquer um entrava nas instalações?

Chegado à embaixada, pergunto à Nazaré:

– Há aqui um cheiro a urina muito intenso, mesmo junto à porta de trás. Quem é que por aqui andou durante a noite? Olhe lá, você que tem a sua casa mesmo ao pé, não notou nada?

Ficou, nitidamente atrapalhada.

– Oh, senhor embaixador, fui eu...
– Você!?!?
– Foi para o proteger do mau-olhado e dos maus espíritos. Uma coisa que eu aprendi na minha terra. Faz-se um meio círculo de urina junto à porta, depois seguem-se umas rezas e isso impede que nos façam mal. Eu estou a fazer estas coisas para sua protecção. Não me leve a mal.
– A gente vê cada uma...com franqueza! Só me faltava mais esta! O que é quer que eu lhe diga, Nazaré?
– Eu gosto muito de si e da senhora embaixatriz. Há gente que lhes quer mal e estão fazer-lhes macumba. Eu sei disso muito bem, porque na minha terra também se faz. Nas portas pus uma cinza própria, para o defender, senhor embaixador. Quem está a fazer o feitiço, vê e já sabe que não pode fazer nada.

Foi um ar que se lhe deu: a ajuda humanitária levada pelo vento...

Na primeira semana de Novembro de 1998, depois de várias peripécias, designadamente dos obstáculos levantados pelas autoridades locais à distribuição, procedeu-se finalmente à descarga total do remanescente da ajuda humanitária portuguesa que havia chegado no "Ponta de Sagres" em 16 de Julho, portanto vários meses antes e que permanecia no porto de Bissau dentro dos contentores.

O então Ministro da Saúde Pública, dr. Brandão Có, já se me havia queixado de atitudes "pouco construtivas, ou, mesmo, negativas" dos representantes da Embaixada no Comité Nacional de Solidariedade e de Ajuda Humanitária

(CNSAH)[382], atestadas pelos seus colaboradores e por outros membros do Comité, designadamente pelos representantes da cooperação sueca. Uns e outros adiantaram-me que o Ministro dispunha de um poder muito circunscrito e que pouco podia fazer perante os militares bissau-guineenses e senegaleses. Assim, os bloqueamentos à distribuição da Ajuda Humanitária não provinham do próprio Ministro mas, sim, do circunstancialismo de guerra. Não punham em causa a sua honestidade, mas, principalmente, a sua relativa impotência. Por outras palavras, a respectiva "ineficácia" derivava dos factores apontados e não de má vontade contra Portugal. Contudo, de acordo com as informações prestadas, os representantes da Embaixada Portuguesa nas reuniões não possuíam uma visão global do problema e culpabilizavam sistematicamente o Ministro por tudo. Era mais um elemento de tensão a juntar a muitos outros que eu teria de gerir. A minha margem de conforto reduzia-se sempre a um espaço cada vez mais exíguo. Mas o pior estava para vir.

Quando da descarga dos contentores, não presenciada por nenhum elemento da embaixada, desobedecendo a ordens formais e por escrito que eu havia dado em devido tempo, comprovou-se o extravio de 84 toneladas, o equivalente a 8 ou 9 camiões TIR[383]. Verificou-se, igualmente, que os produtos em falta (farinha de milho, leite, feijão, conservas, sumos, bolachas e açúcar), de acordo com os dados então disponíveis, possuíam um valor comercial apreciável, sendo susceptíveis de serem escoados com facilidade no mercado local e, inclusivamente, nos países vizinhos.

Considerei a situação muito grave. Comuniquei-a imediatamente pelo telefone-satélite ao Secretário de Estado. Com um tom displicente, Sua Excelência respondeu-me, mais ou menos, nos seguintes termos:

– Sabe isso acontece em todas as guerras. Há sempre extravios de ajuda humanitária e uma parte é vendida no mercado negro. Ainda agora no

---

[382] Que sucedeu ao CAHU (Comité de Ajuda Humanitária de Urgência), referido na Crónica 30.

[383] Tal como referido na Crónica 30, no "Ponta de Sagres" tinham sido transportadas 632 toneladas de ajuda humanitária, distribuídas por 32 contentores. Dois destes terão sido abertos escassos dias após a chegada e a carga repartida localmente; outros (não posso precisar quantos) um pouco mais tarde; os restantes ficaram a aguardar decisão de encaminhamento. Em Outubro de 1998, o Comité, por sugestão do Ministro Brandão Có, optou por entregar o resto da carga ao PAM (Programa Alimentar Mundial das Nações Unidas) para ulterior distribuição.

Kosovo, se detectou uma situação semelhante. As latas de conservas de atum e outros produtos oferecidos pela União Europeia vendiam-se por toda a parte. Eu, se fosse a si, não me preocupava muito com isso.
– Oh, senhor Secretário de Estado, mas eu acho que a situação é grave e que tem de se fazer alguma coisa.
– Olhe que não vale a pena...
– Bom, sou forçado a denunciar o que por aqui se passa. Vou apresentar uma queixa por escrito.
– Eu não o faria, mas fica ao seu critério.

84 toneladas de ajuda humanitária esfumaram-se e desfizeram-se em vento. Ninguém verificou o que quer que fosse. Ninguém foi chamado à pedra. Como é habitual, a culpa morreu solteira.

Um "Rambo" lusitano no Palácio de "Nino"

Em 25 de Julho, nas vésperas da assinatura do Memorando de Entendimento entre o Executivo de João Bernardo Vieira e a Junta Militar de Ansumane Mané, era já noite cerrada quando o nosso Ministro dos Estrangeiros se deslocou ao palácio presidencial para se avistar com o Chefe de Estado em *tête-à-tête*. Era uma derradeira tentativa para se desbloquear o processo de paz e chegar-se a uma plataforma aceitável de harmonização de posições. Acompanhei, naturalmente, o governante luso com um dos meus colaboradores. Por seu turno, o Ministro tinha a seu lado o "diplomata-Rambo" de serviço que impedido de entrar na sala onde decorria o encontro, ficou no átrio, juntamente com a restante delegação. Ao fundo uma televisão captava, via satélite, a TPA[384] que transmitia um jogo de futebol entre uma equipa angolana e uma outra de um qualquer país africano. Os seguranças de "Nino" espreguiçavam-se nos sofás e viam, entre bocejos, sem grande entusiasmo, o jogo mortiço que passava no ecrã. O "Rambo", com ar carrancudo – ninguém, que eu soubesse, lhe tinha feito mal algum, mas a postura fazia parte dos seus inefáveis atributos de imagem –, não estava para aí virado e sacou da pasta um telefone-satélite, tentando pô-lo a funcionar. A páginas tantas, por que, apesar de todos os seus esforços,

---

[384] Televisão Pública de Angola.

não conseguia pôr aquela geringonça em estado de plena operacionalidade – e dentro de casa ainda menos, pois, claro está, não podia captar o sinal do satélite através do tecto e das paredes! –, levantou-se e foi até à varanda. Segurou numa lanterna de pilhas e começou a tentar ver onde é que estava o problema que o impedia de pôr o telefone em funcionamento. Nesse momento, aproximou-se um dos chefes da "secreta" que soltou a presilha do coldre da pistola e segurou ao de leve a arma entre os dedos, sem a retirar. Rapidamente, em passo estugado, já eu estava ao lado dele e falei-lhe, com calma:

– *Problema ká tem.* Não há nenhum problema. É um membro da delegação do senhor Ministro que está a pôr o telefone em funcionamento.
– Mas não pode, mesmo, embaixador. É perigo. Está fazer sinais para barco [para a fragata "Corte Real" fundeada ao largo no canal do Geba]. Nós estar em guera. Apaga lanterna, já! – estava um pouco exaltado e começou a afagar a coronha da pistola.

Voltei-me para o pretenso "Rambo" e em tom ríspido disse-lhe:

– Apaga-me essa coisa imediatamente, senão não saímos daqui inteiros!

Resmungou qualquer coisa entre dentes, desligou a lanterna e meteu o telefone no estojo. Em seguida, em voz quase inaudível, insultou a minha ascendência, no vernáculo, com os mais desabridos vitupérios. Não respondi, lembrei-lhe, porém, que na guerra e em situações de grande stress a palavra de ordem chama-se bom senso, a primeira qualidade de um diplomata, de que ele infelizmente se mostrava tão carente.Para rematar, eu acabava de gerar mais anti-corpos, como se já não tivesse bastantes.

4 curtíssimos flashes de guerra

Entre irmãos, Brá, algures durante a guerra, provavelmente no Outono de 1998.

Apanhei boleia num camião militar do QG de Ansumane Mané para Bissalanca, ao volante um major do exército, com os dentes capeados com um metal qualquer, um presumível trabalho odontológico da ex-URSS ou de outro país de Leste. Já tínhamos conversado antes, mas o homem era falador. A páginas tantas, disse-me num português acriolado:

- Sabes eu apontador morteiro 120 sobre Gadamael, na tempo da outro guera.
- Pois eu também aqui estive nessa altura – e enumerei-lhe os locais por onde havia passado. Riu-se, bem disposto.
- Isso, frente Norte. Frente Norte era para minino. Hómi a sério era frente Sul. Nino nesse tempo era grande comandante di tropa. Luta forte na Sul. Luta muito forte.
- Bom, mas no Norte e no Leste também se combatia, não é verdade?
- Sim, sim. Combatentes, hoje irmãos. Tu meu irmão. Nós gosta mais de gente que sabe de luta, que conhece nós povo, que conhece nós tera. Embaixador francês não conhece nada. Não sabe nada. Tu, combatente. Tu como nós. Tu, irmão, embaixador.

Da "sensatez" sueca

Estávamos a viver um período de tréguas, presumivelmente, na fase final do conflito, aí em Fevereiro ou Março de 1999, numa casa no Bairro de Santa Luzia. Tínhamos acabado de nos reunir com a Comissão de Mediação de Boa Vontade. Finda a reunião, pusemo-nos à conversa. Muitos já tinham saído. Nessa ocasião, estava presente um número expressivo de mulheres, entre elas Zinha Vaz. A páginas tantas, a encarregada de negócios sueca, Ulla Andrén, com voz pausada, mas um tanto inopinadamente alvitrava:

- O que a Guiné-Bissau precisa é, quando for eleito um novo parlamento, este passe a ser composto por um número igual de homens e de mulheres, tal como fazemos na Suécia e noutros países do Norte da Europa. Vocês têm que começar a pensar nisso, desde já.

Os presentes entreolharam-se e observaram-na mais uma vez sem perceberem muito bem o alcance das suas palavras. Algumas mulheres, um tanto levianamente, talvez, sem ponderarem muito bem todos os prós e contras daquela sugestão, pareciam concordar.

Chamei Ulla Andrén à parte e disse-lhe de rompante:

– Você não está boa da cabeça ou o que é isto? Então está para aqui a fazer propostas surrealistas, absurdas e totalmente inexequíveis nesta terra e neste momento? Você já se deu bem conta do que é a realidade da Guiné-Bissau? Antes que se chegue à igualdade da representação parlamentar entre homens e mulheres, esta gente precisa, antes do mais, de acabar de andar aos tiros uns com os outros, precisa de comer todos os dias, de se vestir de se calçar, de educar os seus filhos, de ter o mínimo dos mínimos em termos de serviços sociais e depois, muito depois, pode pensar nessas propostas descabeladas que apresentou. Você não está nas margens do mar Báltico! Está em África, por amor de Deus! Nem sequer Portugal ainda considerou propostas semelhantes às suas quanto mais esta gente. Pense bem, antes de dizer qualquer coisa.

Ficou atrapalhada com a minha intervenção, mas não totalmente convencida com os meus argumentos. Estas fantasias, sem qualquer suporte na realidade, propaladas por toda a África e pelo Terceiro Mundo, típicas destes povos do Norte, bem intencionados, é certo, mas sem os pés assentes no chão, são a condição necessária e suficiente para conduzirem os ingénuos destinatários da mensagem, caso a sigam à risca, ao desastre inevitável e... próximo.

A nossa camisola e a dos outros

Em período de tréguas, num almoço com alguns comerciantes portugueses que permaneceram em Bissau, verifiquei que quase todos eram favoráveis às teses de "Nino" Vieira e contrários às posições da Junta Militar. Este sentimento bastante generalizado contrastava com o dos poucos portugueses do "outro lado" que defendiam Mané e os militares rebeldes. A certa altura vi-me forçado a intervir com toda a calma, mas sublinhando bem as palavras:

– Meus amigos, a nossa situação é muito difícil ou pelo menos muito, mas, muito, incerta. Não sabemos qual será o desfecho desta guerra. Somos estrangeiros nesta terra e tanto nos amam um dia, como no dia seguinte nos odeiam. Portugal está empenhado – e eu, pessoalmente – num processo de paz de uma extrema complexidade e muito oscilante. Somos neutros e não tomamos partido por ninguém, nem defendemos quem quer que seja. Aqui não há camisolas do "Nino", nem do Mané. Isto não é o Benfica-Sporting! A nossa camisola é a das quinas e não tem nada que ver com esta gente. Este posicionamento tem que ser claro. Não tomem partido. O mesmo recomendei já aos nossos compatriotas que se encontram uns quilómetros mais adiante, do outro lado da linha da frente.

Lutámos no passado, para quê?

Numa das minhas deslocações a Brá, encontrei um velho guerrilheiro, agarrado à sua "kalash", que combateu durante muitos anos a tropa portuguesa, desde o início, primeiro, no Cantanhês e depois na região do Quebo. Veio espontaneamente falar comigo e, aproveitando um momento em que não estava ninguém por perto, pediu-me um cigarro e encetou, um discurso, ou antes um quase monólogo em crioulo, em voz baixa, que tive alguma dificuldade em acompanhar. Para facilidade de exposição, relevo sinteticamente os pontos principais do que me disse, em linguagem corrente:

- Prometeram-nos que, com a independência, íamos viver melhor. Não vivemos. Hoje, temos fome. A independência não nos matou a fome pelo contrário agravou-a.
- Podíamos ter ficado com os portugueses e talvez não tivéssemos fome. O Povo, agora, sofre muito e não pode fazer nada.
- O Luiz Cabral mentiu. O "Nino" mentiu. Todos mentem.
- Lutámos na mata durante anos para quê? Para nada...

Epílogo?

    Muitas conclusões encontram-se bem expressas ao longo do texto, de modo que seria repetitivo e redundante voltar a falar nelas ou sublinhar, aqui, o respectivo fundamento; outras, deixo-as ao critério de quem me lê e derivam, obviamente, da leitura e análise feitas (cada um poderá inferir o que lhe aprouver com base nestas crónicas e, eventualmente noutros documentos ou experiências vividas que sejam do seu conhecimento); finalmente, existem ilações da minha lavra que, creio, poderem ser extraídas e debatidas nas páginas que se seguem. Estas últimas partem do enunciado constante da introdução ou de questões suscitadas ao longo do texto e que se pretende rematar agora. Todavia, muitos temas permanecerão por esclarecer e outros há que ou não os consigo equacionar capazmente ou manifesto-me impotente para lhes dar solução adequada.

    Finalmente, o meu escrito tem que ser analisado em função do devir histórico, ou seja do "antes" e do "depois". Afigura-se-me que não pode ser ajuizado isoladamente, mas não me cabe a mim fazê-lo, pois não constituiu o objectivo central das minhas crónicas. Alguém que o faça se assim o entender.

A guerra colonial, do Ultramar ou luta(s) de libertação nacional(ais), seja lá o que for, será tema para esquecer?

Sobre esta matéria, creio já ter concluído o que seria legítimo concluir, limitar-me-ei, agora, a umas breves considerações pessoais.

Na década de 60 e no início da seguinte, uma geração inteira partiu para as terras d'Além Mar defender de armas na mão a noção do Portugal do Minho a Timor. Milhares por lá ficaram na frente de combate ou em acidentes estúpidos, outros voltaram estropiados, psicologicamente traumatizados, todos, ou quase todos, ignorados, defraudados, quando não vilipendiados, pelas diferentes e efémeras forças que têm passado pelas posições de mando na nossa terra. Infelizmente, Portugal com os seus oito séculos e meio de história tem a memória colectiva curta, não dispõe de dinheiro nos cofres, menos ainda de carinho na alma e considera o tema incómodo. Ninguém recorda os mortos. Ninguém cuida das feridas. Ninguém quer pagar, na justa medida, as pensões devidas. Ninguém, mas ninguém, dá resposta cabal às muitas dúvidas e interrogações que ainda persistem.

A minha geração foi profunda e indelevelmente marcada pela **guerra do Ultramar**. Para muitos, saídos do cinzentismo sorumbático das suas vidas nas serranias de Trás-os-Montes, nas planícies alentejanas, nas ilhas atlânticas, nas pequenas e grandes urbes do nosso cantinho **não foi apenas um acontecimento marcante, mas, sim, o acontecimento das suas vidas,** em regra pacatas e sem história. Não se tratou de um conflito bizarro, com causas estranhas, em terras de outrem. O país, que então atravessava a maior época de prosperidade que Portugal alguma vez conheceu – atestada por toda a documentação que existe em arquivo e que não precisa de ser manipulada –, consciente ou inconscientemente, explícita ou tacitamente, com razão ou sem ela, apoiou, em termos globais, o esforço de guerra. Poucos, muito poucos, mesmo, contestaram o que então se fazia e todos nós sabemos disso e eles próprios também. Por favor, não nos mintam mais, porque estamos saturados de mentiras incoerentes, desprezíveis e indignas! Mas nós, os que combatemos, não estivemos lá a ver passar os comboios, até porque, nos locais onde os havia, eram raros. Não, não dava para os ver. Andámos de canhota ao ombro a defender a Pátria, o país, o Portugal dos grandes e dos pequeninos. Fomos obrigados? Sim, é verdade. Estávamos enganados? Talvez. Não houve debate sobre o tema? Provavelmente, não. Mas ninguém se esquece, ninguém se pode esquecer do que por lá passámos. Ninguém sacode o casaco, toma o café, puxa de um cigarro e vai ao seu dia-a-dia. Que Portugal e os portugueses não esqueçam que há uma responsabilidade colectiva a que não se podem furtar, que há uma dívida por pagar e que chegou, talvez, a hora de o fazer, que existem perguntas sem resposta e que o silêncio é cobarde!

Para o bem e para o mal, uma coisa é certa: defendemos o país, como pudemos, quase sempre com dignidade, com honra e, sobretudo, com muito sacrifício pessoal, que isso nos seja, por fim, reconhecido. Não fugimos. Não voltámos as costas. Não atraiçoámos os nossos. Cumprimos.

Durante muito tempo e ainda hoje, a guerra de África, outra designação para os 13 anos de conflito em 3 teatros operacionais distintos, deu origem a uma razoável literatura memorialista ou de ficção, a alguma poesia, via de regra, de qualidade mais do que duvidosa, a alguns (muito poucos) filmes, vídeos e programas de televisão e, sobretudo, nos dias que correm, a uns tantos *blogs* na Internet que pretendem manter viva a memória do número, cada vez mais reduzido, dos que para aqui ainda andam e que, em breve, pela ordem natural, mas inexorável da vida, serão reduzidos a zero.

Na sequência do 25 de Abril, cujas raízes estão em África, descolonizámos, ou seja, amputaram-nos um braço, mas vivemos, talvez uns anos, iludidos, ainda, sob o efeito da anestesia. Até, no período pós-operatório, sentíamos dores num membro que já lá não estava! Hoje, sabemos de ciência e de experiências certas que o braço não existe, mas, felizmente, temos o outro. Mas há quem insista no retorno a África, que há um "bichinho" qualquer que nos chama ao continente, que há até uma espécie de obrigação moral. Voltar para quê? Será o regresso, a solução, a prótese para o braço amputado? Acredito que se possa voltar para negócios, para missões políticas, económicas, académicas, religiosas ou outras que sejam do nosso interesse próprio e de acordo com a estratégia que entendemos melhor servir Portugal e os portugueses. Mas que tudo se faça com coerência, que corresponda ao sentir colectivo, aos nossos objectivos nacionais e, na justa medida, dos nossos meios. Não nos peçam para voltar a África, por voltar, porque não o faremos. E muito menos da forma balbuciante, disparatada, sem sentido, nem visão estratégica, nas balizas dos estreitíssimos horizontes dos nossos políticos-politiqueiros que por aqui andam. Não vamos reconstruir impérios, criar mitos ou alimentar quimeras!

O braço já lá vai. Não devemos ter complexos de qualquer espécie e muito menos sentimentos de culpa. Culpa de quê? Temos de viver sem ele. Ponto final.

A guerra civil constituiu um marco histórico na vida da Guiné-Bissau.

O conflito armado traduziu-se numa situação de ruptura em relação ao passado. A vida do país mudou, na medida em que se estava perante um corte definitivo no que concernia 25 anos de existência colectiva, partindo-se para uma nova etapa que suscitava um bom número de interrogações. As regras do jogo passaram a ser outras e os jogadores também, todavia – e aqui surgia um problema relativamente insólito – a Junta Militar, para além de alguns *slogans* e lugares-comuns populistas, repetidos à exaustão, não reivindicava qualquer ideologia coerente, consistente e conhecida, de esquerda ou de direita, africana, europeia, americana, asiática ou de autoria identificável. Uma coisa era certa: tinha-se diluído a hegemonia do PAIGC e este era um facto capital. Consequentemente, assistia-se a uma cisão inequívoca com o passado, porque, para o bem e para o mal, o Poder transitava para as mãos dos militares, desfazendo-se – ou esbatendo-se de modo irreversível – os pilares PR e partido, bem como os demais pequenos poderes. Para além disso, doravante, os problemas entre militares seriam resolvidos entre militares, sem intervenção de quem quer que fosse. Estas alterações assumiam um carácter estrutural, porque modificaram o próprio eixo do Poder, deixando, porém, os vícios, os defeitos e os maus hábitos enraizados, virtualmente inalterados.

À luz de quanto antecede, mudar não significava, *a fortiori*, que se passava do pior para o melhor, que as alterações se esboçavam num sentido positivo. Não, antes pelo contrário. Entrava-se num período de desgoverno, de grande instabilidade política e social, sob o pano de fundo de graves e insanáveis dificuldades económicas.

A agravar tudo isto, o problema tribal adormecido, desde os períodos da luta armada e do poder autocrático de Luís Cabral e de "Nino", ressurgiu em meados da década de 90, reacendeu-se no final da guerra civil, para permanecer como dado incontornável e perene na vida política bissau-guineense. Em certa medida, era inevitável que isso acontecesse.

Mas pergunta-se o que é que resultou, em termos concretos, da trágica e devastadora guerra civil de 98-99?

Dêmos a palavra aos bissau-guineenses: "A Guiné-Bissau que saiu do conflito é um país destruído, com uma Administração muito pouco performante e quase nenhumas infra-estruturas; com um dos mais baixos índices de recursos humanos qualificados na Administração e na Função Públicas, relativamente à sub-região e ao mundo. O país que emerge está atolado numa grande confusão político-administrativa e sem dar sinais no sentido de uma estabilização próxima."[385]

Será a Guiné-Bissau um Estado, na verdadeira acepção da palavra, ou será, antes "um não-Estado"?

Nesta matéria, hoje, restam-me poucas dúvidas. A Guiné-Bissau pode formalmente ser considerada um Estado, com bandeira e hino próprios, com fronteiras reconhecidas internacionalmente, com instituições que pretensamente funcionam (ou não) e com assento na ONU, todavia não se me afigura que estejamos perante um Estado, na verdadeira acepção e dignidade intrínseca da palavra. Deparamos, antes, com uma "entidade caótica ingovernável"[386], o que me parece amplamente demonstrado nas diferentes crónicas que compõem este livro e nas linhas que precedem imediatamente estas.

Não obstante, porque o ponto é de difícil aceitação e vem bulir com preconceitos e ideias feitas, a este respeito, permito-me citar um diálogo bem elucidativo, de uma simplicidade extraordinária, reproduzido por Luís Castro, na obra já anteriormente citada "Repórter de Guerra", em que o jornalista conversa com um homem da Junta. Diz este:

> "– Sabes, fui guerrilheiro. Lutei e matei muitos portugueses, nem eu sei quantos. Agora sou velho e tenho a certeza de que tu e eu somos irmãos. Acredita, queremos que vocês voltem rapidamente para a Guiné.
> – É impossível!

A minha resposta saíra com um sorriso à mistura.

> – Estás a rir da nossa miséria?.
> – Não, claro que não! Só te estou a dizer que o país é vosso.
> – É! Pois é! Só que não o sabemos governar."[387]

---

[385] Gomes, Ricardo Godinho, "O P.A.I.G.C. e o futuro: um olhar transversal" AfroExpressão Publicações Lda., Lisboa, 2001, p. 19.
[386] Na formulação de Oswaldo de Rivero, "ÉTATS EN RUINE, CONFLITS SANS FIN -Les entités chaotiques ingouvernables" in "Le Monde Diplomatique", Paris, Abril 1999.
[387] Castro, Luís, *op. cit.*, pp. 139-140.

Muitos outros autores chegam, com raciocínios mais complexos e organizados, à mesmíssima conclusão. Por exemplo, o historiador francês René Pélissier, ao analisar o livro de Álvaro Nóbrega[388], constata, entre outras coisas, as "dificuldades estruturais de uma sociedade de rebeldes e de um Estado em grande medida fictício e impotente, porque artificialmente imposto às populações, sem coesão nem interesses comuns."[389]

"A Guiné-Bissau tem necessidade de um Estado" refere o *Rapport Afrique*[390], admitindo, pois, que o mesmo não existe e justificando esta inexistência com toda a argumentação por mim oportunamente expendida e que me escuso de reiterar. Adianta ainda que "esta fraqueza estrutural está na origem de crises políticas recorrentes, de golpes de estado repetidos e da proliferação de redes criminosas"[391]. A responsabilidade desta situação caberia, porém, parcialmente ao nosso país: "Como colonizador, Portugal não construiu a moldura de um sistema político, administrativo e burocrático que poderá ter constituído a base de um verdadeiro Estado pós-colonial."[392]

Também o director do "Diário de Bissau", João de Barros, concorria, apenas circunstancialmente, creio eu, com as opiniões expressas, na última etapa da guerra: "Muitos analistas afirmavam que o Estado guineense não existia. Este conflito põe a nu e cruamente toda a verdade. Estamos em presença de um Estado fantasma, com o seu Presidente sitiado em Bissau e protegido por forças estrangeiras."[393]

O sociólogo Bissau-guineense Ricardino Jacinto Dumas Teixeira (Dino) refere-se à "pobreza generalizada onde o Estado não consegue funcionar pelo menos no sentido mínimo do termo"[394]

O professor Adriano Moreira, logo na fase inicial da guerra, menciona a Guiné-Bissau, entre outros casos no continente africano (Libéria, Somália, Ruanda), que se inseriam num "processo comum no que respeita ao suicídio

---

[388] Nóbrega, Álvaro – "A luta pelo Poder na Guiné-Bissau", já cit.
[389] Pélissier, René, "África e Timor: elogio dos livros raros", in "Análise Social", vol. XXXIX (172), Lisboa 2004, p. 650.
[390] In *Rapport Afrique* nº 142, já cit.
[391] *Ibidem*.
[392] *Ibidem*.
[393] Barros, João in "África Notícias", Dezembro de 1998.
[394] Teixeira, Ricardino Jacinto Dumas, "Tiro na Democracia" in http://www.didinho.org/TIRONADEMOCRACIA.htm .

do Estado"[395]. Resta saber – e a pergunta é perfeitamente legítima – se, no caso da Guiné-Bissau, alguma vez existiu.

Por seu turno, o jornalista Carlos Narciso, no seu blogue "Escrita em Dia" escreve: "A Guiné-Bissau não é uma Nação, ao contrário do que diz o hino nacional do país. "Ramos do mesmo tronco / olhos na mesma luz / esta é a força da nossa união / cantem o mar e a terra / a madrugada e o sol / que a nossa luta fecundou". É mentira." Adianta ainda que "os dirigentes guineenses pouco ou nada se têm preocupado com a união dos povos da Guiné-Bissau."[396]

Outros sublinham a deterioração máxima a que o país havia chegado, cuja culpa não recaía apenas em Vieira mas em toda a classe política: "a Guiné está em decomposição profunda. Não é uma coisa nova, nem aconteceu o mês passado. Vem de trás desde a separação com Cabo Verde...Nino Vieira contribuiu para a degradação que a Guiné vive. Mas o conjunto da classe dirigente é responsável. A corrupção, não a pequena corrupção, mas a que leva à degradação total, é da responsabilidade de todo o aparelho político de toda a classe dirigente".[397]

António E. Duarte Silva, ao aplicar o conceito de Estado-falhado à África subsaariana considera que "decorre da conjugação dos seguintes aspectos ou características:

a) um conflito armado interno;
b) colapso ou desaparecimento da autoridade governamental;
c) paralisação ou dissolução do aparelho jurídico-administrativo;
d) graves e contínuas violações de direitos humanos em grande escala;
e) ausência de uma autoridade capaz de responsabilizar-se internacionalmente.

Nos últimos tempos, a República da Guiné-Bissau apresentava e preenchia cada vez mais estas características, deixando de funcionar como ordem legítima."[398]

---

[395] Moreira, Adriano, "O suicídio dos Estados" in "Diário de Notícias" de 28 e Julho de 1998.

[396] Narciso, Carlos, "Guiné-Bissau, a Guerra civil. O ultimo massacre" – "Escrita em Dia", in http://www.blogda-se.blogspot.pt/2006/06/guin-bissau-guerra-civil-o-ltimo.html.

[397] Samir Amin "A Tragédia Africana", entrevista concedida à "Vida Mundial" – Agosto de 1998.

[398] Silva, António Duarte, *op. cit.*, p. 229.

Em suma, todos os atributos do Estado – e não merece a pena elaborar muito mais sobre o assunto – não estavam, nem estão, presentes na Guiné-Bissau. Além disso, confrontamo-nos com uma entidade, que ao longo do tempo, se tem revelado realmente ingovernável. Por conseguinte, a meu ver, estamos perante um "não-Estado"[399].

Por último e à laia de explicação, a meu ver, a Guiné-Bissau nasceu mal e evoluiu pior. Numa primeira fase, subsistiu uma confusão inicial, abusiva e abstrusa, entre Estado e PAIGC – e inclusive entre a Guiné-Bissau e Cabo Verde –, que caracterizou o período de luta anti-colonial e os primeiros anos de independência[400] – registe-se que, ainda, hoje, esta temática da pretensa unidade Guiné-Cabo Verde constitui um tabu absoluto, ao qual ninguém ousa referir-se. Seguiu-se, muito naturalmente, o período do poder autocrático de "Nino", na sequência do 14 de Novembro de 1980, com o concomitante estabelecimento de uma tríade de concentração de poderes (PR-militares-partido) cujos limites se baralhavam continuamente e que se prolongou no período dito "democrático", para terminar de vez em 7 de Maio de 1999, criando-se uma situação nova. A guerra civil veio esfarelar os resquícios que ainda existiam e que davam a ilusão de que o Estado, mesmo muito débil, na prática quase virtual, ainda perdurava. Na nova situação criada com o derrube de "Nino", o verdadeiro poder transitou para o quartel. Independentemente de eleições ou dos princípios constitucionais, passou a prevalecer um *gentlemen's agreement* – passe o

---

[399] O próprio "Nino", em desespero de causa, ao querer entregar o seu próprio país à CEDEAO (vd. Crónica 34), na prática, considerava a Guiné-Bissau como um "não-Estado".

[400] Sem prejuízo dos fundamentos ideológico-estratégicos da unidade Guiné-Bissau e Cabo Verde, como os entendia Amílcar Cabral, quiçá compreensíveis num contexto de guerra, tal como explanados por Julião Soares Sousa, *op. cit.*, pp. 224-234, essa pretensa união consistia, no fundo, numa aberração político-constitucional, sem qualquer suporte antropológico, histórico, jurídico, político, económico, social ou cultural, em que supostamente coexistiriam dois "Estados" soberanos e independentes, porém com bandeiras e hinos idênticos e, mais do que isso, com um partido político comum! Tratava-se de algo tão inédito na história do mundo que devia figurar nas curiosidades do "Mundo de Ripley – *Believe it or not*"!, que eu lia nas revistas em quadradinhos da minha juventude.
A este respeito, é deveras interessante ler a correspondência patética trocada entre, de um lado, Aristides Pereira, Secretário-geral do PAIGC e Presidente de Cabo Verde e, do outro, "Nino" Vieira, Presidente do Conselho Nacional da Guiné-Bissau, por ocasião do golpe de Estado de 14 de Novembro de 1980 que culminou na separação definitiva dos dois Estados (vd. Sambu, Queba, *op. cit.*, pp. 75-81).

eufemismo – entre militares e civis com esferas de actuação próprias. Sendo a vertente militar dominante, qualquer interferência ou tentativa de controlo por parte do poder civil sobre a sociedade castrense levaria esta a sublevar-se e a impor o seu *diktat*. Em abono da verdade, esta situação é a que ainda hoje se verifica e que, tudo leva a crer, não vai mudar.

Releve-se que os militares querem a sua parte do "bolo", em negócios claros, cinzentos ou escuros, e não admitem intromissões. Os equilíbrios entre as diferentes facções e personalidades fardadas são geridos *intra muros* nas casernas e quartéis. Trata-se, como é bem de ver, de um regime militarmente tutelado. Com ou sem eleições, este é o verdadeiro resultado da vitória da Junta em 7 de Maio de 1999 e que perdura até aos dias de hoje, o que é verificável pela evolução dos últimos 13 anos.

Mister é sublinhar que o problema étnico imanente contribuiu, igualmente para se enraizar a noção de "não-Estado". Não se tratou de um estandarte arvorado, pela primeira vez, por Kumba Ialá nas eleições de 1994 e prosseguido desde então com especial ênfase em épocas mais recentes. Com efeito já vinha de trás, com a preterição deliberada dos balantas (um terço da população total) das benesses do poder, com as peseguições paranóicas de que este grupo étnico foi alvo em meados da década de 80, *maxime* com as torturas e fuzilamentos de Paulo Correia, Viriato Pã e do oficialato balanta[401] e, na fase terminal do conflito, com o recrutamento dos "aguentas" papéis e bijagós, último sustentáculo do regime "ninista". O factor étnico, como fenómeno desagregador do Estado e da sociedade, assumiu um carácter estrutural e infelizmente veio para ficar.

Será a Guiné-Bissau uma Nação, o embrião de uma Nação ou qualquer destes conceitos, no caso em apreço, é desprovido de sentido?

A Guiné-Bissau é um "complexo mosaico sócio-cultural", no dizer de A. Nóbrega, um território multi-étnico, multilingue, multi-religioso e multi-cultural. Trata-se de um território exíguo para uma população de uma heterogeneidade extrema. "Na realidade, a polarização étnica é a tal ponto que o país agrega cerca de 30 grupos étnicos e poucos são aqueles que comportam con-

---

[401] Trata-se do famoso "caso 17 de Outubro de 1985" referido na crónica 31.

tingentes populacionais significativos."[402] Construir uma Nação nesta diversidade é uma tarefa praticamente irrealizável. Todavia, ao longo dos séculos, nas "praças", designadamente, em Bissau criou-se uma cultura crioula, com características próprias e com uma língua de comunicação também ela própria. A potência colonial (Portugal), apesar da sua debilidade estrutural, terá conseguido, de algum modo, dar algum sentido a essas diferenças culturais que distinguiam a Guiné dos territórios circundantes.

À luz do que antecede, seria prematuro e pouco rigoroso afirmar-se que a Guiné-Bissau é uma Nação, mas algo que está ainda num estado gestacional e que começa, a pouco e pouco, a despontar e este é um elemento positivo e relevante. Também seria incorrecto, atenta a realidade no terreno, falar-se em Nação quando o conceito será apenas perceptível por uma minoria residente em Bissau e nas "praças" – *maxime*, a ínfima elite instruída e culta – não possuindo qualquer significado palpável para os habitantes dos Bijagós ou da mata do Oio.

Todavia, a guerra civil e o apelo de "Nino" Vieira às tropas senegalesas e da Guiné-Conakry veio despertar na população uma rejeição muito acentuada e veemente dos estrangeiros "invasores" e portanto gerar um sentimento patriótico genuíno, que se generalizou. E este é, de facto, um elemento novo, surpreendente e que tem de ser sublinhado. Pena foi que a Junta e os políticos bissau-guineenses não o tivessem sabido aproveitar como elemento agregador, verdadeiro cimento para o edifício da Nação, ainda na fase inicial de construção.

A este respeito, atente-se na prosa de João de Barros: "A má governação do regime lançou na miséria a maioria da população guineense, construindo assim pedra a pedra a revolta e a guerra que dilaceram hoje a Guiné-Bissau. Mais grave ainda, (...) o regime, na sua cegueira pelo poder, permitiu que as forças militares estrangeiras combatam no solo pátrio o Exército nacional."[403]

Como refere Ossangô de Carvalho: "a chegada das duas forças estrangeiras desencadeou de imediato uma onda de nacionalismo e de patriotismo que há muito não se via na Guiné".[404]

A recusa da francofonia e a denúncia dos interesses franco-senegaleses, um *leit motiv* muito glosado, constituíam outros aspectos deste posicionamento

---

[402] Nóbrega, Álvaro, *op. cit.*, p. 54.
[403] Barros, João, director do "Diário de Bissau", in "Público" de 2 de Agosto de 1998.
[404] Carvalho, *op. cit.*, p. 79.

nacionalista. Nesta matéria, muito crítico, Carlos Schwarz (Pepito), um reputado agrónomo bissau-guineense sustentava firmes convicções lusófonas: "Derrotado política e militarmente, odiado pelo 'seu' povo, isolado pelos principais conselheiros económicos que já abandonaram o barco, o ditador agarra-se à última tábua de salvação: a francofonia na versão pura e dura no combate ao pretenso colonialismo lusófono. O protagonismo que a CEDEAO assumiu nos últimos dias pretende relegar a CPLP para segundo plano e mostra que a dupla Senegal/França não deixa em mãos alheias a defesa dos seus interesses "[405].

Nação em formação? Talvez. Só que a etnicidade, ou se se quiser o factor tribal, pode matar a cria no ovo.

Os "aliados", *la grandeur de la France* e "Kabi" – algumas conclusões que se impõem

Afigura-se-me imperativo transcrever uma singela citação do embaixador francês em Dakar, André Lewin, para que as posições da França e do Senegal (mas, também, da Guiné-Conakry, apesar de não mencionada explicitamente pelo referenciado) façam algum sentido. Se houvesse um livro Guinness da hipocrisia essa pequena frase aí figuraria seguramente em lugar de destaque, assim: *'En décidant d'intervenir en Guinée-Bissau, les Sénégalais l'ont fait tout seuls, sans consulter ni en aviser leurs amis de plusieurs siècles, les français.'* (trad. – "Ao decidirem intervir na Guiné-Bissau, os senegaleses fizeram-no sozinhos, sem consultar nem avisar os seus amigos de vários séculos, os franceses")[406]. Quaisquer comentários adicionais da minha parte, para além de manifestamente inúteis diluiriam a velhacaria do discurso!

O Senegal e a Guiné-Conakry não conseguiram nada da guerra civil, em termos militares, excepto baixas em combate, gastos materiais e problemas para o futuro, mas, na recta final, queriam, de algum modo, "lavar a cara", melhorar a imagem e sair "com dignidade". Aparentemente, desejavam retirar-se desde que o contingente da ECOMOG fosse significativo e que, em particular,

---

[405] Schwarz, Carlos, "O último suspiro do ditador", in "Diário de Notícias" de 14 de Agosto de 1998.
[406] Jornal "Walfadjiri", Dakar 28 de Outubro de 1998.

Dakar obtivesse algumas garantias, com uma presença militar adequada – entenda-se "neutra", mas musculada –, na região fronteiriça de Casamansa.

A **"humilhação" do Senegal seria desastrosa para a França e para as suas pretensões na África Ocidental e no continente africano**, em geral. Por conseguinte, tinha de ser evitada, custasse o que custasse.

Afigurava-se-me que para Paris, a questão da Guiné-Bissau devia ter sido equacionada, esquematicamente, nos seguintes termos:

- A Guiné-Bissau, jamais verdadeiramente colonizada por Portugal que se limitou a manter uma presença meramente simbólica no território, inseria-se numa sub-região francófona, podendo, pois, ser integrada no conjunto, o que, presumivelmente para a França era já um dado adquirido.
- Provava-o o facto da Guiné-Bissau integrar a UEMOA e a CEDEAO, em que os estados francófonos eram maioritários, ter adoptado o franco CFA e ser país-membro da Francofonia (a guerra civil e os laços que uniam os guineenses a Portugal e ao mundo lusófono demonstravam exactamente o oposto; a própria identidade nacional – em formação –, linguística e cultural da Guiné-Bissau derivava do passado histórico e da ligação a Portugal).
- O conflito da Guiné-Bissau era sub-regional e não endógeno (asserção que era contraditada pelos factos: o conflito só era sub-regional pela intervenção militar do Senegal e da Guiné-Conakry numa questão interna, conferindo-lhe, pois, uma dimensão que, à partida, não tinha; por outro lado, a participação dos rebeldes do MFDC, ao lado da Junta, confirmava igualmente essa dimensão sub-regional).
- Nesta óptica, se o conflito era sub-regional, só podia ter uma solução nesse âmbito e não noutro. Assim, a CEDEAO fornecia a solução política e a ECOMOG implementava-a em termos militares – diversa era a posição portuguesa, da CPLP e da Junta Militar.
- O apoio a "Nino" Vieira era o único admissível, porque aquele dispunha de uma legitimidade conquistada nas urnas – e, sublinhe-se, porque servia os interesses da sub-região e, indirectamente, da França, na medida em que esta exercia um controlo sobre aquela. Se o PR actuou ou não à margem da constituição e das leis; se o povo, a sociedade civil, todos os partidos políticos (incluindo o PAIGC) e as demais instituições nacionais o contestavam; se era, ou podia ser, responsabilizado pela situação actual

do país, isso não interessava, porque dispunha de um cheque em branco, que lhe foi concedido nas urnas, princípio sacrossanto que não podia, em circunstância alguma, ser posto em causa.

No entendimento que a solução devia ser encontrada entre africanos e com forças africanas, o caso da Guiné-Bissau devia ser interpretado por Paris como um "teste": a CEDEAO funcionava bem e o seu braço armado – a ECOMOG – idem. *Test-case* que a resultar – e note-se bem: entre países maioritariamente francófonos[407] e com apoio em meios logísticos e materiais da França – constituiria um precedente a ser seguido noutras crises africanas e, mais do que isso, demonstraria que esta solução franco-francófona – passe a expressão – era mais eficaz que outras iniciativas hiperdimensionadas, onerosas, e de resultado incerto, oriundas de países anglófonos (caso, por exemplo, da Serra Leoa). Em suma, sob a pretensa capa *d'une sollution à l'africaine* escondia-se o paternalismo francês, pretendendo, ainda, que a Europa a acompanhasse – não só em apoio político, mas que, inclusive, custeasse o resto da operação – porque a solução, em si mesma, era boa.

Afigura-se-me redundante reiterar que esta estratégia, na sua aplicação prática, coincidia com o projecto político e de poder pessoal de "Nino" Vieira. Este procurava, como sempre procurou, ganhar tempo para sobreviver e para tal necessitava do apoio das tropas estrangeiras. A retirada destas, mesmo que não fosse total, mas significativa, traduzir-se-ia numa oscilação do pêndulo em favor da Junta Militar e de todas as forças vivas do país, que lhe eram adversas. Além disso, aquela detinha no GUN as pastas-chave da Defesa e da Administração Interna. Por outro lado, se as tropas estrangeiras não podiam permanecer no país eternamente, as forças da ECOMOG poderiam, pelo menos, ficar até às eleições, ou, mesmo, para além destas, garantindo-lhe um espaço de manobra para os seus desígnios.

A França insistia na realização de eleições tão rapidamente quanto possível. Ora, se a retirada se processasse progressivamente, a presença de efectivos armados estrangeiros, não só condicionava o funcionamento normal das instituições – como o sublinhou, entre outros, o próprio Presidente da ANP –, mas

---

[407] Em abono desta tese, o Embaixador de França dizia-me: "Il doit y avoir une certaine homogeneité des troupes de l'ECOMOG" (trad. "Deve haver uma certa homogeneidade das tropas da ECOMOG" – adjective-se, "francófona").

poderia, mesmo, caso continuasse até às eleições, condicionar o próprio sufrágio. Num tal cenário, «Nino» disporia de claras vantagens.

A meu ver e para encurtar razões, em relação à Guiné-Bissau, a França fazia-me lembrar um abastado proprietário de uma cadeia de sapatarias que olhava, com um ar falsamente compungido, mas, bem no íntimo, ganancioso, para o moribundo, na cama de hospital, quase a exalar o último suspiro, à espera que falecesse, para ficar com o par de sapatos sujos, velhos e esburacados, para a sua colecção privada. Com efeito, eram de um modelo que ele ainda não tinha...

No meio da confusão, será que Portugal sabia realmente o que queria?

Ainda hoje estou para saber como foi possível evacuar quase 2.500 pessoas, num cargueiro, debaixo de fogo, sem qualquer protecção militar? Quando penso que uma das fragatas podia ter sido imediatamente disponibilizada para seguir para a Guiné-Bissau, mas que, ao invés, teria antes de participar no desfile naval por ocasião do 10 de Junho, no quadro dos eventos da Expo-98, perpassa-me uma raiva muito grande. A fragata podia ter zarpado logo a 8 de Junho e estaria, assim, em Bissau a 12 ou 13. Atrasava-se o embarque dos refugiados, 24 ou 48 horas, mas cumpriam-se minimamente as regras. Quem quiser que descarte o meu relato constante de uma crónica anterior (Crónica 23), todavia não é preciso ter acesso a muitas fontes documentais para somar dois e dois, basta ler a imprensa da época que é bem elucidativa a este respeito e as deduções são por demais evidentes. O que se passou foi, pura e simplesmente, de uma irresponsabilidade criminosa. Como referiu e bem, Miguel Sousa Tavares, "não tivemos capacidade nem vontade política de usar as Forças Armadas para evacuar os nacionais cm perigo...Deixámos os portugueses entregues à sua sorte e à coragem da tripulação civil de um barco civil que, por acaso, estava na zona."[408] O mínimo que a este respeito me ocorre dizer é que estava em risco a vida de milhares de pessoas. A vídeo-cassete, filmada pela tripulação do "Ponta de Sagres", por ocasião da evacuação, que tenho em meu poder, demonstra-o de modo cabal e irrefutável. Só não morreu ninguém por conjecturável milagre da Virgem de Fátima! Adiante.

---

[408] Tavares, Miguel Sousa, "Anos Perdidos (Crónicas 1995-2001)", Oficina do Livro, Lisboa, 2001, p. 151.

Durante o conflito armado, da parte oficial portuguesa, como já o disse, repito e decorre do exposto nas minhas crónicas, a descoordenação era total: proliferavam os interlocutores, as ordens e as contra-ordens, ninguém se entendia. Nos períodos mais críticos, os doutos, ilustrados e sábios governantes portugueses mostravam-se excitados, ansiosos e desorientados tal como adolescentes que se estreavam no bordel da esquina. Depois deixavam-se levianamente conduzir por Tarzans do quinto esquerdo que os aconselhavam mal e que os implicavam nas constantes fugas para a frente em manobras inúteis de elevadíssimo risco e de resultados volúveis, muitas vezes ao arrepio dos princípios e das normas que apregoávamos aos quatro ventos.

Por outro lado e recuando no tempo, Portugal, em relação às autoridades da Guiné-Bissau, nunca por nunca ser, se comportou como devia em questões de princípio, patenteando uma permissividade escandalosa e indigna. Não só, como vimos, jamais denunciou os crimes horrendos do regime de Luís Cabral, como lhe concedeu o direito de asilo em Portugal! Pior ainda, anos mais tarde procedeu de igual modo com "Nino" Vieira e incluso deu guarida aos seus capangas! Mas há mais, muito mais. Refiro-me, entre outros, aos casos da "conspiração balanta" de 1985 (já referenciada), do assassinato do nosso compatriota o jornalista Jorge Quadros pela "secreta"[409], das mortes de Braima Uni, de Robalo de Pina e de Nicandro Barreto (que conheci pessoalmente e a que já me referi nas crónicas 18 e 20)[410]. Sobre estes assuntos, Portugal mantinha-se totalmente

---

[409] Nunca foram completamente esclarecidas as circunstâncias relativas ao assassinato de Jorge Quadros, assessor de imagem de "Nino" Vieira, morto no seu apartamento, em Bissau, em Novembro de 1993, por ordem da segurança bissau-guineense, na altura comandada pelo coronel João Monteiro, de que seriam também autores morais "Nino" Vieira e o ex-ministro do Interior, Abubacar Baldé, como sustenta o antigo Procurador Geral da República, Amine Saad. Jorge Quadros teria alegadamente tido acesso a duas (?) vídeo-cassettes que documentavam o homicídio no próprio palácio presidencial do major Robalo de Pina, envolvendo, de acordo com algumas versões, o próprio PR. O jornalista português foi barbaramente assassinado com barras de ferro e à catanada. Nas manchas de sangue, visíveis no chão do apartamento, eram perceptíveis marcas de solas de borracha típicas das botas militares.

[410] Foi Ministro da Administração Territorial e antigo Procurador-geral da República. Estava a par de muitos dossiers altamente comprometedores, designadamente um relativo ao levantamento militar de 7 de Junho de 1998, que nunca foi encontrado. Foi morto por espancamento, na sua residência em Bissau, já em Agosto de 1999, alegadamente a mando de "Nino" Vieira (apesar de então estar exilado em Portugal) e do seu núcleo de fiéis.

silencioso e jamais denunciou o que quer que fosse, talvez com medo não se sabe muito bem de quê ou de quem. Nem sequer me vou referir à problemática dos direitos humanos e, a este respeito, muito haveria a dizer, *j'en passe!* Finalmente, o episódio quase caricato da retenção abusiva da mala diplomática no aeroporto de Bissau, entre Abril e Junho de 1995, por ordem da alfândega, que chegou a abrir, com grande estardalhaço, os noticiários da RTGB, e a que Lisboa fechou os olhos, pôs tampões nos ouvidos e fita-cola na boca. A Guiné-Bissau de "Nino" abusava sempre por que não acontecia nada, nem se esperava que viesse a acontecer. Portugal até achava graça a estas tropelias: não se passa nada!

Depois a Guiné-Bissau, dependente como era do nosso país, brincava com a adesão ao franco CFA, à UEMOA, à Francofonia e aos pretensos namoros com a França. Também, não se passava nada!

Já o disse e repito-o, aqui: globalmente, a Guiné-Bissau não devia possuir grande interesse para nós, ou, se interesses havia, estes eram, a meu ver, pouco relevantes. O país era pequeno, pobre, frágil, instável e vulnerável. Tudo é relativo, obviamente. Mas quem é que no seu perfeito juízo queria investir na Guiné-Bissau? Havia quem o fizesse, por sua conta e risco, como é evidente. Que alguém me diga com sinceridade: porque é que nos empenhávamos tanto em causas que não eram nossas, nem nos diziam respeito? Seriam os velhos complexos de culpa a emergirem, mais uma vez?

A inversa porém era verdadeira. Portugal era um grande investidor na Guiné-Bissau e um motor da economia local: na banca, nos seguros, nos transportes aéreos, nas telecomunicações, na administração dos portos, no sector energético e na construção civil[411]. A cooperação bilateral, apesar de dispersa, desorganizada e pouco visível, atingia valores muito elevados e visava sectores estratégicos, muito embora os respectivos resultados ficassem aquém do desejado. Várias dezenas de milhares de bissau-guineenses tinham emigrado para Portugal. Podíamos, desde logo, utilizar esta panóplia de "armas" económicas, no momento oportuno. Nunca o fizemos.

Em suma, sem capacidade, talento ou engenho para outros voos, noutras latitudes, quiçá mais promissoras e atractivas, porém mais trabalhosas e árduas,

---

[411] Sob o risco de entrar em contradição, não nego que tudo isto tinha, evidentemente, algum significado para Portugal e para as empresas portuguesas, mas ganhava, seguramente, uma outra dimensão na perspectiva da Guiné-Bissau. Na altura, falei com um quadro da Portugal Telecom que me disse que a importância global do país no volume de negócios da sua empresa era inferior à da cidade de Tavira!

Portugal agigantava-se perante a Guiné-Bissau, o que era fácil, mas, sempre, numa atitude permissiva e tonta, tudo permitindo, com a maior bonomia e com o eterno sorrisinho ao canto da boca.

O que é que queríamos? Alguém sabe?

"Nino" de chefe guerrilheiro a sobrevivente

João Bernardo Vieira nunca foi homem para desistir e no espírito de velho guerrilheiro, a sua lógica assentava, única e simplesmente, no princípio da sobrevivência (numa dada fase do conflito, a questão chegou, mesmo, a pôr-se em termos físicos, problema que jamais foi completamente dissipado, mas tratava-se, sobretudo, da sua própria sobrevivência política). As sucessivas tácticas de ganhar tempo, do "passo atrás, para em seguida dar dois em frente", da sua postura permanente de "vítima inocente de uma enorme maquinação" podiam ter resultado em determinadas fases do processo. Interessava saber é se resultavam sempre. Tratava-se de um derrotado que se recusava a assumir como tal e que ainda procurava extrair dividendos de uma situação que não lhe era à partida auspiciosa. Era bem o símbolo da resiliência.

Para "Nino" Vieira, a ideia de estar fora do Poder era-lhe, virtualmente, inconcebível. Assumia uma lógica simplista, que, sem qualquer rigor sociológico da minha parte, creio ser comum a vários povos africanos, mas que não é apanágio exclusivo do continente negro: uma vez chefe, é-se chefe toda a vida. Por outro lado, os dividendos e as benesses que auferiu enquanto Presidente da República advieram-lhe, não de uma acumulação gradual de riqueza, mesmo por meios ínvios ao longo de vários anos, mas de um controle férreo, permanente e total do embrionário aparelho de Estado, através dos seus "fiéis", das Forças Armadas e da polícia política, e, bem entendido, do Partido (o modo como se desenrolou o último Congresso do PAIGC, pouco antes da guerra, era uma clara ilustração do que se refere). Não obstante, o confronto armado de 7 de Junho veio-lhe demonstrar que esse controle era parcial e que, nos casos das Forças Armadas e do próprio partido, era, mesmo, ínfimo. Do exposto decorre que resumir o levantamento de 7 de Junho a uma querela entre personalidades ou entre facções do PAIGC era, tão-somente, uma parte da verdade, esta revelava-se muitíssimo mais complexa.

"Nino" vivia, pois, obcecado com a ideia de deixar a cadeira do Poder e pretendia recuperar tudo o que perdera, pensando que, no fundo, a Guiné-Bissau era igual a si própria e que os bissau-guineenses, de hoje e de outrora, não diferiam entre si. Este mesmo discurso havia-me sido proferido em tempos por um dos seus conselheiros mais próximos ("Manecas" dos Santos) e que o terá repetido, a quem o quis ouvir em Lisboa. Temia-se a Junta por duas razões principais: em primeiro lugar, porque iria arredar a *clique* que estava no Poder e, em segundo lugar, porque os insurrectos tinham a veleidade de querer alterar de raiz o *status quo*, o que era bem mais intrincado e pesado de consequências.

Será que a Junta, apesar de uma teorização frágil e confusa, ou mesmo despida de ideologia limitando-se a repetir chavões como "Democracia", "Paz" e "Justiça" (com especial ênfase para este último termo), encarnava o verdadeiro espírito de mudança de que a sociedade bissau-guineense se manifestava tão carente e responderia, de algum modo, aos seus anseios mais profundos? Será que íamos assistir à consolidação das bases constitutivas da Nação, à verdadeira construção do Estado, a uma governação e gestão dos assuntos públicos efectivas e tangíveis? Ou, pelo contrário, dando implicitamente razão às teses de "Nino" Vieira e dos seus jagunços, seria apenas uma mudança de algumas regras do jogo, de *nomenklatura*, uma "dança de cadeiras", entremeada por algumas mutações meramente cosméticas?

Sem pretender entrar nos períodos históricos subsequentes, que fogem aos parâmetros deste livro, a resposta a esta questão parece ser clara: sem embargo das generosas intenções inicialmente anunciadas, a revolta militar introduziu, de facto, uma alteração de fundo, não no sentido pretendido, mas, antes, agravando todos os males que afligiam endemicamente a Guiné-Bissau e o seu povo. Com efeito, por mais voltas que se queira dar ao assunto, o resultado foi esse e não outro.

"Nino" e os seus cortesãos mais inteligentes ter-se-ão apercebido do perigo que representava para o "grupo" no seu todo o eventual triunfo das "ideias" -demagógicas, populistas e pouco estruturadas – que faziam caminho na Junta Militar e em certos partidos da Oposição que viviam "à boleia" dos militares. De uma forma mais comezinha, "Nino" temia, pura e simplesmente, ver-se arredado do Poder, sem quaisquer outros considerandos, e a sua queda arrastaria consigo, inevitavelmente, a do próprio "grupo" que seria substituído por outros actores.

Neste caso, como sobreviver e como seria possível manter-se no Poder?

O grande teste estava, pois, aqui. A meu ver, na fase final, para subsistir, "Nino" tentou jogar nos seguintes factores: nos apoios externos (que começavam inevitavelmente a falhar), no reforço dos efectivos da ECOMOG (que eram, a seu ver, manifestamente insuficientes), na data das eleições (que sabia serem insusceptíveis de cumprimento), no factor étnico (com o recrutamento dos "aguentas"), no descrédito do governo (por inexperiência governativa e erros cometidos), no descrédito da Junta Militar (incapaz de controlar o país) e, finalmente, na ulterior reconquista do PAIGC com o apoio do seu núcleo de "cortesãos". Só que, apesar da habilidade e estratégia do jogador (há que reconhecer-lhe essas qualidades, porque as tinha) nada disto resultou e o desastre, inevitavelmente, aproximava-se.

João Bernardo Vieira instaurou um pseudo-Estado cleptocrático, onde campeavam a corrupção, o nepotismo e a violência. Não acreditava no princípio da separação de poderes. Também, nunca acreditou no sufrágio, na verdadeira acepção do termo: as eleições serviam, apenas, para caucionar a ditadura e os desmandos – e para legitimação externa, acrescente-se. Por outras palavras, "Kabi" conduziu o país ao descalabro instaurando todo um processo de violência pela violência.

A generalidade dos seus compatriotas atribuía a "Nino" Vieira a culpa de todos os males de que padecia a Guiné-Bissau, que ele obviamente não assumia, nem podia assumir, como não se considerava, seguramente, culpado pelo rapto das Sabinas pela prisão do "máscara de ferro" ou pelo assassinato do czar Nicolau II. O certo é que se "Kabi" era o principal responsável pelo estado a que havia chegado aquele arremedo de país, os bissau-guineenses tinham também de fazer necessariamente a sua auto-crítica. O "chão" e os males da Guiné não pertenciam a um só homem.

Com Portugal, "Nino" foi sempre ambíguo, falso e ardiloso, nunca foi leal. Na esteira de Amílcar Cabral e de outros, creio que acreditava à sua maneira na lusofonia, como factor identitário da Guiné-Bissau perante os demais povos e países da sub-região. Mas, bem no seu âmago, nunca foi amigo de Portugal.[412] As suas espertezas saloia e alguma habilidade política deram-lhe para jogar com Lisboa quando calhava e de se voltar para Paris quando aí via supostas vantagens ou quando o "jogo" era por nós denunciado, o que, aliás, era raro. Queria jogar

---

[412] É no Centro Cultural Francês (transformado provisoriamente em Embaixada de França) que vai procurar refúgio em 7 de Maio de 1999; transita depois para a residência episcopal; para *in extremis* e mediante a intervenção do embaixador António Dias se acolher à embaixada portuguesa. Isto diz tudo sobre a sua amizade a Portugal.

em vários tabuleiros ao mesmo tempo, o problema é que não tinha cartas na mão.

Tudo sopesado, a meu ver, "Nino" enfrentava um problema psicológico de fundo: sofria do síndroma do bastardo na celebração do dia da mãe.

Comentários finais

Em Maio de 2000, recebi, das mãos do Presidente Jorge Sampaio, a Grã-Cruz da Ordem Militar de Cristo, por tudo o que se passou na Guiné-Bissau. Na altura, estava destacado em Abidjan, na Costa do Marfim, como embaixador. Mais uma vez, o Secretário-geral veio ao telefone e apresentando-me uma série de desculpas pouco coerentes e coladas com cuspo, anunciou-me que iria ser condecorado, mas que a cerimónia não teria lugar, como era habitual, no 10 de Junho, mas umas semanas antes, porque, alegadamente, existiam vários diplomatas a ser homenageados e não se poderia "monopolizar" a festa nacional com a atribuição de condecorações a funcionários do MNE (?!). Não ficava bem. Assim, tinha sido acordada uma cerimónia própria que teria lugar em princípios de Maio. Por outras palavras, depois de um braço de ferro, o Ministério viu-se forçado a concordar com a minha condecoração, mas isso seria feito, não com as luzes da ribalta, na data convencional, mas numa cerimónia apagada e sem brilho em Belém. Era, mais uma vez, a vingança do "chinês". A mensagem era inequívoca e, como tal, eu devia percebê-la...

Ao longo do tempo e da minha carreira profissional, uma realidade tornou-se-me cristalina e com o passar do tempo axiomática: compreendi que para se chegar a "boy" era preciso ter sido previamente "yes man", passe a contradição. Ora, como nunca tinha sido "yes man", jamais podia ser "boy". Esta lógica era inatacável!

*
* *

A minha mulher, Maria Ana, sem obrigação de qualquer espécie, perante o Estado Português, acompanhou-me sempre em todos os momentos, mesmo os mais difíceis e penosos, não só no decurso da guerra civil em Bissau, mas também, mais tarde, nos golpes de estado que ambos vivemos em Abidjan, para onde fui destacado em 1999 e, num momento posterior, na Índia, quando esta esteve na iminência – mais uma – de uma guerra com o Paquistão. A Maria Ana, de um heroísmo, quiçá, inconsciência, exemplar, pondo várias vezes em risco a própria vida, nunca beneficiou de uma simples palavra de agradecimento de quem quer que seja. De facto, no universo lusitano custa muito dizer "Obrigado". Eis Portugal no seu esplendor, o esplendor de Portugal ou será o Portugal dos pequeninos?

Confesso que me senti muitas vezes isolado, muito isolado. Só! Meu Deus, como me senti só! Foi a minha mulher que me ajudou, que me deu alento, que, com o seu optimismo e charme, me deu vontade para seguir em frente. Esteve sempre a meu lado, com firmeza, dedicação e espírito de sacrifício. Todavia, estou, hoje, firmemente convicto, até demonstração em contrário, que, em função da sua ascendência, a República confessadamente anti-fascista em que vivemos e os seus lídimos representantes nunca lhe terão reconhecido qualquer valor ou mérito e, por conseguinte, nunca lhe agradeceram devidamente, nem agradeceriam, não fosse a imprensa da nossa praça tecê-las... e a lusitaníssima história dos Távoras está bem presente na nossa memória colectiva. Ressalto que esses laços familiares tidos por inadequados acabaram por prejudicar, de alguma maneira, a minha carreira, mas nada renego e muito menos a família.

Os meus filhos, Inês e Pedro, a muitos milhares de quilómetros de distância, aperceberam-se vagamente da nossa situação, pelos relatos que lhes iam chegando pelos *media*. As comunicações eram precárias e difíceis. Jamais tiveram a noção real e concreta do que foi o conflito na Guiné-Bissau e ainda bem.

Não posso deixar de agradecer aos meus colaboradores em Bissau, designadamente aos Srs. coronel António Laia e brigadeiro Evaristo, ao Conselheiro Cultural, dr. Mário Matos e Lemos (no período que antecedeu a guerra civil), às Dªs. Nazaré Moreno e Leonilde Pimentel, minhas secretárias, ao pessoal de casa, ao Augusto (já falecido), ao Alberto e à Carolina; ao motorista sr. Sabino. De todos guardo gratas recordações e nutro o maior apreço por tudo o que fizeram, durante o conflito armado. Uma palavra para o Sub-chefe Álvaro Costa e para os homens do GOE, cuja lealdade, dedicação e amizade foram excepcionais. Sublinho as dificuldades e sacrifícios de toda a ordem que tiveram de enfrentar e os riscos enormes (inclusive de vida) que correram, em várias ocasiões. Em tudo, foram portugueses à moda antiga, como hoje, infelizmente, escasseiam.

Nestas crónicas, só referi pelo nome quem entendi que devia explicitamente referir. As minhas omissões foram propositadas. Por um lado, há nomes que não quero, por forma alguma, mencionar; por outro, nomes há que se os indicasse podia criar aos designados e a mim próprio problemas que quero evitar.

*
* *

Penso ter contribuído para desfazer, pelo menos em parte, o estereótipo do diplomata que amiúde alguma imprensa se compraz em descrever como um mundano relativamente fútil que saltita de recepção em recepção com um copo de uísque na mão direita e um croquete na esquerda. Eu saltitei, sim, durante os 10 meses de conflito, que vivi em Bissau – o último mês escapou-se-me – com o telefone-satélite INMARSAT numa das mãos e com a pistola-metralhadora na outra[413]. Não bebi uísques e tomara ter tido, então, a oportunidade de comer mais croquetes, porque não os havia.

Senti-me muitas vezes como a estátua e noutras ocasiões, mais raras, como o pombo, que me perdoem o colorido da imagem!

Passados mais de uma dúzia de anos sobre os acontecimentos, o que relatei, quase sempre, em discurso directo constitui parte da história e não a história toda, longe disso, é uma visão própria e, por isso mesmo, subjectiva de alguns aspectos do conflito, é talvez incómoda e poderá não ser politicamente correcta.

Abordei os aspectos que se prendem com o que foi esse verdadeiro teste à nossa capacidade de reacção perante uma situação de crise grave, para a qual em muito contribuíram as Forças Armadas portuguesas, designadamente a Marinha, que honrou, como sempre, as suas tradições, mas cingi-me aos aspectos que se prendem apenas com a actividade diplomática propriamente dita e o que me foi dado ver e ouvir como testemunha privilegiada.

*
* *

---

[413] Foram os elementos do GOE que me emprestaram essa pistola-metralhadora, com duplo carregador preso com fita isoladora, que me acompanhava em permanência, dentro do complexo da embaixada.

Duas citações e algumas perguntas

Alguém me enviou, recentemente, por e-mail uma citação em italiano que se aplica como uma luva ao conflito armado na Guiné-Bissau *La vita è come il poker: ci vuole fortuna, coraggio, speranza... ma soprattutto bisogna sempre capire chi bleffa!*[414] Foi o que tentei fazer ao longo da minha estada naquele país: tentar perceber quem estava a fazer *bluff*, uma tarefa que, como parece estar demonstrado, era tudo menos fácil.

O conhecido político inglês da era vitoriana, Benjamin Disraeli (1804-1881) dizia *colonies do not cease to be colonies because they are independent*[415]. No caso da Guiné-Bissau interessa saber: é colónia de quem? De Portugal? Da França? Ou, hoje, dos cartéis da droga? Ou será muito simplesmente um território à deriva, como tantos outros?

Com os assassinatos de destacados dirigentes da Junta Militar Ansumane Mané (Novembro de 2000), Veríssimo Seabra (Outubro de 2004) e, mais tarde, Lamine Sanhá (Janeiro de 2007); com a ascensão ao Poder de Kumba Ialá em 2000 e a sua consequente deposição, por um golpe de estado em 2003; com o retorno triunfal de "Nino" Vieira à Presidência da República em Junho de 2005 – um verdadeiro renascer da Fénix – todavia com um desfecho cruel e bárbaro, o seu horrífico homicídio a tiro e à catanada, anos mais tarde (2 de Março de 2009) precedido, porém, na véspera, pelo assassinato à bomba do respectivo CEMGFA – e inimigo de estimação – Batista Tagmé Na Waié; com a detenção de José Zamora Induta, é ocasião para perguntar para que é que se fez o movimento insurreccional de 7 de Junho de 1998?

---

[414] (trad.) A vida é como o póquer: quer-se sorte, coragem, esperança... mas sobretudo é necessário perceber sempre quem está a fazer *bluff*.

[415] (trad.) As colónias não deixam de ser colónias porque são independentes.

Cronologia da Guerra Civil Bissau-guineense
(7 de Junho de 1998 a 7 de Maio de 1999)

6 de Junho de 1998 – O Presidente da Guiné-Bissau, João Bernardo Vieira demite o Brigadeiro Ansumane Mané do cargo de Chefe de Estado Maior--General das Forças Armadas (o referenciado já estava suspenso das suas funções desde finais de Janeiro, por alegadas negligência, incúria e envolvimento no desvio de armas para os rebeldes de Casamansa).

7 de Junho – Após o assassinato de alguns altos funcionários governamentais, numa emboscada na estrada que liga Bissau ao aeroporto, uma auto-designada Junta Militar, tenta, mas falha, um *putsch* para depor "Nino" Vieira. A luta estende-se a todo o perímetro urbano de Bissau, em especial à respectiva parte central, forçando a maioria dos seus 300.000 habitantes a abandonar a capital.

8 de Junho – os rebeldes ocupam as instalações militares de Brá e o aeroporto de Bissalanca, onde estabelecem o seu quartel-general. Ao abrigo de acordos bilaterais, o Presidente Vieira pede a intervenção de tropas estrangeiras – do Senegal e da Guiné-Conakry – para reposição da sua autoridade legítima.

9, 10 e 11 de Junho – tropas estrangeiras desembarcam em Bissau e vão lutar ao lado das forças leais ao Presidente "Nino" Vieira contra os insurrectos. A cidade é sacudida por incessantes duelos de artilharia.

11 de Junho – os expatriados estrangeiros abandonam Bissau, a maioria, através do cargueiro português "Ponta de Sagres", que consegue evacuar cerca de 2.400 pessoas, entre as quais muitos portugueses, rumo a Dakar. O cais é bombardeado sem consequências pela artilharia da Junta Militar.

17 de Junho – primeira tentativa de mediação do conflito através do Ministro dos Estrangeiros da Gâmbia, Sedat Jobe, que se deslocou a Bissau expressamente para o efeito. Este primeiro ensaio foi totalmente infrutífero.

19 de Junho – as "forças aliadas" (ou seja, os militares leais ao Chefe de Estado, as tropas senegalesas e da Guiné-Conakry) falham uma grande ofensiva contra o reduto rebelde de Brá.

26 de Junho – tentativa frustrada de desembarque de tropas da Guiné-Conakry no Sul do país (Buba).

30 de Junho – Os Ministros dos Estrangeiros de Portugal e dos Exteriores de Angola, Jaime Gama e Venâncio de Moura, respectivamente, reúnem, pela primeira vez, representantes das duas partes beligerantes a bordo da fragata "Vasco da Gama", numa tentativa de mediação conjunta que não resulta, agravando-se a situação político-militar.

5 de Julho – intensificação dos bombardeamentos de artilharia às casernas de Brá e ao aeroporto de Bissalanca, numa tentativa frustrada das forças pró--Vieira para conquistarem as principais posições rebeldes.

21 de Julho – O centro de Bissau sofre um intenso bombardeamento por parte da Junta Militar que ataca em fogo cruzado de Brá (NW) e do Cumeré (E). A embaixada de Portugal é atingida por um míssil "katyusha".

22 de Julho – Batalha de Mansoa. Trata-se de uma batalha decisiva em que a conquista desta povoação pelas forças da Junta Militar abre-lhe definitivamente as portas do Leste do país. Os insurrectos tomam Mansoa e o cruzamento estratégico de Jugudul.

26 de Julho – Através da CPLP, designadamente do respectivo grupo de contacto, chefiado pelo MNE de Cabo Verde, José Luís de Jesus, os dois contendores assinam um memorando de entendimento, a bordo da fragata "Corte Real" que estabelece uma trégua efectiva, "formal e imediata."

7 e 8 de Agosto – O grupo de contacto da CPLP consegue que as partes reafirmem o cessar-fogo, a bordo do mesmo vaso de guerra português.

18 e 19 de Agosto – ronda negocial da CPLP, na ilha do Sal, a que a CEDEAO/ECOWAS, apesar de convidada, não se fez representar.

26 de Agosto – As partes, a CPLP e a CEDEAO reiteram na Cidade da Praia o acordo de cessar-fogo de 8 de Agosto, subscrevendo uma declaração de paz. É também assinado um "Acordo de Cessar Fogo de Armamento Ligeiro."

15 de Setembro – conversações Junta Militar, Governo da Guiné-Bissau, CEDEAO/ECOWAS, CPLP em Abidjan, na Costa do Marfim. Estas conversações saldam-se por um fracasso devido às posições maximalistas da Junta Militar e à megalomania da parte senegalesa que queria que a CEDEAO enviasse um contingente de 5.000 homens para a Guiné-Bissau.

8 de Outubro – regresso a Bissau da delegação da Junta Militar que se deslocou a Abidjan para conversações, tendo ficado retida 21 dias em Banjul, uma vez que o Senegal tinha interditado o respectivo espaço aéreo.

9 de Outubro – primeira violação séria do cessar-fogo que viria a ser reafirmado no dia seguinte, mas que só é realmente aceite vários dias depois.

20 de Outubro – Bafatá, a 2ª cidade do país, cai sem resistência nas mãos da Junta Militar.

21 de Outubro – Gabu rende-se também sem opor resistência às forças revoltosas. 200 soldados da Guiné-Conakry são feitos prisioneiros. Todo o Leste da Guiné-Bissau passa a ser controlado pelos militares afectos a Ansumane Mané. "Nino" Vieira domina, apenas, o centro de Bissau (o chamado "Bissauzinho") e o arquipélago dos Bijagós, o resto do país encontra-se sob o domínio da Junta Militar

24 de Outubro – Na iminência do assalto final a Bissau, o MNE português desloca-se à capital, a fim de tentar mediar, mais uma vez o conflito, procurando organizar um encontro entre o Comandante Supremo da Junta Militar e o Chefe de Estado bissau-guineense.

29 de Outubro – encontro de "Nino" Vieira com Ansumane Mané em Banjul, capital da Gâmbia, mediado pelo presidente gambiano Yahya Jammeh.

1 de Novembro – À margem da Cimeira da ECOWAS (CEDEAO) em Abuja, capital da Nigéria, é negociado e assinado o acordo de paz de Abuja, sob a

presidência do Chefe de Estado nigeriano, General Abdusalami Abubacar. O acordo previa a constituição de um Governo de Unidade Nacional (GUN), a realização de eleições em Março de 1999, a retirada das forças estrangeiras do território da Guiné-Bissau e a sua substituição por uma força de interposição de manutenção de paz da ECOMOG (braço armado da ECOWAS/CEDEAO).

13 de Novembro – é criada a CECIAPA (Comissão Executiva Conjunta para a Implementação do Acordo de Paz de Abuja), integrando as duas partes beligerantes, a Comissão de Boa Vontade e alguns diplomatas da U.E. visando a aplicação prática do acordo (as reuniões viriam a ser suspensas pouco depois por violações do cessar-fogo).

23 de Novembro – violação do cessar-fogo na zona de Bissaque-Granja, o que leva à interrupção temporária dos trabalhos da CECIAPA. Regista-se, pela primeira vez, a presença dos "aguentas" do lado das forças governamentais (trata-se de uma guarda pretoriana, maioritariamente de etnia papel, criada por "Nino" Vieira para sua defesa próxima).

28 de Novembro – resolução da ANP condenando "Nino" Vieira e solicitando a sua "imediata renúncia do cargo".

2 de Dezembro – Francisco Fadul assessor da Junta Militar é indigitado Primeiro-ministro.

15 de Dezembro – Após intensas negociações em Lomé, sob os auspícios da presidência togolesa da ECOWAS/CEDEAO, é assinado pelas partes um protocolo adicional ao acordo de Abuja, com a distribuição de pastas do futuro Governo de Unidade Nacional (GUN), em que a Junta Militar fica com duas importantes pastas de soberania: Defesa e Administração Interna.

26 de Dezembro – anunciada a chegada do primeiro contingente de tropas da ECOMOG (70 soldados da República do Togo), seguido de um pequeno destacamento (40 homens nos dias seguintes), perfazendo, assim, uma companhia operacional.

11 de Janeiro de 1999 – anunciada a composição do GUN, após uma reunião entre Francisco Fadul e "Nino" Vieira.

14 de Janeiro – O Senegal retira o primeiro contingente de 200 homens, enquanto a Guiné-Conakry repatria 30 soldados.

27 de Janeiro – Morte do bispo de Bissau, D. Settimio Ferrazetta, um dos negociadores do processo de paz e líder da Comissão de Mediação de Boa Vontade

31 de Janeiro a 3 de Fevereiro – o rompimento da trégua, por aparente iniciativa das forças pró-Vieira, em violação do débil acordo de Abuja, leva a uma escalada de violência de grandes proporções por ambas as partes. Assiste-se a um novo êxodo da população em direcção ao interior do pais.

2 de Fevereiro – O Primeiro-ministro indigitado, Francisco Fadul, acusa a França de apoiar "Nino" Vieira e os seus aliados, denunciando um alegado bombardeamento naval por um vaso de guerra francês, o que é desmentido pelas autoridades gaulesas.

3 e 4 de Fevereiro – O Chefe de Estado togolês, Gnassingbé Eyadema, e presidente em exercício da ECOWAS/CEDEAO, envia o respectivo Ministro dos Negócios Estrangeiros a Bissau, Joseph Kokou Koffigoh para negociar um cessar-fogo entre as partes beligerantes.

4 de Fevereiro – 300 efectivos da força de manutenção de paz da ECOMIOG desembarcam em Bissau.

8 de Fevereiro – suspensão da Cooperação Técnico-Militar com Portugal por ordem de "Nino" Vieira.

9 e 10 de Fevereiro – implantação expressiva de forças da ECOMOG em Bissau (mais de 400 militares), permitindo a retirada das tropas estrangeiras, senegalesas e da Guiné-Conakry, e criando as condições necessárias para a tomada de posse do GUN.

15 de Fevereiro – no decurso da visita da Comissária Europeia para os assuntos humanitários, Emma Bonino, Mané e "Nino" Vieira acordam em avistar-se pela primeira vez em território da Guiné-Bissau. Concordam no acantonamento e desarmamento das respectivas forças. Anuem igualmente em acelerar a tomada de posse do Governo de Unidade Nacional.

17 de Fevereiro – Num encontro em Lomé, sob os auspícios do Presidente Eyadema, Mané e Vieira manifestam vontade em resolver o diferendo por meios pacíficos, sem recurso à violência. É oferecido a Mané o lugar de Ministro da Defesa que declina, porquanto ficaria subordinado a "Nino" Vieira.

20 de Fevereiro – Cerimónia de tomada de posse do GUN, com a presença do Presidente Eyadema, do Secretário-geral da ECOWAS/CEDEAO, do MNE português, do Secretário Executivo da CPLP, do corpo diplomático e de altos dignitários. O Governo é composto paritariamente por 10 Ministros – 5 para "Nino" Vieira e 5 para Ansumane Mané, incluindo o Primeiro-ministro – e 7 secretários de Estado.

9 de Março – "Marcha pela Paz" organizada pela sociedade civil em Bissau que é perturbada pela intervenção dos "aguentas" de "Nino" Vieira e pelos soldados senegaleses.

9 de Março – visita do Secretario de Estado dos Negócios Estrangeiros e da Cooperação português para retoma da cooperação bilateral.

15 de Março – retirada do último contingente de tropa senegalesa da Guiné-Bissau

meados de Abril – a ANP aprova o inquérito parlamentar que iliba Ansumane Mané de responsabilidades no caso do desvio de armas para Casamansa, apontando um dedo acusador a "Nino" e aos seus próximos

19-20 de Abril – visita oficial de Francisco Fadul a Portugal, a que se seguiriam visitas a França, Itália, Vaticano e Suécia.

23 de Abril – Disputa em Bissau pelo controlo da Câmara Municipal entre a Junta Militar e o antigo presidente da edilidade afecto ao Presidente da República. O diferendo podia ter degenerado num conflito generalizado que é evitado à última hora.

28 de Abril – Contencioso entre o PR e a Junta Militar, pela nomeação pelo primeiro de um novo Procurador-geral da República

4-5 de Maio – mesa-redonda de urgência de apoio à Guiné-Bissau, em Genebra, tendo sido garantido um apoio financeiro de 220 milhões de dólares.

6 de Maio – após um ultimato lançado a "Nino" Vieira para que desarmasse a sua guarda presidencial de 600 militares e a reduzisse a 30 homens, no quadro dos acordos de acantonamento e desarmamento firmados, e não tendo o Presidente da República aceite tal imposição, os militares afectos à Junta rebentaram com os contentores, retiraram as armas e investiram contra as forças leais a "Nino" Vieira.

7 de Maio – Os incidentes generalizam-se na parte central da cidade, em que as forças leais ao Presidente se mostram incapazes de resistir. Com a ren-

dição das suas forças e com o assalto, saque e incêndio do palácio presidencial, o Chefe de Estado procurou refúgio nas instalações provisórias da embaixada francesa, acabando por ser acolhido na embaixada de Portugal, onde assinou uma declaração de capitulação.

9 de Maio – Portugal garante asilo político ao ex-Presidente da República.

12 de Maio – o antigo Primeiro-ministro, coronel Manuel Saturnino Costa, assume a presidência do PAIGC.

14 de Maio – O presidente da ANP, Malam Bacai Sanha, assume interinamente a chefia do Estado.

11 de Junho – "Nino" Vieira chega a Portugal, tendo-lhe sido concedido o estatuto de asilado politico em território nacional português, a fim de beneficiar de assistência médica adequada, comprometendo-se o ex-chefe de Estado a não exercer quaisquer actividades políticas e a regressar à Guiné-Bissau, para responder em tribunal, quando a tal for intimado.

Bibliografia e Fontes

A) **BIBLIOGRAFIA**

AGUIAR, Cristóvão de, "Braço Tatuado", Dom Quixote, Lisboa, 2007.

ALBINO, Raul, "Memórias de Campanha da Companhia de Caçadores 2402", 2 volumes, edição do autor e coordenador, Lisboa, 2005.

AMADO, Leopoldo, " Guerra Colonial e Guerra de Libertação Nacional (1950-1974). O Caso da Guiné-Bissau", Instituto Português de Apoio ao Desenvolvimento (IPAD), Ministério dos Negócios Estrangeiros, Lisboa, 2011.

ANTUNES, José Freire, "O Factor Africano (1890-1990)," Bertrand Editora, Lisboa, 1990.

ANTUNES, José Freire, "A Guerra de África. 1961-1974," 2 vols., Círculo dos Leitores, Lisboa, 1995.

ANTUNES, Manuel Lobo, "Episódios da crise na Guiné-Bissau", *in* "Negócios Estrangeiros" – nº 1, Lisboa, 2001.

AUGEL, Johannes e CARDOSO, Carlos, "Transição Democrática na Guiné·Bissau", Instituto Nacional de Estudos e Pesquisa (INEP), Bissau, 1996.

BAÊNA, Luís Sanches de, "Fuzileiros – factos e feitos na guerra de África (1961-1974) –Crónica dos feitos da Guiné", Comissão Cultural da Marinha, Edições INAPA, Lisboa, 2006.

BARROS, Filinto, "Kikia Matcho", Editorial Caminho, S.A., Lisboa, 2010.

CALHEIROS, José Moura, "A Última Missão", Caminhos Romanos, Porto, 2010.

CARDOSO, Carlos, "As tendências actuais do Islão na Guiné-Bissau", Faculdade de Letras da Universidade do Porto, Porto, 2003.

CARDOSO, Leonardo, "A Tragédia de Junho de 1998 – Factos e Comentários", in *Soronda*, Revista de Estudos Guineenses, INEP, Bissau, Dezembro, 2000.

CARVALHO, Ricardo Ossagô, "Que democracia? O processo de Transição politica guineense e a atuação das Forças Armadas na condução da politica nacional (1994--2009), Universidade Federal do Piauí, Teresina, 2010.

CASTANHEIRA, José Pedro, "Quem mandou matar Amílcar Cabral?", Relógio de Água, Lisboa, 1995.

CASTRO, Luís, "Repórter de Guerra", Oficina do Livro, Lisboa, Junho de 2007.

CHABAL, Patrick, "Amílcar Cabral: revolutionary leadership and people's war", Cambridge University Press, 1983.

COSTA, Fernando Marques da e FALÉ, Natália, "Guia Político dos PALOP", Editorial Fragmentos/Fundação das Relações Internacionais, Lisboa, s/ data.

DELGADO, Manuel, "Guiné – A instabilidade que espreita", *in* "Mundo em Português" nr. 2 – Revista do Instituto de Estudos Estratégicos e Internacionais, Lisboa, Novembro de 1999.

DJALÓ, Amadú Bailo, "Guineense Comando Português" Comandos Africanos (1964--1974) 1º volume, Associação de Comandos, Lisboa, 2010.

DJOGBÉNOU, Fabien Adono, "Colonización y en busca de Estado, nación y democracia", antologia de estudios africanos, volumen dos, Universidad Nacional Autónoma de México, Facultat de Ciencias Políticas y Sociales, México, D.F., 2003.

ENDERS, Armelle, "História da África Lusófona", Editorial Inquérito, Lisboa, 1994.

EVANS, Martin, "Senegal: Mouvement des Forces Démocratiques de la Casamance (MFDC)" – Armed Non-State Actors Project, Chatham House, Londres, Dezembro, 2004.

GAILLARD, Gérald, "La guerre en son contexte: histoire d'une erreur politique", in *Soronda*, Revista de Estudos Guineenses, INEP, Bissau, Dezembro, 2000.

GAMA, Jaime, "A Política Externa Portuguesa 1995-1999", Instituto Diplomático, Ministério dos Negócios Estrangeiros, Lisboa, 2001.

GOMES, Carlos de Matos, "Alianças secretas da guerra colonial" Colecção CES/Almedina, Coimbra 2012.

GOMES, João Carlos, "Poilon di Brá", INACEP, Bissau, 1998.

Gomes, Ricardo Godinho, "O P.A.I.G.C. e o futuro: um olhar transversal" AfroExpressão Publicações Lda., Lisboa, 2001.
Gourévitch, Jean-Paul, "L'Afrique, le fric, la France", Le Pré aux clercs, Paris, 1997.
Induta, José Zamora, "Guiné – 24 anos de inependência. 1974-1998", Hugin Editores, Lisboa, 2001.
Klute, Georg; Embaló, Birgit, Embaló, Idrissa, "Local Strategies of Conflict Resolution in Guinea-Bissau. A Project Proposal in Legal Anthropology", in: *Law in Africa*, Univerity of Bayreuth, Bayreuth, 2006.
Lemos, Mário Matos "Política Cultural Portuguesa em África – O caso da Guiné-Bissau (1985-1998)", Gráfica Europa, Lisboa, 1999.
Lopes, Carlos, "Etnia, Estado e relações de Poder na Guiné-Bissau, Edições 70, Biblioteca de Estudos Africanos, 2002.
Mané, Fodé Abdulai, "O Conflito Politico-Militar de 7 de Junho de 1998. A Crise de Legitimação", in *Soronda*, Revista de Estudos Guineenses, INEP, Bissau, Dezembro, 2000.
Mantero, Francisco, "Seis dias de vida", *in* "Grande Reportagem", nº 89, Agosto de 1998.
Marchueta, Maria Regina, "A CPLP e seu enquadramento", Instituto Diplomático, Ministério dos Negócios Estrangeiros, Lisboa, 2003.
Martínez Carreras, José Urbano e Rodríguez Cañada, "Conflictos y cooperación en África actual", Casa de África, Sial ediciones, Madrid, 2000.
Mendy, Peter Karibe, "Colonialismo português em África: a tradição de resistência na Guiné-Bissau (1879-1959)", Instituto Nacional de Estudos e Pesquisa (INEP), Bissau, 1994.
Monteiro, Fernando Amaro e Rocha, Teresa Vazquez, "A Guiné do século XVII ao século XIX – O testemunho dos manuscritos", Prefácio, 2004.
Mota, Armor Pires, "Estranha Noiva de Guerra", Âncora Editora, Lisboa, 2010.
Naves, Luís, "Jardim Botânico", Quetzal Editores e Luís Naves, Lisboa, 2011.
Nóbrega, Álvaro, "A Luta pelo Poder na Guiné-Bissau", Instituto Superior de Ciências Sociais e Políticas, Lisboa, 2003.
Novais, Jorge Reis, "Tópicos de Ciência Política e Direito Constitucional Guineense", Associação Académica da Faculdade de Direito de Lisboa, Lisboa, 1996.
Pélissier, René, "África e Timor: elogio dos livros raros", *in* "Análise Social", vol. XXXIX (172), Lisboa 2004.
Pélissier, Réne, História da Guiné. Portugueses e Africanos na Senegâmbia 1841--1936, 2 vols., Lisboa, Editorial Estampa, 1997.
Pinto, António Costa, "O Fim do Império Português", Livros Horizonte, Lisboa, 2001.
Pinto, Jaime Nogueira, "Jogos Africanos", A Esfera dos Livros, Lisboa, 2008.

POLICARPO, Fernando, "A Guerra na Guiné – 1963-1974", Quidnovi, Lisboa, 2010.

RODRIGUES, Alexandre Reis e SANTOS, Américo Silva, "Bissau em Chamas – Junho de 1998", Casa das Letras, Lisboa, 2007.

RUDEBECK, Lars, "On democracy's sustainability – transition in Guinea-Bissau", SIDA studies, Gotemburgo, 2001.

SAMBÚ, Queba, "Ordem para matar – Dos fuzilamentos ao caso das bombas da embaixada da Guiné", edições Referendo Lda., Lisboa, 1989.

SANGREMAN, Carlos, SOUSA JÚNIOR, Fernando, ZEVERINO, Guilherme e BARROS, Miguel,"A evolução política recente na Guiné-Bissau", CESA, Centro de Estudos sobre África e do Desenvolvimento, Instituto de Economia e Gestão, Universidade Técnica de Lisboa, 2006.

SANTOS, Mário Beja, "Adeus até ao Meu Regresso", Âncora Editores, Lisboa 2012.

SANTOS, Mário Beja, "Diário da Guiné (1969-1970) – O Tigre Vadio", Temas e Debates, Círculo de Leitores, Lisboa, 2008.

SANTOS, Mário Beja, "Diário da Guiné (1969-1970) – Na Terra dos Soncó", Temas e Debates, Círculo de Leitores, Lisboa, 2008.

SANTOS, Mário Beja, "Mulher Grande (Mindjer Garandi)", Temas e Debates, Círculo de Leitores, Lisboa, 2011.

SILVA, António E. Duarte, "A independência da Guiné-Bissau e a descolonização portuguesa", Edições Afrontamento, Colecção textos/30, Lisboa, 1997.

SILVA, António E. Duarte, "Invenção e Construção da Guiné-Bissau", Edições Almedina, Coimbra, 2010.

SILVA, Fernando Delfim da, "Um Olhar sobre o PAIGC", Bissau, 1998.

SILVA, Francisco Henriques, "O conflito na Guiné-Bissau (1998-1999): um teste para a diplomacia portuguesa" *in* "O Serviço Diplomático português do 25 de Abril à actualidade. Perspectivas de futuro", Associação Sindical dos Diplomatas Portugueses e Instituto Diplomático do Ministério dos Negócios Estrangeiros, Lisboa, 2008.

SOUSA, Julião Soares, "Amílcar Cabral (1924-1973) – Vida e morte de um revolucionário africano", edições "Nova Vega", Lisboa, 2011.

SPÍNOLA, António de, "Portugal e o futuro: análise da conjuntura nacional," 2ª. edição,, Arcádia, Lisboa, 1974.

SPÍNOLA, António Sebastião Ribeiro de, "O problema da Guiné," Lisboa, Agência Geral do Ultramar, 1970.

TAVARES, Miguel Sousa, "Anos Perdidos – Crónicas 1995-2001", Oficina do Livro, Lisboa, 2001.

TOMÁS, António, "O fazedor de utopias – uma biografia de Amílcar Cabral", Tinta da China", Lisboa, 2007.

VAN DER DRIFT, Roy, "Democracy: Legitimate warfare in Guinea-Bissau", *in Soronda*, Revista de Estudos Guineenses, INEP, Bissau, Dezembro, 2000.

VERSCHAVE, François-Xavier, "Noir silence", Editions des Arènes, Paris, 2000.

VIEGAS, Caterina Gomes e KOUDAWO, Fafali, "A Crise do PAIGC: um Prelúdio à Guerra", in *Soronda*, Revista de Estudos Guineenses, INEP, Bissau, Dezembro, 2000.

VILLAS-BOAS, José Manuel, "Caderno de memórias", Temas e Debates, Lisboa, 2003.

B) IMPRENSA E PUBLICAÇÕES PERIÓDICAS

Nota: *são apenas referenciadas as edições com informações ou artigos considerados relevantes, aliás devidamente assinalados no texto.*

a) *Portuguesa*

"Diário de Notícias" de 14.06.98, 18.06.98, 20.06.98, 17.07.98, 23.07.98, 28.07.98, 14.08.98, 28.08.98, 04.11.98, 28.11.98, 04.12.98, 01.02.99, 02.02.99, 03.02.99, 19.05.99

"Público" de 14.06.98, 17.06.98, 19.06.98, 04.07.98, 06.07.98, 02.08.98, 05.08.98, 28.11.98, 02.02.99, 03.02.99, 05.02.99 e 21.02.99

"Jornal de Notícias" de 21.09.98 e 04.02.99

"Correio da Manhã" de 18.06.98, 15.12.98 e 20.02.99

"A Capital" de 02.07.98.

"Expresso" de 20.06.98, 26.09.98, 03.10.98, 14.11.98, 15.05.99, 06.02.99.

"O Independente" de 31.07.98, 05.02.99, 21.02.99, 21.05.99, 28.05.99, 11.06.99, 26.02.99 e 18.02.2000

"O Diabo" de 20.06.09 e 7.07.98.

Revista "Visão" de 30.07.98, 24.09.98, 29.10.98, e 05.08.1999

Revista "Vida Mundial" de Agosto de 1998.

"Semanário" de 14.08.98

b) *Bissau-guineense*

Os jornais da Guiné-Bissau, todos de publicação irregular, deixaram de se publicar no decurso do conflito militar, só tendo sido impressa, salvo erro, uma única edição do "Banobero"

"Nó Pintcha" órgão oficial do PAIGC, edição de 29.11.1980

"Diário de Bissau" de 28.04.98 (?) e 06.06.2000

"Banobero" de 16.03.99

c) *De outras origens*

Jornais senegaleses de Dakar
"Le Jour" de 03.07.98 e 23.06.98
"Le Soleil" de 28.10.98
"Le Témoin" de 23.06.98.
"Le Matin" de 23.06.98, 12.05.99 e 29.09.98
"Sud Quotidien" 28.10.98, 08.05.99 e 10.05.99.
"Walfadjri" de 28.10.98 e 14.05.99.

Media franceses
"Billets d'Afrique" nº 72, Paris, Julho-Agosto de 1999.
"Jeune Afrique/L'Intelligent", edições de 20 a 26 de Outubro de 1998, de 2 a 8 de Novembro de 1999 e de 17 a 23 de Maio de 2000.
"Le Monde", Paris, de 15.06.99
"Le Monde Diplomatique", Paris, de Outubro de 1998 e Abril 1999

Outros media
"Daily Mail and Guardian", Joanesburgo, de 11 de Maio de 1999.
"Notre Voie", Abidjan, de 8 e 9 de Maio de 1999.

d) *Outras publicações*

"África Focus – Newsletter Confidencial," de Junho de 1998, Julho de 1998, Agosto de 1998, Setembro de 1998, Novembro 1998, Dezembro 1998 e Janeiro 1999
"África Notícias", edições de Dezembro de 1998 e de Janeiro-Fevereiro de 1999
Boletim nº 4 da Faculdade de Direito de Bissau, Bissau, Setembro de 1993.
Boletim nº 2 da Faculdade de Direito de Bissau, Bissau, Março de 1997.
Boletim informativo semanal nº 1 e 0 da célula das ONG's Nacionais e Estrangeiras para a Gestão da Crise na Guiné-Bissau, de 12-18 de Dezembro e 5-11 de Dezembro de 1998, respectivamente
IRIN (Integrated Regional Information Network) from OCHA (UN Office for the Coordination of Humanitarian Affairs, ReliefWeb, "Briefing Kit for Guinea--Bissau + 1998 June", compiled on 27 Jun 2011.
Observatório da Liga Guineense dos Direitos Humanos, ano I nº 1, Novembro de 1998
Rapport Afrique nº 142 e 183 do *International Crisis Group*, Dakar/Bruxelas, respectivamente, de Julho 2008 e de Janeiro de 2012.
revista "Combatente"nr. 346

C) DOCUMENTOS (POR ORDEM CRONOLÓGICA)

Constituição da República, República da Guiné-Bissau, Assembleia Nacional Popular, Bissau, 1996.

"Pensar a Guiné-Bissau", da Junta Militar para a Consolidação da Democracia, Paz e Justiça, da provável autoria de Francisco Fadul (transmitido pela Rádio Bombolom de Bissau, em Junho-Julho de 1998).

Carta dos antigos combatentes da Liberdade da Pátria de 28 de Fevereiro de 1998.

Vária documentação manuscrita relativa ao VI Congresso do PAIGC, Maio de 1998.

Relatório Final da Comissão Parlamentar de Inquérito sobre o Tráfico Ilegal de Armas, Assembleia Nacional Popular, República da Guiné-Bissau, 8 de Junho de 1998.

Comunicado à imprensa da Liga Guineense dos Direitos Humanos (LGDH), de Julho de 1998.

Amnesty International – News Service 123/99 – AI/INDEX: AFR 30/08/99 – 5 July 1998.

Memorandum de entendimento entre o Governo da Guiné-Bissau e a auto-denominada Junta Militar, mediado pelo grupo de contacto da CPLP, a bordo da fragata "Corte Real," de 26 de Julho de 1998.

Intervenção do chefe de delegação da Junta Militar, Tenente-coronel Emílio Costa, nas conversações de paz de Abidjan, 16 e 17 de Setembro de 1998.

Convite da troika da União Europeia (Portugal, França e Suécia) e Comissão de Mediação de Boa Vontade ao Comandante Supremo da Junta Militar para estar presente no encontro com o Presidente da República da Guiné-Bissau, em Banjul, capital da Gâmbia, 27 de Outubro de 1998.

WFP Guinea Bissau, Sitrep 16/98 – Reporting Period from 27/10/98 up to 02/11/98

"Acordo entre o Governo da Guiné-Bissau e a auto-proclamada Junta Militar", feito em Abuja, a 1 de Novembro de 1998.

Documentos da Comissão Executiva Conjunta para a Implementação do Acordo de Paz de Abuja

Amnesty International – News Service 238/98 – AI/INDEX: AFR 30/11/98 – 3 December 1998

"Protocolo Adicional ao Acordo de Abuja de 1 de Novembro de 1998 relativo à Formação do Governo de Unidade Nacional da República da Guiné-Bissau," feito em Lomé, a 15 de Dezembro de 1998.

Comunicado (ultimato) do Comandante Supremo da Junta Militar à CEDEAO exigindo a retirada das forças estrangeiras do território da Guiné-Bissau, de 16 de Janeiro de 1999.

U.S. Department of State – Guinea-Bissau Country Report on Human Rights Practices – for 1998. Released by the Bureau of Democracy, Human Rights, and Labor, Washington, D.C., February 26, 1999.
Declaração de rendição de João Bernardo Vieira, 8 de Maio de 1999.
Declaração de renúncia do cargo de Presidente da República, e João Bernardo Vieira, de 2 de Junho de 1999.
U.S. Department of State – Guinea-Bissau Country Report on Human Rights Practices – for 1999. Released by the Bureau of Democracy, Human Rights, and Labor, Washington, D.C., February 25, 2000.
Documentos do arquivo pessoal do autor.
Diário do autor.

D) **REFERÊNCIAS MAIS RELEVANTES DA INTERNET**

Dada a abundância de referências à Guiné-Bissau e ao conflito armado nas páginas da Internet, vamos referir apenas as páginas mais relevantes e em seguida as que abordam alguns dos temas específicos tratados no texto:

a) *Páginas de interesse geral sobre a Guiné-Bissau, designadamente sobre a guerra civil:*

http://www.didinho.org
http://www.blogda-se.blogspot.pt
http://blogueforanadaevaotres.blogspot.pt/

b) *Algumas páginas que focam assuntos específicos tratados no texto*

Andrén, Ulla, "The Forgotten Conflict in Guinea-Bissau", Nordiska Afrikainstitutet, The Nordic Africa Institute, in http://www.nai.uu.se/publications/news/archives/001andren/
Estudos Gerais da Arrábida, "A descolonização portuguesa – Painel dedicado à Guiné (27 de Agosto de 1996) *in* http://www.ahs-descolonizacao.ics.ul.pt/docs/guine_1996_08_27.pdf
Mc Queen, Norrie "Widening trajectories: Guinea Bissau and Cape Verde since independence ", IPRI, 2006 in http://www.ipri.pt/artigos/artigo.php?ida=104
Mekenkamp, Monique, "Searching for Peace in Africa", 1999, in http://www.conflict-prevention.net/page.php?id=40&formid=73&action=show&surveyid=5#5

Narciso, Carlos, "Guiné-Bissau, a Guerra civil. O ultimo massacre" – "Escrita em Dia", in http://www.blogda-se.blogspot.pt/2006/06/guin-bissau-guerra-civil-o--ltimo.html

Sousa, Roberto Cordeiro de, "DANÇA DE CADEIRA: Golpes de Estado entre Autoritarismo e a Democracia guineense" *in* http://www.didinho.org/Dancadecadeira.pdf

The Status of Human Rights Organizations in Sub-Saharan Africa Guinea-Bissau, in http://www1.umn.edu/humanrts/africa/gbissau.htm

Teixeira, Ricardino Jacinto Dumas, "Tiro na Democracia" in http://www.didinho.org/TIRONADEMOCRACIA.htm

Vigh, Henrik, "Navigating terrains of war: youth and soldiering in Guinea-Bissau" in http://books.google.pt/books?id=naxPHEEeW10C&pg=PA60&lpg=PA60&dq=FLING+Guiné-Bissau&source=bl&ots=0gP4zAcjIm&sig=XMp7IOc2YS4oDxNCZnQfXJ__Uj0&hl=en&ei=KAtpTOWrGc-TjAfCku3UBA&sa=X&oi=book_result&ct=result&redir_esc=y#v=onepage&q=FLING%20Guiné--Bissau&f=false

You Tube, "A Revolta dos mais velhos (Guiné-Bissau 1998-1999)", in http://www.youtube.com/watch?v=bQs4UUeuV5Y

E) **OUTROS**

Vídeo-cassete (transposta para DVD), gravada pelo Comandante e tripulação do navio "Ponta de Sagres" relativa à evacuação de 11 de Junho de 1998 e chegada a Dakar a 12 do mesmo mês.